CODE
DE LA MARTINIQUE

NOUVELLE ÉDITION

CONTINUÉE

PAR M. AUBERT-ARMAND

CONSEILLER A LA COUR ROYALE

TOME VI

CONTENANT LES ACTES LÉGISLATIFS DE LA COLONIE

DE 1814 A 1818 INCLUSIVEMENT

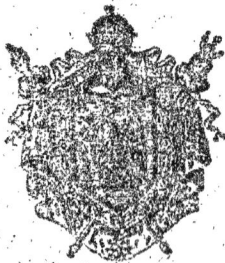

FORT-DE-FRANCE
IMPRIMERIE DU GOUVERNEMENT

1865

CODE

3023

DE LA MARTINIQUE

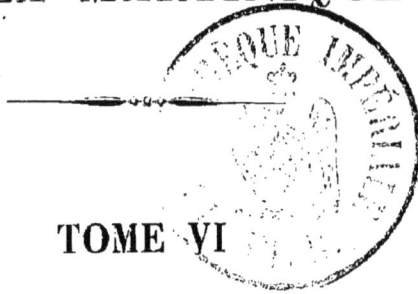

Modèle

TOME VI

1814 A 1818 INCLUSIVEMENT

CODE

DE LA MARTINIQUE

NOUVELLE ÉDITION

CONTINUÉE

PAR M. AUBERT-ARMAND

CONSEILLER A LA COUR ROYALE

TOME VI

CONTENANT LES ACTES LÉGISLATIFS DE LA COLONIE
DE 1814 A 1818 INCLUSIVEMENT

FORT-DE-FRANCE

IMPRIMERIE DU GOUVERNEMENT

1865

NOTICE.

M. Aubert-Armand (Pierre-Daniel), né à Rouen en 1797, après avoir rempli pendant quelque temps les fonctions de juge royal à la Guyane, fut nommé procureur du roi à Saint-Pierre le 8 décembre 1832 ; arrivé dans la colonie en mars 1833, il fut promu à un siége de conseiller à la cour royale le 1er janvier 1835.

Il s'était fait remarquer dans ces différentes positions par son aptitude au travail et la patience de son esprit d'investigation.

A la suite du tremblement de terre de 1839, qui fut si fatal à la ville de Fort-de-France et aux archives de toutes les administrations publiques, M. le contre-amiral de Moges, alors gouverneur de la Martinique, adressa à M. Aubert-Armand une lettre ainsi conçue :

« Dans le dernier conseil privé il a été question de la nécessité « qu'il y aurait de s'occuper de la révision du *Code de la Mar-* « *tinique* et de combler la lacune qui paraît exister de 1814 à « l'époque du *Bulletin officiel*. Le conseil a pensé avec moi que, « si cette besogne ne vous paraissait pas trop ardue, personne « ne pourrait mieux que vous s'en acquitter. Je viens en consé- « quence vous prier de vouloir bien vous en charger, après vous « être entendu avec M. l'ordonnateur et M. le procureur général « pour la direction qu'il conviendra de donner à votre travail. »

M. Aubert-Armand se mit à l'œuvre avec une activité, un courage et une abnégation qui ont absorbé, pendant plusieurs années, tous les loisirs du magistrat. Le travail complet était remis à M. le contre-amiral Mathieu en juin 1847, sous le titre de *Mémorial législatif et administratif de la Martinique.* La collection ainsi obtenue ajoutait environ 800 actes ou extraits d'actes aux 1,500 déjà recueillis par Jacques Petit et Durand Molard, de 1625 à 1813, et comprenait, pour la lacune de 1814 à 1827 inclusivement, un total d'environ 1,500 actes de différentes natures.

M. le contre-amiral Mathieu remercia en termes chaleureux l'auteur du *Mémorial* du louable sentiment qui l'avait porté à entreprendre cet ouvrage d'intérêt général, et de la persévérance éclairée ainsi que du zèle désintéressé qu'il lui avait fallu pour le mener à bonne fin.

Une commission, nommée par le gouverneur en conseil, fut chargée d'examiner le travail de M. Aubert-Armand. Dans cette commission se trouvaient, à dessein, représentés : l'administration de la marine, l'autorité municipale, la magistrature, le barreau et le notariat. Voici un extrait du rapport de la commission : « L'auteur a doté la colonie d'un véritable dictionnaire « usuel de législation, d'administration et d'économie politique, « qui présente une harmonie, un ensemble qu'il n'est pas ordi- « naire de rencontrer dans les recueils de ce genre; cet ouvrage « est un monument, pour l'utilité, la solidité, l'ensemble et la « perfection duquel on doit éviter de se créer des regrets et de « s'attirer les reproches de la génération qui suit, en le laissant « incomplet ou en l'écourtant, par suite d'une timide réserve « ou d'un esprit d'économie mal entendu. »

La commission concluait à ce que l'ouvrage fût imprimé aux frais de la colonie. Le rapport fut adopté en conseil privé. Le directeur de l'intérieur et le procureur général furent chargés d'en soutenir les conclusions devant le conseil colonial.

Le 15 janvier 1848, cette assemblée votait un crédit de vingt mille francs, payables en trois années, pour faire face à la dépense de la publication en France du *Mémorial législatif et administratif de la Martinique.*

Le manuscrit arriva malheureusement au ministère au moment où éclatait la révolution de février. Il resta pendant plusieurs années oublié dans les archives.

En 1852 M. Aubert-Armand fit quelques démarches et demanda qu'il fût donné suite aux propositions faites en faveur de son œuvre par l'administration de la colonie. Mais il rencontra des difficultés et des obstacles qui le décidèrent à solliciter la restitution de ses manuscrits.

Il était fixé depuis le mois de juin 1848 à Paris, où il jouissait de sa pension de retraite. Son fils, qui devait plus tard mourir glorieusement à Solférino, à 26 ans, capitaine et chevalier de la Légion d'honneur, venait de tomber gravement atteint sur le champ de bataille de l'Alma. Cet événement fut pour cet excellent père de famille une épreuve à laquelle sa santé ne put résister.

La mort vint le surprendre le 28 octobre 1854, sans lui donner le temps de voir aboutir les négociations entreprises, en son nom, par un ami dévoué près du gouvernement local. Quoique peu fortuné et père de famille, M. Aubert-Armand, déjà chevalier de la Légion d'honneur, n'avait jamais aspiré qu'à un nouveau signe honorifique de satisfaction. Sa correspondance atteste que c'était la seule récompense qu'il ambitionnait.

Après sa mort, l'administration, qui avait à cœur d'exécuter le testament du conseil colonial et de mettre nos archives en possession des longues et patientes recherches de M. Aubert-Armand, traita avec sa succession. Le manuscrit fut cédé à la colonie pour la somme de deux mille francs.

Des mesures furent ensuite arrêtées pour livrer à la publicité tous les documents inédits et notamment la deuxième partie du *Mémorial*, destinée à combler la lacune qui existe entre le *Code de la Martinique* et le *Bulletin officiel* de la colonie. Tel a été le but de l'arrêté pris en conseil privé, le 1er juin 1860, par M. le gouverneur de Maussion de Candé.

Le conseil général s'est généreusement associé à ces mesures par deux votes : l'un du 13 novembre 1857, portant allocation de la somme nécessaire pour l'acquisition du manuscrit ; l'autre du 23 novembre 1860, concernant les dépenses de l'impression par l'imprimerie du gouvernement.

M. Aubert-Armand s'était toujours opposé, de son vivant, à ce que son travail fût scindé et que la deuxième partie parût sans la première. Mais l'importance et les difficultés de l'entreprise, la dépense à engager, les lenteurs que l'exécution devait nécessairement entraîner, ne permirent pas de déférer à son vœu. L'administration a dû tout d'abord, et avec raison, se préoccuper d'enrichir nos recueils de documents précieux dont l'absence se fait depuis longtemps sentir.

C'est en tête de cette deuxième partie du *Mémorial*, appelée la première à la publicité, que j'ai obtenu l'autorisation de placer cette courte notice, afin d'indiquer brièvement les différentes phases par lesquelles a passé ce grand travail, et de signaler à la reconnaissance publique la mémoire du magistrat qui y a attaché son nom.

Fort-de-France, le 15 septembre 1865.

Le Procureur général,
Ch. LA ROUGERY.

Arrêté prescrivant la continuation de la nouvelle édition du Code de la Martinique.

Nous, Gouverneur de la Martinique,

Vu l'arrêté colonial du 20 janvier 1807 qui a autorisé une nouvelle édition du *Code de la Martinique,* et celui du 21 octobre 1809 qui en a autorisé la continuation ;

Vu l'arrêté du 7 octobre 1827 portant établissement du *Bulletin officiel* de la colonie ;

Considérant qu'il importe de pourvoir à la continuation du *Code de la Martinique,* pour la période de 1814 à 1827, dont les actes administratifs n'ont pas encore été édités ;

Qu'il y a lieu également de suppléer aux omissions signalées dans les cinq volumes du *Code* qui comprennent les actes administratifs de la période de 1625 à 1813 ;

Vu les articles 1 à 4 et 21 de l'arrêté du 1er février 1859 portant création de l'imprimerie du gouvernement ;

Sur la proposition de l'Ordonnateur et du Directeur de l'intérieur ;

De l'avis du conseil privé,

Avons arrêté et arrêtons ce qui suit :

Art. 1er. L'édition du *Code de la Martinique* sera continuée et complétée, pour la période de 1625 à 1827, par l'imprimerie du gouvernement, dans les conditions déterminées par l'arrêté du 1er février 1859 pour la publication du *Bulletin officiel.*

Art. 2. Le nombre des exemplaires du tirage est réglé à cinq cents.

Ces exemplaires seront distribués par cahiers aux fonctionnaires auxquels le *Bulletin officiel* est attribué. Le surplus sera mis en vente ou tenu en réserve.

Le prix de chaque volume du *Code* sera fixé, comme celui des volumes du *Bulletin officiel,* à 10 francs.

Art. 3. L'édition aura lieu d'après les textes de la collection manuscrite de M. Aubert-Armand, ancien conseiller à la cour royale, intitulée *Mémorial législatif et administratif de la Martinique,* sauf vérification desdits textes.

Art. 4. La surveillance de l'édition et la collation des textes avec les originaux appartiendront au Contrôleur colonial.

Art. 5. L'Ordonnateur et le Directeur de l'intérieur sont chargés, chacun en ce qui le concerne, de l'exécution du présent arrêté, qui sera inséré au *Moniteur* et au *Bulletin officiel* et enregistré partout où besoin sera.

Fort-de-France, le 1er juin 1860.

DE MAUSSION DE CANDÉ.

Par le Gouverneur :

L'Ordonnateur,
LAGRANGE.

Le Directeur de l'intérieur,
HUSSON.

TABLE CHRONOLOGIQUE.

Nota. Dans le cas où, à la suite du sommaire d'un acte, il ne se trouve, dans le corps de l'ouvrage, que l'indication de la collection contenant cet acte, cette indication a été reproduite dans la présente table.

Un astérisque (*) indique les actes insérés par extrait.

DATES DES ACTES.	TITRES ET ANALYSES DES ACTES.	PAGES.
1814. 7 janvier..	Lettre du ministre de Sa Majesté Britannique au gouverneur anglais de la Martinique, concernant les distinctions à établir entre les ventes respectivement attribuées aux huissiers et à l'encanteur général........	1
10 janvier..	Arrêté réglementaire du gouverneur anglais (Wale) portant organisation de la grande voirie en matière de routes et chemins...	3
10 janvier..	Arrêté du gouverneur anglais (Wale) sur la police des cabrouets roulant sur les chemins royaux..........................	5
10 janvier..	Ordonnance du gouverneur anglais (Wale) portant règlement des impositions de la Martinique pour l'année 1814..........	6
5 février..	Proclamation du gouverneur anglais (Wale) portant permis temporaire pour l'importation de matériaux et denrées de première nécessité d'origine étrangère...........	7
10 février..	Ordonnance du gouverneur anglais (Wale) relative à la sûreté et à la garde, pendant la nuit, des navires mouillés dans la rade de Saint-Pierre......................	8
12 mars....	Ordonnance du gouverneur anglais (Wale) concernant la comptabilité des fabriques des paroisses de la colonie.............	11
	* Décret portant fixation provisoire des droits d'entrée, en France, des denrées coloniales..........................	14
27 avril....	Ordonnance du gouverneur anglais (Wale)	

α

DATES DES ACTES.	TITRES ET ANALYSES DES ACTES.	PAGES.
	qui rétablit les huissiers dans le droit de vendre les meubles et effets saisis.......	14
1814. 29 avril....	Ordonnance du gouverneur anglais (Wale) pour assurer la perception des droits à la sortie des denrées coloniales...........	15
9 mai.....	Règlement du gouverneur anglais (Wale) concernant les affranchis étrangers à la colonie et ordonnant leur renvoi aux lieux où ils ont obtenu leurs titres de liberté..	17
23 mai.....	Circulaire ministérielle sur les règles de neutralité à suivre au cas de guerre déclarée entre l'Angleterre et les États-Unis d'Amérique....................	18
30 mai.....	* Traité définitif de paix et d'amitié entre Sa Majesté Britannique et Sa Majesté Très-Chrétienne....................	20
30 mai.....	* Articles additionnels au traité de paix du même jour....................	22
10 juin.....	* Charte constitutionnelle................	23
13 juin.....	* Brevet, signé du roi, portant nomination du vice-amiral comte de Vaugiraud aux fonctions de gouverneur lieutenant général de la Martinique, et réglant ses pouvoirs	23
13 juin.....	* Brevet, signé du roi, portant nomination de M. Dubuc (Louis-François) aux fonctions d'intendant de la Martinique, et réglant ses pouvoirs..................	25
1er juillet...	Ordonnance du roi portant règlement sur les grades et classes, payes, mode d'avancement des gens de mer, et sur la composition des états-majors et équipages des bâtiments de la marine royale........... Voir *Annales maritimes*, vol. 1809-1815, 2, p. 87.	28
1er juillet...	Ordonnance du roi relative aux titres et dé-	

DATES DES ACTES.	TITRES ET ANALYSES DES ACTES.	PAGES.
	nominations des officiers supérieurs militaires et civils de la marine employés dans les ports et arsenaux et sur les flottes....	28
1814. 1er juillet...	Ordonnance du roi portant organisation du corps de la marine et réglant le service, l'avancement, les appointements et le rang des officiers. Voir *Annales maritimes*, t. 2, 1809-1815, p. 75..........................	31
1er juillet...	Ordonnance du roi portant règlement sur la composition du corps de la marine et sur le service, l'avancement, les appointements et le rang des officiers. Voir *Annales maritimes*, vol. 1809-1815, 2, p. 75......................	32
15 juillet...	Proclamation du gouverneur anglais (Wale) portant création d'un comité chargé de constater la dette commerciale de la colonie envers la Grande-Bretagne........	32
20 juillet...	Circulaire ministérielle sur les règles de neutralité à suivre au cas de guerre déclarée entre l'Angleterre et les États-Unis d'Amérique......................	33
22 juillet...	* Avis du conseil privé de Sa Majesté Britannique sur la propriété des anciens chemins supprimés......................	35
27 juillet...	Décision du roi déterminant le cadre du personnel de l'administration générale de la Martinique......................	35
4 août....	Ordonnance du roi portant règlement sur les pensions et secours à accorder aux veuves et aux enfants orphelins des militaires......................	47
5 août.....	Règlement ministériel relatif à l'emploi et au service de compagnies d'ouvriers militaires de la marine dans les colonies.........	37

DATES DES ACTES.	TITRES ET ANALYSES DES ACTES.	PAGES.
1814. 8 août....	Ordonnance du roi relative à l'organisation des troupes qui doivent être entretenues dans les colonies françaises............	41
8 août.....	Instructions ministérielles à l'intendant pour l'exécution, dans les colonies, des lois sur la francisation des bâtiments de commerce de construction étrangère............	43
15 août....	Règlement provisoire ministériel pour l'établissement de trésoriers des invalides de la marine dans les colonies............	48
15 août....	Lettre d'envoi à l'intendant d'un règlement relatif à la caisse des invalides, énonciative des principes qui doivent régir son administration......................	51
16 août....	Instructions du roi aux gouverneur et intendant de la Martinique, relativement au service et à l'administration de cette colonie......................	52
18 août....	Instructions ministérielles sur les fonctions, les devoirs et la comptabilité des trésoriers de la colonie......................	55
26 août....	Dépêche ministérielle au gouverneur et à l'intendant, portant que, jusqu'à nouvel ordre, il ne sera exercé sur le traitement des officiers militaires que la retenue de 2 p. 0/0 déterminée par le décret du 25 mars 1811......................	64
31 août....	Dépêche ministérielle aux administrateurs en chef, ordonnant de recueillir les actes et pièces qui manquent au dépôt de Versailles, selon le vœu de l'édit de juin 1776.	65
5 septemb.	Arrêt du conseil supérieur qui rapporte deux autres arrêts de la même cour, relatifs l'un à la tenue des registres de l'état civil, l'autre à la taxe des frais de justice.	66
20 septemb.	Dépêche ministérielle à l'intendant au sujet	

DATES DES ACTES.	TITRES ET ANALYSES DES ACTES.	PAGES.
	des communications habituelles à établir dans l'intérêt du service entre le gouvernement de la Martinique et celui de la Guadeloupe	67
1814. 24 septemb.	Dépêche ministérielle au gouverneur, contenant instructions sur ses rapports avec les colonies étrangères voisines	68
28 septemb.	Ordonnance du roi concernant l'organisation des premier et second bataillons coloniaux	70
24 octobre..	* Décision ministérielle qui fixe à 70,000 fr. le cautionnement que devra fournir le trésorier de la Martiniqne . . . . :	71
24 octobre..	Précis ministériel sur les principales dispositions législatives et réglementaires relatives au service de la marine, dont l'exécution concerne les consuls	72
19 novemb.	Dépêche ministérielle aux administrateurs en chef portant désignation des ouvrages périodiques qui, outre le *Bulletin des lois,* seront renvoyés dans la colonie	72
1er décemb.	État des officiers et employés du gouvernement qui recevront la *Gazette de la Martinique* aux frais du gouvernement, à dater de ce jour	73
3 décemb.	Remise par le gouverneur anglais (Leith) à l'autorité française de la ville de Saint-Pierre et de sa juridiction	74
3 décemb.	Circulaire ministérielle sur les rapports des capitaines des bâtiments du commerce avec les consuls en pays étrangers . . . . Voir *Annales maritimes*, t. 2, 1809-1815, p. 161.	74
3 décemb..	Circulaire ministérielle contenant le relevé des divers états qui doivent être fournis périodiquement par l'administration coloniale au département de la marine	74

DATES DES ACTES.	TITRES ET ANALYSES DES ACTES.	PAGES.
1814. 5 décemb..	Loi relative aux biens non vendus des émigrés	77
7 décemb..	Proclamation des gouverneur et intendant *p. i.*, commissaires du roi de France pour la reprise de possession de la Martinique..	81
12 décemb..	Acte solennel de remise de la colonie de la Martinique, par l'autorité anglaise, aux commissaires nommés par le roi de France pour en reprendre possession	82
12 décemb..	Procès-verbal de la séance extraordinaire du conseil supérieur pour recevoir les ordres de Sa Majesté le roi de France et enregistrer les pouvoirs des nouveaux gouverneur et intendant.	82
12 décemb..	Ordonnance des administrateurs en chef sur les impositions de l'année 1814, portant rétablissement dans les ports de la colonie de l'impôt connu sous le nom de *droits du domaine d'occident*	82
12 décemb..	Ordonnance du gouverneur et de l'intendant qui rétablit l'ordre judiciaire de la Martinique, tel qu'il existait en 1789	84
12 décemb..	Arrêté de l'intendant réglant la nourriture à fournir aux équipages des bâtiments du roi, pendant leur séjour sur rade	85
12 décemb..	Ordonnance des administrateurs en chef, qui maintient, sauf modifications, l'arrêt du conseil d'État du 30 août 1784 sur le commerce étranger	86
12 décemb..	Ordonnance du gouverneur et de l'intendant réglant les impositions coloniales pour l'année 1815, et rétablissant la perception du droit du domaine d'occident dans les ports de la colonie	86
15 décemb..	Arrêté du gouverneur et de l'intendant portant tarif pour les actes de francisation et les congés	88

DATES DES ACTES.	TITRES ET ANALYSES DES ACTES.	PAGES.
1814. 17 décemb.	* Loi relative aux douanes, réglant les droits d'entrée en France des denrées coloniales françaises importées par navires français......................	89
17 décemb.	Procès-verbal de la réinstallation de la sénéchaussée et amirauté à Saint-Pierre......	90
20 décemb.	Ordonnance de l'intendant contenant règlement pour les fournitures des dénombrements et recensements et les déclarations relatives aux maisons pour l'année 1815..	90
21 décemb.	* Décision de l'intendant portant fixation de l'indemnité de logement, frais de bureau et autres, alloués aux divers officiers de la direction du domaine et des douanes de la Martinique..................	94
21 décemb.	* Décision de l'intendant déterminant le cadre du personnel de la direction du domaine et des douanes de la Martinique..	95
30 décemb.	Règlement de discipline maritime pour la station des îles du Vent..............	96
1815. 4 janvier.	Arrêté de l'intendant portant maintenue de l'administration municipale de la ville de Saint-Pierre, créée en avril 1810, pour le meilleur et le plus utile emploi des deniers municipaux......................	100
7 janvier.	Avis officiel de l'intendant annonçant la maintenue en vigueur de l'ordonnance du 20 juin 1803 sur la police du cabotage..	102
11 janvier.	Décision de l'intendant portant fixation des frais de bureau alloués aux chefs des divers services de l'administration........	103
13 janvier.	* Lettre du ministre de la justice au ministre de la marine pour l'informer que la grâce, en matière correctionnelle, est affranchie des formalités usitées pour l'entérinement des autres lettres de grâce............	104

DATES DES ACTES.	TITRES ET ANALYSES DES ACTES.	PAGES.
1815. 17 janvier..	* Arrêté de l'intendant portant règlement de l'indemnité de logement allouée aux officiers et employés de l'administration de la marine...........................	104
17 janvier..	* Arrêté de l'intendant portant règlement des gages accordés aux concierges, portiers, garçons de bureau et jardiniers attachés aux divers services..............	104
19 janvier..	Arrêté de l'intendant qui accorde, à titre de supplément, des rations de vivres aux officiers du régiment de la Martinique, et en fixe la composition en nature ou l'équivalent en argent.......................	105
25 janvier..	Arrêté de l'intendant portant règlement des remises accordées au trésorier de la colonie, en sa qualité de receveur général, sur le montant brut de ses recettes......	106
25 janvier..	Arrêté de l'intendant fixant le droit de navigation à payer pour les canots gros-bois et pirogues de charge.................	108
28 janvier..	Dépêche ministérielle aux administrateurs en chef, portant envoi d'instructions pour établir entre les colonies françaises et entre les colonies et la France un échange mutuel des productions utiles de leurs climats respectifs....................	109
1er février..	Arrêté de l'intendant déterminant l'emploi des perceptions de *fees* faites par la direction des domaine et douanes de la Martinique............................	110
	* Commission d'encanteur général de la colonie..............................	114
1er février..	Avis officiel de l'intendant relatif à la capture des déserteurs, gens sans aveu et vagabonds	114
1er février..	Proclamation du gouverneur relative aux permis de résidence.................	115

DATES DES ACTES.	TITRES ET ANALYSES DES ACTES.	PAGES.
1815. 8 février...	Déclaration des puissances sur l'abolition de la traite des nègres d'Afrique..........	116
9 février...	Arrêté de l'intendant réglant les fournitures à faire pour l'éclairage des corps de garde de la colonie......................	119
10 février...	Arrêté de l'intendant portant création d'une brigade d'archers ou gendarmes maritimes pour le service des bureaux de l'administration......................	119
11 février...	Arrêté de l'intendant portant règlement sur la distribution et la comptabilité des vivres........................	120
15 février...	Arrêté de l'intendant portant que la ration accordée aux officiers militaires sera également allouée aux officiers et employés de l'administration....................	122
15 février...	Ordonnance de l'intendant qui admet à la consommation du pays, au droit de 7 1/2 p. 0/0, les marchandises étrangères demandées par le commerce de la colonie avant la paix de 1814................	123
16 février...	Circulaire ministérielle aux administrateurs en chef, recommandant de pourvoir à ce que les formalités de visa et de légalisation prescrites par la circulaire du 6 messidor an XII soient très-exactement remplies........................	124
17 février...	Ordonnance du roi qui exempte des droits de circulation et de consommation les boissons destinées pour les colonies françaises....................	124
1er mars....	Arrêté de l'intendant portant règlement des indemnités de logement et d'ameublement dues aux officiers de toutes armes non logés ou meublés en nature..........	125
1er mars....	Ordonnance du gouverneur général portant	

DATES DES ACTES.	TITRES ET ANALYSES DES ACTES.	PAGES
	réorganisation des milices de la Martinique et règlement de leur service...........	126
1815. 1er mars....	* Ordonnance du gouverneur général pour la formation d'une ou de plusieurs compagnies de sapeurs-pionniers par chaque bataillon des milices.....................	138
1er mars ...	Ordonnance locale relative à la formation de la compagnie de dragons du gouverneur général et de celle d'infanterie du commandant en second..................	139
6 mars....	* Ordonnance du gouverneur et de l'intendant portant règlement des impositions de la Martinique pour l'année 1815......	139
6 mars....	Extrait de l'ordonnance locale sur les impositions de 1815, en ce qui touche le débit du rhum, du tafia et autres liqueurs à la petite mesure....................	140
7 mars....	Décision de l'intendant sur l'habillement de la gendarmerie maritime..............	141
10 mars....	* Arrêté du conseil supérieur par lequel cette compagnie promet, sous conditions, au nom de la colonie, une somme de 120,000 francs à l'auteur d'un nouveau procédé pour la fabrication du sucre.....	141
12 mars....	* Arrêté de l'intendant portant fixation de la solde des ouvriers militaires de la marine, pour chaque journée effective de travail.............................	143
15 mars....	Règlement de l'intendant pour l'habillement des brigades de police.................	143
23 mars....	Provisions du roi, datées de Lille, par lesquelles le comte de Vaugiraud est nommé gouverneur général des îles du Vent de l'Amérique......................	143
24 mars....	Avis officiel de l'intendant annonçant au	

DATES DES ACTES.	TITRES ET ANALYSES DES ACTES.	PAGES.
	public la suppression de l'octroi établi sur les viandes de boucherie, en faveur des bureaux de charité, par l'ordonnance locale du 14 février 1812...............	145
1815. 27 mars....	* Arrêté de l'intendant portant règlement des fournitures de bureau accordées aux chefs de bataillon des milices et aux commandants civils de paroisses..............	145
30 mars....	* Décision du gouverneur qui accorde un supplément de solde aux ouvriers et manœuvres du corps royal d'artillerie......	145
10 avril....	* Arrêté de l'intendant qui accorde une indemnité d'habillement aux nègres du roi attachés au service des hôpitaux........	146
15 avril....	Arrêté des administrateurs en chef portant nomination d'un chirurgien juré aux rapports pour la ville de Fort-Royal et banlieue..............................	146
15 avril....	Ordre du commandant en second de la Martinique sur les formalités à remplir avant et après le débarquement des passagers arrivant dans la colonie..............	147
15 avril....	Arrêté de l'intendant pour l'émission, par le trésorier de la colonie, de billets à ordre à trois mois de date, pour une somme de 150,000 francs.....................	148
16 avril....	* Dépêche ministérielle aux administrateurs en chef, leur notifiant le retour en France de l'empereur Napoléon..............	150
21 avril....	Publication officielle de procédé de M. Dorion pour la clarification du vesou......	150
22 avril....	* Acte additionnel aux constitutions de l'empire	152
28 avril....	Arrêté de l'intendant portant fixation du droit de jaugeage des rhums, tafias et	

DATES DES ACTES.	TITRES ET ANALYSES DES ACTES.	PAGES.
	sirops exportés de la Martinique à l'étranger, et du droit de surveillance du débarquement des bois importés dans la colonie..........................	152
1815. 30 avril....	* Arrêté de l'intendant qui remet en vigueur celui du 14 frimaire an XIII, relatif à la comptabilité des geôles de la colonie.....	153
2 mai.....	Arrêté des administrateurs en chef, qui, à raison des circonstances, permet les exportations ou importations de denrées et marchandises par navires de toutes nations........................	153
20 mai.....	Convention entre le général anglais Leith et les administrateurs en chef de la Martinique, par laquelle est proposée et acceptée l'assistance d'une force de terre britannique pour maintenir la souveraineté du roi Louis XVIII sur cette colonie	154
4 juin.....	* Proclamation des administrateurs en chef aux habitants de la Martinique, leur annonçant l'intervention des forces britanniques pour la défense du sol de la colonie	156
5 juin.....	Arrêté des administrateurs en chef qui assimile les navires anglais aux navires nationaux, en ce qui touche les droits du domaine d'occident....................	156
5 juin.....	Dépêche ministérielle au sujet de l'admission en franchise des vins d'épave reconnus d'origine française.................... Voir *Annales maritimes,* 1835, 1re partie, page 2.	156
14 juin.....	Arrêté des administrateurs en chef, portant que les importations par navires anglais ne seront assujetties qu'au droit établi sur les importations nationales par l'ordonnance locale du 6 mars précédent........	157

DATES DES ACTES.	TITRES ET ANALYSES DES ACTES.	PAGES.
1815. 28 juin.....	Proclamation du gouverneur général à l'occasion des troubles poliques de la Guadeloupe...........................	157
6 juillet...	Arrêté des administrateurs en chef qui ordonne le transfert du dépôt des huiles destinées à l'éclairage public dans un lieu écarté de la ville de Saint-Pierre.........	157
8 juillet...	Ordre des administrateurs en chef, aux navires mouillés en rade de Saint-Pierre, d'aller hiverner dans le bassin de Fort-Royal............................	158
13 juillet...	Arrêté de l'intendant renouvelant et étendant les dispositions d'un ordre local du 23 août 1810 relatif au service des canots de garde pour le service du gouvernement............................	158
1er août....	Ordonnance des administrateurs en chef portant réorganisation du service de l'hospice de Saint-Pierre affecté aux enfants trouvés ou orphelins et aux pauvres femmes et filles infirmes ou malades............	159
11 septemb.	Dépêche ministérielle au gouverneur général pour prévenir une attaque de la Guadeloupe rebelle par les forces britanniques.	162
12 septemb.	Proclamation du gouverneur général annonçant à la Martinique le retour du roi dans sa capitale.......................... Voir Arch. du gouvernement. Ordres et décisions.	163
21 octobre..	Ordonnance de l'intendant qui fixe à *six* le nombre des boulangers dans la ville de Fort-Royal. .... Voir Direction de l'intérieur. Ordres et déc. Reg. 2, fo 49.	163
24 octobre..	Ordonnance de l'intendant pour la perception de l'impôt volontaire consenti par la paroisse du Mouillage (Saint-Pierre) pour les réparations de son église............	163

DATES DES ACTES.	TITRES ET ANALYSES DES ACTES.	PAGES.
1815. 24 octobre.	Dépêche ministérielle au gouverneur et à l'intendant, qui restreint aux seuls navires français le libre trafic des noirs de traite............................	164
9 novemb.	Arrêté de l'intendant relatif aux déclarations à faire par les capitaines de navires de commerce à leur arrivée, et qui leur prescrit de partir dans la journée de leur expédition	165
10 novemb.	* Circulaire ministérielle traçant les règles à suivre au cas où il y aura lieu de charger des denrées coloniales, pour compte particulier, sur les navires de l'État en retour............................	167
28 novemb.	Circulaire ministérielle portant que les commandants des bâtiments du roi jouissant d'un traitement de table sont tenus de s'approvisionner et ne peuvent tirer leurs vivres de la cambuse..................	168
29 novemb.	Ordonnance du roi concernant la régie et administration générale et particulière des ports et arsenaux de la marine......	170
29 novemb.	Ordonnance du roi sur la nouvelle formation du corps des officiers de la marine......	183
1er décemb.	Dépêche ministérielle rappelant les défenses faites aux officiers de la marine royale de se mêler d'aucun trafic, et traçant les règles et les formalités à observer au cas de chargement d'un navire du roi pour compte particulier..................	183
3 décemb.	Avis officiel de l'intendant portant que l'ordonnance du 20 décembre 1814, sur les dénombrements, recensements et déclarations de maisons, fera loi pour l'année 1816............................ Voir *Gazette de la Mart.*, n° 99.	186
4 décemb.	Arrêté du gouverneur administrateur por-	

DATES DES ACTES.	TITRES ET ANALYSES DES ACTES.	PAGES.
	tant renouvellement textuel de l'ordre du 25 novembre 1813, relatif au péage du bac de la Pointe-Simon, au Fort-Royal. Voir Arch. de la direction de l'intérieur. Reg. 2, f° 49.	186
1815. 6 décemb.	Arrêté du gouverneur et de l'intendant portant fixation des rétributions dues par les navires français et étrangers au capitaine de port............................	187
7 décemb.	Loi relative à la perception des droits sur les denrées coloniales importées en France..	188
16 décemb.	Règlement portant fixation du nombre des grades, classes, appointements et frais de bureau des officiers militaires et civils de la marine employés dans les ports...... Voir *Bulletin des lois*, 7ᵉ série, n° 69, t. 11, p. 195.	190
27 décemb.	Arrêté des administrateurs en chef qui supprime les rétributions perçues au profit des officiers et employés de l'administration pour expédition des navires........	190
29 décemb.	Circulaire ministérielle sur les embarquements furtifs de personnes non portées sur les rôles d'équipage................	190
29 décemb.	Arrêté de l'intendant réglant le prix qui sera payé annuellement aux troupes à l'effectif pour renouvellement des hamacs........	191
1816. 3 janvier...	Arrêt du conseil supérieur relatif au devoir des officiers ministériels d'assister aux audiences solennelles de rentrée........	192
5 janvier..	* Ordonnance du gouverneur et de l'intendant portant règlement des impositions de la Martinique pour l'année 1816.......	193
20 janvier..	* Arrêté des administrateurs en chef portant rétablissement du collége de Saint-Victor, autorisé par lettres patentes du 20 septembre 1768........................	194

DATES DES ACTES.	TITRES ET ANALYSES DES ACTES.	PAGES.
1816. 24 janvier..	Ordonnance du roi qui autorise provisoirement, et en attendant la loi de finances, à opérer les retenues que doivent supporter les salaires, traitements et remises, pendant l'année 1816................	6
31 janvier..	Ordonnance du roi concernant la délivrance des certificats de vie aux rentiers viagers et pensionnaires de l'État domiciliés dans les colonies ou servant dans les armées françaises....................	195
7 février..	Ordonnance des administrateurs en chef qui met en demeure les propriétaires riverains des rues de Lucie et Toraille, à Saint-Pierre, d'avoir à faire paver lesdites rues à leurs frais, sous la direction du voyer de la ville....................	197
8 février..	Ordonnance du roi relative aux primes pour la pêche de la morue et son exportation aux colonies françaises et à l'étranger....	197
8 février..	Ordonnance du roi relative aux primes pour la pêche de la baleine..................	204
20 février..	Arrêté de l'intendant prescrivant aux médecins et chirurgiens du roi la visite de santé des bâtiments de commerce et réglant le taux de la rétribution qui devra leur être payée par les capitaines........	206
21 février..	Ordonnance du roi portant règlement sur les pensions et secours aux veuves et enfants orphelins des officiers militaires et autres entretenus du département de la marine........................	207
21 février..	Ordonnance du roi portant création et organisation d'un corps royal de la marine pour servir à terre, à la mer et dans les colonies.................... Voir *Annales maritimes*, vol. 2, p. 179.	209
21 février...	Tarif des indemnités de logement et d'ameu-	

DATES DES ACTES.	TITRES ET ANALYSES DES ACTES.	PAGES.
	blement et de l'indemnité représentative des rations de fourrage accordées dans le corps de l'artillerie de la marine.........	209
1816. 22 février...	Tarif des gratifications à payer par l'administration de la marine, dans les ports de Sa Majesté, pour les sauvetages faits en rade par des embarcations du port ou des vaisseaux..........................	210
Février...	Décision de l'intendant portant approbation du devis d'une fontaine et d'un double escalier à construire au haut de la rue Toraille, à Saint-Pierre............... Voir Inspection. Reg. 3.	211
1er mars....	Arrêté des administrateurs en chef portant règlement des droits dus au fontainier par tous navires de commerce allant faire de l'eau à l'aiguade ou fontaine marine de Saint-Pierre.........................	211
9 mars....	Instructions pour les familles qui demandent l'admission de leurs filles, sœurs, nièces ou cousines dans la maison royale de Saint-Denis...........................	212
11 mars....	Arrêté de l'intendant de la marine, à Rochefort, sur la police et discipline des gens de mer employés pour le commerce, et sur la subordination des marins de l'équipage envers leur capitaine et autres officiers..	214
11 mars....	Jugement du conseil de guerre permanent de la première division militaire, qui acquitte le contre-amiral de Linois, ex-gouverneur général de la Guadeloupe, et condamne à la peine de mort le baron Boyer de Peyrelau, commandant en second de la même colonie..............	215
14 mars....	Arrêté des administrateurs en chef portant que le commerce des étrangers, à la Martinique, sera restreint dans les limites fixées par l'arrêt du 30 août 1784........	215

DATES DES ACTES.	TITRES ET ANALYSES DES ACTES.	PAGES.
1816. 20 mars....	Ordonnance des administrateurs en chef portant établissement à Saint-Pierre d'une maison royale d'éducation pour les jeunes filles de la colonie....................	216
20 mars....	Arrêté de l'intendant portant qu'attendu l'état dyssentérique des soldats la viande salée de leur ration sera remplacée par de la viande fraîche.................... Voir inspection. Reg. 3.	220
26 mars....	Ordonnance du roi renfermant organisation nouvelle de l'ordre de la Légion d'honneur...............................	220
28 avril....	* Loi sur les finances qui défend de cumuler en entier le traitement de plusieurs places................................	220
28 avril....	Extrait de la loi des finances, en ce qui touche le droit d'entrée des denrées coloniales françaises ou étrangères importées par navires français ou étrangers....	220
8 mai.....	Loi sur l'abolition du divorce.............	223
14 mai.....	Dépêche ministérielle au gouverneur portant confirmation des ordres relatifs aux croisières à diriger contre les forbans dans les parages de Saint-Domingue..........	224
22 mai.....	Ordonnance du roi portant rétablissement de la caisse des invalides de la marine dans les attributions du ministre secrétaire d'État de la marine et des colonies.	224
1er juin....	Ordonnance des administrateurs en chef déterminant les mesures à prendre et les travaux à faire pour le rétablissement de la salle de spectacle à Saint-Pierre.......	231
13 juin.....	Dépêche ministérielle aux administrateurs sur l'application de l'ordonnance royale du 29 novembre 1815 aux colonies, et sur l'étendue de la surveillance des contrôleurs de la marine qui y résident........	234

DATES DES ACTES.	TITRES ET ANALYSES DES ACTES.	PAGES.
1816. 20 juin.....	Dépêche ministérielle ordonnant d'établir dans la colonie un conseil de santé, à l'instar de ceux établis en France par l'ordonnance royale du 29 novembre 1815..	234
20 juin.....	Dépêche ministérielle aux administrateurs en chef annonçant l'envoi d'un modèle d'appareil fumigatoire pour le traitement des maladies cutanées...................	235
20 juin.....	Dépêche ministérielle portant suppression de l'indemnité de logement de 1,000 francs, ou de 1,500 francs des colonies, accordée aux greffiers des divers tribunaux de la Martinique......................... Voir arch. de l'ordonnateur. Dép. ministérielles, 1816, n° 4.	236
4 juillet...	Arrêté des administrateurs en chef relatif à divers travaux de construction et d'agrandissement concernant l'église du Mouillage, à Saint-Pierre, son presbytère et le cimetière y attenant.......................	236
7 juillet...	Circulaire ministérielle qui prescrit de mettre sous bandes toutes lettres et tous paquets adressés, pour le service, sous le couvert ministériel.........................	239
10 juillet...	Ordonnance du roi relative au produit des ventes d'objets appartenant à la marine..	240
16 juillet...	Dépêche ministérielle aux administrateurs en chef relative à l'abolition de la traite et aux encouragements à accorder pour la conservation et l'accroissement de la population noire......................	242
17 juillet...	Ordonnance du roi qui supprime dans les différents codes les dénominations, expressions et formules qui ne sont plus en harmonie avec le gouvernement établi par la charte.........................	244
17 juillet...	Règlement portant organisation de la caisse	

DATES DES ACTES.	TITRES ET ANALYSES DES ACTES.	PAGES.
	des gens de mer...................... Voir *Annales maritimes*, 1816, 1ʳᵉ partie, p. 317.	244
1816. 17 juillet....	Règlement du roi portant instruction sur l'administration et la comptabilité de l'établissement des invalides de la marine.	244
20 juillet....	Règlement provisoire du ministre sur le service financier de la colonie..........	291
26 juillet....	Dépêche ministérielle aux administrateurs en chef, leur prescrivant l'envoi régulier au ministère de la gazette qui s'imprime dans la colonie, ainsi que de tout autre écrit de nature à intéresser la haute police ou l'administration intérieure..........	305
26 juillet....	Dépêche ministérielle portant recommandation aux administrateurs en chef d'adresser au ministère dans un même format leurs divers arrêtés, soit manuscrits, soit imprimés......................	305
3 août....	Dépêche ministérielle au gouverneur général, indicative des dispositions à faire pour encourager l'importation des farines françaises dans la colonie, ou, au besoin, celle des farines américaines, par navires français...........................	305
16 août....	Dépêche ministérielle aux administrateurs en chef, annonçant la réserve faite au profit des familles créoles de places gratuites dans les maisons royales de Saint-Denis et de Paris, et l'envoi d'instructions pour l'accomplissement de cette disposition....................	307
23 août....	Dépêche ministérielle portant qu'aucun chargement pour compte particulier de denrées coloniales à bord des navires du roi ne doit être fait sans ordre spécial du ministre, ou sans nécessité absolue......	308
24 août....	Ordre du gouverneur général pour les dis-	

DATES DES ACTES.	TITRES ET ANALYSES DES ACTES.	PAGES.
	positions et le cérémonial à suivre le jour de la fête du roi......................	309
1816. 2 septemb.	* Ordonnance du roi qui affecte à perpétuité trois places gratuites, dans les établissements de Saint-Denis et de Paris, aux filles des membres des ordres royaux propriétaires et résidant à la Martinique....	310
3 septemb.	* Ordonnance du gouverneur pour la mise aux enchères publiques des places d'encanteur, peseur, jaugeur, mesureur et étalonneur..................................	310
3 septemb.	Ordonnance du gouverneur général relative aux émoluments des greffiers, encanteurs, mesureurs, interprètes, capitaines de port, etc.............................	311
6 septemb.	Dépêche ministérielle aux administrateurs en chef, leur rappelant les motifs de l'ordonnance du 13 juin 1743, qui refuse aux capitaines reçus dans les colonies le droit de conduire des bâtiments en France....	316
18 septemb.	Ordonnance du roi qui réserve six bourses gratuites des colléges royaux aux sujets de l'île de la Martinique..................	318
25 septemb.	* Cahier des charges énonciatif des revenus et obligations des places affermées d'encanteur, jaugeur-mesureur et étalonneur.	318
4 octobre..	Dépêche ministérielle portant envoi de l'ordonnance royale du 18 septembre 1816, et diverses dispositions relatives au mode de présentation des élèves boursiers et au passage qui leur est accordé.............	322
4 octobre..	Arrêté de l'intendant qui autorise le trésorier de la colonie à émettre pour 400,000 francs de billets à ordre................	324
6 octobre..	Ordonnance du gouverneur sur les maisons de jeu et tripots......................	324

DATES DES ACTES.	TITRES ET ANALYSES DES ACTES.	PAGES.
1816. 8 octobre..	* Dépêche ministérielle relative à la formation d'un corps d'infanterie sous le nom de légion de la Martinique.............	325
12 octobre..	Ordonnance du gouverneur général portant création d'une commission temporaire pour la vérification des comptes du trésorier de la colonie..................	326
13 octobre..	Ordonnance du gouverneur général portant règlement pour la perception de la rétribution exigée de tout bâtiment louvoyant en rade sans mouiller................	326
17 octobre..	Lettre du gouverneur général sur les voies de rigueur à prendre contre les navires qu'un louvoyage en rade trop prolongé rendrait suspects....................	328
18 octobre..	Décision du gouverneur général qui accorde pour les deux mois de fortes chaleurs une distribution journalière de vinaigre aux soldats............................	329
20 octobre..	Ordonnance du roi relative aux avances à payer aux troupes qui s'embarquent pour aller tenir garnison aux colonies........	329
30 octobre.	* Ordonnance des administrateurs en chef rapportant celles des 5 et 14 juin 1815, qui accordaient au commerce anglais les mêmes avantages qu'au commerce national..............................	331
5 novemb.	Arrêt du conseil supérieur qui rapporte celui du 24 avril 1794 sur les primes d'arrestation des nègres marrons, et remet en vigueur l'ordonnance locale du 18 octobre 1763....................	331
12 novemb.	* Dépêche ministérielle qui prescrit aux administrateurs l'envoi mensuel au ministre de l'état de situation des troupes, arrêté à la fin de chaque mois..................	331
16 novemb.	Dépêche ministérielle relative à l'embarque-	

DATES DES ACTES.	TITRES ET ANALYSES DES ACTES.	PAGES.
	ment des marins étrangers sur les navires français..............................	331
1816. 23 novemb.	Depêche ministérielle annonçant l'envoi de 500,000 francs de traites du caissier général du trésor royal sur lui-même, à vingt jours de vue, fixe, payables sur simple acquit du porteur.....................	333
23 novemb.	* Arrêté de l'intendant portant qu'il sera ajouté aux rations journalières délivrées aux équipages de la marine royale, et comme rafraîchissement de santé, une certaine quantité de café, rhum et sucre.	333
27 novemb.	Ordonnance du roi concernant la promulgation des lois et des ordonnances.......	333
7 décemb..	Ordonnance de l'intendant pour la réparation de dégradations causées par un débordement de la rivière du Fort et la confection d'une chaussée pour la contenir dans son lit.........................	334
13 décemb..	Dépêche ministérielle d'envoi, en commucation, d'une note sur les causes de l'insalubrité de la ville de Fort-Royal et sur les travaux à faire pour l'assainir..........	334
27 décemb..	* Dépêche ministérielle réglant l'exercice du pouvoir législatif provisoire accordé aux administrateurs des colonies et portant création d'un conseil temporaire auprès d'eux.............................	335
27 décemb..	Dépêche ministérielle au gouverneur général réglant l'ordre à suivre dans sa correspondance avec la métropole...........	337
28 décemb.	* Dépêche ministérielle recommandant aux administrateurs en chef la vigilance la plus active sur tous les détails de l'administration des troupes.................	339
28 décemb.	Dépêche ministérielle aux administrateurs portant fixation des masses d'habillement	

DATES DES ACTES.	TITRES ET ANALYSES DES ACTES.	PAGES.
	et d'entretien dans les colonies, et instruction sur le mode de leur administration..	340
1816.	Notice sur les moulins à vapeur appliqués aux fabriques coloniales, constatant l'établissement antérieur d'un moulin à vapeur à la Martinique sur l'habitation Maupeou, quartier de la Rivière-Salée............ Voir *Annales maritimes*, 1816. Sciences et arts, vol. 2, p. 180.	343
	* Rapport fait au gouverneur de la Martinique sur les procédés nouveaux employés par M. *Eyma* dans la fabrication du sucre.	99
	Observations sur la géophagie des Antilles, vulgairement appelée *mal d'estomac*, par M. Moreau de Jonnès................	99
1817. 7 janvier..	Dépêche ministérielle relative à la proportion de nombre à observer entre les marins français et les marins étrangers dans la composition des équipages des navires du commerce........................	344
8 janvier..	Ordonnance du roi qui défend à tous bâtiments français nationaux ou étrangers d'introduire des noirs de traite aux colonies françaises.....................	346
8 janvier..	* Arrêté de l'intendant portant fixation de la dépense d'entretien d'un canot affecté au service du port de Saint-Pierre et des salaires de son équipage..............	347
10 janvier..	* Dépêche ministérielle au gouverneur général et à l'intendant, contenant diverses dispositions à suivre pour l'envoi annuel de l'état des travaux projetés, en ce qui concerne le service du roi..............	348
13 janvier..	Ordonnance du gouverneur portant que l'exportation des farines et autres farineux est prohibée...................	349
17 janvier..	Dépêche ministérielle indicative des états et	

DATES DES ACTES.	TITRES ET ANALYSES DES ACTES.	PAGES.
	pièces relatifs aux finances et approvisionnements à envoyer périodiquement par l'administration coloniale au ministre de la marine............................	349
1817. 17 janvier..	Dépêche ministérielle prescrivant aux administrateurs de prendre l'avis d'un conseil spécial avant d'autoriser aucun chargement de denrées coloniales, pour compte particulier, sur les navires du roi.......	352
18 janvier..	Arrêté des administrateurs en chef qui admet l'importation des farines et farineux de toute provenance, exempte les farineux de tous droits et détermine ceux à percevoir sur les farines..............	353
24 janvier..	* Décision de l'intendant qui modifie le système de charroi des vivres et effets militaires au fort Bourbon et au fort Saint-Louis................................	354
28 janvier..	Dépêche ministérielle séparant les services recettes et dépenses et réglant les émoluments, frais de service et cautionnements du payeur et du receveur général de la colonie.............................	355
31 janvier..	Dépêche ministérielle relative à la correspondance directe du contrôleur avec le ministre, et au compte raisonné qu'il doit lui rendre chaque semestre............	358
3 février..	Ordonnance du gouverneur général sur les temps, lieux et distance que devront observer les bâtiments louvoyeurs.........	358
11 février..	* Dépêche ministérielle prescrivant l'envoi mensuel d'états de situation des magasins en vivres de campagne destinés aux bâtiments du roi en station aux colonies.....	360
13 février..	* Rapport d'une commission spéciale nommée par le gouverneur, en 1816, pour la vérification des recettes et dépenses de la caisse dite des *fees*...................	361

DATES DES ACTES.	TITRES ET ANALYSES DES ACTES.	PAGES.
1817. 15 février..	Dépêche ministérielle à l'intendant portant avis de l'envoi d'une somme de 1,014,851 fr. 67 cent. en piastres, fractions de piastres et pièces françaises, pour subvenir au retrait des mocos en circulation.......... Voir Arch. du gouvernement. Dép. ministérielle, n° 23.	364
22 février..	Mémoire sur la fièvre jaune qui a régné à la Guadeloupe, pendant l'année 1816, par le docteur Vatable, médecin du roi........ Voir *Annales maritimes*, 1820, 2e partie, p. 774.	364
28 février..	Dépêche ministérielle au gouverneur général portant demande de renseignements sur la situation des cimetières de la colonie et d'un projet d'ordonnance sur les inhumations................................	364
12 mars....	Décision de l'intendant autorisant le payement au conseil d'administration de la légion de la Martinique de 48 centimes par homme et par an, destinés à l'achat de médicaments, bandages, etc., nécessaires pour le traitement des soldats légèrement malades qui peuvent être soignés à la caserne............................	364
13 mars....	Décision de l'intendant qui met à la disposition du commandant de place de Fort-Royal une somme annuelle de 250 francs pour les fournitures de bureau des six postes de cette ville.................. Voir Inspection. Reg. 4.	365
14 mars....	Dépêche ministérielle au gouverneur général rappelant à l'exécution des anciennes ordonnances prohibant les jeux de hasard.	365
21 mars....	Ordonnance des administrateurs en chef portant règlement des impositions de la Martinique pour l'année 1817, avec réduction des droits d'entrée et de sortie sur les importations et les exportations........	365

DATES DES ACTES.	TITRES ET ANALYSES DES ACTES.	PAGES.
1817. 23 mars....	Arrêté de l'intendant ordonnant la vente de l'habitation dite *Royale*, sise au Morne-Rouge, comme inutile au service du jardin des plantes................	367
25 mars....	Extrait de la loi de finances de cette date en ce qui touche les dispositions prises, pour l'avenir, à l'égard des pensions à la charge de l'État....................	367
31 mars....	Arrêté des administrateurs en chef qui accorde aux navires étrangers qui auront importé des farines ou farineux la faculté d'exporter du sucre brut, jusqu'à concurrence de 2,000 barriques..........	370
12 avril....	Ordonnance des administrateurs en chef portant fixation de la valeur de cours des monnaies d'or et d'argent, françaises ou étrangères, à la Martinique............	372
17 avril....	Dépêche ministérielle portant que les états de situation des vivres doivent présenter d'une manière distincte ceux destinés pour prolongation de campagne aux bâtiments de la station et ceux destinés aux rationnaires des colonies..................	376
24 avril....	Dépêche ministérielle au gouverneur général portant que les payeurs et receveurs des deniers publics ne peuvent faire exercer des poursuites, *au nom du trésor royal,* contre les préposés établis, nommés et salariés par eux....................	376
24 avril....	Ordre de l'intendant de transporter en France 6,250 marcs de mocos ou fractions de gourdes (ou 300,000 francs) retirés de la circulation....................	377
22 mai.....	Dépêche ministérielle qui, renouvelant l'ordre donné aux administrateurs en chef, le 20 juin 1816, d'établir un conseil de santé dans la colonie, réfute leurs objections à ce sujet....................	378

DATES DES ACTES.	TITRES ET ANALYSES DES ACTES.	PAGES.
1817. 28 mai.....	Décision de l'intendant qui prolonge de deux années le marché d'entreprise des hôpitaux de la colonie, et fixe à 4 fr. 05 cent. la journée d'hôpital du soldat, et à 10 fr. 80 cent. celle de l'officier, au change de 180 0/0..................... Voir Inspection. Ord. et déc. Reg. 4.	380
29 mai.....	Dépêche ministérielle aux administrateurs en chef portant ordre de fermer aux navires étrangers les ports de Fort-Royal, de la Trinité et du Marin..............	381
29 mai.....	Dépêche ministérielle aux administrateurs en chef indiquant les dispositions à prendre pour l'examen du projet de construction d'un hôpital au fort Bourbon......	382
3 juin.....	Circulaire ministérielle relative à la tenue des rôles d'équipages des bâtiments de commerce...........................	382
7 juin.....	Arrêté de l'intendant portant règlement sur le prix du fret des canots gros-bois.....	384
9 juin.....	Dépêche ministérielle portant instructions sur l'application de la loi du 25 mars 1817, qui défend le cumul de deux pensions ou d'une pension avec un traitement d'activité, de retraite ou de réforme.........	385
12 juin.....	* Dépêche ministérielle prescrivant aux administrateurs en chef la plus exacte surveillance pour l'exécution de l'ordonnance du roi du 1er janvier 1786, et la répression de toute contrebande à bord des navires du roi..............................	387
	Ordonnance du roi qui règle le mode d'exécution du titre IV de la loi des finances du 25 mars 1817, concernant les pensions.	388
24 juin.....	Ordre du gouverneur qui renouvelle, pour l'année, celui du 8 juillet 1815 relatif à la	

DATES DES ACTES.	TITRES ET ANALYSES DES ACTES.	PAGES.
	sûreté des bâtiments du commerce pendant l'hivernage...................... Voir Arch. du gouvernement. Ord. et déc.	393
1817. 25 juin.....	Arrêté de l'intendant autorisant le trésor colonial à avancer à la caisse municipale une somme de 100,000 francs pour la reconstruction de la salle de spectacle de la ville de Saint-Pierre....................	393
28 juin.....	* Arrêté de l'intendant établissant un nouveau tarif des *fees* de douanes à payer par les bâtiments caboteurs français.........	393
1er juillet...	* Ordonnance des administrateurs en chef portant concession au sieur Ribié, ancien acteur de Paris, du privilége de la salle de spectacle de Saint-Pierre...............	394
3 juillet...	* Dépêche ministérielle contenant de nouveaux ordres et observations au sujet du conseil de santé à établir à la Martinique, et envoi d'une note médico-légale à consulter sur les certificats de santé.......	395
10 juillet...	Circulaire ministérielle qui désigne aux administrateurs coloniaux les états périodiques dont ils doivent faire l'envoi au ministère de la marine à diverses époques de chaque année......................	399
11 juillet...	Déclaration du conseil supérieur portant que, de toutes les lois rendues contre les émigrés, une seule (celle du 29 août 1792) a été publiée à la Martinique...........	401
15 juillet...	* Homologation par les administrateurs en chef d'une délibération de la paroisse du Carbet portant règlement de l'imposition à établir pour le service de la pension allouée par cette paroisse à son curé.....	402
15 juillet...	Circulaire ministérielle interprétative de l'acte du 29 fructidor an XII, qui accorde	

DATES DES ACTES.	TITRES ET ANALYSES DES ACTES.	PAGES.
	à l'agent comptable embarqué une gratification si ses comptes, au retour, sont reconnus satisfaisants..................	403
1817. 24 juillet....	Arrêté de l'intendant pour l'émission par le trésorier de la colonie de billets à ordre, à trois mois de date, pour une somme de 500,000 francs.....................	405
5 août....	Ordonnance des administrateurs en chef qui accorde aux contribuables qui s'acquitteront de leur arriéré, dans le délai de deux mois, la faculté d'en payer jusqu'à concurrence du quart en papier-monnaie créé par ordonnance locale du 12 avril précédent........................... _Gazette de la Mart._, 1817, nº 64.	406
7 août....	Dépêche ministérielle invitant les administrateurs en chef à donner leurs soins à la multiplication des plantes utiles dans le jardin botanique......................	406
7 août....	Dépêche ministérielle annonçant au gouverneur les dispositions faites pour procurer à la Martinique des plants de la canne à sucre du Paraguay..................... Voir Arch. du gouvernement. Dép. ministérielles, nº 278.	406
13 août....	* Ordonnance du roi qui remplace les gouverneur général et intendant de la Martinique par un gouverneur et administrateur pour le roi. (M. Donzelot.)........	406
13 août....	* Ordonnance du roi portant création d'un commandant militaire à la Martinique...	407
14 août....	* Dépêche ministérielle portant que les sommes payées aux officiers de l'armée de terre employés aux colonies, pour indemnité de logement, frais de bureau et indemnité de fourrage, ne seront point sujettes à la retenue de 3 0/0 de la caisse des invalides........................	407

DATES DES ACTES.	TITRES ET ANALYSES DES ACTES.	PAGES.
1817. 16 août....	Circulaire du ministre de la justice portant que les dispenses d'âge pour mariage seront délivrées gratuitement aux indigents.	407
20 août....	Ordonnance du roi pour l'envoi immédiat à la Martinique d'un commissaire inspecteur pour le roi, chargé de rendre compte de la situation financière et commerciale de cette colonie......................	408
* 22 août....	État des pièces qu'il est indispensable de produire pour l'admission en franchise des morues qui seront rapportées de la pêche du banc de Terre-Neuve..........	410
27 août....	* Ordonnance du roi qui supprime les places de receveur général et de payeur à la Martinique et à la Guadeloupe, et établit, dans chacune de ces îles, un trésorier chargé des recettes et des dépenses..	410
27 août....	Ordonnance du roi qui étend aux pensionnaires de la marine, recevant leur solde de retraite sur le fonds spécial des invalides, les nouvelles dispositions introduites dans le système général des pensions par la loi de finances du 25 mars 1817.......	411
27 août....	Ordonnance du roi qui déclare incessibles et insaisissables les pensions de retraite affectées sur des fonds de retenue........	411
28 août....	Dépêche ministérielle rappelant le gouverneur administrateur à l'observation de diverses règles prescrites en matière de décomptes dus aux salariés en général...	412
4 septemb.	Dépêche ministérielle au gouverneur administrateur concernant un nouvel entrepôt ouvert à Fort-Royal...................	414
4 septemb.	Dépêche ministérielle au gouverneur administrateur sur une introduction de farines étrangères à la Martinique.............	415
4 septemb.	* Dépêche ministérielle au gouverneur ad-	

DATES DES ACTES.	TITRES ET ANALYSES DES ACTES.	PAGES.
	ministrateur au sujet du commerce étranger dans les colonies et le renvoyant aux principes de la matière................	417
1817. 4 septemb.	* Arrêt du conseil supérieur qui dispense de déposer au greffe les minutes d'un notaire décédé et autorise à faire ce dépôt chez un notaire en exercice....................	417
5 septemb.	Arrêté du gouverneur et de l'intendant rapportant celui du 18 janvier précédent qui avait permis l'importation temporaire des farines étrangères....................	418
10 septemb.	Arrêté du ministre de la marine et des colonies réglant les pouvoirs et fonctions de chacun des agents supérieurs appelés à concourir au nouveau système d'administration coloniale......................	419
10 septemb.	Dépêche ministérielle annonçant au gouverneur administrateur que le roi le dispense de renouveler devant le conseil supérieur le serment par lui prêté entre les mains de Sa Majesté........................ Arch. du gouvernement. Dép. ministérielles. — Enregistré à la cour royale le 15 janvier 1818.	423
12 septemb.	Dépêche ministérielle au gouverneur administrateur, notifiant une modification apportée aux articles 1 et 2 de l'ordonnance royale du 2 septembre 1816, qui accorde à la Martinique des places gratuites dans les maisons royales de Saint-Denis et de Paris....................	423
12 septemb.	Circulaire du ministre de la marine contenant le mode d'exécution de l'ordonnance royale du 27 août 1817 sur les pensions, relativement au cumul, aux retenues, etc. *Annales maritimes*, vol. 1817, p. 314.	424
18 septemb.	Dépêche ministérielle au gouverneur administrateur sur la formation, dans la colo-	

DATES DES ACTES.	TITRES ET ANALYSES DES ACTES.	PAGES.
	nie, de prairies artificielles, et sur les plantes qu'il conviendrait d'y employer..	424
1817. 18 septemb.	Dépêche ministérielle au gouverneur administrateur portant demande de renseignements pour la formation de hattes et de haras à la Martinique.................	426
18 septemb.	Dépêche ministérielle annonçant au gouverneur administrateur des dispositions faites pour procurer à la Martinique les plus belles variétés de la canne à sucre et divers autres végétaux utiles................	427
18 septemb.	* Dépêche ministérielle au gouverneur administrateur portant demande de renseignements au sujet de tanneries récemment établies à la Martinique..........	428
18 septemb.	Dépêche ministérielle prescrivant l'envoi semestriel d'un état énonciatif des services et mouvements des marins appartenant aux divers quartiers de France qui naviguent sur des bâtiments armés dans les colonies........................ Voir Arch. de l'ordonnateur. Dép. ministérielles, 1817.	428
18 septemb.	Ordonnance du roi qui autorise les bâtiments français à introduire dans les possessions coloniales, jusqu'à la fin d'octobre 1818, des farines provenant des ports étrangers	428
18 septemb.	Dépêche ministérielle informant le gouverneur administrateur de la création, à Paris, d'une commission chargée de rechercher les moyens d'accroître la prospérité des colonies françaises..........	429
18 septemb.	Circulaire ministérielle qui réduit au traitement de réforme tout officier militaire ou civil ayant séjourné, en route de retour, plus de trois mois à l'étranger sans y être contraint par force majeure..........	430

DATES DES ACTES.	TITRES ET ANALYSES DES ACTES.	PAGES.
1817. 18 septemb.	Dépêche ministérielle au gouverneur administrateur, portant demande d'un rapport sur les moyens de destruction des animaux nuisibles......................	431
18 septemb.	Dépêche ministérielle prescrivant au gouverneur administrateur divers essais pour la naturalisation de la pomme de terre..	431
18 septemb.	Dépêche ministérielle au gouverneur administrateur, demandant compte de la situation de la rade de Saint-Pierre..........	431
20 septemb.	Arrêté des administrateurs en chef qui rapporte celui du 18 janvier précédent sur la libre admission des farines étrangères et l'exemption de droits des farineux de même provenance...................... Voir *Gazette de la Mart.*, 1817, n° 77.	432
24 septemb.	Ordonnance des administrateurs en chef portant rétablissement ou nouvelle fixation des droits d'entrée et de sortie supprimés ou réduits par l'ordonnance locale du 21 mars précédent..................	432
25 septemb.	* Dépêche ministérielle portant séparation, aux colonies, de la direction des constructions civiles de celle des constructions militaires, et règlement du personnel de chacune de ces directions..............	433
2 octobre..	Arrêté ministériel portant création d'un directeur de l'intérieur et d'un directeur des douanes à la Martinique..........	435
2 octobre..	Lettre du ministre de la marine et des colonies françaises aux administrateurs des colonies, sur une collection d'objets d'histoire naturelle......................	436
2 octobre..	Dépêche ministérielle au gouverneur et administrateur disposant que les ouvrages périodiques que recevait l'intendant de la colonie seront adressés désormais au commissaire ordonnateur..................	437

DATES DES ACTES.	TITRES ET ANALYSES DES ACTES.	PAGES.
1817. 6 octobre..	Instruction ministérielle sur les comptes des dépenses en matières et en main-d'œuvre. Voir Arch. de l'ordonnateur. Dép. ministérielles, 1817.	437
9 octobre..	* Dépêche ministérielle au gouverneur administrateur relative aux visa et légalisation précédemment attribués à l'intendant.	438
9 octobre..	Dépêche ministérielle au gouverneur administrateur, qui, à raison des ravages de la fièvre jaune, prescrit un redoublement d'activité dans le service de santé et des précautions à l'égard des navires qui reviennent de la Martinique.............	438
10 octobre..	* Décision ministérielle portant création d'un directeur des douanes à la Martinique................................	439
14 octobre..	Mémoire de M. Moreau de Jonnès sur les volcans éteints de la Martinique et notamment sur une exploration géologique et minéralogique des montagnes du Vauclin. Voir *Annales maritimes*, vol. 1817, 2e partie, p. 788.	439
17 octobre..	Dépêche ministérielle qui remet en vigueur la déclaration du roi du 9 août 1777 interdisant aux noirs et gens de couleur l'entrée du royaume..................... Voir *Annales maritimes*, 1817, p. 385.	440
17 octobre..	Dépêche ministérielle au gouverneur administrateur annonçant l'envoi de cinq pompes à incendie et accessoires en cuir, et faisant connaître le matériel du même genre existant à cette époque à la Martinique................................	440
23 octobre..	* Dépêche ministérielle ordonnant aux administrateurs en chef de tenir la main à l'exécution des anciennes lois qui interdisent certaines professions commerciales aux étrangers, naturalisés ou non, établis dans les possessions françaises..........	441

DATES DES ACTES.	TITRES ET ANALYSES DES ACTES.	PAGES.
1817. 30 octobre..	* Ordonnance des administrateurs en chef, à la suite du coup de vent du 21 du même mois, portant ouverture des ports de la colonie au commerce étranger, pour l'importation de comestibles, de farines et autres articles de première nécessité.....	442
28 octobre..	Avis ministériel d'une décision du roi qui autorise les lieutenants généraux, employés comme gouverneurs à la Martinique et à la Guadeloupe, à conserver au besoin, en temps de paix, deux aides de camp en activité....................	443
30 octobre..	Arrêté de l'intendant qui proroge de deux années le marché passé le 21 décembre 1815 pour l'entreprise des hôpitaux de la colonie............................ Voir Inspection. Ord. et déc. Reg. 5, n° 323.	444
30 octobre..	Arrêté de l'intendant portant établissement, par entreprise, d'un hôpital de convalescents, de cent lits, à Saint-Pierre, au prix de 4 fr. 05 cent. la journée............. Voir Inspection. Ord. et déc. Reg. 5, n° 324.	444
13 novemb.	Dépêche ministérielle énonciative des principes, règles et distinctions à observer en matière de concession de passage, pour retour en France, aux frais du roi......	444
13 novemb.	Dépêche ministérielle au gouverneur administrateur annonçant l'envoi à la Martinique de douze sœurs hospitalières, et déterminant le traitement qui leur sera fait tant en route que dans la colonie....	448
3 décemb.	Règlement du roi sur les pavillons des navires du commerce...................	449
8 décemb.	Ordonnance de l'intendant portant renouvellement de celle du 20 décembre 1814 concernant la formation des dénombre-	

DATES DES ACTES.	TITRES ET ANALYSES DES ACTES.	PAGES.
	ments et recensements.................. Voir Arch. du gouvernement. Ord. et déc.	452
1817. 11 décemb.	Circulaire ministérielle portant que les services ordinaires dans les milices ne sont point comptés pour la croix d'honneur..	453
13 décemb.	*. Ordonnance du roi portant que le service des subsistances de la marine sera confié à un administrateur sous les ordres du ministre...............................	454
18 déeemb.	Dépêche ministérielle au gouverneur administrateur pressant l'envoi au dépôt de Versailles des registres et papiers qui doivent y être recueillis conformément à l'édit de juin 1776....................	454
18 décemb.	Dépêche ministérielle portant qu'aucun navire de commerce, même national, venant de l'Inde ou de l'île Bourbon, ne peut être reçu à la Martinique ni à la Guadeloupe. Voir *Annales maritimes*, vol. 1818, p. 87.	454
25 décemb.	Dépêche ministérielle au gouverneur administrateur au sujet du prix de journée des places réservées dans les hôpitaux de la colonie aux passagers et marins du commerce..............................	455
25 décemb.	Instruction ministérielle sur la composition du budget municipal et notamment sur les recettes et dépenses qui y peuvent figurer.................................	456
31 décemb.	Règlement organique pour l'administration des subsistances de la marine......... Voir *Annales maritimes*, 1818, p. 89.	458
Décemb.	Dépêche ministérielle prescrivant de ne permettre le débarquement des chirurgiens des navires de commerce qu'après en avoir constaté la nécessité..................	458

DATES DES ACTES.	TITRES ET ANALYSES DES ACTES.	PAGES.
1818. 3 janvier..	Circulaire ministérielle annonçant l'envoi d'un nouveau modèle de livrets pour tous les salariés attachés au service des colonies, et traçant les règles à suivre pour leur tenue............................	459
6 janvier..	Règlement ministériel pour déterminer l'uniforme des officiers de l'administration et du contrôle de la marine................	463
	Voir *Annales maritimes*, 1818, p. 105.	
8 janvier..	Dépêche ministérielle au gouverneur administrateur portant envoi d'un mémoire de la chambre de commerce de Nantes sur le commerce interlope, flagrant à la Martinique, et sur les moyens de le réprimer..	463
8 janvier..	* Dépêche ministérielle au gouverneur administrateur portant défense d'admettre désormais en entrepôt les rhums et tafias étrangers	465
8 janvier..	Dépêche ministérielle au gouverneur administrateur annonçant que celui de la Guadeloupe est chargé de former des pépinières de cafiers de Marie-Galande, pour réparer les pertes que la Martinique vient d'éprouver en ce genre de culture par l'effet de l'ouragan du 21 octobre précédent...............................	465
	Voir Arch. du gouvernement. Dép. ministérielle, nº 12.	
9 janvier..	Ordonnance du roi qui fixe le prix des passages aux frais de Sa Majesté sur les bâtiments de commerce...............	466
10 janvier..	Arrêté de l'intendant qui autorise un particulier à construire sur la rive du Fort, à Saint-Pierre, une halle de boucherie de seize pieds de long..................	467
12 janvier..	Circulaire ministérielle portant que les administrateurs des colonies n'ont droit à aucune rétribution à raison de la sur-	

DATES DES ACTES.	TITRES ET ANALYSES DES ACTES.	PAGES.
	veillance qu'ils exercent sur la caisse des invalides de la marine................	468
1818. 26 janvier..	Notice scientifique sur l'ouragan qui a éclaté à la Martinique dans la nuit du 20 au 21 octobre 1817, par M. Moreau de Jonnès.... Voir *Annales maritimes*, 1818, 2e partie, p. 119.	469
30 janvier..	Dépêche ministérielle au gouverneur administrateur portant avis d'un envoi de plants et de graines de différentes variétés de la pomme de terre à naturaliser à la Martinique................	469
30 janvier..	* Dépêche ministérielle annonçant au gouverneur que des immunités sont accordées aux armateurs français pour l'importation à la Martinique, ravagée par un ouragan, de vivres et autres objets de première nécessité, d'origine étrangère..	470
30 janvier..	Circulaire ministérielle contenant diverses dispositions relatives au payement de la première mise d'habillement et de la gratification allouées aux sous-officiers promus officiers après cinq ans de service dans le même corps................	470
30 janvier..	Dépêche ministérielle rappelant à la stricte exécution de l'ordonnance royale du 8 janvier 1817 concernant la traite, et rendant le gouverneur personnellement responsable des infractions qui resteraient impoursuivies................	472
31 janvier..	Avis officiel au commerce relatif à l'établissement de glacières dans la colonie, proposé par un étranger................	473
7 février..	Circulaire ministérielle annonçant diverses dispositions prises pour propager et encourager la pratique de la vaccine aux colonies................	473
7 février..	Dépêche ministérielle au gouverneur admi-

DATES DES ACTES.	TITRES ET ANALYSES DES ACTES.	PAGES.
	nistrateur portant demande de renseigne-ments propres à résoudre la question de savoir si la gélatine d'os pourrait améliorer la nourriture du soldat aux colonies.....	475
1818 9 février...	Dépêche ministérielle portant, en principe, qu'aux cas de bris et naufrages les délits ou fraudes des sauveteurs ne peuvent com-promettre les justes droits des proprié-taires................................	475
9 février...	Dépêche ministérielle au sujet de la gratifi-cation à accorder pour la saisie des objets de naufrage enlevés sans déclaration par des riverains......................... Voir *Annales maritimes*, vol. 1835, 1re partie, p. 5.	477
19 février...	Dépêche ministérielle rappelant aux admi-nistrateurs en chef le devoir qui leur est imposé d'envoyer périodiquement divers états de situation et de mouvements.....	477
19 février...	Arrêté du Gouverneur administrateur qui accorde à un sieur Tudor, américain, pour dix années consécutives, le privilége ex-clusif de l'importation et de la vente de la glace dans la colonie..................	479
26 février...	Dépêche ministérielle au gouverneur admi-nistrateur portant recommandation ex-presse de légaliser toutes les expéditions de jugements envoyées en France, notam-ment les ampliations remises aux capi-taines de navires chargés du transport des condamnés....................... Voir Arch. du gouvernement. Dép. mi-nistérielles, no 53.	482
28 février...	Ordonnance du gouverneur administrateur portant règlement des impositions de la Martinique pour l'année 1818..........	482
28 février...	Décision du gouverneur administrateur por-tant que toutes les ventes de bâtiments	

DATES DES ACTES.	TITRES ET ANALYSES DES ACTES.	PAGES.
	flottants faisant partie de successions ou dont la vente serait ordonnée par justice seront faites par les encanteurs.........	483
1818. 1er mars....	* Décision du gouverneur administrateur portant création et nomination d'un chef du service administratif de la direction de l'intérieur à Saint-Pierre...............	483
3 mars....	Tarif des indemnités pour tenir lieu de frais de bureau aux officiers et agents de la marine embarqués.................... Voir *Annales maritimes*, 1818, p. 129.	484
4 mars....	Ordonnance du gouverneur administrateur portant création et nomination d'un directeur de l'intérieur à la Martinique.......	484
7 mars....	Ordre du gouverneur administrateur portant nomination d'une commission chargée de rechercher les causes de l'insalubrité de l'hôpital de Fort-Royal......... Voir Inspection. Ord. et déc. Reg. 5, no 896..	484
10 mars....	Arrêté du gouverneur administrateur qui assimile, pour le droit d'entrée, les farines étrangères aux farines françaises, lorsqu'elles sont importées par navires nationaux............................	485
10 mars....	Arrêté du gouverneur administrateur ordonnant le brûlement public des bons nominaux rentrés et annulés dans la caisse du trésorier de la colonie.............	485
12 mars....	Circulaire ministérielle relative à divers renseignements à fournir aux commandants de navires sur les sous-officiers et soldats qu'ils sont chargés de transporter en France....:.....................	486
19 mars....	Circulaire ministérielle qui défend le débarquement d'aucun individu faisant partie de l'état-major ou de l'équipage d'un bâtiment du roi armé hors de la colonie...	487

DATES DES ACTES.	TITRES ET ANALYSES DES ACTES.	PAGES.
1818. 28 mars....	Arrêté du gouverneur et administrateur portant création et organisation d'une brigade du train affectée aux services artillerie, génie, ponts et chaussées, vivres et hôpitaux...................................	488
30 mars....	Notice monographique sur la couleuvre *couresse* des Antilles, par M. Moreau de Jonnès................................... Voir *Annales maritimes*, 1818, 2ᵉ partie, p. 838.	491
1ᵉʳ avril....	* Décision du gouverneur administrateur portant création et nomination d'un chef du bureau du domaine et des contributions à Saint-Pierre..................	492
1ᵉʳ et 16 avril	* Ordonnance du roi qui prescrit la formation de compagnies de discipline, détermine le cas dans lequel les militaires y seront incorporés et contient des dispositions sur les bataillons coloniaux.......	492
6 avril....	Arrêté du gouverneur administrateur portant qu'aucun navire de commerce, même national, venant de l'Inde ou de Bourbon, ne pourra être admis dans les ports de la Martinique..................	493
6 avril....	* Homologation par le gouverneur administrateur d'une délibération de la paroisse de Sainte-Marie, portant imposition pour le service d'une pension annuelle de 6,000 livres coloniales allouée par cette paroisse à son curé.............................	493
7 avril....	Ordre du gouverneur administrateur pour la compagnie des canonniers pompiers, relativement au service de la salle de spectacle de Saint-Pierre..................	494
9 avril....	Arrêté du gouverneur administrateur qui modifie le privilége exclusif des spectacles de la colonie accordé au sieur Ribié......	494
9 avril....	Arrêté du gouverneur administrateur qui	

DATES DES ACTES.	TITRES ET ANALYSES DES ACTES.	PAGES.
	autorise le trésorier de la colonie à faire, sous diverses garanties, une avance de 60,000 francs à un négociant qui se propose d'importer et de vendre à la Martinique des farines étrangères............ Inspection. Ord. et déc. Reg. 5 , n° 572.	495
1818. 10 avril....	Arrêté du gouverneur administrateur portant révocation de divers actes de ventes de propriétés nationales consenties, en 1811 et 1812, par l'autorité anglaise à des particuliers...........................	495
10 avril....	Ordonnance du gouverneur administrateur portant annulation du bail de propriétés domaniales consenti à un sieur Édouard Henry, le 4 avril 1812, par l'administration anglaise........................	496
10 avril....	Arrêté du gouverneur administrateur portant résiliation, à dater du 1er septembre prochain, du bail à rente perpétuelle de l'habitation domaniale du Fonds-Saint-Jacques, consenti par l'administration anglaise en 1811.....................	497
15 avril....	Loi qui prononce des peines contre ceux qui se livreraient à la traite des noirs........	497
20 avril....	Mémoire sur l'analyse chimique de la cochenille et de sa matière colorante, par MM. Pelletier et Caventou.............	498
	Extrait de la loi sur les douanes du 21 avril 1818, en ce qui touche la réduction des droits sur les marchandises avariées.....	498
22 avril....	Arrêté du gouverneur administrateur qui accorde aux contribuables arriérés un dernier délai de trois mois pour s'acquitter, passé lequel ils seront poursuivis à la rigueur................................ Inspection. Ord. et déc. Reg. 5 , n° 581.	500
23 avril....	Ordonnance du gouverneur administrateur prorogative de celle du 28 octobre 1817	

DATES DES ACTES.	TITRES ET ANALYSES DES ACTES.	PAGES.
	portant ouverture des ports de la colonie au commerce étranger, pour l'importation des comestibles, farineux et autres objets de première nécessité..................	500
1818. 25 avril....	* Homologation par le gouverneur administrateur d'une délibération de la paroisse du Robert, relative au changement d'emplacement de son cimetière.............	501
24 avril....	Extrait d'un discours du ministre de la marine aux chambres, en ce qui touche les revenus et les dotations des colonies de la Martinique et de la Guadeloupe et les résultats commerciaux qu'elles procurent..	502
25 avril....	Règlement du gouverneur administrateur relatif aux fonctions des sœurs hospitalières attachées au service de l'hôpital et aux droits et prérogatives qui leur sont accordés.............................	502
27 avril....	Dépêche ministérielle au gouverneur administrateur annonçant l'envoi à la Martinique, pour y être naturalisé, du *goramy*, poisson de l'île de France..............	505
27 avril....	Dépêche ministérielle annonçant au gouverneur administrateur l'envoi du vautour dit *messager* ou *serpentaire*, destiné à détruire à la Martinique la grande vipère dite *fer de lance*...................... Voir Arch. du gouvernement. Dép. ministérielles, n° 97.	506
28 avril....	Règlement pour fixer les heures de travail des maîtres ouvriers et journaliers à la journée du roi........................	506
30 avril....	Ordre du gouverneur administrateur pour l'exécution de divers travaux à faire dans l'intérieur du fort Bourbon pour le logement des troupes......................	507
3 mai.....	* Homologation par le gouverneur adminis-	

DATES DES ACTES.	TITRES ET ANALYSES DES ACTES.	PAGES.
	trateur d'une délibération de la paroisse du Saint-Esprit portant imposition au profit du prêtre desservant de cette paroisse..............................	508
1818. 4 mai.....	* Homologation par le gouverneur administrateur d'un procès-verbal constatant la nomination de trois commissaires de commerce pour le Fort-Royal par les négociants de cette ville..................	509
5 mai.....	* Arrêté du gouverneur administrateur réglant le budget des recettes et dépenses de la caisse royale pour l'exercice 1818.....	509
6 mai.....	Ordonnance du roi qui détermine la manière de calculer les services militaires dans la liquidation des pensions à la charge des fonds de retenue des administrations financières.............................. Voir *Annales maritimes*, 1818, 1re partie, p. 199.	510
7 mai.....	Dépêche ministérielle au gouverneur administrateur contenant de nouvelles recommandations et instructions pour la rédaction du budget qui doit être adressé chaque année au ministre....................	510
15, 16 mai..	Loi sur les finances. Dispositions relatives aux pensions. Titre IV, articles 11 et suivants............................. Voir Collection de Duvergier, 1818, t. 21, p. 440.	519
20 mai.....	Arrêté du gouverneur administrateur qui accorde à un particulier le privilége exclusif de former des établissements d'appareils fumigatoires à la Martinique......	520
20 mai.....	Dépêche ministérielle au sujet de la régularisation des dépenses faites par les bâtiments de l'État en station ou en relâche aux colonies..........................	520
25 mai.....	Décision du gouverneur administrateur qui

DATES DES ACTES.	TITRES ET ANALYSES DES ACTES.	PAGES.
	fixe à 5,000 francs le traitement annuel du trésorier municipal..................	523
1818. 26 mai.....	Arrêté du gouverneur administrateur ordonnant des recherches, expériences et travaux analytiques à la journée, pour fixer exactement les prix des matériaux et de la main-d'œuvre des travaux publics..	523
26 mai.....	* Homologation du gouverneur administrateur d'une délibération de la paroisse du Marin, relative à des réparations urgentes à faire à l'église et au presbytère de cette paroisse.....................	523
30 mai.....	Arrêté du gouverneur administrateur portant suppression des rations délivrées aux ouvriers externes employés aux travaux du gouvernement, et nouvelle fixation de leurs salaires.....................	524
30 mai.....	Circulaire ministérielle au gouverneur administrateur portant envoi d'instructions sur les recherches d'histoire naturelle à faire dans les colonies et sur les moyens d'en conserver et d'en transporter les produits	525
30 mai.....	* Arrêté du gouverneur administrateur réglant le budget des recettes et dépenses de la caisse municipale pour l'exercice 1818.	527
30 mai.....	Dépêche ministérielle au gouverneur administrateur relative à l'altération des eaux pluviales dans les citernes des Antilles et au moyen d'y remédier par l'emploi de filtres de charbon..................	528
30 mai.....	Dépêche ministérielle au gouverneur administrateur annonçant l'envoi à la Martinique d'un médecin vétérinaire au compte du roi, chargé de s'occuper de la multiplication des bestiaux et de l'amélioration des espèces....................	528
30 mai.....	Dépêche ministérielle au gouverneur admi-

DATES DES ACTES.	TITRES ET ANALYSES DES ACTES.	PAGES.
	nistrateur, lui donnant avis de la demande faite à Bourbon de graines fraîches du café de cette île, pour la Martinique et la Guadeloupe......................	528
	Voir Arch. du gouvernement. Dép. ministérielles, n° 125..................	
1818. 30 mai.....	Circulaire ministérielle donnant avis au commerce de la permission accordée d'exporter de France pour la Martinique les tabacs exotiques en feuilles..................	529
	Voir *Annales maritimes*, 1818, 1re partie, p. 282.	
30 mai.....	Dépêche ministérielle au gouverneur administrateur, pour l'inviter à tenir la main à ce qu'il ne s'établisse à la Martinique aucunes fabriques autres que celles nécessaires à la préparation des produits du sol	529
1er juin	Ordonnance royale qui détermine l'uniforme des officiers de l'administration de la marine et du contrôle....................	530
	Voir *Annales maritimes*, 1818, p. 241.	
3 juin....	Dépêche ministérielle au gouverneur administrateur annonçant l'envoi d'un exemplaire d'une brochure intitulée : *Description des appareils à fumigations*, publiée par l'administration des hospices..	530
9 juin.....	Arrêté du gouverneur administrateur qui accorde une prime de 50 centimes par tête de serpent tué au fort Bourbon ou aux environs............................	530
10 juin.....	Dépêche ministérielle au gouverneur administrateur relative au défaut d'étampage et d'uniformité de poids et de dimensions des barriques de sucre expédiées des îles du Vent en France....................	531
10 juin.....	Dépêche ministérielle au gouverneur administrateur contenant des observations et	

DATES DES ACTES.	TITRES ET ANALYSES DES ACTES.	PAGES.
	prescriptions au sujet des émissions de billets ou bons de caisse aux colonies....	531
1818. 12 juin.....	Arrêté du gouverneur administrateur portant qu'un prêt de 9,445 francs sera fait à la paroisse du Marin pour l'aider à réparer son église.........................	532
17 juin.....	Dépêche ministérielle au gouverneur administrateur annonçant l'envoi de cinq charrues modèles dont il devra introduire l'usage à la Martinique.................	533
20 juin.....'	Arrêté du gouverneur administrateur portant création d'un atelier de punition au fort Bourbon pour les soldats coupables de fautes ou de délits militaires........	534
24 juin.....	Ordonnance du roi qui établit sur les côtes d'Afrique une croisière pour empêcher la traite des noirs.....................	536
25 juin.....	Ordonnance du gouverneur administrateur pour la sûreté des bâtiments du commerce français pendant l'hivernage...........	536
28 juin.....	Arrêté du gouverneur administrateur portant qu'il sera émis pour la somme de 400,000 francs de bons de caisse du trésorier de la colonie, et réglant les formes comptables de cette émission...........	538
30 juin.....	Ordonnance du gouverneur administrateur portant organisation du service des douanes à la Martinique et règlement des fonctions et devoirs de ses préposés..............	538
30 juin.....	* Arrêté du gouverneur administrateur portant suppression du collége royal de Saint-Victor.......................	541
1er juillet...	* Décision du gouverneur administrateur qui arrête à la somme de 148,250 francs l'état du personnel des douanes pour l'année 1818.........................	541

DATES DES ACTES.	TITRES ET ANALYSES DES ACTES.	PAGES.
1818. 2 juillet...	Ordonnance du gouverneur administrateur pour l'ouverture, par souscription, d'un chemin montant de la ville de Saint-Pierre au Morne-d'Orange.	541
8 juillet...	Dépêche ministérielle au gouverneur administrateur contenant renseignements sur le Para et le commerce de bétail qui s'y fait.	543
8 juillet...	Arrêté du gouverneur administrateur relatif au droit de 6 fr. 30 cent. 0/0 que devront payer les acquéreurs de marchandises confisquées dont la vente aura été ordonnée.	543
8 juillet...	Ordonnance du roi concernant le cumul des pensions inscrites au trésor royal avec celles accordées sur des fonds de retenue.	545
9 juillet...	Ordonnance du gouverneur administrateur déterminant les quantités de farineux et de morue nécessaires à l'approvisionnement de la colonie, et restreignant en conséquence l'exportation de ces denrées...	546
9 juillet...	Ordonnance du gouverneur administrateur qui, à raison de la disette amenée par l'ouragan de 1817, prescrit aux habitants des plantations de manioc et de bananiers.	548
14 juillet...	Circulaire ministérielle sur les mesures à prendre contre les corsaires qui auront commis des actes de piraterie envers un navire français. Voir *Code de la Guyane française,* 2e partie, n° 158.	550
14 juillet...	Dépêche ministérielle au gouverneur administrateur portant demande d'un catalogue des végétaux indigènes et exotiques existant dans les établissements de culture ou de botanique appartenant au roi dans la colonie.	550
15 juillet...	Dépêche ministérielle rappelant au gouver-	

DATES DES ACTES.	TITRES ET ANALYSES DES ACTES.	PAGES.
	neur administrateur que l'intention du roi est que les marins du commerce soient traités dans les hôpitaux comme ceux de la marine royale et aux mêmes prix.....	551
1818 16 juillet...	Arrêté du gouverneur administrateur ordonnant la construction de cales en bois et autres travaux nécessaires à la sûreté et à la salubrité des port et rade de la ville de Saint-Pierre...................... Inspection. Reg. 5.	551
24 juillet...	Arrêté du gouverneur administrateur portant création d'un huissier du domaine pour chacune des villes du Fort-Royal et de Saint-Pierre......................	551
28 juillet...	Décision du gouverneur administrateur qui arrête provisoirement l'état d'organisation du personnel de la direction de l'intérieur, à compter du 1er mars précédent...	552
29 juillet...	Avis officiel de l'ordonnateur relatif aux conditions de l'adjudication, par entreprise, de l'enlèvement des ancres, chaînes et autres objets gisant dans le port et la baie de Saint-Pierre......................	553
29 juillet...	Ordre du jour du gouverneur administrateur portant que durant l'hivernage une ration de vin sera substituée à celle de rhum journellement délivrée aux officiers, sous-officiers et soldats des troupes..... Inspection. Reg. 5.	554
30 juillet...	Dépêche ministérielle au gouverneur administrateur au sujet de l'affluence des marchandises étrangères à la Martinique, et sur les moyens de garantir les produits nationaux de leur concurrence........	554
30 juillet...	Dépêche ministérielle sur les cas exceptionnels aux conditions imposées par la dépêche du 13 novembre 1817 en matière de concession de passage, pour retour en France, aux frais du roi..............	555

DATES DES ACTES	TITRES ET ANALYSES DES ACTES.	PAGES.
1818. 30 juillet...	Dépêche ministérielle appelant toute l'attention du gouverneur administrateur sur les routes de la colonie..................	555
1er août.....	Décision du gouverneur administrateur qui attribue au directeur des douanes la nomination des préposés.................	556
4 août.....,	Ordre du gouverneur administrateur pour l'acquisition de deux felouques ou bateaux pontés nécessaires au service des douanes et réglant la composition et les salaires de leurs équipages...................... Inspection. Reg. 5, n° 785.	556
5 août....	Circulaire ministérielle qui déclare que les gens de couleur libres peuvent librement et sans être assujettis à aucun cautionnement sortir des colonies pour se rendre soit en France, soit à l'étranger......... Voir Inspection. Reg. 10.	557
15 août....	Arrêté du gouverneur administrateur portant création d'une commission pour procéder à l'inventaire estimatif des habitations domaniales de Saint-Jacques, du Trou-Vaillant et du Champ-Flore.......	557
23 août....	Ordonnance du gouverneur administrateur qui remet en vigueur, sauf quelques exceptions, l'édit d'août 1784 suspendu à raison de l'ouragan de 1817...........	557
31 août....	Ordre du jour du gouverneur administrateur qui remplace par une ration de rhum, pendant les mois de septembre, octobre et novembre, le vinaigre ordinairement distribué aux troupes.................. Bureau des approvisionnements. Ord. et déc. Liasse 1818.	559
31 août....	Arrêté du gouverneur administrateur qui crée une commission provisoire de liquidation des créances sur le gouvernement postérieures au 23 septembre 1800 (1er ven-	

DATES DES ACTES.	TITRES ET ANALYSES DES ACTES.	PAGES.
	démiaire an IX) et antérieures au 1er janvier 1816.............................	559
1818. 31 août....	Arrêté du gouverneur administrateur portant création d'une commission provisoire de liquidation des créances sur le gouvernement, postérieures au 23 septembre 1800 (1er vendémiaire an IX) et antérieures au 1er janvier 1816.......................	559
10 septemb.	Arrêté du gouverneur administrateur qui rattache les deux huissiers du domaine au corps des huissiers des sénéchaussées.....	559
10 septemb.	Arrêt du conseil supérieur portant création d'une commission prise dans son sein pour réunir des renseignements sur les empoisonneurs qui désolent les campagnes............................ Greffe de la cour royale. Reg. 17, fo 200.	560
10 septemb.	Arrêté du gouverneur administrateur qui prescrit un second brûlement public des bons nominaux rentrés dans la caisse depuis le 31 mars précédent..............	561
11 septemb.	* Circulaire ministérielle relative à l'application de lois des 15 mai 1818 et 25 mars 1817 sur le cumul des pensions.........	561
11 septemb.	Avis officiel du gouverneur administrateur aux propriétaires des bateaux caboteurs et canots gros-bois sur le maintien de l'ordonnance locale du 20 juin 1803, sur la police du cabotage....................	561
11 septemb.	Instruction ministérielle sur l'application des dispositions de la loi de finances du 15 mai précédent, en ce qui concerne les retenues à opérer sur les pensions diverses. Voir *Annales maritimes*, 1818, 1re partie, p. 471.	562
14 septemb.	Dépêche ministérielle au gouverneur administrateur portant envoi de plusieurs exem-	

DATES DES ACTES.	TITRES ET ANALYSES DES ACTES.	PAGES.
	plaires d'une instruction sur les recherches d'histoire naturelle à faire dans les colonies et sur les moyens d'en transporter les produits......................	562
1818. 22 septemb.	Mémoire sur le jaugeage des bâtiments, par M. Daviel, ingénieur de marine........	562
22 septemb.	Ordonnance du gouverneur administrateur enjoignant aux capitaines des navires marchands de faire porter à l'hôpital ceux des gens de leur équipage qui tomberont malades............................	563
23 septemb.	Dépêche ministérielle au gouverneur administrateur contenant diverses observations générales et spéciales sur le budget municipal de la Martinique................... Voir Arch. de la direction de l'intérieur. Reg. 4, fº 2.	564
1er octobre.	Règlement du gouverneur administrateur sur l'administration et la comptabilité de la caisse de réserve dite des *fees*........	564
1er octobre.	Règlement du gouverneur administrateur sur l'administration et la comptabilité de la caisse municipale...................	567
7 octobre.	Dépêche ministérielle au gouverneur administrateur prescrivant les dispositions nécessaires pour la naturalisation à la Martinique d'une plante alimentaire nommée *l'alstrœmeria*......................	572
13 octobre.	Décision du gouverneur administrateur portant qu'à l'avenir le cadavre de tout individu mort et inhumé aux hôpitaux sera couvert d'un demi-baril de chaux vive.............................	573
14 octobre.	Observations du gouverneur administrateur sur un état des indigents de la paroisse du Fort-Royal, présenté par le bureau de charité pour obtenir le dégrèvement de ceux qui y sont dénommés...........	573

DATES DES ACTES.	TITRES ET ANALYSES DES ACTES.	PAGES.
1818. 19 octobre.	* Circulaire ministérielle relative à diverses annotations que doivent contenir les actes de décès des marins français ou étrangers décédés - aux colonies.................	575
20 octobre.	Décisions du gouverneur portant réunion de la direction des ponts et chaussées à celle du génie militaire.................	576
20 octobre.	Homologation par le gouverneur administrateur d'une délibération de la paroisse de la Rivière-Pilote, relative à une imposition paroissiale destinée à rembourser au gouvernement une somme de 55,000 livres coloniales (30,555 fr. 55 cent.) par lui avancée pour la reconstruction de l'église de cette paroisse...............	576
20 octobre.	* Dépêche ministérielle qui prescrit au gouverneur administrateur de tenir la main à la stricte exécution du règlement provisoire du 20 juillet 1816, sur le service financier de la colonie.................	576
21 octobre.	Ordre du gouverneur administrateur portant que la rivière Madame, à Fort-Royal, sera encaissée sur ses deux rives par un mur en maçonnerie, depuis son embouchure jusqu'au canal d'enceinte........ Voir Inspection. Ord. et déc. Reg. 5, n° 915.	576
21 octobre.	Ordonnance du roi qui proroge, sous diverses modifications, celle du 8 février 1816, relative aux primes d'encouragement pour la pêche de la morue.............	577
21 octobre.	Ordre du gouverneur administrateur portant que le canal d'enceinte de la ville du Fort-Royal sera encaissé sur ses deux rives par un mur en maçonnerie........ Voir Inspection. Ord. et déc. Reg. 5, n° 912.	584
24 octobre.	* Homologation par le gouverneur adminis-	

DATES DES ACTES.	TITRES ET ANALYSES DES ACTES.	PAGES.
	trateur d'une délibération de la paroisse des Trois-Ilets, portant règlement de l'imposition à établir pour le service de la pension allouée par cette paroisse à son curé..............................	584
1818. 25 octobre.	Ordre du gouverneur administrateur portant création d'une commission chargée de reconnaître et constater la nécessité d'une rue projetée à Saint-Pierre, et d'en établir la dépense approximative..............	584
28 octobre.	Ordonnance du gouverneur administrateur qui assujettit les saisies et amendes en matière de douanes à une retenue de 6 p. 0/0, au profit du trésor..............	585
28 octobre.	Avis officiel de l'ordonnateur de dispositions prises pour réprimer des ventes de cargaisons au détail reprochées aux bâtiments du commerce étranger................	586
1er novemb.	Ordonnance du gouverneur administrateur portant remise en vigueur des lettres patentes d'octobre 1727, qui interdisent le commerce dans les colonies françaises aux étrangers qui y sont établis.............	586
3 novemb.	Ordonnance du gouverneur administrateur qui accorde aux détenteurs de marchandises étrangères prohibées un délai pour en disposer, soit par la voie de consommation, soit par celle de l'exportation...	589
4 novemb.	Instruction adressée par le directeur des douanes de la colonie aux chefs de service sous ses ordres, et relative aux acquits-à-caution et à la visite des navires marchands à leur entrée........................	591
6 novemb.	* Arrêté du gouverneur administrateur qui alloue des frais de bureau au garde d'artillerie, au maître charpentier du port et au garde-magasin de l'îlet à Ramiers.....	593
9 novemb.	Ordonnance du gouverneur et administra-	

DATES DES ACTES.	TITRES ET ANALYSES DES ACTES.	PAGES.
	teur portant règlement du traitement fixe du vice-préfet apostolique par intérim, des curés, desservants et vicaires de la colonie...........................	593
1818. 10 novemb.	Circulaire ministérielle sur les mesures à prendre à l'égard des matelots qui, dans les colonies, désertent des bâtiments du commerce...........................	595
13 novemb.	Décision du gouverneur administrateur portant création d'un dépôt militaire de convalescents au fort Bourbon, et réglant les rations à leur délivrer et la surveillance dont ils seront l'objet.................	597
16 novemb.	Ordre du gouverneur administrateur qui remet en vigueur l'article 12 de l'arrêt du conseil du 1er mars 1744, concernant la marque des barriques de sucre d'une étampe au nom de l'habitant..........	599
19 novemb.	Dépêche ministérielle au gouverneur administrateur contenant nouvelle invitation d'encourager la recherche des coquillages de toute espèce qui se trouvent dans la colonie...........................	600
19 novemb.	Dépêche ministérielle au gouverneur administrateur relative au prochain envoi à la Martinique de machines pour le curage du port, du canal de Fort-Royal et des rivières voisines.....................	601
28 novemb.	Dépêche ministérielle portant que les comptables du service financier des colonies seront assujettis à tenir leurs écritures en partie double, conformément aux instructions données par le trésor en 1808..... Voir Inspection. Ord. et déc. Reg. 6, n° 10 bis.	602
29 novemb.	Décision du gouverneur administrateur qui soumet au droit de 3 fr. 15 cent. les matériaux, bois, planches et autres objets	

DATES DES ACTES.	TITRES ET ANALYSES DES ACTES.	PAGES.
	apportés d'Amérique pour l'établissement des glacières à la Martinique............ Voir Arch. du gouvernement. Ord. et déc., n° 167.	602
1818. 1er décemb.	Ordonnance du gouverneur administrateur concernant la formation des dénombrements et recensements ainsi que les déclarations relatives aux maisons pour 1819.	602
1er décemb.	Instructions ministérielles sur les formalités à remplir par les armateurs qui vendent des navires français à l'étranger........	606
3 décemb.	Ordonnance du gouverneur administrateur concernant la fixation périodique du poids du pain, calculée sur le prix de la farine, avec tarif offrant le rapport progressif à observer	608
5 décemb.	Dépêche ministérielle au gouverneur administrateur portant avis d'un nouvel envoi de graines et de tubercules de pommes de terre.................................	610
14 décemb.	Notice scientifique sur le coup de vent qui a eu lieu, le 21 septembre 1818, dans l'archipel des Antilles, par M. Moreau de Jonnès.......................... Voir *Annales maritimes*, 1818, 2e partie, page 950.	610
15 décemb.	Ordonnance du gouverneur administrateur concernant le retrait et l'annulation des bons nominaux, et le remplacement de ceux encore en circulation par des bons à ordre du trésor....................	610
15 décemb.	Dépêche ministérielle au gouverneur administrateur portant demande de renseignements sur la pêche de la baleine dans la mer des Antilles.	614
16 décemb.	Ordonnance du gouverneur administrateur qui assimile temporairement, pour le droit d'entrée, aux farines françaises les farines	

DATES DES ACTES.	TITRES ET ANALYSES DES ACTES.	PAGES.
	étrangères importées par navires français dans la colonie....................	614
1818. 16 décemb.	* Ordre du gouverneur administrateur portant que la ration du soldat sera désormais pesée et mesurée conformément au système décimal.....................	615
23 décemb.	Ordre du gouverneur administrateur à M. de Tharon, commandant la goëlette du roi *le Messager,* de conduire cinq enfants à la Dominique pour y être vaccinés........ Voir Inspection. Reg. 5.	615
26 décemb.	* Dépêche ministérielle prescrivant l'envoi annuel de notes individuelles sur chacun des officiers et employés tant de l'administration de la marine que des autres parties du personnel salarié............	616
30 décemb.	Décision du gouverneur administrateur portant suppression des rations accordées aux agents des brigades ambulantes et de police et à ceux de la gendarmerie maritime......	617
30 décemb.	* Décision du gouverneur administrateur portant que les rations de secours accordées à divers particuliers seront supprimées et remplacées par un secours annuel en argent.........................	617
31 décemb.	* Décision du gouverneur administrateur portant qu'à dater du 1er janvier 1819 les journées pour nourriture des détenus des geôles de Fort-Royal et de Saint-Pierre seront payées d'après l'ancien tarif......	618
31 décemb.	Décision du gouverneur administrateur qui accorde une ration de vivres en nature à chacune des femmes légitimement mariées à des sous-officiers et soldats..........	618
31 décemb.	Arrêté du gouverneur administrateur qui accorde à une société d'artistes drama-	

DATES DES ACTES.	TITRES ET ANALYSES DES ACTES.	PAGES.
	tiques, sous diverses conditions, le privilége de la salle de spectacle de Saint-Pierre........................	619
1818. 31 décemb.	* Décision du gouverneur administrateur portant que la comptabilité de la caisse municipale sera remise au détail du bureau des fonds......................	620
31 décemb.	* État arrêté par le gouverneur administrateur du personnel du génie militaire et des ponts et chaussées................	620
31 décemb.	* Décision du gouverneur administrateur qui double la force de la brigade du train et modifie le cadre de ses sous-officiers et ouvriers.......................	621
31 décemb.	Circulaire ministérielle sur l'envoi et les formes des factures ou états appréciés des approvisionnements qui seront destinés pour les colonies.....................	621
31 décemb.	Décision du gouverneur administrateur ordonnant le versement à la caisse royale du produit des droits de cabaret et de colportage.............................	623
31 décemb.	Décision du gouverneur administrateur portant suppression de l'abonnement accordé par arrêté du 8 janvier 1817 pour l'entretien du canot affecté au service du capitaine de port de Saint-Pierre et des pilotes sous ses ordres......................	624
31 décemb.	Décision du gouverneur administrateur autorisant l'émission de 150,000 francs de traites du caissier général du trésor royal sur lui-même......................	625
	Tableau des principaux officiers de l'administration militaire et civile à la Martinique............................ Voir *Annales maritimes*, 1818, p. 58.	626
	Mémoire sur la fièvre jaune qui a désolé les	

DATES DES ACTES.	TITRES ET ANALYSES DES ACTES.	PAGES.
	Antilles pendant les années 1816 et 1817, par le docteur Dubreuil................ Voir *Annales maritimes*, 1818, 2º partie, p. 97.	626

CODE

DE LA MARTINIQUE.

N° 1510. — *Lettre du Ministre de Sa Majesté Britannique au gouverneur anglais de la Martinique, concernant les distinctions à établir entre les ventes respectivement attribuées aux huissiers et à l'encanteur général.*

7 janvier 1814.

J'ai pris en considération votre dépêche du 14 octobre renfermant les divers renseignements destinés à m'éclairer sur les droits que réclament, respectivement, l'encanteur de la colonie et les huissiers des cours de justice. Je suis entièrement de l'opinion exprimée par vous sur l'avantage d'empêcher, au moyen d'une décision définitive d'ici, toutes les discussions qui ont si longtemps agité la colonie, et qui ont occasionné de si fréquents appels à votre autorité.

Le grand mal dont l'encanteur a justement raison de se plaindre, est l'encouragement donné à des ventes frauduleuses ou collusives de propriétés, sous l'autorité des cours, faites seulement dans la vue d'éluder la commission à laquelle il aurait eu droit comme encanteur faisant la vente. L'existence de cette manœuvre est admise par toutes les parties, et on admet qu'il convient d'y remédier. D'un autre côté, on admet également que les cours de justice ont seules le droit de disposer, par l'entremise de leurs propres officiers, de ce qu'on appelle *immeubles,* selon la loi française. L'intention du gouvernement de Sa Majesté n'est pas d'intervenir dans cet objet, mais il lui paraît nécessaire, dans la vue de protéger les justes droits de l'encanteur contre des invasions frauduleuses, qu'aucune vente ne soit dorénavant con-

1

sidérée comme vente judiciaire, excepté celles qui ont rapport à des terres et maisons appelées *immeubles* par la loi française, et celles qui se font en exécution de tout jugement définitif des cours de justice où la propriété vendue appartient *bona fide* au défendeur, dans la cause qui donne lieu au jugement, et est vendue par l'ordre exprès ou sentence de la cour, et non pas seulement en conséquence de cette sentence. Les ventes faites par des exécuteurs testamentaires ou administrateurs des meubles appartenant aux personnes décédées ne peuvent pas être interprétées comme devant être du cercle des fonctions des huissiers, et elles doivent être faites à l'avenir par l'encanteur seul, attendu qu'il est l'officier du roi nommé à cet effet dans le nombre des autres objets qui lui sont dévolus.

À l'égard du point sur lequel les observations du tribunal s'appesantissent principalement, savoir la responsabilité supérieure de ses propres officiers, je ne dis rien, parce que l'encanteur, dans la direction de toutes les ventes, est sujet aux mêmes restrictions auxquelles les huissiers ont jusqu'à présent été assujettis, et qu'il est également sujet à l'inspection et à la surveillance des tribunaux : et en promulguant les instructions que je vous donne par ces présentes, pour régler ce qui doit être à l'avenir considéré comme ventes *judiciaires*, vous ne manquerez pas de promulguer aussi que l'encanteur, dans le cas des ventes faites par lui, est tout aussi responsable et aussi sujet à l'inspection que tout huissier ou autre officier du tribunal.

J'ai l'honneur d'être, etc., etc.

Signé BATHURST.

Nota. Une ordonnance en date du 17 février 1814, signée Charles Wale, prescrit l'enregistrement de cette lettre aux greffes de la colonie.

Greffe de Saint-Pierre. Reg. des ord., fol. 446.

Nº 1511. — *Arrêté réglementaire du gouverneur anglais* (Wale) *portant organisation de la grande voirie en matière de routes et chemins.*

10 janvier 1814.

Les dispositions qui avaient été faites pour entreprendre l'établissement des nouveaux chemins pouvaient être bonnes, lorsqu'il ne s'agissait que du tracé, du nivellement et de l'ouverture de ces chemins; mais maintenant que nous n'avons plus qu'à travailler à leur formation et confection, il paraît nécessaire de changer le mode qui a été suivi jusqu'à présent, pour en prendre un plus convenable à l'espèce de travail qui reste à faire.

Le vice qui empêche l'ouvrage d'avancer est l'insouciance des uns et la mauvaise volonté des autres. Lorsqu'il a fallu porter la colonie à entreprendre une opération aussi importante, des moyens de douceur et de persuasion ont dû être employés, et ils ont réussi à nous mettre dans la position de voir tous les chemins tracés, nivelés et ouverts dans la colonie; mais si on laisse à la seule disposition des commissaires civils et des comités de paroisses les travaux à continuer, on doit s'attendre à une infinité de retards, d'entraves, et on risque enfin de laisser imparfaite une opération qui, si elle s'achevait, serait de la plus haute importance pour la prospérité coloniale.

D'après ces considérations, il m'a paru qu'il était convenable d'organiser la voirie de la colonie de manière à ce qu'elle pût suivre sur tous les points le travail de la confection des chemins, et de prendre en même temps des résolutions du gouvernement, qui obligent chaque contribuable à satisfaire à sa tâche dans le temps donné pour la remplir. En conséquence, je propose de fixer le grand voyer au Fort-Royal, comme au centre des opérations qu'il doit diriger de concert avec l'administration, et de nommer trois adjoints de ce grand voyer, qui seront en même temps ingénieurs des ponts et chaussées de la colonie, et de partager l'île entre eux comme suit :

PAROISSES.

Fort-Royal, Lamentin, Gros-Morne, Robert, Trinité, Case-Pilote....	Le grand voyer
Trou-au-Chat, Rivière-Salée, Trois-Islets, Anses-d'Arlets, Diamant, Sainte-Luce.................	Un adjoint, etc.
Marin, Sainte-Anne, Vauclin, François, Rivière-Pilote, Saint-Esprit..	Un adjoint, etc.
Sainte-Marie, Marigot, Grand'Anse, Basse-Pointe, Macouba, Prêcheur, Saint-Pierre, Carbet............	Un adjoint, etc.

Les fonctions des quatre voyers supérieurs seront de diriger en grand les travaux de leur département.

Les comités continueront, de concert avec le commissaire civil, de pourvoir aux corvées générales ou aux tâches particulières que doivent fournir les habitants. Il sera désigné, par le comité, le commissaire civil et le voyer départemental, autant de commissaires de chemins qu'il en sera nécessaire pour suivre les travaux des différentes routes de la paroisse. Ces commissaires correspondront immédiatement avec le voyer départemental pour l'exécution des instructions déjà données et de celles que les localités pourront exiger de nouveau de la part du voyer départemental.

Ces commissaires dirigeront les travaux qui leur seront confiés, ils seront pourvus à chaque commandement de corvées d'un état des nègres qui seront à leur disposition, distribueront les travaux comme ils le jugeront convenable, et des officiers de milice seront nommés pour surveiller l'exécution et maintenir les nègres dans la discipline et l'activité convenables.

Les commissaires des chemins feront parvenir tous les quinze jours au voyer départemental un état des travaux qui auront été exécutés, accompagné des observations relatives à ces mêmes travaux.

Dans le cas où il y aurait des délinquants aux corvées, les commissaires aux chemins en instruiront sur-le-champ le voyer départemental, qui y suppléera par un atelier dont il aura soin de se pourvoir. Le remboursement des journées de cet atelier se fera comme par le passé. Il sera d'ailleurs responsable du vide qu'il n'aura pas rempli.

Chaque voyer départemental enverra tous les mois au grand voyer l'état des travaux qui auront été exécutés dans les différentes paroisses de son département. Il accompagnera cet état des observations qui y seront relatives et de tous les détails qui pourront donner au grand voyer la facilité de mettre aux mêmes époques sous les yeux du gouvernement et de l'administration le progrès successif du travail des chemins.

Le commissaire civil rendra compte tous les mois de l'état des chemins de sa paroisse au commandant de bataillon, qui, lui-même, visitera les parties les plus essentielles, et rendra aux mêmes époques ses comptes au gouverneur.

Les ouvrages en maçonnerie aux frais de l'administration *seront proposés, calculés et exécutés par le voyer départemental, sous l'inspection du grand voyer.*

Au surplus, le chef de l'administration se concertera avec le grand voyer, pour l'ensemble, les détails et l'exécution du nouveau mode ci-dessus.

On voit, d'un côté, que la partie mécanique des chemins appartiendra exclusivement à la voirie, et, de l'autre, que l'exécution des travaux sera suivie assez militairement pour compter sur de grands succès.

Vu et approuvé pour servir d'instructions à l'administration coloniale.

Signé Ch. WALE.

Arch. des ponts et chaussées. Décisions. Reg. 2.

No **1512.** — *Arrêté du gouverneur anglais* (Wale) *sur la police des cabrouets roulant sur les chemins royaux.*

10 janvier 1814.

Les cabrouets roulant sur les chemins royaux devront

avoir des jantes de 6 à 7 pouces de large; mais comme il peut n'être pas possible à tous les habitants de se procurer de suite des cabrouets de ce genre et que, jusque-là, les cabrouets à petites jantes sont dans le cas d'endommager les nouveaux chemins, le conseil est d'avis qu'en attendant il soit payé annuellement à l'entrepreneur des chemins, pour chaque cabrouet à petites jantes passant sur le chemin royal, 2 s. 6 d. par toise de chemin que le cabrouet parcourra sur la route confectionnée.

Signé Ch. WALE.

Arch. des ponts et chaussées. Décisions. Reg. 2.

N° 1513. — *Ordonnance du gouverneur anglais* (Wale) *portant règlement des impositions de la Martinique pour l'année 1814.*

10 janvier 1814.

Nota. Les dispositions de l'ordonnance locale du 14 janvier 1813 sont renouvelées.

Arch. du gouvernement. — Enreg. à la cour d'appel, 26 janvier 1814.

N° 1514. — *Ordonnance du Roi qui autorise provisoirement, et en attendant la loi de finances, à opérer les retenues que doivent supporter les salaires, traitements et remises, pendant l'année 1816.*

24 janvier 1846.

Nota. Voir une dépêche ministérielle, du 30 avril suivant, interprétative de cette ordonnance et en réglant l'exécution.

Voir au surplus le titre VIII de la loi des finances du 28 avril 1816, relatif aux *traitements,* qui a réglé définitivement le taux et le mode des retenues dont il s'agit en l'ordonnance royale du 24 janvier précitée.

Annales maritimes, vol. 1816, p. 154.—Enreg. au contrôle, vol. 6, n° 252.

N° 1515. — *Proclamation du gouverneur anglais* (Wale) *portant permis temporaire pour l'importation de matériaux et denrées de première nécessité d'origine étrangère.*

5 février 1814.

D'autant qu'il est pourvu par le 28 Geo. III, chap. 6, sect. II, et le 31 Geo. III, chap. 38, sect. II, qu'en cas de nécessité urgente ou de détresse, les gouverneurs, lieutenants-gouverneurs ou commandants en chef des îles dans les Indes occidentales sous la domination de Sa Majesté peuvent, avec l'avis et le consentement de leurs conseils, permettre, pour un temps limité, l'importation de tabac, poix, térébenthine, chanvre, lin, mâts, vergues, beauprés, merrains, fonds de boucauts, planches, bois de construction, aissantes ou bois de toute sorte, pain, biscuit, farine, pois, haricots, pommes de terre, bled, riz, avoine, orge ou grain de toute sorte, du continent de l'Amérique du sud, ou d'une île dans les Indes occidentales sous la domination d'un souverain ou d'un État européen étranger, pour l'approvisionnement des habitants desdites îles, pourvu que lesdits articles soient importés par des sujets anglais, et dans des bâtiments appartenant aux sujets de Sa Majesté, et naviguant conformément à la loi;

Et d'autant que le cas plus haut prévu de nécessité urgente a lieu, en raison des effets destructeurs de l'ouragan du 23 juillet de l'année dernière, qui ont été mentionnés dans notre proclamation du 20 août suivant, et qui se font encore fortement ressentir :

Nous faisons publier la présente proclamation, et nous autorisons et permettons l'importation, par bâtiments naviguant, conformément à la loi, dans les ports de cette île où une douane régulière est établie, de tous les articles ci-dessus énumérés, pendant trois mois du calendrier, à commencer du jour de la date de la présente proclamation.

Et il est enjoint par ces présentes à tous les officiers publics que la proclamation ci-dessus concerne ou pourra concerner de se conduire en conséquence.

Gazette mart. 1814, n° 15.

N° 1516. — *Ordonnance du gouverneur anglais (Wale) relative à la sûreté et à la garde, pendant la nuit, des navires mouillés dans la rade de Saint-Pierre.*

10 février 1814.

Nous, etc.,

Attendu qu'il est devenu nécessaire, pour la sûreté la plus efficace des bâtiments et navires mouillés dans la rade de Saint-Pierre, qu'une garde exacte et attentive se fasse pendant la nuit, pour prévenir toute surprise de la part des croiseurs ennemis et donner à propos l'alarme aux forts et batteries, afin de donner le temps à la force militaire de concourir avec effet à la protection du commerce, et vu qu'il est plus particulièrement du devoir des maîtres des bâtiments de contribuer, de tous les moyens en leur pouvoir, à la sûreté des navires confiés à leurs soins et à la conservation des intérêts des propriétaires assureurs et tous intéressés;

Et attendu qu'une assemblée des maîtres des bâtiments alors mouillés à Saint-Pierre, ayant été convoquée à l'hôtel du gouvernement le 23 janvier dernier, pour délibérer sur tels règlements et dispositions qui paraîtraient les plus convenables pour protéger les bâtiments mouillés dans la rade de Saint-Pierre, contre toute surprise ou enlèvement de nuit, a arrêté à cet égard certains règlements et dispositions;

Nous, en conséquence, publions la présente ordonnance, et déclarons que, du jour de sa date, les articles suivants auront force de loi et de règlement établi pour le port de Saint-Pierre, jusqu'à ce qu'il plaise à la même autorité de les reviser, changer ou annuler, savoir:

Art. 1er. Le plus ancien capitaine aura le commandement comme *commodore*, à moins que le gouverneur trouve nécessaire, d'après des circonstances particulières, de désigner quelque autre à cette fonction.

Art. 2. A huit heures du matin, le commandant indiquera, par un signal, les bâtiments ou navires destinés à la garde de la nuit suivante; le bâtiment ou navire ainsi indiqué arborera le pavillon d'union au lieu où il pourra être le mieux aperçu.

Art. 3. La chaloupe désignée pour la garde de chaque nuit commencera sa ronde par les bâtiments au nord et ainsi de suite; cette chaloupe sera équipée d'un officier et de quatre hommes, et armée de deux fusils, et en cas où quelque chaloupe ou autre barque suspecte paraîtrait, l'officier de ronde donnera de suite l'alarme aux navires les plus près, fera faire feu et mettra un fanal, afin que le lieu du danger soit à l'instant découvert.

Art. 4. La chaloupe de garde commencera sa ronde à huit heures du soir et la continuera jusqu'à quatre heures du matin. Les limites pour la chaloupe de garde seront en dehors des bâtiments au nord et au sud, s'étendront aux bouées et tout autour des bâtiments vers le rivage.

Art. 5. Chaque navire aura un canon prêt pour l'alarme, et, en cas d'attaque, le navire attaqué fera sonner ou tinter sa cloche; alors chaque navire aura à envoyer immédiatement toute l'assistance qui dépendra de lui.

Art. 6. Tout bâtiment ou navire qui irait en dérive devra être secouru promptement par les autres. Ces circonstances se feront connaître en hissant un fanal au haut du grand mât de hune ou à tout endroit où il pourra être le mieux aperçu.

Art. 7. L'officier de la chaloupe de ronde hélera, de temps en temps, chaque navire par son nom, pendant la nuit; lorsqu'on aura répondu, l'officier dira le nom du navire à qui il appartient; en cas que la chaloupe de ronde ne reçoive point de réponse du navire hélé, l'officier de ronde en fera le rapport à l'officier commandant.

Art. 8. Toutes les chaloupes seront hélées par la chaloupe de ronde et les bâtiments, et répondront en donnant le nom du navire à qui elles appartiennent.

Art. 9. Toute conduite inconvenante de la part de l'officier ou des hommes de ronde sera de suite examinée et punie suivant la nature de la contravention.

Art. 10. Il sera fait une garde très-exacte à bord de chaque navire, et chaque garde répétera de demi-heure en demi-heure *all's well* ou *tout va bien*.

Et l'expérience nous ayant prouvé que, quoique les règlements précédents aient été faits et adoptés de plein gré, moyennant notre sanction, par la majeure partie des capitaines, mus par le sentiment de leur devoir envers leur pays et envers les intérêts des propriétaires, assureurs et autres intéressés dans les propriétés flottantes confiées à leurs soins, il se trouve encore des personnes tellement réfractaires à l'égard de toute disposition sage et utile, le fût-elle même à leur sûreté et conservation immédiate, qu'il est nécessaire de les contraindre à l'obéissance ; à ces causes, Nous, en vertu des pouvoirs qui nous sont confiés, avons imposé et imposons une amende de cinquante gourdes, pour chaque contravention, à tout maître de bâtiment ou navire mouillé dans ladite rade de Saint-Pierre qui, ayant reçu ordre du capitaine faisant fonctions de commodore de ladite rade, de faire la ronde, comme il est spécifié dans les articles précédents, refuserait ou négligerait de s'y conformer. Ladite amende sera appliquée au bureau de charité de ladite ville, pour le bénéfice des pauvres ;

Et le Procureur du Roi à Saint-Pierre a, par ces présentes, ordre et autorité, sur la plainte du capitaine commandant en fonctions dudit port, de poursuivre d'office ladite contravention et, en cas que la contravention soit prouvée, de recouvrer l'amende imposée de la manière la plus prompte que la loi pourra admettre.

Sera la présente ordonnance enregistrée au greffe pour être dûment exécutée.

Donné sous notre propre signature et le sceau de nos armes.

A Saint-Pierre, le 10 février 1814.

Signé Ch. WALE.

Et plus bas : WHITE, secrét.

Greffe de Saint-Pierre. Reg. des ord., fol. 117.

Nº 1517. — *Ordonnance du gouverneur anglais* (Wale) *concernant la comptabilité des fabriques des paroisses de la colonie,*

12 mars 1814.

Attendu que le procureur général du roi nous a représenté qu'il existe, dans la comptabilité des fabriques de la colonie, un désordre auquel il est instant de remédier par des mesures efficaces;

Que ce désordre, qui provient principalement de la négligence de plusieurs marguilliers à suivre les formalités prescrites par les lois pour rendre leurs comptes, exiger ceux de leurs prédécesseurs et faire rentrer les fonds qui sont dus par les paroissiens, remonte déjà à une époque assez ancienne;

Que c'est en vain que le ministère public a mis en usage les moyens d'autorité pour faire exécuter les lois, qu'en plusieurs circonstances, il a tracé inutilement aux différents marguilliers la marche qu'ils avaient à suivre pour se mettre en règle;

Qu'il en résulte que dans ce moment où les fabriques, par l'effet du coup de vent, ont de grandes réparations à faire et de grands besoins, elles sont absolument sans moyens, quoiqu'il soit dû à plusieurs des sommes considérables;

Considérant que cet état des choses est trop grave pour ne pas exciter l'attention et la sollicitude du gouvernement, et voulant prendre toutes les mesures nécessaires

pour assurer à l'avenir l'exécution exacte des formes
indiquées par les anciennes lois pour l'administration
des fabriques;

Nous, en vertu des pouvoirs que Sa Majesté nous a
confiés et de l'avis de notre conseil privé, avons ordonné
et ordonnons ce qui suit :

Art. 1er. Dans les quinze jours de la promulgation de
la présente ordonnance, il sera convoqué dans chaque
paroisse une assemblée pour procéder à la nomination
de commissaires pour la vérification et le règlement de
tous les comptes arrêtés de chaque fabrique.

Art. 2. Ces commissaires se réuniront immédiatement
pour procéder à ce travail avec les marguilliers en
charge. Ils sommeront tous les marguilliers dont les
comptes n'auront pas été réglés selon les formes ordonnées par les lois de leur présenter lesdits comptes,
et à cet effet ils remonteront dans cette vérification
jusqu'à l'époque du dernier compte rendu selon ces
mêmes formes.

Art. 3. Si quelque marguillier, soit en charge, soit
sorti de charge, négligeait ou refusait de se présenter
à cette sommation des commissaires, ils en informeront
aussitôt le procureur général, qui donnera l'ordre à son
substitut près le tribunal du ressort de poursuivre
ledit marguillier, pour le faire condamner personnellement et par corps au payement de toutes les créances
échues à la fabrique et aux droits curiaux pendant son
exercice et pendant celui de ses prédécesseurs.

Art. 4. Les commissaires vérificateurs dresseront un
état de toutes les dettes passives et actives de la fabrique;
cet état sera remis au marguillier en charge, et un double
sera envoyé au procureur général.

Art. 5. Le marguillier en charge, d'après l'état qui lui
sera remis par les commissaires, réclamera des habitants débiteurs le payement de ce qu'ils doivent, dans
un mois pour tout délai.

Art. 6. Faute par les débiteurs de se liquider dans le
délai de trois mois après la date de la sommation du

marguillier, le compte en sera rendu au procureur général, qui, de suite adressera au procureur du roi du ressort l'état de ces débiteurs en retard, avec injonction de faire marcher les contraintes et de faire saisir les débiteurs comme pour deniers royaux.

La date de la sommation du marguillier comptera de celle de l'avis qu'il aura fait afficher à la porte de l'église, pour prévenir qu'il a envoyé aux débiteurs respectifs leurs comptes, dans le délai de l'article 5.

Art. 7. Aussitôt que les créances seront rentrées, le marguillier en charge procédera à la liquidation des dettes de la fabrique, et il rendra compte au procureur général, à l'époque où toutes les créances actives et passives seront liquidées.

Art. 8. L'ordre étant rétabli dans la comptabilité de toutes les fabriques, les marguilliers en charge auront soin tous les ans de faire rentrer, dans les trois derniers mois de leur exercice, toutes sommes qui seront dues à la fabrique, soit à l'amiable, soit par les moyens que la loi leur donne, et ils seront tenus de justifier à leur successeur des diligences qu'ils auront faites à cet effet, sous peine d'être personnellement et solidairement responsables du payement de ces créances.

Art. 9. Les dispositions prescrites par les ordonnances du 24 novembre 1781 et du 11 mai 1726, pour ce à quoi il n'a pas été dérogé par celle de 1781, seront exécutées dans toute leur étendue. Il est expressément enjoint aux marguilliers de s'y conformer strictement à l'avenir, au procureur général et à ses substituts de tenir sévèrement la main à leur exécution.

Sera la présente ordonnance enregistrée, etc.

Donné au Fort-Royal, le 12 mars 1814.

Signé CH. WALE.

Et plus bas : W. WHITE, secrét.

Enreg. à la cour d'appel, 16 mars 1814.

No 1518. — *Décret portant fixation provisoire des droits d'entrée, en France, des denrées coloniales.* (Extrait.)

Café, par quintal métrique	60ᶠ 00
Sucre terré et tête, *idem*	60 00
Sucre brut, *idem*	40 00
Poivre et Piment, par kilogramme	3 00
Cacao, *idem*	5 00
Vanille, *idem*	20 00
Cochenille, *idem*	3 00
Canelle, *idem*	4 00
Clous de girofle, *idem*	1 50
Thé, *idem*	3 00
Quinquina rouge, *idem*	4 00
Quinquina de toute autre espèce, *idem*	2 00
Bois de teinture, par quintal métrique	10 00
Roucou	6 00
Cotons en laine	Simple droit de balance.

Voyez la loi du 21 décembre 1814.

Annales maritimes et Bulletin des lois.

No 1519. — *Ordonnance du gouverneur anglais* (Wale) *qui rétablit les huissiers dans le droit de vendre les meubles et effets saisis.*

27 avril 1814.

Vu les observations qui nous ont été soumises, tant par M. le procureur général du roi que par M. l'encanteur général lui-même;

Considérant que les ventes des meubles et effets saisis exigent des formalités auxquelles il est difficile que le ministère de l'encanteur puisse toujours suffire;

Attendu qu'il peut en résulter des retards préjudiciables au public et nuisibles aux parties intéressées dans ces saisies;

Nous, en vertu des pouvoirs que Sa Majesté nous a confiés, dérogeant à cet égard à notre lettre interprétative de celle du ministre, ordonnons que les ventes des meubles et effets saisis se feront comme ci-devant par le ministère des huissiers; maintenons l'encanteur général dans tous les autres droits qui lui sont attribués, tant par la lettre du ministre que par notre lettre du.....

Seront les présentes enregistrées dans les tribunaux.

Donné à la Martinique, le 27 avril 1814.

Signé Ch. WALE.

Et plus bas : W. WHILES, secrét.

Enregistré au greffe de la cour d'appel, le 7 mai 1814.

N° 1520. — *Ordonnance du gouverneur* (Wale) *pour assurer la perception des droits à la sortie des denrées coloniales.*

29 avril 1814.

Attendu que les denrées coloniales qui s'exportent sont sujettes à de certains droits et que jusqu'à présent, pour la commodité du commerce, ces droits ont été payés à l'expédition des bâtiments à la douane, au lieu d'être payés au moment du chargement, ce qui expose le revenu public à beaucoup de risques, d'après les divers accidents auxquels lesdits bâtiments sont sujets avant le moment de leur départ; en conséquence, afin de pouvoir continuer la même facilité au commerce sans préjudice pour le fisc;

Nous avons ordonné et ordonnons ce qui suit :

Art. 1er. Le consignataire de tous bâtiments quelconques, sur lesquels il sera chargé des denrées coloniales, sera obligé, sous sa responsabilité envers la caisse coloniale, de tenir un journal de toutes les denrées embarquées à bord des bâtiments sous sa consignation, avec les marques, les poids et les noms des chargeurs, et de fournir au préposé du receveur des impositions à la douane toutes notes et décomptes de ce journal à chaque fois qu'il le requerra.

Art. 2. Lorsque les bâtiments ne seront pas consignés, et que par conséquent les capitaines n'auront aucun répondant à terre pour les droits des denrées qui seront chargées à leur bord, ces capitaines seront tenus de donner journellement au préposé du receveur des impositions la note des chargements qu'il aura faits dans la journée, en spécifiant, comme le feront les consignataires, les marques, poids et noms des chargeurs *domiciliés sur la place;* et, dans le cas où ces capitaines omettraient de fournir ces notes chaque jour, à la première infraction de cette disposition, ils seront tenus de payer sur-le-champ la totalité des droits pour les denrées qui se trouveront alors à leur bord, et ne pourront continuer leur chargement qu'en payant, au fur et à mesure, les droits pour toutes les denrées qu'ils auraient encore à embarquer.

Art. 3. Lorsqu'un capitaine chargera pour son propre compte ou pour celui de toutes personnes quelconques non domiciliées sur la place, il sera non-seulement tenu aux dispositions de l'article précédent, mais encore il sera obligé de fournir bonne et solvable caution, comme s'agissant de deniers royaux, pour le montant des droits qu'il aura à payer sur son chargement, si mieux il n'aime acquitter lesdits droits au fur et à mesure de l'embarquement.

Art. 4. Dans le cas d'un malheur qui ferait perdre les chargements des denrées coloniales avant l'expédition des bâtiments, et par conséquent avant le payement des droits, le journal des consignataires et les notes des capitaines non consignés seront les titres d'après lesquels le receveur percevra les droits dus par les chargeurs; il est bien entendu que les parties de ces denrées qui seraient sauvées et remises à terre ne devront de droits qu'à leur réexportation dans une autre occasion.

Art. 5. Aussitôt la publication de la présente ordonnance, les consignataires des bâtiments actuellement chargés ou en chargement, ainsi que les capitaines non consignés, fourniront au préposé du receveur des impositions l'état au vrai de toutes les denrées qui se trouveront à bord dans le moment, et ce, dans les formes et sous les peines prescrites par les articles précédents.

Mandons, etc.

Donné au Fort-Royal, le 29 avril 1814.

Signé Cʜ. WALE.

Et plus bas : WHITE, *secrét.*

Nᵒ 1521. — *Règlement du gouverneur anglais* (Wale) *concernant les affranchis étrangers à la colonie et ordonnant leur renvoi aux lieux où ils ont obtenu leurs titres de liberté.*

9 mai 1814.

Les erreurs trop fréquentes qui naissent de l'interprétation de certaines lois, sur l'état des gens de couleur dont les titres d'affranchissement n'ont pas été homologués par le gouvernement, doivent être prises par nous en considération.

Si cette classe d'individus n'est pas admise à jouir, dans la colonie, des droits et priviléges des libres qui y sont établis, il n'en est pas moins nécessaire d'éloigner toute incertitude en ce qui les concerne et de déterminer leur sort.

Les diverses ordonnances qui ont été rendues sur cette matière, sous les gouvernements qui se sont succédé en cette île, contiennent des dispositions qui présentent des doutes.

Son Excellence sir Georges Beckwith a été frappé des inconvénients d'un ordre de choses aussi vicieux, et, par son règlement du 1ᵉʳ novembre 1809, il a voulu y remédier. Mais l'article 5 de ce règlement ne contient pas un développement suffisant pour empêcher le désordre qu'il a voulu éviter, puisque nous ne pouvons douter que cette disposition de la loi n'ait été mal conçue et mal appliquée.

Nous, en vertu des pouvoirs à nous confiés par Sa

2

Majesté, et jusqu'à ce qu'il ait été définitivement statué par Son Altesse Royale le Prince régent, avons ordonné et ordonnons ce qui suit :

Art. 1er. Tous porteurs de titres d'affranchissement (même ceux nés ou qui ont été en servitude à la Martinique) obtenus en toute autre colonie qu'en cette île, seront renvoyés à leurs frais aux lieux où lesdits titres leur auront été accordés, nous réservant de donner des permis de résidence suivant les circonstances.

En conséquence, nous avons abrogé et abrogeons les dispositions de l'article 3 de l'ordonnance de 1768, en ce qui concerne l'application envers lesdits affranchis des peines portées par les ordonnances de 1713 et 1736.

Art. 2. Dans le cas où il s'élèverait des contestations sur lesdits titres d'affranchissement mentionnés en l'article précédent, il ne pourra être fait aucune poursuite judiciaire sans l'autorisation du gouvernement, à peine de nullité desdites poursuites.

Sera le présent règlement enregistré, tant au greffe de la cour d'appel qu'à ceux des tribunaux de première instance, lu, publié et affiché partout où besoin sera.

Donné au Fort-Royal, le 9 mai 1814.

Signé Ch. WALE.

Et plus bas : W. WHITE, secrét.

Gazette mart. 1814, no 40. — Enregistré à la cour d'appel, 8 juillet 1814.

No 1522. — *Circulaire ministérielle sur les règles de neutralité à suivre au cas de guerre déclarée entre l'Angleterre et les États-Unis d'Amérique.*

25 mai 1814.

Monsieur, par une lettre de ce jour, je vous fais connaître les intentions du roi sur les règles de la neutralité qui doit être observée à l'égard de la Grande-Bretagne et des États-Unis d'Amérique.

Mais Sa Majesté ne s'est pas bornée à défendre que les armements anglais et américains pussent avoir lieu dans les ports de son royaume et que ses sujets prissent des intérêts dans ces armements.

Afin d'établir encore davantage les droits et les devoirs de cette neutralité, de prévenir les réclamations de l'un et de l'autre belligérant et de ménager le temps et les moyens, de fixer les principes relatifs aux prises que les armements anglais ou américains ont pu conduire dans les ports de France, ou qu'ils y conduiraient par la suite, l'intention du roi est :

1º Qu'aucun des bâtiments desdites puissances ne puisse sortir des ports du royaume qu'après s'être engagé à ne point attaquer les navires qu'on aurait signalés, ou qui seraient en vue, ou qui ne seraient sortis des mêmes ports que dans les vingt-quatre heures ;

2º Qu'il ne soit pas défendu aux armements des puissances belligérantes de relâcher dans les ports du royaume, même avec leurs prises, lorsque des accidents de mer ou le soin de leur sûreté, ou d'autres intérêts, les détermineront à s'y réfugier ;

3º Que la vente des prises conduites dans nos ports par les belligérants soit provisoirement suspendue.

Ces ordres, Monsieur, pourront ultérieurement et dans un moment plus opportun recevoir plus de publicité ; mais il suffit que pour le moment ils servent de règle de conduite aux autorités maritimes.

Ainsi veuillez bien, en transmettant copie de la présente dépêche aux administrateurs des ports de votre arrondissement, leur prescrire de ne point donner de publicité à ces dispositions, qu'ils doivent toutefois faire exécuter ponctuellement.

En conséquence, lorsqu'un bâtiment de guerre anglais ou américain sera près de sortir de ces ports, l'administrateur de la marine devra, avec tous les égards convenables, requérir le commandant de s'engager à respecter le navire d'un belligérant qui se trouverait dans la situation indiquée par les ordres du roi : et il n'est pas un officier qui puisse se refuser à souscrire un tel engagement, parce que la demande qui lui en sera faite sera motivée sur les principes respectables de la neutralité et sur le désir de l'observer avec une scrupuleuse exactitude.

A chaque occasion il me sera rendu compte de ce qui aura été fait.

Lorsque des armements anglais ou américains relâcheront dans nos ports, ou qu'ils y amèneront des prises, ils devront être admis sans aucune difficulté, et je devrai en être exactement informé.

Quant à la suspension de la vente des prises appartenantes aux belligérants, le ministre des affaires étrangères a fait connaître les instructions du roi au ministre des finances.

La présente devra être enregistrée au bureau de l'inspection.

Recevez, etc.

Le Ministre de la marine et des colonies,
Signé MALOUET.

Inspection. Reg. 4, f° 359.

N° 1523. — *Traité définitif de paix et d'amitié entre Sa Majesté Britannique et Sa Majesté Très-Chrétienne* (1). (Extrait.)

30 mai 1814.

Art. 8. Sa Majesté Britannique, stipulant pour elle et ses alliés, s'engage à restituer à Sa Majesté Très-Chrétienne, dans les délais qui seront ci-après fixés, les colonies, pêcheries, comptoirs et établissements de tout genre que la France possédait au 1er janvier 1792 dans les mers et sur les continents de l'Amérique, de l'Afrique

_____

(1) Promulgué à la Martinique, le 4 août 1814, par proclamation en date du 29 précédent, signée J. Lindsey, vice-amiral, commandant les troupes anglaises, administrant le gouvernement de la Martinique.

et de l'Asie, à l'exception toutefois des îles de Tabago et de Sainte-Lucie et de l'île de France et de ses dépendances, nommément Rodrigue et les Séchelles, lesquelles Sa Majesté Très-Chrétienne cède en toute propriété et souveraineté à Sa Majesté Britannique, comme aussi de la partie de Saint-Domingue cédée à la France par la paix de Basle, et que sa Majesté Très-Chrétienne rétrocède à Sa Majesté Catholique en toute propriété et souveraineté.

Art. 9. Sa Majesté le roi de Suède et de Norwége, en conséquence d'arrangements pris avec les alliés, et pour l'exécution de l'article précédent, consent à ce que l'île de la Guadeloupe soit restituée à Sa Majesté Très-Chrétienne, et cède tous les droits qu'elle peut avoir sur cette île.

Art. 10. Sa Majesté Très-Fidèle, en conséquence d'arrangements pris avec ses alliés et pour l'exécution de l'article 8, s'engage à restituer à Sa Majesté Très-Chrétienne, dans le délai ci-après fixé, la Guyane française, telle qu'elle existait au 1er janvier 1792.

L'effet de la stipulation ci-dessus étant de faire revivre la contestation existante à cette époque au sujet des limites, il est convenu que cette contestation sera terminée par un arrangement amiable entre les deux cours, sous la médiation de Sa Majesté Britannique.

Art. 11. Les places et forts existant dans les colonies et établissements qui doivent être rendus à Sa Majesté Très-Chrétienne, en vertu des articles 8, 9 et 10, seront remis dans l'état où ils se trouveront au moment de la signature du présent traité.

Art. 12. Sa Majesté Britannique s'engage à faire jouir les sujets de Sa Majesté Très-Chrétienne relativement au commerce et à la sûreté de leurs personnes et propriétés, dans les limites de la souveraineté britannique sur le continent des Indes, des mêmes facilités, priviléges et protection qui sont à présent ou seront accordés aux nations les plus favorisées. De son côté, Sa Majesté Très-Chrétienne n'ayant plus rien à cœur que la perpétuité de la paix entre les deux couronnes de France et d'Angleterre et voulant contribuer, autant qu'il est en elle, à écarter dès à présent des rapports des deux peuples ce qui pourrait un jour altérer la bonne intelligence mutuelle, s'engage à ne faire aucun ouvrage de fortification dans les établissements qui lui doivent être restitués, et qui sont situés dans les limites de la souveraineté britannique, sur le continent des Indes, et à ne mettre dans ces établissements que le nombre des troupes nécessaires pour le maintien de la police.

Art. 13. Quant au droit de pêche des Français sur le grand banc de Terre-Neuve, sur les côtes de l'île de ce nom et des îles adjacentes, dans le golfe de Saint-Laurent, tout sera remis sur le même pied qu'en 1792.

Art. 14. Les colonies, comptoirs et établissements qui doivent être restitués à Sa Majesté Très-Chrétienne par Sa Majesté Britannique ou ses alliés seront remis, savoir : ceux qui sont dans les mers du Nord et sur les continents de l'Amérique et de l'Afrique, dans les trois mois, et ceux qui sont au delà du cap de Bonne-Espérance, dans les six mois qui suivront la ratification du présent traité.

N° 1524. — *Articles additionnels au traité de paix du même jour* (1). (Extrait.)

30 mai 1814.

Art. 1er. Sa Majesté Très-Chrétienne partageant sans réserve tous les sentiments de Sa Majesté Britannique relativement à un genre de commerce que repoussent les principes de la justice naturelle et les lumières des temps où nous vivons, s'engage à unir, au futur congrès, tous ses efforts à ceux de Sa Majesté Britannique, pour faire prononcer par toutes les puissances de la chrétienté l'abolition de la traite des noirs; de telle sorte que ladite traite cesse universellement comme elle

(1) Promulgué le même jour par le traité de paix et par la même proclamation.

cessera définitivement, et, dans tous les cas, de la part de la France, dans un délai de cinq années ; et qu'en outre, pendant la durée de ce délai aucun trafiquant d'esclaves n'en puisse importer ni vendre ailleurs que dans les colonies de l'État dont il est sujet.

Greffe de la cour royale. Reg. 17, f° 22. — Enregistré à la cour d'appel, le 4 août 1814.

⬤

N° 1525. — *Charte constitutionnelle.* (Extrait.)

10 juin 1814.

DROITS PARTICULIERS GARANTIS PAR L'ÉTAT.

. . . .

Art. 73. Les colonies seront régies par des lois et des règlements particuliers.

Annales maritimes.

⬤

N° 1526. — *Brevet, signé du roi, portant nomination du vice-amiral comte de Vaugiraud aux fonctions de gouverneur lieutenant général de la Martinique, et réglant ses pouvoirs.* (Extrait.)

13 juin 1814.

Aujourd'hui 13 juin 1814, le roi étant aux Tuileries, et Sa Majesté estimant nécessaire de pourvoir au gouvernement de la Martinique et dépendances, elle a cru ne pouvoir faire un meilleur choix pour remplir cette importante charge que du sieur vice-amiral Pierre-René Maric, comte de Vaugiraud. Les preuves de valeur, de zèle, d'expérience et de capacité qu'il a données dans toutes les occasions où il a été employé étant de sûrs garants du succès avec lequel il remplira cette place, Sa Majesté a nommé, ordonné, constitué et établi ledit sieur vice-amiral comte de Vaugiraud gouverneur, son lieutenant général de ladite île de la Martinique et dépendances, pour en ladite qualité avoir commandement sur tous les officiers militaires qui y sont établis,

sur les escadres et vaisseaux français qui y naviguue-
ront, soit en guerre, appartenant à Sa Majesté, soit
marchands, auxquels il est enjoint, pour cet effet, de
reconnaître ledit sieur vice-amiral comte de Vaugiraud,
et de lui obéir en tout ce qu'il leur ordonnera; Veut
Sa Majesté qu'en la même qualité il ait le pouvoir,
quand besoin sera, d'assembler les habitants, leur faire
prendre les armes, commander tant par terre que par
mer, ordonner et faire exécuter tout ce que lui ou ceux
qu'il commettra jugeront devoir ou pouvoir faire
pour la conservation de ladite île de la Martinique et
dépendances, maintenir et conserver les peuples en
paix, repos et tranquillité, veiller à l'exécution des
lois et ordonnances rendues sur ladite île et dépendances; distribuer par provision, conjointement avec
l'intendant de ladite île et dépendances, les terres aux
habitants qui y résident, et à ceux qui y passeront bien
intentionnés et disposés à les cultiver et faire valoir
pour s'y habituer, jusqu'à ce qu'ils se soient pourvus
par-devant Sa Majesté, et généralement faire et ordonner par lui tout ce qui appartient à ladite charge de
gouverneur lieutenant général de ladite île et dépendances; la tenir et exercer, en jouir et user, pendant
le temps qu'il plaira à Sa Majesté, aux honneurs,
pouvoirs, autorité, prérogatives, prééminences, fran-
chises, libertés, droits qui y appartiennent et aux appointements qui lui ont été ordonnés; mande Sa Majesté à tous officiers militaires et officiers des conseils
supérieurs établis à la Martinique et à tous autres qu'il
appartient, chacun en droit soi, que ledit sieur vice-
amiral comte de Vaugiraud, ils aient à le reconnaître
et lui obéir, faire et laisser jouir dudit état et charge
comme s'ils eussent pris et reçu le serment en tel cas
requis et accoutumé, dont elle l'a dispensé; veut Sa
Majesté qu'il soit pour chacun an, à compter du jour
de son arrivée à la Martinique, payé comptant desdits
appointements, lesquels seront, pour tous frais et émoluments quelconques de ladite charge, sans pouvoir

exiger ni prétendre aucun bénéfice tant pour lui que
pour les personnes qui seront sous ses ordres, etc.

Mande Sa Majesté, etc.

Signé LOUIS.

Par le roi, à Paris, ce 12 septembre 1814 :

Le Ministre de la marine, p. i.,

Signé FERRAND.

Inspection, Reg. 4, nᵒ 178. — Enregistré au conseil supérieur, le 12 décembre 1814.

Nᵒ 1527. — *Brevet, signé du roi, portant nomination
de M. Dubuc (Louis-François) aux fonctions d'intendant de la Martinique, et réglant ses pouvoirs.* (Extrait.)

13 juin 1814.

Aujourd'hui 13 juin 1814, le roi étant aux Tuileries,
Sa Majesté ayant à pourvoir une personne fidèle et capable d'exercer la charge d'intendant de justice, police et
finances de la guerre et de la marine à l'île de la Martinique et dépendances, elle a cru ne pouvoir faire un
meilleur choix que du sieur Louis-François Dubuc pour
remplir cette place, vu les preuves qu'elle a de son expérience, de son zèle et de son affection pour son service ; en conséquence elle l'a commis, ordonné, établi
et députe, et par le présent brevet, signé de sa main,
commet, ordonne, établit et députe intendant de justice, police et finances de la guerre et de la marine, à
l'île de la Martinique et dépendances, pour, en ladite
qualité, se trouver aux conseils de guerre qui y seront
tenus, ouïr les plaintes qui lui seront faites par les
sujets de ladite île et dépendances, par les gens de
guerre et tous autres, sur torts et violences, leur
rendre bonne et briève justice ; informer de toutes
entreprises, pratiques et menées faites contre son
service, procéder contre les coupables d'icelles, de
quelque qualité et condition qu'ils soient ; leur faire
et parfaire leur procès jusqu'à jugement définitif et

exécution d'icelui inclusivement; appeler avec lui le nombre de gradués et juges porté par les ordonnances de Sa Majesté, et généralement connaître de tous crimes et délits, abus et malversations qui pourraient être commis dans ladite colonie et dépendances, par quelque personne que ce puisse être; présider le conseil supérieur; demander les avis, recueillir les voix; prononcer et signer les arrêts; tenir la main à ce que les juges inférieurs de ladite île et dépendances et autres officiers soient maintenus dans leurs fonctions sans y être troublés, que le conseil supérieur auquel il présidera, ainsi que dit est, juge toutes matières civiles et criminelles, conformément aux lois françaises enregistrées jusqu'à ce jour dans la colonie; faire avec le conseil tous les règlements qu'il estimera nécessaires, lesquels il fera exécuter par les juges subalternes, et en cas qu'il estime plus à propos et plus nécessaire pour le bien du service de Sa Majesté, soit par la difficulté ou le retardement, de faire lesdits règlements sans le conseil supérieur, Sa Majesté lui donne le pouvoir et la faculté par le présent brevet de les faire seul en matière civile, et de tout ordonner ainsi qu'il verra être juste et à propos; validant dès à présent, comme pour lors, les jugements, règlements et ordonnances qui seront ainsi par lui rendus, tout ainsi que s'ils étaient émanés des cours supérieures, nonobstant toutes réclamations, prises à partie, édits, ordonnances et autres choses à ce contraires; voulant aussi Sa Majesté qu'il ait la direction du maniement et distribution de ses deniers destinés, et qui le seront ci-après, pour l'entretien des gens de guerre, comme aussi des vivres et munitions, réparations, fortifications, parties inopinées, emprunts et contributions, qui pourraient avoir été faites pour la dépense d'icelles, et autres frais qui seront à faire pour le service de Sa Majesté; voulant pareillement qu'il expédie et signe les états, ordonnances et acquits des dépenses concernant son service, qui ne l'auraient pas été par ses prédécesseurs, l'autorisant même à rectifier

lesdits acquits et autres pièces qui pourraient être dé-
fectueuses pour servir de valables décharges aux trésoriers généraux de la marine et des colonies, lesquelles
pièces ainsi par lui expédiées, rectifiées et arrêtées,
valideront partout et ainsi qu'il appartiendra, en vertu
du présent brevet; se faire représenter les extraits des
montres et revues, les contrôles et registres, distribuer
par provision, conjointement avec le gouverneur de la
colonie et dépendances, les terres aux habitants d'icelle
et à ceux qui y passeront bien intentionnés et disposés
à les cultiver et faire valoir, pour s'y habituer, jusqu'à
ce qu'ils se soient pourvus par-devant Sa Majesté, qu'il
ait seul la connaissance et juridiction souveraine de tout
ce qui concerne la levée et perception de ses droits dans
l'étendue de ladite île et dépendances, tant en matière
civile, de quelque nature qu'elle puisse être, qu'en
matière criminelle, sur laquelle toutefois, en cas de
peine afflictive, il prendra le nombre de gradués porté
par les ordonnances de Sa Majesté, voulant que ces
jugements soient exécutés comme arrêts des cours supérieures, nonobstant toutes oppositions, réclamations ou
autres empêchements quelconques, voulant de plus qu'il
connaisse de la distribution des deniers provenant de la
levée desdits droits, suivant et conformément aux états
que Sa Majesté lui enverra par chacun an, et au surplus
de faire et ordonner ce qu'il verra être nécessaire et à
propos et pour le bien et avantage du service de Sa
Majesté, et qui dépendra de la fonction de ladite charge
d'intendant de justice, police et finances de la guerre et
de la marine à l'île de la Martinique et dépendances, de
laquelle Sa Majesté entend qu'il jouisse aux honneurs,
autorité, prérogatives, prééminences qui y appartiennent,
et aux appointements qui lui seront réglés à compter
du jour de son arrivée dans ladite colonie, lesquels
appointements seront pour tous frais et émoluments
quelconques de ladite charge, sans pouvoir exiger ni
prétendre aucun bénéfice, tant pour lui que pour les
personnes qui seront sous ses ordres; de ce faire lui

donnant pouvoir et commission, autorité et mandement spécial, même de subdéléguer en son absence et dans les lieux où le service de Sa Majesté ne lui permettra pas de se transporter et d'être en personne.

Mande et ordonne Sa Majesté, etc.

Signé LOUIS.

Par le Roi, à Paris le 12 septembre 1814 :

Le Ministre de la marine p i.,

Signé FERRAND.

Greffe de la cour royale, Reg. 17, f° 57. — Enregistré au conseil supérieur, le 12 décembre 1814.

<hr/>

No 1528. — *Ordonnance du roi portant règlement sur les grades et classes, payes, mode d'avancement des gens de mer, et sur la composition des états-majors et équipages des bâtiments de la marine royale.*

1er juillet 1814.

Annales maritimes, vol. 1809-1815, 2, p. 87.

<hr/>

N° 1529. — *Ordonnance du roi relative aux titres et dénominations des officiers supérieurs militaires et civils de la marine employés dans les ports et arsenaux et sur les flottes.*

1er juillet 1814.

LOUIS, ETC.

Nous étant fait représenter les ordonnances des rois nos prédécesseurs, et notamment celles des 27 janvier 1776, 1er novembre 1784 et 1er janvier 1786, nous avons jugé que les titres conférés par ces ordonnances, soit aux chefs de service dans les ports et arsenaux, soit aux officiers d'état-major, administrateurs et agents de comptabilité employés sur la flotte, indiquaient avec exactitude les fonctions et le rang de chacun, et que les dénominations qui ont été substituées à ces titres ne présentent ni les mêmes convenances, ni la même précision ;

En conséquence, il nous a semblé qu'il serait utile de rétablir les dispositions desdites ordonnances, en ce qui concerne cet objet ;

Sur le rapport du ministre secrétaire d'État ayant le département de la marine et des colonies ;

Notre conseil d'État entendu,

Nous avons ordonné et ordonnons ce qui suit :

Art. 1er. Les chefs du service de la marine établis dans nos ports et arsenaux par les règlements actuellement en vigueur continueront d'exercer, sous l'autorité des préfets maritimes, les fonctions qui leur sont respectivement attribuées.

Les officiers d'état-major et les administrateurs embarqués sur nos flottes et bâtiments de guerre rempliront également, comme par le passé, le service à eux attribué par lesdits règlements.

Art. 2. Dans chacun des ports de Brest, Toulon et Rochefort, le chef militaire aura désormais le titre de major général de la marine, et celui de major de la marine, dans les ports de Lorient et Cherbourg.

Les adjudants et sous-adjudants de la majorité, ainsi que les officiers qui seraient temporairement chargés du service de l'état-major dans les ports secondaires, auront, suivant leur grade et l'importance de leurs fonctions, le titre d'aides-majors et de sous-aides-majors de la marine.

Art. 3. Les officiers du génie maritime pourvus du titre de chefs de construction auront celui de directeurs des constructions, dans les ports de Brest, Toulon et Rochefort, et celui de sous-directeurs des constructions dans les ports de Lorient et de Cherbourg.

Art. 4. Les chefs des mouvements des ports de Brest, Toulon et Rochefort, auront le titre de directeurs du port.

Les chefs des mouvements des ports de Lorient et de Cherbourg, ainsi que les sous-chefs des mouvements des ports de Brest, Toulon et Rochefort, auront celui de sous-directeurs du port.

Le titre de sous-directeur du port pourra être également donné par nous aux officiers supérieurs qui seraient chargés temporairement du service des mouvements dans les ports secondaires.

Art. 5. Les chefs du parc d'artillerie dans les ports de Brest, Toulon et Rochefort, auront le titre de directeurs d'artillerie.

Les sous-chefs du parc dans les mêmes ports, et les officiers supérieurs remplissant les fonctions de chefs du parc à Lorient et à Cherbourg, auront le titre de sous-directeurs d'artillerie.

Art. 6. Les chefs d'administration dans les ports de Brest, Toulon et Rochefort, auront le titre et le grade de commissaires généraux de la marine.

Les administrateurs remplissant les mêmes fonctions dans ceux de Lorient et de Cherbourg auront le grade de commissaires principaux de la marine.

Les commissaires principaux de la marine employés en chef dans les ports secondaires auront le titre d'ordonnateurs pendant la durée de ces fonctions.

Art. 7. Les ingénieurs en chef des ponts et chaussées qui seront temporairement chargés de diriger les ouvrages hydrauliques et les constructions civiles dans les ports de Brest, Toulon et Rochefort, auront, pendant l'exercice de ces fonctions, le titre de directeurs des travaux maritimes.

Dans les ports de Lorient et de Cherbourg, l'ingénieur en chef aura le titre de sous-directeur des travaux maritimes.

Il n'est rien innové par la présente aux dispositions de notre ordonnance du 21 mai dernier, en ce qui concerne la direction générale et supérieure des travaux de Cherbourg.

Art. 8. Les titres et grades d'inspecteur et sous-inspecteur de la marine sont et demeurent maintenus.

Art. 9. Le conseil d'administration de la marine, dans chacun de nos ports, continuera d'être formé, sous la présidence du préfet maritime, par les directeurs de chaque service; l'inspecteur de la marine sera tenu d'y assister, et un sous-inspecteur remplira les fonctions de secrétaire du conseil.

Art. 10. Les officiers généraux et supérieurs remplissant dans une armée navale les fonctions de chefs d'état-major général, auront, pendant la campagne, le titre de major général de l'armée navale.

Les officiers employés dans les armées navales, escadres et divisions, comme adjudants généraux, adjudants et sous-adjudants, auront le titre de majors, aides-majors et sous-aides-majors de l'armée navale, escadre ou division.

Art. 11. Les administrateurs de la marine embarqués en chef sur nos flottes auront, pendant la campagne, et suivant le nombre de bâtiments dont l'administration leur sera confiée, le titre de commissaires-ordonnateurs d'armée navale ou celui de commissaires d'escadre ou de division.

Art. 12. Les agents de comptabilité embarqués sur chacun de nos bâtiments ayant soixante hommes d'équipage et au-dessus auront, pendant la campagne, le titre de commis aux revues et aux approvisionnements.

Art. 13. Les titres rétablis par la présente ordonnance ne seront conférés qu'en vertu de nos ordres notifiés par le ministre secrétaire d'État de la marine.

Collection de Duvergier, vol. 19, p. 150.

———————— ⋙⫷⋘ ————————

No 4530. — *Ordonnance du roi portant organisation du corps de la marine et réglant le service, l'avancement, les appointements et le rang des officiers.*

1er juillet 1814.

N° 1531. — *Ordonnance du roi portant règlement sur la composition du corps de la marine et sur le service, l'avancement, les appointements et le rang des officiers.*

1er juillet 1814.

Annales maritimes, vol. 1809-1815, 2, p. 75.

———— ⊰❈⊱ ————

N° 1532. — *Proclamation du gouverneur anglais* (Wale) *portant création d'un comité chargé de constater la dette commerciale de la colonie envers la Grande-Bretagne.*

15 juillet 1814.

Attendu que les malheurs que la colonie a éprouvés depuis une longue suite d'années ont porté obstacle au recouvrement de beaucoup de créances très-importantes, dues par les habitants de cette île au commerce d'Angleterre, et restées en arrière d'après les divers événements qui se sont succédé et les sursis qui ont dû en être la suite; attendu que la paix intervient avant que l'état de la colonie, à cet égard, ait pu s'améliorer, et considérant néanmoins qu'avant l'époque où les diverses cessions pourront être effectuées il est important de constater d'une manière certaine quelle est la dette de la colonie envers la Grande-Bretagne, Son Excellence, au moment de son départ, désire que cet objet soit accompli de manière à faire partie des rapports qu'elle aura à mettre sous les yeux des ministres de Sa Majesté : en conséquence, elle a nommé un comité composé de MM. les commissaires du commerce de Saint-Pierre, qui ont bien voulu se charger d'examiner les créances de tous procureurs fondés des maisons de commerce d'Angleterre ayant des dettes à recouvrer à la Martinique, afin de les inscrire sur l'état que ledit comité sera chargé d'en dresser pour Son Excellence.

Le public est prévenu que tous les renseignements sur cette matière devront être adressés à ce comité avant le 23, afin que Son Excellence puisse emporter avec elle le résultat de ce travail.

Par ordre de Son Excellence :

W. WHITE, secrét.

Gazette mart. 1814, n° 61.

N° 1533. — Circulaire ministérielle sur les régles de neu- tralité à suivre au cas de guerre déclarée entre l'Angleterre et les États-Unis d'Amérique.

20 juillet 1814.

Monsieur, par mes circulaires des 23 mai et 11 juin dernier, je vous ai notifié les intentions du Roi relative- ment à la neutralité qui doit être observée envers les armements anglais et américains.

Les dispositions prescrites à cet égard viennent d'être étendues et modifiées de la manière suivante :

1° Les armements et les prises des belligérants ne seront point admis dans les ports de France, excepté dans des cas de nécessité résultant soit de la tempête, soit du défaut de vivres, soit d'un danger imminent; ils ne pour- ront y rester plus de vingt-quatre heures après la cessa- tion de la cause qui aura déterminé leur admission;

2° Il sera interdit aux armements des belligérants reçus dans nos ports d'y rien faire qui puisse tourner au détriment de l'autre partie belligérante, soit en épiant les navires qui seraient en vue de la côte, soit en se mettant, avant l'expiration des vingt-quatre heures, à la poursuite de ceux de ces navires qui sor- tiraient de nos ports, soit en augmentant leurs équi- pages et leurs munitions, soit enfin en accroissant leurs moyens d'attaque ou de défense d'une manière quelconque;

3° Les prises des belligérants, pendant le séjour forcé qu'elles feront dans nos ports, seront placées sous une rigide surveillance, de sorte que les consuls de la nation des capteurs ne puissent procéder à aucune instruction sur le fait de la prise, ni, dans aucun cas, à la vente d'effets ou marchandises en provenant;

3

4° Il sera défendu aux sujets du roi d'acheter quoi que ce soit desdites prises.

Il ne vous échappera pas, Monsieur le Préfet, que ces divers articles vous imposent l'obligation de constater exactement les causes des relâches que pourraient faire des bâtiments de guerre appartenant aux deux puissances belligérantes, la durée de ces relâches, la conduite des capitaines, en ce qui sera relatif tant à l'état matériel et personnel de leur armement qu'à celui de la côte au moment de leur départ, et de vous concerter particulièrement avec la direction des douanes pour empêcher des débarquements et ventes des marchandises provenant de prises faites par les belligérants, et qui seraient forcées de relâcher dans les ports.

Je n'ai pas besoin de vous dire que vous devez apporter autant de prudence que d'égards dans les relations que vous pourrez avoir avec les capitaines, anglais ou américains, pour que l'on ne s'écarte point des mesures qui viennent d'être arrêtées.

Vous voudrez bien donner immédiatement les ordres nécessaires dans les ports de votre arrondissement pour assurer l'exécution de ces dispositions, lesquelles ne devront toutefois recevoir aucune publicité, mais d'après lesquelles l'administration de la marine réglera, lorsqu'il y aura lieu, les communications qu'elle aurait à donner aux négociants, armateurs et habitants du lieu pour maintenir strictement les nouvelles règles de neutralité qui viennent d'être prescrites à l'égard des armements anglais et américains.

Vous ferez enregistrer la présente au bureau de l'inspection et vous en joindrez une copie certifiée par vous à la lettre que vous adresserez aux administrateurs des ports.

Recevez, etc.

Le Ministre de la marine et des colonies,
Signé MALOUET.

Inspection. Reg. 4, n° 364.

N° 1534. — *Avis du conseil privé de Sa Majesté Britannique sur la propriété des anciens chemins supprimés.* (Extrait des minutes du conseil privé de Sa Majesté britannique.)

22 juillet 1814.

Le conseil, prenant en considération l'exposé du chef de l'administration coloniale sur les anciens chemins qui se trouvent abandonnés par l'ouverture des nouveaux, est d'avis qu'au fur et à mesure qu'il sera constaté par le voyer de la paroisse, le voyer départemental et le commissaire civil, que les nouveaux chemins sont praticables pour le passage des voyageurs et des voitures, les anciens appartiendront: 1° en entier à ceux sur les terres desquels ils passent; 2° dans le cas où ces anciennes routes formeraient la limite de deux habitations, elles appartiendront en entier à celui des deux propriétaires qui aura fourni la totalité du terrain pour le nouveau chemin; 3° Lorsque le terrain sur lequel le nouveau chemin sera établi se trouvera fourni par deux habitations bornées par le chemin abandonné, ce chemin sera partagé entre les deux propriétaires, dans les proportions du terrain que chacun d'eux aura fourni pour l'établissement de la nouvelle route.

Signé sur les minutes: Ch. WALE.

Greffe de la cour royale. Reg. 17, f° 25. — Enregistré à la cour d'appel, 31 août 1814.

———————

N° 1535. — *Décision du roi déterminant le cadre du personnel de l'administration générale de la Martinique.*

27 juillet 1814.

DÉSIGNATION DES GRADES.	TRAITEMENTS dans la colonie.
1 Gouverneur....................................	80,000ᶠ 00
1 Commandant en second.....................	20,000 00
1 Capitaine, aide de camp du gouverneur......	3,450 00

DÉSIGNATION DES GRADES.	TRAITEMENTS dans la colonie.
1 Major de place, commandant à Fort-Royal....	6,000ᶠ 00
1 Aide-major au Fort-Royal.................	3,600 00
1 Commandant au fort Louis...............	6,000 00
1 Major de place commandant à Saint-Pierre....	6,000 00
Officiers d'administration.	
1 Intendant.....................	60,000 00
1 Commissaire ordonnateur................	15,000 00
1 Commissaire inspecteur.......... 6,000ᶠ 00	7,500 00
Supplément comme inspecteur..... 1,500 00	
2 Commissaires à 6,000 francs............	12,000 00
3 Sous-commissaires à 3,600 francs..........	10,800 00
2 Gardes-magasins à 4,500 francs..........	18,000 00
Direction des ports.	
1 Capitaine de port au Fort-Royal...........	3,000 00
1 Capitaine de port à Saint-Pierre...........	2,000 00
Gendarmerie coloniale.	
1 Commandant...................	5,400 00
1 Lieutenant.....................	2,700 00
Trésor.	
1 Trésorier.....................	32,000 00
1 Directeur particulier des domaines et douanes au Fort-Royal.................	2,400 00
Service de santé.	
1 Officier de santé de 1ʳᵉ classe, médecin du roi, au Fort-Royal................	3,537 00
1 *Idem*, à Saint-Pierre.................	3,537 00
2 Chirurgiens de 1ʳᵉ classe, à 3,375 francs.....	6,750 00
1 *Idem*, de 2ᵉ classe..........	2,531 00
2 Pharmaciens de 1ʳᵉ classe, à 3,375 francs.....	6,750 00
Administration.	
4 Commis principaux, à 2,700 francs.........	10,800 00
5 Commis d' 1ʳᵉ classe................	11,250 00
9 Commis de 2ᵉ classe, à 1,800 francs.........	16,200 00

Certifié :

Le Maître des requêtes, Directeur des colonies,

Signé LAREYNTY.

Arch. du gouvernement. Ord. et dér.

N° 1536. — *Règlement ministériel relatif à l'emploi et au service de compagnies d'ouvriers militaires de la marine dans les colonies* (1).

5 août 1814.

Art. 1er. Il sera détaché des bataillons d'ouvriers militaires de la marine trois compagnies pour servir dans les colonies ci-après, savoir :

1 À la Martinique,	
1 À la Guadeloupe,	Trois.
1/2 compagnie à Cayenne,	
1/2 idem à Bourbon,	

Art. 2. Chaque compagnie ainsi détachée sera composée de la manière suivante :

1 Capitaine,
1 Lieutenant en premier,
1 Lieutenant en second,
1 Sergent-major,
4 Sergents,
1 Caporal fourrier,
8 Caporaux,
24 Ouvriers de 1re classe,
32 Ouvriers de 2e classe,
40 Ouvriers de 3e classe,
1 Tambour,

Ensemble 114 hommes.

Art. 3. La compagnie sera partagée en huit escouades, composées chacune,

1 Caporal,
3 Ouvriers de 1re classe,
4 Ouvriers de 2e classe,
5 Ouvriers de 3e classe,

Ensemble 13 hommes.

_____

(1) Ce règlement est adressé pour son exécution aux gouverneur et intendant de la Martinique, par dépêche ministérielle du 18 juillet 1814; elle contient cette phrase remarquable :

« L'effet de cette mesure, telle qu'elle est combinée dans les articles

Deux escouades formeront une section commandée par un sergent; deux sections formeront une division.

Le capitaine, le lieutenant en second et le fourrier seront attachés à la première division. Le lieutenant en premier et le sergent-major à la deuxième division.

Le tambour appartiendra à la première division.

La compagnie qui doit être partagée entre Cayenne et l'île Bourbon sera expédiée par division, dans ces deux colonies, de manière que le capitaine commande la division de Cayenne, et le lieutenant en premier celle de Bourbon.

Art. 4. Les trois premières sections de chaque compagnie seront formées de charpentiers, de calfats et de scieurs de long.

La première escouade de la 4e section sera composée de menuisiers, poulieurs et tonneliers; dans la seconde, il y aura quatre voiliers; les autres seront des ouvriers en fer.

Art. 5. Les compagnies d'ouvriers militaires détachées dans les colonies seront sous la police de l'administrateur de la marine ayant l'inspection et la revue des troupes.

Art. 6. Ces compagnies seront particulièrement affectées à la construction, à la réparation et à l'entretien des bâtiments de notre marine; elles ne pourront être commandées pour le service militaire qu'en cas d'urgence et par ordre du gouvernement. Elles devront toutefois faire l'exercice une fois par semaine. Cet exercice aura lieu tous les jours où l'on n'ira point au travail, et devra durer au moins deux heures.

Art. 7. Le travail sera dirigé de la même manière que dans les ports de France.

Art. 8. Les compagnies d'ouvriers militaires seront traitées sur le même pied que les troupes servant dans

« 11 et 12, sera de procurer aux habitants des colonies des ressources
« précieuses pour l'amélioration de leurs propriétés et l'accroissement
« de leur industrie, en même temps que de concilier avec l'intérêt du
« trésor public le plus grand bien-être des ouvriers. »

les colonies; ainsi les officiers recevront un supplément de moitié en sus de leurs appointements d'activité, mais il ne leur sera point accordé de rations de vivres ni de fourrages, sauf le cas de guerre, où ils auront droit aux mêmes allocations que les officiers des autres armes et d'un grade analogue

Il ne sera rien ajouté aux masses, à la solde militaire et à la solde de travail réglées en France pour les sous-officiers et ouvriers militaires. Mais il leur sera fourni une ration par jour composée de 24 onces de pain frais ou 20 onces de farine ou 18 onces de biscuit; 8 onces de bœuf salé ou frais ou 6 onces de porc salé ou frais; dans le cas où ces comestibles manqueraient dans les colonies, il y sera suppléé par les denrées du pays.

Art. 9. Le casernement et le chauffage seront fournis en nature aux compagnies pendant le temps qu'elles seront aux colonies, et il leur sera délivré des fournitures pour la traversée, comme aux troupes passagères; mais aussi le corps n'aura à recevoir la masse courante de ces compagnies que sur le pied de 48 francs par homme et par an, depuis le jour de leur embarquement jusqu'à celui de leur retour.

Art. 10. L'officier commandant la compagnie, étant chargé de diriger les travaux, jouira en cette qualité, et pendant son séjour dans les colonies, d'un supplément de 600 francs, argent de France, pour frais de bureau; ce supplément sera réduit à 300 francs pour les officiers commandant les détachements de Cayenne et de Bourbon.

Art. 11. Toutes les fois que le service des constructions navales pourra le permettre, les officiers et ouvriers seront autorisés à travailler pour leur compte. Les autorisations seront délivrées à tour de rôle par le commandant, de manière que chaque sous-officier et ouvrier puisse jouir de cet avantage.

Art. 12. Ceux qui auront obtenu ces permissions seront tenus de verser par jour, dans la caisse du corps, une somme égale au quart du prix de la journée de travail de l'ouvrier civil, lequel prix sera certifié, toutes les fois qu'il sera nécessaire, par les autorités locales. Ce versement est destiné à couvrir les dépenses extraordinaires occasionnées par l'emploi des ouvriers militaires dans les colonies. Les feuilles de mouvements envoyées chaque jour au commissaire aux revues feront reconnaître les hommes qui auront eu droit à des permissions de travail libre à la fin de chaque mois; il sera dressé un état indiquant les noms, prénoms et grades de ces hommes, le nombre des jours qu'ils auront employé pour leur compte et la valeur des versements qu'ils auront effectués; le corps se chargera en recette de cette somme, et le montant sera déduit sur les premiers mandats qui lui seront délivrés.

Art. 13. Chaque compagnie des colonies sera administrée suivant les règlements en vigueur, pendant le temps de son absence du corps, par un conseil d'administration éventuel, composé d'un capitaine, président, du lieutenant en 1er et du plus ancien sergent. Le lieutenant en second remplira les fonctions de capitaine d'habillement et le sergent-major celles de payeur et de secrétaire du conseil. Dans les demi-compagnies, le conseil d'administration se composera du commandant du détachement, de l'officier, du sous-officier venant immédiatement après lui et d'un autre sous-officier.

Art. 14. Avant le départ de France, le conseil éventuel recevra de celui du bataillon les instructions, effets et fonds dont il aura besoin, ainsi que le montant de la masse de linge et chaussures des hommes qui composeront le détachement; à son retour, il rendra compte de sa gestion.

Art. 15. Les compagnies seront relevées tous les quatre ans, et rentreront en France; cependant si quelques-uns des sous-officiers et ouvriers consentent à continuer leurs services dans les colonies au delà de ce terme, ils auront droit dès lors à une haute-paye d'un franc.

Après huit ans de service dans les colonies, s'ils consentent à une nouvelle prolongation de quatre ans, ils obtiendront la haute-paye d'un franc cinquante centimes.

Après douze ans, ils obtiendront celle de deux francs.

Le gouvernement enverra six mois d'avance au ministre l'état des ouvriers qui devront prolonger leur séjour dans les colonies, afin que l'on puisse régler, d'après ces indications, la réduction des compagnies de remplacement.

Art. 16. En tout ce qui n'est pas contraire aux présentes dispositions, les compagnies d'ouvriers militaires seront commandées, administrées et traitées dans les colonies d'après les règlements en usage dans les ports de France.

Le Ministre de la marine et des colonies,
Signé Baron MALOUET.

Arch. du gouvernement. Dép. ministérielles, n° 5.

<hr>

N° 1537. — *Ordonnance du roi relative à l'organisation des troupes qui doivent être entretenues dans les colonies françaises.*

8 août 1814.

Louis, ETC.

Voulant pourvoir à l'organisation des troupes qui doivent être entretenues dans les colonies françaises;

Sur le rapport nos ministres de la guerre et de la marine,

AVONS ORDONNÉ et ORDONNONS ce qui suit :

Art. 1er. Il sera formé dans les régiments d'infanterie ci-après désignés le nombre des bataillons supplémentaires déterminés pour chacun d'eux :

Au 26e régiment de ligne, un 4e, un 5e et un 6e bataillon;

Au 62e régiment de ligne, un 4e, un 5e et un 6e bataillon;

Au 71e régiment de ligne, un 4e bataillon;

Au 5e régiment d'infanterie légère, un 4e bataillon.

Art. 2. Ces bataillons seront composés des officiers, sous-officiers et soldats de ces régiments qui ont déjà servi dans les colonies, et, à leur défaut, des militaires de tout grade qui demanderont à en faire partie : leur organisation sera la même que celle des autres bataillons de ces régiments.

Art. 3. Il sera attaché à chacun des 26e et 62e régiments de ligne un second colonel et un second major, pour prendre le commandement des bataillons supplémentaires ; en cas de réunion de ces bataillons avec les trois premiers, le commandement du régiment appartiendra à celui des deux colonels le plus ancien de grade, et le plus ancien des majors sera en pied.

Il sera pareillement attaché aux 4e, 5e et 6e bataillons de chacun des 26e et 62e régiments de ligne un quartier-maître trésorier et le nombre de chirurgiens déterminé pour un régiment d'infanterie.

Art. 4. L'administration et la comptabilité des bataillons supplémentaires, créés par la présente ordonnance, devant passer sous la direction du ministre de la marine et des colonies aussitôt après leur embarquement, seront, à dater de cette époque, entièrement distinctes de celles des régiments auxquels ils appartiennent.

Art. 5. Deux tiers au moins des officiers des bataillons supplémentaires seront choisis parmi ceux des corps de notre armée de terre ; on pourra comprendre, dans le choix du troisième tiers, d'anciens officiers des troupes coloniales qui seraient encore en état de servir, et des fils de créoles des différentes colonies françaises.

Art. 6. Les nominations aux emplois d'officiers nous seront soumises par le ministre secrétaire d'État de la marine et des colonies, qui s'entendra à ce sujet avec celui du département de la guerre.

Art. 7. Nos ministres secrétaires d'État de la guerre et de la marine seront chargés de l'exécution de la présente ordonnance.

Nº 1538. — *Instructions ministérielles à l'intendant pour l'exécution, dans les colonies, des lois sur la francisation des bâtiments de commerce de construction étrangère.*

8 août 1814.

Monsieur, vous savez que, suivant l'acte de navigation du 21 septembre 1793, aucun bâtiment ne peut être réputé français et avoir droit aux priviléges des bâtiments français, s'il n'a pas été construit en France ou dans les colonies et autres possessions de France, ou déclaré de bonne prise faite sur l'ennemi, ou confisqué pour contravention aux lois, s'il n'appartient pas entièrement à des Français et si les officiers et trois quarts de l'équipage ne sont pas français.

Une loi du 27 vendémiaire an II (19 octobre 1793) a prescrit, en conséquence, les formalités qui établissent la nationalité de chaque bâtiment.

Ceux au-dessous de 30 tonneaux et les embarcations, y compris les chaloupes et canots, doivent être marqués d'un numéro et des noms des propriétaires et des ports auxquels ils appartiennent (art. 4).

Le numéros et noms des propriétaires et des ports seront insérés dans un congé qui doit être pris tous les ans (art. 5).

Les bâtiments de 30 tonneaux et au-dessus auront un congé où seront inscrits la date et le numéro de l'acte de francisation, qui contiendra toutes les indications portées par l'art. 5.

Ces congés et actes de francisation sont délivrés en France par la douane du port auquel le navire appartient.

Les congés délivrés à ces bâtiments ne sont valables que pour un voyage (art. 11).

Le propriétaire s'oblige, par une soumission et un cautionnement dont le montant est fixé par l'art. 11, d'après le tonnage du bâtiment, à ne point vendre, donner, prêter, ni autrement disposer des congé et acte de francisation, à n'en faire usage que pour le service du bâtiment pour lequel ils sont accordés, à rapporter l'acte de francisation si le bâtiment est perdu ou vendu en partie ou en totalité (art. 16).

Aucun Français résidant en pays étranger ne peut être propriétaire, en totalité ou en partie, d'un bâtiment français, s'il n'est pas associé d'une maison de commerce française, faisant le commerce de France, ou profession de France, et s'il n'est pas prouvé par le certificat du consul de France dans le pays étranger où il réside qu'il n'a point prêté serment de fidélité à cet État, et qu'il y est soumis à la juridiction consulaire de France (art. 12).

L'article 13 donne la formule du serment à prêter par le propriétaire avant la délivrance des congé et acte de francisation.

Enfin, une amende de 6,000 francs et la destitution de tout emploi sont prononcées contre tout officier public, préposé, consignataire, agent ou officier du bâtiment ou autre personne qui faciliterait une francisation frauduleuse.

Telles sont les principales dispositions de la loi du 27 vendémiaire an II; elles ont essentiellement pour objet de ménager au commerce national tous les avantages de notre navigation.

Vous devez donc, Monsieur, concourir à leur exécution, en tout ce qu'elles ont d'applicable au régime colonial.

En conséquence, à votre arrivée, le premier soin des agents du service des douanes (dit service du domaine dans nos colonies) devra être de constater immédiatement l'état et le nombre des navires appartenant aux propriétaires résidant dans la colonie.

Il est probable qu'au moment où vous ferez procéder au recensement de ces navires plusieurs seront à la mer; mais alors vous fixerez un délai pendant lequel les propriétaires de ces bâtiments seront tenus d'en faire la déclaration et d'exhiber leurs titres de propriété, afin qu'il en soit pris acte; passé lequel délai aucune demande en francisation ne pourra être admise, et les bâtiments étrangers ne pourront jouir des indemnités réservées à la nationalité.

Ce délai devra être fixé sur le nombre de jours nécessaires pour que l'avertissement que vous ferez publier puisse être connu dans tous les ports et quartiers de la colonie, et que les déclarations des armateurs et propriétaires des navires puissent être recueillies à l'intendance.

Vous en ordonnerez aussitôt le dépouillement, lequel sera porté sur les registres où les bâtiments appartenant à la colonie doivent être immatriculés.

Je vous envoie quelques formules des congés et actes de francisation qui sont délivrés dans les ports du royaume, en Europe, par l'administration des douanes; mais je ne vous les fais passer que comme modèles sur lesquels vous pourrez faire dresser les actes de cette espèce à délivrer dans la colonie.

Il ne m'a pas paru possible d'adopter pour les colonies, où l'administration n'a aucun rapport avec celle des douanes de France, un mode qui aurait entraîné, envers cette dernière administration, une sorte de comptabilité; ainsi les droits à percevoir pour les congés, actes de francisation, expéditions et autres pièces de bord, seront provisoirement perçus comme ils l'étaient avant l'occupation des Anglais, et j'attendrai à cet égard les propositions que vous jugerez convenable de me faire.

Vous voudrez bien, néanmoins, ne pas différer de m'envoyer une expédition des formules que vous aurez adoptées pour ces différentes pièces, le tarif du droit à payer pour l'obtention de chacune d'elles, et le recensement des bâtiments aux ports de la colonie.

Si quelques-uns des navires appartenant à des armateurs des colonies étaient expédiés pour nos ports d'Europe, et qu'ils dussent en être réexpédiés, soit pour nos colonies, soit pour des ports étrangers, ils seront probablement obligés, et pour leur propre sûreté, à prendre de nouveaux congés, tels qu'il en est délivré dans les ports d'Europe; ainsi veuillez bien recommander aux armateurs des navires au long cours de prescrire à leurs capitaines de se munir de toutes les pièces propres à prévenir toute espèce de difficultés de la part de la douane de France.

De mon côté, j'adresserai au ministre des finances une copie des formules que vous m'aurez fait passer, ainsi que l'état des navires pontés et qui, par leur capacité, pourraient être éventuellement expédiés des colonies pour les ports de France.

Vous aurez pu remarquer que le traité de paix signé à Paris le 30 mai dernier porte, à l'article 17, que les habitants naturels et étrangers des pays qui doivent changer de maître auront un espace de six ans pour disposer de leurs propriétés et se retirer dans tel pays qu'il leur plaira de choisir.

Si quelques armateurs de la colonie veulent, dans le cours de ce délai, user de cette faculté, vous leur laisserez la libre disposition de leurs bâtiments; mais vous exigerez la remise de leurs congés, actes de francisation et autres expéditions françaises; vous ordonnerez la radiation desdits bâtiments de la matricule des bâtiments nationaux.

Quant aux navigateurs étrangers qui déclareront fixer leur résidence dans la colonie et qui auront prêté le serment de fidélité au roi, ils pourront être employés sur les bâtiments francisés, si toutefois ils prouvent qu'ils ont, par le grade dans lequel ils voudront servir, l'instruction et le temps de navigation exigés par les lois.

Vous voudrez bien faire enregistrer cette lettre à l'inspection, et quoique son objet soit uniquement dans vos attributions, il conviendra cependant que vous en donniez connaissance à M. le Gouverneur.

Recevez, etc.

Le Ministre de la marine et des colonies,
Signé MALOUET.

Gouvernement. Dép. ministérielles. Arch. des douanes, liasse n° 52.

N° 1539. — *Ordonnance du roi portant règlement sur les pensions et secours à accorder aux veuves et aux enfants orphelins des militaires.*

4 août 1814.

Louis, ETC.

Sur le rapport de notre ministre secrétaire d'État de la guerre,

AVONS ORDONNÉ et ORDONNONS ce qui suit :

Art. 1er. Les veuves des militaires tués dans les combats, ou morts dans les six mois des blessures qu'ils y auront reçues, sont susceptibles d'obtenir des pensions, en justifiant de leur mariage antérieurement aux blessures qui auront occasionné la mort desdits militaires.

Ces pensions sont réglées à raison du quart du *maximum* d'ancienneté de la solde de retraite affectée au grade de leurs maris.

Art. 2. Les veuves des militaires morts en activité après trente ans de services effectifs sont aussi susceptibles d'obtenir des pensions, en justifiant de cinq ans, au moins, de mariage, si elles n'ont pas d'enfants. Ces pensions sont réglées ainsi que cela est prescrit dans l'article précédent.

Art. 3. Les enfants orphelins desdits militaires ont également droit à un secours annuel : ce secours est pour les enfants, quel que soit leur nombre, de la somme à laquelle aurait été réglée la pension de leur mère; il cesse d'être payé lorsque le plus jeune des enfants aura atteint l'âge de vingt ans accomplis.

Art. 4. Nous nous réservons le droit d'accorder, sur le rapport de notre ministre secrétaire d'État de la guerre, des pensions particulières aux veuves ou orphelins des militaires qui auront rendu à l'État des services distingués, si les veuves et orphelins sont privés de moyens d'existence.

Art. 5. Toutes les pensions et secours accordés, jusqu'à ce jour, aux veuves et orphelins des militaires sont maintenus au taux auquel ils ont été fixés.

Art. 6. Notre ministre secrétaire d'État de la guerre est chargé de l'exécution de la présente ordonnance.

Collect. de Duvergier, vol. 19, p. 214. — Nota : Voir la loi sur les finances du 25 mars 1817, titre IV, même collect., vol. 21, p. 151.

N° 1540. — *Règlement provisoire ministériel pour l'établissement de trésoriers des invalides de la marine dans les colonies* (1).

15 août 1814.

Art. 1er. La perception des recettes et l'acquittement des dépenses de la caisse des invalides de la marine dans les colonies sont assujettis aux mêmes formalités que les recettes effectuées et les dépenses acquittées en France.

Art. 2. Il sera conséquemment établi dans chaque colonie un trésorier particulier des invalides, chargé, sous les ordres de l'administrateur local et la surveillance de l'inspecteur, d'encaisser toutes les recettes et de pourvoir à toutes les dépenses sur les mandats de l'officier de l'administration autorisé par l'intendant, lesquels mandats seront visés par l'inspecteur.

Les recettes consistent :

1° Dans la perception de 3 p. 0/0 sur toutes les dépenses *Marine* acquittées dans la colonie ;

2° En 3 p. 0/0 sur les gages des marins employés par le commerce dans les armements qui ont lieu dans les colonies ;

3° En 5 p. 0/0 sur le produit net de toutes les prises faites par les corsaires armés dans les colonies et sur les avances payées à l'armement desdits corsaires ;

4° En 2 1/2 p. 0/0 sur le produit de toutes les prises quelconques faites par les bâtiments de l'État armés, dans les colonies, et, en outre, le tiers du produit net des prises faites par lesdits bâtiments sur le commerce ennemi ;

---

(1) Notifié à la Martinique par dépêche ministérielle d'envoi du même jour.

5° Dans le produit total non réclamé des bris et naufrages;

6° Dans la moitié de la solde des déserteurs provenant des bâtiments de l'État armés et désarmés dans la colonie;

7° Dans le produit des sommes non réclamées provenant des soldes, parts de prises, gratifications et de successions revenant aux marins des bâtiments armés ou désarmés dans la colonie et des sous-officiers, soldats et canonniers morts au service sans tester;

8° Dans le produit des amendes qui seraient prononcées par les tribunaux compétents pour infraction aux lois maritimes.

La dépense se compose :

1° Du payement des demi-soldes, pensions et traitements de réforme, sur états de revue dûment certifiés par l'administrateur de la marine et visés par l'inspecteur;

2° Du payement des attributions et taxations dévolues aux comptables, sur états dûment certifiés et visés;

3° Des frais d'administration et autres exclusivement relatifs au service de la caisse, sur états également certifiés et visés ;

4° Du remboursement de successions et autres qui seraient ordonnés par M. l'intendant de la marine, sur états également visés et certifiés ;

5° De la remise faite en France du solde de compte du comptable en lettres de change ou récépissés dûment certifiés et visés.

Art. 3. Les administrateurs et comptables sont respectivement tenus de se conformer aux dispositions prescrites par l'édit de 1720 et de la loi du 13 mai 1791, en tout ce qui est exécutable dans les colonies, et l'intendant de chacune des colonies est spécialement chargé de présenter dans le plus court délai un projet de règlement pour cette partie du service, approprié aux usages locaux et aux circonstances particulières où peut se trouver la colonie; jusque-là cette comptabilité

4

se rattachera à celle de Paris, comme cela s'est pratiqué pour celle des consuls en pays étranger.

Art. 4. Quoique la comptabilité de la caisse des invalides soit essentiellement distincte et séparée de la comptabilité du trésor royal ainsi que du trésor de la marine, et que par cette raison elle ne doive pas être réunie dans les mains du même comptable, cependant, et sans rien préjuger sur ce qui sera réglé ultérieurement, elle pourra et devra même pour le premier moment être confiée au receveur et payeur de la marine dans les colonies, qui devra tenir, à cet effet, des écritures distinctives et séparées.

Art. 5. Le comptable aura, pour toute espèce d'émoluments et taxations, 5 p. 0/0 de tous les fonds qu'il fera passer en France, soit en lettres de change, soit en récépissés comptables payables par le trésor; mais comme l'encaissement de ces fonds en France dépend de la régularité des pièces à adresser, l'allocation de cette attribution ne pourra être faite au comptable qu'après l'encaissement en France des lettres de change ou récépissés qu'il aura fait passer au ministre secrétaire d'État de la marine, par la voie et l'entremise de l'administration.

Art. 6. Les trésoriers des invalides dans les colonies diviseront leur comptabilité en trois chapitres : invalides, prises et gens de mer; et ils tiendront, à cet effet, trois registres distincts et séparés, dûment cotés et parafés par l'administration, qui les arrêtera à l'expiration de chaque semestre, et en adressera le bordereau au ministre secrétaire d'État de la marine et des colonies, avec les états nominatifs et pièces à l'appui, ainsi que les récépissés ou lettres de change qui en formeront le solde.

Donné à Paris, le 15 août 1814, pour être exécuté provisoirement.

Le Ministre de la marine et des colonies,
Signé MALOUET.

Nᵒ 1541. — *Lettre d'envoi à l'intendant d'un règlement relatif à la caisse des invalides, énonciative des principes qui doivent régir son administration.*

15 août 1844.

Monsieur l'intendant, parmi les différentes parties du service qui vous est confié, j'appelle votre attention particulière sur l'administration et la comptabilité de la caisse des invalides de la marine; cet établissement mérite toute votre sollicitude, par la nature et le but de son institution; vous en trouverez les principes dans l'édit de 1720, et leur développement dans la loi du 13 mai 1791. J'ai cependant cru devoir en faire la matière d'un règlement particulier qui, toutefois, n'est que provisoire, et qui servira à vous diriger jusqu'à ce que les connaissances locales que vous aurez prises de l'état actuel des choses vous aient mis à portée de me fournir les éléments nécessaires pour la rédaction de l'ordonnance définitive que je me propose de soumettre au Roi.

Je me suis donc occupé dans ce règlement de signaler les recettes et les dépenses de l'établissement, les principes de son indépendance du trésor et de la marine et les fonctions des administrateurs spécialement appelés à soigner les recettes et surveiller les dépenses.

Vous ne devez donc point perdre de vue que la caisse ne doit supporter aucune dépense étrangère à son administration et à sa comptabilité; que c'est un dépôt sacré qui vous est confié et que vous ne pouvez sous aucun prétexte en intervertir la destination; que les fonds, toutes les dépenses acquittées, doivent être religieusement transmis en France et que toute correspondance à ce sujet doit me parvenir sous le timbre de la direction des invalides.

Vous aurez à reprendre les choses au point où elles ont été laissées, de manière à lier l'ancienne comptabilité avec la nouvelle. De nombreux abus se sont introduits pendant des temps de trouble et de guerre, où les lois étaient sans vigueur et les communications interrompues : vous les extirperez avec la prudence que je suis fondé à attendre de vos lumières. Vous rappellerez d'abord les choses à l'expression simple du règlement ci-joint et vous me proposerez ensuite, dans le projet de règlement que je vous demande, les améliorations dont vous jugerez le régime de la caisse susceptible.

Vous voudrez bien faire enregistrer la présente ainsi que le règlement qui l'accompagne au bureau de l'inspection et à celui de l'inscription, afin que M. l'inspecteur et M. le commissaire tiennent la main, chacun en ce qui le concerne, à la stricte exécution des mesures qui y sont présentées; vous ferez remarquer à ces administrateurs que l'article 11 du titre V de la loi du 13 mars 1791 leur impose une responsabilité personnelle dont ils ne peuvent s'affranchir.

Le Directeur de la caisse des invalides,
Signé RIVIÈRE.

Inspection. Reg. 3, n° 10.

———◦◦◦———

N° 1542. — *Instructions du Roi aux gouverneur et intendant de la Martinique, relativement au service et à l'administration de cette colonie.*

16 août 1814.

Sa Majesté ayant ordonné, par sa décision du 27 juillet dernier, que les choses seraient rétablies dans les colonies, relativement au service et à l'administration, sur le pied où elles étaient en 1789, les sieurs comte de Vaugiraud et Dubuc trouveront à cet égard leur règle de conduite dans le règlement du roi du 24 mars 1763, modifié par une ordonnance du 25 janvier 1765, et par une autre du 20 décembre 1783. Ces règlements et ordonnances déterminent avec précision quels sont les pouvoirs, les fonctions et les devoirs des gouverneurs et intendants, et des agents civils et militaires. Quelques décisions du Roi, données à différentes époques sur divers points, décisions qui ont été enregistrées sur les lieux et qui se trouvent réunies dans le Code de la Martinique, ne laissent de vague à cet égard, et il est enjoint aux sieurs comte de Vaugiraud et Dubuc de s'y conformer.

Il doit être bien compris, néanmoins, que Sa Majesté n'entend par là rien changer à ce qui existe actuellement dans la colonie, relativement au nouveau Code français qui y a été mis en vigueur avec quelques modifications et qui y demeurera tel, sans rien préjuger sur les nouvelles modifications qui pourraient y être apportées à l'avenir.

En conséquence de ce qui a été dit ci-dessus, les sieurs comte de Vaugiraud et Dubuc se conformeront aux instructions données au sieur marquis de Bouillé et au sieur président de Tascher (le 7 mars 1777) et enregistrées au conseil supérieur de la Martinique, le 5 mai suivant, en tout ce qui ne se trouve pas en contradiction avec les nouvelles lois en vigueur dans la colonie.

La situation actuelle des finances ne permettra pas des envois de fonds suffisants pour pourvoir aux dépenses du gouvernement dans la colonie; l'intendant est autorisé à établir de concert avec le gouverneur, conformément à l'ordonnance de 1765, en outre des impositions d'usage avant 1789, des droits sur les marchandises et denrées importées ou exportées, soit par bâtiments français, soit par bâtiments étrangers; lesquels droits soient suffisants pour couvrir les dépenses autorisées par l'état de fonds. Ceux de sortie sur les denrées exportées par les bâtiments français devant être en remplacement du droit du domaine d'occident, qui se percevait autrefois dans les entrepôts de France, et qui ne sera pas perçu jusqu'à nouvel ordre, ne devront pas excéder cinq et un quart pour cent de la valeur.

Le commerce étranger sera réglé dans la colonie conformément à l'arrêt du conseil d'État du Roi du 30 août 1784, et pour faire participer dans une plus grande mesure toutes les parties de la colonie aux avantages résultant de cet arrêt, le Fort-Royal, la Trinité et le Marin seront, de même que Saint-Pierre, ports d'entrepôt; mais Sa Majesté n'accordant cette faveur aux colonies que parce qu'elle doit être en résultat avantageuse au commerce de la métropole, elle enjoint au gouverneur et à l'intendant de veiller, chacun en ce qui le concerne, à ce qu'il n'en soit point abusé au préjudice de ce commerce, auquel doivent être exclusivement réservées toutes les denrées autres que sirops, rhums et tafias.

Pour ce qui concerne la francisation des bâtiments anglais actuellement possédés par des colons de la Martinique, le sieur Dubuc, intendant, trouvera sa règle dans la lettre qui lui a été adressée le ..... relativement aux bâtiments anglais qui se trouveront dans les ports et rades de la colonie, à l'époque de la reprise de possession. Voici ce qui doit être observé :

1° Tout bâtiment qui aura fait son entrée à la douane anglaise antérieurement à cette reprise de possession et commencé son déchargement, pourra achever ce déchargement et vendre sa cargaison; mais il ne pourra charger en retour que les articles permis par l'arrêt du 30 août 1784.

2° Tout bâtiment anglais qui aura commencé son chargement en retour, pourra le compléter en denrées coloniales, sans exception, et s'expédier pour la métropole, en acquittant les droits qui seront établis à la sortie de ces denrées par bâtiments nationaux, avec une augmentation dont la quotité est laissée à la discrétion des administrateurs en chef, toutefois qu'elle n'excède pas cinquante centimes de franc.

En conséquence, le jour même de la reprise de possession, il sera donné connaissance publique et officielle de ces dispositions, et il sera dressé un état des bâtiments qui se trouveront dans l'un ou l'autre des cas énoncés ci-dessus. Copie de cet état sera adressée au ministre de la marine et des colonies.

Les bâtiments anglais qui arriveraient après la reprise de possession, tomberaient dans les dispositions de l'arrêt du 30 août 1784; néanmoins s'ils étaient porteurs de machines à vapeur pour moulins à sucre, antérieurement demandées par des colons de l'île, il leur serait permis de débarquer ces machines et les ustensiles y relatifs.

Mande et ordonne Sa Majesté aux sieurs comte de Vaugiraud et Dubuc de se conformer, chacun en ce qui le concerne, aux présentes instructions, qu'elle veut être enregistrées au conseil supérieur de la Martinique.

Paris, le 16 août 1814.

Le Ministre de la marine et des colonies,
Signé MALOUET.

Greffe de la cour royale, reg. 17, f° 39. — Enregistré au conseil supérieur, le 12 décembre 1814.

N° 1543. — *Instructions ministérielles sur les fonctions, les devoirs et la comptabilitié des trésoriers de la colonie.*

18 août 1814.

Art. 1er. Les trésoriers des colonies sont agents directs du ministre de la marine et ne doivent des comptes qu'à Son Excellence et aux administrateurs en chef du département.

Art. 2. Ils remplissent en même temps les fonctions de receveur des contributions, de payeur de toutes les dépenses faites dans la colonie et, provisoirement, de trésorier des invalides et de caissier des gens de mer et des prises.

DES RECETTES.

Art. 3. L'intendant, à la fin de chaque année, discutera en commission, sous la présidence du gouverneur, et arrêtera le budget des recettes et dépenses présumées de la colonie pour l'année suivante, classé suivant le bordereau général de comptabilité adopté par la direction des colonies. Lorsque ce budget aura été réglé définitivement, il en sera adressé par l'intendant une expédition à Son Excellence, pour être soumise à son approbation, et une autre sera déposée chez le trésorier, qui devra s'y conformer, à moins d'ordres ultérieurs. Ce budget réglera le mode de perception à suivre pour le recouvrement des contributions directes et indirectes. Un article de ce budget devra pourvoir, au moyen de centimes additionnels sur les contributions, à l'établissement d'un fonds de dégrèvement, non-valeurs et frais de perception sur les revenus indirects et droits domaniaux seront établis en dehors par un supplément égal au montant des taxations allouées.

Art. 4. Les recettes composent un chapitre unique de comptabilité, divisé en sections et articles ainsi qu'il suit :

SECTION PREMIÈRE.

Fonds venus de France, composant les *envois numéraires, les bons royaux, les traites du caissier général du trésor sur lui-même, les lettres de change sur le ministre de la marine, le montant des retenues et reprises pour délégations consenties en France, les versements du trésorier des invalides, les lettres de change émises en vertu de crédits ouverts par le ministre de la marine,* et enfin toute autre valeur provenant de France pour le service des colonies.

SECTION DEUXIÈME.

Contributions directes, comprenant les *capitations des esclaves, celles des gens de couleur libres, les droits de patentes et cabarets, les droits sur les loyers de maisons* et, en cas de guerre, les contributions temporaires.

SECTION TROISIÈME.

Contributions indirectes, comprenant les *droits de timbre et enregistrement, les produits des douanes et ancrages, les francisations, les congés des bâtiments.*

SECTION QUATRIÈME.

Domaines et droits domaniaux, comprenant *les locations et fermages des habitations et établissements appartenant à l'État, les rentes foncières, les déshérences et épaves, les ventes de domaine, les versements du curateur aux successions vacantes* et objets non prévus.

SECTION CINQUIÈME ET DERNIÈRE.

Recettes extraordinaires, comprenant *les ventes de vivres et munitions provenant des magasins du roi, les amendes et confiscations* non susceptibles d'être réclamées par la caisse des invalides, *le produit des retenues de journées de traitement dans les hôpitaux militaires,* et enfin les recettes imprévues et sans application dans les sections précédentes.

Art. 5. Les colonies devant suffire à leurs dépenses, il ne sera point ouvert à l'intendant de crédit en France, et cet administrateur ne pourra autoriser le trésorier à émettre des traites sur le ministre de la marine que pour le montant des dépenses de relâche des bâtiments de Sa Majesté dans les colonies. Ces traites devront être tirées *nettes,* la déduction des 3 0/0 pour les invalides devant être faite dans les colonies, conformément à l'arrêté du 28 pluviôse an XI, elles devront être libellées suivant l'instruction du 1er vendémiaire de la même année.

Les traites qui pourraient être expédiées pour payement d'appointements devront déterminer d'une manière précise leur montant par an et le temps pendant lequel ils sont dus; il conviendra également de délivrer autant de lettres de change qu'il y aura d'exercices et de natures de dépenses, de manière à ce qu'elles puissent être classées dans l'année, au chapitre et à la section qu'elles concerneront.

Art. 6. Le trésorier devra adresser au ministre de la marine, à la fin de chaque mois, un bordereau, par duplicata, des traites qu'il aura été autorisé à tirer. Ce bordereau devra indiquer les dates et numéros des traites, le motif qui en aura nécessité l'émission, la somme à laquelle elles s'élèveront, leurs échéances et les noms des parties prenantes. Ces traites devront toujours être tirées à six mois de date au moins. A l'appui de ce bordereau, le trésorier devra joindre copie des ordres de l'intendant qui auront autorisé leur émission.

Lorsque cette émission aura pour objet le remboursement d'une dépense faite par les fonds de la colonie pour le service des bâtiments de Sa Majesté, ces lettres de change seront tirées à l'ordre du trésorier de la colonie, qui sera chargé d'en réaliser le montant.

Art. 7. Le trésorier ne pourra recevoir des contribuables que des valeurs monnayées ayant cours dans les colonies, à moins que, par des circonstances imprévues, l'intendant n'autorise l'admission de toute autre valeur représentative; mais alors il sera tenu de représenter, pour la justification de sa gestion, l'ordre motivé qu'il aura reçu.

Art. 8. Indépendamment du traitement fixe alloué au trésorier de la colonie (comprenant celui de ses préposés et de ses frais de service), il aura droit à des taxations sur le montant des contributions directes et indirectes qui entreront dans sa caisse; le montant de ces taxations sera réglé provisoirement, et sauf l'approbation du ministre, par l'intendant, qui prendra pour base la fixation déterminée par la loi du 5 ventôse an XII pour le recouvrement des contributions directes, et par le décret du 6 frimaire an XIII pour le recouvrement des droits de douane.

Ces taxations ne seront passées dans les comptes du trésorier qu'en vertu d'ordonnances légales délivrées par l'ordonnateur.

Art. 9. Le trésorier se chargera en recette, à la fin de chaque mois, sous le titre de fonds venus de France, du produit de la retenue de trois centimes par franc qu'il aura exercée sur les payements qu'il aura faits, et en donnera récépissé au trésorier des invalides.

Art. 10. Il recevra de la direction des invalides une

instruction particulière aux caisses des invalides et des gens de mer dont il est chargé.

Art. 11. Dans le cas où le gouvernement jugerait convenable de faire des envois de fonds dans la colonie, le trésorier devra avoir soin, au moment de la réception de chaque envoi, d'en rendre compte à l'intendant, qui en fera dresser procès-verbal détaillé en quadruple expédition, à l'effet de constater l'état dans lequel les valeurs seront parvenues; ce procès-verbal sera rédigé par le commissaire des fonds, en présence de l'ordonateur ou de son représentant, de l'inspecteur et du trésorier, et signé par eux; l'une de ces expéditions restera déposée à l'inspection, la seconde entre les mains du trésorier, et les deux autres seront adressées au ministre par l'intendant, par des voies différentes.

DES DÉPENSES.

Art. 12. Les dépenses sont divisées en sept chapitres, les trois premiers pour le personnel et les quatre autres pour le matériel, suivant le modèle adopté par la direction des colonies.

Art. 13. L'intendant arrêtera au commencement de chaque mois, sur la proposition de l'ordonnateur, la répartition des fonds existants en caisse; cette répartition de crédits tiendra lieu d'ordonnances ministérielles au trésorier.

Art. 14. Le trésorier ne devra effectuer de payement que sur des acquits réguliers et conformes aux instructions et règlements en usage dans la marine.

Art. 15. Le trésorier devant joindre à l'appui des comptes de sa gestion les acquits des parties prenantes, et ces pièces pouvant se perdre dans le trajet, il est autorisé à exiger de chaque partie prenante, indépendamment de l'acquit, une ampliation de quittance qui sera annexée au mandat comptable, pour n'en être séparée qu'à la formation du compte d'ordre et lors de son envoi en France. Ces ampliations seront alors déposées au bureau de l'inspection coloniale, et le trésorier ne pourra en faire usage qu'en constatant, par procès-verbal, la perte de la pièce originale; dans ce cas, l'inspecteur en délivrera une copie certifiée qui équivaudra à l'original.

Art. 16. Le tarif général de la solde et des suppléments alloués aux troupes de toute arme séjournant dans les colonies devra être exactement suivi, ainsi que l'ordonnance du roi du ..... sur la solde à terre et à la mer.

Art. 17. L'arrêté du 16 brumaire an x réglant la portion de solde que les militaires et marins sont autorisés à déléguer à leurs femmes et à leurs enfants, le trésorier devra s'y conformer exactement; mais ces retenues ne s'opéreront que d'après l'état nominatif qui en sera dressé par le directeur des colonies et transmis par l'intendant.

Art. 18. Le trésorier ne devra acquitter aucune dépense antérieure à la reprise de possession des colonies, cet objet devant être soumis à une liquidation générale qui devra avoir lieu dans les bureaux du ministre.

Art. 19. Les mandats pour payement de fournitures devront être appuyés d'un certificat de réception du garde-magasin et d'un extrait du marché pour les dépenses excédant 300 francs.

Ceux pour loyers de maisons et établissements, de l'extrait du bail.

Ceux pour la solde des officiers et marins des bâtiments armés, des états désignés dans l'ordonnance du roi, en date du .....

Ceux pour tout autre dépense, la solde de terre exceptée, de l'extrait de l'arrêté de l'intendant autorisant la dépense.

Art. 20. Quant au mode de payement pour la solde des troupes de terre et de mer, il devra s'effectuer sur revues définitives, à la fin de chaque mois, conformément aux dispositions du décret du ..... et de l'ordonnance du roi du .....

Ces revues devront être certifiées par le commissaire de marine chargé de ce service dans la colonie, et vérifiées par l'inspecteur.

Art. 21. Les officiers sans troupes et les administrateurs seront également soldés sur revues partielles et distinctes par armes, conformément à l'ordonnance du roi du . . . . .

Sous la dénomination d'officiers sans troupes, se trouvent compris :

1° Les gouverneurs et intendants ;

2° Les généraux, les commandants d'armes et les officiers d'état-major ;

3° Les officiers et employés de la direction du génie militaire ;

4° Les officiers et employés de la direction d'artillerie ;

5° Les administrateurs de tous grades, comprenant la marine, la guerre, la magistrature, les domaines, les douanes, les trésoriers, les cultes, les directeurs et employés des hôpitaux, les agents de police et de surveillance, etc. ;

6° Les officiers de la direction des ports et du service de santé ;

7° Les militaires et administrateurs porteurs de brevets de retraite ou de réforme du département de la guerre.

Art. 22. Les mandats pour les dépenses désignées sous le titre *Marine royale* dans le bordereau général de comptabilité, et qui concernent la relâche des bâtiments de l'État dans les colonies, devront également avoir à l'appui les états désignés par l'ordonnance du roi du . . . . .

Art. 23. Le trésorier percevra sur tous les payements qu'il fera, à l'exception de la solde et des masses des sous-officiers et soldats des troupes de terre, qui sont exemptes de toute retenue, trois centimes par franc au profit de la caisse des invalides de la marine, conformément à l'arrêté du 27 nivôse an IX, pour ce qui concerne la marine, et 2 0/0 seulement sur la solde des officiers de terre, conformément au décret du . . . . .

Art. 24. Les dépenses concernant la solde des troupes et des marins devront être acquittées avec la plus grande ponctualité à la fin de chaque mois, de préférence à toute autre dépense; à cet effet, lorsque le trésorier remettra, le 1er de chaque mois, sa situation de caisse à l'intendant, il devra avoir soin de rappeler sommairement sur cette situation le montant présumé de la solde sur *revues* pour un mois.

DISPOSITIONS GÉNÉRALES.

Art. 25. Le trésorier de la colonie étant, d'après le décret du 10 septembre 1800, comptable direct à la cour des comptes, il en résulte qu'il devra justifier de ses *recettes* envers cette cour :

1o Par ses récépissés pour les envois de fonds en France, en bons royaux ou en numéraire;

2o Par ses traites sur le ministre de la marine;

3o Par des bordereaux récapitulatifs des versements pour recettes locales;

4o Par la représentation des ordres de recettes pour celles extraordinaires;

Et de ses *dépenses* par les mandats de l'ordonnateur émis en vertu des crédits de répartition de l'intendant, et dans les formes prescrites pour la comptabilité de la marine.

(Voir l'instruction du 1er vendémiaire an XI, n° 55.)

Art. 26. Afin de mettre le trésorier à même de faire rectifier le plus tôt possible les pièces qui pourraient être rejetées comme irrégulières, il devra adresser à la fin de chaque trimestre au ministre de la marine un état général des recettes et un autre présentant tous les payements qu'il aura faits, avec les acquits à l'appui. Ce compte sera examiné par le bureau de liquidation de la direction des fonds, qui jugera de la légitimité des dépenses, et fera sans délai le renvoi au comptable des pièces non admissibles ou auxquelles il manquerait buelque formalité, afin de ne présenter à la cour le compte du comptable que lorsque toutes les pièces auront été régularisées.

Art. 27. Le trésorier devra tenir ses écritures en partie double, suivant le système adopté par le ministère du trésor royal, et à cet effet il lui sera remis une instruction particulière, qui déterminera la forme de ses écritures, à laquelle il devra se conformer strictement.

Art. 28. La comptabilité du trésorier devra être distincte comme *receveur* et comme *payeur*.

Art. 29. Il devra remettre à l'intendant, à la fin de chaque mois, la balance de ses comptes, et il sera tenu de lui fournir sa situation de caisse toutes les fois qu'elle lui sera demandée.

Art. 30. Il devra également adresser au ministre de la marine, à la fin de chaque mois, une copie de son journal, la balance de ses comptes et un état récapitulatif de ses recouvrements par nature de recette.

Art. 31. Le 1er de chaque mois, l'intendant fera vérifier et arrêter en *recettes* et *dépenses* la caisse du trésorier et constater le montant des fonds existant en caisse. Cette vérification sera faite par l'ordonnateur et l'inspecteur ou leurs représentants, en vertu d'un ordre spécial, qui signeront et certifieront la balance des comptes conforme au solde en caisse et en portefeuille.

Art. 32. Les caisses des préposés du trésorier seront également soumises à l'inspection de l'administrateur en chef des lieux où ils se trouveront.

Art. 33. Dans le cas où l'intendant jugerait convenable d'ordonner des vérifications plus fréquentes, il en donnerait l'ordre écrit à l'ordonnateur, qui le communiquerait au trésorier au moment même de la vérification.

Art. 34. Le trésorier correspondra avec le directeur des fonds du ministère de la marine pour tout ce qui sera relatif à son service.

Art. 35. Le journal de comptabilité du trésorier devra être coté et parafé par premier et dernier feuillet par l'intendant ou l'ordonnateur.

Art. 36. Tous les comptes du trésorier devront être vérifiés et arrêtés par le commissaire de marine chargé du détail des fonds, et visés par l'ordonnateur, l'inspecteur et l'intendant.

Art. 37. Le trésorier sera dépositaire, sous la surveillance de l'intendant, des *poids matrices* destinés à déterminer le poids des monnaies d'or et d'argent; tous les semestres, et même plus souvent si cela est jugé nécessaire par l'intendant, l'essayeur public sera tenu de reconnaître les poids des peseurs de monnaie, afin de les ajuster sur les matrices.

Art. 38. A la fin de chaque année, le trésorier établira son compte de gestion, comprenant ses recettes et ses dépenses avec la distinction des exercices, et conforme à la nomenclature déterminée et aux principes fixés par la cour des comptes.

Ce compte sera établi sur les ampliations de quittances, qui, à cet effet, seront remises par l'inspecteur au trésorier comptable, qui en fera le classement pour la formation de son compte.

Cette remise n'aura lieu que sur la représentation faite par le trésorier à l'inspecteur de l'accusé de réception des pièces de comptabilité qu'il aura adressées au ministre et de l'avis de leur allocation en bonne dépense; alors l'inspecteur aura soin d'annuler et viser les doubles quittances.

Paris, le 18 août 1814.

Le Directeur des fonds de la comptabilité,
Signé PERCHERON.

Approuvé :
Le Ministre de la marine et des colonies,
Signé MALOUET.

Inspection, reg. 5, n° 4.

N° 1544. — *Dépêche ministérielle au gouverneur et à l'intendant, portant que, jusqu'à nouvel ordre, il ne sera*

emercé sur *le traitement des officiers militaires que la re-*
tenue de 2 0/0 *déterminée par le décret du* 25 *mars* 1811.

26 août 1814.

Nota. Il s'agit ici de la retenue affectée à la dotation des invalides.

L'article 2 de ce décret est ainsi conçu :

La dotation des invalides sera composée des revenus ci-après :

1° De la retenue de 2 0/0 prescrite sur les appointements que reçoivent les officiers et employés quelconques de notre armée de terre, etc.

Arch. du gouvernement. Dép. ministérielle.

———

N° 1545. — *Dépêche ministérielle aux administrateurs en chef, ordonnant de recueillir les actes et pièces qui manquent au dépôt de Versailles, selon le vœu de l'édit de juin* 1776.

31 août 1814.

Messieurs, un des plus utiles établissements dont les colonies françaises soient redevables à la sollicitude paternelle de nos rois, c'est le dépôt créé à Versailles, par l'édit du mois de juin 1776, pour recevoir les doubles minutes de leurs actes civils et judiciaires. Depuis 1789, les orages de la révolution, les obstacles de la guerre maritime, ont privé la France et ses possessions des deux Indes d'une partie des fruits de cette loi protectrice du repos des familles et de la garantie des propriétés. Après la paix d'Amiens, deux circulaires (en date des 26 brumaire an x et 17 vendémiaire de l'an xi) furent adressées aux administrateurs de toutes les colonies, pour leur recommander les mesures réclamées par cette longue inexécution de l'édit de 1776.

Prescrire à tous les officiers publics la reprise et la continuation d'un travail trop longtemps abandonné; faire suppléer par des actes de notoriété publique, les actes authentiques anéantis, soit par l'incendie des

5

greffes et dépôts, soit par toute autre cause résultante des troubles qui ont agité les colonies; envoyer au département de la marine les pièces en règle, au fur et à mesure des remises qu'en feraient les fonctionnaires publics, civils et judiciaires : telles étaient les dispositions que renfermaient ces deux circulaires. La guerre vint interrompre encore, sinon l'ouvrage commencé, au moins les envois au dépôt de Versailles qui se sont bornés à un petit nombre d'actes isolés; enfin les douze années qui achèvent de s'écouler ont augmenté de beaucoup le vide déjà existant au dépôt, pour les doubles minutes des années précédentes, et il devient plus urgent que jamais, non-seulement de le combler, mais aussi d'empêcher qu'il ne s'en forme un nouveau pour les années qui vont suivre.

Il est inutile que j'entre ici dans le détail des motifs qui commandent l'exécution la plus prompte qu'il vous sera possible de l'édit de 1776, soit pour le passé, soit pour l'avenir; ils n'auront point échappé à vos lumières, et je dois m'en reposer sur les soins que vous donnerez, chacun en ce qui vous concerne, à cette partie essentielle du service de Sa Majesté. Une récompense flatteuse vous est réservée dans l'honneur d'attacher vos noms à l'un des bienfaits les plus réels qui manquent en ce moment aux colonies. De mon côté, je regarderai comme un devoir très-agréable à remplir, celui de faire connaître à Sa Majesté le succès de vos efforts pour atteindre un but aussi important.

Recevez, etc.

Le Ministre de la marine p. i.,

Signé FERRAND.

Arch. du gouvernement. Dép. ministérielles, n° 14.

N° 1546. — *Arrêt du conseil supérieur qui rapporte deux autres arrêts de la même cour, relatifs l'un à la tenue* des registres de l'état civil, l'autre à la taxe des frais de justice.

5 septembre 1814.

Ce jour, le procureur du roi en fonctions a exposé à la cour que les circonstances dans lesquelles se trouvait la colonie, pendant la guerre qui vient d'être si heureusement terminée, avaient nécessité de sa part deux arrêts, l'un pour le maintien de l'ordre dans les registres de l'état civil, et l'autre pour la régularité des taxes des frais de justice, conformément au tarif fait pour le temps de ladite guerre ; que la paix étant faite et le gouvernement français étant sur le point de venir prendre possession de la colonie, il engageait la cour à aviser dans sa sagesse à ce qu'elle jugerait convenable de faire à ce sujet lors de la remise de la colonie.

La cour ayant égard à l'exposé du procureur général du roi, ordonne que les deux arrêts ci-dessus mentionnés et qui sont en date, savoir : le premier, du 6 juillet 1812, et le dernier, du 4 janvier 1813, seront et demeureront rapportés et cesseront d'avoir leur effet aussitôt l'établissement et l'installation du gouvernement français dans la colonie.

Fait et donné en la cour, le 5 septembre 1814.

Signé RONDEAU, greffier.

Greffe de Saint-Pierre. Reg. des ord., f° 125.

———————

N° 1547. — Dépêche ministérielle à l'intendant au sujet des communications habituelles à établir dans l'intérêt du service entre le gouvernement de la Martinique et celui de la Guadeloupe.

20 septembre 1814.

Monsieur, la Martinique et la Guadeloupe ont trop de rapports ensemble, et ces rapports avec la métropole sont trop exactement les mêmes, pour qu'il ne soit pas à désirer que le même régime administratif rapproche, autant qu'il est possible, les deux colonies. C'est aux iutendants de l'une et de l'autre à se concerter pour atteindre ce but. Chacun d'eux, sans doute, est libre de proposer de son côté au gouvernement ce qu'il croira utile au bien de la colonie qu'il administre; mais cela ne, doit pas les dispenser de correspondre ensemble sur les objets importants, tels qu'impôts, règlements de commerce, etc., afin de profiter respectivement des améliorations introduites par le résultat des communications que je vous recommande. Ils seront plus, en état de mettre le gouvernement à portée d'établir cette unité de système que réclament également et l'intérêt du commerce et la prospérité des deux îles. Je compte sur votre empressement à vous conformer à mes instructions à cet égard.

Recevez, etc.

Le Ministre de la marine p. i.,
Signé FERRAND.

Arch. du gouvernement. Dép. ministérielles.

<hr />

Nᵒ 1548. — *Dépêche ministérielle au gouverneur, contenant instructions sur ses rapports avec les colonies étrangères voisines.*

24 septembre 1814.

Monsieur le comte, les instructions qui vous ont été adressées vous renvoyant, pour tout ce qui n'y a pas été spécialement traité, aux instructions de M. le marquis de Bouillé et autres, données aux gouverneurs qui vous ont précédé, vous serez à même de connaître la conduite à tenir dans vos relations avec les colonies des autres puissances. Cependant d'après le désir que vous me témoignez d'être plus particulièrement fixé sur la marche à suivre dans certains cas que vous avez prévus, je vais répondre aux questions contenues dans votre lettre du 22 juillet dernier.

D'abord, sur vos relations avec les îles espagnoles et les secours qui pourraient vous être demandés par les différents partis :

Il convient en général de n'accorder aucun secours, à raison de l'impuissance de le faire; mais s'il y avait possibilité et urgence, il ne faudrait, dans aucun cas, que cela fût autrement qu'à la demande d'un gouverneur ou officier commandant pour le roi d'Espagne.

Relativement aux noirs qui, par suite de leurs mécontentements, quitteraient les îles anglaises, ou autres voisines, et viendraient chercher refuge dans les colonies françaises :

Vous ne devez favoriser aucune désertion de noirs des autres colonies, quelle que soit la puissance à laquelle elles appartiennent; il faut, au contraire, repousser ces déserteurs, hors les cas où l'humanité commanderait de leur accorder des secours.

Quant aux navires arrêtés en contravention :

Tous bâtiments dans ce cas, de quelque nation qu'ils soient, doivent être traités de la même manière, jugés et condamnés s'il y a lieu, conformément aux règlements.

Le commerce espagnol doit être protégé et favorisé comme il l'était en 1789; vous trouverez sur les lieux les documents nécessaires pour fixer votre opinion sur l'importance de ce commerce et les moyens de le faire prospérer.

Il sera à propos de différer l'envoi d'un bâtiment pour complimenter les gouverneurs espagnols, jusqu'à de nouvelles instructions sur ce point.

Je vous ai recommandé d'être très-circonspect dans les demandes de secours qui vous seraient faites par des gouverneurs étrangers. Il faut l'être également pour les secours que vous croiriez avoir à leur demander, et dans les cas d'urgence, il ne faudrait vous adresser qu'à des gouverneurs délégués par les puissances reconnues par Sa Majesté.

Sur le commerce interlope avec les colonies voisines, les bâtiments pris en contravention doivent être traités de la même manière, quelle que soit la puissance à laquelle ils appartiennent.

Je compte assez, Monsieur le comte, sur votre sagesse

et votre prudence pour être persuadé que vous trouverez
dans ces explications et les instructions de vos prédécesseurs, des données suffisantes pour déterminer votre
conduite dans les cas qui n'ont pu être prévus, et votre
bon esprit et votre expérience suppléeront à ce qui
manquerait en documents précis.

Le Ministre de la marine et des colonies p. i.,

Signé FERRAND.

Arch. du gouvernement. Dép. ministérielle, n° 26.

N° 1549. — *Ordonnance du roi concernant l'organisation des
premier et second bataillons coloniaux.*

28 septembre 1814.

Louis, par la grâce de Dieu, roi de France et de
Navarre,

Sur le rapport de notre ministre secrétaire d'État de
la guerre,

Nous avons ordonné et ordonnons ce qui suit :

Art. 1er. Le premier bataillon colonial et le premier
bataillon de pionniers coloniaux seront réunis à Belle-
Ile aux quatrièmes bataillons de même arme, pour ne
former ensemble qu'un seul bataillon, sous la dénomination de premier bataillon colonial.

Art. 2. Le second bataillon colonial sera réuni à l'île
d'Oleron au troisième bataillon colonial et au troisième
bataillon de pionniers coloniaux ; ces trois bataillons
seront amalgamés ensemble et serviront à former un
seul bataillon, sous la dénomination de second bataillon
colonial.

Art. 3. Chaque bataillon colonial sera composé,
comme par le passé, d'un état-major et de quatre compagnies de fusiliers, organisés ainsi qu'il suit :

ÉTAT-MAJOR.		COMPAGNIES.	
Chef de bataillon	1	Capitaine	1
Adjudant-major	1	Lieutenant	1
Quartier-maître	1	Sous-lieutenant	1
Chirurgien-major	1		3
	4		
		Sergent-major	1
Adjudant sous-officier	1	Sergents	4
Caporal tambour	1	Caporal-fourrier	1
Maîtres ouvriers	3	Caporaux	8
	5	Tambours	2
			16

Ainsi la force totale d'un bataillon, en officiers, sous-officiers, tambours et hommes d'état-major, sera de seize officiers et soixante-neuf sous-officiers et tambours : ce complet des soldats restera indéterminé; leur effectif dépendra du besoin du service.

Art. 4. Notre ministre secrétaire d'État de la guerre est chargé de l'exécution de la présente ordonnance.

Signé LOUIS.

Et plus bas :

Le Ministre de la guerre,
Signé Comte DUPONT.

Bulletin des lois, 1814, 5e sér., p. 262.

⋙⊙⊙⊙⋘

No 1550. — *Décision ministérielle qui fixe à 70,000 francs le cautionnement que devra fournir le trésorier de la Martinique.* (Extrait.)

24 octobre 1814.

Il doit être fourni en inscriptions de rentes sur l'État, qui sont déposées dans la caisse des Invalides de la marine, à Paris.

Le trésorier est autorisé à prélever, chaque semestre,

le montant des intérêts de son cautionnement, **sur la caisse coloniale**, sauf à faire en tenir compte à celle-ci par celle des invalides.

Inspection. Reg. 4, n° 555.

━━━━━◆━━━━━

N° 1551. — *Précis ministériel sur les principales dispositions législatives et réglementaires relatives au service de la marine dont l'exécution concerne les consuls.*

octobre 1814.

NOTA : Le retour de la paix ayant rendu plus d'activité aux relations des consuls avec le département de la marine, le ministre jugea utile de leur rappeler les principaux objets sur lesquels leur attention devait se porter, et de *résumer,* comme on l'avait fait en 1802, les ordonnances et règlements à l'exécution desquels les consuls sont appelés à concourir en ce qui concerne la marine du Roi et celle du commerce.

Annales maritimes, vol. 1816, p. 455.

━━━━━◆━━━━━

N° 1552. — *Dépêche ministérielle aux administrateurs en chef portant désignation des ouvrages périodiques qui, outre le* Bulletin des lois, *seront envoyés dans la colonie.*

19 novembre 1814.

Messieurs, j'ai l'honneur de vous prévenir qu'indépendamment de la collection du *Bulletin des lois* et du *Journal militaire,* que j'ai fait délivrer, ici, pour l'administration de la Martinique et qui a été ou sera porté au complet jusqu'à l'époque de la restauration, j'ai ordonné que ces mêmes recueils seraient, à partir de ladite époque, envoyés dans la colonie, et qu'on y joindrait, à partir du 1er septembre 1814, le *Moniteur* et le *Journal du commerce.*

La répartition de ces ouvrages périodiques entre les diverses autorités de la Martinique a été réglée conformément au tableau qui suit :

SAVOIR :

DÉSIGNATION des autorités.	NOMBRE D'EXEMPLAIRES des ouvrages.			
	BULLETIN des lois.	MONITEUR.	JOURNAL militaire.	JOURNAL du commerce
M. le gouverneur.........	1	1	1	1
M. l'intendant...........	1	1	1	1
M. le commandant en second	»	1	»	»
M. le procureur général près le conseil supérieur.....	1	»	»	»
	3	3	2	2

Pour constater la réception de ces feuilles il sera joint, à chaque envoi, un reçu imprimé en deux ampliations, à signer et à dater par l'autorité à qui il aura été adressé. Une de ces ampliations sera déposée au bureau des lois, et l'autre, à la direction des colonies.

Je vous prie de donner avis de ces dispositions aux autorités qu'elles concernent, en leur recommandant d'avoir l'attention de s'y conformer.

Recevez, etc.

Le Ministre de la marine p. i.,
Signé FERRAND.

Arch. du gouvernement. Dép. ministérielles.

⫷⬤⫸

N° 1553. — *État des officiers et employés du gouvernement qui recevront la* Gazette de la Martinique *aux frais du gouvernement, à dater de ce jour.*

1er décembre 1814.

Nota. Cet état s'élève au nombre de cent trente-huit gazettes d'abonnement.

Arch. du gouvernement. Ordres et décisions.

No 1554. — *Remise par le gouverneur anglais* (Leith) *à l'autorité française de la ville de Saint-Pierre et de sa juridiction.*

3 décembre 1814.

NOTA. L'autorité française était représentée par M. le colonel baron de Labarthe, gouverneur *par intérim*, et par M. de Périnelle-Dumay, conseiller titulaire en la cour, intendant *par intérim.*

Le 7 décembre même année, les mêmes fonctionnaires publient une proclamation aux habitants par laquelle ils annoncent que la colonie est rendue à la France, et que le Roi lui a donné pour gouverneur M. le comte de Vaugiraud et pour intendant M. le chevalier Dubuc.

Gazette de la Mart., 1814, nos 99 et 101.

N° 1555. — *Circulaire ministérielle sur les rapports des capitaines des bâtiments du commerce avec les consuls en pays étrangers.*

5 décembre 1814.

Annales maritimes, t. 2, 1809-1815, p. 161.

N° 1556. — *Circulaire ministérielle contenant le relevé des divers états qui doivent être fournis périodiquement par l'administration coloniale au département de la marine* (1).

3 décembre 1814.

Bureau du personnel ou des revues.

Par mois :

1° État général de situation des troupes de la colonie;

2° Un état contenant la liste des officiers militaires et civils partis pour France dans le courant du mois précédent. Cet état indiquera : 1° leurs noms et prénoms;

(1) Une dépêche ministérielle du 17 janvier 1816, n° 7 (archives du gouvernement), rappelle à l'observation de cette circulaire et de celle du 6 messidor an XIII (25 juin 1805) dont elle est en grande partie la reproduction.

2° leur grade ou emploi; 3° leur traitement annuel; 4° l'époque où il a cessé de leur être payé dans la colonie; 5° le nom du bâtiment sur lequel chacun d'eux s'est embarqué; 6° le port où le bâtiment doit faire son retour; 7° la date du départ; 8° par qui l'ordre en a été donné; enfin une colonne d'observations fera connaître la date du titre qui confère le grade ou l'emploi, et par qui le titre a été accordé.

Par trimestre :

1° Revue générale de tout le personnel, autre que la troupe, par section avec indication des mutations survenues parmi les divers salariés, et des sommes qu'ils ont perçues pour appointements seulement;

2° Feuilles d'appel des troupes par corps et revues générales de comptabilité;

3° Revues générales de comptabilité des membres de la Légion d'honneur ayant droit au traitement;

4° État nominatif de débarquement et incorporation des troupes venues de France pendant le trimestre précédent, indiquant les noms, prénoms, grade, date d'entrée au service, ancien numéro de la matricule et le nouveau que chaque homme prend à l'incorporation;

5° État nominatif des entretenus qui ont obtenu la faculté de déléguer depuis leur arrivée dans la colonie, indiquant la somme déléguée, le nom de la personne à laquelle ils ont délégué et la date que doit commencer la retenue;

6° Les certificats de vie des entretenus qui ont obtenu la faculté de déléguer.

Par année :

1° Copie des contrôles annuels des troupes, avec indication des mutations de chaque homme pendant l'année.

Bureau des armements et des classes.

État nominatif et signalétique des passagers de toute description arrivés, tant sur les bâtiments du roi que sur les bâtiments du commerce, pendant le trimestre précédent.

Bureau des vivres et approvisionnements.

Par trimestre :

1° État des rationnaires autres que les troupes ;

2° Les états de situation des magasins en objets de subsistance contenant les consommations et recettes qui ont eu lieu pendant les trois derniers mois.

Par année :

1° L'inventaire général et balance des magasins, tant en subsistance et objets de consommation qu'en effets de toute nature ;

2° L'inventaire du logement et casernement des troupes : ces inventaires doivent présenter sommairement les consommations et recettes pendant le cours de l'année.

Bureau des hôpitaux.

Par trimestre :

Les états nominatifs et extraits mortuaires des individus décédés dans les hôpitaux militaires.

Par semestre :

Les états des journées d'hôpitaux indicatifs de la dépense qu'ils ont occasionnée pendant le semestre.

Par année :

L'inventaire général des effets d'hôpitaux.

Bureau des fonds.

Par trimestre :

Un bordereau intitulé : État des recettes et dépenses faites pendant le mois précédent.

Par année :

Le projet des dépenses de la colonie pour l'année suivante, arrêté par l'intendant et le gouverneur. Il est essentiel, dit le ministre, que cet état, raisonné et détaillé tant sur les dépenses que sur les recettes qui pourraient y faire face, parvienne en France, chaque année, au mois d'octobre.

Trésorier général.

Par mois :

1° Un bordereau détaillé des versements de deniers faits tant à lui-même qu'à ses préposés ;

2° Un bordereau particulier de la recette provenant des versements du caissier des invalides ;

3° Un bordereau des dépenses. Il fait connaître dans le plus grand détail la date des payements, la nature de la dépense, l'exercice, le nom et la qualité des parties prenantes, la désignation des numéros et armes des corps et détachements, la somme payée, les ordres ou autorisations en vertu desquels les payements ont eu lieu. Ce bordereau devra être adressé le 30 du mois après celui expiré.

Par trimestre :

Les états de situation des différentes caisses du trésorier et de ses préposés, et de la caisse des invalides de la marine contenant les recettes et dépenses du trimestre.

Inspection. Reg. 3, n° 249.

N° 1557. — *Loi relative aux biens non vendus des émigrés* (1).

5 décembre 1814.

Louis, ETC.

Par notre ordonnance du 21 août, nous avons rendu à l'état civil une classe recommandable de nos sujets, longtemps victimes de l'inscription sur les listes d'émigrés. En leur rendant cette première justice nous avons annoncé notre intention de présenter aux deux chambres une loi sur la remise des biens non vendus. Dans les dispositions de cette loi nous avons considéré le devoir, que nous imposait l'intérêt de nos peuples, de concilier un acte de justice avec le respect dû à des droits acquis par des tiers, en vertu de lois existantes, avec l'engagement que nous avons solennellement contracté, et que

---

(1) Cette loi a été promulguée à la Martinique, par ordonnance locale du 23 septembre 1823. (Voir mêmes greffe et registre.)

nous réitérons, de maintenir les ventes des domaines nationaux, enfin avec la situation de nos finances, patrimoine commun de la nombreuse famille dont nous sommes le père et sur lequel nous devons veiller avec une sollicitude toute paternelle.

A ces causes, nous avons proposé, les chambres ont adopté, nous avons ordonné et ordonnons ce qui suit :

Art. 1er. Sont maintenus et sortiront leur plein et entier effet, soit envers l'État, soit envers les tiers, tous jugements et décisions rendus, tous actes passés, tous droits acquis, avant la publication de la charte constitutionnelle, et qui seraient fondés sur des lois ou des actes du gouvernement relatifs à l'émigration.

Art. 2. Tous les biens immeubles séquestrés ou confisqués pour cause d'émigration, ainsi que ceux advenus à l'État par suite de partages des successions ou présuccessions qui n'ont pas été vendus et font actuellement partie du domaine de l'État, seront rendus en nature à ceux qui en étaient propriétaires ou à leurs héritiers ou ayants cause.

Les biens qui auraient été cédés à la caisse d'amortissement et dont elle est actuellement en possession, seront rendus lorsqu'il aura été pourvu à leur remplacement.

Art. 3. Il n'y aura lieu à aucune remise des fruits perçus. Néanmoins les sommes provenant de décomptes faits ou à faire et les termes échus et non payés, ainsi que les termes à échoir du prix des ventes de biens nationaux provenant d'émigrés, seront perçus par la caisse du domaine, qui en fera la remise aux anciens propriétaires desdits biens, à leurs héritiers ou ayants cause.

Art. 4. Seront remis, ainsi qu'il est dit en l'article 2, les biens qui, ayant été déjà vendus ou cédés, se trouveraient cependant actuellement réunis au domaine, soit par l'effet de la déchéance définitivement prononcée contre les acquéreurs, soit par toute autre voie qu'à titre onéreux.

Art. 5. Dans le cas seulement de l'article précédent, les anciens propriétaires, leurs héritiers ou ayants cause seront tenus de verser dans la caisse du domaine, pour être remis à l'acquéreur déchu, les à-compte qu'il aurait payés. La liquidation de ces comptes sera faite administrativement au domaine même, suivant les règles accoutumées.

Art. 6. Les biens que l'État a reçus en échange de biens d'émigrés, et qui se trouvent encore en sa possession, seront rendus, sous les réserves et exceptions énoncées dans la présente loi, aux anciens propriétaires de biens échangés, à leurs héritiers ou ayants cause.

Art. 7. Sont exceptés de la remise les biens affectés à un service public pendant le temps qu'il sera jugé nécessaire de leur laisser cette destination ; mais l'indemnité due à raison de la jouissance de ces biens sera réglée dans les budgets.

Art. 8. Sont encore exceptés de la remise les biens dont par des lois ou des actes d'administration, il a été définitivement disposé en faveur des hospices, maisons de charité et autres établissements de bienfaisance, en remplacement de leurs biens aliénés, ou donnés en payement des sommes dues par l'État.

Mais lorsque par l'effet de mesures législatives, ces établissements auront reçu un accroissement de dotation égal à la valeur des biens qui n'ont été que provisoirement affectés, il y aura lieu à remise de ces derniers biens, en faveur des anciens propriétaires, leurs héritiers ou ayants cause.

Dans le cas où les biens donnés, soit en remplacement, soit en payement, excéderaient la valeur des biens aliénés, et le montant des sommes dues à ces établissements, l'excédant sera remis à qui de droit.

Art. 9. Seront remis, aux termes de l'article 2, les rentes purement foncières, les rentes constituées et les titres de créances dus par des particuliers et dont la régie serait actuellement en possession.

Art. 10. Les actions représentant la valeur des canaux de navigation seront également rendues, savoir : celles qui sont affectées aux dépenses de la Légion d'honneur, à l'époque seulement où, par suite des dispositions de l'ordonnance du 19 juillet dernier, ces actions cesseront d'être employées aux mêmes dépenses; celles qui sont actuellement dans les mains du gouvernement, aussitôt que la demande en sera faite pour ceux qui y auront droit, et celles dont le gouvernement aurait disposé, soit que la délivrance en ait été faite, soit qu'elle ne l'ait pas été, lorsqu'elles rentreront dans ses mains par l'effet du droit de retour, stipulé dans les actes d'aliénation.

Art. 11. Pour obtenir la remise ordonnée par la présente loi, les anciens propriétaires, leurs héritiers ou ayants cause, se pourvoiront par-devant les préfets des départements où les biens sont situés.

Art. 12. Les préfets, après avoir pris l'avis des directeurs des domaines, des conservateurs des forêts, et s'être assurés des qualités et des droits des réclamants, transmettront les pièces justificatives, avec leur avis motivé, au secrétaire d'État des finances.

Art. 13. Le secrétaire d'État des finances enverra toutes les demandes à la commission chargée de prononcer sur les remises.

Art. 14. Il sera sursis, jusqu'au 1er janvier 1816, à toutes actions de la part des créanciers des émigrés sur les biens remis par la présente loi; lesdits créanciers pourront néanmoins faire tous les actes conservatoires de leurs créances.

Donné à Paris, le 5 décembre 1814.

Signé LOUIS.

Et, par le Roi:

Le Ministre de l'intérieur,

L'Abbé DE MONTESQUIOU.

Greffe de la cour royale. Reg. 18. — Enregistré à la cour royale, le 23 septembre 1823.

N° 1558. — *Proclamation des gouverneur et intendant* p. i., *commissaires du Roi de France pour la reprise de possession de la Martinique.*

7 décembre 1814.

Habitants de la Martinique !

Vos cœurs français et fidèles n'ont pas attendu que le drapeau blanc fût arboré sur nos forts pour se livrer à l'allégresse. Vos vœux étaient exaucés : le meilleur des Rois était rendu à notre amour. Son retour dans ses États a été signalé par le plus grand des bienfaits. La France, constamment précipitée depuis vingt-deux ans d'une guerre dans une autre, venait d'éprouver, dans la dernière, des malheurs que la constance et le courage héroïque de ses armées ne pouvait empêcher. La paix était devenue son premier, son plus pressant besoin, et la paix avec l'Europe entière a été proclamée.

Cette paix, en mettant un terme aux longs malheurs de la patrie, vous affranchit de toutes vos inquiétudes. La Martinique est rendue à la France gouvernée par son Roi légitime.

Que la culture, que le commerce reprennent leur activité. Réunissez tous vos moyens, tous vos efforts pour augmenter vos produits, et vous reverrez bientôt les beaux jours de votre prospérité.

Le Roi, dans sa sollicitude paternelle, vous a donné pour gouverneur M. le comte de Vaugiraud et pour intendant M. Dubuc. Sous des chefs aussi distingués par leurs talents et leur sagesse vous aurez bientôt perdu le souvenir des maux passés.

Nous ne vous recommandons pas l'union : ici tous les sentiments sont confondus dans un seul, l'amour du Souverain; ici comme en France nous n'aurons plus désormais qu'un cri de ralliement !...

Vive le Roi !

6

Donné à l'hôtel du gouvernement, au Fort-Royal, le 7 décembre 1814.

Signé le baron DE LA BARTHE
et PÉRINELLE-DUMAY.

Arch. du domaine à Saint-Pierre. Lois et ord., liasse unique.

N° 1559. — *Acte solennel de remise de la colonie de la Martinique, par l'autorité anglaise, aux commissaires nommés par le Roi de France pour en reprendre possession.*

12 décembre 1814.

Greffe de la cour royale. Reg. 17, f° 32. — Enregistré à la cour d'appel, 12 décembre 1814.

N° 1560. — *Procès-verbal de la séance extraordinaire du conseil supérieur pour recevoir les ordres de Sa Majesté le Roi de France et enregistrer les pouvoirs des nouveaux gouverneur et intendant.*

12 décembre 1814.

NOTA. Cette pièce constate notamment l'enregistrement des pouvoirs susindiqués, le serment prêté par les membres du conseil ès mains du gouverneur, et contient les discours respectivement prononcés dans le cours de cette solennité.

Gazette de la Mart., 1814, n° 104.

N° 1561. — *Ordonnance des administrateurs en chef sur les impositions de l'année 1814, portant rétablissement dans les ports de la colonie de l'impôt connu sous le nom de droits du domaine d'occident.*

12 décembre 1814.

Nous, en vertu des pouvoirs que Sa Majesté nous a confiés,

Avons ordonné et ordonnons ce qui suit :

Art. 1er. L'ordonnance pour les impositions de 1814, rendue par le général Charles Wale, est maintenue, et les droits qu'elle a établis sur les denrées coloniales à leur sortie continueront d'être perçus. Ces droits sont à la charge des vendeurs.

Art. 2. Il a plu à Sa Majesté d'ordonner que le droit de domaine d'occident qui se percevait en France serait dorénavant perçu dans cette colonie; en conséquence, tous bâtiments nationaux payeront à leur sortie un droit de 3 0/0 et 10 sols pour livre en sus; la valeur sera déterminée par un certificat des vendeurs domiciliés depuis deux ans dans la colonie; ces droits seront à la charge de l'acheteur.

Art. 3. Toutes marchandises importées dans la colonie par les bâtiments nationaux payeront un droit de deux et demi pour cent de leur valeur.

Tout passager porteur de pacotille sera assujetti au même droit.

Ce droit d'entrée devant être perçu sur les cargaisons arrivées dans la colonie pendant qu'elle était encore sous le gouvernement anglais, il n'y a d'autre moyen de le prélever que sur la vente faite de ces cargaisons, et le livre du vendeur est la seule base qui puisse l'établir.

La valeur sera donc fixée, jusqu'à nouvel ordre, d'après le journal des ventes des capitaines, paraphé à leur arrivée par le juge du lieu.

Et quant aux pacotilles, lesquelles excèderont 300 livres coloniales, la valeur sera fixée d'après le journal de vente paraphé par le juge, et si la valeur est au-dessous de 300 livres, elle sera déterminée d'après la facture assermentée par le propriétaire de la pacotille. Dans les deux cas, ils fourniront bonne et suffisante caution pour le payement de ces droits.

Néanmoins ce moyen de prélever le droit établi par le présent article n'est que provisoire, et doit changer avec les circonstances qui l'ont amené; il sera fait en conséquence de nouvelles dispositions à cet égard au mois de janvier prochain, époque à laquelle celles du présent article, quant à la manière de fixer la valeur des marchandises importées, cesseront d'avoir leur effet.

Art. 4. Toutes les fois que la sortie de la farine de manioc et autres vivres du pays sera par nous permise, ils payeront à leur sortie 7 1/2 0/0 du prix de vente.

Art. 5. Il sera imputé sur les divers droits établis par les articles ci-dessus 5 centimes additionnels pour frais de perception et d'administration.

Donné au Fort-Royal, le 12 décembre 1814.

Signé DE VAUGIRAUD et DUBUC.

Inspection. Reg. 3, n° 9.—Enregistré au conseil supérieur, 15 décembre 1814.

N° 1562. — *Ordonnance du gouverneur et de l'intendant qui rétablit l'ordre judiciaire de la Martinique, tel qu'il existait en 1789.*

12 décembre 1814.

Nous, en vertu des pouvoirs que Sa Majesté nous a confiés,

Avons ordonné et ordonnons ce qui suit :

Art. 1er. Les tribunaux de la colonie continueront d'exister avec les dénominations, attributions et prérogatives dont ils jouissaient avant 1789; en conséquence, la cour d'appel reprendra son titre de conseil supérieur, et les tribunaux de première instance celui de sénéchaussées et amirautés.

Art. 2. La colonie sera régie par le code civil maintenant en vigueur et par les lois et ordonnances enregistrées dans les tribunaux, sauf toutes exceptions et modifications qu'il plaira à Sa Majesté d'y apporter.

Art. 3. L'édit de 1681 continuera de régler, comme par le passé, toutes les attributions des amirautés; notamment en ce qui sépare leurs fonctions de celles du bureau des classes.

Prions Messieurs du conseil supérieur de faire enregistrer les présentes, etc.

Donné au Fort-Royal, le 12 décembre 1814.

Signé Comte DE VAUGIRAUD et DUBUC.

Inspection. Reg. 3, n° 8, et collection de Duvergier, t. 19, p. 337. — Enregistré au conseil supérieur, 12 décembre 1814.

N° 1563. — *Arrêté de l'intendant réglant la nourriture à fournir aux équipages des bâtiments du Roi, pendant leur séjour sur rade.*

12 décembre 1814.

Vu l'arrêté du 12 octobre dernier, qui règle les vivres frais accordés aux bâtiments du Roi, jusqu'à la remise de la Martinique par le gouvernement anglais, et attendu que les motifs qui avaient commandé cette mesure n'existent plus, l'effet dudit arrêté doit cesser;

Néanmoins, et voulant donner aux équipages des bâtiments de Sa Majesté une marque d'attention par-ticulière,

Nous avons arrêté ce qui suit :

Il sera fourni aux équipages des vaisseaux de Sa Majesté, pendant leur séjour sur rade, deux repas de viande fraîche par semaine, c'est-à-dire, les dimanche et mercredi. Il leur sera également fourni, les mêmes jours, deux repas de légumes frais, mais ils les recevront en argent, suivant le tarif de France, avec le supplé-ment colonial; ils recevront, en outre, et chaque jour, trente citrons et deux pintes et demie de tafia pour cent hommes.

Donné à Saint-Pierre, le 12 décembre 1814.

Signé DUBUC.

No 1564. — *Ordonnance des administrateurs en chef, qui maintient, sauf modifications, l'arrêt du conseil d'État du 30 août 1784, sur le commerce étranger.*

12 décembre 1814.

Nous, en vertu des pouvoirs que Sa Majesté nous a confiés,

Avons ordonné et ordonnons ce qui suit :

Art. 1er. L'arrêt du conseil d'État du 30 août 1784 relativement au commerce étranger, est maintenu avec les exceptions et modifications suivantes :

Art. 2. Il a plu à Sa Majesté de déroger à l'article 1er dudit arrêté en ce qu'il n'autorisait l'ouverture que du port Saint-Pierre aux étrangers; à l'avenir, les ports de Saint-Pierre et du Fort-Royal, de la Trinité et du Marin seront ouverts aux bâtiments étrangers, qui y pourront faire leur entrée en se conformant à tout ce qui est prescrit par ledit arrêt.

Art. 3. L'article 4 dudit arrêt laissant aux administrateurs la faculté de fixer la quotité des droits locaux qui seront perçus à l'entrée des bâtiments étrangers, nous ordonnons que tous bâtiments étrangers ayant fait leur entrée régulièrement, payeront deux pour cent locaux et un pour cent additionnel de la valeur de leurs cargaisons; ils payeront les mêmes droits sur les rhums, sirops et tafias qu'ils exporteront de la colonie, le tout avec les cinq centimes additionnels établis par l'article 5 de notre ordonnance de ce jour.

Prions, etc.

Mandons, etc.

Donné au Fort-Royal, le 12 décembre 1814.

Signé DE VAUGIRAUD et DUBUC.

Inspection. Reg. 3, no 7.—Enregistré au conseil supérieur, 13 décembre 1814.

No 1565. — *Ordonnance du gouverneur et de l'intendant réglant les impositions coloniales pour l'année 1815, et rétablissant la perception du droit du domaine d'occident dans les ports de la colonie.*

12 décembre 1814.

Nous, etc., en vertu des pouvoirs que Sa Majesté nous a confiés,

Avons ordonné et ordonnons ce qui suit :

Art. 1er. L'ordonnance pour les impositions coloniales de 1814, rendue par le général Charles Wale, est maintenue, et les droits qu'elle a établis sur les denrées coloniales à leur sortie continueront d'être perçus; ces droits sont à la charge du vendeur.

Art. 2. Il a plu à Sa Majesté d'ordonner que le droit dit du domaine d'occident, qui se percevait en France serait dorénavant perçu dans cette colonie; en conséquence tous bâtiments nationaux payeront à leur sortie un droit de trois et demi pour cent (et dix sous par livre en sus) de la valeur des denrées coloniales qu'ils exporteront; la valeur sera déterminée par un certificat des vendeurs, domiciliés depuis deux ans dans la colonie : ces droits seront à la charge de l'acheteur.

Art. 3. Toutes marchandises importées dans la colonie par les bâtiments nationaux payeront un droit de deux et demi pour cent de leur valeur.

Tout passager, porteur de pacotilles sera assujetti au même droit. Ce droit d'entrée devant être perçu sur les cargaisons arrivées pendant que la colonie était encore sous le gouvernement anglais, il n'y a d'autre moyen de le prélever que sur la vente faite de ces cargaisons, et le livre du vendeur est la seule base qui puisse l'établir.

La valeur sera donc fixée, jusqu'à nouvel ordre, d'après le journal de vente des capitaines, paraphé à leur arrivée par le juge du lieu.

Et quant aux pacotilles, lorsqu'elles excèderont la somme de 3,000 livres coloniales, la valeur sera également fixée d'après le journal de vente, aussi paraphé par le juge, et si la valeur est au-dessous de 3,000 livres, elle sera déterminée d'après la facture assermentée par le propriétaire de la pacotille : dans les deux cas, ils fourniront bonne et suffisante caution pour le payement de ces droits.

Néanmoins ce moyen de prélever le droit établi par le présent article n'est que provisoire, et doit changer avec les circonstances qui l'ont amené; il sera fait en conséquence de nouvelles dispositions à cet égard au mois de janvier prochain, époque à laquelle celles du présent article, quant à la manière de fixer la valeur des marchandises importées, cesseront d'avoir leur effet.

Art. 4. Toutes les fois que la sortie de la farine de manioc et autres vivres du pays sera par nous permise, ils payeront à leur sortie sept et demi pour cent du prix vénal.

Art. 5. Il sera imputé, sur les divers droits établis par les articles 1er, 2, 3 et 4, cinq centimes additionnels pous frais de perception et d'administration.

Prions, mandons, etc.

Donné au Fort-Royal, le 12 décembre 1814.

Signé Comte DE VAUGIRAUD et DUBUC.

Et plus bas, SORIN et FOURNIER.

Arch. du gouvernement. Ordres et décisions. — Enregistré au conseil supérieur, le 15 décembre 1814.

No 1566. — *Arrêté du gouverneur et de l'intendant portant tarif pour les actes de francisation et les congés.*

15 décembre 1814.

Nous avons arrêté que les sommes énoncées dans le tarif suivant seront payées par les armateurs ou capitaines, pour les actes de francisation ou congés qui leur seront délivrés, savoir :

Pour les actes de francisation, les bâtiments au-dessous de cent tonneaux payeront cinquante-quatre livres, ceux de cent tonneaux et au-dessus payeront soixante-douze livres; ceux de deux cents à trois cents tonneaux payeront quatre-vingt-dix livres, ceux de trois cents tonneaux payeront la même somme de quatre-vingt-dix livres et dix-huit livres de plus pour chaque cent tonneaux au-dessus de trois cents tonneaux.

Pour un congé, il sera payé par chaque bâtiment caboteur quarante-cinq livres, et par chaque allant au long cours quatre-vingts livres.

Le tout avec les cinq centimes additionnels établis par l'article 5 de notre ordonnance du 12 de ce mois.

Ces sommes seront versées dans la caisse du receveur du domaine, et les congés et actes de francisation ne seront délivrés aux capitaines ou armateurs que sur quittance.

Enjoignons au directeur général du domaine et au receveur général de tenir la main à l'exécution du présent arrêté.

Signé DE VAUGIRAUD, DUBUC.

Arch. du gouvernement. Ordres et décisions.

<hr>

Nº 1567. — *Loi relative aux douanes, réglant les droits d'entrée en France des denrées coloniales françaises importées par navires français.* (Extrait.)

17 décembre 1814.

Café, le quintal............................ 60ᶠ 00
Sucre brut, *idem*........................... 40 00
Sucre terré, *idem*.......................... 70 00
Sucre raffiné, en pain et pilé.............prohibé.
Cacao...................................... 90 00
Poivre, le kilogramme....................... 0 80
Piment, *idem*.............................. 0 75
Girofle, *idem*............................. 2 00
Canelle, *idem*............................. 4 00
Bois de teinture................droit de balance.
Noix de Galle, le quintal................... 10 00
Roucou, *idem*.............................. 10 00
Curcuma, *idem*............................. 40 00

Cochenille...................droit de balance.
Indigo, le kilogramme................... 1 00
Gommes, etc., le quintal................. 15 00
Bois d'acajou et de marqueterie, *idem*........ 10 00

Bulletin des lois.

———❦———

N° 1568. — *Procès-verbal de la réinstallation de la séné-chaussée et amirauté à Saint-Pierre.*

17 décembre 1814.

NOTA. Cette pièce constate la lecture en audience publique de l'ordonnance locale du 12 précédent portant rétablissement du conseil supérieur et des tribunaux dans leurs anciennes dénominations et attributions, le serment prêté par les membres de la sénéchaussée ès mains de M. le conseiller de Périnelle-Dumay, commissaire *ad hoc*, et contient les discours respectivement prononcés.

Gazette de la Mart., 1814, n° 106.

———❦———

N° 1569. — *Ordonnance de l'intendant contenant règlement pour les fournitures des dénombrements et recensements et les déclarations relatives aux maisons pour l'année 1815.*

20 décembre 1814.

SECTION PREMIÈRE.

Dénombrements et recensements.

Art. 1er. A compter du 1er janvier prochain, il sera procédé, dans la forme ordinaire, aux dénombrements et recensements, pour l'année 1815, de tous les habitants et particuliers de l'île Martinique, de quelque qualité et condition qu'ils soient, propriétaires ou non propriétaires, possédant des esclaves ou n'en possédant pas, ainsi que des gens de couleur libres.

Art. 2. Tous ceux qui y sont obligés par l'article précédent, devront s'être présentés avant le 1er mars prochain, savoir : dans les paroisses des villes de Saint-Pierre, du Fort-Royal et les bourgs de la Trinité et du Marin, aux bureaux du domaine du roi, et dans les paroisses de la campagne, par-devant MM. les commissaires civils, pour fournir ou retirer chacun sa feuille de dénombrement et recensement, sous peine, pour ceux sujets à la capitation, d'être taxés au tiers en sus de leur cote de l'année précédente, et de 300 livres d'amende applicables aux bureaux de charité pour ceux non sujets à la capitation.

Art. 3. Il sera porté la plus grande attention dans les bureaux du domaine et par MM. les commissaires civils, en délivrant les dénombrements, à faire ajouter, sur chacun d'eux, les nègres nés ou achetés depuis la dernière déclaration, comme aussi à faire biffer ceux qui seront morts ou auront été vendus depuis la même époque ; le tout avec même mention, dans la colonne des observations, des noms des vendeurs et des acheteurs. Chaque dénombrement devra porter en outre, avec précision, la qualité de l'habitant, suivant qu'il sera sucrier, caféier, cotonnier, cacaoyer, vivrier, propriétaire de poterie-chaufournerie, rhummerie et guildiverie, formant des établissements particuliers, ou seulement domicilié dans les villes et bourgs.

Art. 4. Ne seront réputés infirmes que les esclaves mutilés, maniaques, perclus, ladres et aveugles, dont l'état aura été constaté par les chirurgiens avoués des paroisses, lesquels délivreront gratis les certificats qui devront être présentés à l'appui des déclarations : sans ces conditions il ne pourra être prétendu ni admis aucune exemption de taxe.

Art. 5. Ceux des habitants de la campagne qui ont dans les villes et bourgs des esclaves à loyer et à la journée, ou autrement employés à la pêche, dans les acons, bâtiments caboteurs, canots de poste et canots dits passagers, seront tenus de les désigner séparément dans leurs dénombrements.

Art. 6. Les domiciliés des villes et bourgs qui sont propriétaires d'habitations quelconques et conséquemment soumis à fournir de doubles dénombrements, ne pourront porter sur ceux de la campagne aucun des nègres de la désignation ci-dessus qu'ils tiennent à leur service, à loyer, ou à la journée.

Art. 7. A l'époque de la confection des dénombrements et recensements, les agents de la police commenceront à faire toutes les recherches et perquisitions nécessaires pour reconnaître les contraventions qui auraient pu être faites à ce qui est prescrit par les deux articles précédents, et, par suite, ils arrêteront et conduiront à la geôle les nègres non déclarés en conformité d'iceux, lesquels n'en pourront être retirés qu'à la charge par les maîtres de payer pour chacun d'eux, entre les mains du receveur du département de leur résidence, une amende de 600 livres, dont le tiers appartiendra aux agents de la police, et le surplus aux bureaux de charité.

Art. 8. Si, depuis le jour où un dénombrement aura été arrêté, jusqu'au 1er mars prochain, il survient décès de quelque individu sujet à la capitation, le contribuable devra en justifier sur-le-champ devant la direction générale du domaine ; faute de quoi et postérieurement à l'époque déterminée, il ne sera plus recevable au dégrèvement pour l'année.

SECTION DEUXIÈME.
Déclaration du loyer des maisons.

Art. 1er. Les propriétaires de maisons seront aussi obligés, à compter du 1er janvier jusqu'au 1er mars prochain, sous la peine portée en l'article 2 de la 1re section touchant l'augmentation de taxe, de produire aux bureaux du domaine, dans les villes de Saint-Pierre, du Fort-Royal et les bourgs de la Trinité et du Marin, et par devant le commissaire civil, dans le bourg du Lamentin, les déclarations relatives aux maisons, avec le prix ou évaluation des loyers, suivant qu'elles seront louées ou occupées par eux-mêmes. Ils désigneront exactement les noms et les qualités des locataires ainsi que les numéros tant des maisons que des appartements, loués séparément, et ils rapporteront, à l'appui des déclarations, les baux et autres conventions écrites ; le tout d'après les feuilles imprimées qui leur seront délivrées à cet effet.

Art. 2. Toutes déclarations suspectes d'inexactitude devront être refusées par les préposés à leur réception, lesquels feront procéder dans la forme ordinaire, contradictoirement avec les déclarants, à l'évaluation vraie d'après laquelle les rôles doivent être dressés.

Art. 3. Les maisons qui, dans l'intervalle du 1er janvier au 1er mars prochain, se trouveront vides, seront déclarées comme telles ; mais du moment qu'elles viendront à être louées ou occupées, les propriétaires seront tenus de produire les déclarations prescrites par l'article 1er. Les bureaux du domaine et le commissaire civil du Lamentin feront surveiller soigneusement les contraventions au présent article.

Art. 4. Les déclarations une fois produites, il n'y aura pas plus lieu à les rectifier pour cause de diminution du prix des loyers que pour cause de leur augmentation.

Art. 5. Les propriétaires des maisons ne pourront faire de poursuites en justice, pour obtenir le payement de leurs loyers, que sur les expéditions, qui leur seront délivrées dans les bureaux du domaine, des déclarations qu'ils y auront produites ; et s'il résulte de la contestation qu'il y a eu fraude entre le propriétaire et le locataire, ils seront condamnés chacun à une amende de 300 livres, applicable aux bureaux de charité.

Art. 6. Ces propriétaires demeureront à l'avenir chargés de l'entretion et du remplacement des nouveaux numéros posés sur leurs maisons, et faute par eux de ce faire, il y sera pourvu à leurs frais.

Prions, etc.

Mandons, etc.

Donné à Saint-Pierre, le 20 décembre 1814.

Signé DUBUC.

Et plus bas : FOURNIER, secrét.

N° 1570. — *Décision de l'intendant portant fixation de l'indemnité de logement, frais de bureau et autres, alloués aux divers officiers de la direction du domaine et des douanes de la Martinique.* (Extrait.)

21 décembre 1814.

POUR LOGEMENT.

Au directeur général, pour son logement et celui de la direction (à dater du 1er décembre 1814).   4,000f 00

Au directeur particulier au Fort-Royal (1er décembre 1814).................   2,500 00

FRAIS DE BUREAU.

(Par forme d'abonnement avec les directeurs et comprenant la solde d'un garçon de bureau.)

Au directeur général........ 3,000f 00 ⎞
Au directeur particulier..... 1,500 00 ⎠ 4,500 00

Au premier commis du bureau
du Marin.................... 400 00 ⎞
A celui de la Trinité........ 400 00 ⎠ 800 00

CANOTS POUR LE SERVICE DES VISITES.

(Par abonnement avec les directeurs.)

Direction générale, solde des canotiers et réparation des canots 3,840 00 ⎞
Direction particulière du Fort-Royal, loyer d'un canot armé et de trois canotiers............ 1,944 00 ⎠ 5,784 00

FRAIS DE VOYAGES ET AUTRES.

Au directeur général, payable de six en six mois, après leur expiration, pour indemnité de ses frais de voyage et de déplacement, soit au Fort-Royal, soit en tout autre lieu de la colonie où sa présence sera nécessaire.....   1,200 00

A reporter...... 18,784 00

Report......	18,784ᶠ 00

Aux visiteurs, contrôleurs, pour frais d'ambulance ou de visites, quand il y aura des visites ordonnées par l'intendant......... 2,000 00

Les frais d'impression continueront d'être acquittés au compte du gouvernement, et il ne sera ordonné d'impression que sur la demande du directeur général, visée par l'intendant; ces frais sont évalués devoir être annuellement de...................... 10,000 00

Total..... 30,784 00

A la Martinique, le 21 décembre 1814.

Signé DUBUC.

NOTA. Cet état est dressé en conformité de la dépêche ministérielle du 25 fructidor an XIII.

Arch. du gouvernement.

⟢⟢⟢

N° 1571. — *Décision de l'intendant déterminant le cadre du personnel de la direction du domaine et des douanes de la Martinique.* (Extrait.)

21 décembre 1814.

DIRECTION GÉNÉRALE A SAINT-PIERRE.

1 Directeur général.,................. 6,000ᶠ 00

DOUANES.

1 Commis principal......... 3,500ᶠ 00
1 Contrôleur.............. 2,900 00
3 Visiteurs dont deux à 2,500
  et un à 2,300 francs..... 7,300 00
                       13,700 00

A reporter...... 19,700 00

| | Report..... | 19,700ᶠ 00 |

BUREAU DES CONTRIBUTIONS.

1 Premier commis chef du bureau..................	2,900ᶠ 00	
1 Commis vérificateur........	2,200 00	
1 Commis expéditionnaire....	1,800 00	6,900 00

DIRECTIONS PARTICULIÈRES.

Fort-Royal.

1 Directeur particulier........	2,400 00	
1 Commis principal.........	3,000 00	
2 Visiteurs à 2,200 francs....	4,400 00	

Marin.

| 1 Premier commis.......... | 3,100 00 | |
| 1 Visiteur................. | 2,100 00 | 15,000 00 |

Trinité.

1 Premier commis..........	3,100 00	
1 Visiteur.................	2,100 00	5,200 00
		46,800 00

Saint-Pierre (Martinique), le 21 décembre 1814.

Signé DUBUC.

Arch. du gouvernement.

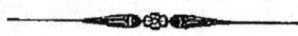

———◆———

Nº 1572. —*Règlement de discipline maritime pour la station des îles du vent.*

50 décembre 1814.

Le capitaine de vaisseau commandant la station des îles du vent,

Voulant établir une discipline régulière et uniforme parmi les bâtiments du commerce qui fréquentent les ports ou rades des îles du vent;

« Considérant que, par suite de la longue guerre qui vient enfin de se terminer, un grand nombre des capitaines marchands qui naviguent aujourd'hui peut ignorer les lois et usages établis autrefois, et qu'il convient de remettre en activité;

En exécution des ordres de M. le comte de Vaugiraud, gouverneur général, ordonne ce qui suit :

Art. 1er. Lorsqu'un bâtiment du roi mouillera dans une rade qui ne sera pas déjà occupée par un bâtiment stationnaire, les capitaines marchands enverront un canot à bord avec un officier pour prendre l'ordre.

Art. 2. Il en sera de même toutes les fois que le commandant de la rade mettra flamme d'ordre (flamme blanche à la corne d'artimon).

Art. 3. Aucun navire marchand ne peut mettre sous voiles qu'après avoir présenté au commandant de la rade un permis d'appareiller, délivré par le capitaine de port.

Art. 4. Il est expressément défendu à tout capitaine marchand arrivant dans une rade de communiquer avec la terre ni avec aucune embarcation quelconque (si ce n'est celle d'un pilote, le canot du domaine ou celui de la poste, pour la prompte distribution des lettres qui pourraient être à bord), avant d'avoir été raisonner à bord du commandant de la rade, pour y donner les renseignements prescrits par les règlements.

Art. 5. Messieurs les capitaines marchands sont prévenus que, dans toute rade où se trouve un bâtiment du roi, ils ne peuvent se permettre d'infliger aux hommes de leur équipage aucune punition corporelle quelconque.

En conséquence, lorsqu'un homme aura commis une faute grave, le capitaine en rendra compte de suite au commandant de la rade.

Néanmoins, les capitaines marchands sont autorisés à mettre provisoirement aux fers les hommes de leur équipage dans les cas où ils le jugeront nécessaire, mais seulement comme mesure de sûreté et en rendant compte sur-le-champ

7

Art. 6. Ils informeront avec soin le commandant de la rade des événemens de quelque importance qui se passeraient à leur bord, ainsi que de tout ce qui pourrait venir à leur connaissance et qui serait de nature à intéresser la navigation, le commerce, la police ou la santé publique.

Art. 7. Messieurs les capitaines marchands ne doivent jamais perdre de vue qu'ils encourraient les peines les plus graves s'ils se permettaient une fausse déclaration quelconque, et plus particulièrement encore pour tout ce qui est relatif à la santé de leur équipage, et qui pourrait compromettre celle de la colonie.

Art. 8. Il leur est recommandé surtout de déclarer les maladies épidémiques qu'ils pourraient avoir dans leur équipage, et particulièrement ceux de leurs hommes qui pourraient être atteints de la fièvre jaune.

Art. 9. Le bâtiment où il y aurait une maladie épidémique sera aussitôt mouillé à l'écart par les soins du capitaine de port, et, en outre, le commandant de la rade veillera à ce qu'aucun canot ne sorte de son bord pour communiquer avec la terre.

Art. 10. Toutes les fois qu'il n'y aura pas de bâtiment du roi en rade, le plus ancien capitaine des bâtiments du commerce fera les fonctions de commandant de la rade; il arborera en conséquence la flamme pour être reconnu, et mettra la flamme d'ordre toutes les fois que le service du port l'exigera.

Si dans le nombre des capitaines des bâtiments du commerce il s'en trouve un de breveté, le commandement lui sera dévolu de droit.

Art. 11. Messieurs les capitaines marchands sont prévenus que toutes les fois que le commandant de la rade voudra les appeler à son bord, il arborera pavillon bleu au grand mât appuyé d'un coup de canon.

Donné à bord de la frégate de Sa Majesté *la Duchesse-d'Angoulême*, en rade du Fort-Royal, le 30 décembre 1814.

Signé VILLEMAGNE.

Arch. du domaine à Saint-Pierre.

Nº 1573. — *Rapport fait au gouverneur de la Martinique sur les procédés nouveaux employés par M. Eyma dans la fabrication du sucre.* (Extrait.)

1816.

La méthode de M. Eyma consiste :

1º A appliquer au vesou ou sucre de cannes, au moment où, sorti du moulin, il s'est rendu dans les bacs, une dose d'enivrage toujours en rapport avec la quantité de ce vesou et avec la quantité de sel cristallisable qui y est contenue ;

2º A appliquer à ce vesou la décantation et la clarification les plus exactes, dans tous les états par où il passe, du moment où il sort du moulin jusqu'à celui où, arrivé à la consistance d'un sirop très-rapproché, il n'a plus besoin que du refroidissement pour se convertir en sucre ;

3º A l'époque du travail qui précède ce dernier résultat, à s'assurer d'une cuite régulière et toujours uniforme, pour obtenir toute la matière capable de passer à l'état de sel cristallisable.

Nota. Des expériences pratiquées devant les auteurs du rapport leur ont fait reconnaître que le nœud de la canne proprement dit, et surtout le bouton qui y tient, renferment une prodigieuse quantité de matière résineuse insoluble dans l'eau et se dissolvant aisément dans l'alcool.

Annales maritimes, 1816. Sc. et arts, vol. 2, p. 235.

Nº 1574. — *Observations sur la géophagie des Antilles, vulgairement appelée* mal d'estomac, *par M. Moreau de Jonnès.*

1816.

Nota. Il s'agit ici du goût bizarre, habituel, particulier aux noirs, de manger de la terre, et des altérations organiques qui en résultent.

Annales maritimes, 1816. Sc. et arts, vol. 2, p. 510.

No 1575. — *Arrêté de l'intendant portant maintenue de l'administration municipale de la ville de Saint-Pierre, créée en avril 1810, pour le meilleur et le plus utile emploi des deniers municipaux.*

4 janvier 1815.

Nous étant convaincu que les dernières améliorations de salubrité comme d'utilité et d'agrément publics qui se sont faites dans la ville de Saint-Pierre sont particulièrement dues aux sages dispositions du règlement du 10 avril 1810, portant création d'une administration municipale *ad hoc* de ladite ville; et voulant assurer à ses habitants l'accroissement successif des mêmes avantages par la continuation des travaux commencés pour l'exécution de différents projets arrêtés, à l'entreprise de tous ceux que nous jugerons convenable d'ordonner par la suite;

Nous, en vertu des pouvoirs à nous départis par Sa Majesté, avons réglé et ordonné ce qui suit :

Art. 1er. Nous maintenons, en tant que besoin, les bases du règlement du 10 avril 1810, dont les dispositions sont modifiées, étendues et régularisées comme ci-après.

Art. 2. L'administrateur particulier des établissements, travaux et deniers municipaux de la ville de Saint-Pierre exercera les fonctions de cet office sous notre autorité commune ou particulière, suivant la nature des cas.

Art. 3. Cette administration, dont la comptabilité continuera d'être distincte et séparée de toute autre comptabilité, embrassera tous les détails relatifs aux eaux et fontaines, aux pompes à incendies, aux ponts, cales, quais et tranchées, aux pavés, aux hangars à bois, aux encombrements et étalages obstruant la voie publique, au roulage des cabrouets, aux places et promenades publiques, à la propreté des rues et à la salubrité de l'air dans toutes les parties de la ville.

Art. 4. L'administrateur municipal dirigera vers les objets indiqués ci-dessus la surveillance du voyer par-

ticulier et du commis à la police, lesquels en conséquence auront sur ce à prendre ses instructions et à
l'informer des contraventions aux ordonnances et règlements concernant la police de ces mêmes objets.

Art. 5. Le tribunal de police connaîtra comme par le
passé desdites contraventions, en observant d'appliquer
à la caisse municipale les amendes à prononcer contre
ceux qui devront les encourir.

Art. 6. L'emploi de la chaîne de police, dont les frais
sont supportables par la caisse des deniers municipaux,
continuera d'être dirigé par l'administrateur municipal
seul, pour le nettoiement des ruisseaux, cales, places et
promenades, comme aussi pour les autres travaux
publics de la ville.

Art. 7. Pour l'exécution de ce qui est porté par l'article 10 du règlement du 10 avril 1810, l'administrateur
municipal n'aura point d'intermédiaire entre lui et les
deux premiers chefs de la colonie.

Art. 8. Il aura séance et voix délibérative dans les
assemblées des bureaux de charité de sa résidence, et il
y suivra, dans l'intérêt des pauvres, les détails relatifs à
la recette et à la répartition des fonds tant généraux que
particuliers qui doivent tomber dans la caisse des trésoriers de ces bureaux.

Art. 9. Les baux et marchés quelconques à passer
par l'administrateur municipal ne pourront avoir leur
effet qu'après avoir été vus et approuvés par l'intendant.

Art. 10. L'entreprise des travaux dont le prix excédera
la somme de 1,000 livres coloniales devra toujours être
adjugée au rabais, ou par la voie d'offres cachetées à
ouvrir en présence de l'intendant, qui fera le choix de
celles qu'il jugera les plus avantageuses.

Art. 11. L'administrateur municipal tiendra un livre
paraphé par l'intendant, pour l'enregistrement des
pièces de recette et dépense de la comptabilité dont
s'agit, et il ne pourra être fait de payements par le trésorier que sur les mandats motivés et visés de l'intendant qu'aura expédiés ledit administrateur municipal :

à ces mandats devront être jointes les pièces justificatives de la dépense qu'ils indiqueront.

Art. 12. À la fin de chaque année, cet administrateur
produira entre les mains de l'intendant la situation des
finances de la caisse municipale, ensemble le projet de
dépenses à faire l'année suivante et celui des octrois à
établir pour les couvrir.

Art. 13. Les formes de comptabilité à suivre en cette
partie seront réglées par instructions *ad hoc* de l'intendant.

Art. 14. Maintenons au surplus celles des dispositions
du règlement du 10 avril 1810 auxquelles il n'est rien
innové par la présente ordonnance, qui demeure applicable à la ville du Fort-Royal en tout ce qui peut y être
relatif.

Prions Messieurs du conseil supérieur et mandons aux
officiers des sénéchaussées du ressort d'enregistrer la
présente ordonnance, qui sera lue, publiée et affichée
partout où besoin sera.

Donné à Saint-Pierre, le 4 janvier 1815.

Signé le comte DE VAUGIRAUD et DUBUC.

Inspection. Reg. 4, n° 481.

———————

N° 1576. — *Avis officiel de l'intendant annonçant la maintenue en vigueur de l'ordonnance du 20 juin 1803 sur la
police du cabotage.*

7 janvier 1815.

Le public est prévenu que l'ordonnance concernant la
police de la navigation du cabotage, rendue le 1er messidor an XI (20 juin 1803) par le conseiller d'État Charles-
Henry Bertin, préfet colonial de la Martinique, est
maintenue dans toutes ses dispositions, et que tous ceux
qu'elle peut concerner doivent s'y conformer avec exactitude et remplir toutes les formalités qu'elle prescrit et
notamment celle de l'inscription au bureau de l'inscription maritime, de ce jour au 25 fixe du présent mois.
Il est bien entendu que les bâtiments caboteurs comme

tous autres bâtiments arrivants doivent aller raisonner à bord du commandant de la rade avant de communiquer avec la terre et préalablement à toute autre formalité.

A Saint-Pierre, le 7 janvier 1815.

Signé DUBUC.

Gazette de la Mart., 1815, n° 3.

N° 1577. — *Décision de l'intendant portant fixation des frais de bureau alloués aux chefs des divers services de l'administration.*

11 janvier 1815.

TITRES.	SOMMES allouées.
Chef d'administration..........................	2,000ᶠ 00
Inspecteur....................................	1,200 00
Commissaire en chef à Saint-Pierre, chargé des approvisionnements..........................	800 00
Sous-inspecteur à Saint-Pierre................	500 00
Commissaire chargé du personnel des armements, etc., au Fort-Royal..........................	700 00
Commissaire chargé des approvisionnements, vivres, et des salaires des ouvriers..........	700 00
Commissaire chargé des fonds..................	500 00
Inscription maritime à Saint-Pierre...........	150 00
Commissaire des hôpitaux au Fort-de-France....	300 00
Commissaire *idem* à Saint-Pierre.............	250 00
Au garde-magasin à Fort-Royal.................	300 00
Idem à Saint-Pierre.........................	200 00

Au moyen des sommes ci-dessus, il ne sera fourni des magasins que les registres imprimés nécessaires à la comptabilité, les acquits et les casernets des ports : il ne pourra être fait d'autres impressions pour le service des bureaux, ni aucune fourniture de papier, plumes, encre, etc.

Au Fort-Royal, le 11 janvier 1815,

Signé DUBUC.

Arch. du gouvernement.

Nº 1578 — *Lettre du ministre de la justice au ministre de la marine pour l'informer que la grâce, en matière correctionnelle, est affranchie des formalités usitées pour l'entérinement des autres lettres de grâce.* (Extrait.)

13 janvier 1815.

Il suffit, en ordonnant la mise en liberté de prescrire qu'il soit fait mention de la décision du roi en marge du jugement.

Annales maritimes.

Nº 1579. — *Arrêté de l'intendant portant règlement de l'indemnité de logement allouée aux officiers et employés de l'administration de la marine.* (Extrait.)

17 janvier 1815.

TARIF.	INDEMNITÉ de logement.	SUPPLÉMENT colonial.	TOTAL.
Commissaire (rang de colonel)..	600ᶠ 00	300 00	900 00
Sous-commissaire (rang de capitaine de troupe de ligne).....	216 00	108 00	324 00
Officiers de santé de 1ʳᵉ classe, *id.*			
Commis principaux (lieutenant).	144 00	72 00	216 00
Officiers de santé de 2ᵉ classe....	144 00	72 00	216 00

Il est bien entendu que les personnes logées en nature avec ou sans meubles ne recevront l'indemnité que suivant leurs diverses positions.

Fort-Royal, le 17 janvier 1815.

Signé DUBUC.

Inspection. Vol. 3, nº 16.

Nº 1580. — *Arrêté de l'intendant portant règlement des gages accordés aux concierges, portiers, garçons de bureau et jardiniers attachés aux divers services.* (Extrait.)

Concierges. { 1 à chacun des trois premiers chefs de la colonie, à 1,500 fr. l'un.................... 4,500ᶠ 00

Portiers.	3 à chacun desdits, à 1,200 francs.....	2,400 00
	1 à M. l'Ordonnateur................	900 00
	1 à M. l'Inspecteur.................	900 00
	1 gardien à la petite intendance du Fort-Royal...........................	550 00
	2 à M. le Gouverneur, à 850 francs.....	1,700 00
	2 à M. l'Intendant, *idem*.............	1,700 00
	1 à M. l'Ordonnateur................	850 00
	1 à M. l'Inspecteur.................	850 00
	1 au secrétariat, greffe et archives......	850 00
	1 au bureau du personnel............	850 00
	1 aux approvisionnements et vivres.....	850 00
15 garçons	1 au bureau de l'artillerie et du génie....	850 00
de	1 au bureau des fonds..............	850 00
bureau,	1 aux hôpitaux du Fort-Royal........	850 00
	1 au commissaire chargé du service à Saint-Pierre......................	850 00
	1 faisant fonctions de portier au magasin général à Saint-Pierre..............	850 00
	1 à la sous-inspection..............	850 00
Jardiniers.	1 au Gouverneur	1,050 00
	1 à l'Intendant...................	1,050 00

Fort-Royal, le 17 janvier 1815.

Signé DUBUC.

Inspection. Reg. 3, n° 17.

***

N° 1581. — *Arrêté de l'intendant qui accorde, à titre de supplément, des rations de vivres aux officiers du régiment de la Martinique, et en fixe la composition en nature ou l'équivalent en argent.*

19 janvier 1815.

L'intendant, etc.,

Sur la demande de MM. les officiers composant le conseil d'administration du régiment de la Martinique, qui nous a été transmise par M. le gouverneur;

Considérant que la cherté actuelle de tous les objets de première nécessité est telle que MM. les officiers de ce corps ne pourraient suffire à leurs dépenses indispensables sans l'aide d'une partie au moins du supplément qu'ils réclament;

Considérant que telle est l'opinion de M. le gouverneur,

Arrête :

Qu'il soit délivré à chacun de MM. les officiers du régiment de la Martinique et par chaque jour une ration qui sera composée ainsi qu'il suit :

Une livre et demie de pain,

Six onces de lard ou huit onces de bœuf salé, à la convenance des magasins du roi,

2/32es de pinte de rhum;

Que les chefs de bataillon recevront deux de ces rations;

Que le major et le colonel en recevront trois;

Et enfin que si MM. les officiers du régiment de la Martinique préfèrent de recevoir cette ration en argent, elle leur sera payée sur le pied de 1 franc pour chaque ration, sauf à l'évaluer ensuite, de six mois en six mois, en raison des circonstances.

Le présent arrêté, qui n'est que provisoire, aura son exécution à compter du jour de leur débarquement, et sera enregistré tant au bureau de l'inspection qu'au secrétariat général de l'intendance.

Donné à la Martinique, le 19 janvier 1815.

Signé DUBUC.

Ach. du gouvernement. Ordres et déc.

N° 1582. — *Arrêté de l'intendant portant règlement des remises accordées au trésorier de la colonie, en sa qualité de receveur général, sur le montant brut de ses recettes.*

25 janvier 1815.

Vu l'article 8 des instructions de S. Exc. le ministre de la marine et des colonies, en date du 18 août 1814, relatives au service des trésoriers des colonies, qui leur accorde des taxations sur le montant de leurs recettes, en prenant pour base la fixation déterminée par la loi du 5 ventôse an XII, pour le recouvrement des contributions directes, et par le décret du 6 frimaire an XIII pour le recouvrement des droits de douane;

Vu l'article 15 de la loi du 5 ventôse an XII précitée, qui dit que ces taxations sont proportionnées à l'importance des recettes directes, mais ne pourront dans aucun cas excéder 5 0/0 du montant brut;

Vu pareillement le décret du 6 frimaire an XIII, qui établit que la remise sur les recouvrements indirects sera déterminée par le préfet sans pouvoir toutefois excéder jamais le double du traitement fixe du comptable;

Considérant la nécessité de concilier les intérêts de la colonie et du trésor royal avec les attributions qu'il est juste d'accorder au receveur général à raison des localités, de la difficulté des perceptions, de la responsabilité qui porte sur lui, et enfin de la garantie qu'il offre par son cautionnement;

Considérant d'ailleurs que le montant de ces taxations sera prélevé en dehors de l'impôt, et sur la valeur des 5 centimes additionnels établis sur tous les revenus de la colonie par notre ordonnance du 12 décembre 1814 et autres subséquentes, pour couvrir les dégrèvements, non-valeurs et frais de perception; voulant d'ailleurs faciliter la liquidation de ces taxations en les établissant à un taux uniforme et moyen et qui puisse s'adapter à l'ensemble des recettes;

Arrêtons :

Art. 1er. Le trésorier de la colonie est autorisé, en sa qualité de receveur général, à prélever sur le montant brut de ses recettes dans la colonie une remise de un et un quart pour cent, quelle que soit d'ailleurs la nature de ses recouvrements.

Art. 2. Au moyen de cette remise, le trésorier sera tenu de pourvoir au traitement de ses percepteurs au Fort-Royal, à la Trinité et au Marin. Il n'aura droit à aucune indemnité de logement et d'ameublement, frais de bureau, garçon de caisse, ni même à l'indemnité de pesée des monnaies d'or accordée par l'arrêté de M. Laussat, en date du 25 messidor an XII.

Art. 3. Ses quittances mensuelles, vérifiées par l'inspecteur colonial et soumises à notre visa, lui seront provisoirement allouées en dépenses comme pièces comptables, jusqu'à ce que le ministre de la marine et des colonies ait définitivement statué sur les dispositions du présent arrêté, ainsi qu'il est dit à l'article 8 des instructions précitées.

Art. 4. Seront les présentes enregistrées au secrétariat général de l'intendance et au bureau de l'inspection.

Donné à Saint-Pierre, le 25 janvier 1815.

Signé DUBUC.

Inspection. Reg. 4, nº 528.

Nº 1553. — *Arrêté de l'intendant fixant le droit de navigation à payer pour les canots gros-bois et pirogues de charge.*

25 janvier 1815.

L'intendant, etc.,

Attendu que chaque propriété utile doit sa part aux charges publiques, et les canots dits gros-bois, ainsi que les pirogues de transport, n'étant pas imposés par l'ordonnance du 10 janvier 1814, maintenue jusqu'à nouvel ordre,

Arrête provisoirement :

Les canots dits gros-bois et les pirogues à dix barriques et au-dessus, considérés comme caboteurs, payeront un droit de navigation de 36 francs, accru de 5 centimes additionnels (ou 63 livres en tout), par chaque trimestre.

Les permissions de naviguer ne seront délivrées au bureau de l'inscription maritime, à Saint-Pierre et au Fort-Royal, que sur le vu du reçu du trésorier.

Ne sont soumis à aucun droit tous pirogues ou gros-bois dépendants des poteries, chaufourneries, ou appartenants à des sucreries, pourvu néanmoins que ces bâtiments ne soient employés qu'au transport des seuls objets desdites manufactures ou de provisions à leur usage.

Saint-Pierre, le 25 janvier 1815.

Signé DUBUC.

Inspection. Vol. 5, n° 14.

* * *

N° 1584. — *Dépêche ministérielle aux administrateurs en chef, portant envoi d'instructions pour établir entre les colonies françaises et entre les colonies et la France un échange mutuel des productions utiles de leurs climats respectifs.*
                                                    28 janvier 1815.

Messieurs, le retour de la paix maritime permettant de rétablir, entre les colonies françaises des deux Indes et entre ces colonies et la France, un échange des productions utiles de leurs climats respectifs, j'ai fait consulter, sur les meilleurs moyens à employer à cet effet, M. Leschenault de Latour, naturaliste du roi, destiné pour Pondichéry. Ses réponses m'ont paru pouvoir servir d'instructions sur la matière dont il s'agit, et c'est à ce titre que je vous en adresse ici l'extrait (1). Vous voudrez bien en remettre une copie au botaniste du roi dans la colonie que vous administrez, et pourvoir à ce qu'il en soit donné connaissance aux navigateurs, aux principaux habitants, à tous ceux enfin qui, par état ou par intérêt pour le bien public, peuvent contribuer au succès des échanges projetés.

L'établissement et l'entretien dans chaque colonie d'une pépinière des plantes indigènes dont il sera toujours tenu, à l'avance, des collections prêtes à être expédiées; les précautions à prendre pour la préparation des plants et des graines, pour leur transport et leur conservation à bord; la nécessité de multiplier les envois pour les rendre fructueux; l'indication des échanges les plus convenables à opérer quant à présent; la confection annuelle, sur un plan uniforme, du catalogue général

(1) Cet extrait est annexé à la dépêche ministérielle.

et raisonné des plantes, soit du pays, soit étrangères, existantes dans chaque jardin colonial; la rédaction d'un catalogue spécial du même genre pour accompagner chaque expédition de végétaux à l'extérieur; tels sont les principaux objets des instructions fournies par M. Leschenault de Latour.

Vous y reconnaîtrez les lumières et l'expérience qui les ont dictées.

Pour régulariser le mouvement utile qu'elles tendent à imprimer, je me propose de transmettre à MM. les administrateurs du jardin royal des plantes, à Paris, les doubles, que je vous recommande de me faire parvenir, et du catalogue annuel des végétaux vivants dans le jardin de Sa Majesté à la Martinique, et des catalogues particuliers qui doivent être joints à chaque envoi au dehors que vous aurez été dans le cas d'ordonner.

C'est vers ce point central que je dirigerai les comptes rendus des travaux et des opérations des botanistes du roi dans les colonies. C'est là que leur zèle et leurs talents seront appréciés; de là qu'émaneront, au besoin, des communications précieuses sur les découvertes, les méthodes ou les observations nouvelles qui intéresseraient l'histoire naturelle; là qu'il sera jugé si les fonds consacrés, dans chacune des possessions françaises au delà des mers, à la culture et aux échanges des végétaux indigènes et exotiques, auront toujours reçu l'application la plus active et la mieux entendue.

Recevez, etc.

Le Ministre de la marine et des colonies,
Signé BEUGNOT.

Arch. du gouvernement. Dép. ministérielles, nº 1.

Nº 1585. — *Arrêté de l'intendant déterminant l'emploi des perceptions de* fees *faites par la direction des domaine et douanes de la Martinique.*

1er février 1845.

L'intendant, etc.,

Vu les états de perceptions faites dans les divers buceaux de la direction générale du domaine et douanes de la Martinique, à compter du 12 décembre 1814 au 31 janvier 1815 compris, des *fees*, d'après le tarif des douanes anglaises, dont la perception a été maintenue, sauf quelques modifications;

Considérant que ces *fees* n'ont été établis que pour couvrir la dépense des traitements des divers employés des douanes, sans occasionner aucune charge à la caisse royale, but qu'il ne sera peut-être pas possible d'atteindre entièrement d'après les modifications précitées qui exemptent de tous *fees* les bâtiments du commerce de France;

Considérant, en outre, qu'il convient au bien du service de Sa Majesté, en même temps qu'on le dégrève des dépenses du traitement des officiers employés des douanes, par une imposition qui ne porte que sur une branche de commerce lucrative, de fixer ces traitements d'une manière qui assure le sort de ces officiers,

Arrête :

Art. 1er. Il sera prélevé, chaque mois, des perceptions de *fees* faites dans les divers bureaux des domaine et douanes de Sa Majesté, à la Martinique, la somme de cinq mille francs, pour couvrir les dépenses du personnel et des frais de tournées de la direction et du directeur général d'après l'état arrêté par nous le 21 décembre 1814.

Art. 2. L'excédant des perceptions de ces *fees* sera employé en améliorations du traitement des divers officiers et employés de la direction générale, dans les proportions qui suivent, et jusqu'à la concurrence des sommes portées ci-après à chaque grade et qui ne pourront être excédées; savoir :

30/140 dudit excédant pour le directeur général,
ci.......................... 18,000ᶠ 00
12/140 dudit excédant pour le directeur
général 7,200 00

42/140   A reporter..... 25,200 00

42/140	Report.....	**25,200 00**

6/140	pour le commis principal de la direction générale.............	3,600 00
6/140	pour attributions sur la recette des *fees* dont il a été chargé par le directeur général.............	3,600 00
5/140	pour le commis principal de la direction particulière..........	3,000 00
5/140	pour le 1er commis de marine....	3,000 00
5/140	pour *idem,* de la Trinité........	3,000 00
5/140	pour le contrôleur de la direction générale...................	3,000 00
5/140	pour le 1er commis, chef du bureau des contributions........	3,000 00
4/140	pour le 1er visiteur de la direction générale....................	2,400 00
4/140	pour le 2e visiteur de la direction générale....................	2,400 00
4/140	pour le 3e visiteur de la direction générale...................	2,400 00
8/140	pour les deux visiteurs au Fort-Royal.....................	4,800 00
8/140	pour les deux visiteurs du Marin et de la Trinité.............	4,800 00
4/140	pour le commis vérificateur du bureau principal............	2,400 00
3/140	pour le commis expéditionnaire du bureau principal............	1,800 00

114/140	Soixante-huit mille quatre cents francs....................	68,400 00

Art. 3. Les dépenses énoncées à l'article 1er seront acquittées en entier, chaque mois, sur le produit de la perception des *fees,* et au prorata celles de l'article 2, sauf à compenser sur les recettes du mois suivant ce qui aurait manqué pour l'entier complément du mois

venant d'écouler, et *vice versâ* lorsqu'il y aura excédant de recette.

Art. 4. Les dépenses acquittées comme il est spécifié par l'article précédent, un excédant de recette, s'il y en a, sera versé entre les mains du directeur général pour être employé, par à-compte, à l'acquit des divers frais de la direction en général.

Art. 5. Toutes les dépenses de la direction du domaine et des douanes étant acquittées par le produit des recettes des *fees*, l'excédant desdites recettes, s'il y en a, sera employé chaque année, d'après nos ordres, en gratifications aux divers officiers de la direction, si lieu il y a, ou à autres objets d'utilité publique.

Art. 6. Il sera alloué une commission de 2 1/2 p. 0/0 aux officiers ou employés qui auront été chargés de la perception des *fees* de la direction particulière, sur les recettes qu'ils auront faites dans les bureaux du Fort-Royal, du Marin et de la Trinité, et cette commission sera déduite des états qu'ils remettront chaque mois au directeur général.

Art. 7. Si, par des événements qu'on ne pourrait prévoir, la perception des *fees* se trouvait diminuer à ne pouvoir s'élever aux deux tiers en sus de la somme de 60,000 francs, les dépenses du personnel, fixées par l'état arrêté par nous le 21 décembre, seront acquittées par la caisse de Sa Majesté, et la somme des perceptions répartie en amélioration des traitements jusqu'à la concurrence de la somme portée à l'article 2 du présent arrêté, et le surplus en dégrèvement de celle à payer pour le personnel.

Art. 8. Le directeur général du domaine fera dresser chaque mois les états de dépense de la direction, pour être arrêtés par nous, et le double être déposé au greffe de l'intendance, si nous l'ordonnons.

Art. 9. Le directeur général du domaine est chargé de l'exécution du présent arrêté, qui sera enregistré au bureau principal de la direction pour avoir effet rétroactif à compter du 1er décembre 1814, et, par suite dudit effet rétroactif, il sera versé dans la caisse royale la somme payée aux divers officiers et employés de la direction pour appointement du mois de décembre 1814, dont les quittances comptables lui seront remises.

Donné à Saint-Pierre, le 1er février 1815.

Signé DUBUC.

Et plus bas: FOURNIER, *secrétaire.*

Arch. du gouvernement.

N° 1586. — *Commission d'encanteur général de la colonie.*
(Extrait.)

Elle est délivrée par les administrateurs en chef.

Cet encanteur est soumis à un cautionnement de 50,000 francs.

Ne sont exceptées de ses attributions que les ventes d'immeubles, soit judiciaires, soit volontaires. Il est soumis à toutes les règles de responsabilité et autres et à toutes les charges précédemment imposées aux encanteurs.

Il est placé sous l'inspection des officiers des tribunaux.

Il est tenu de faire au greffe le dépôt de tous ses procès-verbaux de vente.

Ses droits sur les produits des ventes sont fixés à 2 1/2 p. 0/0 au lieu de 5.

Il aura la faculté de se faire remplacer par un délégué dans l'arrondissement de Fort-Royal. Il en sera responsable.

Greffe de la cour royale. Reg. 17, f° 51. — Enregistré au conseil supérieur, 5 janvier 1815.

N° 1587. — *Avis officiel de l'intendant relatif à la capture des déserteurs, gens sans aveu et vagabonds.*

1er février 1815.

L'arrêt du conseil souverain de la Martinique, du

24 avril 1794, concernant les chasses contre les nègres marrons, est applicable à la poursuite et capture des déserteurs, gens sans aveu et vagabonds.

En conséquence, il sera payé par le trésor public aux capteurs de tout homme de cette désignation, pour capture et frais de conduite :

Cent livres coloniales, quand la prise aura été faite par chasse dans les bois;

Cinquante livres coloniales, quand la prise aura été faite par chasse sur les habitations, grands chemins et dans les villes.

Saint-Pierre, le 1er février 1815.

L'Intendant de la Martinique,

Signé DUBUC.

Inspection. Reg. 5, n° 54 *bis*.

***

N° 1588. — *Proclamation du gouverneur relative aux permis de résidence.*

1er février 1815.

D'après les ordonnances coloniales existantes, tous individus arrivant dans la colonie (après avoir rempli les diverses formalités qui les mettent à même d'obtenir le permis de résidence s'ils en sont susceptibles), doivent se présenter au commissaire commandant de la paroisse où ils résident, soit pour se faire inscrire sur le rôle des milices, s'ils sont en âge de servir, soit pour faire constater leur invalidité, s'ils sont infirmes ou surâgés.

Il est ordonné à toutes personnes qui, soit par ignorance ou autre cause, seraient en retard sur cette disposition, de s'y conformer d'ici au 15 de ce mois, à peine de nullité des permis de résidence qu'ils auront obtenus.

Ceux même qui sont déjà inscrits ne doivent pas perdre de vue que, toutes les fois qu'ils changent de paroisse, ils sont dans l'obligation d'en prévenir le com=

mandant de la paroisse qu'ils quittent et de présenter et faire viser leur permis par le commandant de la paroisse où ils vont, qui devra les inscrire de suite sur le rôle de milices, tandis que l'ancien commissaire commandant doit les en effacer.

Il sera fait toutes les semaines, conformément aux règlements établis, une visite chez les hôteliers, cabaretiers, traiteurs ou aubergistes, pour reconnaître les personnes étrangères à la colonie non munies de permis de résidence et dont ils n'auront pas fait la déclaration après vingt-quatre heures de séjour chez eux.

MM. les commandants de place et procureurs du roi, chefs de bataillon et commissaires commandant les paroisses sont spécialement chargés de l'exécution des présentes, en ce qui pourra les concerner respectivement.

Donné à la Martinique, le 1er février 1815.

Signé le comte DE VAUGIRAUD.

Gazette de la Mart., 1815, n° 10.

N° 1589. — *Déclaration des puissances sur l'abolition de la traite des nègres d'Afrique.*

8 février 1815.

Les plénipotentiaires des puissances qui ont signé le traité de Paris du 30 mai 1814, réunis en conférence, ayant pris en considération que le commerce connu sous le nom *de traite des nègres d'Afrique* a été envisagé, par les hommes justes et éclairés de tous les temps, comme répugnant aux principes d'humanité et de morale universelle;

Que les circonstances particulières auxquelles ce commerce a dû sa naissance, et la difficulté d'en interrompre brusquement le cours, ont pu couvrir jusqu'à un certain point ce qu'il y avait d'odieux dans sa conservation; mais qu'enfin la voix publique s'est élevée, dans tous les pays civilisés, pour demander qu'il soit supprimé le plus tôt possible;

Que, depuis que le caractère et les détails de ce commerce ont été mieux connus, et les maux de toute espèce
qui l'accompagnent complétement dévoilés, plusieurs
des gouvernements européens ont pris en effet la réso-
lution de le faire cesser, et que successivement toutes
les puissances possédant des colonies dans les différentes
parties du monde ont reconnu, soit par des actes législatifs, soit par des traités et autres engagements formels,
l'obligation et la nécessité de l'abolir ;

Que, par un article séparé du dernier traité de Paris,
la Grande-Bretagne et la France se sont engagées à
réunir leurs efforts au congrès de Vienne pour faire
prononcer, par toutes les puissances de la chrétienté,
l'abolition universelle et définitive de la traite des
nègres ;

Que les plénipotentiaires rassemblés dans ce congrès
ne sauraient mieux honorer leur mission, remplir leur
devoir, et manifester les principes qui guident leurs
augustes souverains, qu'en travaillant à réaliser cet
engagement, et en proclamant, au de nom leurs souverains, le vœu de mettre un terme à un fléau qui a si
longtemps désolé l'Afrique, dégradé l'Europe et affligé
l'humanité ;

Lesdits plénipotentiaires sont convenus d'ouvrir leurs
délibérations sur les moyens d'accomplir un objet aussi
salutaire, par une déclaration solennelle des principes
qui les ont dirigés dans ce travail.

En conséquence, et dûment autorisés à cet acte par
l'adhésion unanime de leurs cours respectives au principe énoncé dans ledit article séparé du traité de Paris,
ils déclarent, à la face de l'Europe, que, regardant
l'abolition universelle de la traite des nègres comme
une mesure particulièrement digne de leur attention,
conforme à l'esprit du siècle et aux principes généreux
de leurs augustes souverains, ils sont animés du désir
sincère de concourir à l'exécution la plus prompte et
la plus efficace de cette mesure, par tous les moyens à
leur disposition, et d'agir, dans l'emploi de ces moyens,

avec tout le zèle et toute la persévérance qu'ils doivent à une aussi grande et belle cause.

Trop instruits toutefois des sentiments de leurs souverains pour ne pas prévoir que, quelque honorable que soit leur but, ils ne le poursuivront pas sans de justes ménagements pour les intérêts, les habitudes et les préventions mêmes de leurs sujets, lesdits plénipotentiaires reconnaissent en même temps que cette déclaration générale ne saurait préjuger le terme que chaque puissance en particulier pourrait envisager comme le plus convenable pour l'abolition définitive du commerce des nègres: par conséquent, la détermination de l'époque où ce commerce doit universellement cesser, sera un objet de négociation entre les puissances; bien entendu que l'on ne négligera aucun moyen propre à en assurer et à en accélérer la marche, et que l'engagement réciproque contracté par la présente déclaration entre les souverains qui y ont pris part ne sera considéré comme rempli qu'au moment ou un succès complet aura couronné leurs efforts réunis.

En portant cette déclaration à la connaissance de l'Europe et de toutes les nations civilisées de la terre, lesdits plénipotentiaires se flattent d'engager tous les autres gouvernements et notamment ceux qui, en abolissant la traite des nègres, ont manifesté déjà les mêmes sentiments, à les appuyer de leur suffrage dans une cause dont le triomphe final sera un des plus beaux monuments du siècle qui l'a embrassé, et qui l'aura si glorieusement terminée.

Vienne, le 8 février 1815.

Signé: CASTELREAGH.   PALMELLA.
        STEWART.   SALDANAH.
        WELLINGTON.   LOBO.
        NESSELRODE.   HUMBOLDT.
        C. LOEWENHIELM.   METTERNICH.
        GOMEZ LABBADOR.   TALLEYRAND.

Nº 1590. — *Arrêté de l'intendant réglant les fournitures à faire pour l'éclairage des corps de garde de la colonie.*

9 février 1845.

Vu la nécessité de régler la dépense que doit occasionner l'éclairage des divers corps de garde établis dans cette colonie,

Arrête :

Le luminaire sera fourni aux corps de garde à la Martinique ainsi qu'il l'est en France à ceux de deuxième et troisième classe.

En conséquence il sera délivré, par jour et par chaque corps de garde (en comptant la chambre de l'officier pour un corps de garde), deux chandelles de six à la livre ou trois de huit.

Lesquelles pourront être remplacées par dix-huit décagrammes d'huile à brûler, si la chandelle devenait rare ou chère dans la colonie.

Donné à Saint-Pierre, le 9 février 1845.

Signé DUBUC.

Inspection. vol, 5, nº 15.

———————

N° 1591. — *Arrêté de l'intendant portant création d'une brigade d'archers ou gendarmes maritimes pour le service des bureaux de l'administration.*

10 février 1845.

Nous, etc.,

Voulant organiser la brigade des archers maritimes destinés au service des différents bureaux de l'administration, et ayant pris connaissance du nombre nécessaire au service,

Arrête :

La brigade des archers maritimes sera composée d'un maréchal des logis, d'un brigadier et de huit archers ;

La paye du maréchal des logis est fixée à. 3,100 liv. col.
Celle du brigadier à............... 2,900
Celle de chacun des archers à....... 2,700

La brigade sera habillée en conséquence de l'arrêté du 15 nivôse an xiii (5 janvier 1804), suivant les articles 1 et 2 seulement.

Donné à Saint-Pierre (Martinique), le 10 février 1815.

Signé DUBUC.

Inspection, Reg. 3, n° 19.

————◆◆◆◆————

N° 1592. — *Arrêté de l'intendant portant règlement sur la distribution et la comptabilité des vivres* (1).

11 février 1815.

L'Intendant, etc.,

Étant informé de quelques irrégularités dans la distribution des vivres, et voulant en même temps faciliter la vérification des comptes du magasin et mettre le comptable à même de fournir la situation des vivres le 1er de chaque mois;

Vu la décision coloniale du 15 brumaire an xiv (6 novembre 1805),

Arrête :

Art. 1er. Les quartiers-maîtres ou les officiers qui en remplissent les fonctions seront tenus d'indiquer à chaque prise de vivres le nombre d'hommes pour lesquels les rations sont accordées, et, à la fin de chaque mois, du 26 au 28, ils totaliseront avec le garde-magasin; ils retireront de lui leurs divers bons particuliers et lui en fourniront un général, qui devra être soumis à la signature du commissaire aux revues, lequel commissaire, après avoir comparé le nombre de rations reçues par le corps ou détachement avec le nombre des journées de présence, s'entendra avec le commissaire aux vivres, afin que si la quantité prise excède celle qui est due, la retenue en soit opérée au corps soit en vivres, soit en argent. Il sera donné en conséquence des ordres pour que, dans chaque quartier où se trouveront des détachements, le chargé de service adresse dans les dix premiers jours de chaque mois, aux commissaires aux revues du lieu où réside l'état-major du corps dont le détachement fait partie, le bon général que lui aura remis le commandant du détachement; ces bons généraux devront faire mention de la quantité de chaque espèce de denrées délivrées.

Art. 2. Pour les officiers civils et militaires ou toute autre partie prenante, tels que ouvriers de port, etc., ce sera le bureau dont ils ressortiront qui fournira au garde-magasin, en retirant tous les bons particuliers, le bon général dont il est parlé précédemment.

Art. 3. La viande salée sera pesée et délivrée en sortant des barils.

Art. 4. La dernière prise des vivres se fera le 26 pour les troupes et le 27 pour les autres parties prenantes; passé ce terme il ne sera plus délivré de vivres que dans un cas urgent, et sur l'autorisation du chef d'administration ou de son représentant à Saint-Pierre. Il ne sera point fait de rappel d'un mois à l'autre, et chaque partie prenante devra pour cet effet prendre ses vivres tous les mois.

Art. 5. Le garde-magasin ou ses agents ne pourront, sous aucun prétexte, donner des contre-bons; ils seront de nulle valeur pour ceux qui en seront porteurs; cependant la dernière prise de vivres pour les troupes se faisant le 26, et le pain ne pouvant se garder cinq jours, il sera autorisé, dans ce cas seulement, à donner un contre-bon sur la boulangerie; ce contre-bon n'aura plus de valeur le mois écoulé.

Art. 6. Les jours fixés pour la prise de vivres, les bons seront faits pour tout un corps entier; les bons partiels ne seront point reçus si ce n'est pour MM. les officiers; mais lorsque ceux-ci prendront des vivres collectivement, ils seront tenus d'indiquer le nom ou au moins le nombre des personnes comprises dans la demande.

Art. 7. Les billets de sortie de l'hôpital, portant la durée de la convalescence de chaque homme, seront communiqués par le commissaire des revues à celui des vivres, après toutefois y avoir apostillé la rentrée à l'hôpital, si elle a eu lieu avant la fin de sa convalescence, et ledit commissaire aux vivres vérifiera si la quantité prise en viande fraîche excède celle qui revenait, auquel cas la retenue en serait opérée comme il est dit plus haut.

La présente décision sera enregistrée au greffe de l'intendance, à l'inspection coloniale, et affichée au magasin général par les soins du commissaire aux vivres.

Donné à Saint-Pierre, le 11 février 1815.

Signé DUBUC.

Et plus bas : FOURNIER, *secrétaire.*

Inspection. Reg. 5, n° 21.

——————————⊙⊙⊙——————————

N° 1593. — *Arrêté de l'intendant portant que la ration accordée aux officiers militaires sera également allouée aux officiers et employés de l'administration.*

15 février 1815.

L'arrêté du 19 janvier 1815, qui établit la ration de vivres allouée à MM. les officiers militaires, est applicable à MM. les officiers d'administration et aux employés.

Il sera en conséquence délivré à chacun d'eux une ration égale, soit en nature, soit en argent, à partir du commis de deuxième classe en remontant jusqu'au sous-commissaire inclusivement, et ce à compter du jour de leur entrée en service.

Le présent arrêté sera enregistré au secrétariat de l'intendance et au bureau de l'inspection.

Donné à Saint-Pierre, le 15 février 1815.

Signé DUBUC.

Arch. du gouvernement.

N° 1594. — *Ordonnance de l'intendant qui admet à la consommation du pays, au droit de 7 1/2 p. 0/0, les marchandises étrangères demandées par le commerce de la colonie, avant la paix de 1814.*

15 février 1815.

L'intendant, etc.,

Vu les demandes faites en Angleterre par divers négociants établis en cette île, longtemps auparavant qu'il fût présumable que la colonie repasserait sous la domination de Sa Majesté Louis XVIII;

Vu les lettres des diverses maisons d'Angleterre annonçant réception de celles précitées et l'envoi par première opportunité des marchandises demandées;

Considérant que non-seulement ces demandes sont la suite des opérations de commerce que les circonstances heureuses qui nous ont donné la paix ont empêché de terminer, mais encore qu'elles forment partie des propriétés de négociants ou habitants de l'île;

Considérant qu'il serait difficile aux négociants de recouvrer leurs fonds sans perte considérable, si ces marchandises étaient repoussées de la colonie, d'après les lois prohibitives en vigueur;

Arrête :

Art. 1er. Les marchandises entreposées pour exportation, sous la surveillance de la direction générale du domaine, soit à Saint-Pierre, soit au Fort-Royal, seront admises à la consommation du pays, et les cautionnements fournis à cet effet seront annulés.

Art. 2. Les marchandises annoncées et dont la déclaration nous a été faite jusqu'à ce jour par des pétitions ou remises de lettres de demandes ou d'envoi, seront également admises, ainsi que celles attendues par MM. L. de Gage et Cie, sur le navire *le Volontaire*.

Art. 3. Les marchandises de manufacture étrangère dont l'importation est permise par les articles précédents payeront un droit d'entrée de 7 1/2 p. 0/0 de leur valeur.

Art. 4. Le droit établi par l'article 3 ne sera pa
accru de centimes additionnels.

Art. 5. Le directeur général du domaine est chargé d
l'exécution du présent arrêté.

Donné à Saint-Pierre, le 15 février 1815.

Signé DUBUC.

Et plus bas : FOURNIER, *secrétaire.*

Arch. Douanes. Ord. et déc. Liasse n° 52.

N° 1595. — *Circulaire ministérielle aux administrateurs e
chef, recommandant de pourvoir à ce que les formalités d
visa et de légalisation prescrites par la circulaire d
6 messidor an XII soient très-exactement remplies.*

16 février 1815.

Arch. du gouvernement. Dép. ministérielle.

N° 1596. — *Ordonnance du Roi qui exempte des droi
de circulation et de consommation les boissons destiné
pour les colonies françaises.*

17 février 1815.

LOUIS, ETC.,

Vu les articles 18 et 78 de la loi du 8 décembre 1814
qui exempte des droits de circulation et de consomm
tion les boissons exportées à l'étranger; considéran
qu'il est de l'intérêt national de traiter d'une manièr
aussi favorable les boissons destinées à l'approvisionn
ment de nos colonies;

Sur le rapport de notre ministre secrétaire d'État d
finances,

NOUS AVONS ORDONNÉ et ORDONNONS ce qui suit :

Art. 1er. Les droits de circulation et de consomma
tion ne seront point perçus sur les boissons destinée
pour les colonies françaises; l'expéditeur sera seule
ment tenu, comme dans le cas d'exportation à l'étrange
de prendre un acquit-à-caution sur lequel sera désign

le lieu de sortie. Ce lieu ne pourra être changé sans donner ouverture au droit de circulation.

L'acquit-à-caution, revêtu du certificat de décharge, sera déposé au bureau de sortie, et renvoyé par le préposé de la régie au receveur du lieu d'enlèvement.

Art. 2. Notre ministre des finances est chargé de l'exécution de la présente ordonnance.

Collection de Duvergier, t. 19, p. 445.

No 1597. — *Arrêté de l'intendant portant règlement des indemnités de logement et d'ameublement dues aux officiers de toutes armes non logés ou meublés en nature.*

1er mars 1815.

Nous, etc., voulant fixer les indemnités de logement dont doivent jouir MM. les officiers de toutes armes qui ne seront point logés en nature, comme aussi les indemnités d'ameublement pour ceux à qui il n'aura point été fourni des meubles, nous avons arrêté le tarif suivant, en conformité du tarif arrêté le 24 mars 1806, d'après la lettre du ministre de la marine et des colonies du 25 fructidor an XIII (2 septembre 1805) :

	INDEMNITÉ de logement.	INDEMNITÉ d'ameublement.	TOTAL.
Colonel................	600f 00	300f 00	900f 00
Major...............	540 00	270 00	810 00
Chef de bataillon.......	480 00	240 00	720 00
Capitaines...........	216 00	108 00	324 00
Lieutenants et sous-lieutenants............	144 00	72 00	216 00

Les officiers qui auront des logements en nature, mais non meublés, recevront : les officiers supérieurs, le tiers des sommes fixées dans le tableau ci-dessus ; les capitaines et autres gradés recevront la moitié.

Sera le présent arrêté enregistré au secrétariat généra
de l'intendance et au bureau de l'inspection.

Donné à Saint-Pierre, le 1er mars 1815.

Signé DUBUC.

Et plus bas :

Le Secrétaire général,
FOURNIER.

Inspection. Reg., 3, n° 24.

N° 1598. — *Ordonnance du gouverneur général portan*
réorganisation des milices de la Martinique et règlemen
de leur service.

1er mars 1815.

Les services rendus dans tous les temps par les milices de la Martinique ont fixé l'attention du roi, e
Sa Majesté a observé surtout avec intérêt que l'affermis
sement de l'ordre et la tranquillité dont cette colonie
joui au milieu des orages politiques a presque toujour
été le résultat des moyens de sécurité intérieure obte
nus par le maintien de cet établissement précieux.

Voulant, en conséquence, traiter avec distinction u
corps aussi recommandable, en le rendant entièremen
à sa destination primitive et en lui assurant, autant qu'i
est en nous, de nouveaux droits à la bienveillance e
aux grâces de Sa Majesté ;

Vu les instructions du roi, en date du 16 août 1814

Vu celles du feu roi Louis XVI, en date du 7 mar
1777 ;

Nous, en vertu des pouvoirs qui nous sont confiés
avons ordonné et ordonnons ce qui suit :

Art. 1er. Les milices de la Martinique seront composées, sauf les exceptions ci-après, de tous les habitants
de la colonie, depuis l'âge de seize ans jusqu'à celui de
cinquante-cinq ans.

Art. 2. La colonie de la Martinique continuera provisoirement à être divisée en six quartiers, savoir : le pre-

mier quartier ou bataillon sera composé des paroisses de Fort-Royal, Lamentin et Case-Pilote; le deuxième, des paroisses du Fort (Saint-Pierre), Mouillage, Prêcheur et du Carbet; le troisième, des paroisses du Macouba, Basse-Pointe, Grand'Anse, Marigot et de Sainte-Marie; le quatrième, des paroisses de la Trinité, Gros-Morne, Robert et du François; le cinquième, des paroisses du Marin, Vauclin, Sainte-Anne et de la Rivière-Pilote; le sixième, des paroisses de la Rivière-Salée, Trois-Ilets, Anses-d'Arlets, Diamant, Sainte-Luce, Saint-Esprit et du Trou-au-Chat.

Nous nous réservons de déterminer, par la suite, s'il y a lieu de rétablir entièrement cette division de quartiers ou bataillons sur les bases de l'ordonnance du roi du 1er septembre 1768.

Art. 3. Chaque bataillon sera composé, comme précédemment, d'une compagnie de grenadiers, d'une compagnie de chasseurs, d'autant de compagnies de fusiliers que le comportera la population. Les arrondissements du Fort-Royal et de Saint-Pierre pourront, s'il a lieu, en fournir deux compagnies chacun; le nombre des compagnies de dragons fournies par bataillon sera dépendant du nombre de celle indiquée par l'article 4.

Art. 4. Le gouverneur général sera capitaine d'une compagnie de dragons, et il aura sous lui un capitaine-lieutenant; le commandant en second aura une compagnie d'infanterie, et sous lui un capitaine-lieutenant.

Art. 5. Il sera établi dans chaque quartier ou bataillon un chef de bataillon, lequel sera choisi parmi les commandants de paroisses et capitaines, tant d'infanterie que de dragons; et, à cet effet, lesdits commandants et capitaines de chaque quartier ou bataillon auront la facilité de présenter au gouverneur général trois sujets pour en être choisi un, toutes les fois que la place de commandant de quartier viendra à vaquer. Le chef de bataillon en second et l'aide-major établi par l'article 7 rouleront en concurrence avec les commandants de paroisses et capitaines pour la nomination à cette place, à laquelle l'ancienneté seule ne donnera jamais de droits exclusifs ; cette observation est aussi applicable aux articles 6, 7 et 8.

Art. 6. Ledit chef de bataillon commandant de quartier aura le rang de lieutenant-colonel ou chef de bataillon de ligne, à moins qu'il n'eût déjà un grade supérieur, qui sera maintenu.

Art. 7. Il y aura, en outre, dans chaque bataillon ou quartier, un chef de bataillon remplissant les fonctions de major ; le chef de bataillon en second aura le rang de capitaine d'infanterie, à moins qu'il n'eût déjà un grade supérieur, qui sera maintenu ; il sera choisi parmi tous les capitaines de quartiers, le commandant de la paroisse compris, parmi lesquels le commandant de bataillon proposera trois sujets.

Art. 8. Chaque paroisse aura un commandant, un lieutenant-commandant et un adjudant ; le commandant et le lieutenant-commandant prendront rang immédiatement après le chef de bataillon en second ; les mêmes dispositions seront faites par le commandant de bataill.. tant pour le choix des commandants de la paroisse .. e pour celui des chefs de bataillon en second ; .. .. utenant-commandant de paroisse sera de même chois.. parmi les capitaines, lieutenants et sous-lieutenants.

Les adjudants de paroisses, ainsi que le porte-drapeau qui sera nommé pour chaque bataillon, seront choisis indistinctement parmi les individus qui ont servi, et auront rang d'officier du jour de leur nomination ; les adjudants seront proposés par le commandant de la paroisse au commandant de bataillon, qui les présentera à la nomination du gouvernement.

Art. 9. Le commandant de bataillon qui s'absentera donnera avis de son absence à celui qui, par son rang, devra commander le quartier, et en préviendra chaque commandant de paroisse, afin que ceux-ci sachent à qui s'adresser.

Art. 10. Chaque individu sera tenu de servir dans la paroisse où il est domicilié ; celui qui a des propriétés dans deux paroisses sera tenu de servir dans celle où il fait le plus de résidence, ce qui sera constaté par les deux commandants qui en conféreront ensemble ; ils donneront avis de leur décision au chef de bataillon et à l'individu qui aurait été l'objet de la délibération, et il sera obligé de s'y conformer.

Art. 11. Conformément aux ordonnances précédentes, nul homme de couleur ne sera admis dans les milices, s'il ne prouve qu'il jouit de sa liberté constatée dans les formes prescrites par les lois de la colonie.

Tout officier, de quelque grade qu'il soit, qui se permettra à l'avenir d'admettre dans les compagnies un individu qui n'aurait pas justifié de sa liberté, d'après les lois de la colonie, sera condamné à une amende de *mille livres*, pour la première fois, et, pour la seconde, destitué de son emploi et mis à la queue de la compagnie ou du bataillon, et l'individu qui aura été ainsi clandestinement enrôlé en infraction des lois, sera expulsé de la colonie.

Art. 12. Sont seuls exempts de l'inscription sur les rôles des milices, comme aussi exempts du service des gardes, savoir :

Les membres des tribunaux, les fonctionnaires publics et les membres des autorités civiles et militaires en activité de service, les officiers de santé et le pharmacien en chef de chaque apothicairerie.

Art. 13. Les officiers retirés des troupes de France ayant commissions confirmatives, ceux qui sont chevaliers de l'ordre royal et militaire de Saint-Louis ou de la Légion d'honneur et qui se trouveraient encore en âge de servir, serviront à la suite des milices dans leurs grades, jusqu'à ce qu'il ait été possible de les nommer à des emplois vacants.

Art. 14. Le service des milices consistera essentiellement dans le maintien de la sûreté des propriétés ; elles

9

veilleront surtout à la conservation des biens ruraux et à l'arrestation des vagabonds et gens sans aveu.

Art. 15. Elles seront toujours à la réquisition des autorités civiles et militaires qui réclameront main-forte, soit pour la police ou la défense de la colonie, soit pour l'exécution des lois.

Art. 16. Les milices seront, dans le service, assimilées aux troupes de ligne et assujetties aux ordonnances militaires tant pour la discipline intérieure qu'extérieure, la subordination et les attributions de chaque grade.

Les honneurs militaires et funèbres leur seront rendus, suivant leurs grades, comme dans l'armée.

Art. 17. Toute faute ou tout délit commis dans le service ou y ayant rapport immédiat, seront punis conformément aux ordonnances. Tout individu qui se dispenserait de l'exercice sans un certificat de l'officier de santé de son quartier constatant sa maladie, ou sans la permission de son chef, sera puni de vingt-quatre heures de prison et du double en cas de récidive. Les commandants sont cependant autorisés à diminuer cette prime à une amende de trente-six francs pour les blancs et de dix-huit pour les hommes de couleur; le produit de ces amendes sera destiné à l'entretien des armes.

Art. 18. Les deux compagnies de dragons de Fort-Royal et du Fort (Saint-Pierre) seront composées ainsi qu'il suit :

1 Capitaine,
1 Lieutenant,
1 Sous-lieutenant,
1 Maréchal des logis chef,
2 Maréchaux des logis,
2 Brigadiers,
1 Trompettier,
30 Dragons.

39 (Officiers compris).

Celles des autres bataillons de la colonie seront de quarante dragons avec le même nombre d'officiers et de sous-officiers. Les commandants de bataillons auront attention que, dans le piquet de chaque paroisse, il se trouve un officier ou un sous-officier, qui en aura le commandement.

Les compagnies de dragons nous ayant paru présenter les moyens les plus efficaces pour assurer l'activité des communications et la célérité des secours à porter en cas d'événement, elles devront être toujours bien montées et armées de manière à pouvoir servir à l'instant même; elles seront toujours composées de particuliers en état d'avoir un cheval et de suivre ce service.

Art. 19. Chaque compagnie d'infanterie, soit de blancs, soit d'hommes de couleur, sera composée ainsi qu'il suit :

> 1 Capitaine,
> 1 Lieutenant,
> 1 Premier sous-lieutenant,
> 1 Sergent-major,
> 2 Sergents,
> 4 Caporaux,
> 1 Tambour dont l'entretien sera à la charge
>   du capitaine,
> Et 40 Fusiliers.

> 51 (Officiers compris).

Les compagnies de grenadiers ou de chasseurs pourront excéder le nombre, s'il y a lieu, d'après l'autorisation particulière qui en sera demandée à M. le gouverneur général et, dans ce cas, il pourra y être ajouté des officiers ou sous-officiers en raison de l'excédant.

Art. 20. Chaque bataillon aura un tambour-major qui aura le grade de sergent.

Art. 21. Dans les compagnies où le nombre d'officiers excédera celui qui est fixé ci-dessus, ils resteront à la suite du bataillon en attendant leur remplacement.

Art. 22. Tout officier qui quittera sa paroisse, à moins que ce soit momentanément, ou par congé du gouverneur général, sera remplacé dans la forme qui sera indiquée, et s'il va résider dans une autre paroisse, il servira comme milicien, sauf toute nouvelle nomination en sa faveur, s'il en est susceptible.

Art. 23. Conformément aux anciennes ordonnances, le service des officiers à la suite des milices ne sera point compté.

Art. 24. L'uniforme actuel des milices est conservé comme suit :

Les dragons porteront le gilet vert à manches, collet rouge, boutons jaunes, tel qu'ils le portent en ce moment, chapeau rond, ganse jaune, cocarde blanche, pompon blanc avec un peu de noir à la tige.

Art. 25. L'infanterie, composée de grenadiers, de chasseurs et de fusiliers, portera habit blanc, parements et revers, collets et retroussis rouges, boutons jaunes et plats, gilet blanc, chapeau rond, cocarde blanche, pantalons à guêtres; les officiers seront en bottes et auront la faculté de porter le chapeau retapé.

Art. 26. Les compagnies seront composées de blancs ou d'hommes de couleur; les compagnies de blancs porteront l'habit long; celles des gens de couleur le porteront court ou en gilet, ou en paletot, mais toujours uniformément. Dans chaque compagnie leurs officiers le porteront long.

Art. 27. Les grenadiers porteront les épaulettes et le pompon rouges, ainsi que les grenades sur les retroussis de l'habit. Les chasseurs porteront les épaulettes et le pompon ainsi que le cor de chasse sur le retroussis de l'habit.

Les autres compagnies d'infanterie porteront le pompon blanc; toutes les ganses seront en jaune ou en or.

Art. 28. Les officiers de tout grade porteront la marque distinctive de leur grade en or; ces marques seront les mêmes que dans l'armée. Le chef de bataillon commandant le quartier portera à gauche l'épaulette à corde à puits; le chef de bataillon en second la même épaulette mais avec la patte en argent. Les commandants de bataillon ou d'arrondissement porteront au collet deux fleurs de lis en or. Les chefs de bataillon en second les porteront en argent. Les commandants de paroisses porteront une fleur de lis en or et les lieutenants-commandants une en argent : ils porteront à volonté l'uniforme des dragons ou d'infanterie.

Art. 29. Les milices ne sont tenues de porter leur uniforme que pendant la durée de leur service; mais les commandants et les lieutenants-commandants des paroisses, étant toujours réputés de service, doivent, selon les circonstances, en porter la marque distinctive.

Art. 30. Les commandants de quartier ou de bataillon prendront rang entre eux de la date de leur brevet, et à dates égales, par numéro de leur bataillon ou quartier; il en sera de même, entre eux, des chefs de bataillon en second.

Les commandants des paroisses rouleront entre eux suivant la date de leur brevet, et à date égale, le plus ancien d'âge prendra le commandement; il en sera de même des lieutenants, qui auront toujours le rang sur les capitaines.

Art. 31. Les capitaines rouleront également entre eux d'après la règle ci-dessus, les lieutenants monteront aux compagnies par rang d'ancienneté et au choix du gouverneur général alternativement; il en sera de même pour les sous-lieutenants; les chefs de bataillon proposeront pour le grade de sous-lieutenant un nombre double au gouverneur général, qui nommera; mais ils ne pourront présenter pour ce grade que des sujets qui aient servi au moins deux ans comme miliciens ou dans les troupes de ligne.

Art. 32. Les commandants des compagnies nommeront leurs sous-officiers, et nul ne pourra se dispenser des grades qui lui seront confiés, à moins de raisons valables, comme ne savoir ni lire, ni écrire, ou par des infirmités constatées.

Art. 33. On se conformera à tout ce qui est prescrit ci-dessus, soit dans les bataillons, soit dans les détachements; toutes espèces de difficultés à cet égard doivent d'abord être soumises aux commandants des bataillons, qui prendront les ordres du gouverneur général pour la décision.

Art. 34. Les commandants de bataillon ou d'arrondissement sont spécialement chargés, par le gouverneur général, de former et d'organiser les compagnies de leur arrondissement; ils réuniront les contrôles de leurs bataillons pour n'en faire qu'un sur le modèle qui leur en sera fourni; ils établiront de suite le rang d'ancienneté des officiers de leurs bataillons respectifs, afin d'éviter toute discussion.

Art. 35. Les milices de la Martinique recevront du gouverneur général six drapeaux au nom du roi.

Art. 36. Les commandants de paroisses surveilleront avec la plus grande attention tout ce qui concerne l'ordre, la tranquillité publique et la police; ils passeront une revue de la milice de leur paroisse tous les trois mois; le jour de cette revue sera désigné par le chef de bataillon, qui devra toujours s'entendre avec le chef de bataillon en second pour que l'un des deux y soit présent. Indépendamment des revues, il sera fait, de temps à autre, des exercices d'instruction, revues annuelles de leur bataillon; ils seront autorisés à le rassembler dans un même lieu s'ils le trouvent convenable; mais ils seront tenus, pour cette revue, de prendre des ordres du gouverneur général, qui en déterminera l'époque; dans ce cas, et dans tous ceux où les milices sortiront de leur paroisse, les commandants de paroisses y resteront invariablement, pour y recevoir et faire exécuter les ordres du gouverneur.

Art. 38 (1). Conformément aux ordonnances précédentes, tout officier qui donnera sa démission sera mis à la queue de la compagnie, où il entrera comme milicien ou dragon.

Art. 39. Les commandants de bataillon veilleront à

(1) L'article 37 manque sur le registre.

ce que le service soit réparti de la manière la plus égale et la plus équitable. Tous les services, soit pour les détachements ou pour les gardes, doivent être commandés par la tête.

Art. 40. Le bien du service autant que la sûreté publique exigent une obéissance passive de la part des subordonnés; tout officier, sous-officier, dragon ou milice, qui sera commandé pour le service, sera tenu d'obéir sans réflexion, et sera soumis aux lois militaires usitées pour les troupes de ligne du moment où il sera commandé jusqu'à ce que son service sera fini.

Art. 41. Les milices d'un bataillon ne pourront être réunies, hors les époques fixées, que par un ordre exprès du gouverneur général ou de son représentant; dans le cas d'un mouvement intérieur ou de l'apparition d'un ennemi, le commandant de bataillon les réunira et fera toutes les dispositions qu'il jugera convenables et dont il rendra compte de suite au gouverneur général.

Art. 42. Tous les ordres seront adressés aux commandants de bataillon, qui les feront passer aux officiers qui se trouveront commander dans chaque paroisse, à moins que lesdits officiers ne les reçoivent directement du gouverneur général; auquel cas ils seront tenus de les exécuter sans délai et d'en instruire le commandant du bataillon.

Art. 43. Le chef de bataillon en second commandera en l'absence du chef de bataillon; et, dans le cas d'absence de l'un et de l'autre, ce sera le plus ancien commandant de paroisse qui aura le commandement.

Art. 44. Dans chaque paroisse, le commandant et les officiers qui doivent le remplacer en cas d'absence y commanderont sous les ordres du commandant du quartier ou bataillon, auquel ils rendront compte, tant pour le service militaire que pour tout ce qui pourrait se passer d'important en toute autre matière dans l'étendue de leur paroisse; cette mesure a pour objet de diminuer les correspondances.

Art. 45. Les officiers de la milice devant particulièrement se faire honneur de donner l'exemple du zèle, de l'exactitude et de la subordination à tous ceux qui seront sous leurs ordres, les commandants de bataillons y tiendront particulièrement la main, ainsi qu'à l'exécution des ordonnances relativement à l'uniforme; ils veilleront scrupuleusement à l'armement, à l'équipement, et surtout à la propreté des armes.

Art. 46. Lorsque l'armement de la totalité des milices aura été complété, chaque fantassin ou dragon sera prévenu que, conformément aux mêmes règlements, il devra répondre de celles qui lui seront données, et pourvoir à ses frais à leur remplacement.

Art. 47. Toute personne arrivant dans un quartier ou paroisse est dans l'obligation de se présenter de suite au commandant de la paroisse, qui en tient registre; celui qui ne remplira pas les formalités exigées par le présent article sera condamné, s'il est propriétaire, à une amende de dix-huit francs par chaque jour de retard, à compter du jour de son arrivée à celui de sa présentation; cette amende sera de moitié pour un individu non propriétaire, et du quart pour l'homme de couleur; elle sera versée dans une caisse déposée chez le commandant de la paroisse et sera destinée aux réparations et à l'entretien des armes du bataillon respectif.

Art. 48. Cette même personne sera tenue d'y faire le service deux mois après son arrivée et de la première réclamation des commandants des paroisses, sous les mêmes peines.

Art. 49. Les créoles de l'île ou propriétaires qui auraient été absents par congé seront tenus de faire leur service un mois après leur rentrée, à moins d'une circonstance de nécessité absolue ou de guerre, où tout individu est tenu de faire son service de suite dans les milices.

Art. 50. Tout particulier qui quittera une paroisse pour passer dans une autre, sera tenu de se présenter au commandant de la paroisse qu'il quitte pour en retirer un certificat qu'il sera obligé de présenter sous huit jours au commandant de celle où il établit sa nouvelle résidence ; le commandant l'inscrira de suite sur le rôle de la milice de sa paroisse, et lui désignera la compagnie à laquelle il est attaché et où il sera tenu de faire son service quinze jours après son enrôlement ; l'individu qui contreviendra à cet ordre sera sujet aux mêmes peines de l'article 50 ; le certificat qu'il en exhibera devra aussi constater qu'il a remis les armes.

Art. 51. Les officiers seront punis des arrêts quand ils se mettront dans le cas de l'être, mais toujours dans une maison de la ville ou du bourg dans l'arrondissement de leur bataillon ou de leur paroisse, suivant l'ordre et le cas.

Art. 52. En cas de délit grave de la part des officiers, sous-officiers ou soldats, comme abandon de poste, sommeil des sentinelles, négligences dans les mots d'ordre, inexécution des consignes, qui seront toujours affichées dans le corps de garde, désobéissances, mutineries, mauvais propos sous les armes ou dans le service, etc., il sera assemblé par les commandants de bataillon une cour martiale composée de cinq officiers, à commencer par les plus hauts grades, pour constater les faits et rendre compte au gouverneur général de ceux de ces délits qu'ils jugeront devoir mériter toute la rigueur des ordonnances militaires.

Art. 53. Il ne sera pas permis aux militaires, de quelque grade qu'ils soient, de passer d'une compagnie dans une autre sans la participation des capitaines, autorisés par les commandants de bataillon, qui ne permettront ces mutations qu'autant qu'elles ne nuiront en rien au bien du service.

Art. 54. Dans tous les cas où les milices se trouveraient avec les troupes de ligne, à grade égal, l'officier de ligne commandera, à moins que le gouverneur général n'en ordonne autrement ; on excepte en cela les commandants et lieutenants-commandants, qui ne seront jamais dans le cas de quitter leur paroisse que sur l'ordre du commandant de bataillon ou sur un ordre émané du gouverneur général.

Art. 55. En cas de marche ou de réunion pour un service actif ou de guerre, le commandant du bataillon nommera un officier ou un sous-officier pour faire le service de quartier-maître, et être chargé de la distribution des vivres, pendant la campagne seulement.

Art. 56. Il sera nommé à l'emploi de tout officier absent de l'île depuis plus d'un an, à moins que ce ne soit pour les affaires du gouvernement ou par un ordre particulier du gouverneur général, qui en suspendra le remplacement.

Art. 57. Il sera pourvu, par des instructions particulières aux commandants de bataillon ou paroisse, à tout ce qui n'aura pas été indiqué par la présente ordonnance.

Prions Messieurs les officiers du conseil supérieur de faire enregistrer les présentes, etc.

Mandons aux commandants de bataillon et de paroisse de tenir la main à leur exécution.

Donné à la Martinique, le 1er mars 1815.

Signé DE VAUGIRAUD,

Et plus bas : SORIN, secrét.

Greffe de la cour royale. Reg. 17, fo 52. — Enregistré au conseil supérieur, le 9 mars 1815.

———————

No 1599. — *Ordonnance du Gouverneur général pour la formation d'une ou de plusieurs compagnies de sapeur-pionniers par chaque bataillon des milices.* (Extrait.)

1er mars 1815.

Art. 2. Ces compagnies seront formées de tous les individus de couleur non libres servant dans les milices sous autorisation spéciale du gouvernement, antérieurement au 1er novembre 1809.

Art. 7. Ils seront affranchis au bout de huit ans de

service, et passeront alors dans les compagnies de gens de couleur libres du bataillon.

NOTA. Ces hommes étaient des patronés, à la liberté desquels manquait la sanction du gouvernement, sanction qui, avant et même depuis cette époque, s'obtenait moyennant finances ou par un certain temps de service dans des troupes de police.

Arch. du gouvernement. Ordres et déc. — Enregistré au conseil souverain, 9 mars 1815.

***

N° 1600. — *Ordonnance locale relative à la formation de la compagnie de dragons du gouverneur général et de celle d'infanterie du commandant en second.*

1er mars 1815.

Greffe de la cour royale. Reg. 17, f° 52. — Enregistré au conseil supérieur, 9 mars 1815.

***

N° 1601. — *Ordonnance du gouverneur et de l'intendant portant règlement des impositions de la Martinique pour l'année 1815. (Extrait.)*

6 mars 1815.

Cette ordonnance constate :

1° Que les impositions telles qu'elles avaient été établies pour 1814 n'ont pas suffi aux besoins du service et à des dépenses urgentes, par exemple celles à faire pour la réparation ou la reconstruction des édifices civils et militaires détruits ou tombés en ruines; celles à faire pour le rétablissement des chemins de la colonie, les anciens étant devenus impraticables, les nouveaux étant restés inachevés.

2° Que les articles de première nécessité sont encore, malgré la paix, à des prix très-élevés et que la subsistance des militaires est très-dispendieuse.

En conséquence de nouveaux impôts sont établis, notamment sur les esclaves de campagne, les locataires des maisons des villes et bourgs et les canots gros-bois.

Arch. du gouvernement. Ordres et déc.

N° 1602. — *Extrait de l'ordonnance locale sur les impositions de 1815, en ce qui touche le débit du rhum, du tafia et autres liqueurs à la petite mesure.*

6 mars 1815.

SECTION PREMIÈRE.

Art. 8. Tous les cabaretiers, traiteurs, etc., vendant
au détail vin, eau-de-vie et autres liqueurs, sont tenus
de prendre un permis de nous et de payer chaque année.....

Seront considérées comme contrevenant au présent
article toutes personnes qui vendraient à boutiques ouvertes ou feraient vendre clandestinement, par leurs
esclaves ou autres, des liqueurs ci-dessus, par mesure
au-dessous d'un gallon, et elles seront en conséquence
poursuivies à la diligence du procureur du roi, et con-
damnées à une amende égale, pour la première fois,
au quart de la taxe annuelle à laquelle elles auraient été
imposées si elles eussent pris un permis de nous, dont
moitié au profit des agents de la police et le surplus
applicable aux bureaux de charité; en cas de récidive,
ladite amende sera double.

Les cabaretiers demeurent autorisés à surveiller eux-
mêmes les contraventions qui leur sont préjudiciables
et à les dénoncer au procureur du roi, cas auquel la
portion d'amende applicable aux agents de la police
sera prononcée à leur profit.

Lorsque les délinquants se trouveront insolvables, la
peine de l'amende sera, pour les blancs et les gens de
couleur libres, convertie en celle de la prison à temps
déterminé, suivant l'exigence des cas.

Les maîtres seront responsables du fait de leurs
esclaves, lorsque le délit aura été autorisé par eux.

Les esclaves à la contravention desquels les maîtres
n'auront point participé seront punis de vingt-neuf
coups de fouet en place publique ou d'une détention
pour un temps déterminé à la chaîne de police, suivant
l'exigence des cas.

Les habitants sucriers qui fabriquent du tafia ou du rhum ont le droit de le débiter par toutes mesures, pourvu que ce soit dans leurs bâtiments ou manufactures, et non dans quelque lieu que ce soit de leurs terres, ni sur les chemins.

NOTA. On retrouve ces dispositions, mais moins étendues, aux ordonnances locales sur les impositions, des 31 mars et 24 décembre 1810, 18 janvier 1812 et 14 janvier 1813.

Arch. du gouvernement. Ordres et déc.

No 1603. — *Décision de l'intendant sur l'habillement de la gendarmerie maritime.*

7 mars 1815.

Bureau des approvisionnements. Ordres et déc.

No 1604. — *Arrêté du conseil supérieur par lequel cette compagnie promet, sous condition, au nom de la colonie, une somme de 120,000 francs à l'auteur d'un nouveau procédé pour la fabrication du sucre. (Extrait.)*

10 mars 1815.

Cejourd'hui vendredi dix mars mil huit cent quinze, le conseil réuni au parquet et présidé par M. l'intendant et agissant au nom de la colonie, s'engage pour ladite colonie à payer dans le courant de la présente année à M. Dorion, pour prix de son secret pour la fabrication du sucre, une somme de cent vingt mille francs, à la condition que ce procédé sera reconnu avoir les avantages annoncés; en conséquence il sera fait à cet égard une suite d'expériences chez M. de Lapalun, à la Rivière-Salée, en présence de MM. de Lapalun, de Maupeou, Papin Kerfili, Assier neveu et Doublet, que le conseil nomme commissaires à cet effet, et qui en feront leur rapport à la cour, dès que les expériences auront été achevées et suivies dans tous les points de la fabrication, et jusqu'à la livraison du sucre terré au commerce.

En attendant que ces expériences soient achevées, M. Dorion fera connaître son secret d'ici à quinze jours, en sorte que son procédé puisse être employé par les divers sucriers qui voudront l'adopter, sans que cette connaissance prématurée qu'il donne de son secret puisse préjudicier à son droit à la rétribution des cent vingt mille francs, lequel droit sera acquis du moment que les avantages auront été constatés par le rapport des commissaires ci-dessus désignés.

Dans le cas où quelqu'un des commissaires nommés ne pourrait accepter cette fonction, M. l'intendant se réserve de désigner des suppléants.

Sera le présent arrêté soumis à l'acceptation du sieur Dorion par M. le procureur général du roi, et ensuite déposé au greffe du conseil, pour qu'il en soit délivré expédition à qui de droit.

Signé DUBUC.

J'accepte de bonne foi les conditions ci-dessus mentionnées.

Fort-Royal, le 12 mars 1815.

Signé DORION.

Nota. — Voir au même registre, folio suivant, les trois procès-verbaux d'expériences dressés par les commissaires désignés, et un arrêt du 8 mai 1817, qui, sur le vu de ces pièces, rejette les réclamations de l'inventeur, ledit arrêt se terminant ainsi :

Considérant que les expériences qui ont été faites n'ont point donné ce résultat; que les deux premiers procès-verbaux avaient fait concevoir de légères espérances à cet égard, mais que ces espérances se sont évanouies à la lecture du troisième procès-verbal ci-dessus relaté;

Par ces motifs, la cour déclare que M. Dorion est déchu de toute prétention, contre la colonie, au prix de cent vingt mille francs convenu pour son secret, si ce secret eût réalisé les promesses du sieur Dorion.

Signé au plumitif DUBUC.

Greffe de la cour royale. Reg. 17, f° 158.

———※———

Nº 1605. — *Arrêté de l'intendant portant fixation de la solde des ouvriers militaires de la marine, pour chaque journée effective de travail.* (Extrait.)

12 mars 1815.

Sergent-major....................	1ᶠ 50
Sergent et caporal-fourrier........	1 20
Caporal.....................	1 00
Ouvriers de toutes classes.........	0 80

Inspection. Reg. 4.

———※———

Nº 1606. — *Règlement de l'intendant pour l'habillement des brigades de police.*

15 mars 1815.

Arch. du gouvernement. — Ordres et déc.

———※———

Nº 1607. — *Provisions du Roi datées de Lille, par lesquelles le comte de Vaugiraud est nommé gouverneur général des îles du vent de l'Amérique* (1).

25 mars 1815.

Louis, etc.,

A tous ceux qui ces présentes verront, salut :

Ayant jugé ütile à notre service de placer sous le gouvernement d'une seule et même personne nos îles de la Martinique et de la Guadeloupe (2), Nous avons fait

———

(1) Elles sont accompagnées d'une lettre du ministre de Blacas, datée de Gand, qui autorise le comte de Vaugiraud à déclarer la colonie en état de siége, etc.

(2) Par dépêche ministérielle du 20 juin 1816, nº 6 (arch. du gouvernement), le gouvernement de la Guadeloupe a été rétabli indépendant de celui de la Martinique. M. de Vaugiraud conserve toutefois le titre de gouverneur général des îles du vent, mais pour ne l'exercer, en ce qui conserne la Guadeloupe, qu'en cas de guerre maritime.

choix pour remplir cette place importante de M. le comte de Vaugiraud, vice-amiral de nos armées navales, grand'croix de l'ordre royal et militaire de Saint-Louis, officier de la Légion d'honneur et de présent gouverneur particulier de l'île Martinique. Nous nommons par ces présentes ledit comte de Vaugiraud gouverneur général des îles de la Martinique et de la Guadeloupe, et lui conférons les pouvoirs de destituer, renvoyer en Europe, faire juger par des conseils de guerre, confirmer leurs sentences et les faire exécuter contre tout officier civil ou militaire ou autres personnes, de quelque rang et qualité qu'elles soient, habitants de ces îles, qui contreviendraient à nos ordonnances, règlements, ou se seraient rendus coupables de désobéissance aux ordres donnés par notredit gouverneur général pour l'utilité de notre service ; l'autorisons aussi par ces présentes à nommer aux places qui viendraient à vaquer telles personnes qu'il en jugera convenables.

Ordonnons à notre conseil supérieur d'enregistrer les présentes provisions et de tenir la main à l'exécution de leur contenu, et à tous fonctionnaires publics civils ou militaires, ou autres personnes habitant lesdites îles de la Martinique et de la Guadeloupe, de le reconnaître et de lui obéir comme tel (1).

Donné à Lille, le 23 mars 1816.

Signé LOUIS.

Par le Roi :

Signé BLACAS D'AULPS.

Gazette de la Mart., 1815, n° 58. — Enregistré au conseil supérieur le 5 juillet 1815.

---

(1) C'est en vertu de ces pouvoirs que, par proclamation du 29 juin 1815, le comte de Vaugiraud prononce la destitution du contre-amiral de Linois, gouverneur de la Guadeloupe, du commandant Boyer et de plusieurs autres officiers, accusés d'attentats tendant à exciter la guerre civile dans cet archipel et à y détruire le gouvernement du Roi.

C'est encore en vertu de ces pouvoirs que le général anglais Leith fut envoyé, le 8 août suivant, à la tête d'une escadre, à la Guadeloupe, pour réduire le gouverneur et ses adhérents en révolte ouverte. Le 9 au soir ils avaient capitulé.

N° 1608. — *Avis officiel de l'intendant annonçant au public la suppression de l'octroi établi sur les viandes de boucherie, en faveur des bureaux de charité, par l'ordonnance locale du 14 février 1812.*

24 mars 1815.

Arch. du gouvernemnt. Ordres et décisions.

———— ◆◆◆ ————

N° 1609. — *Arrêté de l'intendant portant règlement des fournitures de bureau accordées aux chefs de bataillon des milices et aux commandants civils de paroisses. (Extrait.)*

27 mars 1815.

Il doit leur être fourni tous les ans à chacun :

1° Une rame de papier à lettres ;
2° Une *idem* bon papier commun ;
3° Cent plumes ;
4° Une boîte pains à cacheter ;
5° Deux bouteilles d'encre ;
6° Un canif.

Inspection. Reg. 3.

———— ◆◆◆ ————

N° 1610. — *Décision du gouverneur qui accorde un supplément de solde aux ouvriers et manœuvres du corps royal d'artillerie. (Extrait.)*

30 mars 1815.

Le prix de leurs journées de travail est fixé comme suit :

Pour le sergent, ouvrier en bois ou en fer . . 2f 25
Pour le caporal 1 25
Pour le sergent, non ouvrier, employé aux manœuvres des magasins 1 65
Pour le caporal, non ouvrier, employé aux manœuvres des magasins 1 00

Signé le comte DE VAUGIRAUD.

Arch. du gouvernement. Ordres et décisions.

No 1611. — *Arrêté de l'intendant qui accorde une indemnité d'habillement aux nègres du roi attachés au service des hôpitaux.* (Extrait.)

10 avril 1815.

Elle est ainsi réglée :

A ceux qui ont un talent, par exemple, les
    ouvriers, par mois.............. 10ᶠ 80
Aux meilleurs infirmiers et aux blan-
    chisseuses..................... 8 10
Aux serviteurs ordinaires........... 5 40

Les enfants d'au-dessous de 12 ans sont exceptés.

Il leur sera en outre fourni chaque année un habillement ou rechange dont la dépense ne pourra excéder :

Pour ceux de la 1ʳᵉ classe........... 16ᶠ 20
Idem de la 2ᵉ et 3ᵉ classe........... 10 80

NOTA. Une décision du 1ᵉʳ octobre 1816 a étendu la
faveur ci-dessus aux esclaves du Roi attachés aux autres
services. Il leur accorde, savoir :

Aux ouvriers..................... 10ᶠ 80
Et aux serviteurs ordinaires.. ...... 5 40

Plus l'habillement aux mêmes prix.

Inspection. Reg. 3.

———————

No 1612. — *Arrêté des administrateurs en chef portant nomination d'un chirurgien juré aux rapports pour la ville
de Fort-Royal et banlieue.*

15 avril 1815.

Étant nécessaire de nommer à la place de chirurgien
juré aux rapports et des prisons dans la ville du Fort-
Royal, nous avons nommé et commis, nommons et
commettons, par ces présentes, M. Luzeau, chirurgien
de 1ʳᵉ classe et chargé en chef du service de l'hôpital du
Fort-Royal, à ladite place de chirurgien juré aux rapports dans la ville et banlieue du Fort-Royal, pour en
exercer les fonctions aux droits, prérogatives et priviléges

y attachés, et en cette qualité témoigner dans tous rapports qui seront ordonnés par justice, assister à la levée des cadavres, et faire généralement toutes opérations requises et nécessaires.

Mandons, etc.

Seront les présentes enregistrées au greffe de la sénéchaussée, etc.

Donné à la Martinique, le 15 avril 1815.

Signé le comte DE VAUGIRAUD et DUBUC.

Inspection. Reg 4, n° 248.

N° 1613. — *Ordre du commandant en second de la Martinique sur les formalités à remplir avant et après le débarquement des passagers arrivant dans la colonie*

15 avril 1815.

Art. 1er. Conformément aux ordonnances précédemment rendues, aucun capitaine de navire arrivant de France, des îles voisines ou de l'étranger, ne pourra débarquer un seul de ses passagers avant d'avoir mouillé et d'en avoir obtenu la permission.

Art. 2. La permission de débarquer ne sera accordée que sur l'examen des passe-ports des passagers, qui seront portés par le capitaine à M. le commandant en second de la Martinique.

Art. 3. Cette permission obtenue sera portée par le capitaine à M. le capitaine de port, qui lui enjoindra de donner l'ordre aux passagers de ne débarquer qu'à la cale du Domaine.

Art. 4. Les passagers, en débarquant, seront tenus de se présenter sur-le-champ chez M. le commandant de la place, lequel, après avoir visé et enregistré leurs passe-ports, les fera conduire chez M. le procureur du roi, pour y remplir les formalités voulues par les lois.

Art. 5. M. le capitaine de port remettra un exemplaire du présent ordre à tous les capitaines, et en tirera un reçu.

Art. 6. M. le capitaine de port et les capitaines du commerce sont personnellement responsables, chacun en ce qui le concerne, de la stricte exécution du présent ordre.

Saint-Pierre, le 15 avril 1815.

Le Commandant en second de la Martinique,

Signé Baron DE LA BARTHE.

Approuvé par nous, Vice-Amiral, Gouverneur général :

Signé Comte DE VAUGIRAUD.

Gazette de la Mart., 1815, n° 35.

N° 1614. — *Arrêté de l'intendant pour l'émission, par le trésorier de la colonie, de billets à ordre à trois mois de date, pour une somme de 150,000 francs.*

15 avril 1815.

Vu l'état de situation de la caisse royale de cette colonie, à nous présenté par le trésorier général, et duquel il résulte que le solde en caisse de cent quatre-vingt-neuf mille sept cent dix-huit francs vingt-sept centimes se compose en grande partie de pièces de cinq francs, de six livres et de gourdes rondes;

Vu le rapport dudit trésorier, qui signale les abus qu'il observe journellement sur la conversion frauduleuse des pièces rondes de toute espèce en mocos tellement petits qu'ils présentent à peine la moitié de leur valeur nominale;

Considérant que dans le moment même où nous avons soumis au gouvernement de la métropole un plan de réformation monétaire qui tend à détruire les abus énormes qui se sont introduits successivement dans l'évaluation des monnaies, et spécialement à faire disparaître de la circulation les gourdes coupées en quatre, tant celles qui l'ont été légalement, que celles coupées en cinq et six morceaux et qui y ont été introduites par la cupidité la plus déhontée, il serait impolitique de fournir un nouvel aliment à la rapacité de ces coupables spéculateurs;

Considérant d'ailleurs que les besoins du service ne permettent pas de laisser stagnante dans la caisse de la colonie une somme aussi considérable;

Arrêtons :

Art. 1er. Le trésorier est autorisé à émettre des billets à ordre et à trois mois de date, pour une somme de cent cinquante mille francs, partagée en soixante coupons, savoir :

15 de 1,000 francs............	15,000ᶠ 00
15 de 2,000 francs............	30,000 00
15 de 3,000 francs............	45,000 00
15 de 4,000 francs............	60,000 00
Total............	150,000 00

Art. 2. Ces billets, numérotés 1 à 60, seront visés et registrés au bureau de l'inspection et approuvés par ous; ils seront donnés en payement aux fournisseurs dans la proportion de moitié de leurs créances.

Art. 3. Réciproquement, les négociants qui auront des droits de douanes à payer pourront verser à la caisse royale des billets non échus pour moitié de leur liquidation.

Art. 4. Après l'échéance et la rentrée de tous les billets, le trésorier sera tenu d'en justifier à l'inspecteur, qui annulera les effets en les bâtonnant, et les rendra au comptable comme pièces justificatives.

Sera le présent enregistré au secrétariat général de l'intendance et au bureau de l'inspection.

Donné à la Martinique, le 15 avril 1815.

Signé DUBUC.

Arch. du gouvernement. Ordres et décisions.

No 1615. — *Dépêche ministérielle aux administrateurs en chefs leur notifiant le retour en France de l'Empereur* Napoléon (Extrait.)

16 avril 1815.

Des collections du *Bulletin des Lois* et du *Moniteur*, depuis les événements, apprendront aux administrateurs quelles sont les intentions pacifiques et modérées de Sa Majesté. Ils y remarqueront aussi le décret du 29 mars qui abolit la traite des noirs, mesure que le génie du siècle inspirait et que la voix de l'humanité réclamait avec tant d'énergie.

Les pouvoirs coloniaux sont maintenus tels qu'ils ont été établis lors de la reprise de possession.

Arch. du gouvernement, Dép. ministérielle.

No 1616. — *Publication officielle du procédé de M. Dorion pour la clarification du vesou.*

21 avril 1815.

On ne fera aucun changement à la manière d'enivrer le vesou, si ce n'est de bien couler l'enivrage avant de le mettre dans la grande.

Lorsque le vesou sera tiède, on jettera dans cette même grande le contenu d'un pot de raffinerie de quatre à cinq gallons de la composition qui suit:

Pour faire cette composition, il faut prendre, pour un pot de raffinerie, environ une poignée de pellicule filandreuse d'orme pyramidal (appelé par Linné *theobroma guazuma* et par les Indiens *guazuma*). On aura soin de la froisser et presser dans le pot d'eau fraîche, jusqu'à ce que cette eau prenne la consistance d'un amidon très-épais. Quand on aura reconnu que cette eau est suffisamment chargée de mucilage, on la jettera dans la grande, ayant soin de bien remuer et mélanger le vesou.

On veillera soigneusement le moment où il conviendra d'écumer, sans en presser l'exécution, afin de donner le temps aux parties étrangères de se détacher du vesou et de monter à sa surface. Cet écumage exige la plus grande attention et la plus grande célérité.

La clarification bien reconnue, on passera le vesou dans une laine bien serrée. Le raffineur conduira le feu de ses chaudières comme à l'ordinaire, et lorsque le vesou sera dans la batterie il y versera une cuillerée à sucre d'eau de chaux très-forte; et si le bouillon se trouve encore gras, on récidivera cette eau de chaux jusqu'à ce que le fil se coupe sec et fasse la dentelle à l'écumoir.

On observe que l'eau de mucilage ne peut être trop chargée d'orme pyramidal: le trop ne peut nuire à la clarification du vesou, et le moindre n'atteindrait pas le degré de perfection attendu.

On observe de plus que la même écorce peut servir pour plusieurs pots d'eau, et que cette écorce prise d'un arbre jeune, offre plus de mucilage que celle d'un arbre ancien. L'une et l'autre qualité d'écorce doivent être dépouillées de la première pellicule verte, pour éviter de donner de la couleur au vesou.

DORION.

Nota. Par arrêté du 10 mars 1815, le conseil supérieur, présidé par l'intendant, s'était engagé, au nom de la colonie, envers le sieur Dorion, à lui payer une somme de 120,000 francs, si son procédé était reconnu avantageux; mais les expériences pratiquées n'ayant établi aucune différence remarquable entre les sucres fabriqués d'après le nouveau procédé et ceux du procédé ordinaire, la cour, par arrêt du 8 mai 1817, a déclaré Dorion déchu de tous droits au prix à lui promis pour la communication de son secret.

Voir l'arrêté, les rapports des experts et l'arrêt précité, au registre 17, f° 158, du conseil supérieur.

N° 1617. — *Acte additionnel aux constitutions de l'Empire*
(Extrait.)

22 avril 1815.

Art. 54. Les délits militaires sont seuls du ressort des tribunaux militaires.

Art. 55. Tous les autres délits, *même ceux commis par les militaires,* sont de la compétence des tribunaux civils.

Bulletin des lois, 6° sér., n° 112.

N° 1618. — *Arrêté de l'intendant portant fixation du droit de jaugeage des rhums, tafias et sirops exportés de la Martinique à l'étranger, et du droit de surveillance du débarquement des bois importés dans la colonie.*

28 avril 1815.

Voulant établir d'une manière positive les droits de jaugeage sur les rhums, tafias et sirops exportés de la Martinique à l'étranger, de même que sur ceux qui pourront être importés des colonies étrangères ;

Et reconnaissant qu'il en est de l'intérêt du fisc de faire surveiller le débarquement des cargaisons de bois,

Arrête :

Il sera perçu pour droit de jaugeage des rhums, tafias et sirops trente sous de la colonie par cent gallons;

Vingt sous pour mille pieds de planche, madrier et bois équarris;

Idem par mille merrains.

Ce droit de jaugeage ne s'étendra à aucun autre article quelconque du commerce étranger.

Donné le 28 avril 1815.

Signé DUBUC.

Inspection. Reg. 4, n° 327.

N° 1619. — *Arrêté de l'intendant qui remet en vigueur celui du 14 frimaire an* XIII; *relatif à la comptabilité des geôles de la colonie.* (Extrait.)

30 avril 1815.

Avec cette seule différence que les ordres d'entrée et de sortie de la geôle ne seront présentés que tous les mois.

Inspection. Reg. 3.

━━━━◦◦◦◦◦◦━━━━

N° 1620. — *Arrêté des administrateurs en chef, qui, à raison des circonstances, permet les exportations ou importations de denrées et marchandises par navires de toutes nations.*

2 mai 1815.

Nous, etc., Considérant qu'il est indispensable de prendre des mesures pour assurer des recettes suffisantes aux charges de la colonie, notamment à la solde et à la subsistance des troupes de terre et de mer;

Considérant que, dans les circonstances actuelles, les portations pour la métropole deviennent presque nulles, tant par le défaut de navires qu'en raison des alarmes du commerce;

Considérant qu'il y a urgence, nous avons arrêté que, jusqu'à nouvel ordre, l'exportation des denrées coloniales de toutes espèces serait permise par bâtiments de toute nation et pour quelque port que ce soit.

Ces exportations, par bâtiments français, ne seront assujetties qu'aux droits fixés par notre ordonnance du 6 mars dernier.

Lorsqu'elles auront lieu par bâtiments étrangers, il sera perçu un droit additionnel de 50 centimes par franc.

Outre les articles d'importation permis par l'arrêt du 30 août 1784, d'autres pourront être admis au besoin; mais, sur ce point, M. l'intendant, autorisé à cet égard par M. le gouverneur en ce qui le concerne, donnera ses ordres dans les bureaux du domaine, suivant les occasions ; le but de cette restriction est de réserver autant que possible aux bâtiments qui arriveront de la métropole la faveur à laquelle ils ont droit, toutes les fois que la loi de la nécessité ne s'y oppose pas.

Sera le présent arrêté enregistré dans les bureaux du domaine et de l'inspection.

Mandons au directeur général du domaine de tenir la main à son exécution.

Fait et arrêté au Fort-Royal, le 2 mai 1815.

Signé le comte DE VAUGIRAUD et DUBUC.

Et plus bas, SORIN et FOURNIER, secrét.

Inspection. Reg. 5, n° 59.—Enregistré au conseil supérieur, 7 septembre 1815.

N° 1621. — *Convention entre le général anglais Leith, et les administrateurs en chef de la Martinique, par laquelle est proposée et acceptée l'assistance d'une force de terre britannique pour maintenir la souveraineté du roi Louis XVIII sur cette colonie.*

Quartier général de la Barbade, le 20 mai 1815.

1. L'entière souveraineté de l'île demeurera au nom et sous le pavillon de Louis XVIII, roi de France et de Navarre.

2. Les troupes britanniques occuperont le Fort-Royal, le fort Bourbon, la redoute Bouillé et l'Ilet-à-Ramiers, et agiront, sous tous les rapports, comme une force auxiliaire, pour assister Son Excellence le comte Vaugiraud dans l'exercice du gouvernement pour son souverain.

3. Les troupes britanniques seront aux frais de la monarchie britannique, recevant toutefois sur les lieux toute assistance amicale à l'égard des vivres à se procurer, et qu'elles payeront suivant qu'il est d'usage.

« Les troupes britanniques seront tenues en bonne discipline, et tous actes contraires au bon ordre seront promptement punis suivant les lois militaires britanniques. Elles ne seront néanmoins pas soumises aux lois françaises de la colonie; mais d'un autre côté, les troupes britanniques appelleront aux lois coloniales sous le gouvernement de Sa Majesté Très-Chrétienne, dans le cas où elles auraient à se plaindre de quelqu'un de ses sujets, dont les personnes et les propriétés seront complétement respectées par les officiers et soldats de Sa Majesté britannique.

Je souscris cette stipulation au nom de mon souverain, et je promets de la maintenir autant qu'elle soit réciproquement garantie par Son Excellence le comte de Vaugiraud, qui demeure dans la pleine possession et l'entier exercice du gouvernement.

Toutes tentatives pour arborer le pavillon tricolore ou l'étendard de l'usurpateur Bonaparte seront mutuellement réprimées par la force des armes, et ceux qui auraient fait ces tentatives seront traités comme ennemis des souverains alliés de la Grande-Bretagne et de la France.

Signé JAME LEITH.

Accepté conjointement et séparément, chacun en ce qui nous concerne, au nom de Sa Majesté Très-Chrétienne Louis XVIII, roi de France et de Navarre, notre souverain, la présente convention, que nous promettons de maintenir, étant réciproquement garantie comme ci-dessus par Son Excellence Sir James Leith, au nom de son souverain.

Fait au Fort-Royal, Martinique, le 23 mai 1815.

Signé Comte DE VAUGIRAUD,   Signé DUBUC,

Gouverneur général.   *Intendant.*

No 1622. — *Proclamation des administrateurs en chef aux habitants de la Martinique, leur annonçant l'intervention des forces britanniques pour la défense du sol de la colonie.* (Extrait.)

4 juin 1815.

. . . .

. . . . . . Ils viennent nous aider à garantir du fléau de la guerre votre agriculture, votre commerce et tous les genres de prospérité dont votre sol est susceptible.

Vous allez lire à quelles nobles conditions ces généreux auxiliaires s'approchent de vos rivages : ils ne veulent d'autres prix de leurs importants services que le bonheur de vous les avoir rendus.

Accueillez-les avec reconnaissance, etc.

Signé Comte DE VAUGIRAUD, DUBUC.

Gazette de la Mart., 1815, no 45.

━━━━━━━━━━

No 1623. — *Arrêté des administrateurs en chef qui assimile les navires anglais aux navires nationaux, en ce qui touche les droits du domaine d'occident.*

5 juin 1815.

NOTA. C'est-à-dire les affranchit du droit additionnel de 50 0/0 par franc sur les exportations auquel sont assujettis tous les navires étrangers par l'arrêté du 2 mai 1815. (Voir no 1619)

Inspection. Reg. 5. — Enregistré au conseil supérieur, 7 septembre 1815.

━━━━━━━━━━

No 1624. — *Dépêche ministérielle au sujet de l'admission en franchise des vins d'épaves reconnus d'origine française.*

5 juin 1815.

Annales maritimes, 1855, 1re partie, p. 2.

N° 1625. — *Arrêté des administrateurs en chef, portant que les importations par navires anglais ne seront assujetties qu'au droit établi sur les importations nationales par l'ordonnance locale du 6 mars précédent.*

14 juin 1815.

Nota. Ce droit est de 2 1/2 0/0. L'arrêté susindiqué l'accroît, pour les navires anglais, de 5 centimes par franc.

Gazette de la Mart., 1815, n° 50. — Enregistré au conseil supérieur, 7 septembre 1815.

N° 1626. — *Proclamation du gouverneur général à l'occasion des troubles politiques de la Guadeloupe.*

28 juin 1815.

Nota. Cette pièce, écrite pendant les *cent jours*, constatant la défection du gouverneur de cette île, prononce sa destitution et celle de tous les chefs de corps parjures avec lui; fait diverses défenses aux habitants, officiers civils ou militaires et autres agents de la Guadeloupe; licencie les troupes qui auraient adhéré au prétendu gouvernement impérial, et promet oubli et pardon à ceux qui rentreront immédiatement dans le devoir.

Arch. du gouvernement. Ordres et décisions.

N° 1627. — *Arrêté des administrateurs en chef qui ordonne le transfert du dépôt des huiles destinées à l'éclairage public dans un lieu écarté de la ville de Saint-Pierre.*

6 juillet 1815.

Nota. Les habitants voisins du dépôt avaient réclamé cette mesure, et les administrateurs dans leur arrêté reconnaissent que le dépôt en question doit être mis au nombre des établissements insalubres et dangereux.

Inspection. Reg. 3, n° 153.

Nº 1628. — *Ordres des administrateurs en chef, aux navires mouillés en rade de Saint-Pierre, d'aller hiverner dans le bassin de Fort-Royal.*

8 juillet 1815.

Nous, etc., étant nécessaire de pourvoir à la sûreté des bâtiments du commerce de France pendant la saison de l'hivernage, pour prévenir les accidents auxquels ils pourraient être exposés dans la rade de Saint-Pierre, ordonnons qu'à compter du 18 juillet jusqu'au 18 octobre suivant tous les navires, senaux et brigantins actuellement mouillés en cette rade, ou qui arriveront d'Europe, et jusqu'au terme ci-dessus, seront tenus de se retirer dans le bassin du Fort-Royal, à peine par les capitaines de répondre en leur propre et privé nom de tous les dommages ou avaries qui en pourraient résulter, en outre de punition personnelle suivant l'exigence des cas.

Pourront néanmoins tous bateaux, goëlettes et autres bâtiments caboteurs mouiller dans la rade de Saint-Pierre, le tout aux risques, périls et fortunes des maîtres ou des propriétaires.

Tous bâtiments étrangers auront aussi la faculté d'aller hiverner dans le bassin du Fort-Royal, mais cette mesure de sûreté n'est point obligatoire à leur égard.

Mandons, etc.

Donné à la Martinique, le 8 juillet 1815.

Signé le comte DE VAUGIRAUD et DUBUC.

Inspection. Reg. 5, nº 589.

Nº 1629. — *Arrêté de l'intendant renouvelant et étendant les dispositions d'un ordre local du 23 août 1810 relatif au service des canots de garde pour le service du gouvernement.*

13 juillet 1815.

NOTA. Le service de ces canots était fixé, par l'ordre de 1810, aux dimanches et fêtes seulement. Cet arrêté les met, pour *tous les jours*, à la disposition du gouvernement.

Mais par autre arrêté de l'intendant, du 25 septembre 1815, cette nouvelle règle a été abrogée et le service rétabli ainsi qu'il est réglé par l'ordre du 23 août 1810.

Ach. du gouvernement. Ordres et déc.

———

N° 1630. — *Ordonnance des administrateurs en chef portant réorganisation du service de l'hospice de Saint-Pierre affecté aux enfants trouvés ou orphelins et aux pauvres femmes et filles infirmes ou malades* (1).

1er août 1815.

L'asile qui, par le zèle et les soins du père Mane, supérieur général de la mission des frères Prêcheurs aux Iles du vent, et par de pieuses dotations, a été consacré dès l'année 1742, et depuis consolidé par les lettres patentes du Roi, du 3 mars 1750, pour les enfants trouvés et pour les orphelines indigentes de la Martinique, ainsi que pour les pauvres femmes et filles infirmes et malades, est une de ces institutions éminemment utiles, qu'il est du devoir des administrateurs de cette colonie de maintenir et de perfectionner par tous les moyens qui sont en leur pouvoir.

Les dames religieuses Dominicaines ont eu jusqu'à ce moment la direction de cet hospice et de l'hôpital qui y est attaché.

Tant que ces dames, de même que les autres corps religieux, eurent la faculté de se perpétuer, cette direction ne pouvait être mieux confiée qu'à leurs soins; mais depuis que cette faculté leur a été interdite, leur nombre s'est réduit et leur zèle ne peut plus aujourd'hui suppléer à leur caducité.

Il faut donc pourvoir à leur remplacement par des

(1) Voir une ordonnance locale du même jour relative au personnel du même hospice et contenant diverses règles d'administration intérieure. Reg. 17, f° 111, du conseil supérieur.

séculières, si l'on veut éviter la chute prochaine de ces établissements.

A ces causes,

Après y avoir été invités par les dames religieuses Dominicaines elles-mêmes, dans leur lettre du 22 juin dernier;

Sur les représentations et à la sollicitation de leur supérieur spirituel, M. le curé du Mouillage, que nous avons chargé de nous présenter un projet de règlement ou mode de réforme et de discipline intérieure, ainsi que de nous faire connaître les personnes qu'il croirait les plus propres pour être mises à la tête de cette institution et la diriger dans le sens le plus convenable sur les bases des lettres patentes ci-dessus rappelées;

Vu : 1º le plan proposé; 2º le rapport avantageux qui nous a été fait des vie et mœurs, du zèle et de la capacité de la dame veuve Andaule, de la demoiselle sa fille et de la demoiselle Roger; 3º le consentement de ces dames et leur promesse d'observer et de faire exécuter les différents articles dudit plan que nous avons adopté comme répondant parfaitement à son objet;

Tout considéré et mûrement examiné, nous avons arrêté et arrêtons ce qui suit :

Art. 1er. Mme veuve Andaule est nommée directrice de l'hospice et de l'hôpital, Mlle Roger, sous-directrice, et Mlle Andaule, suppléante de ces dames.

Art. 2. Le règlement proposé par M. le curé du Mouillage, tant pour l'administration et la discipline intérieure que pour la surveillance et l'inspection des deux établissements réunis, est adopté et sera exécuté dans tous les points.

Art. 3. Mme la supérieure actuelle des dames religieuses Dominicaines conserve la haute surveillance sur toutes les parties du service intérieur de ces établissements.

Art. 4. Les dames religieuses abandonnent suivant leurs offres à la nouvelle directrice les sept domestiques nommés Rosie, Rose, Euphrosine, Marie-Thérèse et

Suzette avec ses deux enfants, Jean et Jeannette; elles abandonnent aussi les linges de table et de lit ainsi que tout le mobilier de l'hospice et de l'hôpital et leur batterie de cuisine en cuivre étamé.

L'inventaire de ces objets, dressé en présence de l'officier d'administration de marine chargé du service à Saint-Pierre, sera reconnu par les dames directrices, et ils seront à la charge de la directrice en chef, qui devra les entretenir et remplacer sur les économies du traitement des élèves et le produit de leur travail, pour que les choses soient toujours et au moins dans le même état qu'elle les reçoit.

Art. 5. La directrice, la sous-directrice et la suppléante vivront sur la masse commune; en conséquence il sera payé pour chacune d'elles une somme de sept cent cinquante-six francs, ou douze cent soixante livres coloniales.

Il sera accordé en outre, tant à la directrice qu'à la sous-directrice, pour leur entretien personnel, une somme de neuf cents francs, ou quinze cents livres coloniales.

Mlle Andaule recevra pour elle-même moitié de ce traitement.

Ces différentes sommes seront payées par trimestre, à commencer du 15 de ce mois. Il sera néanmoins délivré pendant le cours de la première année des mandats d'à-compte, mais par mois et par avance, pour faciliter les moyens de pourvoir aux premières dépenses.

Art. 6. Les esclaves attachés au service particulier des dames directrices, de même que les domestiques qui sont abandonnés pour le service de l'hospice, ne seront sujets, comme par le passé, à aucuns droits de capitation ou autres charges quelconques.

Art. 7. La nourriture et l'entretien des domestiques se trouveront comme par le passé sur les fonds affectés à la table commune, sur le travail de l'hospice et sur les différentes sommes qui seront versées entre les mains de la directrice, comme il a été dit plus haut, et dont elle est chargée de diriger l'emploi : de tout quoi elle rendra annuellement le compte prescrit par l'article 3 des lettres patentes prescrites.

Art. 8. Sans s'attacher à la délicatesse des mets, les aliments devront toujours être sains et abondants.

Art. 9. Les élèves malades seront soignées et nourries à l'hôpital, d'après les ordonnances du médecin et aux frais de la direction.

Art. 10. Le médecin sera nommé par le gouvernement, qui se charge de son traitement; quant à présent, M. de la Pierre, médecin actuel, continuera ses fonctions, et jouira du traitement annuel de neuf cents francs, ou de quinze cents livres coloniales.

Art. 11. Il sera également pourvu par le gouvernement aux dépenses des pauvres femmes et filles malades ou infirmes qu'il croira devoir admettre dans l'hôpital.

Art. 12. Lorsqu'il y aura lieu au remplacement de la religieuse présentement chargée du service de la porte, comme aussi à la nomination d'une infirmière, le gouvernement y pourvoira.

Art. 13. Aucune élève de l'hospice ne pourra à l'avenir en être retirée qu'avec la permission du gouvernement, qui ne l'accordera qu'à des personnes connues avantageusement par leur moralité, et sur l'exposé de motifs valides.

Art. 14. Le gouvernement se réserve de pourvoir par des instructions particulières à tout ce qui n'aurait pas été prévu par la présente ordonnance.

Prions Messieurs du conseil supérieur de faire enregistrer la présente ordonnance aux formes d'usage.

Donné à la Martinique, le 1er août 1815.

Signé le comte DE VAUGIRAUD et DUBUC.

Inspection. Reg. 5, n° 151.—Enregistré au conseil supérieur, 7 septembre 1815.

—

No 1681. — *Dépêche ministérielle au gouverneur général*

pour prévenir une attaque de la Guadeloupe rebelle par les forces britanniques.

11 septembre 1815.

Nota. Cette pièce constate le projet arrêté du gouverneur général de tenter ainsi la soumission de cette île.

Son *post-scriptum* indiquerait que déjà, le 18 juillet, une escadre anglaise, ayant à bord le gouverneur général, s'approchait de l'île pour s'en emparer, et qu'on battait la générale à terre afin de s'opposer à la descente.

Mais les circonstances politiques n'étant plus les mêmes, le ministre veut au contraire que tout soit fait pour prévenir, s'il en est temps encore, l'attaque projetée.

Arch. du gouvernement. Dép. ministérielles, nº 7.

⸺⸺⸺

Nº 1632. — *Proclamation du gouverneur général annonçant à la Martinique le retour du roi dans sa capitale.*

12 septembre 1815.

Arch. du gouvernement. Ordres et déc.

⸺⸺⸺

Nº 1633. — *Ordonnance de l'intendant qui fixe à six le nombre des boulangers dans la ville de Fort-Royal.*

21 octobre 1815.

Direction de l'intérieur. Ordres et déc. Reg. 2, fº 49.

⸺⸺⸺

Nº 1634. — *Ordonnance de l'intendant pour la perception de l'impôt volontaire consenti par la paroisse du Mouillage (Saint-Pierre) pour les réparations de son église.*

24 octobre 1815.

Attendu que par délibération en date du 9 de ce mois, homologuée dans les formes ordinaires le 14, la paroisse du Mouillage (Saint-Pierre) a volontairement consenti une levée de deniers applicables aux réparations de son église, nous avons arrêté que la perception en sera faite par le receveur, et de la manière usitée pour toute autre nature de contribution, d'après la fixation établie par ladite délibération, ainsi :

Les propriétaires de maisons payeront un pour cent des loyers qu'ils perçoivent;

Les locataires un pour cent des loyers qu'ils payent;

Les propriétaires d'esclaves payeront neuf livres par tête sujette à la capitation;

Les contribuables sont tenus de verser immédiatement à la caisse du receveur général, ou à celle de ses délégués dans les départements, en sorte que la perception totale puisse être terminée au 31 décembre.

Les deniers provenant de ladite perception seront, par le receveur général, tenus à la disposition des commissaires chargés par ladite délibération de suivre et surveiller les travaux.

Seront les présentes enregistrées au secrétariat général de l'Intendance.

Donné à Saint-Pierre, le 24 octobre 1815.

Signé DUBUC.

Et plus bas: FOURNIER, *secrétaire.*

Greffe de Saint-Pierre. Reg. des ordres et déc., f° 141.

***

N° 1635. — *Dépêche ministérielle au gouverneur et à l'intendant, qui restreint aux seuls navires français le libre trafic des noirs de traite.*

24 octobre 1815.

Messieurs, je dois vous prévenir, en conformité des intentions du roi, qu'à la réception de cette dépêche vous aurez à faire immédiatement cesser, à la Martinique, le trafic des esclaves qui y seraient amenés du dehors par tous autres bâtiments que des navires français partis de France, pour la traite, avant le 1er septembre 1815. Ces derniers seuls pourront introduire et vendre dans la colonie, les nègres qu'ils auraient à bord.

Il ne sera pas nécessaire de publier cette disposition; mais, dans les communications verbales que son exécution occasionnera entre vous et les colons, vous aurez soin de la présenter comme une concession politique à laquelle le roi a dû se porter en vue d'intérêts généraux d'un ordre supérieur. Vous ajouteriez, s'il pouvait en être besoin, que l'interdiction dont il s'agit ne change rien à l'état des esclaves et des hommes de couleur qui habitent la Martinique, état qui demeure maintenu tel que l'a fixé notre législation.

Le Ministre de la marine et des colonies,

Signé Comte DU BOUCHAGE.

Arch. du gouvernement. Dép. ministérielles, n° 14.

N° 1636. — *Arrêté de l'intendant relatif aux déclarations à faire par les capitaines de navires de commerce à leur arrivée, et qui leur prescrit de partir dans la journée de leur expédition.*

9 novembre 1845.

L'intendant, etc.,

Vu l'ordonnance de 1784 et autres, qui assujettissent les capitaines du commerce à se présenter à leur arrivée dans le port, soit à l'amirauté pour y faire leur déclaration sur les événements de mer, soit au bureau des classes pour y déposer leur rôle d'équipage, lequel ne doit leur être rendu qu'au moment de leur départ;

Considérant que divers capitaines, par négligence ou par d'autres motifs encore plus répréhensibles, ne se sont présentés souvent que deux ou trois jours après leur arrivée et sont partis quelquefois quinze jours après avoir redemandé et obtenu aux classes leur rôle d'équipage en déclarant être prêts à partir;

Considérant que, nul bâtiment ne pouvant se mettre

en mer que muni de cette pièce, l'exécution rigoureuse
de la loi à cet égard est également réclamée par la police
extérieure et par celle des douanes,

Arrête :

Art. 1er. Conformément aux lois et ordonnances en
vigueur, tout capitaine de bâtiment de commerce sera
tenu de se présenter dans les vingt-quatre heures de
son arrivée au bureau des classes ainsi qu'à l'amirauté,
pour déposer son rôle d'équipage et faire les déclarations
d'usage.

Art. 2. Aucun capitaine ne devra se présenter au bureau des classes pour redemander son rôle d'équipage
que dans la journée de son départ.

Art. 3. Le directeur du domaine et le commissaire
des classes s'assureront, soit par eux-mêmes ou par
leurs employés, que tous les bâtiments ainsi expédiés
ont quitté la rade dans le courant de la journée.

Art. 4. Tout bâtiment qui sera trouvé en rade après
l'expiration de la journée de son expédition, ou qui, dans
les vingt-quatre heures de son arrivée, n'aura pas rempli
les formalités prescrites par les articles 1 et 2, à moins
d'empêchements majeurs dont il sera tenu de justifier,
sera condamné à une amende de cinq cents francs, sans
préjudice de privation plus grave si lieu il y a ; ces
sommes seront versées dans la caisse des invalides de
la marine, à laquelle appartiennent toutes les amendes
pour infraction aux lois maritimes.

Le directeur du domaine et le commissaire des classes,
chacun en ce qui le concerne, sont chargés de l'exécution de la présente ordonnance, qui sera enregistrée à
notre secrétariat ainsi qu'à l'inspection coloniale, et
insérée dans la gazette pour plus grande publicité.

Donné à Saint-Pierre, le 9 novembre 1815.

Signé DUBUC.

Et plus bas : FOURNIER, *secrétaire.*

Inspection. Reg. 5, n° 162.

No 1637. — *Circulaire ministérielle traçant les règles à suivre dans les cas où il y aura lieu de charger des denrées coloniales, pour compte particulier, sur les navires de l'État en retour.* — (Extrait.)

10 novembre 1815.

. . . .

Lorsque les administrateurs d'une colonie auront été éventuellement autorisés à faire charger des denrées, pour compte particulier, sur un bâtiment du roi, ils remettront au capitaine, pour être adressé au ministre, un procès-verbal constatant les motifs qui, dans l'intérêt de la colonie et du commerce, les auront déterminés à user de cette autorisation; le taux auquel le fret à payer à l'État aura été réglé, les bases de cette fixation, la nature et la quantité des objets à charger, les noms et professions des chargeurs ainsi que des consignataires dans le port de retour; et ils joindront à ce procès-verbal une copie de l'ordre qu'ils auront donné au capitaine pour recevoir le chargement.

Lorsque les administrateurs supérieurs des colonies autoriseront un chargement pour compte particulier sur un bâtiment du roi, il sera suppléé aux formalités prescrites par les articles 222 et 225 du code de commerce, à l'égard des capitaines des navires marchands.

Lesdits administrateurs feront constater authentiquement, par l'état-major du bâtiment et tel officier qu'ils jugeront convenable d'y adjoindre, que ce bâtiment est en état de recevoir un chargement et de naviguer.

Ils permettront aux expéditeurs d'assister à l'embarquement des marchandises, et ils arrêteront la facture de chargement, qui sera signée par le commandant du bâtiment du roi.

En conséquence de ces dispositions, l'inspection d'aucun officier visiteur ou agent délégué par les expéditeurs ne sera tolérée à bord, et le commandant du bâtiment ne devra signer aucun connaissement particulier.

3° L'article 12 du règlement du 1er janvier 1786 sur

le service des officiers à la mer serait appliqué à tout commandant d'un bâtiment du roi qui, même avec l'approbation des administrateurs supérieurs d'une colonie, accepterait ce qui est désigné sous le titre de *port permis*, c'est-à-dire, chargerait pour son compte, sur le bâtiment qu'il commande, une quantité quelconque de marchandises qu'il aurait reçues pour leur compte à son bord.

4° Les administrateurs supérieurs de la colonie proposeront au ministre la portion qu'il leur paraîtra convenable de prélever sur le montant du prêt pour être accordée à l'équipage, à titre de gratification pour les corvées extraordinaires que le chargement aura pu leur occasionner.

5° Sur cette proposition et celle qui sera faite également par le préfet maritime du port dans lequel le bâtiment ainsi chargé aura fait son retour, le ministre prononcera sur la gratification à accorder.

6° Cette gratification sera partagée entre les maîtres et les hommes de l'équipage, et dans aucun cas, l'état-major et les surnuméraires ne pourront y participer.

Recevez, etc.

Signé le vicomte DU BOUCHAGE.

Arch. de l'ordonnateur. Dépêches, n° 2, 1815.

N° 1638. — *Circulaire ministérielle portant que les commandants des bâtiments du roi jouissant d'un traitement de table sont tenus de s'approvisionner et ne peuvent tirer leurs vivres de la cambuse.*

28 novembre 1815.

Le traitement de table accordé aux officiers commandant les bâtiments du roi a pour objet de leur procurer les moyens de se pourvoir des vivres qui leur sont nécessaires pendant la durée de la mission qu'ils ont à remplir.

Cependant, il est souvent arrivé que ces officiers

pour s'affranchir du soin de faire leurs approvisionnements, les ont tirés de la cambuse; quoiqu'il n'en résulte aucune perte pour l'État, puisqu'ils en font le remboursement, cependant, cette facilité, qui ne leur est
accordée que dans le cas où la campagne se prolonge
au delà du terme de sa durée présumée, peut entraîner
des inconvénients trop graves, tels que ceux de réduire
les quantités de vivres embarqués pour l'équipage, pour
être davantage tolérée.

Vous voudrez bien donner des ordres précis dans
votre arrondissement pour que dorénavant, sous aucun
prétexte, les commandants des bâtiments ne se dis-
pensent pas d'assurer eux-mêmes leurs moyens de subsistance pendant la campagne qu'ils auront à remplir.
Vous défendrez aux agents comptables et aux commis
aux vivres de délivrer aucune espèce de vivres pour la
table de ces officiers ou la subsistance des individus
attachés à leur service particulier, ceux qui sont portés sur les rôles devant seuls participer aux distributions que fait la cambuse.

Les fournitures extraordinaires de vivres, et hors du
service en rations, continueront à se faire sur l'ordre
motivé du commandant, visé par l'agent comptable et
l'officier chargé du détail à bord et vous rappellerez à
ces deux administrateurs de bord qu'ils resteront solidairement responsables, avec le commis aux vivres, de
toutes les livraisons qui auraient eu lieu contradictoirement à cette disposition.

Je vous engage à m'accuser réception de cette lettre,
qui devra être enregistrée au bureau de l'inspection.

Recevez, etc.

Le Ministre de la marine et des colonies,
Signé le vicomte DUBOUCHAGE.

Ch. de l'ordonnateur. Dép. ministérielles, n° 5.

N° 39. — *Ordonnance du roi concernant la régie et admi-*

nistration générale et particulière des ports et arsenaux de la marine (1).

29 novembre 1815.

LOUIS, ETC.

Notre attention s'étant portée sur les actes qui constituent la régie et l'administration de nos ports et arsenaux de marine, nous avons reconnu :

Que les divers pouvoirs qui avaient été sagement répartis par les ordonnances des rois nos prédécesseurs entre l'autorité militaire et l'autorité civile sont aujourd'hui réunis entre les mains d'un chef unique ;

Que l'effet de ce système est de concentrer et de confondre des attributions essentiellement distinctes, de rendre illusoires une responsabilité et une surveillance trop étendues, d'abandonner à une seule volonté l'exécution de nos ordres et les intérêts de notre service ;

Que l'inspection n'a pas assez d'indépendance réelle et une organisation assez forte pour balancer un pouvoir absolu ;

Que la nécessité de faire cesser un tel état de choses ramène naturellement à des institutions dont l'expérience de plus d'un siècle a démontré les avantages, et qui ont si puissamment contribué aux succès de la marine militaire, en même temps qu'elles ont apporté la plus parfaite régularité dans les opérations administratives ;

Qu'il importe enfin de mettre en harmonie les principes qui devront diriger l'administration maritime avec ceux que nous avons adoptés pour l'administration intérieure de notre royaume ;

Sur le rapport de notre ministre secrétaire d'État de la marine et des colonies ;

Nous avons ordonné et ordonnons ce qui suit :

TITRE Ier.

Organisation du service de la marine dans les ports militaires.

Art. 1er. Il sera établi, dans chacun de nos ports mili-

(1) Exécutoire aux colonies. Voir les dépêches ministérielles és 23 et 20 juin 1816.

taires, un commandant et un intendant de la marine (2).

Art. 2. Le commandant et l'intendant de la marine recevront respectivement les ordres directs de notre ministre secrétaire d'État au département de la marine et des colonies, et ils les exécuteront et feront exécuter, chacun en ce qui le concerne.

Art. 3. Il y aura dans chacun de nos ports militaires un contrôleur de la marine.

Art. 4. Il sera formé dans chacun desdits ports un conseil d'administration de marine.

TITRE II.
Du commandant de la marine.

Art. 5. Le commandant de la marine aura dans ses attributions la garde et police militaires de l'arsenal, ainsi que des forts et batteries, postes et autres établissements dépendant de la marine;

La protection de la côte, les sémaphores, signaux, vigies et phares dépendant de la marine;

L'inspection de la rade et des bâtiments qui y sont mouillés;

La direction de tous les bâtiments armés qui, par la nature de leur destination, ne seront pas hors de sa dépendance;

Les constructions, radoubs, armements, mouvements du port et travaux du parc d'artillerie;

La garde et la conservation des bâtiments flottants dans le port;

Le commandement supérieur des officiers de vaisseau, ingénieurs constructeurs et officiers d'artillerie présents dans le port ou attachés à son arrondissement, ainsi que des corps de troupes appartenant au département de la marine;

Enfin, la surveillance des élèves de la marine.

Art. 6. Il présidera le conseil d'administration du port.

---

(2) Voyez l'ordonnance du 27 décembre 1826, qui rétablit les préfets maritimes.

Art. 7. Il aura sous ses ordres immédiats :
Le major général de la marine,
Le directeur des constructions,
Le directeur du port,
Le directeur d'artillerie.

Art. 8. Le major général de la marine sera chargé, sous l'autorité du commandant de la marine :

Du commandement des officiers de vaisseau de tout grade et des troupes appartenant au domaine de la marine ;

De la garde militaire et sûreté du port, ainsi que des forts et postes qui en dépendent ;

De la désignation des officiers de vaisseau qui devront composer les états-majors des bâtiments de guerre ;

Enfin, du choix des officiers qui seront attachés au détail des mouvements, et de ceux qui devront être de garde ou de ronde, faire les visites d'hôpitaux, de casernes et autres, et assister aux recettes de matières et de vivres.

Il aura sous ses ordres des aides-majors et sous-aides-majors de la marine.

En cas d'absence ou de maladie du commandant de la marine, le major général de la marine le remplacera de droit, jusqu'à ce que nous en ayons autrement ordonné.

Art. 9. Le directeur des constructions sera chargé de la construction, refonte, radoub et entretien de tous les bâtiments flottants ;

De tous les travaux à exécuter dans les divers chantiers et ateliers de construction ;

Des ateliers des forges à l'usage de la construction, de ceux de la mâture, des hunes et cabestans, de la corderie, de la voilerie, de la poulierie, de la tonnellerie, de la serrurerie, de la menuiserie, de la sculpture, de la peinture, de l'avironnerie, des gournables, des étoupes, et de tous autres où s'exécuteront des travaux de même nature ;

De l'inspection, l'arrangement et la disposition des

bois de construction, bois de mâture et autres, ouvrés ou non ouvrés ;

De la répartition des ouvriers dans les chantiers et ateliers de construction ;

Et de la proposition au conseil d'administration de la marine des avancements en grade et en solde des préposés et ouvriers employés dans sa direction.

Le directeur des constructions aura sous ses ordres les ingénieurs et sous-ingénieurs constructeurs employés dans son arrondissement.

Art. 10. Le directeur du port sera chargé du mouvement, amarrage, lestage et délestage des bâtiments flottants, de leur garde et conservation dans le port ;

Du mâtement et démâtement, de l'abattage en carène, de l'entrée des bâtiments dans les ports et bassins, ainsi que de leur sortie, du halage à terre, et de toutes les manœuvres à faire dans le port, de l'arrangement et entretien des gréements des bâtiments dans les magasins destinés à cet effet ;

Des ateliers de la garniture, des pompes et des boussoles ;

Du curage ordinaire des ports et du placement des bouées et balises ;

Des secours à donner aux bâtiments en armement et désarmement, et à ceux qui courent des dangers ;

De la surveillance des pilotes lamaneurs, des pompes à incendie et pompiers ;

Des signaux, phares, vigies, et du commandement des préposés à ces divers services ;

Enfin, de la répartition des ouvriers, marins et journaliers employés dans sa direction, et de la proposition au conseil d'administration de la marine des avancements de paye et de grade dont ils pourront être susceptibles.

Le directeur du port aura sous ses ordres le nombre d'officiers de vaisseau nécessaire pour le seconder dans les opérations qu'il devra diriger.

Art. 11. Le directeur d'artillerie sera chargé de l'inspection des bouches à feu, poudres, bombes, boulets et autres projectiles, armes et munitions servant à l'armement des vaisseaux et des batteries;

De l'entretien et de l'arrangement de ces objets dans la salle d'armes, les magasins et parcs;

Des épreuves des bouches à feu et des poudres, de la garde et conservation des poudres et artifices;

Des ateliers des forges à l'usage de l'artillerie, des affûts, du charronnage, et de l'armurerie;

Du commandement supérieur des compagnies d'ouvriers d'artillerie, de celles des apprentis canonniers, des écoles d'artillerie, des maîtres canonniers entretenus, et de tout le personnel de la direction d'artillerie;

Enfin de la proposition au conseil d'administration de la marine des avancements de grade et de paye qu'il jugera devoir être accordés aux ouvriers employés dans sa direction.

Le directeur d'artillerie sera secondé par des officiers qui seront spécialement attachés à sa direction.

TITRE III.
De l'intendant de la marine.

Art. 12. L'intendant de la marine aura dans ses attributions :

Les approvisionnements, la recette, la garde et la dépense des matières et munitions de toute nature;

Les travaux des bâtiments civils, la construction et l'entretien des ouvrages fondés à la mer;

La revue et le payement des officiers militaires et civils, des entretenus et ouvriers, des équipages des bâtiments armés, et enfin de tous les individus employés à terre et à la mer au service de la marine;

La levée, la répartition et le congédiement des marins et des ouvriers;

La liquidation et la répartition des prises;

L'administration et la police des hôpitaux et bagnes;

L'emploi et la répartition des fonds et la comptabilité;

La surveillance et l'inspection sur tous les comptables employés dans son arrondissement pour le service de la marine, et spécialement sur les trésoriers de la caisse des invalides et de celles des gens de mer et des prises;

Enfin, les revues et la comptabilité, tant en matières qu'en deniers, des bâtiments armés.

Art. 13. Il aura sous ses ordres immédiats :

Un commissaire général ou principal de la marine;

Les commissaires de la marine chargés des divers détails du port et les administrateurs préposés à l'inscription maritime dans son arrondissement;

Le directeur des vivres;

Les ingénieurs des ponts et chaussées chargés de la surveillance et direction des travaux maritimes;

Les médecins, chirurgiens et pharmaciens en chef;

Les aumôniers de la marine;

Le commissaire rapporteur près le tribunal maritime;

L'officier de gendarmerie commandant les brigades de cette arme attachées au département de la marine;

Enfin, il exercera l'autorité supérieure sur les administrateurs, employés civils, officiers de santé et autres, entretenus ou non entretenus, lesquels, par la nature de leur emploi, ne sont pas sous les ordres du commandant de la marine.

Art. 14. L'intendant présidera le conseil institué pour la révision des jugements rendus par le tribunal maritime.

Art. 15. Le commissaire général ou principal de la marine sera toujours chargé de la direction supérieure détail des approvisionnements du port.

Il surveillera toutes les parties de service confiées aux saires de la marine.

Il inspectera le détail des vivres.

Il proposera à l'intendant la destination des divers employés dans les détails de l'administration, ainsi que celle des administrateurs et agents de comptabilité qui devront être embarqués sur nos bâtiments.

Il lui présentera, chaque mois, les projets de répartition des fonds.

Il présidera le tribunal maritime spécial, dans tou les cas de contravention aux ordonnances et règlement sur la police et la justice des chiourmes.

Il remplacera, de droit, l'intendant, en cas d'absence ou de maladie.

Art. 16. Les détails du service sont divisés ainsi qu'il suit :

Approvisionnements,
Fonds et revues,
Armements et prises,
Chantiers et ateliers,
Hôpitaux,
Bagnes.

Il sera préposé à chacun de ces détails un commissaire de la marine, lequel aura sous ses ordres tel nombre d'administrateurs et d'employés de tout grade qui sera déterminé.

Un garde-magasin sera chargé, sous les ordres du commissaire préposé aux approvisionnements, de la garde, conservation, arrangement, réception et délivrance de toutes les marchandises, munitions et effets appartenant à la marine.

Le détail des vivres sera administré par le directeur des vivres, qui sera également secondé par les préposés nécessaires.

Un commissaire de la marine pourra être chargé de plusieurs détails, lorsque la situation du service permettra de les réunir.

Art. 17. L'ingénieur en chef des ponts et chaussées directeur des travaux maritimes dirigera les constructions nouvelles, réparations et entretien des édifices de nos ports, quais, cales, bassins, et généralement tous les ouvrages d'architecture ou travaux hydrauliques dont nous aurons ordonné la confection.

Il sera secondé par des ingénieurs ordinaires et par des élèves ingénieurs du même corps.

Les travaux d'entretien et les réparations urgentes seront ordonnés par l'intendant de la marine; mais les constructions nouvelles et les réparations considérables ne pourront être entreprises qu'avec l'approbation de notre ministre secrétaire d'État au département de la marine.

Art. 18. Le service de santé continuera d'être dirigé par le conseil de santé de chaque port, lequel sera composé des officiers de santé en chef et des professeurs, et présidé par le premier médecin de la marine.

Lorsque l'inspecteur général du service de santé de la marine se trouvera dans un port, la présidence du conseil lui sera déférée.

Le commissaire de la marine chargé du détail des hôpitaux assistera au conseil de santé : il prendra part aux délibérations, veillera aux intérêts de notre service, requerra l'exécution des ordonnances et règlements, et son opinion sur chacun des objets mis en discussion sera consignée au procès-verbal de la séance.

Art. 19. Le commissaire rapporteur près le tribunal maritime et le capitaine de la gendarmerie rendront compte directement à l'intendant de la marine de tous les faits qui auront exigé ou qui exigeraient l'intervention de leur autorité.

Titre IV.

Du contrôleur de la marine.

Art. 20. Le contrôleur de la marine aura inspection sur toutes les recettes et dépenses de fonds et de matières, sur la conservation des effets et munitions dans les magasins, sur les revues des entretenus et des équipages, sur l'emploi des matières et du temps des ouvriers, et sur les formes et l'exécution des adjudications, marchés et traités pour fournitures et ouvrages.

Il vérifiera toutes les opérations de comptabilité; il enregistrera et visera toutes les pièces à la décharge du payeur.

Il requerra ou maintiendra, dans toutes les parties du service, l'exécution ponctuelle des ordonnances et règlements et des ordres ministériels.

Il inspectera et vérifiera les caisses des invalides, prises et gens de mer, et rendra compte à l'intendant du résultat de cette opération.

Il aura l'enregistrement et le dépôt des lois, ordonnances, règlements, décisions, ordres, brevets, commissions, devis, mémoires et procès-verbaux, et il en délivrera, au besoin, des copies collationnées.

Art. 21. Le contrôleur exercera ses fonctions dans une entière indépendance de toute autorité; mais il ne pourra diriger ni suspendre aucune opération.

Il informera l'intendant de la marine des abus ou irrégularités qu'il aura remarqués, et il aura la faculté de correspondre directement avec notre ministre secrétaire d'État au département de la marine sur tout ce qui pourra intéresser le bien de notre service.

Art. 22. Tous les bureaux, ateliers et magasins lui seront ouverts, et il lui sera donné communication de tous les états, registres ou pièces quelconques dont il demanderait à prendre connaissance.

Art. 23. Le contrôleur aura sous ses ordres des sous-contrôleurs et des employés, dans un nombre proportionné aux besoins du service.

TITRE V.
Conseil d'administration.

Art. 24. Le conseil d'administration de marine sera composé ainsi qu'il suit :

Le commandant de la marine, président,

L'intendant de la marine,

Le major général de la marine,

Le commissaire général de la marine,

Le directeur des constructions,

Le directeur du port,

Le directeur de l'artillerie,

L'ingénieur en chef des ponts et chaussées directeur des travaux maritimes.

Le contrôleur sera tenu d'assister au conseil; il y aura voix représentative dans toutes les discussions, et voix délibérative lorsqu'il s'agira d'adjudications et de marchés.

Un sous-contrôleur remplira les fonctions de secrétaire.

Art. 25. Le conseil pourra, en outre, appeler tels officiers ou administrateurs dont il jugera convenable de prendre l'avis : ils auront voix délibérative sur l'objet pour lequel ils auront été convoqués.

Art. 26. Les marchés et adjudications de tous les ouvrages et approvisionnements, et tous les traités pour fournitures quelconques au-dessus de la somme de quatre cents francs, seront faits et arrêtés par l'intendant, en présence du conseil ; et lesdits marchés, traités et adjudications seront revêtus de la signature de tous les membres du conseil. Ils seront faits par double expédition, et adressés par l'intendant à notre ministre secrétaire d'État au département de la marine, qui les renverra revêtus de son approbation, s'il y a lieu.

Art. 27. Le conseil nommera, tous les trois mois, trois de ses membres, ou tels autres officiers et administrateurs qu'il lui plaira commettre, pour discuter et arrêter les marchés d'ouvrages et de fournitures dont le prix n'excédera pas la somme de quatre cents francs, et les commissaires ainsi nommés signeront lesdits marchés et en feront leur rapport au conseil.

Art. 28. Le conseil prendra connaissance du projet que l'intendant aura dressé des approvisionnements qui devront être faits, pour chaque année, en bois, chanvres, fers, bouches à feu, projectiles, armes, marchandises et munitions nécessaires aux différents services du port.

Il examinera les plans et devis d'ouvrages de toute nature, dressés respectivement par les ingénieurs constructeurs et les ingénieurs des travaux maritimes.

Il réunira, examinera et comparera les comptes des dépenses en matières et main-d'œuvre, qui seront respectivement dressés par le magasin général et par chacune des directions.

Il prononcera sur les comptes qui seront rendus au retour des campagnes, par les administrateurs embarqués sur nos bâtiments.

Il statuera sur les demandes d'admission et d'avancement des maîtres entretenus, et sur celles d'augmentation de grade et de paye des ouvriers du port.

Enfin son attention se portera sur tous les objets de service indiqués par l'ordonnance du 27 septembre 1776.

Art. 29. Les délibérations du conseil, signées du président et du secrétaire, seront adressées, en double expédition, à notre ministre secrétaire d'État de la marine, lequel renverra l'une de ces expéditions revêtue de sa décision.

Art. 30. Les registres des délibérations du conseil d'administration de la marine, ainsi que les mémoires, devis, états et autres pièces qui ne seront pas de nature à être envoyées à notre ministre ou remises dans les bureaux du port, seront déposés au contrôle de la marine.

Titre VI.

Dispositions générales.

Art. 31. Le territoire maritime sera, jusqu'à nouvel ordre, divisé en cinq arrondissements.

Le premier s'étendra du point extrême de la frontière du nord aux limites actuelles du second arrondissement : les autres conserveront les limites qui leur ont été précédemment assignées.

Le chef-lieu du premier arrondissement sera Cherbourg;

Du second, Brest;

Du troisième, Lorient;

Du quatrième, Rochefort;

Du cinquième, Toulon.

Chacun de ces arrondissements sera désigné par le nom du chef-lieu.

Art. 32. Dans les ports de Lorient et de Cherbourg, les fonctions attribuées par la présente ordonnance à l'intendant de la marine seront remplies par un commissaire général ou principal ayant le titre d'ordonnateur.

Conformément à notre ordonnance du 1er juillet 1814, les fonctions du major général de la marine seront exercées par un major, et celles des directeurs par des directeurs de deuxième classe.

Art. 33. Dans les ports de Dunkerque, du Havre, Saint-Servan, Nantes, Bordeaux et Bayonne, le service sera dirigé par l'administrateur en chef de chacun desdits ports, sous l'autorité de l'intendant de la marine de l'arrondissement. Toutefois, l'administrateur en chef correspondra directement avec notre ministre secrétaire d'État au département de la marine sur tous les objets qu'il jugera susceptibles d'être immédiatement portés à sa connaissance.

Il sera destiné, pour chacun desdits ports, des sous-contrôleurs de la marine, lesquels rempliront les fonctions attribuées par la présente ordonnance aux contrôleurs de nos ports militaires.

Le conseil d'administration des ports ci-dessus nommés se composera des chefs de chaque service et des officiers militaires ou civils que l'administrateur en chef, président dudit conseil, jugera convenable d'y appeler.

Art. 34. Les comptes en matières et main-d'œuvre seront rendus dans chaque port, par direction, conformément aux ordres et instructions qui seront donnés, à cet effet, par notre ministre secrétaire d'État au département de la marine.

Art. 35. Les fonctions et devoirs attribués jusqu'à ce jour au chef supérieur du port dans les affaires de la compétence du tribunal maritime seront remplis par l'intendant de la marine ou par l'administrateur qui doit le remplacer.

L'intendant se concertera, pour la nomination des juges dudit tribunal, tant avec le commandant de la marine qu'avec le président du tribunal de première instance.

Art. 36. Les écoles d'hydrographie établies dans les ports de Brest, Toulon, Rochefort, Lorient et Cherbourg, seront sous l'autorité du commandant de la marine.

Dans les autres ports du royaume, l'administrateur supérieur de la marine veillera à ce que les professeurs des écoles d'hydrographie donnent exactemeut leurs leçons', et se conforment aux dispositions des ordonnances et règlements.

Art. 37. Jusqu'à ce qu'il ait été pourvu aux détails du service par de nouveaux règlements qui précisent les attributions et les devoirs de chaque fonctionnaire, les ordonnances et règlements du 27 septembre 1776 et du 1er janvier 1786 seront exécutés en tout ce qui n'est pas contraire aux dispositions de la présente.

Art. 38. Nous voulons et ordonnons que la présente ordonnance reçoive son exécution à dater du 1er janvier 1816.

Mandons et ordonnons à notre cher et bien-aimé neveu le duc d'Angoulême, amiral de France, aux officiers civils et militaires de la marine, et tous autres qu'il appartiendra, de tenir la main à l'exécution de la présente ordonnance.

Donné à Paris, au château des Tuileries, le 29e jour du mois de novembre 1815, et de notre règne le vingt-unième.

Signé LOUIS.

Par le Roi :

Le Ministre secrétaire d'État de la marine et des colonies,

Signé le Vicomte DU BOUCHAGE.

Louis-Antoine de France, fils de France, duc d'Angoulême, amiral de France, vu l'ordonnance ci-dessus à nous adressée,

Mandons aux officiers militaires et civils de la marine

et tous autres qu'il appartiendra de tenir la main à l'exécution de la présente ordonnance.

Donné à Cahors, le 4 décembre.1815.

Signé LOUIS-ANTOINE.

Et plus bas : Par Son Altesse Royale,

Signé le Chevalier DE PANNAT.

Arch. du bureau des approvisionnements. Ordres et déc., et collect. de Duvergier, t. 20, p. 168.

N° 1640. — *Ordonnance du roi sur la nouvelle formation du corps des officiers de la marine.*

29 novembre 1815.

NOTA. Cette nouvelle formation est la conséquence de l'ordonnance royale du 23 mars précédent, portant licenciement des armées de terre et de mer.

Cette double mesure paraît avoir eu pour objet de rappeler au service les anciens officiers éloignés du corps de la marine à raison de leur fidélité au roi, de permettre un choix politique parmi les officiers de l'empire, et en même temps de faciliter, en cette partie, quelques dispositions d'ordre et d'économie.

Annales maritimes, vol. 1816, p. 32.

N° 1641. — *Dépêche ministérielle rappelant les défenses faites aux officiers de la marine royale de se mêler d'aucun trafic, et traçant les règles et les formalités à observer au cas de chargement d'un navire du roi pour compte particulier.*

1er décembre 1815.

Messieurs, il serait possible qu'en cas d'insuffisance ou à défaut de moyen de transport par la voie du commerce, le roi jugeât à propos de permettre qu'il fût chargé des denrées coloniales pour compte particulier sur les vaisseaux de Sa Majesté qui auraient à opérer leur retour de la Martinique en France.

Quoiqu'il y ait lieu de croire que cette permission ne sera accordée que fort rarement, je dois à tout événement vous rappeler que l'ordonnance de 1786, confirmative à cet égard de celles qui l'ont précédée, défend expressément aux officiers de la marine de prendre aucune part à des opérations mercantiles, et qu'ils contreviendraient à cette défense s'ils se permettaient de charger, pour leur compte, la moindre quantité de marchandises ou de priver le trésor royal de la plus petite portion du fret en s'attribuant ou en acceptant un port permis.

J'ai reconnu cependant que dans le cas d'un chargement (tel que celui dont il s'agit), il serait assez juste d'allouer aux équipages une légère gratification pour les corvées extraordinaires que l'embarquement et le débarquement des marchandises chargées à fret pourraient leur occasionner; mais la délicatesse des officiers serait compromise si une rétribution quelconque était le prix de leur inspection et de leurs soins dans une telle occasion. Il ne conviendrait même pas que des équipages, soldés par le roi, reçussent un salaire de la main des négociants chargeurs; c'est au ministre seul qu'il appartient d'en fixer le montant et d'en ordonner la répartition au retour des bâtiments.

Afin d'établir une règle uniforme et positive pour le cas dont il s'agit, j'ai arrêté les dispositions suivantes:

1° Lorsque les administrateurs d'une colonie auront été éventuellement autorisés à faire charger des denrées pour compte particulier sur un bâtiment du roi, ils remettront au capitaine, pour être adressé au ministre, un procès-verbal constatant les motifs, qui, dans l'intérêt de la colonie et du commerce, les auront déterminés à user de cette autorisation; le taux auquel le fret à payer à l'État aura été réglé, les bases de cette fixation, la nature et la quantité des objets à charger, les noms et professions des chargeurs ainsi que des consignataires dans le port de retour, et ils joindront au procès-verbal une copie de l'ordre qu'ils auront donné au capitaine pour recevoir le chargement.

2° Les administrateurs des colonies autorisant un chargement pour compte particulier sur un bâtiment du roi, il sera suppléé de la manière qui va être indiquée aux formalités prescrites par les articles 222 et 225 du code du commerce à l'égard des capitaines des navires marchands.

Les administrateurs feront constater authentiquement, par l'état-major du bâtiment et par tel officier qu'ils jugeront convenable d'y adjoindre, que le bâtiment est en état de recevoir un chargement et de naviguer; ils permettront aux expéditeurs d'assister à l'embarquement des marchandises, et ils arrêteront la facture de chargement, qui sera signée par le commandant du bâtiment.

En conséquence de ces dispositions, l'inspection d'aucun officier visiteur ou agent délégué par les expéditeurs ne sera tolérée à bord, et le commandant du bâtiment ne devra signer aucun connaissement particulier.

Mais les administrateurs feront délivrer aux chargeurs, sur la demande de ceux-ci et en tel nombre qu'il sera nécessaire, des extraits authentiques du manifeste, afin de les mettre à portée, soit de faire réclamer les marchandises par les consignataires, soit de faire assurer.

3° L'article 12 (1) du règlement du 1er janvier 1786, sur le service des officiers à la mer, serait appliqué à tout commandant d'un bâtiment du roi qui, même avec l'approbation des administrateurs des colonies, accepterait ce qui est désigné sous le titre de port permis, c'est-à-dire, chargerait pour son compte, sur le

---

(1) Art. 12. Lui défend Sa Majesté (aux commandants de tous bâtiments du roi) de recevoir sur son bord aucunes marchandises, à moins d'y avoir été autorisé par des ordres supérieurs, de se mêler directement ou indirectement d'aucun commerce, ni de souffrir qu'il en soit fait, à peine de cassation et de dix ans de prison.

bâtiment qu'il commande, une quantité quelconque d
marchandises sans payer de fret, ou recevrait de part
culiers le montant du fret d'une quantité quelconqu
de marchandises qu'il aurait reçues pour leur compt
à son bord.

4° Les administrateurs de la colonie proposeront a
ministre la portion qu'il leur paraîtra convenable d
prélever sur le montant du fret, pour être accordée
l'équipage à titre de gratification pour les corvées extra
ordinaires que le chargement aura pu lui occasionner

5° Sur cette proposition et sur celle qui sera fait
également par le préfet maritime du port dans leque
le bâtiment aura fait son retour, le ministre prononcer
sur la gratification à accorder.

6° Cette gratification sera partagée entre les maître
et les hommes de l'équipage, et dans aucun cas l'état
major et les surnuméraires ne pourront y participer.

Vous voudrez bien m'accuser la réception de cett
lettre, la faire enregistrer au bureau de l'inspection
tenir la main à l'exécution de toutes les dispostion
qu'elle prescrit.

Recevez, etc.

Le Ministre de la marine et des colonies
Signé le comte DU BOUCHAGE.

Inspection. Reg. 3, n° 298.

━━━━◆◆◆◆◆━━━━

N° 1642. — *Avis officiel de l'intendant portant que l'ordon*
nance du 20 décembre 1814, sur les dénombrements,
recensements et déclarations de maisons, fera loi pour
l'année 1816.

5 décembre 1815.

Gazette de la Mart., n° 99.

━━━━◆◆◆◆◆━━━━

N° 1643. — *Arrêté du gouverneur administrateur portant*
renouvellement textuel de l'ordre du 25 novembre 1813,

relatif au péage du bac de la Pointe-Simon, au Fort-Royal.

4 décembre 1845.

Arch. de la direction de l'intérieur. Reg. 2, fo 49.

────── ✦ ──────

Nº 1644. — *Arrêté du gouverneur et de l'intendant portant fixation des rétributions dues par les navires français et étrangers au capitaine de port.*

6 décembre 1845.

Nous, ETC.,

En conséquence des plaintes qui nous ont été portées que la décision ministérielle du 13 février 1784, qui fixe les droits des capitaines de port, n'était point observée et que, par suite de divers changements de gouvernement, il s'était introduit de l'arbitraire dans la perception de ces droits, nous avons jugé nécessaire de remettre les choses à cet égard en l'état où les avait placées la décision précitée, que nous entendons maintenir, et qui n'est elle-même que la confirmation de l'ancien tarif; en conséquence, nous, en vertu des pouvoirs qui nous sont confiés, avons ordonné et ordonnons ce qui suit :

Art. 1er. Conformément à la décision ministérielle du 13 février 1784, à dater de ce jour, il ne sera perçu par les capitaines de port que huit gourdes par bâtiment étranger, pour toute rétribution.

Art. 2. Les droits du capitaine de port du Fort-Royal sur les navires nationaux demeureront fixés tels qu'ils l'ont été par l'ordonnance du 7 décembre 1778, savoir: huit gourdes pour chaque navire qui entrera dans le port, quatre gourdes par chaque bâtiment qui entrera dans la rade, et huit gourdes par chaque bâtiment qui entrera en carène.

Art. 3. L'usage s'étant introduit dans les temps antérieurs d'étendre au capitaine de port de Saint-Pierre la rétribution de quatre gourdes mentionnée dans l'article précédent, quoiqu'elle n'ait été établie dans le principe que pour la rade du Fort-Royal, nous n'empêchons que cet usage soit continué provisoirement en faveur du capitaine du port de Saint-Pierre, jusqu'à ce que Sa Majesté en ait autrement ordonné.

Art. 4. La présente ordonnance sera affichée dans les bureaux du domaine, en ceux des capitaines de port, ainsi que dans ceux des interprètes, et insérée dans trois gazettes consécutives.

Enjoignons à Messieurs les capitaines de port de s'y conformer.

Sera la présente ordonnance enregistrée au greffe de l'intendance et à celui de l'amirauté.

Donné au Fort-Royal, le 6 décembre 1815.

Le comte DE VAUGIRAUD et DUBUC.

Inspection. Reg. 5, n° 592.

N° 1645. — *Loi relative à la perception des droits sur les denrées coloniales importées en France.*

7 décembre 1815.

LOUIS, ETC.,

Nous avons proposé, les chambres ont adopté, nous avons ordonné et ordonnons ce qui suit :

Art. 1er. La disposition de la loi du 8 floréal an xi (28 avril 1803), qui assujettit à un droit spécial les denrées coloniales françaises réexportées par mer, est annulée (1) : lesdites marchandises, aussi bien que les marchandises étrangères de même espèce, ayant la même destination n'acquitteront que le droit de balance du commerce.

Les droits d'entrée et de consommation auxquels se trouvent encore imposées, d'après la même loi, les

_____

(1) L'article 16 de cette loi est ainsi conçu :

« Les denrées et productions ci-dessous désignées qui sortiront de l'entrepôt pour passer par mer à l'étranger, payeront un nouveau droit, savoir :

« Sucre brut, 4 fr. 40 cent. pour 5 myriagrammes; sucre têté et terré, 7 fr. 50 cent.; café, 6 francs; cacao, 7 francs. »

mélasses et confitures importées des colonies françaises sur les bâtiments français seront annulés et convertis en un droit unique d'entrée, lequel sera dû seulement lorsque ces denrées seront retirées pour la consommation du royaume, et qui reste fixé à 16 francs par quintal métrique de mélasse ou de confiture.

Art. 2. Toutes les denrées coloniales françaises jouissant d'une modération de droits, qui seront importées régulièrement par navires français, jouiront aussi de la faculté de l'entrepôt fictif, sous les conditions prescrites par les articles 14 et 15 de la loi du 8 floréal an XI (28 avril 1803), dans les ports ouverts au commerce des colonies françaises; mais, indépendamment de la soumission d'entrepôt, les liquides tels que le tafia, les liqueurs, sirops et mélasses, devront être conservés par les consignataires dans un magasin fermé à deux clefs, dont une restera à la douane.

Art. 3. La faculté du transit, accordée par la loi du 17 décembre 1814 pour les denrées coloniales étrangères désignées à l'article 4 de ladite loi, est applicable, sous les mêmes conditions et formalités, aux mêmes espèces de denrées coloniales françaises importées par navires français, dans tous les ports où elles seront admissibles à l'entrepôt fictif.

Art. 4. Le droit de balance du commerce, que l'article 21 de la loi du 8 floréal an XI obligeait de payer pour les denrées coloniales et autres marchandises étrangères à leur entrée en entrepôt réel, ne sera plus acquitté qu'à la sortie, et seulement sur les quantités déclarées pour la réexportation par mer ou pour le transit.

Si donnons en mandement, etc.

Donné à Paris, le 7 décembre 1815.

Signé LOUIS.

Et, par le Roi :

Le Ministre des finances,

Signé Comte CORVETTO.

N° 1646. — *Règlement portant fixation du nombre de grades, classes, appointements et frais de bureau des offi ciers militaires et civils de la marine employés dans les ports.*

16 décembre 1815.

Bulletin des lois, 7e série, n° 69, t. 11, p. 195.

N° 1647. — *Arrêté des administrateurs en chef qui supprime les rétributions perçues au profit des officiers et employés de l'administration pour expéditions de navires.*

27 décembre 1815.

NOTA. Voir l'arrêté du préfet colonial du 28 mars 1806 en vertu duquel elles avaient été établies, n° 1662.

Inspection. Reg. 4.

N° 1648. — *Circulaire ministérielle sur les embarquements furtifs de personnes non portées sur les rôles d'équipage.*

29 décembre 1815.

Monsieur, je suis informé que des bâtiments expédié pour les colonies embarquent clandestinement de marins ou autres personnes sans les faire porter sur le rôle d'équipage, et que si quelques capitaines refusen de se prêter à cet abus, les armateurs les y contraignen et leur imposent silence.

Ce délit est prévu par l'article 1er, titre XIV, de l'ordon nance du 31 octobre 1784, qui enjoint aux capitaine de présenter au bureau des classes les gens de me qu'ils auront engagés, pour être inscrits sur les rôles et de n'embarquer que ceux qui y auront été portés, peine de 300 francs d'amende pour chaque homme non compris sur lesdits rôles.

Cette loi resterait sans exécution si les administrateur des colonies n'avaient le soin, à l'arrivée de chaque bâtiment, de faire passer à bord une revue de l'équipag et des passagers, et de constater les contraventions tan sur le rôle d'équipage que par un procès-verbal dont une expédition me serait adressée, pour faire prononcer contre les prévenus l'amende fixée par l'ordonnance.

Je vous prie de donner des ordres en conséquence.

Quant aux individus non marins ainsi embarqués furtivement, vous en référerez à M. le gouverneur, et les marins déserteurs seront renvoyés en France, avec les précautions convenables.

Recevez, etc.

Le Ministre de la marine et des colonies,
Signé le vicomte DU BOUCHAGE.

N° 1649. — *Arrêté de l'intendant réglant le prix qui sera payé annuellement aux troupes à l'effectif, pour renouvellement des hamacs.*

29 décembre 1845.

Vu l'arrêté du 20 mai 1806 du gouvernement colonial précédent; nous étant assuré qu'autrefois, et nommément en 1787, « il était pourvu au renouvellement des hamacs, pour les divers corps des troupes stationnées dans la colonie, au moyen d'une somme que le trésor royal leur payait par an; »

Considérant que l'expérience n'a cessé de montrer les avantages d'un arrangement semblable;

Considérant en outre que la somme allouée par l'arrêté précité serait actuellement insuffisante;

Arrête :

Art. 1er. Il sera payé annuellement aux troupes dix-sept francs cinquante centimes par sous-officier et soldat à l'effectif pour fourniture de hamacs, et moyennant cette somme chaque corps pourvoira à cette dépense.

Art. 2. Le cas échéant où un corps serait relevé, il sera tenu de laisser après lui ses hamacs, lesquels achèveront leur temps de service avec le corps qui lui succédera; s'il n'est pas remplacé, les hamacs rentreront dans les magasins du roi.

Art. 3. Les vieux hamacs, hors d'usage, tourneront au profit du corps.

Art. 4. Les décomptes, payements et police auront lieu pour les hamacs dans les formes prescrites à l'égard de la masse générale dite masse d'habillement.

Art. 5. Les présentes dispositions seront exécutées à compter du 1er octobre 1815.

Il sera pourvu contradictoirement, et pour le temps antérieur à cette époque, aux retenues ou remises exigibles, si les corps ont reçu au delà de leur contingent, et, dans le cas contraire, au rappel dont ces mêmes corps se trouveraient susceptibles.

Sera le présent enregistré aux bureaux des revues, de l'inspection et du secrétariat général de l'intendance, et copie en forme délivrée au conseil d'administration du 26e régiment de ligne.

Donné à la Martinique, le 29 décembre 1815.

Signé DUBUC.

Arch. du gouvernement. Ordres et déc.

No 1650. — *Arrêt du conseil supérieur relatif au devoir des officiers ministériels d'assister aux audiences solennelles de rentrée.*

3 janvier 1816.

Ce jour, trois janvier mil huit cent seize, le procureur général du roi a remontré à la cour que plusieurs de ses avoués et notaires se sont permis de se dispenser d'assister à la mercuriale qui a eu lieu le jour d'hier, deux de ce mois, sans avoir justifié des motifs qui ont pu les en empêcher ;

Qu'il est impossible que la cour n'aperçoive pas dans cette infraction à leur devoir un manque de respect pour la cour et une violation manifeste de l'arrêt qui rétablit l'usage des mercuriales, et qui a ordonné que tous les officiers ministériels y assisteraient tous les ans ;

« Qu'il est de la plus grande importance de rappeler les avoués et notaires à cette partie de leurs devoirs;

« Pourquoi ledit procureur général du roi a requis qu'il plaise à la cour ordonner que, séance tenante et en pleine audience, il sera fait par l'organe de son président, aux avoués et notaires coupables de cette infraction une sévère réprimande, avec injonction d'avoir à se conformer à l'avenir aux dispositions de l'arrêt de la cour sur le rétablissement des mercuriales et aux ordres qui leur sont donnés tous les ans à cet égard.

La cour, prenant en considération la remontrance du procureur général du roi et son réquisitoire, et y faisant droit, ordonne que, par l'organe de son président et séance tenante, les officiers de justice actuellement présents à la suite de la cour, qui, sans excuse valable, n'ont pas assisté à la mercuriale prononcée le jour d'hier par ledit procureur général du roi, recevront une réprimande, avec injonction de se conformer à l'avenir avec exactitude à l'arrêt de la cour qui rétablit l'usage de ses assises et mercuriales.

Ordonne qu'à la diligence dudit procureur général du roi les officiers qui ont commis la même faute, et qui ne sont point présents, seront mandés à la suite de la cour, à sa séance prochaine, pour subir la même réprimande.

Signé au plumitif DUBUC.

Greffe de la cour royale. Reg. 17, f° 120. — Enregistré au conseil supérieur, 3 janvier 1816.

N° 1651. — *Ordonnance du gouverneur et de l'intendant portant règlement des impositions de la Martinique, pour l'année* 1816. (Extrait.)

3 janvier 1816.

Les événements qui, l'année dernière, ont affligé la France ayant mis le roi dans l'impossibilité de consacrer aucuns fonds à l'acquittement des dépenses de son service à la Martinique, S. M. se trouve obligée de compter que la colonie continuera à y pourvoir par ses propres ressources.

En conséquence, nous, en vertu des pouvoirs qui nous sont confiés par S. M., avons maintenu et maintenons les impositions, pour la présente année, telles qu'elles ont été établies pour l'année 1845 par notre ordonnance du 6 mars dernier.

Prions, mandons, etc.

Signé DE VAUGIRAUD et DUBUC.

Arch. du gouvernement. — Enregistré au conseil souverain, 6 janvier 1816.

No 1652. — *Arrêté des administrateurs en chef portant rétablissement du collége de* Saint-Victor, *autorisé par lettres patentes du* 20 septembre 1768 (1). (Extrait.)

20 janvier 1816.

A ces causes, nous, en vertu des pouvoirs à nous départis par Sa Majesté, avons statué et ordonné, statuons et ordonnons ce qui suit :

Art. 1er. Nous constituons provisoirement le pensionnat colonial actuel sous le titre de collége royal de Saint-Victor en l'île Martinique.

Art. 2. Ce collége représentera dans la ville de Saint-

---

(1) Notice sur le collége :

Le gouvernement a pris les plus grands soins pour qu'on pût, dans ce collége, recevoir une éducation aussi bonne que dans les meilleurs colléges de France.

Les méthodes d'enseignement, les ouvrages suivis pour les différents genres d'instruction, sont absolument les mêmes que dans les lycées de France, de sorte que les élèves peuvent, en terminant leur instruction au collége, se présenter immédiatement pour les examens de l'école polytechnique, ou, s'ils l'achèvent en France, ne trouver en l'y continuant aucun changement dans les méthodes d'enseignement.

L'établissement reçoit des pensionnaires, des demi-pensionnaires et des externes.

La pension est de 2,700 livres coloniales par an, la demi-pension de 1,800 livres et l'externat de 900 livres.

L'enseignement est le même pour tous les élèves.

(*Almanach de la Martinique* pour 1818.)

Pierre, centre du commerce et aussi des arts exercés dans la colonie, l'ancienne école de Saint-Victor établie au Fort-Royal, par lettres patentes du roi du 20 septembre 1768, dont nous appliquons le fond des dispositions au nouveau collége, jusqu'à ce qu'il plaise à Sa Majesté de manifester sa volonté à cet égard.

Art. 3. Ledit collége sera provisoirement régi et administré par un proviseur de notre choix, d'après les règles établies pour le pensionnat colonial, sauf à faire, par la suite, toutes nouvelles dispositions ce concernant qui seront jugées nécessaires.

Art. 4. Le proviseur aura d'ailleurs le choix des maîtres et professeurs qui lui seront nécessaires pour la partie de l'enseignement, mais il ne pourra les employer qu'après qu'ils auront été proposés à l'intendant et agréés par lui.

Art. 5. Nous chargeons spécialement l'administrateur municipal de Saint-Pierre de suivre, sous les ordres de l'intendant, tous les détails des finances et autres relatifs à ce nouvel établissement, auquel nous affectons le même local qu'occupait le pensionnat colonial.

Donné à la Martinique, le 20 janvier 1816.

Signé le comte DE VAUGIRAUD et DUBUC.

Inspection, vol. 5, n° 510. — Enregistré au conseil supérieur, 8 mars 1816.

———————◄●◙●►———————

N° 1653. — *Ordonnance du roi concernant la délivrance des certificats de vie aux rentiers viagers et pensionnaires de l'État domiciliés dans les colonies ou servant dans les armées françaises.*

24 janvier 1816.

Art. 1er. Les certificats de vie des rentiers viagers et des pensionnaires de l'État domiciliés dans nos colonies seront délivrés par les notaires, à la charge par ceux-ci de se conformer aux dispositions du décret du 21 août 1806, et au modèle ci-annexé.

Art. 2. Les certificats de vie des militaires servant

dans nos armées qui jouissent de rentes viagères ou de pensions, ou sur la tête desquels reposent des rentes viagères, continueront à être délivrés par les conseils d'administration des corps ou officiers en remplissant les fonctions, pour les militaires en troupe, et par les inspecteurs ou sous-inspecteurs aux revues, pour les officiers sans troupe et les employés des armées, en se conformant au modèle ci-joint.

Modèle de certificat de vie à délivrer par les notaires, dans les colonies.

Je soussigné, notaire à .... certifie que (mettre les noms et prénoms, profession et domicile), né à .... département d .... suivant son acte de naissance qu'il m'a représenté, jouissant d'une pension sur l'État, de .... inscrite n° .... (ou) sur la tête duquel existe une rente viagère de .... n°.... est vivant, pour s'être présenté aujourd'hui devant moi (1).

Fait à .... le ....

(Faire légaliser la signature du notaire par le président du tribunal dans le ressort duquel il exerce.)

Modèle de certificat à délivrer aux militaires et employés des armées.

Nous, membres composant le conseil d'administration du .... (ou) je soussigné, commandant un détachement de .... (ou) je soussigné, inspecteur, (ou) sous-inspecteur aux revues, certifie que (mettre les noms, prénoms et profession) né à .... département d .... le .... suivant son acte de naissance qu'il nous a représenté, jouissant d'une pension sur l'État de .... inscrite n° .... (ou) sur la tête duquel il existe une rente viagère de .... n° est vivant, pour s'être présenté cejourd'hui devant nous (2).

En foi de quoi nous avons délivré le présent, qu'il a signé avec nous.

Fait à .... le

(Faire légaliser par l'inspecteur ou sous-inspecteur aux revues.)

---

(1) Pour les certificats à délivrer aux pensionnaires, il faut ajouter la déclaration suivante : l .... quel .... m'a déclaré (ou) nous a déclaré que, depuis l'obtention de la pension ci-dessus désignée, ... n'a joui d'aucune autre pension ni d'aucun traitement d'activité.

Pour les pensions provenant de solde de retraite, ajouter : aucun traitement d'activité militaire.

(2) Voyez la note 1.

N° 1654. — *Ordonnance des administrateurs en chef qui met en demeure les propriétaires riverains des rues de Lucie et Toraille, à Saint-Pierre, d'avoir à faire paver lesdites rues, à leurs frais, sous la direction du voyer de la ville.* (Extrait.)

7 février 1816.

Sur le compte qui nous a été rendu de la nécessité de faire paver les deux nouvelles rues ouvertes à Saint-Pierre, dans la paroisse du Mouillage, savoir : celle qui établit une communication centrale entre les rues Toraille et Lucie et celle du prolongement de cette dernière jusqu'au canal de la ville, nous ordonnons ce qui suit :

Art. 1er. La première des deux rues dont il s'agit se trouvant entièrement déblayée jusqu'au niveau qu'elle doit avoir, les propriétaires des maisons et terrains qui bordent seront tenus, dans le délai de deux mois, à compter du jour de la notification qui leur en sera faite par le voyer de la ville, d'avoir à faire paver sous sa direction, chacun pour la portion qui le concerne, ladite rue en entier.

Art. 2. Dans le cas où il s'élèverait à ce sujet quelques difficultés, le voyer passera outre à la confection dudit pavé, et ce, aux frais de qui il appartiendra.

Donné à Saint-Pierre, le 7 février 1816.

Signé Comte DE VAUGIRAUD et DUBUC.

Inspection. Reg. 5, n° 590.

———————

N° 1655. — *Ordonnance du roi relative aux primes pour la pêche de la morue et son exportation aux colonies françaises et à l'étranger* (1).

8 février 1816.

LOUIS, etc.,

Sur le rapport de notre ministre secrétaire d'État de l'intérieur;

———————

(1) Les fonctions attribuées par la présente ordonnance aux préfets

Notre sollicitude pour la portion industrieuse de nos sujets qui consacre ses capitaux ou son travail à l'exploitation des pêches lointaines et l'importance de ces expéditions, dont les retours alimentent nos colonies, accroissent la masse des subsistances et vivifient le commerce de nos peuples, ont appelé nos regards sur cette branche intéressante de l'économie de notre royaume.

Nous nous sommes fait rendre compte du mouvement et des progrès de nos pêches maritimes aux dernières périodes de paix, et nous avons reconnu que le haut degré de prospérité qu'elles avaient atteint dans les années 1787 et 1788 était le fruit des encouragements combinés que leur avaient offerts les arrêts des 30 août 1784, 18 septembre 1785, 11 février 1787, et les décisions des 11 janvier 1784, 7 janvier 1785, 25 décembre 1785 et 9 février 1788 ;

Considérant, à l'égard de la pêche de la morue en particulier, que l'état et les conditions d'une paix maritime semblable à celle qui l'a vue prospérer réclament des moyens analogues aux mesures protectrices dont l'expérience a constaté le succès ;

Vu les susdits arrêts et décisions ;

Vu la loi du 7 mars 1791 ;

Vu les arrêtés des 17 ventôse et 17 prairial an x ;

Notre conseil d'État entendu ;

Nous avons ordonné et ordonnons ce qui suit :

TITRE Ier.

Encouragements.

Art. 1er. Pendant trois ans, à compter de ce jour, il sera donné en primes aux armateurs pour la pêche de la morue et aux négociants français qui exporteront les produits de cette pêche, savoir :

---

maritimes sont maintenant dévolues aux intendants et ordonnateurs de la marine, établis par l'ordonnance du 29 novembre 1815 sur la régie et administration des ports et arsenaux.

Cette observation s'applique à l'ordonnance de même date sur la pêche de la baleine.

1° Aux armateurs pour la pêche aux îles de Saint-Pierre et de Miquelon et à la côte de Terre-Neuve, dite *la grande pêche*, cinquante francs par homme embarqué pour ladite pêche, depuis le capitaine jusqu'aux mousses inclusivement;

2° Aux armateurs pour la pêche d'Islande, la pêche du Dogger-Banc et la pêche du grand banc de Terre-Neuve, appelée *petite pêche*, quinze francs par homme embarqué pour lesdites pêches, depuis le capitaine jusqu'aux mousses inclusivement;

3° Par quintal métrique de morue de pêche française exportée de France ou directement des lieux de pêche sur des bâtiments français aux colonies françaises, vingt-quatre francs;

4° Par quintal métrique de morue de pêche française exportée des ports français de la Méditerranée sur des navires français en Espagne, en Portugal, en Italie ou aux Échelles du Levant, douze francs;

5° Par quintal métrique de morue de pêche française portée directement des lieux de pêche en Italie, en Espagne et en Portugal, dix francs;

6° Par kilogramme d'huile de morue de pêche française importée sur navire français des lieux de pêche dans un port français, dix centimes;

7° Par kilogramme de rogues ou œufs de morue de pêche française préparés et conditionnés de manière à servir d'appât pour la pêche de la sardine, et importés dans un des ports de France sur bâtiment français, vingt centimes.

TITRE II.

Conditions, formalités.

Art. 2. Les primes seront payées par notre ministre secrétaire d'État de l'intérieur, sur les fonds d'encouragement du commerce et de la navigation, aux époques et aux conditions qui seront ci-après spécifiées.

Art. 3. La prime accordée à raison du nombre d'hommes embarqués pour la pêche sera payée sur la copie des rôles certifiés par le commissaire de la marine, d'après la revue qu'il en aura passée.

Une expédition en sera délivée à l'armateur, qui la présentera, après le départ du navire, à notre ministre secrétaire d'État de l'intérieur, lequel ordonnancera la prime dans le mois suivant.

Art. 4. Ladite prime est accordée à charge par l'armateur :

1° De faire suivre à son navire sa destination pour la pêche ;

2° De faire son retour dans l'un des ports de la France, de ses colonies, de l'Espagne, du Portugal ou de l'Italie ;

3° De n'apporter dans lesdits ports que des produits de pêche française.

En cas de violation de ces conditions, l'armateur rendra le double de la prime, et donnera, à cet effet, s'il en est requis, une caution, qui sera reçue par le préfet du département.

Art. 5. La prime accordée pour l'exportation de France aux colonies françaises, en Espagne, en Portugal, en Italie ou aux Échelles du Levant, sera payée aux conditions portées en l'article qui précède, et, en outre, à la charge par l'armateur ou capitaine :

Premièrement, de déclarer aux bureaux de la marine et des douanes du port du départ : 1° le nom de la colonie et du port où il va ; 2° la quantité de poisson qu'il exporte ; 3° le nom du navire, de l'armateur et du capitaine ;

Secondement, de faire attester par un certificat de deux courtiers, visé par le président du tribunal de commerce, que la morue est de pêche française et de bonne qualité ;

Troisièmement, de faire vérifier et attester par deux employés, l'un des douanes et l'autre de la marine, qui seront nommés à cet effet par les autorités compétentes, la quantité de morue faisant partie de sa cargaison, et de justifier qu'elle est pareille à celle portée dans ses connaissements ;

Quatrièmement, de se faire délivrer, par le commissaire de la marine et le directeur où receveur des douanes au port du départ, un certificat de la déclaration par lui faite dans leurs bureaux;

Cinquièmement, de présenter à son retour un certificat constatant : 1° qu'il a exhibé les certificats et déclarations ci-dessus exigés; 2° qu'il a mis à terre et vendu, dans le port où il a abordé, la quantité de morue chargée à son bord; ledit certificat délivré par l'intendant de la colonie ou le commissaire de la marine et le directeur ou receveur des douanes dans les colonies, par le consul ou vice-consul de France en pays étranger.

Art. 6. La prime accordée pour la morue portée directement du lieu de pêche dans les colonies françaises, l'Espagne, le Portugal ou l'Italie, sera payée aux conditions portées en l'article 4, et, en outre, aux conditions suivantes :

1° Le capitaine, assisté de trois principaux officiers mariniers ou matelots de son bâtiment, fera à l'intendant de la colonie ou au commissaire de la marine, ou au consul ou vice-consul du port où il abordera, la déclaration du lieu où il a pêché, de la quantité de morue qu'il a à bord, du nom du navire, de l'armateur, et du port de France d'où il est parti;

2° De faire, en présence d'un employé de la marine qui lui sera désigné, ou d'un secrétaire du consul ou vice-consul de France en pays étranger, le déchargement et la pesée de sa cargaison;

3° De rapporter un certificat de l'intendant de la colonie ou du commissaire de la marine, ou du consul ou vice-consul de France en pays étranger, constatant qu'il a fait les déclarations et exhibitions ci-dessus ordonnées, et énonçant la quantité de morue déchargée, pesée et vendue par lui dans le port colonial ou étranger.

Art. 7. Les primes accordées aux huiles et rogues de morue seront payées aux conditions suivantes :

1° Aussitôt l'arrivée du navire, le capitaine ou armateur déclarera par-devant le préfet ou le commissaire de la marine : 1° le nombre de kilogrammes d'huiles ou de rogues de morue chargés à son bord ; 2° que ces huiles et ces rogues sont exclusivement des produits de pêche française ; 3° il exhibera, à l'appui de cette déclaration, son journal de bord ;

En cas de disproportion entre les quantités d'huiles et de rogues et les circonstances de la pêche, le préfet ou le commissaire de marine entendra collectivement ou séparément les hommes de l'équipage ;

2° Ledit capitaine ou armateur fera constater par un certificat de deux courtiers, visé par le président du tribunal de commerce, la quantité et la bonne qualité desdites huiles ou rogues ;

3° Ledit capitaine ou armateur remettra ledit certificat au préfet ou au commissaire de la marine, qui lui délivrera expédition desdites déclarations, exhibitions et vérifications.

Art. 8. Les déclarations et certificats exigés par les articles ci-dessus seront conformes aux modèles joints à la présente ordonnance.

Art. 9. Les préfets ou commissaires de la marine du lieu du départ de France ou de l'arrivée aux colonies seront tenus : 1° d'enregistrer lesdits certificats et déclarations sur un registre tenu à cet effet ; 2° d'en envoyer sans délai les expéditions, par duplicata, à notre ministre secrétaire d'État de la marine et des colonies, lequel en transmettra une au ministre secrétaire d'État de l'intérieur.

Art. 10. Les consuls ou vice-consuls de France en pays étranger les adresseront, par duplicata, à notre ministre secrétaire d'État des affaires étrangères, qui les transmettra à notre ministre secrétaire d'État de l'intérieur et à celui de la marine et des colonies.

Art. 11. Les directeurs ou receveurs des douanes auront des registres pareils à ceux dont la tenue est prescrite par l'article 9, et feront l'envoi des déclarations et certificats qu'ils y enregistreront, par duplicata, à notre ministre secrétaire d'État des finances, qui en transmettra un à notre ministre secrétaire d'État de l'intérieur, et l'autre à celui de la marine et des colonies.

Art. 12. Notre ministre secrétaire d'État de l'intérieur confrontera les expéditions qui lui seront ainsi parvenues, avec celles que lui représenteront les armateurs ou capitaines; si elles sont conformes entre elles, régulièrement faites et délivrées, il fera payer la prime accordée, dans le délai d'un mois. Si notre ministre secrétaire d'État de la marine et des colonies découvre quelque irrégularité ou fraude dans les pièces qui lui seront adressées, il en préviendra sans délai notre ministre secrétaire d'État de l'intérieur.

TITRE III.

Droits d'entrée en France et aux colonies sur la morue de pêche étrangère.

Art. 13. Le droit d'entrée sur les morues et poissons salés de pêche étrangère, introduits dans nos colonies, continuera d'être perçu sur le pied de trois francs par demi-quintal métrique, conformément à l'article 5 de l'arrêt du 30 août 1784.

Art. 14. Les droits d'entrée en France sur la morue de pêche étrangère continueront d'être perçus suivant le tarif actuellement existant.

Art. 15. Nos ministres secrétaires d'État aux départements des affaires étrangères, de la marine et des colonies, des finances, et de l'intérieur, sont chargés, chacun en ce qui le concerne, de l'exécution de la présente ordonnance, qui sera insérée au *Bulletin des lois*.

Donné en notre château des Tuileries, le 8 février 1816.

Signé LOUIS.

Et plus bas :

Le Ministre de l'intérieur, VAUBLANC

No 1656. — *Ordonnance du roi relative aux primes pour la pêche de la baleine.*

8 février 1816.

Louis, etc.,

Sur le rapport de notre ministre secrétaire d'État au département de l'intérieur.

Les anciens succès de nos sujets basques et les progrès récents des armateurs de Dunkerque et de plusieurs de nos autres ports, dans les pêches de la baleine et du cachalot, nous ont fait sentir la nécessité de reproduire, en faveur de cette pépinière de nos matelots, les encouragements accordés en 1785 et 1786, confirmés par la loi du 27 mai 1792, renouvelés par les arrêtés des 9 nivôse et 17 prairial an x, et dont les guerres maritimes ont seules suspendu les bons effets.

Notre conseil d'État entendu,

Nous avons ordonné et ordonnons ce qui suit :

TITRE Ier.

Encouragements.

Art. 1er. Aux termes de la loi du 27 mai 1792, les armateurs des ports de notre royaume jouiront d'une prime de cinquante francs par tonneau de jauge de chacun des navires qu'ils expédieront, pour les pêches de la baleine ou du cachalot, dans les mers du nord ou du sud.

Art. 2. La prime sera payée sur le nombre des tonneaux que pourra porter le bâtiment, sans aucune déduction; à l'effet de quoi il sera jaugé contradictoirement par le jaugeur des douanes et le jaugeur de la marine du port de l'armement.

Art. 3. Dans le cas où le navire, ayant doublé le cap de Horn, ou franchi le détroit de Magellan, aurait fait ladite pêche des baleines ou des cachalots, ou de tous autres cétacés ou amphibies à lard, dans l'océan Pacifique, et rentrerait dans un port de France, chargé de produits d'une telle pêche, après une navigation de plus de seize mois et de moins de vingt-six, l'armateur recevra, au retour dudit navire, une seconde prime égale à celle déterminée par l'article 2.

Art. 4. La prime de cinquante francs par tonneau sera avancée par notre ministre secrétaire d'État de l'intérieur, sur les fonds d'encouragement du commerce et de la navigation mis à sa disposition.

Art. 5. Pendant trois ans à compter de ce jour, les armateurs, pour les susdites pêches, pourront se pourvoir de navires étrangers, qui seront naturalisés avant leur départ et sans frais, à charge de ne pouvoir les employer qu'auxdites pêches, sauf une autorisation spéciale de notre secrétaire d'État ministre de la marine, laquelle ne pourra être accordée qu'après au moins une campagne de pêche faite par ledit navire.

Art. 6. Pendant trois ans à compter de ce jour, les armateurs pourront composer leurs équipages, tant en états-majors qu'en matelots, de deux tiers d'individus étrangers et d'un tiers de Français.

Art. 7. Du jour où le rôle d'équipage aura été remis par l'armateur au commissaire de l'inscription maritime, les individus y portés ne pourront être commandés pour le service de nos vaisseaux, jusqu'au retour du navire pêcheur.

Art. 8. Le harponneur, le timonnier et les matelots teneurs de ligne de chacune des chaloupes baleinières d'un navire baleinier ne pourront être commandés pour ledit service, tant qu'ils exerceront ou seront engagés pour exercer ladite pêche.

TITRE II.

Conditions, formalités.

Art. 9. Les primes sont accordées à la charge par l'armateur :

1° De faire suivre à son vaisseau sa destination pour les pêches susdites ;

2° De faire son retour dans un port de notre royaume ;

3° De n'apporter dans lesdits ports aucun fanon,

blanc, huile ni matière quelconque résultant de pêche étrangère ;

4° De tenir journal de sa navigation.

Art. 10. L'armateur déclarera, au bureau de la marine du lieu du départ, à laquelle des deux pêches, septentrionale ou méridionale, il destine son navire.

Le rôle d'équipage contiendra la désignation spéciale des âges, lieux de naissance et fonctions de pêche des individus engagés comme timonniers, loveurs de ligne et harponneurs de chacune des chaloupes de pêche.

Art. 11. Au retour de chaque navire, le préfet maritime, ou le commissaire de marine, entendra collectivement ou séparément les hommes de l'équipage, et conférera avec leurs déclarations le journal du bord, pour reconnaître si les conditions prescrites par les articles précédents ont été suivies.

En cas de contravention à l'article 9, l'armateur rendra le double de la prime à lui avancée ; à l'effet de quoi, avant le départ, il fournira une caution, qui sera admise, si elle est recevable, par le préfet maritime ou le commissaire de marine.

Art. 12. En cas de relâche dans un port où se trouve un fonctionnaire public français, ou de rencontre d'un de nos vaisseaux, le capitaine du navire pêcheur sera tenu de déclarer au fonctionnaire ou à l'officier français les principaux faits de sa navigation et de sa pêche, et d'en prendre acte sur son journal de bord.

Art. 13. Nos ministres de l'intérieur, de la marine, des colonies, et des finances sont chargés de l'exécution de la présente ordonnance.

Collection de Duvergier, t. 20, p. 269. — Voir au même recueil *Ordonnances des 14 février 1819, 11 décembre 1821, et 5 février 1823.*

N° 1657. — *Arrêté de l'intendant prescrivant aux médecins et chirurgiens du roi la visite de santé des bâtiments de*

commerce et réglant le taux de la rétribution qui devra
lui être payée par les capitaines.

20 février 1846.

L'intendant, etc.,

Étant d'intérêt public que les bâtiments du commerce
sortant des ports de la Méditerranée soient visités à
leur arrivée à la Martinique, pour l'état de santé des
équipages être constaté par les médecin et chirurgien
du roi;

Considérant que les frais pour cette visite ne doivent
pas être à la charge de ces officiers de santé;

Vu l'ordonnance du 5 juin 1772 relative aux visites
des bâtiments arrivant de la traite des nègres, qui met
les frais de visite à la charge des bâtiments,

Arrête:

Les médecin et chirurgien du roi seront tenus de
faire la visite de santé à bord de tout bâtiment sortant
d'un des ports de la Méditerranée, et le capitaine devra
payer à chacun de ces officiers de santé, pour ses frais,
somme de 72 livres.

Sera le présent arrêté enregistré au secrétariat géné-
l de l'intendance, et copie ampliative d'icelui délivrée
édecin du roi pour son exécution.

Signé DUBUC.

Arch. du gouvernement. — Ordres et déc.

1658. — *Ordonnance du roi portant réglement sur les
pensions et secours aux veuves et enfants orphelins des officiers militaires et autres entretenus du département de la
marine.*

21 février 1846.

Louis, ETC.,

Vu notre ordonnance du 14 août 1814, portant règlement sur les pensions et secours aux veuves et enfants
orphelins des militaires de l'armée de terre;

Sur le rapport de notre ministre secrétaire d'État de
la marine et des colonies,

Nous avons ordonné et ordonnons ce qui suit :

Art. 1er. Les veuves des officiers militaires et autres entretenus du département de la marine seront susceptibles d'obtenir des pensions :

1° Si leurs maris ont été tués dans les combats ;

2° S'ils sont morts, avant le terme de six mois, des blessures qu'ils y auront reçues ;

3° S'ils ont péri dans un naufrage ou par l'effet de tout autre événement résultant du service maritime.

Art. 2. Les veuves des officiers militaires et entretenus de la marine jouissant, au moment de leur décès, d'une solde de retraite acquise par des blessures ou par l'ancienneté des services ; celles dont les maris morts en activité auront rempli les conditions exigées pour l'obtention de ladite solde de retraite, seront également susceptibles d'être admises à la pension.

Art. 3. Pour jouir du bénéfice de la présente ordonnance, les veuves des officiers et autres entretenus morts des suites de leurs blessures seront tenues de prouver que leur mariage a été contracté antérieurement aux combats dans lesquels leurs maris ont été blessés.

Celles des veuves mentionnées en l'article 2, qui n'auront point d'enfants de leur mariage, seront assujetties à constater qu'elles n'ont point divorcé, et qu'elles ont passé au moins cinq ans de leur union légitime avec les officiers ou entretenus aux droits desquels elles prétendront être substituées.

A défaut des preuves exigées d'elles, les unes et les autres ne pourront être proposées pour la pension.

Les veuves non divorcées ayant un ou plusieurs enfants, seront dispensées de cette justification de cinq ans de mariage.

Art. 4. Les pensions des veuves seront fixées sur le pied du quart du *maximum* de la solde de retraite d'ancienneté affectée au grade de leurs maris.

Art. 5. Les enfants orphelins nés en légitime mariage des officiers militaires et autres entretenus de la marine, auront droit à un secours annuel.

« Ce secours ne pourra excéder, quelque soit le nombre des enfants, le montant de la pension qui aurait été accordée à leur mère. Il s'éteindra proportionnellement à mesure que chaque enfant sera parvenu à l'âge de vingt ans accomplis.

Art. 6. Lorsque les officiers militaires et autres entretenus de la marine auront rendu à l'État des services distingués, notre ministre secrétaire d'État de la marine nous proposera, en faveur de leurs veuves ou de leurs orphelins, des pensions particulières proportionnées à l'importance des services.

Art. 7. Les pensions et secours qui auront été réglés en exécution de la présente ordonnance seront acquittés sur les fonds de la caisse des invalides de la marine.

Art. 8. Toutes les pensions et secours accordés jusqu'à ce jour aux veuves et enfants des officiers militaires et autres entretenus sont maintenus au taux auquel ils ont été fixés.

Art. 9. Notre ministre secrétaire d'État de la marine et des colonies est chargé de l'exécution de la présente ordonnance.

Donné à Paris, le 21 février 1816.

Signé LOUIS.

Par le Roi :

Signé le Vicomte DUBOUCHAGE.

Annales maritimes, 1816, p. 169.

N° 1659. — *Ordonnance du roi portant création et organisation d'un corps royal de la marine pour servir à terre, à la mer et dans les colonies.*

24 février 1816.

Annales maritimes, vol. 2, p. 179.

N° 1660. — *Tarif des indemnités de logement et d'ameublement et de l'indemnité représentative des rations de*

14

fourrage accordées dans le corps de l'artillerie de la marine.

21 février 1816.

Nota. Annexe de l'ordonnance royale de cette date portant création du corps royal d'artillerie de la marine.

Annales maritimes, 1816, t. 3, p. 242.

N° 1661. — *Tarif des gratifications à payer par l'administration de la marine, dans les ports de Sa Majesté, pour les sauvetages faits en rade par des embarcations du port ou des vaisseaux.*

22 février 1816.

Pour tous les objets retirés et remis dans les magasins, dont la valeur estimée légalement par les administrations de la marine sera au-dessus de deux cents francs, le dixième, ci...................... 1/10.

De deux cents francs et au-dessus, jusques et compris six cents francs, le quinzième......... 1/15.

Au-dessus de six cents francs, jusques et compris deux mille francs, le vingtième.......... 1/20.

Au-dessus de deux mille francs, le trentième, ci............................... 1/30.

Lorsque le sauvetage comprendra plusieurs objets, il n'y aura lieu qu'à une seule gratification, qui sera établie sur le montant des valeurs cumulées.

Dans le cas où, par des circonstances particulières, les sauvetages auraient éprouvé des difficultés extraordinaires dans le relèvement des objets perdus, la gratification à payer pourra subir une augmentation proportionnelle.

Cette augmentation sera réglée, sur la proposition du directeur du port, par l'intendant de la marine dans le chef-lieu d'arrondissement, et par l'administrateur en chef dans les autres ports, et elle sera soumise à la décision du ministre.

Il n'est point dérogé, par le présent, au tarif du

10, ventôse an XII, concernant le sauvetage des bois de construction et des embarcations.

Le Ministre de la marine et des colonies,

Signé le Vicomte DUBOUCHAGE.

Annales maritimes, t. 2, 1816, p. 178.

———— ⋆◦⊛◦⋆ ————

Nº 1662. — *Décision de l'intendant portant approbation du devis d'une fontaine et d'un double escalier à construire du haut de la rue Toraille, à Saint-Pierre.*

Février 1816.

Inspection. Reg. 3.

———— ⋆◦⊛◦⋆ ————

1663. — *Arrêté des administrateurs en chef portant règlement des droits dus au fontainier par tous navires de commerce allant faire de l'eau à l'aiguade ou fontaine marine de Saint-Pierre.*

1ᵉʳ mars 1816.

Nous, etc.;

Sur les représentations à nous faites par le sieur Segond, voyer de la ville de Saint-Pierre, que l'entre- des canaux et fontaines de cette ville est mainte- nu une charge onéreuse pour lui;

Que le privilége de vendre l'eau aux bâtiments du commerce à lui accordé à la charge dudit entretien, n'est plus même une compensation de sa dépense;

Que ce déficit provient, d'abord, du bas prix que le commerce paye pour l'eau qui lui est fournie par la fontaine marine;

Ensuite de l'inexactitude dans le payement;

Considérant que le bon état habituel des canaux et taines de la ville et de leur meilleur entretien, étant intérêt public, ne doit pas devenir une charge oné- use à l'entrepreneur;

Considérant que le sieur Segond étant tenu à ce meilleur entretien, et ses biens hypothéqués à cet effet, en étant le garant, il doit trouver dans cette entreprise un avantage égal au risque;

Ayant d'ailleurs acquis la connaissance que, quoique l'ordonnance du 28 août 1794, qui confirme le privilége du sieur Segond, ait fixé le droit sur l'eau à 15 sols pour une futaille de 50 gallons et à 30 pour celle de 100, cependant le commerce de France, à la reprise de possession en 1802, a consenti sans réclamer à payer un droit de 30 sols pour une barrique de 60 gallons d'eau;

Et les représentations du sieur Segond nous ayant paru fondées,

Avons arrêté :

Art. 1er. Le sieur Segond est autorisé à prélever un droit de 30 sols par chaque futaille de la contenance de 60 gallons qui aura été emplie à la fontaine marine dont il a le privilége.

Art. 2. Tout commandant de bâtiment devra présenter à la douane, avant d'y recevoir ses expéditions, la quittance de l'eau qui lui aurait été fournie par la fontaine marine.

Art. 3. Les dispositions des ordonnances de 1777 et du 28 août 1794 concernant les fontaines publiques et celle marine sont d'ailleurs maintenues.

Sera le présent arrêté enregistré au secrétariat général de l'intendance, ainsi qu'au bureau du domaine à Saint-Pierre, et rendu public par son insertion dans la gazette.

Copie ampliative d'icelui sera délivrée au sieur Segond pour son exécution.

Donné à la Martinique, le 1er mars 1816.

Signé le comte DE VAUGIRAUD et DUBUC.

Inspection. Reg. 3, n° 594.

N° 1664. — *Instructions pour les familles qui demandent l'admission de leurs filles, sœurs, nièces ou cousines dans la maison royale de Saint-Denis.*

9 mars 1816.

La maison de Saint-Denis est destinée à recevoir

quatre cents élèves gratuites, filles de membres des ordres royaux qui se trouveront hors d'état de pourvoir à leur éducation.

La maison recevra aussi cent élèves pensionnaires, filles, sœurs, nièces ou cousines des membres des ordres royaux ayant de la fortune.

Les élèves seront reçues à l'âge de six à douze ans exclusivement, et devront savoir lire et écrire; elles sortiront de la maison à dix-huit ans, ou plus tôt, si les parents le désirent.

Toute élève gratuite ou pensionnaire paye, lorsqu'elle entre dans la maison, 400 francs, pour remboursement du trousseau qui lui est fourni par la maison.

La pension est de 1,000 francs pour une élève aux frais des familles. Elle se paye par trimestre et d'avance. Si, dans les quinze jours du trimestre qui s'ouvre, le payement de ce même trimestre n'est pas effectué, l'élève est rendue à ses parents.

Les parents qui désirent de faire admettre leurs enfants dans la maison royale de Saint-Denis devront adresser leur demande au grand chancelier de l'ordre royal de la Légion d'honneur.

Pour les élèves gratuites, les parents joindront à leur demande :

1° Les états de service du père ;

2° Une expédition authentique de son brevet de membre d'un ordre royal ;

3° L'acte de naissance de la demoiselle dûment légalisé;

4° Un certificat de médecin, dûment légalisé, constatant que l'enfant a eu la petite-vérole ou qu'elle a été inoculée ou vaccinée, et qu'elle n'est point affectée de maladie chronique ou contagieuse ;

5° Un certificat dans lequel le maire de la commune que les père et mère habitent déclarera, sur l'attestation de quatre témoins bien connus, qu'il est de notoriété publique que les père et mère sont dans l'impossibilité de faire élever leurs enfants à leurs frais. Le sous-préfet de l'arrondissement ou le préfet du département mettra au bas du certificat : *vu et certifié* ; il signera ensuite ;

6° Les parents indiqueront une personne ayant domicile à Paris, qui s'engagera à recevoir l'élève à sa sortie de la maison, pour quelque motif que ce soit.

Pour les élèves aux frais des familles, les parents feront connaître légalement le degré de parenté de la demoiselle avec un membre d'un ordre royal.

On produira l'acte de naissance de l'enfant et un certificat de médecin, dûment légalisé, constatant que la demoiselle a eu la petite-vérole, ou qu'elle a été inoculée ou vaccinée, et qu'elle n'est point affectée de maladie chronique ou contagieuse.

Les parents indiqueront une personne ayant domicile à Paris, qui s'engagera à payer la pension annuelle de 1,000 francs et à recevoir l'élève à sa sortie de la maison, pour quelque motif que ce soit.

Je soussigné, ... demeurant à Paris, rue .... n° .... m'engage à recevoir Mademoiselle .... fille d.... dont on demande l'admission dans l'une des maisons royales de la Légion d'honneur, à sa sortie de cette maison et pour quelque motif que ce soit.

Paris, le 18

Nota. Ces instructions sont à la suite des statuts de cette maison, sanctionnés par ordonnance royale, et adressés à la Martinique par dépêche ministérielle du 19 août 1818.

Direction de l'intérieur. Ord. et déc. Reg. 2, fos 79 et 82.

No 1665. — *Arrêté de l'intendant de la marine, à Rochefort, sur la police et discipline des gens de mer employés pour le commerce, et sur la subordination des marins de l'équipage envers leur capitaine et autres officiers.*

14 mars 1846.

Nota. Cette pièce est indiquée comme contenant un résumé aussi logique qu'exact des lois et ordonnances de la matière.

Annales maritimes, 1846, 1re partie, p. 174.

N° 1666. — *Jugement du conseil de guerre permanent de la première division militaire, qui acquitte le contre-amiral de Linois, ex-gouverneur général de la Guadeloupe, et condamne à la peine de mort le baron Boyer de Peyrelau, commandant en second de la même colonie.*

11 mars 1816.

NOTA. 1. Ils étaient accusés, savoir:

De Linois, d'insubordination envers son supérieur, le comte de Vaugiraud, gouverneur général des Antilles françaises; d'être auteur, fauteur ou instigateur de la révolte qui, le 18 juin, a fait passer la colonie de la Guadeloupe sous l'autorité de l'usurpateur;

Boyer de Peyrelau, d'insubordination envers son supérieur, le comte de Linois, gouverneur général de la Guadeloupe; d'être auteur, fauteur ou instigateur de la révolte qui, le 18 juin 1815, a fait passer la colonie de la Guadeloupe sous l'autorité de l'usurpateur.

2. Le 23 mars suivant la cour royale de Paris a entériné les lettres royales qui ont commué à vingt ans de détention dans une prison d'État la peine de mort prononcée contre Boyer de Peyrelau.

Annales maritimes, vol. 1816, p. 158.

N° 1667. — *Arrêté des administrateurs en chef portant que le commerce des étrangers, à la Martinique, sera restreint dans les limites fixées par l'arrêt du 30 août 1784.*

14 mars 1816.

Nous, etc., considérant que les circonstances qui ont rendu nécessaire l'ouverture des ports de la colonie aux bâtiments étrangers, tant pour l'importation des articles habituellement prohibés, que pour l'exportation des sucres, café, coton, etc., ayant heureusement cessé, le moment est venu de ramener, le plus tôt qu'il sera possible, les choses à cet égard en l'état où elles étaient au mois d'avril de l'année dernière, conformément aux ordonnances du roi et aux instructions qui nous ont été données par le ministre de Sa Majesté chargé du département de la marine et des colonies ;

Considérant néanmoins que ce retour à l'ordre accoutumé ne peut être subit, et qu'il a été annoncé que nos arrêtés des 2 mai, 5 et 14 juin ne cesseraient d'avoir leur effet que deux mois après la promulgation de celui en vertu duquel ils seraient rapportés ;

En conséquence, avons arrêté et arrêtons ce qui suit :

Dans deux mois, à dater du 16 de ce mois, c'est-à-dire le 16 mai prochain, le commerce des étrangers à la Martinique sera restreint dans les limites fixées tant par l'arrêté du 30 août 1784 que par les instructions qui nous ont été données par le ministre de Sa Majesté, lors de la reprise de possession de cette colonie en 1814.

Sont exceptés des dispositions du présent arrêté les bâtiments portant le pavillon de Sa Majesté Britannique, qui continueront à jouir des faveurs accordées par nos arrêtés des 5 et 14 juin 1815, jusqu'à ce qu'il en ait été autrement ordonné.

Mandons, etc.

Donné au Fort-Royal, le 14 mars 1816.

Signé le comte DE VAUGIRAUD et DUBUC.

Inspection. Reg. 3, nº 282.

N° 1668. — *Ordonnance des administrateurs en chef portant établissement à Saint-Pierre d'une maison royale d'éducation pour les jeunes filles de la colonie.*

20 mars 1816.

Vu les lettres patentes du roi en date du 3 mars 1750, approbatives de l'établissement qui, avec la permission du gouvernement des îles du Vent, fut formé à Saint-Pierre, dans la paroisse de Notre-Dame-de-Bon-Port, d'un hôpital administré par des religieuses du tiers ordre de Saint-Dominique réunies en communauté, pour y être reçues et soignées les pauvres femmes et filles malades ou estropiées, ainsi que les enfants trouvés et les orphelins dans l'indigence ; lesdites lettres

lettres portant en outre permission à ces religieuses
rendre des filles pensionnaires, pour être par elles
élevées, formées et instruites de la manière prescrite
par les articles 6 et 7 ce concernant;

Vu aussi notre arrêté du 1er août 1815, par lequel
nous avons organisé une direction particulière, confiée
à des dames laïques, de l'hospice des enfants trouvés et
des orphelins indigents, ainsi que de l'hôpital des
pauvres femmes et filles malades ou estropiées; ledit
arrêté pris sur l'exposé de Mme Sainte-Rose Dert que
la communauté dont elle est supérieure se trouvant,
comprise, réduite à quatre religieuses infirmes et
es, il ne lui était plus possible d'administrer ni
spice ni l'hôpital ci-devant confiés à ses soins;
ans l'état actuel des choses, le premier but de l'é-
sement se trouvant atteint d'une manière stable,
e nous reste plus, pour assurer de nouveau à la co-
e la plénitude des avantages qu'elle devait à la bien-
ance royale, qu'à rétablir aussi sous le même mode le
onnat dont l'extinction n'a eu dans le temps pour
ule cause que les funestes effets de la révolution; en
séquence, nous, en vertu des pouvoirs à nous dé-
tis par Sa Majesté, avons statué et ordonné, statuons
donnons ce qui suit:

Art. 1er. Nous rétablissons provisoirement, sous le
re de *Maison royale d'éducation pour les jeunes filles*
colonie, le pensionnat ci-devant administré par
religieuses du tiers ordre de Saint-Dominique, et ce
squ'à ce qu'il plaise à Sa Majesté de manifester sa
lonté à cet égard.

rt. 2. Deux dames laïques, choisies et nommées par
us, auront, sous le titre de directrices, l'administra-
de cette maison, et elles se partageront en consé-
les différentes fonctions à y remplir pour le bien
la prospérité de l'établissement.

rt. 3. Les dames directrices auront l'initiative du
ix des maîtresses de classes qui seront nécessaires
our la partie de l'enseignement, mais elles ne pourront

les employer qu'après qu'elles auront été proposées à l'intendant et de lui agréées.

Art. 4. Les pensionnaires, parmi lesquelles il ne sera point reçu d'externes, seront formées aux bonnes mœurs, élevées selon les principes de la religion catholique, apostolique et romaine, instruites sous tous les rapports d'une manière conforme à leur sexe.

Art. 5. Un prospectus, qui sera incessamment publié au nom du gouvernement, fera connaître au public les conditions avantageuses auxquelles les pensionnaires seront reçues dans cette maison (1).

Art. 6. Nous dresserons en outre, avec le concours de qui de droit, les statuts de la discipline intérieure de ladite maison, qui sera d'ailleurs soumise, pour tout ce qui concerne la conduite et les mœurs, au curé de la paroisse du Mouillage, et, pour l'enseignement et la police, à l'inspection du chef du ministère public.

Art. 7. Exemptons les esclaves domestiques qui appartiendront à l'établissement du droit de capitation, corvées, même pour les chemins, et de toutes autres charges publiques.

Art. 8. Seront en outre exempts du service dans les milices les professeurs des arts d'agrément qui devront être attachés au même établissement pour y donner des leçons dans des salles isolées, en présence d'une surveillante.

---

(1) Extrait de ce prospectus :

Les objets d'enseignement, à diviser en deux classes, sont :

1º La lecture, l'écriture, l'arithmétique et les éléments de la grammaire ;

2º La grammaire raisonnée, la géographie, l'histoire depuis les temps fabuleux jusqu'à nos jours, la chronologie et une leçon de sphère.

On donne aussi aux élèves les plus avancées une idée des belles-lettres, par un choix de lectures puisées dans les meilleurs auteurs.

Elles sont au surplus exercées aux ouvrages manuels convenables à leur sexe, même aux soins à porter par une mère de famille dans le gouvernement de sa maison.

En outre, le dessin, la musique vocale et instrumentale y sont enseignés, aux frais des parents, par des maîtres affectés à l'établissement.

Le prix de la pension est de 2,200 livres coloniales par an.

(*Almanach de la Martinique* pour 1818.)

Art. 9. Cet établissement étant purement colonial, les frais quelconques de sa formation et de son installation seront pris sur les fonds municipaux généraux, et jusqu'à ce qu'il puisse se soutenir par lui-même, au moyen de l'accroissement successif du nombre des pensionnaires, il sera, sur les mêmes fonds et d'après les ordres de l'intendant, fourni à celle des dames directrices qui fera fonctions de trésorière, mais à titre seulement d'avances remboursables, les sommes qui, dans les premiers temps, pourront être nécessaires pour couvrir l'excédant des dépenses ordinaires de la maison.

Art. 10. Ces sommes ne pourront toutefois être fournies, comme il est dit par l'article précédent, que sur demande des directrices faite à l'intendant, au bas d'un bordereau dressé par la trésorière pour établir en la situation de sa caisse.

Art. 11. Nous fixerons au surplus dans les règlements et statuts du pensionnat les règles et formes de sa comptabilité particulière, ainsi que le traitement dont jouira chacune des dames et des autres personnes y attachées.

Art. 12. Nous chargeons spécialement le commissaire principal de l'administration municipale de suivre, sous les ordres de l'intendant, tous les détails de finances relatifs à ce nouvel établissement, auquel nous affectons le même local qu'occupait le pensionnat des religieuses; lequel, en conséquence, il sera fait aussi sur les fonds indiqués par l'article 9 toutes les réparations et additions qui seront jugées nécessaires par l'intendant.

Mandons Messieurs du conseil supérieur et mandons aux officiers des sénéchaussées du ressort de faire enregistrer la présente ordonnance, qui sera lue, publiée et affichée partout où besoin sera.

Donné à la Martinique, le 20 mars 1816.

Signé le comte DE VAUGIRAUD et DUBUC.

Enregistré au conseil supérieur le 10 mai 1816.

Nota. Voir le prospectus de cet établissement, *Gazette de la Martinique*, 1816, n° 45.

Nº 1669. — *Arrêté de l'intendant portant qu'attendu l'état dyssentérique des soldats la viande salée de leur ration sera remplacée par de la viande fraîche.*

20 mars 1846.

Inspection. Reg. 5.

⁎

Nº 1670. — *Ordonnance du roi renfermant organisation nouvelle de l'ordre de la Légion d'honneur.*

26 mars 1846.

⁎

Nº 1671. — *Loi sur les finances qui défend de cumuler en entier le traitement de plusieurs places. (Extrait. Titre VIII, Des traitements.)*

28 avril 1846.

78. Nul ne pourra cumuler en entier les traitements de plusieurs places, emplois ou commissions, dans quelque partie que ce soit; en cas de cumul de deux traitements, le moindre sera réduit à moitié; en cas de cumul de trois traitements, le troisième sera en outre réduit au quart, et ainsi en suivant cette proportion.

Il n'est toutefois dérogé à aucunes dispositions des lois sur l'incompatibilité de certaines fonctions.

La réduction portée par le présent article n'aura pas lieu pour les traitements cumulés qui seront au-dessous de 3,000 francs.

Inspection. Ord. et déc. Reg. 4, nº 330.

⁎

Nº 1672. — *Extrait de la loi des finances, en ce qui touche le droit d'entrée des denrées coloniales françaises ou étrangères importées par navires français ou étrangers.*

28 avril 1846.

Art. 3. Les droits fixés par la loi du 17 décembre 1814, sur les marchandises ci-après, sont portés, savoir:

Café.

par navires français.
- des colonies françaises.
  - au delà du cap de Bonne-Espérance, par 100 kil. 50f 00
  - en-deçà du cap de Bonne-Espérance 60 00
- de l'Inde (1) 85 00
- d'ailleurs, hors d'Europe 95 00
- des entrepôts d'Europe et de la Méditerranée ... 100 00

par navires étrangers 105 00

Sucres

bruts
- des colonies françaises, sans distinction d'espèces 45 00
- étrangers,
  - autres que blancs
    - par navires français.
      - de l'Inde 60 00
      - d'ailleurs hors d'Europe .. 70 00
      - des entrepôts d'Europe et de la Méditerranée 75 00
    - par navires étrangers 80 00
  - blancs
    - par navires français.
      - de l'Inde 70 00
      - d'ailleurs, hors d'Europe. 80 00
      - des entrepôts d'Europe et de la Méditerranée 85 00
    - par navires étrangers 90 00

terrés
- des colonies françaises, sans distinction d'espèces 70 00
- étrangers,
  - autres que blancs
    - par navires français.
      - des pays hors d'Europe ... 95 00
      - des entrepôts d'Europe et de la Méditerranée ... 100 00
    - par navires étrangers 105 00
  - blancs
    - par navires français.
      - des pays hors d'Europe .. 115 00
      - des entrepôts d'Europe et de la Méditerranée 120 00
    - par navires étrangers 125 00

e raffiné, en pains, en poudre, ou candi .... prohibition maintenue.

sera accordé, après une année de la publication de la présente loi, une prime [d'exp]ortation pour les sucres raffinés blancs, en pains de deux à cinq kilo[grammes], expédiés directement pour l'étranger des fabriques françaises ayant [plus d]e deux années d'exercice.

prime sera de 90 francs par 100 kilogrammes.

ordonnances du roi régleront le mode d'exécution.

Cacao et pelures.

par navires français.
- des colonies françaises, par 100 kilogr. ... 80f 00
- des pays hors d'Europe 115 00
- des entrepôts d'Europe et de la Méditerranée. 120 00

par navires étrangers 125 00

Poivre piment.

par navires français.
- des colonies françaises, par 100 kilogr. ... 90 00
- de l'Inde 130 00
- d'ailleurs, hors d'Europe 140 00
- des entrepôts d'Europe et de la Méditerranée. 145 00

par navires étrangers 150 00

(1) Ce qui s'entend, quant à l'objet de la présente loi, des pays situés [à l']est du cap de Bonne-Espérance et à l'ouest du cap Horn.

Girofle (clous, queues et antofles de).	par navires français.	des colonies françaises ..... le kilogr.	2ᶠ 00
		de l'Inde........................	3 00
		d'ailleurs, hors d'Europe..........	3 50
		des entrepôts d'Europe et de la Méditerranée....................	3 75
	par navires étrangers.............................		4 00
Canelle et cassia lignea.	par navires français.	des colonies françaises ..... le kilogr.	4 00
		de l'Inde........................	5 00
		d'ailleurs, hors d'Europe..........	5 50
		des entrepôts d'Europe et de la Méditerranée....................	5 75
	par navires étrangers.............................		6 00
Muscade et macis.	par navires français.	des colonies françaises ..... le kilogr.	8 00
		de l'Inde........................	9 00
		d'ailleurs, hors d'Europe..........	9 50
		des entrepôts d'Europe et de la Méditerranée....................	9 75
	par navires étrangers.............................		10 00
Cochenille et pastel d'écarlate.	par navires français.	des pays hors d'Europe..... le kilogr.	4 00
		des entrepôts d'Europe et de la Méditerranée....................	5 00
	par navires étrangers.............................		6 00
Indigo.	par navires français.	des colonies françaises ..... le kilogr.	1 00
		de l'Inde........................	1 50
		d'ailleurs, hors d'Europe..........	1 75
		des entrepôts d'Europe et de la Méditerranée....................	2 00
	par navires étrangers.............................		2 25
Rocou.	par navires français.	des colonies françaises.. les 100 kilogr.	10 00
		des pays hors d'Europe............	20 00
		des entrepôts d'Europe et de la Méditerranée....................	25 00
	par navires étrangers.............................		30 00
Bois de teinture, et le gaïac par exception.	par navires français.	des colonies françaises ..par 100 kilogr.	1 00
		des pays hors d'Europe............	2 00
		des entrepôts d'Europe et de la Méditerranée....................	4 00
	par navires étrangers.............................		7 00

Ne seront considérés comme bois de teinture que ceux représentés en copeaux, en petites pièces, en éclats ou en bûches irrégulières, dont il ne peut être tiré ni planches ni feuilles pour l'ébénisterie.

Les espèces ci-dessus et autres bois d'ébénisterie (le gaïac excepté) qui seront présentés en blocs, poutrelles, planches et madriers, payeront comme bois d'ébénisterie.

En cas de difficulté, les employés des douanes feront scier, fendre ou briser les pièces qu'on déclarerait comme teinture.

des colonies françaises et par navires français, sans distinction d'espèces		les 100 kilogrammes.	10f 00

longue soie.	par navires français.	des pays hors d'Europe...	40 00
		des entrepôts d'Europe..,	50 00
	par navires étrangers.		55 00
courte soie.	par navires français.	de l'Inde.............	45 00
		des autres pays hors d'Europe..........	20 00
		des entrepôts d'Europe...	50 00
	par navires étrangers.		55 00
de Tur-quie.	par navires français.		15 00
	par navires étrangers.		25 00

Il sera accordé une prime de cinquante francs par quintal métrique de tissus de coton exportés à l'étranger par les bureaux que le gouvernement désignera.

d'acajou.............. adragant et de Bassora.. arabique de toute sorte. ammoniaque.......... caoutchouc.......... de monbain.......... Sandaraque.......... du Sénégal..........	par navires français.	des colonies françaises, les 100 kilogrammes.....	10f 00
		des pays hors d'Europe...	20 00
		des entrepôts d'Europe et de la Méditerranée....	25 00
	par navires étrangers..............		50 00
Toutes autres gommes, résines et gommes résineuses non spécialement taxées à un droit au-dessus de celui ci-contre	par navires français.	des colonies françaises....	20 00
		de l'Inde.............	40 00
		d'ailleurs, hors d'Europe.	50 00
		des entrepôts d'Europe et de la Méditerranée....	55 00
	par navires étrangers..............		60 00
sèches par navires poil, français. de, bœuf eval?		des colonies françaises, par 100 kilog.	1 00
		des pays hors d'Europe............	5 00
		des entrepôts d'Europe et de la Méditerranée.........	10 00
	par navires étrangers et par terre..............		15 00
Tabac en feuilles porté pour la régie.	par navires français...	Exempt.	
	par navires étrangers.	10f 00 par 100 kil.	

(Voi. de Duvergier, t. 20, p. 343.

———————

Nº 1673. — *Loi sur l'abolition du divorce.*

8 mai 1816.

ORM. **Promulguée par ordonnance locale du 18 dé-bre 1818.**

Enregistré au conseil supérieur, le 2 janvier 1819.

N° 1674. — *Dépêche ministérielle au gouverneur portant confirmation des ordres relatifs aux croisières à diriger contre les forbans dans les parages de Saint-Domingue.*

14 mai 1816.

NOTA. Ces corsaires sont nés, à ce qu'il paraît, de l'insurrection de Carthagène contre sa métropole. Après la prise de cette île par l'armée royale d'Espagne, plusieurs d'entre eux se réfugièrent aux Cayes et, là, continuèrent, à l'occasion, leurs déprédations. L'un d'eux, armé de trois canons, de soixante fusils et ayant quarante hommes d'équipage, se prétendait Français.

Arch. du gouvernement. Dép. minist., 1816.

———————

N° 1675. — *Ordonnance du roi portant rétablissement de la caisse des invalides de la marine dans les attributions du ministre secrétaire d'État de la marine et des colonies (1).*

LOUIS, etc.,   22 mai 1816.

Constamment occupé d'assurer à ceux de nos sujets qui se livrent à la carrière maritime le prix de leurs travaux et de leurs services, nous nous sommes fait rendre compte des mesures prises pour venir à leur secours lorsque l'âge, les infirmités ou d'honorables blessures mettent un terme à leur activité. Ce n'est pas sans éprouver un sentiment pénible que nous avons reconnu que la caisse des invalides de la marine, monument de prévoyance et de bonté érigé par Louis XIV, de glorieuse mémoire, et spécialement protégé par les rois, nos prédécesseurs, a été distraite des attributions du ministre de ce département, et que les fonds qui en composaient la dotation spéciale, provenant, en majeure partie, de retenues effectuées sur des appointements et salaires, ont été divertis de la destination

———————

(1) Notifiée à la Martinique par dépêche ministérielle d'envoi du 28 octobre 1816. (Arch. du gouvernement.)

crée qu'ils devaient recevoir; que, par cette subversion de principes, les marins ont vu disparaître le gage qui assurait leur existence et sont devenus étrangers à un établissement formé pour eux et par eux; qu'en laissant subsister un tel état de choses, nous nous verrions peut-être dans la triste nécessité de laisser des services sans récompense ou l'infortune sans secours.

A quoi voulant pourvoir, nous avons jugé convenable de replacer la caisse des invalides de la marine sur les bases de son institution primitive, d'en consacrer les fonds au service dont elle doit être exclusivement chargée, d'en soumettre la direction et la surveillance à l'administration qui a le plus de moyens pour en suivre les détails et le plus d'intérêt à en favoriser l'accroissement, et de manifester ainsi notre sollicitude pour des hommes accoutumés à se livrer à leur profession avec d'autant plus de zèle et de sécurité, que le gouvernement paternel des rois veillait sur leur avenir.

En conséquence, et sur le rapport de notre ministre secrétaire d'État du département de la marine et des colonies;

Vu l'édit du mois de juillet 1720;

Vu la loi du 13 mai 1791,

Nous avons ordonné et ordonnons ce qui suit:

Art. 1er. La caisse des invalides de la marine est rélie sur les bases de son institution, conformément dispositions de l'édit de 1720 et de la loi du mai 1791.

Art. 2. Cette caisse est un dépôt confié à notre ministre secrétaire d'État de la marine.

Elle est placée sous sa surveillance immédiate et clusive.

Elle est et demeure essentiellement distincte et sérée de notre trésor royal.

Art. 3. Tous les agents nécessaires au service de la caisse des invalides sont exclusivement sous les ordres de notre ministre secrétaire d'État de la marine.

Art. 4. Les fonds de la caisse des invalides de la ma-

15

rine sont spécialement et uniquement destinés à la récompense des services des officiers militaires et civils, maîtres, officiers mariniers, matelots, novices, mousses, sous-officiers, soldats, ouvriers et tous autres agents ou employés, entretenus ou non entretenus, du département de la marine, au soulagement de leurs veuves et enfants, même de leurs pères et mères, ainsi qu'aux dépenses concernant l'administration et la comptabilité de l'établissement.

Art. 5. La caisse conserve les dotations et revenus qui lui ont été attribués par les édits, lois, ordonnances et règlements rendus jusqu'à ce jour, et dont elle est actuellement en jouissance.

Ces dotations et revenus se composent :

1° De la retenue de 3 centimes par franc sur toutes les dépenses de la marine et des colonies, tant pour le personnel que pour le matériel ;

2° Des droits établis sur les armements du commerce et de la pêche ; savoir :

Sur les gages des marins du commerce naviguant à salaires, 3 centimes par franc ;

Sur les bénéfices des marins du commerce naviguant à la part :

Pour chaque capitaine, maître ou patron, 1 franc 80 centimes par mois.

Pour chaque officier marinier, 90 centimes par mois ;

Pour chaque matelot indifféremment, 45 centimes par mois ;

Sur les bateaux de pêche :

Pour ceux de vingt tonneaux et au-dessous, 1 franc 20 centimes par tonneau et par an ;

Pour ceux au-dessus de vingt tonneaux, 1 franc 50 centimes par tonneau et par an ;

3° De la solde entière des déserteurs de nos bâtiments, des arsenaux, chantiers et ateliers de nos ports,

Et de la moitié de la solde des déserteurs des bâtiments du commerce ;

4° Du produit non réclamé des successions des marins et autres personnes mortes en mer; des parts de prises, gratifications, salaires, journées d'ouvriers et autres objets concernant le service de la marine;

5° De la totalité du produit non réclamé des bris et naufrages;

6° Des droits réglés sur les produits des prises, savoir:

Sur les prises faites par nos bâtiments de guerre,

2 1/2 p. 0/0 du produit brut de toutes les prises quelconques faites sur l'ennemi;

1/2 p. 0/0 du même produit en faveur des caissiers des prises;

Et, indépendamment des deux retenues ci-dessus, le tiers du produit net des corsaires, bâtiments et cargaisons pris sur le commerce ennemi;

Sur les prises faites par les corsaires,

5 p. 0/0 du produit net desdites prises;

7° De la plus-value des feuilles de rôles délivrées pour les armements et désarmements des bâtiments de commerce;

8° Du produit des amendes et confiscations légalement prononcées pour contraventions aux lois et règlements maritimes;

9° Des produits de prises non répartissables;

10° Enfin, des arrérages des rentes appartenant à la te caisse sur le grand-livre de la dette publique et revenu des autres placements provenant de ses économies.

Art. 6. La caisse jouira seule des droits qui lui sont tribués sur les prises, et de la totalité du produit non réclamé des bris et naufrages; en conséquence, nous révoquons et annulons la disposition de l'art. 4 de notre ordonnance du 12 décembre 1814, qui admettait la caisse de l'hôtel royal des invalides de la guerre au partage de ses droits et produits.

Art. 7. La caisse continuera d'être chargée du payement:

1° Des demi-soldes et pensions accordées aux marins

de l'État et du commerce, à leurs veuves et enfants, pères et mères, le tout dans les proportions déterminées par les ordonnances et règlements;

2° Des soldes de retraite, pensions, traitements de réforme et gratifications accordés aux officiers civils et militaires et aux entretenus du département de la marine;

3° Des gratifications et secours accordés aux marins, soldats, ouvriers et entretenus du département de la marine, à leurs veuves et à leurs enfants;

4° Du secours annuel de 6,000 francs attribué à l'hospice de Rochefort, pour la subsistance et l'entretien de douze veuves infirmes et de quarante orphelines de marins, ouvriers et militaires de la marine;

5° Des gratifications allouées aux officiers et équipages des corsaires, en raison du nombre des prisonniers amenés dans les ports, et du nombre et calibre des canons capturés;

6° Des appointements attribués au bureau chargé de son administration, des traitements, taxations et attributions accordés au trésorier général à Paris, et aux trésoriers particuliers dans les ports;

7° Des frais du bureau administratif, des frais de service du trésorier général et des trésoriers particuliers; plus, des frais d'impression, soit des rôles d'armement et de désarmement du commerce, soit des états de situation, et généralement de tous autres frais et impressions uniquement relatifs à son administration.

Art. 8. La caisse versera en outre, dans la caisse des invalides de la guerre, le montant de la pension représentative de l'hôtel, pour tout marin et militaire de la marine qui sera admis à l'hôtel royal des invalides.

Art. 9. La caisse ne supportera aucuns frais ordinaires, que ceux qui seront réglés par notre ministre secrétaire d'État de la marine pour le traitement des agents auxquels seront confiées l'administration et la comptabilité de l'établissement.

À l'égard des frais extraordinaires, il ne sera alloué

que ceux nécessaires pour assurer le recouvrement des sommes dues à l'établissement.

Art. 10. Si, par succession de temps, ou par l'effet de circonstances impévues et par le résultat d'une sage et bonne administration, la caisse parvenait à réunir des fonds supérieurs aux besoins de son service courant, nous entendons que ces sommes surabondantes soient immédiatement capitalisées et placées, au profit de l'établissement, en inscriptions sur le grand-livre de la dette publique.

Art. 11. Il y aura un trésorier général de la caisse des invalides de la marine à Paris, et des trésoriers particuliers dans chacun des ports où nous jugerons convenable d'en établir. Ces trésoriers, en même temps caissiers des gens de mer et des prises, seront sous les ordres immédiats et exclusifs de l'administration de la marine.

Les trésoriers des ports seront tenus d'avoir, partout où besoin sera, des préposés chargés, sous leurs ordres et leur responsabilité, des recettes locales et remises de fonds.

Le trésorier général et les trésoriers particuliers fourniront un cautionnement dont la nature et la quotité seront fixées par notre ministre secrétaire d'État de la marine, d'après l'importance relative de leur service.

Art. 12. Les consuls de France établis dans les pays étrangers, et les payeurs généraux dans nos colonies, rempliront provisoirement les fonctions de trésoriers des invalides de la marine et de caissiers des gens de mer et des prises, et se conformeront, à cet égard, aux instructions qui leur seront données par notre ministre secrétaire d'État de la marine.

Art. 13. Notre ministre secrétaire d'État de la marine aura seul la faculté d'ordonner les remises et versements de fonds d'une caisse dans une autre, suivant les besoins du service.

Art. 14. Aucune recette ne pourra être admise, aucune dépense ne pourra être allouée sur la caisse des invalides, qu'en vertu d'une ordonnance signée par notre ministre secrétaire d'État de la marine.

Art. 15. L'administration de la marine est chargée des poursuites à faire pour la rentrée des sommes dues à l'établissement, à quelque titre que ce soit.

Elle est également chargée de vérifier les recettes et dépenses journalières du trésorier général et des trésoriers particuliers, d'inspecter leurs caisses, d'en constater la situation, de prendre connaissance de leurs écritures, et de surveiller toutes leurs opérations et leur comptabilité.

Néanmoins, pour être assuré que le service des invalides, sous le rapport des finances, demeure soumis aux règles générales de la comptabilité, nous conservons à notre ministre secrétaire d'État des finances la faculté de faire inspecter la caisse générale à Paris et les caisses particulières dans les ports, toutes les fois qu'il le jugera convenable.

Les administrateurs de la marine chargés de la surveillance et de l'inspection ordinaire desdites caisses seront tenus d'être présents, afin d'assister et de seconder les agents du trésor dans ces vérifications extraordinaires.

Art. 16. Tous les ans, au 1er du mois de mai, chacun des trésoriers particuliers formera son compte de l'année précédente, dûment visé et certifié par l'administration de la marine, et l'adressera au trésorier général à Paris.

Le trésorier général réunira tous ces comptes à celui qu'il doit fournir pour sa propre gestion, et en dressera un compte-général, qui sera soumis, dans le cours de l'année, à l'examen et au jugement de notre cour des comptes.

Art. 17. Il sera statué, par un règlement particulier, sur les fonctions et devoirs des administrateurs de la marine, des trésoriers et de tous autres agents qui doivent concourir au service de la caisse des invalides; sur les formes à observer de la part des prétendants à des soldes de retraite, demi-soldes, pensions et secours, et enfin sur tous les détails d'administration et de comptabilité de l'établissement.

Art. 18. Les dispositions de la présente ordonnance seront exécutées à dater du 1er juillet prochain.

En conséquence, le personnel des trésoriers et le matériel des fonds de la caisse des invalides rentreront, à cette époque, sous l'autorité de l'administration de la marine; et tous les dépositaires des caisses cesseront d'être réputés agents du trésor royal.

Art. 19. Sont et demeurent abrogées toutes dispositions contraires à celles de la présente ordonnance.

Mandons et ordonnons, etc.

Donné à Paris, le 22 mai 1816.

Signé LOUIS.

Par le Roi :

Le Ministre de la marine et des colonies,
Signé le vicomte DU BOUCHAGE.

Annales maritimes, 1816, p. 281.

***

Nº 1676. — *Ordonnance des administrateurs en chef déterminant les mesures à prendre et les travaux à faire pour le rétablissement de la salle de spectacle à Saint-Pierre.*

1er juin 1816.

Nous, etc., attendu qu'on est généralement d'accord, à Saint-Pierre, sur l'utilité et, pour ainsi dire, même sur la nécessité d'y établir un bon spectacle à demeure;

Attendu que le commerce réclame cet établissement, que les propriétaires de maisons y voient un avantage;

Considérant que les magistrats eux-mêmes, chargés de la police, pensent que le bon ordre et la tranquillité publique y gagneront;

Considérant en outre qu'il est d'autant plus convenable de s'occuper de cet établissement que les premières bases en existent déjà, et qu'il ne s'agit que de restaurer la grande salle de spectacle qui fut construite il y a trente ans;

Considérant enfin que cet établissement ne peut être solide et permanent qu'autant que le terrain, l'édifice et ses appartenances seront propriétés de la ville de Saint-Pierre;

Nous, en vertu des pouvoirs à nous départis par Sa Majesté, avons ordonné et ordonnons ce qui suit :

Art. 1er. Le commissaire principal de l'administration municipale, agissant en cette qualité, se portera, au nom et pour le compte de la ville de Saint-Pierre, adjudicataire des terrains et bâtiments dépendants de la succession du sieur Pierre-Paul Fourn ; lesquels composant dans leur ensemble le local dit *de la Comédie,* seront incessamment vendus à la requête des héritiers bénéficiaires dudit sieur Fourn, à la barre du siége de la sénéchaussée de Saint-Pirre, et ce, aux termes, clauses et conditions portés au cahier des charges, dont nous avons pris connaissance.

Art. 2. Dès que l'administration municipale aura été mise en possession des choses par elle acquises de la manière énoncée en l'article précédent, il sera pris par l'intendant toutes les mesures nécessaires de finances pour assurer non-seulement le payement du prix de la vente, mais encore celui des dépenses auxquelles s'élèveront la restauration de la salle de spectacle ainsi que les réparations du café et des bains qui en dépendent.

Art. 3. Il sera en outre compris dans ces dépenses celle que nécessitera le dégagement des lieux, de manière à les rendre commodément accessibles au public et susceptibles d'une prompte évacuation en cas d'accident quelconque, avantages qui lui seront assurés en donnant à l'édifice une double entrée par la Grand'Rue.

Art. 4. De tout quoi il sera dressé, par ordre de l'intendant, des plans et devis qui, après avoir été de lui approuvés, devront être mis à exécution dans le plus court délai possible, afin de faire produire à la chose même une partie des moyens destinés à en couvrir les dépenses.

Art. 5. En conséquence de ce qui précède, dès que les

bâtiments indiqués par l'art. 2 se trouveront restaurés et installés d'une manière conforme à leur destination, la salle de spectacle, ensemble le magasin des décorations et du fonds des costumes, seront livrés au directeur qui alors se trouvera porteur de notre privilége aux conditions soumissionnées, qui seront préalablement réglées par l'intendant. Le café et les bains seront en même temps loués d'après les offres les plus avantageuses qui seront faites à ce sujet. Quant à la portion de terre du Morne-Mirail comprise dans la vente, il en sera tiré le meilleur parti possible dans l'intérêt de la ville.

Art. 6. Les recettes et dépenses relatives à l'objet dont s'agit seront établies au bureau principal de l'administration municipale et par le trésorier des deniers municipaux sur un registre particulier, qui servira jusqu'au final payement du prix de l'acquisition et des frais de restauration du local entier, comme aussi du remboursement des actions prises et à prendre afin de suppléer à la majeure partie des impositions qu'il faudrait lever extraordinairement sur la ville, pour former l'établissement désiré par elle comme étant de nature à favoriser le commerce et l'industrie.

L'intendant nommera parmi les actionnaires, sur la proposition de ceux-ci, trois syndics qui, avec MM. les commissaires du commerce, pourront, quand ils le désireront, prendre connaissance au bureau principal de l'administration municipale de la situation des recettes et dépenses concernant ledit établissement.

Prions Messieurs du conseil supérieur, et mandons aux officiers des sénéchaussées de faire enregistrer la présente ordonnance, dont nous renvoyons l'exécution, en tout ce qui le concerne, au commissaire principal de l'administration municipale.

Donné à la Martinique, le 1er juin 1816.

Signé DE VAUGIRAUD et DUBUC.

Et plus bas, SORIN et FOURNIER, secrét.

Greffe de Saint-Pierre. Reg. des ordres et déc., f. 145. — Enregistré au conseil supérieur, 2 juillet 1816.

N° 1677. — *Dépêche ministérielle aux administrateurs sur l'application de l'ordonnance royale du 29 novembre 1815 aux colonies, et sur l'étendue de la surveillance des contrôleurs de la marine qui y résident.*

15 juin 1816.

Messieurs, vous avez reçu, dans la collection du *Bulletin des lois,* l'ordonnance du 29 novembre 1815, concernant la régie et administration générale et particulière des ports et arsenaux de la marine.

Les dispositions de cette ordonnance sont exécutoires aux colonies autant que le comporteront les localités, et je vous invite à les appliquer immédiatement à l'administration de la Martinique.

Vous sentirez combien il importe d'assurer à l'exercice des attributions des contrôleurs toute son indépendance et toute son étendue. Dans les colonies la surveillance de ce fonctionnaire ne saurait être bornée, comme en France, aux différentes parties du service marine, elle doit porter sur toutes les autres branches du service administratif, guerre et finance.

Une autre institution dont l'utilité ne vous échappera pas est celle du conseil d'administration. Vous aurez à déterminer quels sont les points où de semblables conseils pourront être établis et de quels éléments ils y seront composés.

Vous voudrez bien me rendre compte des diverses modifications que vous aura paru exiger dans les détails de son application l'ordonnance du 29 novembre 1815, et vous êtes autorisés à la mettre provisoirement en exécution.

Recevez l'assurance, etc.

Le *Ministre de la marine,*
Signé le vicomte DU BOUCHAGE.

Inspection. Reg. 4, n° 611.

———————

N° 1678. — *Dépêche ministérielle ordonnant d'établir dans* *la colonie un conseil de santé, à l'instar de ceux établis en France par l'ordonnance royale du 29 novembre 1815.*

20 juin 1816.

Messieurs, dans le nombre des institutions établies ou maintenues par l'ordonnance du roi du 29 novembre 1815, qui a fait l'objet de ma circulaire du 13 juin 1816, il en est une dont l'application aux colonies semble n'offrir que des avantages. Je veux parler du conseil de santé. Cette institution a eu le plus heureux résultat dans les ports de France, et ses effets se feront bien plus sentir encore dans les colonies, où les trois chefs du service sanitaire ne sauraient trop souvent se concerter et se communiquer leurs observations. J'ai l'honneur de vous inviter, en conséquence, à établir un conseil de santé à la Martinique, sous les modifications que les localités vous paraîtront exiger à l'article 18 de l'ordonnance du 29 novembre 1815. Vous voudrez bien me rendre un compte motivé de ce que vous aurez fait à cet égard.

Recevez, etc.

Le Ministre de la marine et des colonies,
Signé DU BOUCHAGE.

Arch. du gouvernement. Dép. ministérielles.

———◆◆◆———

N° 1679. — *Dépêche ministérielle aux administrateurs en chef annonçant l'envoi d'un modèle d'appareil fumigatoire pour le traitement des maladies cutanées.*

20 juin 1816.

Messieurs, j'ai l'honneur de vous prévenir que je fais expédier pour la colonie dont l'administration vous est confiée le modèle d'un appareil fumigatoire, au moyen duquel on traite avec succès, et en très peu de temps, les maladies cutanées.

Je vous autorise et vous engage à faire exécuter en grand le nombre de ces machines que vous jugerez convenable. Le rapport à observer entre les dimensions du modèle et celles que doit avoir l'appareil nécessaire au traitement d'un malade, est de 2 pouces 5 lignes à un pied.

Je confie à votre humanité le soin de remplir, dans cette circonstance, les intentions paternelles du gouvernement, en encourageant l'usage d'un procédé dont l'expérience a démontré les avantages, et dont l'introduction ne peut qu'être précieuse dans un pays où les maladies cutanées sont communes et difficiles à guérir.

Recevez, etc.

Le Ministre de la marine et des colonies,
Signé DU BOUCHAGE.

Arch. du gouvernement. Dép. ministérielles, n° 13.

N° 1680. — *Dépêche ministérielle portant suppression de l'indemnité de logement de 1,000 francs ou de 1,500 francs des colonies, accordée aux greffiers des divers tribunaux de la Martinique.*

20 juin 1816.

Arch. de l'ordonnateur. Dép. ministérielles, 1816, n° 4.

N° 1681. — *Arrêté des administrateurs en chef relatif à divers travaux de construction et d'agrandissement concernant l'église du Mouillage, à Saint-Pierre, son presbytère et le cimetière y attenant.*

4 juillet 1816.

Nous, etc., attendu : 1° que la contribution votée par la paroisse du Mouillage, dans sa délibération du 9 octobre 1815, homologuée le 14, est insuffisante pour les réparations de son église auxquelles elle s'applique ;

2° Que ces réparations en ont nécessité d'autres non moins urgentes dans l'intérieur et les décorations de ladite église;

3° Qu'il est temps aussi de faire cesser l'inconvenance

que cette paroisse soit la seule de la colonie qui n'ait ni presbytère, ni clocher, ni cimetière suffisants et convenablement placés ;

Et à cet égard, considérant que ladite paroisse, créée récemment en fabrique, a été privée des ressources que lui auraient procurées les fondations qui y étaient attachées et qui se sont confondues dans le trésor public, avec les propriétés des ci-devant religieux Dominicains, et que conséquemment il est jute de venir à son secours dans les dépenses qu'elle va faire et qui ne peuvent plus s'ajourner, parce que les intérêts de la religion, des mœurs et de l'ordre public ne permettent plus aucun retard ;

Vu les divers projets des administrations antérieures, les compensations et les concessions déjà faites, ainsi que les décisions prises sur cette matière et remplacées par de nouvelles dispositions, dans le plus grand intérêt de la chose publique ;

Après avoir mûrement délibéré,

Avons arrêté :

Art. 1er. Le terrain borné à l'est par le mur qui soutient la terrasse dite l'allée des Pères-Blancs, en face du collège royal, et qui confronte au nord, au sud et à l'ouest, à l'allée dudit collége, à la rue de la Magdeleine et à la place dite Laussat, élargie jusqu'à l'alignement de la rue nouvellement ouverte, entre les rues Beauséjour et Saint-Dominique, est concédé, et il appartiendra en pleine et libre propriété à la paroisse du Mouillage, à compter d'aujourd'hui.

Art. 2. Sur ce terrain sera construit le presbytère d'une manière solide, durable et commode, avec les accessoires ou bâtiments de servitudes ou autres, pour y loger le curé et au besoin trois desservants, leurs domestiques et deux chevaux.

Art. 3. Le clocher, restant où il est actuellement, sera confectionné jusqu'à hauteur convenable, et il sera ménagé un logement pour le sonneur et le sacristain.

Art. 4. Le cimetière sera transféré au haut de ladite

rue de la Magdeleine, et réuni à celui qui y est déjà. On l'agrandira du terrain que laisse l'alignement projeté de ladite rue et des terrains contigus à la chapelle des nègres, pour l'acquisition desquels il sera pris par le gouvernement des arrangements avec les propriétaires;

Art. 5. Le comité paroissial du Mouillage proposera ses plans pour la construction du presbytère, la confection du clocher, l'établissement du nouveau cimetière et l'emploi du second, de manière à rappeler et consacrer son premier usage; il devra l'avoir fait avant le 1er août prochain.

Art. 6. Le gouvernement prononcera sur les plans proposés, et y fera les changements qu'il croirait convenables à leur objet.

Art. 7. La confection du clocher et tout ce qui sera relatif au cimetière abandonné sera à la charge de la paroisse, ainsi que les frais relatifs à la construction du presbytère, auquel néanmoins le gouvernement contribuera pour une somme de cinquante mille livres coloniales, qui sera accordée de la caisse coloniale à la paroisse, d'après les motifs énoncés dans le préambule; en outre du terrain concédé par l'article 1er, il sera pourvu par la paroisse à sa quote-part de cette dépense par une contribution annuelle, égale à celle votée pour l'année dernière, pendant l'espace de trois années consécutives, indépendamment de la présente année.

Art. 8. Le gouvernement fera en outre les avances nécessaires pour l'accélération des travaux et s'en remplira sur la recette. Cette recette, comme la précédente, se fera par les mêmes personnes chargées de la recette des contributions publiques.

Art. 9. Cette comptabilité sera réglée et arrêtée tous les ans entre le trésorier et le marguillier, et visée par l'intendant.

Art. 10. Les contribuables qui auraient négligé de s'acquitter, avant le 1er de septembre prochain pour la contribution de l'année dernière, avant le 1er février 1817 pour celle de la présente année, et avant le 31 dé-

cembre des autres années pour les contributions desdites années, y seront contraints comme pour deniers
royaux; leurs comptes seront remis à cet effet au bureau des huissiers chargés d'exécuter sur un premier
commandement et autorisés contre eux aux frais de
l'exécution et à une commission de cinq pour cent.

Art. 11. Le gouvernement fera, à ses frais, les achats
et toutes les dépenses d'établissement du nouveau cimetière.

Art. 12. Ces divers travaux seront donnés à l'entreprise,
adjugés et inspectés dans la forme des travaux publics.

Le comité paroissial nommera des commissaires chargés d'en surveiller l'exécution, et leurs observations
seront portées à l'intendant.

Prions Messieurs du conseil supérieur, etc.

Donné à la Martinique, le 4 juillet 1816.

Signé le comte DE VAUGIRAUD et DUBUC.

Gazette de la Mart. 1816, n° 85. — Enregistré au conseil supérieur, le même
jour.

N° 1682. — *Circulaire ministérielle qui prescrit de mettre
sous bandes toutes lettres et tous paquets adressés, pour
le service, sous le couvert ministériel.*

7 juillet 1816.

Monsieur l'intendant,

D'après les observations qui m'ont été faites par M. le
marquis d'Herbouville, directeur général des postes,
sur les abus qui pourraient résulter du contre-seing, et
sa demande réitérée de prendre des mesures pour prévenir ces abus, je viens, par décision du 30 juin, d'arrêter
les dispositions suivantes :

1° Toutes lettres et paquets adressés sous le couvert
ministériel, et pour le service, devront être mis sous
bandes, soit ceux pour les chefs de service de l'administration centrale du ministère, soit ceux adressés
pour être renvoyés dans les ports après avoir été timbrés
du contre-seing ;

2° Toutes lettres adressées sous le couvert ministériel, et qu'on reconnaîtrait n'avoir point le service pour objet, seront renvoyées à la direction générale des postes pour être taxées;

3° Toutes lettres étrangères au service, ou pour des personnes qui ne tiennent pas au département de la marine, seront également renvoyées à la direction des postes pour être taxées.

Je vous invite à faire connaître ces dispositions à tous les chefs et employés sous vos ordres, de tenir la main à sa stricte exécution, de faire enregistrer cette lettre au contrôle et de m'en accuser réception.

Recevez, etc.

Le Ministre de la marine et des colonies,
Signé DU BOUCHAGE.

Inspection. Reg. 4, n° 330.

N° 1683. — *Ordonnance du roi relative au produit des ventes d'objets appartenant à la marine.*

10 juillet 1816.

Louis, etc.,

Vu l'arrêté du 2 juin 1802 (13 prairial an x) prescrivant le versement dans les caisses des payeurs du trésor, à titre de recettes extraordinaires, des produits de ventes de munitions navales et vivres hors de service ou inutiles;

Considérant que les objets appartenant à la marine, et existant dans les ports au moment de la formation des budgets annuels, font partie intégrante de l'approvisionnement nécessaire à nos arsenaux maritimes; qu'il n'en peut être distrait ou vendu sans qu'il soit pourvu à leur remplacement immédiat, et que ce remplacement offre un emploi naturel des fonds qui proviennent desdites ventes;

Voulant, toutefois, que le produit des objets avariés et vendus soit assujetti aux formes ordinaires de la comptabilité, et ne puisse être employé arbitrairement;

ur le rapport de notre ministre secrétaire d'État au
tement de la marine et des colonies, notre ministre
pe d'État des finances entendu,
s avons ordonné et ordonnons ce qui suit :

1er. Les dispositions de l'arrêté du 2 juin 1802
(13 prairial an x) sont et demeurent abrogées, à compter
du 1er janvier 1816.

Art. 2. Notre ministre secrétaire d'État au département
de la marine prononcera sur l'emploi des munitions et
matériaux provenant de nos arsenaux maritimes qui,
par vétusté, détérioration ou toute autre cause, seront
susceptibles d'être échangés ou vendus.

Art. 3. Lorsqu'il y aura lieu de les faire vendre publiquement, leur condamnation sera préalablement prononcée par une commission, comme objets inutiles ou
hors de service, et les ventes auront lieu par la voie des
enchères.

Art. 4. Le produit de ces ventes sera versé par les
acquéreurs, à la diligence de l'administration de la
marine, dans les caisses des receveurs généraux des
départements.

Art. 5. Pour que le produit desdites ventes rentre
lement au crédit de la marine, et que l'emploi en
assujetti aux règles ordinaires de la comptabilité,
e ministre de la marine en exercera la reprise à
sure des recouvrements, par des annulations pro-
tionnelles opérées par notre ministre des finances
des ordonnances antérieures de remises de fonds
les ports, ainsi que cela se pratique pour les rem-
ursements de ministère à ministère.

Art. 6. Nos ministres de la marine et des finances
ont chargés, chacun en ce qui le concerne, de l'exé-
tion de la présente ordonnance.

Signé LOUIS.

Et, par le Roi :

Le Ministre de la marine et des colonies,
DU BOUCHAGE.

Nº 1684. — *Dépêche ministérielle aux administrateurs ç chef relative à l'abolition de la traite et aux encourage ments à accorder pour la conservation et l'accroissemer de la population noire.*

16 juillet 1846,

Messieurs, l'abolition presque générale de la trait des nègres est un événement qui, sans toucher a maintien de l'esclavage, doit néanmoins exercer un grande influence sur le régime des ateliers.

En consentant, au mois de mai 1814, à prohibe entièrement ce commerce au bout d'un intervalle d cinq années, Sa Majesté avait pu se flatter de ne poin trop compromettre l'intérêt des cultures de ses colonies Quand elle a, depuis lors, pris l'engagement de fair immédiatement cesser, de la part de ses sujets, le trafi des esclaves, elle ne s'y est déterminée que par de considérations politiques d'un ordre supérieur; mai elle ne s'est point dissimulé que, par l'interdiction subit de toute nouvelle importation de noirs, ses colonie allaient être placées, quant au recrutement de leur ateliers par les seules naissances (unique recrutemen possible désormais), dans une situation bien moins favo rable que celle où les avait mises le traité du 30 mai 1814

Aujourd'hui donc, plus que jamais, pour que l culture subsiste, pour que la fortune du colon ne s détériore point, il faut que l'esclave jouisse de toute l somme de bonheur que comporte son état; c'est ur instrument précieux dont on ne saurait se passer, et qu ne peut être remplacé. Pour s'en conserver l'usage, on m doit l'employer qu'avec les plus grands ménagements.

On assure que plusieurs habitations, et entre autres quelques-unes appartenant aux ordres religieux, et notamment aux Jésuites, ont autrefois offert, dans les colonies françaises, et particulièrement à Cayenne, le spectacle d'ateliers d'esclaves se recrutant par eux-mêmes. La tradition des moyens employés pour y parvenir n'a pas dû se perdre, et l'on doit s'attacher à les connaître et à les mettre en pratique.

faut aussi tenir la main à l'exécution de l'édit du
de mars 1685, connu sous le nom de *code noir*,
des autres dispositions réglementaires qui auraient
té faites depuis, pour encourager la population des
sclaves.

Vous ne négligerez point d'encourager l'emploi des
mécaniques propres à diminuer ou à faciliter le travail
les hommes ou des animaux, telles que la charrue et
es moulins à vapeur. Les procédés chimiques récem-
nt découverts pour le perfectionnement du sucre
ouveront aussi dans nos colonies une heureuse appli-
ion. Peut-être les bateaux à vapeur pourraient-ils
substitués aux bâtiments ordinaires affectés au
cabotage, et laisser ainsi à la culture un assez grand
bre de nègres robustes.

is rien ne sera plus puissant, pour améliorer le
e l'esclave, que l'attention constante des adminis-
rs à distinguer les bons maîtres. Je vous invite à
à cet égard, entre les colons, une rivalité géné-
e, et à me faire connaître les propriétaires d'habi-
s qui auront obtenu l'avantage dans cette lutte
manité et de raison.

Majesté entend affecter, chaque année, à la ré-
ense de ces colons estimables, un certain nombre
x de son ordre royal de la Légion d'honneur.

oi veut que cette disposition soit exécutée à
ter de 1817, et vous aurez à me proposer, au plus
n projet relatif au mode de présentation des can-
s.

e ne doute pas que vous ne mettiez un véritable
et à concourir, à cet égard, aux intentions sages et
faisantes du souverain; j'en recommande l'objet à
soins et à toute votre attention.

cevez, etc.

Le Ministre de la marine et des colonies,

Signé Comte DU BOUCHAGE.

Arch. du gouvernement. Dép. ministérielles, n° 17.

Nº 1685. — *Ordonnance du roi qui supprime dans les différents codes les dénominations, expressions et formules qui ne sont plus en harmonie avec le gouvernement établi par la charte.*

17 juillet 1816.

Nota. Cette ordonnance a été promulguée à la Martinique le 19 juillet 1821, et enregistrée au greffe de la cour royale le 20 juillet 1821.

Journal de la Mart., 1821, nº 62.

Nº 1686. — *Règlement portant organisation de la caisse des gens de mer.*

17 juillet 1816.

Annales maritimes, 1816, 1ʳᵉ partie, p. 317.

Nº 1687. — *Règlement du roi portant instruction sur l'administration et la comptabilité de l'établissement des invalides de la marine* (1).

17 juillet 1816.

Sa Majesté s'étant fait représenter son ordonnance du 22 mai 1816, et voulant recueillir, dans un seul et même règlement, toutes les dispositions relatives à l'administration et à la comptabilité de la caisse des invalides de la marine, afin de garantir la perception et le bon emploi des fonds d'un établissement qu'elle a rendu à sa destination primitive, et dont les gens de mer sont appelés à recueillir les avantages, elle a arrêté les dispositions dont la teneur suit :

TITRE Iᵉʳ.

ADMINISTRATION DE L'ÉTABLISSEMENT.

Art. 1ᵉʳ. L'établissement des invalides de la marine continue d'être formé de trois services distincts, savoir :

---

(1) Notifié à la Martinique par dépêche ministérielle d'envoi du 28 octobre 1816. (Arch. du gouvernement.)

...sse des prises ;
...sse des gens de mer ;
...sse des invalides.

Art. 2. L'administration et la comptabilité de l'établissement des invalides, replacées dans les attributions
exclusives du département de la marine par l'ordonnance du 22 mai 1816, sont confiées, sous les ordres
du ministre secrétaire d'État de ce département :

À Paris, au directeur général de l'établissement et au
chef de la division des invalides ;

Dans les ports, aux intendants de la marine, commissaires généraux et commissaires principaux des
arrondissements et sous-arrondissements, et, sous leurs
ordres, aux commissaires et officiers d'administration
chargés du service des classes.

Les contrôleurs et sous-contrôleurs de la marine,
également chargés, par l'ordonnance du 29 novembre
... sur *la régie des ports et arsenaux,* de veiller aux
... de l'établissement des invalides, en inspectent
... recettes et les dépenses ; ils prennent connaissance
... tous les détails d'administration, et transmettent,
... à lieu, leurs observations au ministre ; ils accélèrent
... liquidations, répartitions et versements ; ils guident
... commissaires des classes dans les poursuites et diligences que ceux-ci ont à faire ; ils interviennent d'office
... les fois que leur action peut être utile à l'établisse...
... enfin, ils sont appelés à activer et à régulariser,
... concert avec l'administration des classes de leur
... toutes les parties du service des invalides de la
... ne.

Les administrateurs des quartiers doivent correspondre,
... avec les intendants et administrateurs supérieurs
... vec les contrôleurs et sous-contrôleurs, sur les
... rents objets concernant le service. (Loi du 13 mai
... titre V.)

Art. 3. Le trésorier général, à Paris, est chargé de
... emble de la comptabilité.

... trésorier général et les trésoriers des ports sont

en même temps caissiers des prises et des gens de mer. (Édit de 1720. Règlement du 1er juin 1782. Loi du 13 mai 1791. Arrêté du 5 août 1795 [18 thermidor an III].)

Le trésorier général est nommé par le roi.

Les trésoriers particuliers sont à la nomination du ministre secrétaire d'État de la marine.

Ils peuvent être chargés du service des invalides dans plusieurs quartiers des classes. Ils sont tenus d'avoir, dans chaque quartier de leur ressort où il est jugé nécessaire d'en établir, un préposé chargé, sous leurs ordres et leur responsabilité, des opérations locales de comptabilité. Ce préposé, qui est au choix du trésorier et révocable à sa volonté, est soumis à l'inspection de l'officier d'administration du quartier où il réside.

Les trésoriers des ports correspondent avec le trésorier général sur tous les objets de leur comptabilité, comme aussi avec les administrateurs dans le ressort desquels ils se trouvent placés.

Art. 4. Le trésorier général et les trésoriers particuliers fournissent un cautionnement dont la nature et la quotité sont déterminées par le ministre secrétaire d'État de la marine.

La portion du cautionnement qui doit être réalisée, soit en numéraire, soit en inscriptions sur le grand livre de la dette publique, est déposée à l'administration des cautionnements, établie par l'ordonnance du 8 mai 1816.

Les actes relatifs à la portion du cautionnement fournie en immeubles sont déposés au contrôle de chaque arrondissement ou sous-arrondissement. Expédition en est adressée au ministre secrétaire d'État de la marine.

L'acte du cautionnement immobilier du trésorier général est déposé au ministère.

Art. 5. Les consuls de Sa Majesté en pays étrangers remplissent les fonctions de trésoriers des invalides, et perçoivent, en cette qualité, tous les produits revenant aux trois caisses. (Édit de 1720, titre X.)

les receveurs ou payeurs des colonies peuvent être ésignés par le ministre pour remplir les mêmes fonctions.

Art. 6. Le but du présent règlement étant de généraliser les principes et de centraliser l'administration, de manière à lui donner une marche uniforme et régulière, à prévenir les erreurs, réparer le omissions et tenir les administrateurs en chef et les contrôleurs et sous-contrôleurs au courant de toutes les opérations d'une comptabilité particulièrement soumise à leur surveillance, la marche du service sera établie de telle sorte que les quartiers où résident les préposés soient au quartier réside le trésorier ce qu'est celui-ci aux chef-lieux d'arrondissement ou de sous-arrondissement. (Circulaire 2 août 1796 [15 thermidor an IV].)

En conséquence, l'administrateur supérieur et le contrôleur ou sous-contrôleur feront passer, par la voie du quartier de la résidence du trésorier, les ordres et recettes qui devront être transmis aux autres quartiers du ressort, afin que ledit trésorier soit toujours instruit des dispositions qui pourraient être faites sur des fonds dont il est responsable.

À l'égard des pièces de comptabilité nécessaires à l'exécution des ordonnances à délivrer chaque semestre par le ministre secrétaire d'État de la marine, pour la régularisation des recettes et des dépenses, elles sont visées par l'intendant ou administrateur supérieur de chaque arrondissement ou sous-arrondissement, pour être par lui transmises collectivement au ministre. (Instruction du 15 février 1813.)

TITRE II.
CAISSES DE DÉPOT.

Caisse des prises.

Art. 7. La caisse des prises est destinée à recevoir en dépôt le produit brut des prises faites par les bâtiments du roi, jusqu'à la clôture des liquidations administratives qui en déterminent l'application. (Arrêté du 5 août 1795 [18 thermidor an III].)

Elle reçoit aussi, pour les armements en course, le produit des ventes provisoires de prises qui peuvent être opérées avant le prononcé des jugements de confiscation. (Arrêté du 27 mars 1800, et règlement du 22 mai 1803 [6 germinal an VIII et 2 prairial an XI].)

Art. 8. Le produit brut des prises faites par les bâtiments du roi est versé dans ladite caisse, à mesure des ventes, sur les mandats du commissaire des classes qui sont délivrés au caissier des prises, avec expédition des procès-verbaux de vente.

Lorsque les navires capturés ou des objets en provenant ont été retenus pour le service de la marine, les procès-verbaux de vente sont remplacés par les procès-verbaux d'estimation, sur lesquels la marine a remboursé le prix desdits objets.

. Art. 9. Après la réalisation de tous les produits, la liquidation est arrêtée par le conseil d'administration de l'arrondissement ou du sous-arrondissement : elle est notifiée par le contrôleur ou sous-contrôleur au commissaire des armements et prises et au commissaire des classes.

Art. 10. Le commissaire des armements et prises dresse de suite l'état de répartition de la somme allouée aux capteurs : il transmet cet état au bureau des classes.

Art. 11. Le commissaire des classes délivre au caissier des prises :

Les mandats nécessaires pour le payement des frais de vente et autres dépenses allouées dans la liquidation;

L'expédition de l'état de répartition, avec un mandat de versement dans la caisse des gens de mer, de la somme revenant aux capteurs;

Enfin, l'ordre de versement dans la caisse des invalides du montant des droits de ladite caisse.

En sorte que les produits bruts déposés à la caisse des prises sortent de ladite caisse :

1° Par le payement des frais de vente;

2° Par le versement de la somme à répartir aux capteurs ;

3° Par celui des droits de la caisse des invalides.

Art. 12. Lorsque les prises faites par les corsaires sont vendues avant le jugement de confiscation, pour causes d'avaries ou autres motifs légitimes, le produit de ces ventes provisoires est déposé à la caisse des prises.

Art. 13. Le montant des ventes provisoires est remis aux armateurs après le prononcé du jugement de confiscation, à moins que des circonstances particulières n'exigent, pour la garantie des droits des équipages et de la caisse des invalides, que le dépôt soit prolongé jusqu'à la reddition des comptes définitifs.

Art. 14. Lorsque le résultat desdits comptes a fait connaître les sommes dont les armateurs restent redevables sur l'ensemble de la croisière, soit aux équipages, soit à la caisse des invalides, le commissaire des classes, en délivrant au caissier des prises l'état des sommes dues par les armateurs, expédie des mandats d'imputation sur les fonds déposés, pour les sommes à verser, soit dans la caisse des gens de mer, soit dans celle des invalides, jusqu'à due concurrence; et, s'il y a excédant, il délivre un mandat pour opérer la remise aux armateurs des fonds restants.

Art. 15. La recette et la remise des dépôts s'opèrent sur les mandats du commissaire des classes.

Caisse des gens de mer.

(Règlement du 1er juin 1782. *Idem* du 22 mai 1803 [2 prairial an XI], articles 107 et 108.)

Art. 16. Les recettes de la caisse des gens de mer se forment :

1° Des appointements, suppléments, traitements et salaires dus aux officiers, officiers-mariniers, marins et militaires provenant des bâtiments du roi et des navires du commerce, absents lors des payements;

2° Des mois de famille;

3º De la totalité des parts de prises acquises à bord des bâtiments de Sa Majesté; des parts dévolues aux absents, et éventuellement de celles revenant aux présents dans les prises faites par les corsaires;

4° Des gratifications dues aux marins et militaires absents;

5º Des sommes également acquises par les absents pour demi-solde à la caserne, demi-solde à l'armement ou en commission, solde à terre et journées d'ouvriers, réduction de rations et indemnités pour pertes d'effets;

6° Des produits de successions;

7° Des produits de bris et naufrages.

Art. 17. Le décompte des appointements, suppléments, traitements et salaires, s'opère, soit à la fin de l'année, soit au moment du désarmement des bâtiments.

Les sommes revenant aux absents sont consignées dans des états nominatifs, dressés, pour les bâtiments du roi, par les bureaux des armements, et pour les navires du commerce, par les bureaux des classes.

Art. 18. L'état des mois de famille est formé par les mêmes bureaux, chacun en ce qui le concerne.

Art. 19. Les états nominatifs de répartition respectivement dressés par les bureaux des prises et des classes déterminent le montant des ports de prises à déposer dans la caisse, soit pour les bâtiments du roi, soit pour les corsaires.

Art. 20. Les sommes qui doivent être versées pour gratifications, demi-solde à la caserne, demi-solde à l'armement ou en commission, solde à terre et journées d'ouvriers, réduction de rations, etc., sont comprises tous les mois dans des états dressés, suivant la nature des services, par les bureaux des classes, des armements, des revues et des chantiers et ateliers.

Art. 21. Au désarmement de chaque bâtiment du roi, l'inventaire des effets et hardes appartenant aux marins, militaires et passagers morts pendant le cours de la campagne est remis au bureau des armements du port où le bâtiment désarme, et lesdits effets et hardes, après avoir été timbrés du nom de l'individu décédé, ainsi que du folio et numéro du registre des inventaires, sont déposés au magasin général.

Les effets et hardes provenant d'individus embarqués sur les navires du commerce sont déposés, avec l'inventaire, au bureau des classes du port où le désarmement a eu lieu. (Règlement du 23 août 1739.)

Art. 22. Les espèces monnayées trouvées sur les décédés et le produit de leurs effets et hardes qui auraient été vendus dans le cours du voyage, pour cause de dépérissement ou pour tout autre motif, sont remis, lors du désarmement, au caissier des gens de mer.

Art. 23. Les effets et hardes déposés au magasin général ou au bureau des classes, et qui n'ont point été réclamés, sont vendus après un an de dépôt, ou plus tôt s'il est jugé nécessaire, d'après les ordres de l'administrateur en chef de la marine, par les soins et en présence du commissaire des classes, qui dresse un procès-verbal où les différents articles sont consignés séparément. Le produit de la vente est également remis au caissier des gens de mer.

Art. 24. En cas de naufrage, le commissaire des classes du quartier où cet événement a lieu est chargé, à défaut des armateurs, propriétaires, subrécargues ou correspondants, des opérations du sauvetage, quelle que soit la qualité du navire; et jusqu'à son arrivée, le syndic des gens de mer donne les premiers ordres, et requiert, s'il en est besoin, l'assistance des autorités locales, pour pourvoir au sauvetage et pour empêcher le pillage des objets sauvés. (Arrêté du 7 mai 1801 [17 floréal an XI].)

Il en est de même pour les bris et échouements d'objets arrivés isolément au rivage, et pour les épaves trouvées en mer.

Art. 25. Les bois de construction et autres objets appartenant au roi sont remis sur-le-champ à l'administration de la marine, qui doit en faire acquitter le sauvetage, conformément aux dispositions du tarif arrêté par le ministre secrétaire d'État de la marine, le 22 avril 1816.

Art. 26. Les objets provenant des naufrages, bris, échouements, etc., non appartenant au roi, sont déposés dans un magasin à deux clefs, dont l'une est remise à l'administrateur de la marine et l'autre au chef du service des douanes de la résidence, après que la nature, le nombre et la quotité desdits objets ont été constatés par le procès-verbal de sauvetage.

La durée du dépôt en magasin est d'un an et jour, après lequel délai, et à défaut de réclamation de la part des propriétaires, les objets sauvés sont vendus. (Règlement du 23 août 1739.)

Après l'an et jour de non-réclamation, les bois de construction et autres objets propres au service peuvent être acquis par l'administration de la marine, qui les prend sur estimation, en en payant immédiatement la valeur; sinon, ils sont vendus comme les autres objets.

Lorsque, pour éviter des pertes ou détériorations, les objets sont vendus en tout ou en partie immédiatement après le sauvetage, le produit net de la vente entre sur-le-champ dans la caisse des gens de mer.

Si les objets ont été sauvés à la mer avec risques et périls, les sauveteurs reçoivent, à titre d'indemnité, le tiers brut du produit de la vente. (Ordonnance de 1681.)

Quant aux objets sauvés à vue de terre et sans risques, il est accordé aux sauveteurs, pour leurs peines et soins, sur le produit de la vente, une gratification réglée par le ministre secrétaire d'État de la marine, d'après la proposition de l'administrateur supérieur de l'arrondissement ou sous-arrondissement.

Art. 27. Les produits qui composent les recettes de la caisse des gens de mer y sont versés comme dépôt à la conservation des droits des parties intéressées.

Les contrôleurs et sous-contrôleurs de la marine sont chargés, tant en leur privé nom que de concert avec le commissaire des classes, d'en poursuivre le versement auprès de l'administration et des particuliers.

Les capitaines, maîtres et patrons des navires du commerce sont personnellement responsables du versement de la solde due aux absents et des produits des successions et inventaires.

Ceux qui ne pourraient prouver, par une décharge valable mise au bas de leur rôle de désarmement, qu'ils ont pleinement satisfait à cette obligation, ne seraient pas susceptibles d'obtenir de nouveaux rôles. (Édit de 1720.)

Art. 28. Les recettes de la caisse des gens de mer s'effectuent sur les mandats du commissaire des classes, accompagnés, pour chaque versement, d'un état de remise dressé, soit d'après les états nominatifs des différents détails, pour la solde à la mer, les mois de famille, parts de prises, gratifications, demi-solde à la caserne, demi-solde à l'armement ou en commission, solde à terre, journées d'ouvriers, réduction de rations et indemnités pour perte d'effets, soit d'après des inventaires, pour les successions, et des procès-verbaux, pour les bris, naufrages, échouements et épaves.

Art. 29. Les dépenses de la caisse des gens de mer se composent, pour chaque quartier :

1° Des payements faits manuellement aux parties intéressées ;

2° Des remises faites aux autres ports ;

3° Des versements à la caisse des invalides.

Art. 30. Les sommes dues aux gens de mer, aux militaires, etc., ou à leurs familles, doivent leur être payées à domicile (1) ; il est fait, en conséquence, dans les ports où les versements s'effectuent directement, des extraits de chaque état de remise, pour être adressés dans les quartiers de la résidence des individus dénommés audit état. Les extraits sont envoyés, tant aux commissaires respectifs des quartiers de l'arrondissement, qu'aux intendants et administrateurs supérieurs

---

(1) Il est bien entendu que, pour les individus qui ne sont pas domiciliés dans le ressort d'un quartier, les payements se font au chef-lieu du quartier le plus voisin de leur résidence.

des autres arrondissements ou sous-arrondissements, qui font ensuite, dans les quartiers de leur dépendance, la distribution des remises, de la même manière qu'elle s'est primitivement opérée sur la remise originelle.

Art. 31. Pour l'exécution de l'article précédent, toute remise opérée dans un arrondissement ou sous-arrondissement, soit qu'elle provienne d'un versement direct du port chef-lieu, soit qu'elle ait été transmise d'un autre point, doit être enregistrée et déposée au bureau du contrôle, qui en délivre des extraits collationnés pour chacun des quartiers entre lesquels la remise se distribue. Ces extraits, adressés aux commissaires des classes, sont remis, avec le mandat de recette, au trésorier des invalides, qui effectue à son tour, s'il y a lieu, entre ses préposés, la subdivision des remises qui lui ont été faites; aucune remise ne pouvant être adressée directement dans les quartiers où résident les préposés.

Art. 32. Les administrateurs supérieurs de la marine doivent tenir la main à ce que les extraits de remise soient exactement dressés, pour être par eux expédiés conformément aux dispositions de l'article 30, de sorte que les gens de mer et autres intéressés n'éprouvent aucun retard dans les payements qu'ils doivent recevoir à domicile.

Art. 33. Sur les sommes appartenant aux gens de mer, en dépôt à la caisse, il peut être accordé à leurs familles des secours qui sont réglés par l'administration de la marine, proportionnément aux besoins des réclamants et à la quotité des sommes déposées.

Ces secours sont payés à domicile comme les mois de famille. (Circulaire du 10 avril 1806.)

Art. 34. La solde de campagne, les allocations y assimilées, les mois de famille, les parts de prises, les gratifications, la demi-solde, la solde à terre, les journées d'ouvriers, le montant des réductions de rations et indemnités et les produits de successions restent déposés à la caisse des gens de mer pendant deux ans, à partir de l'encaissement des sommes versées. (Règlement du 15 décembre 1786.)

Les objets provenant de naufrages, bris et échouements sont déposés en nature, pendant l'an et jour,
dans un magasin spécial; après quoi ils sont vendus
ainsi qu'il a été exprimé en l'article 26. (Règlement
du 23 août 1739.)

La valeur de ceux desdits objets qui sont vendus
immédiatement après le naufrage, versée dans la caisse
des gens de mer, y demeure déposée un an et jour,
comme les objets eux-mêmes l'auraient été en magasin.

Art. 35. Lorsqu'un navire naufragé et tout autre objet
provenant de bris ou naufrage est reconnu propriété
ennemie, et qu'en cette qualité, considéré comme
prise, il n'est point susceptible de restitution, il n'y a
pas lieu au délai de dépôt pendant l'an et jour, et le
produit ou la partie du produit revenant à la caisse des
valides y est versé aussitôt après la liquidation terminée. Les fonds ne restent, en conséquence, dans la
isse des gens de mer, que le temps nécessaire pour
rminer les opérations relatives à la liquidation, et
our connaître le produit net qui doit entrer, tous frais
élevés, dans la caisse des invalides. (Circulaire du 6
cembre 1843.)

Art. 36. Pendant la durée légale du dépôt, les sommes
es aux gens de mer et autres intéressés, pour allo-
tions personnelles, leur sont payées sur un ordre ou
ndat du commissaire des classes.

Les produits d'inventaires non vendus sont délivrés
ayants cause, d'après un ordre de l'administrateur
du détail qui en a fait opérer le dépôt.

Les sommes provenant de successions, et versées dans
a caisse des gens de mer, ne peuvent en sortir que par
un mandat du commissaire des classes.

C'est également sur les ordres ou mandats de cet administrateur que s'effectue, pendant la durée du dépôt
gal, la restitution des objets provenant de naufrages,
ris et échouements, ou du produit de ces objets déposés
dans la caisse des gens de mer. Toutefois les commis-

saires des classes sont tenus, après avoir vérifié les titres
des réclamants, de prendre sur ces restitutions l'avis du
contrôleur ou sous-contrôleur et les ordres de l'administrateur supérieur de la marine.

Art. 37. Les parts de prises des marins, comme leurs
salaires, sont insaisissables, sans égard aux réclamations
ou oppositions formées par ceux qui se prétendraient
porteurs d'obligations desdits marins, si ce n'est pour
dettes contractées par eux ou par leurs familles, à titre
de loyer, subsistance et vêtements, et ce du consentement du commissaire des classes, lequel en aura préalablement fait apostille sur les registres et matricules
des gens de mer. (Arrêté du 28 février 1801 [9 ventôse an ix]. Règlement du 22 mai 1803 [2 prairial
an ix].)

Toute vente et tout achat de part de prises sont formellement interdits; les payements doivent être faits
aux marins eux-mêmes; et, à moins d'une décision spéciale du ministre secrétaire d'État de la marine, il ne
sera admis de procurations que celles qui seront données
aux familles.

Art. 38. Au 31 décembre de chaque année, les sommes
déposées à la caisse des gens de mer qui n'ont pas été
réclamées pendant les délais fixés par l'article 34
sont versées à la caisse des invalides.

Le produit des ventes d'objets provenant des naufrages effectuées après un an et jour de dépôt dans les
magasins n'entre point dans la caisse des gens de
mer; il est immédiatement versé dans la caisse des
invalides.

Art. 39. Les commissaires des classes adressent à
l'administrateur supérieur de l'arrondissement ou sous-
arrondissement un état détaillé des sommes déposées
à la caisse des gens de mer qui n'ont pas été réclamées
dans les délais prescrits.

Ces états sont transmis au ministre secrétaire d'État
de la marine, pour l'expédition de l'ordonnance qui
doit charger en recette le trésorier des invalides.

TITRE III.

CAISSE DES INVALIDES.

Recettes.

Art. 40. Les revenus de la caisse des invalides sont de deux sortes, les revenus fixes et les revenus éventuels. (Loi du 13 mai 1791.)

Les revenus fixes se composent des rentes perpétuelles sur l'État, provenant d'économies faites sur les fonds de la caisse et des produits résultant d'autres placements, tels que loyers de maisons achetées par la caisse des invalides, intérêts et dividendes annuels des actions appartenant à ladite caisse dans le bail de la compagnie des salines de l'est, etc.

Les revenus éventuels, déterminés par l'article 5 de l'ordonnance du 22 mai 1816, sont :

1° Trois centimes par franc sur toutes les dépenses de la marine et des colonis, tant pour le personnel que pour le matériel. (Édit de 1720. Loi du 13 mai 1791. Arrêté du 17 janvier 1801 [27 nivôse an IX].)

2° Les droits établis sur les armements du commerce de la pêche, savoir : sur les gages des marins du commerce naviguant à salaire, trois centimes par franc. Édit de 1720. Loi du 13 mai 1791. Arrêté du 17 janvier 1801 [27 nivôse an IX].)

Sur le bénéfice des marins du commerce naviguant à la part,

Pour chaque capitaine, maître ou patron, un franc quatre-vingts centimes par mois;

Pour chaque officier marinier, quatre-vingt-dix centimes par mois;

Pour chaque matelot indifféremment, quarante-cinq centimes par mois. (Édit de 1720. Arrêté du 10 décembre 1802 [19 frimaire an XI].)

Sur les bateaux de pêche,

Pour ceux de vingt tonneaux et au-dessous, un franc vingt centimes par tonneau et par an; pour ceux au-

17

dessus de vingt tonneaux, un franc cinquante centimes par tonneau et par an. (Règlement du 20 octobre 1764. Arrêté du 10 décembre 1802 [19 frimaire an xi].)

3° La totalité de la solde, des parts de prises et des gratifications revenant aux déserteurs des bâtiments, arsenaux et chantiers du roi. (Règlement du 1er juillet 1786. Loi du 13 mai 1791.)

La moitié de la solde et des parts ou gratifications des déserteurs des navires du commerce. (Loi du 17 mai 1791.)

4° Le produit non réclamé de la solde, des allocations y assimilées, des parts de prises, des gratifications, des journées d'ouvriers, des successions et autres sommes acquises par les marins, ouvriers ou militaires et déposées à la caisse des gens de mer. (Édit de 1720. Loi du 13 mai 1791.)

5° La totalité du produit non réclamé des bris et naufrages. (Loi du 13 mai 1791.)

6° Les droits réglés sur les produit des prises, savoir:

Sur les prises faites par les bâtiments du Roi,

Deux et demi pour cent du produit de toutes les prises quelconques. (Loi du 13 mai 1791.)

Un demi pour cent du même produit en faveur des caissiers. (Loi du 25 octobre 1795 [3 brumaire an iv].)

Et indépendamment des deux retenues ci-dessus, le tiers du produit net des corsaires, bâtiments et cargaisons pris sur le commerce ennemi. (Arrêté du 28 février 1801 [9 ventôse an ix].)

Sur les prises faites par les corsaires,

Cinq pour cent du produit net des prises. (Loi du 13 mai 1791. Règlement du 22 mai 1803 [2 prairial an xi].)

7° La plus-value des feuilles de rôles délivrées pour les armements et désarmements des navires du commerce. (Circulaire et tarif du 7 janvier 1803 [17 nivôse an xi].)

8° Le produit des amendes et confiscations légalement prononcées pour contraventions aux lois et règle-

ments maritimes. (Arrêté du 28 février 1801 [9 ventôse an IX].)

Les produits des prises non répartissables, et
généralement tous les produits qui ne trouvent point
leur application dans la nomenclature précédente.
(Règlement du 22 mai 1803 [2 prairial an XI]. Décret
du 12 avril 1811, etc. Ordonnance du 28 avril 1760.)

Art. 41. Le recouvrement des revenus fixes s'opère,
pour les rentes, sur les avis du directeur du grand
livre, et en vertu des extraits d'inscriptions dont le
trésorier général des invalides est dépositaire; pour le
loyer des maisons et pour le produit des actions des
salines, sur les mandats respectivement délivrés par les
administrateurs de la marine et par ceux desdites
salines.

Art. 42. La retenue de trois pour cent sur les dépenses
de la marine et des colonies est exercée par les payeurs
de la marine sur chacune des ordonnances qu'ils acquittent, et versée par eux, chaque mois, entre les
mains des trésoriers des invalides, d'après les états
détaillés soumis au *visa* de l'administration de la marine.

Art. 43. La retenue de trois pour cent sur les gages des
gens du commerce employés au mois et au voyage
s'opère à l'armement et au désarmement.

À l'armement, la retenue s'exerce sur les avances
faites par l'armateur, d'après le rôle arrêté au bureau
des classes et dont le trésorier des invalides reçoit une
expédition, qui lui sert à former l'état de dépouillement
à rapporter à l'appui de son compte.

Au désarmement, la retenue s'effectue sur ce qui
revient aux équipages, déduction faite des avances.

Les retenues qui doivent être opérées en raison du
grade sur les armements à la part, et en raison du
tonnage sur les bateaux employés à la pêche du poisson
frais, sont versées, pour les premiers, au désarmement,
et pour les autres, soit au désarmement, soit à la fin
de l'année, si l'armement se prolonge au delà du terme
d'un an.

Trois jours après l'arrivée de chaque bâtiment, le capitaine, maître ou patron doit remettre au bureau des classes son rôle d'équipage, pour qu'il y soit désarmé; expédition du rôle de désarmement est remise au trésorier des invalides, pour la perception des droits de la caisse.

Art. 44. Si le désarmement ne se fait pas dans le port où le bâtiment a été armé, il est transmis, pour mémoire, au commissaire des classes du port d'armement, une expédition du rôle de désarmement qui sert à l'annotation des matricules.

Le trésorier des invalides du port de désarmement qui a reçu les sommes revenant à la caisse est tenu d'en adresser le certificat, visé par le commissaire des classes, au trésorier du port d'armement, afin que ce dernier en fasse mention pour mémoire dans ses comptes.

Art. 45. Au désarmement de chaque bâtiment du roi, ou au renouvellement du rôle d'équipage, si l'armement se prolonge au delà du terme d'un an, il est fait sur ledit rôle d'équipage un relevé des gens de mer, sous-officiers, canonniers et soldats qui ont déserté pendant la campagne, et le décompte de ce qui leur est dû jusqu'au jour de la désertion est versé dans la caisse des invalides.

Art. 46. Il est aussi fait recette, sur états nominatifs, au profit de la caisse des invalides, de la solde due à terre aux sous-officiers, canonniers et soldats, ainsi qu'aux ouvriers des arsenaux et chantiers de Sa Majesté, dont la désertion est constatée.

Art. 47. Les parts de prises revenant aux marins ou militaires déserteurs sont encore dévolues à la caisse des invalides; le versement en est fait sur un extrait de la répartition, aussitôt qu'elle est établie.

Art. 48. Enfin, les gratifications qui peuvent revenir aux marins, soldats et ouvriers déserteurs, sont également acquises à la caisse des invalides : il en est dressé un état nominatif pour servir au versement.

Art. 49. La moitié de la solde des marins déserteurs des navires du commerce, ainsi que celle des parts de prises et gratifications revenant aux déserteurs des corsaires, appartient aux invalides de la marine, l'autre moitié est attribuée aux armateurs, en indemnité de leurs frais de remplacement.

Art. 50. Le versement de la solde s'effectue au désarmement de chaque bâtiment ou à la fin de l'année; celui des parts de prises et gratifications dès que les répartitions sont établies.

Art. 51. Le montant de la solde, des mois de famille, des gratifications, parts de prises, produits de successions, etc., déposé à la caisse des gens de mer, ainsi qu'il a été exprimé au titre II, articles 16, 34 et 38, est versé à la caisse des invalides après l'expiration des deux années de dépôt; et, pour régulariser ce mouvement, le ministre secrétaire d'État de la marine fait expédier une ordonnance de recette, à laquelle sont annexés les états nominatifs de versement.

Art. 52. Le produit des objets provenant de bris, naufrages, échouements et épaves, vendus après un an et un jour de dépôt dans les magasins, est versé à la caisse des invalides, sans passer par la caisse des gens de mer, comme il est dit au titre II, article 38.

La valeur des objets vendus immédiatement après le sauvetage, déposée dans la caisse des gens de mer, passe à la caisse des invalides à l'expiration du délai d'un jour, comme il a été exprimé au titre II, article 34.

Ces versements sont régularisés par des ordonnances du ministre secrétaire d'État de la marine.

Art. 53. Aussitôt que la liquidation des prises faites par les bâtiments de Sa Majesté est arrêtée par les conseils d'administration des arrondissements ou sous-arrondissements respectifs, l'administration supérieure de la marine fait opérer le versement des droits des invalides, dont le montant est établi par un extrait de la liquidation, lequel est remis au trésorier pour être rapporté dans ses comptes.

Art. 54. Dans le versement des droits revenant aux invalides sur les prises faites par les bâtiments du Roi, est compris, avec les deux et demi pour cent sur le produit brut de toutes les prises quelconques, et le tiers du produit net des corsaires et navires marchands ennemis, le demi pour cent aussi retenu sur le produit brut de toutes les prises des bâtiments de Sa Majesté. Ce demi pour cent, destiné au payement des attributions des caissiers des prises, est porté d'abord en recette, pour être ensuite ordonnancé en faveur desdits caissiers, ainsi qu'il est exprimé dans l'article 81 ci-après.

Art. 55. A l'égard des prises faites par les corsaires, dès que la liquidation générale de chaque croisière a été arrêtée par le tribunal de commerce du port d'armement, l'armateur verse à la caisse des invalides le montant des cinq pour cent revenant à cette caisse sur le produit net des prises faites pendant ladite croisière. Extrait de cette liquidation, en due forme, est fourni au trésorier des invalides, pour être rapporté à l'appui de sa comptabilité.

Art. 56. Si, à l'armement du corsaire, il a été donné par l'armateur des avances à son équipage, ces avances, considérées comme parts de prises anticipées, sont assujetties à la même retenue de cinq pour cent. Il est tenu compte de cette retenue de la manière indiquée par les articles 40 et 43 ci-dessus, pour la retenue sur les marins naviguant à salaire; et la déduction s'en opère, lors de la liquidation générale, sur les droits résultant du produit total de la croisière.

Sont exceptés des dispositions du présent article les salaires accordés, par avances ou autrement, aux équipages des navires armés en guerre et marchandises; ces salaires ne sont assujettis qu'à la retenue ordinaire de trois pour cent, dont il est compté et justifié suivant les formes établies pour les armements au mois et au voyage.

Art. 57. Le versement des droits revenant à la caisse des invalides sur les prises des corsaires est fait direc-

... par le caissier des prises, dans les cas prévus
par l'article 14 du présent règlement.

Art. 58. La caisse des invalides fait l'avance des frais
d'impression et de timbre des feuilles destinées à l'expédition des rôles d'équipage des navires du commerce
et des bateaux de pêche.

Pour couvrir la caisse de ses avances et de la perte
qui peut résulter du défaut d'emploi ou de la détérioration des feuilles, il est établi un tarif de distribution
desdits rôles, et l'excédant du prix de distribution sur
le montant des avances est dévolu à la caisse des inva-

59. Les prix du tarif mentionné en l'article pré-
... sont établis en raison du format des feuilles,
... proprié à chaque espèce de navigation, pour conte-
... s détails nécessaires; il est en conséquence perçu à
... tribution, pour le prix du papier et de l'impres-
... indépendamment des droits de timbre, lorsque
... rôles en sont susceptibles, savoir :

Cinquante centimes par feuille de grand papier;
... arante centimes par feuille de moyenne dimension;
... trente centimes par feuille de petit papier.

... sus de ces prix, le trésorier des invalides, chargé
... distribution des feuilles, est autorisé à percevoir
... profit dix centimes par feuille pour indemnité de
... peines et soins, et de la responsabilité résultant de
... mutation de ces rôles, qui représentent des valeurs
... sa comptabilité. Il n'est point fait d'écritures de ces
... centimes, qui appartiennent privativement au tré-
... ot dont il n'entre rien dans la caisse.

60. Les feuilles destinées à l'expédition des rôles
... page du commerce sont imprimées à Paris; le
... e secrétaire d'État de la marine en fait déposer
... les trésoriers des chefs-lieux d'arrondissement ou
... ous-arrondissement un nombre proportionné aux
... ins du service.

... ur les demandes des trésoriers des autres quartiers,
... mises par les commissaires des classes, et indi-

quant le nombre de feuilles de chaque espèce, l'administrateur supérieur de la marine ordonne les envois nécessaires aux quartiers.

Ces feuilles sont timbrées par les soins du trésorier de chaque chef-lieu. Les administrateurs supérieurs, les contrôleurs et sous-contrôleurs de la marine sont chargés de surveiller cette dépense, qui ne doit s'opérer qu'au fur et à mesure des besoins, et dans les proportions les plus exactes, sans toutefois gêner en aucune manière l'expédition des bâtiments.

Il est dressé un état détaillé, par espèce des feuilles, des frais d'impression et de timbre, présentant comparativement le montant desdits frais avec le prix des rôles au tarif, et faisant ressortir la plus-value revenant à la caisse.

Art. 61. En exécution des règlements, toute vente de parts de prises, faite à l'avance par les individus composant les états-majors et équipages des bâtiments du Roi, les états-majors et troupes de terre ou de marine embarqués comme garnison, donne lieu à une amende de 1,000 francs, à laquelle les acquéreurs sont condamnés pour chaque transaction de ce genre, indépendamment de la perte des sommes qu'ils ont payées. (Arrêté du 28 février 1801 [9 ventôse an IX], article 42.)

Tout armateur de corsaire qui engage à son service des déserteurs des bâtiments de Sa Majesté est passible d'une amende de 3,000 francs pour chaque déserteur trouvé à son bord. (Décret du 12 avril 1811, article 1er.)

Celui qui embarque un homme sans l'avoir préalablement présenté au bureau des classes, encore bien que cet homme ne soit pas reconnu déserteur, est également passible d'une amende de 1,000 francs (*Ibid.*, article 2).

Le produit de ces amendes, qui sont prononcées par les tribunaux compétents, est versé à la caisse des invalides. (*Ibid.*, articles 5 et 6.)

Sont également versées à ladite caisse toutes les autres amendes prononcées par les tribunaux, pour les diverses contraventions aux règlements maritimes, ainsi que le

des salaires et parts de prises revenant aux ma- corsaires embarqués sous un faux nom ou une indication de domicile. (Règlement du 22 mai [prairial an XI], article 13.)

recette des amendes et confiscations s'opère sur les du commissaire des classes, accompagnés en forme des jugements.

62. Les produits de prises dont le montant à donne moins de 3 francs pour la part d'état- et moins de 50 centimes pour la part d'équipage, point mis en répartition ; sur les états qui en adressés, il en est fait recette au profit de la caisse valides pour l'intérêt de tous, comme sommes tageables. (Ordonnance du 28 avril 1760.)

63. Les recettes de la caisse des invalides sont tées, soit par les intérêts des obligations du r royal et de tous autres effets de même nature, soit restitution des sommes indûment payées rétablies la clôture des exercices, soit par l'abandon des tons de centime dévolues à ladite caisse, soit enfin tous les produits quelconques qui ne trouvent point lication dans la nomenclature précédente.

64. Chaque recette s'effectue sur un mandat du issaire des classes, appuyé des pièces justificatives nature des produits peut comporter.

5. Les sommes provenant de la caisse des gens versées dans la caisse des invalides comme pas été réclamées, sont remboursables sur les des qui en sont faites, appuyées de pièces justifi- s.

éfois, le remboursement desdites sommes, qui, la durée du dépôt à la caisse des gens de mer, somme par l'expédition d'un ordre du com- te des classes, est soumis, après le versement à isse des invalides, à la régularisation par ordon- ces, comme toutes les autres dépenses de cette re caisse.

66. Les recettes de la caisse des invalides,

spécialement confiées à l'administration des classes, sont sous la surveillance directe des contrôleurs et sous-contrôleurs de la marine qui interviennent, aux époques fixées par les règlements, soit auprès de l'administration, soit auprès des particuliers, pour assurer la prompte rentrée des sommes revenant à l'établissement.

Les armateurs, capitaines et patrons des navires marchands sont solidairement responsables de l'acquittement des droits revenant à la caisse. Il ne leur est fait aucune expédition nouvelle de rôles jusqu'à ce qu'ils aient rempli leurs obligations précédentes, sans préjudice des poursuites qui peuvent être exercées contre eux pour le recouvrement desdits droits. (Édit de 1720.)

La même disposition s'applique aux armateurs des corsaires, qui demeurent, d'ailleurs, soumis aux règlements spéciaux sur la course.

Dépenses.

Art. 67. Les dépenses à acquitter par la caisse des invalides sont :

1° Les demi-soldes et pensions accordées aux marins en raison de leurs services sur les bâtiments du roi ou sur les navires du commerce; aux ouvriers classés, leurs veuves et enfants, à leurs pères et mères; les secours pour les enfants d'ouvriers : le tout d'après les conditions et proportions déterminées par les ordonnances et règlements. (Loi du 13 mai 1791. *Idem* du 12 février 1792. *Idem* du 4 avril 1795 [15 germinal an XI].)

2° Les soldes de retraite et pensions, les traitements de réforme maintenus, les gratifications accordées aux officiers militaires et civils et autres entretenus de la marine, à défaut de solde de retraite. (Loi du 17 frimaire 1791. Arrêté du 10 décembre 1802 [19 frimaire an XI]. Décret du 13 septembre 1810.)

Les gratifications et secours accordés aux entretenus de la marine, aux marins, soldats, ouvriers, à leurs

... leurs enfants, conformément à la loi du
... 1791;

... secours annuel de six mille francs attribué à
... maritime de Rochefort, pour la subsistance et
... lieu de douze veuves infirmes et de quarante
... ... de marins, ouvriers et militaires de la marine.
... du 28 juin 1801 [9 messidor an ix].)

... gratifications allouées aux officiers et équipages
... aires, en raison du nombre des prisonniers
... dans les ports, et du nombre et calibre des
... à feu capturées. (Règlement du 22 mai 1803
... [an xi].)

... appointements attribués à la division minis-
... chargée de l'administration de l'établissement;
... itements, taxations et rétributions accordés au
... er général à Paris, et aux trésoriers particuliers
... les ports. (Édit de 1720. Loi du 13 mai 1791.
... on du 12 novembre 1784. Loi du 25 octobre 1795
... umaire an iv].)

... Les frais de bureau de la division, les frais de
... du trésorier général et des trésoriers particuliers,
... d'impression, soit des rôles d'armement et de
... ement du commerce, soit des états de situation,
... néralement tous autres frais uniquement relatifs à
... inistration de l'établissement. (Arrêté du 7 mai
... [7 floréal an ix]. Décision du 11 mai 1807. Loi
... mai 1791.)

... es remboursements des sommes provenant de la
... des gens de mer comme n'ayant pas été réclamées
... t les délais prescrits. (Règlement du 15 dé-
... 1786.)

... autres remboursements et dépenses diverses.
... 68. Les pensions payées sous le titre de demi-
... sont accordées aux maîtres, officiers mariniers,
... ouvriers ou employés non entretenus. Ces de-
... oldes, soit qu'elles résultent de l'ancienneté de ser-
... soit qu'elles s'obtiennent pour blessures ou infir-
... graves, se règlent sur la paye d'activité, dans les

proportions déterminées par le règlement annexé à la loi du 13 mai 1791, qui doit être exécuté jusqu'à nouvel ordre.

En sus de cette fixation, il est accordé à chaque marin invalide, dans le cas de mutilation, de blessures ou infirmités graves, un supplément de six francs par mois.

Il est aussi accordé à chaque marin invalide un supplément de deux francs par mois pour chaque enfant au-dessous de dix ans, jusqu'à ce qu'il ait atteint cet âge.

Art. 69. Les demi-soldes des militaires de la marine sont fixées d'après les règlements observés par le département de la guerre, tant pour la nature et la durée des services que pour la quotité du traitement; et néanmoins, lorsque le militaire a six années effectives de navigation sur les vaisseaux du Roi, il jouit de l'avantage réservé aux marins, qui obtiennent la demi-solde après vingt-cinq années de service au lieu de trente. (Arrêté du 29 août 1803 [11 fructidor an XI].)

Art. 70. Les ouvriers attachés au service des ports de Cherbourg, Brest, Lorient, Rochefort et Toulon, et qui y sont domiciliés depuis plus de quarante ans, jouissent à titre de secours, d'un traitement de trois francs par mois, pour chacun de leurs enfants au-dessous de l'âge de huit ans. (Loi du 12 février 1792.)

Art. 71. Les veuves des demi-soldiers ou des hommes qui avaient le temps de service voulu pour la demi-solde,

Les pères et mères des hommes tués dans les combats ou morts d'accidents résultant évidemment du service,

Les orphelins de père et de mère dans le même cas,

Sont susceptibles des pensions déterminées par le règlement annexé à la loi du 13 mai 1791, qui sera provisoirement exécuté.

Art. 72. Les demi-soldes, pensions et suppléments indiqués par les articles 68, 70 et 71, se règlent, pour les gens de mer, leurs veuves et enfants, sur la proposition initiative de l'administration des ports, suivant

... qui seront indiquées au titre V du présent

... des de retraite des officiers, sous-officiers et
... des troupes de la marine sont réglés sur la
... ion des conseils d'administration des corps,
... ée par les inspecteurs généraux.

... 3. Toutes ces dépenses se payent sur états de
... dressés par le commissaire des classes.

... est de même des soldes de retraite et pensions
... dûs aux officiers militaires et civils, maîtres et
... entretenus du département de la marine, ainsi
... urs veuves et enfants, et des traitements de ré-
... aïntenus.

... 74. Le payement des gratifications accordées aux
... s militaires et civils et autres entretenus du dé-
... ent de la marine qui, n'ayant pas plus de dix ans
... vice, ne peuvent obtenir la pension ou solde de
... te, a lieu sur le mandat du commissaire des
... acquitté par la partie prenante.

... 75. Conformément à la loi du 13 mai 1791, il
... s chaque année, sur les fonds de la caisse des
... des, une somme de 60,000 francs à la disposition
... nistre secrétaire d'État de la marine, pour être
... lbyée en gratifications et en secours. Cette somme
... isée en deux portions : l'une, de 54,000 francs,
... licable aux secours accordés sur les propositions
... s des administrateurs de la marine, et aucune
... gratifications ne peut excéder 200 francs.

... tre portion, de 6,000 francs, est disponible par
... nistre, dans les cas de besoins assez urgents pour
... orter aucun ajournement.

... de ces derniers secours ne peut excéder 50 fr.

... 76. Le secours annuel de 6,000 francs accordé à
... ce maritime établi à Rochefort, pour l'entretien de
... s veuves et de quarante orphelines de marins, est
... ble sur les revues arrêtées chaque semestre, en pré-
... u contrôleur de la marine, par l'officier d'admi-
... tration chargé de constater que l'hospice contient le

nombre déterminé de veuves et d'orphelines, et qu'elles remplissent les conditions requises pour y demeurer.

Art. 77. Les gratifications accordées aux équipages des corsaires français, d'après le nombre des prisonniers et des bouches à feu provenant des bâtiments ennemis, conformément à ce qui est déterminé par les règlements sur la course, sont payées sur des états de répartition établis à raison du nombre de parts revenant à chacun dans le produit des prises, et lesdits états sont émargés des parties prenantes ou certifiés *de payement* par le commissaire des classes.

Art. 78. Il n'y a d'autres appointements à la charge de la caisse des invalides que ceux des agents du service de l'établissement, savoir :

Traitement des bureaux de la division des invalides.

Traitements du trésorier général et des trésoriers particuliers dans les ports.

Art. 79. Le traitement des bureaux de la division continue d'être déterminé par le ministre secrétaire d'État de la marine.

Celui du trésorier général est également l'objet d'une décision spéciale.

Art. 80. Le traitement des trésoriers particuliers est aussi réglé par le ministre. Il se compose des appointements fixes qui leur sont alloués en cette qualité, et d'un supplément de traitement, également fixe, qui leur est accordé, tant pour eux personnellement, comme caissiers des gens de mer, que pour leurs préposés, dans les lieux où il est jugé convenable d'en établir.

Art. 81. Le trésorier général et le trésorier des invalides, en même temps caissiers des prises et des gens de mer, jouissent, en ces deux dernières qualités, de taxations et attributions réglées ainsi qu'il suit :

Les trésoriers ont une attribution de 1/2 p. 0/0 dont le montant est prélevé sur le produit des prises faites par les bâtiments du Roi, ainsi qu'il est dit aux articles 40 et 54 du présent règlement. Ce 1/2 p. 0/0 leur est alloué comme suit, savoir :

;comme droit de recette, au caissier déposi‐
fonds réalisés ;

tiers restant, comme attribution au caissier
eur. Ces deux tiers ne se perçoivent que par les
qui font eux-mêmes les payements de parts de
x marins dénommés aux rôles de répartition,
quartiers de leur domicile, encore bien que ces
ne dépendent pas des ports où les ventes ont
(1).

tribution de 1/2 p. 0/0, payable dans les pro‐
ci-dessus déterminées, est acquittée par la
invalides, qui en a reçu le montant dans les
les prises, ainsi qu'il est dit au titre III, ar‐

payements faits manuellement aux marins ou à
familles, des fonds de la caisse des gens de mer,
salaires, mois de famille, gratifications, parts de
du commerce, produits d'inventaires, etc., donnent
des taxations graduelles qui se calculent sur le
ant desdits payements pendant l'année. Ces taxa‐
duelles sont de :

0/0 sur les premiers 20,000 francs ;
0/0 depuis 20,000 francs jusqu'à 60,000 francs ;
p. 0/0 depuis 60,000 francs jusqu'à 120,000 francs ;
0/0 sur tout ce qui excède 120,000 francs. (Dé‐
12 novembre 1784.)

sommes remises dans les quartiers pour sa‐
ois de famille, gratifications, parts de prises

sulte de ce dernier paragraphe que les caissiers n'ont point
rétribution de quinze centimes par cent francs sur les re‐
s font dans les autres ports pour parts de prises des bâti‐
Roi. Le partage du 1/2 p. 0/0 prélevé sur ces prises est tout
appartient, soit à raison d'un tiers, s'ils n'ont été que dé‐
soit en totalité, s'ils ont été en outre distributeurs manuels.
ises du commerce n'étant point assujetties au prélèvement du
qui n'a lieu que sur les prises des bâtiments du Roi, le cais‐
çoit conséquemment ni le droit de dépôt du tiers du 1/2 p. 0/0,
bution des deux tiers sur les payements manuels ; mais il per‐
taxations graduelles pour les payements qu'il fait sur les parts
es à la caisse des gens de mer.

du commerce et produits d'inventaires, les caissiers des gens de mer qui opèrent ces remises ont une rétribution de 15 centimes par 100 francs. (Décision du 11 mai 1807.)

Les taxations et rétributions ci-dessus énoncées sont payées des fonds de la caisse des invalides.

Semblable rétribution de 15 centimes par 100 francs est allouée aux trésoriers sur les produits de bris et naufrages déposés dans la caisse des gens de mer; mais elle n'est perçue par eux que lors de la remise des fonds à qui de droit, et se prélève sur le montant de ces produits. (Arrêté du 7 mai 1801 [17 floréal an IX].)

Il ne leur est rien alloué sur les fonds de la caisse des gens de mer versés dans celle des invalides faute de réclamation.

Art. 82. Les consuls ont pour toute indemnité, à raison tant du recouvrement des fonds appartenant à la caisse des invalides que de l'administration des prises dont ils sont chargés, une attribution de 2 1/2 p. 0/0 du montant net de toutes leurs recettes (1).

Les chanceliers des consulats ont 15 centimes pour 100 francs sur le dépôt fait dans leurs caisses des sommes provenant des ventes de prises ou de bris et naufrages.

Il est alloué aux receveurs ou payeurs coloniaux chargés du service des invalides, pour leur tenir lieu de tout traitement et indemnité, à raison des recettes qu'ils opèrent, des payements qu'ils effectuent et des comptes qu'ils ont à établir et à rendre, 5 p. 0/0 du montant des remises qu'ils font en France, toutes dépenses acquittées, ainsi qu'il est exprimé au règlement spécial arrêté pour les colonies.

_____

(1) Les attributions des consuls, relativement au service qu'ils font pour la caisse des invalides, ont été successivement réglées par différentes lois à des taux dont la diversité produisait une complication qui a souvent amené de l'incertitude sur la véritable évaluation des droits de ces agents. La conversion de toutes ces attributions en une seule, établie sur un terme moyen, simplifie la comptabilité, fixe les prétentions et écarte les réclamations.

verses attributions sont perçues par lesdits con-
ceveurs ou payeurs, au moyen de la retenue
n opèrent sur leurs remises en France, et qu'ils
t en dépense dans leurs comptes; mais l'allo-
définitive de ces droits reste subordonnée à la
sation desdits comptes, soumis au ministre
re d'État de la marine.

§ 83. Les frais ordinaires d'administration sont
qui concernent le service des bureaux de la
ion des invalides, en registres, papiers, impres-
ns, etc., et les frais de service du trésorier général,
que des trésoriers particuliers.

frais de bureau de la division sont acquittés en
u des décisions du ministre secrétaire d'État de la
rine, d'après les états et pièces justificatives qui en
fournis.

es frais de service du trésorier général et des tréso-
particuliers sont réglés d'une manière fixe par une
on spéciale.

t. 84. Les frais extraordinaires relatifs au recouvre-
des sommes dues à l'établissement, tels que frais
ursuites, de saisies et autres de cette nature, sont
és, lorsqu'il y a lieu, par le ministre secrétaire d'État
à marine, sur les états et pièces qui sont produits.

t. 85. Les sommes non réclamées pendant le dé-
rescrit à la caisse des gens de mer, et versées à la
e des invalides, étant réclamables après ce verse-
t, ainsi qu'il a été dit en l'article 65, le rembour-
ent desdites sommes devient une dépense de la caisse
alides, qui satisfait aux réclamations des parties
ées, sur la justification de leurs droits dûment
us et constatés par des pièces en forme.

ont applicables à celles desdites sommes revenant
marins et militaires les dispositions de l'article 37
is relatives au payement personnel des salaires
rts de prises et au rejet des procurations et obli-
souscrites dans tous autres cas que ceux expri-
audit article.

18

Art. 86. Pour les sommes que la caisse des invalides aurait reçues au delà de celles qui lui sont attribuées par les ordonnances et règlements, tels que les excédant de perception dans les droits sur les prises, les salaires et parts de prises confisqués sur des hommes considérés mal à propos comme déserteurs, et généralement toutes les recettes indûment faites, à quelque titre que ce soit, le remboursement a lieu sur la justification des droits des parties, établis par les pièces en forme, et sur l'autorisation du ministre secrétaire d'État de la marine.

Art. 87. Les autres dépenses à la charge de la caisse des invalides, et qui ne s'appliquent point aux chapitres spéciaux, rentrent également dans le présent chapitre, tels sont :

Les frais de tournées ou de déplacements extraordinaires que le bien du service peut exiger pour faits particuliers relatifs à l'administration et à la comptabilité de la caisse, lesquels déplacements ou tournées, sauf le cas d'exception prévu par l'article 100 ci-après, sont préalablement ordonnés par le ministre secrétaire d'État de la marine, sur la proposition de la division des invalides;

L'indemnité allouée au trésorier général et aux trésoriers particuliers pour les frais de présentation et de jugement de leurs comptes;

Les pertes aux valeurs, les non-recouvrements d'effets ou créances et autres pertes de pareille nature, dont l'allocation doit être accordée lorsque lesdits effets et valeurs ont été admis en recette dans les formes et avec les précautions voulues, et qu'ils se trouvent dépréciés ou annihilés par des événements de force majeure dûment reconnus et constatés.

Art. 88. Aucune dépense, quelle qu'elle soit, autre que celles spécifiées au présent titre ne peut être mise à la charge de la caisse des invalides.

Art. 89. Les dépenses de la caisse des invalides sont sous la surveillance spéciale des contrôleurs et sous-

rs : elles s'effectuent sur les mandats du com-
des classes, appuyés des pièces justificatives
ue payement.

90. Les recettes et les dépenses de la caisse des
es sont ordonnancées par le ministre secrétaire
de la marine, à l'expiration de chaque semestre,
il est exprimé au titre IV.

TITRE IV.

TABILITÉ, SURVEILLANCE ET MOUVEMENT DES FONDS
APPARTENANT AUX TROIS CAISSES.

91. Les trésoriers des invalides, caissiers des prises
gens de mer, tiennent séparément la comptabilité
trois services dont ils sont chargés.

our la *caisse des prises*, ils inscrivent avec les détails
essaires, dans un registre par recette et dépense, les
uits réalisés sur les prises faites par les bâtiments
i, et les dépenses effectuées, tant en payement des
qu'en versement aux caisses des gens de mer et
invalides. Un registre particulier ou une division
ême registre contient séparément les recettes et
ses relatives aux fonds provenant des prises des
res.

our la *caisse des gens de mer*, il est tenu un registre
cette et dépense, destiné à la transcription des
ses reçues à l'enregistrement des mandats de dé-
Ce registre est établi par ordre de remises, et
ainsi qu'il suit :

e de campagne..⎰ Bâtiments du roi;
⎱ Navires du commerce;

s de famille;

s de prises......⎰ Bâtiments du roi;
⎱ Navires du commerce;

tifications;

i-solde à la caserne;

i-solde à l'armement ;

de à terre ou journées d'ouvriers;

lictions de rations;

Indemnités pour pertes de hardes;

Produits d'inventaires et de successions (1);

Bris et naufrages.

La dépense de chaque chapitre est divisée en payements manuels, remises aux autres ports et versements à la caisse des invalides.

Les trésoriers tiennent, pour le service de la *caisse des invalides*, suivant l'importance de leur comptabilité et le besoin de leurs écritures, ou les registres ci-après désignés, ou un seul registre divisé par chapitres, ainsi qu'il suit :

Registres de recette :

Excédant de recette du compte précédent;

Trois pour cent sur les dépenses de la marine;

Droits sur les armements et désarmements du commerce;

Solde des déserteurs;

Sommes non réclamées;

Bris et naufrages;

Droits sur les prises;

Recettes diverses.

Registres de dépense :

Excédant de dépense du compte précédent;

Demi-soldes et secours de trois francs par mois aux enfants d'ouvriers;

Pensions, soldes de retraite et gratifications en tenant lieu;

Traitements de réforme, gratifications et secours;

Appointements;

Taxations;

Frais d'administration et de comptabilité;

Remboursements sur les sommes provenant de la caisse des gens de mer comme non réclamées;

---

(1) On mentionnera tous les détails relatifs à chaque décédé, tels que le nom du bâtiment, le port d'armement, les avances reçues, le restant dû à l'époque du décès, la remise des effets ou de leurs produits, les pièces justificatives du payement fait aux réclamants.

nses diverses.

Outre les registres ci-dessus spécifiés, appro-
chaque partie du service, les trésoriers doivent
livres nécessaires pour l'enregistrement des
suivants : avances à la marine, dépenses à régu-
préposés du comptable, payeurs de la marine,
particuliers à imputer ultérieurement.

compte courant avec le trésorier général est
soirement maintenu.

inscrivent dans un livre de caisse les opérations
urnalières de recette et de dépense relatives à tous les
services en général.

tiennent enfin un livre des effets à échéance.

t. 93. Les registres et livres des trésoriers sont cotés
raphés par le contrôleur ou sous-contrôleur de
ondissement ou sous-arrondissement.

t. 94. Il est établi dans chaque quartier une ma-
cule contenant les noms de tous les pensionnaires
dans ledit quartier. Cette matricule est divisée
quatre parties, savoir : un registre pour les demi-
ders, un pour les pensionnaires, un pour les re-
le quatrième pour les officiers militaires, civils
tres entretenus jouissant d'un traitement de ré-
.

chacun de ces registres sont annotés les mou-
ents occasionnés par mort ou par changement de
cile, avec indication, à l'article de chaque individu,
la date des décès et mutations.

y apostille également chaque payement des arré-
acquittés.

bureau du contrôle tient la matricule générale des
ers de l'arrondissement ou sous-arrondissement,
la même division et avec les mêmes apostilles et
ations.

division des invalides à Paris tient dans la même
la matricule générale de tous les pensionnaires
marine.

t. 95. A l'exception du livre de caisse, il est tenu,

tant au bureau des classes de chaque quartier ou au bureau du contrôle de l'arrondissement ou sous-arrondissement, des registres correspondant à ceux des trésoriers, afin que l'administration suive avec exactitude les opérations des comptables par nature de recette et de dépenses, et puisse vérifier leurs états de situation.

Art. 96. A la fin de chaque mois, les trésoriers arrêtent leurs registres en présence des commissaires des classes, qui constatent la situation des caisses, sur le vu des pièces et l'énumération des espèces : la même opération a lieu chez les préposés.

Art. 97. Les bordereaux de mois, établis par les trésoriers d'après l'arrêté de leurs registres, sont également certifiés par les commissaires des classes, après la vérification faite à la caisse. Ces bordereaux sont visés par le contrôleur ou sous-contrôleur et par l'administrateur supérieur de chaque arrondissement ou sous-arrondissement maritime.

Les administrateurs signataires sont responsables de l'exactitude de leur certification.

Art. 98. Les bordereaux établis par les préposés des trésoriers sont arrêtés et certifiés par les administrateurs locaux, sur le vu des pièces et l'énumération des espèces. Les préposés les adressent au trésorier dont ils dépendent, lequel en comprend le montant dans sa situation, de la même manière que le trésorier général comprend dans la sienne le résultat des situations des trésoriers particuliers.

Les trésoriers des ports ne perdront pas de vue qu'ils doivent considérer comme effectuées par eux-mêmes les opérations de leurs préposés, et qu'ils en sont seuls responsables envers l'administration.

Art. 99. Les bordereaux de mois sont faits en quatre expéditions : la première pour le ministre secrétaire d'État de la marine; la seconde pour le contrôleur ou le sous-contrôleur; la troisième pour le commissaire des classes; la quatrième pour le trésorier général, qui comprend le montant de ce bordereau dans sa situation

le du mois. La minute reste entre les mains du
comptable.

ordereaux contiennent le relevé sommaire, par
et par chapitres, des opérations effectuées
le mois sur les trois caisses; et à l'expédition
ée au ministre sont joints des bordereaux parti-
de la caisse des prises et de celle des gens de mer.

100. Indépendamment des vérifications men-
les qui sont de rigueur, les commissaires des classes
contrôleurs ou sous-contrôleurs, dans le lieu de
résidence, doivent, toutes les fois que le cas l'exige,
vérifier inopinément les écritures et les caisses des tré-
riers. Ils dressent un procès-verbal de ces vérifica-
extraordinaires, et en envoient une expédition au
nistre secrétaire d'État de la marine, accompagnée
bordereau spécial de la situation des écritures et
nds au jour de l'arrêté des registres.

reil envoi est fait par le trésorier particulier au
rier général.

le contrôleur ou sous-contrôleur juge nécessaire de
ansporter du chef-lieu dans un des autres quartiers
rrondissement ou sous-arrondissement, il en fait la
sition à l'administrateur supérieur, qui demande
torisation du ministre secrétaire d'État de la marine.

les motifs sont assez urgents pour exiger un dé-
ent immédiat, ledit administrateur supérieur
d sur lui de l'autoriser, et il en rend compte sur-
amp au ministre.

101. Les administrateurs de la marine sont tenus,
les dispositions exprimées en l'article 15 de
onnance du 22 mai 1816, d'assister les agents du
de royal dans les vérifications extraordinaires que ces
iers peuvent être chargés de faire. En conséquence,
prévenus par lesdits agents du moment fixé
leur inspection.

s trésoriers sont tenus de les prévenir également,
que l'inspecteur se présente.

pédition en forme du procès-verbal de ces vérifi-

cations extraordinaires doit être transmise au misecrétaire d'État de la marine par l'administrateur supérieur de l'arrondissement ou sous-arrondissement, et
au trésorier général par le trésorier particulier.

Art. 102. Dans la première quinzaine du mois qui
suit l'expiration de chaque semestre, il est procédé à la
formation des états en demande d'ordonnances pour la
régularisation des recettes et des dépenses de la caisse
des invalides. Ces états sont dressés par le trésorier,
certifiés par le commissaire des classes, et visés par le
contrôleur ou sous-contrôleur et par l'administrateur
supérieur, qui adresse collectivement au ministre tous
ceux de son arrondissement ou sous-arrondissement.

A cet envoi est joint un bordereau général de semestre,
établissant comparativement les résultats des écritures
et des pièces, et présentant leur concordance, ou faisant
connaître les motifs des différences qui peuvent exister
par suite des rectifications opérées sur les recettes et
dépenses du semestre, ou des opérations effectuées
pendant la formation des états.

Art. 103. Les états en demande d'ordonnances sont
établis par chapitres, dans la forme prescrite par l'instruction du 15 février 1813, et comprennent toutes les
recettes et dépenses faites sur chacun desdits chapitres
pendant le cours du semestre expiré. Tous ces états
sont accompagnés d'ampliations des pièces nécessaires
à la justification des opérations effectuées, conformément à ce qui est réglé par l'instruction précitée, savoir:

Pour les recettes, le bordereau des trois pour cent
sur les dépenses de la marine, les états de dépouillement des rôles d'armement et de désarmement, l'état
des salaires et parts de prises des déserteurs, celui des
sommes non réclamées, les extraits de liquidation des
bris et naufrages et des prises, l'état de la plus-value
des rôles d'équipage et celui des diverses autres
recettes;

Pour les dépenses, les états de revue des demi-soldiers, pensionnaires, retraités et réformés, ceux des

tions et secours, les états d'appointements, de
de frais, celui des remboursements sur les
provenant de la caisse des gens de mer et celui
penses diverses.

états en demande d'ordonnances, relatifs à la
es sommes non réclamées et à la dépense des
s, ne sont formés pour la gestion qu'à la fin de
cice.

expédition de chacun des états en demande
ances reste déposée au bureau des classes, une
est remise au bureau du contrôle.

mule des ordonnances est conservée dans les
de la division des invalides, avec les amplia-
es pièces justificatives.

104. Les trésoriers des ports adressent de leur
trésorier général semblables états accompagnés
ginaux des pièces justificatives à rapporter à l'ap-
à ordonnances, ainsi qu'il est prescrit par l'ins-
précitée du 15 février 1813.

105. Les ordonnances délivrées par le ministre
aire d'État de la marine sont envoyées au trésorier
pour être rapportées avec les pièces au soutien
compte général qu'il a à rendre. Il est donné
l'expédition desdites ordonnances au chef-lieu
haque arrondissement ou sous-arrondissement,
servir à la régularisation des écritures administra-
comme les ordonnances elles-mêmes servent à la
risation des écritures comptables.

extraits desdites ordonnances sont transmis par
orier général aux trésoriers particuliers.

106. Immédiatement après la délivrance des
nces du second semestre de l'exercice expiré,
elles sont expédiées dans le cours du mois d'avril
ée suivante, il est procédé par les trésoriers à
ation de leurs comptes annuels de la *caisse des*
s. Ces comptes sont fournis en quatre expédi-
savoir :

pour le ministre secrétaire d'État de la marine,

qui la fait joindre aux pièces précédemment adressées à l'appui des états en demande d'ordonnances; mitaux

Une pour être déposée au contrôle de l'arrondissement ou sous-arrondissement, après avoir été vérifiée sur les écritures tenues en ce bureau;

Une pour le trésorier général, qui la joint avec les pièces à l'appui au compte général qui doit être présenté par lui à la cour des comptes;

Une enfin pour le trésorier lui-même.

Art. 107. Les comptes de la *caisse des invalides* sont rendus par exercice. Ils présentent l'ensemble des recettes et des dépenses ordonnancées sur chaque exercice, soit qu'elles aient été faites pendant le cours de l'année ou jusqu'au 31 mars de l'année suivante, époque de la clôture de chaque exercice pour l'expédition des ordonnances de régularisation.

Art. 108. Les comptes de la *caisse des prises* et de celle des *gens de mer* sont formés dans le cours du mois de janvier de l'année suivante, et il en est fourni quatre expéditions, qui sont distribuées de la même manière que celles du compte de la caisse des invalides.

Ces comptes sont rendus par gestion, c'est-à-dire qu'ils présentent les recettes et les dépenses effectuées du 1er janvier au 31 décembre de chaque année inclusivement, les opérations de ces deux comptabilités n'étant pas, comme celles de la comptabilité de la caisse des invalides, de nature à se prolonger d'une année sur l'autre.

Art. 109. Des différents comptes des trois caisses il est formé par le trésorier général un compte général qu'il remet à la cour des comptes avec les pièces justificatives, et dont il adresse une expédition au ministre secrétaire d'État de la marine.

Les comptes de la caisse des prises et de celle des gens de mer sont adressés à Paris en même temps que les états en demande d'ordonnances du deuxième semestre; ceux de la caisse des invalides doivent être réunis chez le trésorier général, au plus tard à la fin du

t de l'année qui suit l'exercice expiré, et
général doit être remis dans le cours de ladite

110. Les trésoriers ne doivent faire aucune
ni acquitter aucune dépense sur les trois services
près les mandats délivrés par les commissaires
es de leurs quartiers respectifs; ils donnent
nce des sommes reçues et reçoivent l'acquit des
es payées aux parties prenantes. A défaut des
les mandats sont revêtus de la certification
ent fait en présence du commissaire des

. Pour le payement des demi-soldes, pensions,
de retraite, traitements de réforme et des grati-
ns accordées sur les états de proposition, les états
ue établis par semestre tiennent lieu des mandats

112. Bien que les états de revue ne soient formés
semestre, les invalides et pensionnaires peuvent
oins être payés par trimestre, et ces payements
fuent sur mandats du commissaire des classes,
s'retire à la fin du semestre et les annule après
arrêté l'état de revue dans lequel ils sont com-

113. Les décomptes payés aux héritiers des décé-
nt pas partie de l'état de revue; ils sont établis
mandats particuliers rapportés à l'appui de l'or-
nce et accompagnés des pièces justificatives de
té des payements.

14. Aucune recette ou dépense sur la caisse des
s autre que les excédants des comptes précé-
peut être comprise dans les comptes de cette
elle n'est autorisée par les ordonnances expé-
sur chaque chapitre, de la manière expliquée en
105 ci-dessus.

115. Les consuls de France en pays étrangers
ent, à l'expiration de chaque trimestre, au ministre
aire d'État de la marine, l'état de leurs recettes,

accompagné des pièces justificatives et de traites représentant le montant des fonds qu'ils ont versés dans la caisse de leur consulat, provenant des caisses des gens de mer et invalides.

Lesdites traites et pièces à l'appui sont transmises par le ministre au trésorier général des invalides, qui porte dans ses comptes le montant desdites recettes aux services et chapitres respectifs.

Art. 116. Lorsque les receveurs ou payeurs de la marine, dans les colonies, sont en même temps trésoriers des invalides, ils font également remise en France de leurs excédants de recette, prélèvement fait des dépenses qu'ils ont acquittées pour le service des caisses dont ils sont chargés en cette dernière qualité. Cette remise s'effectue en un récépissé qu'ils se donnent eux-mêmes, comme payeurs coloniaux, de la somme qu'ils ont versée, comme trésoriers des invalides, dans la caisse de la colonie. Ils remettent ces récépissés, avec leurs comptes et les pièces justificatives, à l'administrateur supérieur de la colonie, qui les fait passer au ministre secrétaire d'État de la marine.

Le tout est transmis par le ministre au trésorier général des invalides, afin que celui-ci porte dans ses comptes, suivant l'imputation respective, le montant des recettes et des dépenses ainsi justifiées.

Art. 117. Le mode actuel d'écritures du trésorier général est provisoirement maintenu.

Art. 118. Le trésorier général remet tous les dix jours au ministre secrétaire d'État de la marine une copie de son journal général, et tous les mois la balance de ses comptes, accompagnée de deux situations particulières, l'une pour Paris, l'autre pour les ports, et d'une situation générale comprenant l'ensemble de la comptabilité de Paris et des ports.

Art. 119. Les opérations du trésorier général sont suivies et surveillées, sous les ordres du directeur de l'administration et de la caisse de comptabilité des invalides, par le chef de la division des invalides, ainsi

...exécute dans les arrondissements et sous-
...ements maritimes.

...onséquence, les formes prescrites par les art. 96
...u présent règlement, pour la formation, l'arrêté
...ification des bordereaux de mois des trésoriers
...rés, sont observées pour les bordereaux du tré-
...énéral, suivant l'ordre de surveillance et de véri-
...ab établi dans lesdits arrondissements et sous-
...issements.

...120. Le trésorier général ne doit effectuer aucune
...ni dépense que sur des mandats spéciaux. Ces
...dats sont délivrés par le chef de la division des
...es, qui les fait enregistrer aux chapitres respec-
...de recette et de dépense.

...conséquence, la division des invalides reçoit les
...de versement, soit du payeur général de la marine
...les 3 0/0 retenus chaque mois sur les dépenses de
...arine acquittées à Paris, soit du directeur du grand-
...our les rentes, soit des administrateurs des sa-
...de l'Est pour les intérêts et dividendes revenant
...semestre sur les actions appartenant à la caisse
...alides, soit enfin tous autres avis de recette, afin
...soit délivré des mandats pour en effectuer le
...vrement.

...t également remises à la division des invalides les
...s d'avis des ordonnances délivrées sur le trésor
...ar le bureau des fonds du ministère de la marine,
...yement des récépissés fournis par les payeurs
...aux et des traites tirées par les consuls de France
...es recettes faites hors de France au profit de la
...des invalides; et les mandats du chef de la divi-
...invalides accompagnent l'envoi qui est fait au
...général desdits récépissés, traites, lettres d'avis
...es pièces.

...s mandats de dépense sont délivrés aux parties pre-
...elles-mêmes, qui les présentent chez le trésorier
...l, avec les pièces à l'appui, pour en obtenir le
...ent.

Les recettes et les dépenses du service *invalides* de Paris, sont ordonnancées d'après le mode établi pour les caisses des ports.

Art. 121. Les dispositions établies dans les ports pour les inspections mensuelles et pour les inspections inopinées faites par les administrateurs de la marine sont entièrement applicables à la caisse générale. Ces vérifications sont faites par le chef de la division des invalides ou par un chef de bureau, qu'il est autorisé à déléguer pour le représenter.

Art. 122. Pour l'exécution, en ce qui concerne la caisse de Paris, des dispositions de l'article 15 de l'ordonnance du 22 mai 1816, relatives à l'inspection attribuée au ministre secrétaire d'État des finances, le chef de la division des invalides, sur l'avis qu'il en reçoit de l'inspecteur ou du trésorier général, est tenu de concourir à ces vérifications extraordinaires ou de s'y faire représenter par un chef de ses bureaux.

Art. 123. La division des invalides tient ses écritures et enregistrements, relativement à la comptabilité de la caisse de Paris, dans une forme analogue à ce qui est prescrit pour les écritures et enregistrements des bureaux des classes et du contrôle dans les ports.

Elle réunit les états et documents nécessaires pour établir la situation générale des trois caisses, et contrôler ainsi les écritures du trésorier général.

Art. 124. Le ministre secrétaire d'État de la marine détermine la quotité de l'encaisse habituel du trésorier général et de chaque trésorier particulier, proportionnément à l'importance de leur service respectif; il règle et ordonne les mouvements de fonds nécessaires, soit pour assurer le service sur les différents points, soit pour retirer les excédants, par des remises de Paris dans les ports, des ports à Paris, ou d'un port à un autre.

Art. 125. La majeure partie des dépenses n'ayant lieu qu'aux échéances de trimestre par le payement des pensionnaires, et la remise à Paris des fonds qui excéderont

tervalle l'encaisse des trésoriers pouvant for-
ntanément dans la caisse du trésorier géné-
asse de fonds supérieure à son encaisse déter-
sera établi chez ce comptable une caisse à trois
il seront renfermées les espèces et valeurs qui se
ront excéder ledit encaisse.

des clefs restera entre les mains du trésorier

conde sera confiée au chef de la division des
des;
roisième au directeur de l'administration de la
ilité de ladite caisse.

erture de la caisse à trois clefs ne pourra jamais
re qu'en exécution d'un ordre écrit du ministre
re d'État de la marine.

126. Les receveurs généraux des départements
uent d'être chargés des payements que la caisse
valides a à faire dans l'intérieur du royaume.

127. Le ministre secrétaire d'État de la marine
ployer l'entremise de la caisse de service pour
es mouvements de fonds qu'il a l'intention de
rer dans les ports ou dans l'intérieur.

t effet, il concerte avec le ministre secrétaire
des finances telles mesures qui peuvent assurer
ice des invalides, sans qu'il en résulte d'incon-
ton de dépense pour l'établissement, ni de charge
e trésor royal.

TITRE V.

MES D'ADMISSION AUX DEMI-SOLDES ET PENSIONS SUR
LA CAISSE DES INVALIDES.

28. Pour constater les droits des marins, ou-
utres non entretenus qui sont dans le cas d'ob-
es demi-soldes et pensions sur la caisse des
es ainsi que de leurs veuves, enfants, pères et
les syndics des gens de mer reçoivent les de-
qui leur sont faites par les réclamants; ils en
t un état contenant les motifs de chaque de-

mande, font certifier les faits par la mairie du syndicat, et adressent un double de l'état, avec les pièces au soutien, au commissaire de leur quartier. Ce travail a lieu une fois par an et doit être terminé avant le 1er octobre.

Art. 129. Les commissaires des classes de chaque quartier recueillent les états et pièces qui leur sont adressés par les syndics, vérifient les faits qui y sont contenus, forment l'état général de propositions du quartier, divisé par syndicats, et, joignant leurs observations à chaque demande, ils font passer le tout à l'intendant ou à l'administrateur supérieur de l'arrondissement ou sous-arrondissement, pour être lesdites pièces transmises par ce dernier, avant le 31 décembre, au ministre secrétaire d'État de la marine.

Les commissaires des classes doivent, par tous les moyens possibles, éclairer les syndics sur l'exécution des règlements qui concernent cette partie du service, et stimuler leur activité pour la formation des états de propositions à établir chaque année; ils doivent exiger des syndics qui n'ont point de propositions à faire un état négatif, afin de garantir au ministre qu'on a conservé à ces syndics l'initiative qui leur est dévolue par la loi, et qu'il n'y a point eu d'omissions au préjudice des gens de mer.

Art. 130. Quant aux réclamants dont le domicile n'est point compris dans un syndicat, ils présentent leurs demandes motivées à la mairie du lieu de leur résidence, laquelle certifie les faits qui sont à sa connaissance, fait passer les pièces avec son avis au commissaire des classes du quartier le plus voisin, qui, s'il y a lieu, en fait article dans son état de propositions.

Art. 131. Les états et pièces transmis, ainsi qu'il est dit ci-dessus, et réunis au chef-lieu de l'arrondissement ou sous-arrondissement, où ils sont visés par le contrôleur et l'administrateur supérieur, sont adressés collectivement par cet administrateur au ministre secrétaire d'État de la marine, qui statue, par un seul et même travail, sur tout ce qui concerne l'arrondissement, et renvoie le tout collectivement aussi, pour être distribué dans les quartiers, de la même manière que les pièces y ont été primitivement recueillies.

Art. 132. Les marins qui ne réunissent pas les conditions requises pour obtenir des pensions ou demi-soldes, et qui cependant présentent des besoins urgents et des services constatés approchant du terme fixé, peuvent obtenir des gratifications, dont les demandes sont comprises dans les états de propositions relatifs aux pensions et demi-soldes.

Le même mode est applicable aux veuves des gens de mer dans une situation analogue.

Lesdites gratifications se payent sur le fonds de cinquante-quatre mille francs assigné pour cet objet, ainsi qu'il est dit en l'article 75 du présent règlement.

Si, avant la confection du travail annuel des propositions, l'individu susceptible d'une gratification, pour le cas ci-dessus énoncé, se trouve dans un état de besoin qui ne lui permette pas d'attendre l'époque de ce travail, il est accordé par le ministre, sur la simple demande de l'intendant ou de l'administrateur supérieur constatant l'urgence, un secours extraordinaire imputable sur le fonds de six mille francs assigné à cet effet, ainsi qu'il est dit en l'article 75 précité.

Art. 133. Tous les ans le ministre secrétaire d'État de la marine soumet à l'approbation du roi le travail général des pensions, demi-soldes et gratifications qu'il a accordés dans le cours de l'année précédente, sur les états de propositions des ports.

Art. 134. A l'égard des soldes de retraite et pensions attribuées aux officiers militaires et civils et autres entretenus, ainsi qu'à leurs veuves et enfants, la fixation en est déterminée par le roi, sur la proposition du ministre secrétaire d'État de la marine.

Art. 135. Tout pensionnaire absent pendant trois années consécutives est rayé de la matricule; sa pension est censée éteinte et ne peut être rétablie qu'en vertu des ordres du ministre secrétaire d'État de la

marine, et après que le titulaire a justifié des motifs de
son absence, sans que toutefois il lui soit tenu compte
des arrérages antérieurs au jour du rétablissement de
sa pension.

TITRE VI.

DISPOSITIONS GÉNÉRALES.

Art. 136. Il est formé tous les ans, avant la fin du
mois de décembre, un état de recettes et dépenses présumées de la caisse des invalides pour le prochain exercice. Cet état, après avoir reçu l'approbation du roi,
est déposé à la division des invalides ; expédition en est
délivrée au trésorier général, pour servir de base aux
opérations de l'exercice.

Art. 137. Pour que le contrôleur de la marine puisse
remplir d'une manière efficace les fonctions qui lui sont
confiées, vérifier d'après ses registres, conformément à
ce qui est prescrit au titre IV, article 95, la comptabilité des trésoriers, et établir dans son bureau les situations respectives, comme il pourrait le faire chez les
comptables mêmes, toutes les pièces de comptabilité devront passer sous ses yeux, à l'arrivée et au départ, pour
y subir l'enregistrement qui doit mettre ledit contrôleur
au courant de toutes les opérations.

Art. 138. Les instructions réglementaires sur le service
de la comptabilité des trois caisses, notamment celles
des 31 décembre 1811 et 15 février 1813, sont provisoirement maintenues en ce qui n'est pas contraire
aux dispositions du présent règlement et à la nouvelle
forme du service. (1)

Art. 139. Le ministre secrétaire d'État de la marine

---

(1) Pour éviter à l'avenir la confusion qui a résulté de l'application
qu'on a faite au service des invalides de la marine de diverses dispositions des lois générales qui lui étaient étrangères, chaque administrateur
et comptable aura constamment sous les yeux un répertoire de tous les
édits, règlements, ordonnances, lois, arrêtés, décisions, circulaires et
instructions relatifs à cette partie du service.

et des colonies est chargé de l'exécution du présent règlement.

Mandons et ordonnons, etc.

Donné à Paris, le 17 juillet 1816.

Signé LOUIS.

Et plus bas :

Signé le Vicomte DU BOUCHAGE.

N° 1688. — *Règlement provisoire du ministre sur le service financier de la colonie.*

20 juillet 1816.

TITRE Iᵉʳ.

DES RECETTES ET DÉPENSES DE LA COLONIE.

RECETTES.

Article premier.

Les recettes de la colonie composent un chapitre unique de comptabilité, divisé en sections et articles ainsi qu'il suit :

SECTION PREMIÈRE.

Fonds venus de France.

On comprend sous ce titre les envois de numéraire, obligations du trésor, les traites du caissier général du trésor sur lui-même, et enfin toutes autres valeurs venant de France. On y comprend également les traites tirées par la colonie avec l'approbation du ministre de la marine, les retenues proportionnelles dont les traitements sont susceptibles et les versements du trésorier des invalides.

SECTION DEUXIÈME.

Contributions directes.

Elles se forment de la capitation des esclaves et gens de couleur libres, des droits de patente et de cabaret, des droits sur les loyers des maisons, et, en cas de guerre, des contributions temporaires.

SECTION TROISIÈME.

Contributions indirectes.

Elles se composent des droits de timbre, d'enregistrement et d'hypothèques, des produits de douane et ancrage, des francisations et congés de bâtiments, des droits d'encan, des droits de pesage, jaugeage et étalonnage, des produits de la régie des greffes, ainsi que des amendes et des confiscations qui sont prononcées en matière de contributions indirectes.

SECTION QUATRIÈME.

Domaines et droits domaniaux.

Ces produits sont les locations et fermages des habitations ou établissements appartenant à l'État, les rentes foncières, les déshérences et épaves, les ventes de domaines, les versements du curateur aux successions vacantes, les amendes et confiscations relatives aux domaines et droits domaniaux et les objets analogues non prévus par le présent règlement.

SECTION CINQUIÈME.

Recettes extraordinaires.

Elles sont formées de ventes de vivres et munitions provenant des magasins du roi, des journées d'hôpitaux et enfin des recettes imprévues étrangères aux sections précédentes.

Il est bien entendu que sous les titres portés aux 4e et 5e sections on ne comprend pas les épaves et successions maritimes, dont les produits doivent être versés à la caisse des invalides de la marine; les amendes et confiscations prononcées pour contraventions aux règlemens maritimes font partie des revenus de la même caisse.

DÉPENSES.

Art. 2.

Les dépenses de la colonie sont divisées en sept chapitres de comptabilité ;

SAVOIR :

CHAPITRE 1ᵉʳ.— Traitements, appointements et solde.
———— 2. — Dépenses assimilées à la solde.
———— 3. — Salaires d'ouvriers.
———— 4. — Approvisionnements.
———— 5. — Hôpitaux.
———— 6. — Vivres.
———— 7. — Dépenses diverses.

La subdivision des chapitres en sections et articles est établie au bordereau général de comptabilité.

Les avances à faire au département de la guerre continueront d'être classées au chapitre 1ᵉʳ.

Art. 3.

Le budget des recettes et dépenses de l'exercice, arrêté par le gouverneur et administrateur en chef, sera déposé en original au contrôle de la colonie.

Six mois au moins avant le commencement de l'exercice, il en sera adressé une expédition au ministre de la marine, pour être revêtue de sa décision.

Toutes celles des dispositions du budget de l'exercice qui auront été sanctionnées par le ministre dans le budget de l'année précédente pourront recevoir immédiatement leur exécution, suivant les proportions déterminées ; mais les dispositions additionnelles ou nouvelles ne seront considérées comme exécutoires qu'après la réception de l'autorisation ministérielle.

TITRE II.

ORDRE DE SERVICE.

Art. 4.

Il y a pour la colonie un trésorier qui est agent direct de la marine ; il ne reçoit d'ordres que du ministre et des administrateurs en chef de ce département.

Art. 5.

Il remplit en même temps les fonctions de receveur

et celles de payeur de toutes les dépenses faites dans la colonie. Il est aussi chargé, mais provisoirement, du service de trésorier des invalides, de caissier des gens de mer et de caissier des prises.

Art. 6.

Il sera remis au trésorier, avec une expédition du budget des recettes et dépenses, des rôles de répartition dûment arrêtés et une instruction sur le mode à suivre dans la perception des contributions, revenus et droits.

Art. 7.

Le comptable ne pourra recevoir des contribuables que des espèces monnayées ayant cours dans la colonie, à moins que par des motifs d'urgence l'administrateur en chef n'autorise l'admission de toute autre valeur représentative, auquel cas ledit comptable sera tenu de représenter, pour la justification de sa gestion, l'ordre motivé qu'il aura reçu.

Art. 8.

Au moyen des frais de gestion qui leur sont accordés, les trésoriers ne pourront prétendre à aucune taxation ou remise sur le montant de leurs recettes ou de leurs dépenses.

Art. 9.

Lorsque le gouvernement aura jugé convenable de faire des envois de fonds dans la colonie, l'administrateur en chef devra faire dresser, au moment de l'arrivée des bâtiments, un procès-verbal constatant l'état des espèces qui seront parvenues. Ce procès-verbal sera dressé en quintuple expédition, par le commissaire des fonds, en présence du commandant du bâtiment chargé de la remise des valeurs, de l'administrateur en chef, du contrôleur et du trésorier de la colonie. Il sera signé de tous ceux qui auront concouru à la vérification.

L'une des expéditions sera remise au commandant du bâtiment, la deuxième restera déposée au contrôle, la troisième devra être remise au trésorier avec les fonds, dont il fournira récépissé.

L'administrateur en chef adressera les deux autres au ministre par des voies différentes.

Art. 10.

A l'expiration de chaque trimestre, le trésorier se chargera en recette, dans sa comptabilité générale, sous le titre *fonds venus de France,* de la portion des produits appartenant à la caisse des invalides qui n'aura pas été appliquée au payement des dépenses de ladite caisse.

Le remboursement s'en opérera en France sur les récépissés donnés par le trésorier à lui-même des fonds qu'il aura versés dans la caisse coloniale, comme trésorier des invalides de la marine.

Art. 11.

L'administrateur en chef réglera au commencement de chaque mois, et ce conformément au degré d'urgence de chaque service, la répartition des fonds existant en caisse.

Cette répartition sera pour le trésorier de la colonie l'équivalent des ordonnances ministérielles de crédit.

Art. 12.

Les appointements, suppléments, traitements et les allocations seront acquittés conformément aux lements et tarifs actuellement en vigueur, sauf les particuliers réglés individuellement par décisions ministérielles qui seront communiquées au trésorier.

Art. 13.

Les officiers sans troupes recevront leurs appointements et suppléments par mois, sur des états d'émargement conformes aux modèles suivis en France, et dont il sera remis un exemplaire au trésorier : sont compris sous la dénomination d'officiers sans troupes les gouverneur et administrateur en chef, les officiers généraux, supérieurs et autres appartenant aux états-majors, les employés et officiers des directions du port et du génie et de l'artillerie, les officiers présents à terre, les ministres du culte, les administrateurs de la marine et autres fonctionnaires civils et judiciaires, les directeurs et employés des hôpitaux, les agents de surveillance, de police et autres qui n'appartiennent à aucun corps.

Art. 14.

Le payement des troupes de terre et de mer s'effectuera, savoir :

Pour les officiers, sur des états nominatifs dressés par mois, suivant le modèle annexé sous le n° 3 au règlement du 20 août 1812;

Et pour les sous-officiers et soldats, sur des états d'effectif dressés par quinzaine (modèle n° 2).

La dépense sera régularisée, à la fin de chaque trimestre, par des revues nominatives portant décompte en journées et en deniers, lesquelles seront dressées conformément aux dispositions dudit règlement du 20 août 1812.

Art. 15.

Les appointements des officiers employés sur les vaisseaux de Sa Majesté, les divers suppléments payables pendant la durée de l'embarquement, le traitement de table et la solde des équipages, seront acquittés sur des mandats appuyés d'états nominatifs portant décompte.

Art. 16.

Les journées d'ouvriers seront payées d'après le même mode.

Art. 17.

La solde des marins embarqués et des troupes employées dans la colonie sera acquittée préférablement à toute autre dépense. Le trésorier aura soin d'en rappeler le montant à l'administrateur en chef en lui remettant la situation mensuelle de sa caisse.

Art. 18.

Les dépenses du matériel seront acquittées sur des mandats appuyés d'un récépissé du garde-magasin, et, pour tous les objets au-dessus de 300 francs, d'un extrait du marché.

Les mandats expédiés pour loyers de maisons et autres établissements seront accompagnés d'un extrait du bail.

Enfin toutes les autres dépenses, excepté celles dont le mode de payement a été réglé par les articles précédents, s'acquitteront sur des mandats auxquels seront joints les extraits des ordres spéciaux de l'administrateur en chef.

Art. 19.

Le ministre fera parvenir à l'administrateur en chef, qui le transmettra au trésorier, un état des sommes déléguées en France par les marins et les militaires à leurs familles, suivant la faculté que leur en accorde arrêté du 7 novembre 1801 (16 brumaire an x).

Cet état servira de base aux retenues que le comptable opérera dans la colonie et dont il se chargera en recette sous le titre *fonds venus de France,* comme il est prescrit à l'article 1er du présent règlement. (Arrêté 17 février 1803 [28 pluviôse an xi]).

Art. 20.

Dors le cas de délégation, la solde des sous-officiers soldats des troupes de terre ne sera soumise à aucune retenue. Celle des officiers des mêmes troupes supportera à une retenue de 2 0/0, en exécution des dispositions du décret du 25 mars 1811.

Toutes les autres dépenses de la colonie, soit pour le personnel, soit pour le matériel, seront passibles d'une retenue de 3 0/0.

Les retenues prescrites par le présent article devront être versées dans la caisse des invalides de la marine.

Art. 21.

Indépendamment des retenues qui seront opérées en

vertu des articles 19 et 20, il sera pareillement exercé, à compter du 1ᵉʳ janvier 1816 et jusqu'à nouvel ordre, sur tous les appointements au-dessus du taux annuel de 500 francs, une retenue proportionnelle, calculée d'après le tarif annexé à la loi des finances du 28 avril 1816.

On observera néanmoins, à cet égard, les dispositions de l'instruction ministérielle du 11 mai 1816, dont expédition est annexée au présent.

Le produit de la retenue proportionnelle sur les appointements, suppléments et traitements sera porté aux recettes de la caisse coloniale, sous le titre *fonds venus de France*. (Article 1ᵉʳ du présent.)

Art. 22.

Émission de traites. — Il sera pourvu au payement ou au remboursement des dépenses des bâtiments de Sa Majesté en relâche dans la colonie par des traites sur le département de la marine, dont l'administrateur en chef autorisera l'émission : elles seront divisées par exercice et par nature de dépense, de manière que chacune d'elles reçoive le classement d'année et de section qu'elle pourra comporter.

Ces traites seront tirées en sommes nettes (la retenue de 3 0/0 revenant aux invalides de la marine devant être faite dans la colonie) ; elles seront libellées suivant le modèle annexé à l'instruction du 23 septembre 1802 (1ᵉʳ vendémiaire an xi).

Celles desdites traites qui seront expédiées pour appointements, suppléments ou traitements devront en déterminer le montant annuel et le décompte.

Lorsque les traites seront émises en remboursement d'une dépense faite sur les fonds de la colonie pour le service des bâtiments de Sa Majesté, elles seront tirées à l'ordre du trésorier lui-même, qui sera chargé d'en réaliser le montant par l'intermédiaire du payeur général de la marine.

Les traites devront être tirées à trois mois de date au moins.

qu'à moins d'autorisation spéciale du ministre, les traités destinées au payement ou au remboursement de la dépense des bâtiments de Sa Majesté en relâche dans la colonie seront les seules dont l'administrateur en chef pourra permettre l'émission.

Art. 23.

Le trésorier de la colonie ne devra effectuer ses payements qu'entre les mains des parties prenantes elles-mêmes ou de leurs procurateurs et représentants dûment autorisés.

Art. 24.

Pour obvier à la perte des acquits de dépenses qui doivent être joints au compte de gestion, le trésorier se fera délivrer par les parties prenantes, outre leurs acquits, des ampliations de quittance, qui resteront annexées au mandat jusqu'à l'envoi des pièces comptables en France.

Au moment de cet envoi, les ampliations de quittance ront déposées au contrôle, et, en cas de perte dûment constatée des acquits originaux, le contrôleur délivrera trésorier des copies certifiées desdites ampliations.

Art. 25.

Le trésorier n'acquittera que les dépenses faites après reprise de possession de la colonie; les dépenses érieures, à partir du 1er vendémiaire an IX (23 septembre 1800), seront l'objet d'une liquidation partiière, dont le ministre fixera le mode et l'époque.

TITRE III.

COMPTABILITÉ.

Art. 26.

Le trésorier tiendra ses écritures en parties doubles, suivant le système adopté par le trésor royal. Il lui sera remis à cet effet une instruction particulière.

Il tiendra séparément sa comptabilité comme receveur et comme payeur; il se conformera strictement aux divisions établies par le bordereau de comptabilité arrêté pour le service *Colonies*.

Art. 27.

L'administrateur en chef paraphera par premier et dernier feuillet le journal et tous les registres de comptabilité.

Art. 28.

Le trésorier devra remettre à l'administrateur en chef, à la fin de chaque mois, la balance de ses comptes. Il sera tenu de lui fournir la situation de sa caisse toutes les fois qu'il en sera requis.

Art. 29.

Le premier de chaque mois, l'administrateur en chef fera vérifier et arrêter en recette et dépense la comptabilité du trésorier, ainsi que le montant des fonds et valeurs en caisse.

La vérification sera faite par l'ordonnateur et par le contrôleur, ou, en cas d'empêchement, par les officiers qui les suppléent dans l'ordre du service.

Ces administrateurs établiront, certifieront et signeront la balance du compte, d'après le solde en caisse et en portefeuille.

Les caisses des préposés du trésorier seront également soumises à l'inspection mensuelle des administrateurs en chef des résidences respectives.

Art. 30.

Dans le cas où il serait jugé convenable de faire des vérifications de caisse plus fréquentes ou des vérifications inopinées, l'administrateur en chef en donnerait l'ordre par écrit, qui serait communiqué au trésorier ou à ses préposés au moment même de l'opération, à laquelle devra assister le contrôleur.

Art. 31.

A l'expiration de chaque trimestre, le trésorier remettra l'administrateur en chef, pour être adressée au ministre, une copie de son journal, la balance de ses comptes et un état récapitulatif de ses recouvrements, par nature de recettes, un bordereau par duplicata des traites qu'il aura été autorisé à tirer, avec leurs dates, leurs numéros, leur motif, leur montant, le nom des parties prenantes et copies des ordres qu'il aura reçus. Enfin l'administrateur en chef fera parvenir par des voies différentes ces doubles expéditions, avec le résumé de la situation financière de la colonie.

Art. 32.

Le trésorier de la colonie est comptable direct à la cour des comptes, tant de l'emploi des fonds mis à sa disposition par le trésor royal que de ceux qui proviennent des recettes locales faites dans la colonie.

Art. 33.

Décret du 10 septembre 1808. — Ses recettes s'établit :

Par un bordereau détaillé des récépissés délivrés pour les envois de France en numéraire et en valeurs pour les versements reçus dans la colonie sous le e *fonds venus de France ;*

Par un bordereau des traites tirées sur le minisre de la marine, présentant tous les détails déjà conés dans les bordereaux trimestriels exigés par icle 31 ;

3° Par des bordereaux récapitulatifs de réalisation contributions directes et indirectes et des droits aniaux ;

4° Enfin par la représentation des ordres de recettes aordinaires.

Art. 34.

Instruction du 23 septembre 1801 (6 vendémiaire an XI). Les dépenses seront justifiées par les mandats de l'administrateur en chef émis en vertu des répartitions mensuelles tenant lieu d'ordonnances de crédits ; lesdits mandats devront être rapportés avec l'acquit des parties prenantes et les pièces qui, suivant la nature de la dépense, auront dû y être jointes.

Art. 35.

Pour accélérer autant que possible la rectification des pièces qui pourraient être rejetées comme irrégulières, il est prescrit au trésorier de faire parvenir au ministre, à l'expiration de chaque trimestre, par l'entremise de l'administrateur en chef, les pièces de recettes et de dépenses qui doivent être produites à l'appui du compte annuel.

L'examen en sera fait à la quatrième division du ministère, et les pièces jugées inadmissibles devront être immédiatement renvoyées dans la colonie, pour que le comptable les régularise et qu'il les fasse parvenir derechef, par la même entremise, en profitant de la plus prochaine occasion.

Les pièces qui seront reconnues en règle seront classées dans les bureaux de la quatrième division, pour être jointes en temps utile au compte du trésorier.

Art. 36.

Par dépêche ministérielle du 22 mai 1818, il est prescrit au trésorier d'adresser en double expédition son compte annuel.

A la fin de chaque année, le trésorier établira, par exercice, son compte de gestion en recette et dépense; il se conformera aux principes adoptés par la cour des comptes.

Avant de procéder à la formation de son compte annuel, le trésorier présentera au contrôleur de la colonie l'accusé de réception des pièces comptables qui seront parvenues au ministre et l'avis de l'allocation de ces pièces en bonne dépense. Sur cette communication, qui est de rigueur, ledit contrôleur remettra au comptable pour la confection du compte de gestion les ampliations de quittances admises par le ministre.

Le contrôleur, en remettant ces pièces à titre de simples renseignements, aura soin de les annuler comme pièces comptables.

Art. 37.

Aussitôt que le compte annuel sera clos et régularisé, il sera remis à l'administrateur en chef, qui le transmettra au ministre.

L'examen en sera fait par le directeur des fonds, qui, après en avoir constaté l'exactitude, y joindra les pièces justificatives dont il sera dépositaire, et fera l'envoi du tout à la cour des comptes.

Il est bien entendu que la présentation du compte annuel à la cour par le directeur des fonds sera considérée comme purement officieuse, et sans condition responsabilité à l'égard de ce fonctionnaire.

Art. 38.

L'arrêt de quitus sera adressé au trésorier par l'entremise de l'administrateur en chef.

Art. 39.

Toutes les pièces de recettes ou dépenses seront timées conformément au bordereau de comptabilité été par le ministre.

es états, bordereaux et comptes dressés par le trér er pour être envoyés en France seront vérifiés et étés par l'administrateur chargé du détail des fonds, par le contrôleur et l'administrateur en chef.

TITRE IV.

DISPOSITIONS GÉNÉRALES.

Art. 40.

Dans le cas où la colonie aurait, soit par la quotité es recettes locales, soit par des envois de France, des sources supérieures au besoin de l'exercice, le mire se réserve de faire connaître à temps l'application q devra être donnée à ces excédants.

Art. 41.

Les dispositions relatives à la quotité, à la nature et

au versement du cautionnement du trésorier seront l'objet d'une instruction particulière, que l'administrateur en chef recevra sous le timbre de la direction des colonies.

Art. 42.

Le trésorier sera chargé, sous la surveillance du contrôleur et de l'administrateur en chef, de la conservation des matrices destinées à déterminer le poids des monnaies d'or et d'argent; il les fera représenter à l'essayeur public toutes les fois que l'administrateur en chef jugera convenable de faire vérifier les poids des changeurs et peseurs de monnaies.

Art. 43.

Il sera remis au trésorier une instruction particulière sur le service qu'il aura à remplir en qualité de trésorier des invalides, de caissier des gens de mer et de caissier des prises.

Art. 44.

Le trésorier pourra correspondre avec le directeur des fonds et invalides de la marine pour les détails de son service.

Art. 45.

Les dispositions du présent règlement seront invariablement exécutées, sauf le cas où des circonstances extraordinaires exigeraient que l'administration de la colonie arrêtât, sous sa responsabilité, des dispositions particulières et momentanées. L'administrateur en chef de la colonie serait tenu de se conformer alors au mode établi par l'arrêt du conseil du 15 juillet 1785, relatif aux dispositions imprévues.

Paris, le 20 juillet 1816.

Le Ministre de la marine et des colonies,
Signé DU BOUCHAGE.

Et plus bas :

Le Directeur des fonds et invalides,
Signé BOURSAINT.

Inspection. Reg. 3, n° 1008.

Nº 1689. — *Dépêche ministérielle aux administrateurs en chef, leur prescrivant l'envoi régulier au ministère de la gazette qui s'imprime dans la colonie, ainsi que de tout autre écrit de nature à intéresser la haute police ou l'administration intérieure.*

26 juillet 1816.

Nota. Il importe, dit le ministre, de faire revivre l'usage de ces envois. Ils pourront me mettre à portée de prendre connaissance de beaucoup d'objets qui intéressent le gouvernement des sujets du roi dans la colonie.

Arch. du gouvernement. Dép. ministérielles, nº 24.

━━━━━◆◆◆━━━━━

Nº 1690. — *Dépêche ministérielle portant recommandation aux administrateurs en chef d'adresser au ministère dans un même format leurs divers arrêtés, soit manuscrits, soit imprimés.*

26 juillet 1816.

Nota. 1º Ceux qu'ils auraient rendu en commun, mme ceux par eux pris séparément dans leurs attributions respectives; 2º Cette dépêche renouvelant, en ttte partie, les prescriptions d'une circulaire du 12 septembre 1808.

Arch. du gouvernement. Dép. ministérielles, nº 24.

━━━━━◆◆◆━━━━━

Nº 1691. — *Dépêche ministérielle qu gouverneur général, indicative des dispositions à faire pour encourager l'importation des farines françaises dans la colonie, ou, au besoin, celle des farines américaines, par navires français.*

5 août 1816.

Messieurs, en vous recommandant de remettre en vigueur l'arrêt du 30 août 1784, qui détermine la nature et l'étendue des rapports commerciaux que les colonies françaises peuvent avoir avec l'étranger, j'ai dû prévoir

20

que des cas de nécessité absolue pourraient exiger que vous vous en écartassiez momentanément.

Si vous usez de la latitude qui vous a été donnée à cet égard par une dépêche du 20 juin dernier, pour autoriser l'introduction des farines américaines à la Martinique, vous aurez à faire des dispositions pour que le commerce français n'éprouve aucune perte dans les importations de farines françaises, et pour lui donner même les moyens de concourir avec avantage à l'introduction des farines américaines.

Pour atteindre le premier but, il faut ou élever le droit d'entrée sur les farines venant des États-Unis, ou prendre des mesures locales propres à assurer aux farines françaises un bénéfice raisonnable; il y a eu des exemples récents de ces mesures à la Martinique.

Quant à l'importation de farines étrangères par navires français, on ne peut que réduire le droit d'entrée, en faveur du pavillon national, dans la proportion nécessaire pour lui assurer un bénéfice suffisant, en observant toutefois qu'un bâtiment français qui introduit des denrées provenant du sol toujours être traité plus favorablement que celui qui importe des produits étrangers.

Je suis informé que, par des motifs qui tiennent aux circonstances du moment, des bâtiments français destinés pour nos colonies des Antilles partent des ports de France sur leur lest, ou seulement à demi chargés, et que les armateurs de plusieurs de ces navires ont le projet de les diriger d'abord aux États-Unis, pour y former ou y compléter, en farines, leurs cargaisons d'importation.

Ce sera donc offrir au commerce un nouvel encouragement dans ses relations avec nos colonies, que de lui procurer les avantages qui doivent résulter des dispositions que je viens de vous indiquer.

Je vous laisse le soin de déterminer selon les circonstances le mode d'exécution, mais je vous prie, dans tous les cas, de ne pas me laisser ignorer ce que vous aurez jugé convenable de faire à cet égard.

J'informe, dès à présent, le commerce qu'il pourra compter sur tous les encouragements qu'il sera possible de lui accorder, soit dans l'importation des farines françaises, soit dans l'introduction des farines américaines par bâtiments nationaux.

Recevez Monsieur, etc.

Le Ministre de la marine et des colonies,

Signé DU BOUCHAGE.

Arch. du gouvernement. Dép. ministérielles, n° 24.

N° 1692. — *Dépêche ministérielle aux administrateurs en chef, annonçant la réserve faite au profit des familles créoles de places gratuites dans les maisons royales de Saint-Denis et de Paris, et l'envoi d'instructions pour l'accomplissement de cette disposition.*

16 août 1816.

Messieurs, le gouvernement ne néglige aucune occasion de donner aux colonies des preuves de bienveillance et d'intérêt.

Des établissements ont été fondés à Saint-Denis et à Paris pour l'éducation gratuite des filles des membres des ordres royaux de France. Sa Majesté a voulu faire participer à cet avantage les enfants des fonctionnaires civils et militaires qui font partie des ordres dont il s'agit et qui sont propriétaires et domiciliés dans nos colonies. Trois places gratuites sont, en conséquence, réservées à la Martinique, savoir : deux places dans la maison royale de Saint-Denis, et une place dans la succursale de Paris.

D'après les statuts d'organisation, la maison de Saint-Denis occupe le premier rang, et elle est destinée aux demoiselles qui, après y avoir achevé leur éducation, rentrent également dans les premiers rangs de la société. La succursale de Paris n'est placée qu'en seconde ligne ; l'éducation y est très-bonne, mais elle est moins brillante que celle de Saint-Denis.

Les statuts d'organisation des deux établissements sont insérés au *Bulletin des lois*, n°s 79 et 89, 7e série. Je vous invite à vous y conformer avec soin, ainsi qu'aux instructions ci-jointes (1), lorsque vous me désignerez, soit individuellement, soit en commun, les demoiselles qui vous paraîtront avoir des titres à être reçues en qualité d'élèves gratuites.

Vous demeurez autorisés à accorder le passage et la nourriture à la table de l'état-major, sur les bâtiments du roi ou du commerce, aux demoiselles dont j'aurai agréé la désignation; je les ferai jouir du même avantage à leur retour.

Chaque élève devra arriver à Paris munie de toutes les pièces indiquées, la famille n'aura d'autres dépenses à faire que celle d'un trousseau qui est fourni à l'entrée, et dont la valeur est fixée à 400 francs.

Je vous invite à m'accuser réception de cette lettre et à me rendre compte des dispositions que vous avez faites pour que la colonie confiée à votre administration jouisse incessamment de la nouvelle faveur qui vient d'être accordée par Sa Majesté.

Recevez, etc.

Le Ministre de la marine et des colonies,

Signé DU BOUCHAGE.

Arch. du gouvernement. Dép. ministérielles, n° 27.

N° 1693. — *Dépêche ministérielle portant qu'aucun chargement pour compte particulier de denrées coloniales à bord des navires du roi ne doit être fait sans ordre spécial du ministre, ou sans nécessité absolue.* 25 août 1816.

NOTA. L'esprit de cette défense est que de semblables chargements peuvent avoir lieu lorsqu'ils doivent servir les intérêts du commerce, mais qu'il faut les proscrire toutes les fois qu'ils peuvent leur être nuisibles.

Inspection. Ord. et déc. Reg. 4, n° 594.

(1) Voir *supra* ces instructions, à la date du 9 mars précédent, n° 1664.

Nº 1694. — *Ordre du gouverneur général pour les dispositions et le cérémonial à suivre le jour de la fête du roi.*

24 août 1816.

Le samedi 24, au coucher du soleil, le fort Saint-Louis tirera 21 coups de canon.

La gabare du roi *la Normande* et la goëlette du roi *le Messager* feront le même salut (le *Messager* chargera à charges de combat), et commenceront au second coup du fort.

Le lendemain 25, jour de la fête, au lever du soleil, les mêmes saluts tant de terre que de mer.

À huit heures trois quarts, tous les fonctionnaires publics et officiers tant militaires que civils se réuniront à l'hôtel du gouvernement pour se rendre en cortége à la grand'messe.

Après la grand'messe, à l'heure du *Te Deum*, les salves précédentes seront encore répétées tant de terre que de mer.

La milice du bataillon du Fort-Royal exécutera en même temps trois salves de mousqueterie.

La garde d'honneur britannique postée sur la place de l'Église fera les dispositions qui lui auront été ordonnées par M. le major général Delaval.

À midi, l'artillerie et la garnison britanniques feront les dispositions qui leur auront été indiquées par M. le major général Delaval.

Le soir, au moment où la santé du roi sera portée, et à un signal qui sera donné à cet effet du gouvernement, la terre et la mer répéteront les salves de 21 coups de canon.

Au moment où la santé de Sa Majesté Britannique sera portée, et d'après le signal qui en sera donné de la même manière, l'artillerie britannique fera une salve de 21 coups de canon, qui sera répétée par la gabare *la Normande* et la goëlette *le Messager*.

Fort-Royal, le 24 août 1816.

Signé le Comte DE VAUGIRAUD.

Arch. du gouvernement. Ord. et déc.

N° 1695. — *Ordonnance du roi qui affecte à perpétuité trois places gratuites, dans les établissements de Saint-Denis et de Paris, aux filles des membres des ordres royaux propriétaires et résidantà la Martinique.* (Extrait.)

2 septembre 1816.

Art. 1er. Il est affecté, à perpétuité, pour l'île de la Martinique, deux places gratuites dans la maison royale de Saint-Denis, et une place gratuite dans la succursale de Paris.

Art. 2. Les places gratuites seront accordées aux familles créoles propriétaires et demeurant dans ces colonies. Les demoiselles devront être filles des membres des ordres royaux qui se trouveront hors d'état de pourvoir à leur éducation.

Art. 3. Les demoiselles devront d'ailleurs remplir toutes les autres conditions prescrites par les statuts d'organisation des 3 mars et 16 mai 1816.

Art. 4. Notre grand chancelier de l'ordre royal de la Légion d'honneur et notre ministre de la marine sont chargés, chacun en ce qui le concerne, de l'exécution de la présente ordonnance.

Donné à Paris, le 2 septembre 1816.

Signé LOUIS.

Et plus bas :

Le Président du conseil des ministres,
RICHELIEU.

Arch. du gouvernement. Dép. ministérielles, n° 27, annexe.

———————

N° 1696. — *Ordonnance du gouverneur pour la mise aux enchères publiques des places d'encanteur, peseur, jaugeur, mesureur et étalonneur.* (Extrait.)

3 septembre 1815.

. . . .

Il sera, les 19, 26 de ce mois, et 5 octobre prochain, procédé, à la barre de la sénéchaussée de Saint-

Pierre, et à l'issue des audiences qui se tiendront les-dits jours, aux criées, réception d'enchères et adjudi-cation au plus offrant et dernier enchérisseur, et pour trois années à dater du jour de l'adjudication, des places d'encanteur, peseur, jaugeur, mesureur et éta-lonneur, pour les adjudicataires jouir desdites places, ainsi que des émoluments y attachés, pendant lesdites trois années, à la charge par eux de verser, par tri-mestre, le prix de leur adjudication à la caisse coloniale, et de fournir pardevant les officiers du tribunal bonne et suffisante caution, conformément à ladite ordonnance, laquelle caution sera agréée tant par le contrôleur de l'administration que par le procureur du roi.

Gazette de la Mart., 1846, n° 76.

N° 1697. — *Ordonnance du gouverneur général relative aux émoluments des greffiers, encanteurs, mesureurs, inter-prètes, capitaines de port, etc.*

5 septembre 1816.

En exécution des ordres de Son Excellence le ministre secrétaire d'État au département de la marine et des colonies, contenus dans sa dépêche du 20 juin dernier, portant que « Nous devons nous faire rendre un compte exact du produit des greffes de la colonie, afin de régler la portion de ce produit à affecter au traitement des greffiers, et faire tourner l'excédant au profit de la caisse coloniale; que des gains au delà des soins qu'ils exigent paraissant affectés aux emplois de capitaines de port, d'interprètes, d'encanteurs, de peseurs, de jaugeurs, d'étalonneurs et de mesureurs, il importe de déterminer les émoluments, soit fixes, soit éventuels de ces places, dans une proportion convenable, et empêcher que, sous aucun prétexte, il ne puisse être exigé de droits autres que ceux qui auront été légalement établis; »
Nous étant convaincus qu'en effet des réductions dans ces émoluments doivent offrir à la colonie des

ressources précieuses, sans enlever aux titulaires de ces offices des moyens convenables d'existence;

Nous avons ordonné et ordonnons ce qui suit :

Des greffiers.

Art. 1er. A compter du 1er octobre prochain, tous droits et émoluments établis en faveur des greffiers du conseil supérieur, des sénéchaussées et des amirautés de cette île, de quelque nature qu'ils soient, même ceux pour expédition de minutes des notaires et arpenteurs décédés ou démissionnaires, seront perçus par lesdits greffiers au profit du trésor royal.

Art. 2. Ils consigneront au fur et à mesure toutes les recettes journalières en marge des rôles des audiences, des registres des congés, de ceux des enregistrements, déclarations, protestations, etc.; chacun de ces registres aura pour ces recettes une série de numéros qui lui sera propre, et qui sera close à l'expiration du trimestre suivant et ainsi de suite.

Art. 3. En outre des émargements prescrits par l'article précédent, lesdits greffiers tiendront un registre coté et paraphé par le contrôleur colonial, sur lequel ils porteront, jour par jour, le produit de leurs recettes, en désignant la pièce qui en aura été l'objet, ainsi que son numéro, sur le rôle ou registre émargé.

Quant aux perceptions pour légalisations, expéditions des anciennes minutes de notaires, arpenteurs et autres, pour lesquelles il n'était pas tenu de registre particulier, ces versements et leurs motifs seront portés sur ledit registre des recettes journalières, avec le nom et la qualité des personnes qui les auront effectués.

Art. 4. Au commencement de chaque trimestre, le contrôleur de la colonie, après vérification et comparaison desdits registres, arrêtera celui de la recette du trimestre précédent.

Art. 5. Les greffiers dresseront de ladite recette du trimestre un état double visé par le contrôleur; l'un de ces doubles sera remis au trésorier de la colonie avec le montant de la recette ; l'autre, revêtu de l'acquit dudit trésorier, restera au greffier pour sa décharge.

Art. 6. Les amendes judiciaires seront désormais versées directement dans les mains des greffiers, qui en tiendront un registre, lequel sera aussi coté, parafé, vérifié et arrêté tous les trois mois par le contrôleur de la colonie.

Art. 7. Lesdits greffiers fourniront un cautionnement fixe à quinze mille livres coloniales pour le greffe du conseil supérieur, à vingt mille pour celui de la sénéchaussée du Fort-Royal et à trente mille pour celui de la sénéchaussée de Saint-Pierre.

Art. 8. Le greffe d'amirauté, récemment établi au Fort-Royal, sera réuni, comme cela a lieu à Saint-Pierre, au greffe de la sénéchaussée.

Art. 9. Les greffiers recevront par année, tant pour tement que pour frais de bureau et autres générale-ent quelconques, savoir : celui du conseil supérieur, ont la place a toujours été considérée comme plus honorifique que lucrative, sept mille deux cents livres ; lui de la sénéchaussée du Fort-Royal douze mille res, et le greffier de la sénéchaussée de Saint-Pierre huit mille livres, le tout argent des colonies.

Art. 10. Ils toucheront en outre pour leurs vacations à campagne, et à titre d'indemnité de voyage et de lacement, au lieu des deux tiers qu'ils recevaient refois, le tiers seulement des vacations attribuées juges par le tarif général du 31 octobre 1812. Ils ndront compte de l'autre tiers au trésor royal.

Art. 11. Ils sont également autorisés à retenir à leur profit la commission de deux et demi pour cent qui leur est allouée pour consignation d'espèces.

Art. 12. En considération des avantages qui leur sont assurés par les articles 9, 10 et 11, les greffiers logeront gratuitement leurs minutes, jusqu'à ce que l'adminis-tration ait pu se procurer des dépôts convenables.

Le greffier de la sénéchaussée de Fort-Royal entre-tiendra à ses frais un commis, et celui de Saint-Pierre deux commis, lesquels seront continuellement en activité.

Des encanteurs.

Art. 13. La place d'encanteur général de la colonie est supprimée.

Art. 14. Il y aura à l'avenir un encanteur pour chacune des sénéchaussées du Fort-Royal et de Saint-Pierre, lesquels seront soumis à fournir devant la juridiction du ressort un cautionnement, savoir : celui du Fort-Royal d'une somme de trente mille livres, et celui de Saint-Pierre d'une somme de soixante et dix mille livres, argent colonial.

Art. 15. Ces places avec leurs émoluments seront données au plus offrant et dernier enchérisseur, et pour trois années, à dater de leur adjudication.

Art. 16. Dans les huit jours qui suivront la publication de la présente ordonnance, des criées auront lieu, à trois audiences consécutives, à la barre de chacune des deux sénéchaussées, et, dans la dernière, la place d'encanteur sera adjugée définitivement à la plus forte enchère.

Art. 17. Le prix de la ferme sera exigible par trimestre, et versé immédiatement, sur récépissé du trésorier, à la caisse coloniale.

Art. 18. Les conditions et les prix de l'adjudication, ainsi que le cautionnement fourni par l'encanteur adjudicataire, seront enregistrés au greffe de la sénéchaussée et au contrôle de la colonie.

Le procureur du roi et le contrôleur auront concurremment le droit de contredire, s'il y a lieu, à la réception dudit cautionnement.

Des peseurs, jaugeurs, mesureurs et étalonneurs.

Art. 19. Un peseur, jaugeur, mesureur, et étalonneur est établi auprès de chacune des deux sénéchaussées du Fort-Royal et de Saint-Pierre.

Ces places seront adjugées, conformément aux articles 16, 17 et 18, au plus offrant et dernier enchérisseur.

Elles seront criées séparément et pourront être réunies, s'il se présente un adjudicataire qui offre une somme égale au montant des enchères partielles les plus fortes.

Art. 20. Le procureur du roi et le contrôleur s'entendront sur le cautionnement à exiger pour ces places, lequel au surplus ne pourra être inférieur au prix annuel de l'adjudication.

Des interprètes.

Art. 21. A dater du 1er octobre prochain, les droits et émoluments attribués aux interprètes de la langue anglaise, au Fort-Royal et à Saint-Pierre, tant à l'arrivée au départ des bâtiments que pour interprétage et traductions judiciaires, sont dévolus à la caisse du roi. Les premiers seront versés directement à ladite caisse par les capitaines étrangers, qui ne recevront leurs expéditions de départ qu'après avoir justifié au bureau des classes du récépissé du trésorier.

Les seconds seront perçus, d'après les tarifs existants, par les greffiers, qui en tiendront un registre particulier, et les verseront au trésor en observant à cet égard les mêmes formalités que pour leurs propres recettes.

Art. 22. Les traitements annuels desdits interprètes demeurent fixés, savoir : celui de l'interprète du Fort-Royal à quatre mille livres des colonies, et celui de l'interprète de Saint-Pierre à un tiers en sus de ladite somme.

Art. 23. Néanmoins, d'après les brevets que l'interprète actuel de Saint-Pierre nous a représentés, en considération des services de son père, il est sursis à son égard à l'exécution des deux articles précédents jusqu'à décision spéciale de Son Excellence le ministre secrétaire d'État au département de la marine et des colonies.

Art. 24. Les interprètes de la langue anglaise à la Trinité et au Marin, les interprètes des langues du Nord et de la langue espagnole au Fort-Royal et à Saint-Pierre, étant assez peu employés pour le moment, continueront jusqu'à nouvel ordre à percevoir pour leur compte les émoluments qui leur sont alloués.

Des capitaines de port.

Art. 25. Les droits perçus par les capitaines de port pour amarrage et mouillage et autres généralement quelconques seront versés directement à la caisse du roi par les capitaines du commerce français et étrangers, conformément à ce qui est prescrit par le second paragraphe de l'article 21.

Art. 26. Il est alloué au capitaine de port du Fort-Royal, en argent de France : traitement annuel, huit mille francs ; frais de bureau mille francs ; et au capitaine de port de Saint-Pierre : traitement annuel, dix mille francs ; frais de secrétaire et de bureau, deux mille francs.

Dispositions générales.

Art. 27. D'ici au 1er novembre, pour tout délai, chacun des officiers publics désignés par la présente ordonnance sera tenu d'afficher en placard, dans le lieu le plus apparent de son bureau, le tarif des droits et émoluments qu'il est autorisé à percevoir.

Ces tarifs, à l'exception de ceux des capitaines de port, seront visés par le procureur du roi du ressort.

Art. 28. Toute somme exigée au delà des tarifs sera réputée concussion, et toute perception faite au détriment du trésor sera réputée vol de deniers royaux ; et les prévenus de ces délits seront poursuivis criminellement, à la diligence du ministère public.

Prions Messieurs du conseil supérieur, mandons, etc.

Donné à la Martinique, le 3 septembre 1816.

Signé le Comte DE VAUGIRAUD.

Gazette de la Mart., 1816, n° 75. — Enregistré au conseil supérieur, le même jour.

N° 1698. — *Dépêche ministérielle aux administrateurs en chef, leur rappelant les motifs de l'ordonnance du 13 juin*

1743, qui refuse aux capitaines reçus dans les colonies le droit de conduire des bâtiments en France.

6 septembre 1816.

Messieurs, l'ordonnance du 13 juin 1743, insérée au code de la Martinique, a modifié, en faveur des navigateurs établis dans les colonies françaises, les règlements en vigueur, à l'égard de la réception des capitaines, maîtres ou patrons des navires du commerce.

Cette modification a eu pour objet de faciliter les opérations des négociants de nos possessions d'outre-mer; mais elle a été explicitement restreinte à la navigation des colonies, quant à nos établissements d'Amérique autres que le Canada et l'île Royale, sans qu'aucun des capitaines, maîtres ou patrons ainsi reçus par exception puisse prendre le commandement des bâtiments qui seraient destinés pour les ports du royaume.

Cependant plusieurs bâtiments du commerce, venant des îles de Bourbon et de la Martinique, sont arrivés récemment en France sous le commandement de marins qui n'ont été reçus capitaines qu'aux colonies et pour les colonies.

J'ai dû faire notifier à ces navigateurs que les bâtiments qu'ils ont conduits dans nos ports ne pourront opérer leur retour, ou suivre une destination quelconque, qu'autant qu'ils seront commandés par des capitaines reçus dans les formes prescrites par les règlements.

Vous voudrez bien donner de la publicité à cette décision, et prendre d'ailleurs toutes les mesures que vous jugerez nécessaires pour que de tels abus ne puissent désormais se glisser dans l'exécution de l'ordonnance de 1743.

Recevez, etc.

Le Ministre de la marine et des colonies,
Signé le Vicomte DU BOUCHAGE.

Arch. du gouvernement. Dép. ministérielles, nº 38.

N° 1699. — *Ordonnance du roi qui réserve six bourses gratuites des collèges royaux aux sujets de l'île de la Martinique.*

18 septembre 1816.

LOUIS, etc.,

Voulant donner aux habitants des îles de la Martinique et de la Guadeloupe un témoignage de notre bienveillance et un gage de notre protection spéciale, en récompense de leur attachement à notre personne et à notre famille ;

Sur le rapport de notre ministre secrétaire d'État au département de l'intérieur,

Nous avons ordonné et ordonnons ce qui suit :

Art. 1er. Six bourses gratuites des collèges royaux sont réservées à nos sujets des îles de la Martinique et de la Guadeloupe.

Art. 2. Elles seront données par nous, sur la présentation de notre ministre de la marine et sur le rapport de notre ministre secrétaire d'État au département de l'intérieur, qui est chargé de l'exécution de la présente ordonnance.

Donné à Paris, le 18 septembre 1816.

Signé LOUIS.

Et, par le Roi :

Le Ministre de l'intérieur,

Signé LAINÉ.

Direction de l'intérieur. Ord. et déc. Reg. 2, f° 84.

N° 1700. — *Cahier des charges énonciatif des revenus et obligations des places affermées d'encanteur, jaugeur-mesureur et étalonneur.* (Extrait.)

25 septembre 1816.

Pour la place d'encanteur.

Les revenus consistent en :

5 0/0 sur le montant brut de toutes les ventes volontaires ;

2 et 1/2 0/0 augmentés des vacations, dresse et expédition des procès-verbaux et des frais de criée sur les
ventes judiciaires, y compris les successions, autres
cependant que les ventes d'immeubles et d'effets saisis
par autorité de justice (c'est-à-dire les ventes qui ont
lieu par suite de saisies exécutoires).

Les charges de la place sont :

1° De fournir bonne et valable caution jusqu'à concurrence de 70,000 livres pour Saint-Pierre, et 20,000
livres pour le Fort-Royal, laquelle caution devra être
agréée concurremment par M. le procureur du roi et
le contrôleur colonial ;

2° De dresser et déposer au greffe des tribunaux, tous
les mois, les procès-verbaux réguliers des ventes ordonnées par justice ;

3° De verser tous les trimestres un quart du prix de
ferme sur récépissé du trésorier général, qui sera
enregistré au contrôle colonial.

Pour la place de jaugeur-mesureur.

Les revenus consistent en :

1° Un droit de tonnage, créé par arrêté du 20 août
1807 :

De 36 livres pour les bâtiments non pontés et de
livres pour les bâtiments pontés au-dessous de
tonneaux,

De 54 livres pour les bâtiments non pontés et de
livres pour les bâtiments pontés de 30 à 50 tonneaux exclusivement,

De 90 livres pour les bâtiments pontés ou non pontés
de 50 à 75 tonneaux inclusivement,

Et, pour les bâtiments au-dessus de 75 tonneaux, il
sera payé 2 livres en sus des 90 livres par chaque tonneau excédant les 75 ;

2° Un droit de mesurage, créé par arrêté de 28 avril
1845 :

De 1 livre par 1,000 pieds de planches, madriers ou
bois équarris, et de 1 livre également par 1,000 mer-

rains, importés ou exportés par le commerce étranger;

3° Un droit de jaugeage créé par le même arrêté :

De 1 livre 10 sous par 100 gallons de rhums, tafias et sirops importés ou exportés par le commerce étranger.

Les charges de la place sont :

1° De fournir bonne et valable caution, dont le montant ne pourra être moindre qu'une année du prix de l'adjudication, laquelle caution devra être également agréée par MM. le procureur du roi et le contrôleur colonial;

2° De verser tous les trimestres un quart du prix de la ferme à la caisse royale, sur récépissé qui sera enregistré au contrôle colonial.

Pour la place d'étalonneur.

L'ordonnance du 30 avril 1771 par MM. de Vallière et de Peynier, et celle du 31 octobre 1812 par le gouverneur anglais Charles Wale, en ont fixé les attributions et les revenus.

Les principales dispositions de ces ordonnances sont :

1° Que les poids, pots, pintes et autres mesures de tous les marchands en gros et en détail, boulangers, bouchers, cabaretiers, poissonniers et tous autres faisant commerce ou débit, seront vérifiés et étampés par les étalonneurs royaux, suivant les us et coutumes de Paris; qu'il est fait défenses auxdits marchands, etc., de se servir d'autres poids et mesures, sous peine de confiscation desdits poids et mesures et de 20 livres d'amende pour la première fois, et de telles peines qu'il appartiendra en cas de récidive;

2° Que les vérifications et visites soient faites de rigueur deux fois par an, outre les visites particulières qui seront faites à la réquisition des officiers de police;

3° Que pour les visites générales faites tous les semestres par les officiers de police, et auxquelles ils sont tenus d'assister, de même qu'à la visite particulière tous les ans, à laquelle ils sont obligés, outre celles des semestres, les étalonneurs perçoivent :

deniers par livre de poids qu'ils vérifieront;

15 sous 6 deniers par chaque étampe sur poids et mesures;

livres pour garnir de plomb les aunes et les étamper;

1 livre 10 sous pour chaque livre de plomb qu'ils fourniront;

9 livres par chaque aune;

4 livres 10 sous par chaque demi-aune;

Et lorsque les visites seront extraordinaires, sur réquisitions des procureurs du roi ou des officiers de police,

18 livres pour procès-verbaux et affirmation dans le lieu de leur demeure,

Et 45 livres par jour à la campagne, pour tous frais d'opérations;

Que pour les visites autres que celles de rigueur, qu'ils peuvent renouveler à volonté, il ne leur soit payé pour leur vérification; mais que les poids, sures et aunes trouvés faux lors de ces visites à volonté, comme aux visites de rigueur, soient confisqués, même que les marchandises et denrées vendues à faux poids et fausses mesures et toutes celles qui se trouveront dans la boutique, déjà pesées et mesurées, de plus les délinquants condamnés à l'amende,

lesquelles amendes et confiscations sont applicables, oir :

Les marchandises et denrées confisquées et la moitié des amendes au profit des bureaux de charité, et les poids qui ne seront point étampés ainsi que l'autre moitié des amendes au profit des étalonneurs.

Les charges sont :

1º De déposer, si fait n'a été, au greffe du tribunal, un étalon ou matrice de poids de dix livres, dans lequel seront tous les autres poids en forme de marc, une aune de fer, un pot, une pinte et autres mesures pour servir d'épreuve dans tous les cas nécessaires;

2º De fournir bonne et valable caution, qui ne pourra être moindre que le montant du prix annuel de l'adjudication;

3° De verser tous les trimestres un quart du prix de la ferme à la caisse royale, sur récépissé du trésorier, qui sera enregistré au contrôle colonial.

Certifié conforme ou pour extrait des ordonnances existantes.

Saint-Pierre, le 25 septembre 1816.

Le Commissaire contrôleur,
Signé MOTAS.

Approuvé :

Signé le comte DE VAUGIRAUD.

NOTA. D'un avis officiel inséré dans la *Gazette de la Martinique,* même année, n° 84, il résulte que le gouvernement a fait ajouter aux clauses et conditions du cahier des charges que la déportation par voie de haute police serait prononcée contre toute personne qui se rendrait adjudicataire sans fournir, dans les trois jours de l'adjudication, le cautionnement prescrit par l'ordonnance du 3 septembre.

Gazette de la Mart., 1816, n° 80.

———— ❈ ————

N° 1701. — *Dépêche ministérielle portant envoi de l'ordonnance royale du 18 septembre 1816, et diverses dispositions relatives au mode de présentation des élèves boursiers et au passage qui leur est accordé.*

4 octobre 1816.

Messieurs, j'ai l'honneur de vous adresser l'extrait d'une ordonnance royale du 18 septembre dernier, qui accorde à la Martinique six bourses gratuites dans les collèges royaux de France.

Les élèves des collèges royaux seront pris dans les familles de créoles propriétaires et domiciliés dans la colonie. Ils doivent être âgés de 9 ans et de moins de 14, et posséder assez les premiers éléments de la langue latine pour suivre la première classe de grammaire. Enfin, ils auront à se pourvoir d'un trousseau, dont les

s'élèvent à 500 francs. Ils payeront, en outre, des menues dépenses pour livres, papier, etc., et 35 francs pour la rétribution universitaire.

La nomination aux six places d'élèves réservées à la Martinique doit être faite sur ma présentation. Vous aurez à m'adresser en conséquence, pour chaque place, des propositions, soit communes, soit individuelles, accompagnées de l'acte de naissance du candidat et d'un certificat portant qu'il a été inoculé ou vacciné, ou qu'il a eu la petite vérole.

Il serait peut-être convenable de diviser en trois années les premières présentations, c'est-à-dire de ne choisir que deux élèves pour l'année scolaire 1847-8, de ne faire occuper que deux autres places en 1819, et de réserver les deux dernières pour 1819-1820.

À mesure que les jeunes boursiers auraient fait leur éducation, c'est-à-dire après six ans d'études, leurs places seraient occupées par de nouveaux élèves, qui y seraient envoyés de deux en deux ans à dater de 1823.

Vous examinerez ce que ce mode peut présenter d'avantageux, et vous voudrez bien me donner connaissance du parti auquel vous vous serez arrêté à cet égard.

Vous demeurerez autorisés au surplus à accorder le passage et la nourriture à la table de l'état-major, sur les bâtiments du roi ou du commerce, aux élèves dont j'ai approuvé la désignation. Je les ferai jouir des mêmes avantages à leur retour.

Il m'est très-agréable d'avoir à vous annoncer ce nouvel acte de bienveillance du gouvernement. Je ne doute pas qu'il ne soit accueilli avec une vive reconnaissance des habitants de la Martinique.

Recevez, etc.

Le Ministre de la marine et des colonies,

Signé le Vicomte DU BOUCHAGE.

Direction de l'intérieur. Ord. et déc. Reg. 2, f° 85.

N° 1702. — *Arrêté de l'intendant qui autorise le trésorier de la colonie à émettre pour 400,000 francs de billets à ordre.*

4 octobre 1846.

Motif : Pour assurer et faciliter le service et aussi pour conserver en caisse les espèces coordonnées jusqu'à la prochaine réforme des monnaies.

Une décision analogue du 1er juin 1845 explique l'intérêt de la conservation en caisse des espèces indiquées ; elles étaient, à mesure de leur émission, converties par des spéculateurs en *mocos* si petits qu'ils présentaient à peine la moitié de leur valeur nominale.

Inspection. Ord. et déc. Reg. 4.

N° 1703. — *Ordonnance du gouverneur sur les maisons de jeu et tripots.*

6 octobre 1846.

Des pères de famille respectables nous ont représenté qu'au mépris des ordonnances les plus formelles et tant de fois réitérées, il existait dans quelques lieux publics de Saint-Pierre, et notamment dans un café voisin de la promenade du bord de mer, que nous voulons bien encore ne pas désigner plus clairement, des tripots où des fils de famille, commis de commerce et autres, allaient exposer aux chances de jeux défendus des sommes souvent dérobées à leurs parents, ou que leurs supérieurs leur confiaient pour d'autres usages. Ces tripots sont dirigés par des hommes tarés, auxquels on ne reconnaît d'autres moyens d'existence que ceux qu'ils fondent sur la déception des particuliers et sur la ruine des familles. S'il fallait ajouter foi aux rapports qui nous sont parvenus, les délinquants se croiraient à l'abri de toute surprise, parce qu'ils se seraient ménagé d'avance la protection d'agents subalternes de la police, chargés de les informer à temps des visites qui pourraient être ordonnées. Nous prévenons les coupables, quels qu'ils soient, que le gouvernement a l'œil fixé sur eux, qu'ils seront atteints malgré les précautions dont ils s'environnent, et que nous emploierons à extirper un désordre aussi pernicieux toute la puissance qui nous a été confiée par Sa Majesté. Nous voulons bien encore n'imputer le mal existant qu'à la surveillance peu attentive des officiers inférieurs de la police; mais qu'ils sachent que cette négligence de leur part est déjà une faute grave, tandis que leur connivence serait un crime digne de toute notre sévérité.

Donné au Fort-Royal, le 6 octobre 1816.

Signé le Comte DE VAUGIRAUD.

Gazette de la Mart., 1816, n° 83.

━━━◆◆◆━━━

No 1704. — *Dépêche ministérielle relative à la formation d'un corps d'infanterie sous le nom de légion de la Martinique.* (Extrait.)

8 octobre 1816.

... force est de 2,000 hommes. Elle comprend deux bataillons, forts chacun de huit compagnies, dont une de grenadiers, une de voltigeurs et six de fusiliers.

État-major :

1 Colonel,
1 Lieutenant-colonel,
2 Chefs de bataillon,
1 Major,
2 Adjudants-majors,
1 Trésorier,
1 Capitaine d'habillement,
1 Officier payeur,
1 Porte-drapeau,
1 Chirurgien-major,
2 Aides-chirurgiens.

Chaque compagnie est commandée par :

1 Capitaine,
1 Lieutenant,
2 Sous-lieutenants.

Inspection. Dép. ministérielles. Reg. 4.

N° 1705. — *Ordonnance du gouverneur général portant
création d'une commission temporaire pour la vérification
des comptes du trésorier de la colonie.*

12 octobre 1816,

Nota. Une dépêche confidentielle du ministre l'avait
ordonnée. Une première vérification, par les voies ordinaires, n'avait rien établi de positif sur la vraie situation
du comptable.

Inspection. Ord. et déc. Reg. 4, n° 586.

———

N° 1706. — *Ordonnance du gouverneur général portant
règlement pour la perception de la rétribution exigée de tout
bâtiment louvoyant en rade sans mouiller.*

15 octobre 1816,

Nous, etc.,

D'après l'usage reçu d'exiger une rétribution de deux
gourdes par jour par bâtiment étranger qui louvoie
dans les rades de la Martinique sans mouiller, nous
croyons devoir maintenir au profit du trésor royal une
perception qui n'a été jusqu'à ce jour l'objet d'aucune
réclamation, et qui accroîtra sans inconvénient les
recettes coloniales.

Nous avons aussi reconnu que le mode de perception
des droits d'ancrage et de mouillage, tel qu'il est fixé
par notre ordonnance du 3 septembre dernier, exigeait
quelques modifications.

En conséquence, nous avons ordonné et ordonnons
ce qui suit :

Art. 1er. Tout bâtiment étranger qui louvoiera dans
les rades de la Martinique sans mouiller, quels que soient
les motifs qu'il donne à cette manœuvre, payera au trésor
de la colonie une rétribution de deux gourdes par
jour, pendant tout le temps qu'il jugera convenable de
rester ainsi à portée sans venir au mouillage.

Art. 2. Tout bâtiment qui, après avoir louvoyé, se
déterminerait ensuite à mouiller, sera affranchi de son

droit de louvoyage; en conséquence, la somme qu'il aura payée pour cet objet sera considérée comme un acompte de ses droits d'ancrage et de mouillage.

Art. 3. Le pilote, sous la surveillance du capitaine de port, continuera à faire pour le compte du trésor cette même perception du droit de louvoyage qu'il faisait précédemment au profit de son chef. Il fournira au capitaine du bâtiment louvoyeur reçu des sommes qu'il en aura touchées.

Art. 4. Tous les quinze jours, le pilote du port versera le produit des droits de louvoyage qu'il aura perçus dans les mains du trésorier, sur liquidation dressée par le commissaire aux classes et visée au contrôle. La quittance du trésorier sera enregistrée dans les mêmes bureaux.

Art. 5. Chaque jour le pilote sera tenu d'adresser au bureau des classes une note signée des bâtiments loueurs qui auront payé le droit.

Art. 6. En cas de refus ou d'opposition de la part du capitaine du bâtiment louvoyeur, le pilote se transporta de suite à bord du bâtiment stationnaire ou au fort le plus voisin, lesquels tireront sur le bâtiment réfractaire jusqu'à ce qu'il soit hors de portée ou qu'il se soit soumis à acquitter la redevance dont il est tenu.

Le bâtiment réfractaire payera en outre, selon l'usage, les coups de canon qui lui auront été tirés, et cette somme ne sera point admise en déduction de ses droits de mouillage et d'ancrage.

Art. 7. Les droits d'ancrage et de mouillage dus à la caisse du roi par les bâtiments du commerce, conformément à notre ordonnance du 3 septembre dernier, sont compris dans la liquidation qui est faite au domicile de leurs droits d'entrée et de sortie, et payables de la même manière.

Ces liquidations, quant à ce qui concerne ces droits, ainsi que les quittances du trésorier y relatives, seront visées au bureau des classes avant l'expédition du bâtiment.

Art. 8. Le trésorier général comprendra toutes les recettes provenant du droit de louvoyage, de mouillage et d'ancrage ci-dessus dans une seule colonne intitulée *Droits de ports.*

Le contrôle s'en fera par les enregistrements correspondants du bureau des classes et de celui du domaine.

Art. 9. Le commissaire ordonnateur de la marine, les capitaines de port et le directeur général du domaine sont chargés, chacun en ce qui le concerne, de l'exécution de la présente ordonnance, laquelle sera enregistrée au contrôle de la colonie.

Donné au Fort-Royal, le 13 octobre 1816.

Signé Comte DE VAUGIRAUD,

Et plus bas : DURAND MOLARD, *secrét.*

Ord. et déc. Reg. 4, n° 590.

N° 1707. — *Lettre du gouverneur général sur les voies de rigueur à prendre contre les navires qu'un louvoyage en rade trop prolongé rendrait suspects.*

17 octobre 1816.

Dans la discussion, Monsieur, qui a précédé l'ordonnance que j'ai rendue le 13 de ce mois, concernant le droit de louvoyage, il m'a été fait la même objection que je trouve dans votre lettre du 16 sur les inconvénients d'une telle manœuvre trop prolongée de la part des bâtiments du commerce; mais je n'ai pas cru devoir m'y arrêter, parce que la faculté que je leur laisse n'exclut point l'ordre donné précédemment aux commandants de la station et des forts de tirer sur ceux d'entre eux qui, après le soleil couché, se tiendraient encore à portée. J'y ajouterai l'ordre aux commandants de ne pas permettre que ces bâtiments louvoyent dans nos rades d'un soleil à l'autre au delà de trois jours, passé lequel délai on les forcera de s'éloigner sans retour. Ainsi seront prévenus les abus que vous craignez, sans qu'il soit besoin de modifier sur ce point ma dernière ordonnance.

Je ne crois pas non plus devoir donner suite à la proposition que vous me faites de rendre absolue au profit du trésor royal la perception conditionnelle du droit de louvoyage envers les bâtiments qui louvoyeraient plus d'un jour.

Le mouillage subséquent de ces bâtiments profitera assez au fisc, et nous avons assez d'intérêt d'ailleurs à les attirer dans nos ports sans les éloigner par des conditions trop rigoureuses.

Signé Comte DE VAUGIRAUD.

Ord. et déc. Reg. 4, n° 594.

❧

N° 1708. — *Décision du gouverneur général qui accorde pour les deux mois de fortes chaleurs une distribution journalière de vinaigre aux soldats.*

18 octobre 1846.

NOTA. Dans les proportions et quantités observées à bord des vaisseaux du roi.

Inspection. Ord. et déc. Reg. 4.

❧

N° 1709. — *Ordonnance du roi relative aux avances à payer aux troupes qui s'embarquent pour aller tenir garnison dans colonies.*

20 octobre 1846.

LOUIS, par la grâce de Dieu, Roi de France et de Navarre,

Sur le rapport de notre ministre secrétaire d'État de la marine et des colonies, concerté avec le ministre secrétaire d'État de la guerre,

NOUS AVONS ORDONNÉ et ORDONNONS ce qui suit :

Art. 1er. Les avances qui seront payées, soit pour solde, soit pour la masse d'entretien, aux officiers, sous-officiers et soldats qui s'embarquent pour aller tenir garnison dans les colonies seront :

D'un mois pour les établissements d'Afrique situés en deçà du cap de Bonne-Espérance;

De deux mois pour les colonies d'Amérique;

De trois mois pour les colonies situées au delà du cap de Bonne-Espérance.

Art. 2. Ces avances, pour les officiers, sous-officiers et soldats de l'armée de terre, seront payées sur les fonds du département de la guerre.

Art. 3. A l'arrivée des troupes au lieu de leur destination, la portion desdites avances qui excédera le temps de la traversée sera précomptée aux officiers sur leurs appointements courants, et aux sous-officiers et soldats à raison du quart pour chacun des quatre mois qui suivront leur débarquement dans la colonie.

Art. 4. Lorsque la durée de la traversée aura excédé le temps pour lequel il aura été payé des avances, il sera tenu compte aux officiers de leur solde, aux sous-officiers et soldats de leur solde et masse d'entretien, pour cet excédant.

Art. 5. Il n'est dû, pour le temps de leur traversée, aux troupes qui s'embarquent pour les colonies, ni indemnité de fourrages et de logement, ni masse de ferrage.

Art. 6. Toutes dispositions contraires à la présente ordonnance sont et demeurent annulées.

Art. 7. Notre ministre secrétaire d'État de la guerre et notre ministre d'État de la marine et des colonies sont chargés, chacun en ce qui le concerne, de l'exécution de la présente ordonnance.

Donné au château des Tuileries, le vingtième jour du mois d'octobre de l'an de grâce mil huit cent dix-neuf, et de notre règne le vingt-cinquième.

Signé LOUIS.

Par le Roi :

Le Pair de France, Ministre secrétaire d'État de la marine et des colonies,

Signé Baron PORTAL.

Code de la Guyane française, 2e partie, n° 261.

N° 1710. — *Ordonnance des administrateurs en chef rapportant celles des 5 et 14 juin 1815, qui accordaient au commerce anglais les mêmes avantages qu'au commerce national.* (Extrait.)

50 octobre 1816.

Article unique. A compter du 1ᵉʳ décembre prochain, aucun bâtiment du commerce britannique ne sera admis dans les ports et rades de la colonie, soit pour les importations soit pour les exportations, que conformément à l'arrêt du 30 août 1784.

Inspection. Ord. et déc. Reg. 4. — Enregistré au conseil supérieur, le 6 novembre 1816.

———◆———

N° 1711. — *Arrêt du conseil supérieur qui rapporte celui du 24 avril 1794 sur les primes d'arrestation des nègres marrons, et remet en vigueur l'ordonnance locale du 18 octobre 1763.*

5 novembre 1816.

NOTA. L'arrêt de 1724 avait, à raison des circonstances critiques de l'époque, taxé les primes d'arrestation 100 livres pour ceux pris dans les bois et à 50 livres pour ceux arrêtés dans les villes.

———◆———

N° 1712. — *Dépêche ministérielle qui prescrit aux administrateurs l'envoi mensuel au ministre de l'état de situation des troupes, arrêté à la fin de chaque mois.* (Extrait.)

12 novembre 1816.

Vous sentirez, Messieurs, dit le ministre, combien il importe que je sois tenu au courant de la force des garnisons des colonies.

———◆———

N° 1713. — *Dépêche ministérielle relative à l'embarquement des marins étrangers sur les navires français.*

16 novembre 1816.

Monsieur, j'ai examiné la question relative au nombre

de marins étrangers qu'il est permis d'embarquer sur les bâtiments français.

L'ordonnance de 1784 avait fixé ce nombre au sixième de l'équipage; l'acte de navigation du 21 septembre 1793 l'a porté au quart; et comme cet acte n'a été abrogé par aucune loi postérieure, il s'en suit que ces dispositions peuvent être observées jusqu'à ce qu'elles aient été modifiées par un nouveau règlement.

Cependant je vous ferai remarquer que l'acte de navigation et l'ordonnance de 1784 n'ont point fait une obligation de l'embarquement des marins étrangers dans les proportions que ces actes ont réglées, mais que c'est une faculté dont le but était d'étendre la navigation, de favoriser le commerce, et qui ne pouvait nuire aux intérêts des marins français dans un temps où la population maritime trouvait facilement à s'employer, soit sur les bâtiments de guerre de l'État, soit sur les navires marchands.

Aujourd'hui que les armements de l'État et du commerce sont loin de fournir des moyens de subsistance à la totalité des marins français, et qu'un grand nombre d'entre eux se trouvent réduits à l'inaction, il convient de restreindre une disposition qui favoriserait les marins étrangers au préjudice des nationaux. Je sais qu'il est des expéditions qui peuvent exiger l'emploi d'un certain nombre des premiers, et qu'il serait contraire au bien du commerce de les exclure entièrement des équipages, mais c'est à l'administration de la marine à concilier, dans ce cas, l'intérêt des négociants avec celui de nos marins, et à ne permettre l'embarquement des étrangers que lorsqu'il est indispensable pour assurer le succès des opérations commerciales. Vous voudrez bien, Monsieur, donner aux administrateurs des classes de votre arrondissement des instructions basées sur les motifs exposés dans cette dépêche.

Signé DU BOUCHAGE.

Annales maritimes, 1816, 1re partie, p. 505.

N° 1714. — *Dépêche ministérielle annonçant l'envoi de 4,500,000 francs de traites du caissier général du trésor royal sur lui-même, à vingt jours de vue, fixe, payables sur simple acquit du porteur.*

23 novembre 1816.

Nota. Précédemment, les payements analogues ne pouvaient se faire sans l'intervention du ministre, et le porteur était assujetti à des démarches dans les bureaux de la marine.

Le mode nouveau a pour objet d'éviter tous embarras et retards, en même temps qu'il dégage des inconvénients auxquels un voyage de mer peut exposer un envoi de numéraire effectif.

Inspection. Ord. et déc. Reg. 5, n° 333.

N° 1715. — *Arrêté de l'intendant portant qu'il sera ajouté aux rations journalières délivrées aux équipages de la marine royale, et comme rafraîchissement de santé, une certaine quantité de café, rhum et sucre* (Extrait.)

25 novembre 1816.

Pour cent rationnaires, par jour, deux pintes et demi de rhum, deux livres de sucre ;

Pour douze hommes, par jour, en remplacement du citron, devenu rare et cher, une demi-livre de café, trois quarts de livre de sucre.

Nota. Un arrêté du directoire du 29 septembre 1799 veut, article 141, que l'eau destinée au service des malades soit mêlée d'une certaine quantité de citron, d'eau-de-vie et de sucre.

Ord. et déc. Reg. 4, n° 464.

N° 1716. — *Ordonnance du roi concernant la promulgation des lois et des ordonnances.*

27 novembre 1816.

Nota. Ordonnance ne concernant que la France con-

tinentale; sa date n'est ici donnée que pour renseignement. Voir, au même titre, l'arrêté consulaire du 25
thermidor an XI (13 juillet 1803) et l'avis du conseil
d'État du 24 février 1817.

Collection de Duvergier, vol. 21, p. 66.

No 1717. — *Ordonnance de l'intendant pour la réparation
de dégradations causées par un débordement de la rivière
du Fort et la confection d'une chaussée pour la contenir
dans son lit.*

7 décembre 1816.

Nota. Elle avait endommagé le grand chemin de Saint-
Pierre, dans sa partie située au-dessous du jardin des
plantes.

Inspection. Ord. et déc. Reg. 4, n° 477.

No 1718. — *Dépêche ministérielle d'envoi, en communication, d'une note sur les causes de l'insalubrité de la ville
de Fort-Royal et sur les travaux à faire pour l'assainir (1).*

13 décembre 1816.

Messieurs, j'ai l'honneur de vous communiquer une
note qui a pour objet d'indiquer diverses améliorations

---

(1) Cette note constate que le sol de Fort-Royal ne s'élève pas à plus
de 4 ou 5 pieds au-dessus du plus grand abaissement de la mer; qu'il
a été longtemps et est encore aujourd'hui exposé à des inondations très-
nuisibles à la salubrité de l'air; que trois causes produisent, ensemble
ou séparément, ces inondations :
Les eaux pluviales,
Les eaux de la mer,
Les eaux de la rivière située au nord de la ville.
On peut, y est-il dit, remédier à ces inconvénients nuisibles, souvent
funestes :
1° Par l'exhaussement du sol de la ville;
2° Par l'embarquement des quais;
3° Par l'embarquement du lit de la rivière;
4° Par le comblement de la partie si fétide du canal d'enceinte qui
règne depuis le pont de l'Hôpital jusqu'au pont Cartouche;

qu'il paraît être facile d'opérer au Fort-Royal (Martinique), sous le rapport de la salubrité publique.

Je vous prie de la lire avec l'attention qu'elle me
paraît mériter, de prendre sur les divers objets qui y
sont indiqués l'avis des hommes de l'art existants dans
la colonie et de m'en rendre compte, en y ajoutant les
observations et les propositions que vous jugerez convenables.

Je désire que vous me transmettiez, à cette occasion,
les règlements qui ont été rendus par la police locale,
soit au Fort-Royal, soit à Saint-Pierre, pour tout ce qui
intéresse la salubrité, et notamment le nettoiement de
la voie publique, le pavage des rues, la circulation des
eaux, etc.

Recevez, Monsieur, l'assurance de ma considération
très-distinguée.

Le Ministre de la marine et des colonies,
Signé le Vicomte DU BOUCHAGE.

rch. du gouvernement. Dép. ministérielles, nº 74.

<hr>

1719. — *Dépêche ministérielle réglant l'exercice du pouvoir législatif provisoire accordé aux administrateurs des
colonies et portant création d'un conseil temporaire auprès d'eux.* (Extrait.).

27 décembre 1846.

Bulletin des lois n'étant envoyé aux colonies qu'à
de renseignements, aucune des lois ou ordon-
ances qui y sont insérées ne pourra être publiée et
exécutée dans une colonie sans une autorisation spéciale
du ministre de la marine, donnée soit au moment de
la transmission, soit ultérieurement, s'il y a lieu.

Des propositions ou des projets d'ordonnance pourront au reste être adressés par les deux administrateurs,
relativement aux actes compris dans le bulletin qu'ils
jugeront susceptibles d'application aux colonies; mais

ces propositions ou projets devront être délibérés dans la forme qui sera expliquée ci-après.

Les administrateurs des colonies conserveront la faculté de pourvoir, dans des circonstances réellement urgentes et imprévues, aux besoins du service du roi, par les mesures que les circonstances peuvent exiger, en se conformant, d'ailleurs, aux principes constitutifs des deux pouvoirs; mais ils doivent n'user de cette faculté qu'avec une extrême réserve, se reporter, dans tous les cas, aux lois et règlements qui sont consacrés par des décisions émanées de l'autorité de la métropole, et s'abstenir de toute disposition nouvelle sur des points déjà réglés ou auxquels il peut être pourvu par analogie et par simple correspondance.

A cet effet, lorsque les administrateurs auront jugé à propos de rendre ordonnance sur un point quelconque d'administration, ils en communiqueront le projet, avant toute publication, à un conseil temporaire de cinq et au besoin de sept membres. Le gouverneur, l'intendant, le procureur général en feront nécessairement partie.

Seront appelés à le former :

En matière de service *marine, guerre, finances*, MM. le contrôleur colonial, des fonctionnaires attachés à la partie dont traitera le projet ou des personnes qui y soient versées;

En matière de *législation en général*, des chefs de la magistrature;

En matière *d'agriculture*, des propriétaires colons;

En matière de *commerce et d'industrie*, des négociants.

Il est de principe qu'une ordonnance du roi ne peut être rapportée que par une autre ordonnance du roi; que tous les actes des administrateurs qui auraient pour objet de modifier des ordonnances, édits ou règlements du roi, soit d'en suspendre seulement l'exécution, doivent toujours, lorsqu'il y a lieu de les approuver, être convertis en ordonnance royale, et que, dans les cas d'urgence qui peuvent exiger une exécution immédiate, la rédaction de l'acte local doit toujours indiquer qu'il n'est que provisoire et qu'il ne sera exécuté que comme tel; le respect et l'obéissance dûs à l'autorité du roi et aux actes qui en émanent pourraient être altérés si l'on n'observait ce principe avec la plus rigoureuse exactitude.

....

Recevez, etc.

Le Ministre de la marine et des colonies,
Signé DU BOUCHAGE.

Arch. de l'ordonnateur. Dép. ministérielles, 1816, n° 24.

⸻⸻◆⸻⸻

9,1720. — *Dépêche ministérielle au gouverneur général réglant l'ordre à suivre dans sa correspondance avec la métropole.*

27 décembre 1816.

Messieurs, je vous ai invités, par une dépêche du 9 juin 1816, à diviser votre correspondance avec moi une manière conforme à la division du travail dans es bureaux. L'ordre et la régularité nécessaires dans classement des papiers exigent en outre, ainsi que je us l'ai fait observer par la même dépêche, que votre rrespondance soit toujours spéciale, c'est-à-dire que acune de vos lettres initiatives ne traite que d'une le affaire, et que chacune de vos autres lettres porte même timbre de division et de bureau que celle de es dépêches à laquelle elle répond.

Cette règle ne reçoit d'exception que pour les comptes généraux que vous avez à me rendre, soit périodique-ent, soit extraordinairement, sur la situation de la colonie. Les comptes dont il s'agit sont en effet de nature à renfermer des matières communes à plusieurs divisions ou à plusieurs bureaux du ministère; mais ils doivent aussi être divisés par chapitres et articles, de manière à ce que les objets qui concernent spéciale-

22

ment chaque division ou direction s'y trouvent réunis, et soient faciles à extraire.

Une exacte régularité dans la forme de la correspondance n'est pas moins utile à une grande administration. On remarque, en général, à cet égard, dans les lettres des administrateurs des colonies, un grand nombre de défectuosités. La mention de la date y est quelquefois omise, ou elle est placée en regard de la signature, de sorte qu'il faut se reporter à la fin de la lettre pour connaître le jour où elle a été écrite. Le numéro manque ou la série annuelle des numéros est interrompue. La division ou la direction du ministère que l'affaire concerne n'est presque jamais indiquée, quoique le correspondant soit à portée de connaître, en consultant l'almanach royal, à l'article du département de la marine, quelles sont les attributions de chaque division du ministre, et même de chaque bureau. On n'y trouve pas le sommaire qui est destiné à faire connaître, en peu de mots, l'objet de la lettre, et qui est d'autant plus utile qu'il abrége et facilite singulièrement l'enregistrement des dépêches, 1° à leur arrivée à mon secrétariat, 2° après leur renvoi à chaque division ou direction. Rien ne montre si l'expédition qui parvient est un primata ou un duplicata; il est arrivé que la deuxième expédition d'une lettre n'était pas entièrement conforme à la première. Les pièces transmises ne sont point timbrées de numéros ou de lettres alphabétiques, et on n'a pas soin de mentionner le nombre ni d'indiquer, sur chaque pièce, le numéro et la date de la lettre à laquelle elles sont jointes. Les marges qui devraient être à la gauche du texte, sont placées en sens contraire, et trop étroites pour recevoir, dans mes bureaux, les annotations nécessaires pour diriger ou distribuer le travail; souvent elles manquent tout à fait. Le papier que l'on emploie, au lieu d'être toujours du format dit *à la tellière,* qui est en usage dans tous les bureaux pour la correspondance, varie en plus ou en moins, ce qui n'est point indifférent quand il s'agit de classements et de recherches. Enfin l'écriture est fréquemment peu lisible, parce que le caractère en est irrégulier ou trop petit.

Il me suffira, sans doute, de vous avoir signalé ces nombreux inconvénients pour qu'il soient évités à l'avenir, en ce qui dépend de vous.

Pour imprimer d'ailleurs aux formes de la correspondance une régularité non-seulement désirable, mais absolument nécessaire, je vous adresse, ci-joint un modèle pour vos dépêches, soit communes soit particulières.

Les détails dans lesquels je viens d'entrer pourraient paraître minutieux à des administrateurs moins éclairés, mais vous en apprécierez facilement l'utilité, et je suis persuadé qu'ils exciteront votre attention. Tout ce qui tend à économiser le temps est du plus haut intérêt. Or, la marche des affaires acquiert, en général, une grande célérité par l'effet d'une division claire et suivie des matières, et d'une constante régularité dans la forme même du travail. Je vous prie de mettre tous vos soins à concourir à ce but en ce qui vous concerne.

Vous voudrez bien faire enregistrer la présente lettre au contrôle et m'en accuser la réception.

Recevez, etc.

Le Ministre de la marine et des colonies,

Signé DU BOUCHAGE.

Arch. du gouvernement, Dép. ministérielles, n° 78.

<hr>

N° 1721. — *Dépêche ministérielle recommandant aux administrateurs en chef la vigilance la plus active sur tous les détails de l'administration des troupes* (1). (Extrait).

28 décembre 1816.

Je vous recommande à cette occasion la vigilance la

(1) Voir l'instruction ministérielle réglementaire du 28 août 1825, comprenant la plupart de ces détails.

plus active sur tous les détails de l'administration des troupes ; par de fréquentes revues sur le terrain, par la vérification exacte des feuilles d'appel et des extraits de revues et l'examen scrupuleux de la comptabilité intérieure des corps, vous découvrirez bientôt et vous arrêterez dans leur source les abus qui viendraient à s'introduire. Point de ces masses secrètes dont les recettes toujours illégales se font aux dépens du gouvernement ou du soldat. Assurez-vous qu'il ne soit effectué aucune retenue arbitraire sur le prêt du soldat, et que son décompte de masse de linge et chaussure soit régulièrement établi, ainsi que le prescrivent les ordonnances.

M. l'intendant appellera sur ces divers points l'attention particulière du commissaire aux revues et du contrôleur de la colonie, qui, chargés par leurs fonctions de suivre la marche journalière de l'administration des corps, doivent s'empresser de rendre compte de ce qu'ils y apercevraient de répréhensible

> Le Ministre de la marine et des colonies,
> Signé DU BOUCHAGE.

Inspection. Reg. 4, n° 808.

N° 1722. — *Dépêche ministérielle aux administrateurs portant fixation des masses d'habillement et d'entretien dans les colonies, et instruction sur le mode de leur administration.*

28 décembre 1846.

Messieurs, je me suis fait rendre compte de la manière dont il a été pourvu, jusqu'à présent, à la dépense de l'habillement des troupes employées dans les colonies, et il m'a paru convenable, dans l'intérêt du trésor royal et des troupes elles-mêmes, d'arrêter les dispositions qui suivent :

La masse d'habillement des corps de toutes armes détachés aux colonies sera divisée en deux portions.

La première de ces portions, destinée à l'achat des

draps, toiles, boutons, agrafes, coiffures, effets de grand équipement et tous autres objets, enfin, qui entrent dans l'habillement et le grand équipement des troupes, sera administrée par le ministre de la marine, et il sera pourvu à la fourniture de ces objets par des envois de la métropole.

La seconde portion, destinée uniquement à payer les frais de la confection de l'habillement, sera administrée par les conseils d'administration des corps, et sera mise à leur disposition en proportion et à mesure de leurs besoins constatés dans la forme prescrite par les règlements.

Le taux de l'une et l'autre portion de la masse dont il s'agit est fixé, pour la Martinique, jusqu'à nouvel ordre, ainsi qu'il suit :

Première portion.

Infanterie de ligne, quarante-quatre francs trente-sept centimes.......................... 44ᶠ 37

Artillerie de terre, cinquante et un francs trente-cinq centimes........................ 51 35

Artillerie de marine (canonniers et ouvriers) cinquante quatre francs vingt-huit centimes. 54 28

Deuxième portion.

Infanterie de ligne, six francs soixante et un centimes.............................. 6 61

Artillerie de terre, cinq francs soixante-quatorze centimes............................. 5 74

Artillerie de marine (canonniers et ouvriers) six francs quatre-vingt-un centimes.............. 6 81

Il sera payé aux corps (indépendamment de la masse d'habillement telle qu'elle vient d'être réglée) une masse d'entretien, au moyen de laquelle les conseils d'administration devront pourvoir aux réparations de l'habillement, de la coiffure, du grand équipement et de l'armement, au traitement des maladies légères et aux frais de bureau. Cette dernière masse est, en France, de quatre francs; elle demeure fixée, pour la colonie, à six francs par homme et par an. Elle sera payée sur les fonds de la solde, et sur le pied de l'effectif seulement.

Ces dispositions seront suivies à compter de l'organisation de la légion de la Martinique et des détachements d'artillerie stationnés dans la colonie. Les allocations qu'elles autorisent en faveur des corps, pour la seconde portion de la masse d'habillement et pour la masse d'entretien, seront dues à partir de la même époque, et les payements qui auraient été effectués depuis lors et antérieurement à la réception de la présente dépêche aux conseils d'administration pour achat et confection d'habillement, ou pour les objets compris dans la masse d'entretien, leur seraient précomptés.

Pour l'exécution des dispositions qui précèdent, M. le gouverneur général aura à constater, chaque année, lors de sa revue générale d'inspection, les besoins des corps pour l'année suivante en effets quelconques à la charge de la première portion de la masse d'habillement. Il m'en adressera, par les plus prochaines occasions, l'état rédigé et certifié dans la forme du modèle ci-joint (pièce n° 1). Un double de cet état sera remis par lui à M. l'intendant, qui me transmettra, de son côté, les propositions qu'il aurait à me faire relativement aux moyens de subvenir à la fourniture des effets manquants.

La masse d'entretien est calculée dans les proportions ci-après :

Réparations à l'habillement, à la coiffure, au grand équipement.............................. 3ᶠ 00
Idem à l'armement...................... 0 60
Traitement des maladies légères........... 0 90
Frais de bureau....................... 1 50
_____
6 00

A l'aide d'une bonne gestion, il pourra être fait par les corps des économies sur cette masse. Vous voudrez veiller à ce que ces bonifications tournent à l'avantage du soldat, et non à des dépenses de luxe, qui sont interdites par les règlements.

Je vous recommande, à cette occasion, la vigilance la plus active sur tous les détails de l'administration des troupes. Par de fréquentes revues sur le terrain, par la vérification exacte des feuilles d'appel et des extraits de revues et l'examen scrupuleux de la comptabilité intérieure des corps, vous découvrirez bientôt et vous arrêterez dans leur source les abus qui tendraient à s'introduire. Point de ces masses secrètes, dont les recettes, toujours illégales, se font aux dépens ou du gouvernement ou du soldat. Assurez-vous qu'il ne soit effectué aucune retenue arbitraire sur le prêt du soldat, et que son décompte de masse de linge et chaussure soit régulièrement établi, ainsi que le prescrivent les ordonnances. M. l'intendant appellera sur ces divers points l'attention particulière du commissaire aux revues et du contrôleur de la colonie, qui, chargés par leurs fonctions de suivre la marche journalière de l'administration des corps, doivent s'empresser de rendre compte de ce qu'ils y apercevraient de répréhensible.

Je vous invite à m'accuser spécialement la réception de cette dépêche, que vous ferez enregistrer au bureau du contrôle.

Recevez, etc.

Le Ministre de la marine et des colonies,
Signé DU BOUCHAGE.

Arch. du gouvernement. Dép. ministérielles.

N° 1723. — Notice sur les moulins à vapeur appliqués aux fabriques coloniales, constatant l'établissement antérieur d'un moulin à vapeur à la Martinique sur l'habitation Maupeou, quartier de la Rivière-Salée.

Année 1816.

Annales maritimes, 1816. Sciences et arts, vol. 2, p. 180.

No 1724. — *Dépêche ministérielle relative à la proportion de nombre à observer entre les marins français et les marins étrangers dans la composition des équipages des navires du commerce.*

7 janvier 1817.

Monsieur, je vous ai fait connaître, sous le timbre *colonies,* les vives réclamations que le commerce de la métropole avait élevées sur des francisations irrégulières qui avaient été expédiées dans les colonies, et je vous ai prescrit de revenir à la stricte exécution de la loi du 18 octobre 1793 (27 vendémiaire an II), qui établit les règles à suivre pour la francisation des navires.

Il paraît qu'on ne s'est pas borné à admettre indûment aux priviléges de la nationalité des bâtiments d'origine étrangère et dont les propriétaires n'étaient pas français; les administrateurs des colonies ont toléré que plusieurs de ces bâtiments eussent des équipages presque en totalité composés de marins étrangers.

Ainsi, des dispositions ordonnées depuis longtemps, et qui sont du plus haut intérêt pour le commerce, l'industrie et la population maritime, ont été entièrement mises de côté, et la négligence a été portée si loin dans la rédaction des rôles d'équipage, dont cependant la formule toute tracée devait prévenir des erreurs, que l'on n'a pu reconnaître l'origine, la classe des marins, ni la nature des engagements qu'ils avaient contractés : de là des désordres prolongés dans les matricules de l'inscription maritime, des désertions nombreuses, des débats entre les équipages et les capitaines, une insurbordination continuelle à bord des bâtiments, des pertes pour les armateurs et pour la caisse des invalides.

Je conçois toutefois, Monsieur, que dans la crise où les événements du 20 mars 1815 ont placé les colonies il a été difficile d'observer les règlements avec ponctualité, et que la rigueur des principes a pu fléchir devant les besoins impérieux; mais aujourd'hui tout doit rentrer dans l'ordre accoutumé, et les adminis-

trateurs chargés sous vos ordres du détail des armements et de l'inscription maritime seraient inexcusables
s'ils ne portaient pas dans la rédaction des rôles d'équipage toute la précision qu'ils exigent ; et ici nul prétexte
ne peut justifier un oubli, puisque les modèles imprimés indiquent comment les rôles doivent être remplis.

Je me réfère en conséquence à mes dépêches sous le
timbre *colonies,* relatives aux francisations des navires,
et je vous préviens que j'ordonne dans les ports la disposition suivante :

Si un bâtiment expédié de nos colonies arrivait ayant
à bord un nombre de marins étrangers qui excédât la
proportion tolérée par les règlements, l'administrateur
de la marine enjoindra au capitaine de débarquer les
étrangers qui se trouveraient en excédant au nombre
fixé et de compléter l'équipage en marins français. Le
capitaine et le consignataire seront tenus de remettre
aux consuls de leur nation les marins étrangers qui
auront été débarqués, de les solder immédiatement de
ce qui leur sera dû, et s'ils demandent à conserver ces
marins étrangers à bord en sus du nombre autorisé par
la loi, ces hommes ne seront portés sur le rôle que
comme passagers, à la charge par le capitaine de les
débarquer, congédier et solder dans la colonie où ils
tourneront ; l'administrateur de la marine fera con-
cter cet engagement sur le rôle même par le ca-
itaine ; il m'en rendra compte et il en écrira lui-même
à l'administrateur de la colonie.

Vous savez, Monsieur, que l'ordonnance du 4 juillet
1784 permettait seulement d'admettre un sixième d'é-
trangers dans la composition des équipages des navires
du commerce, et qu'une permission expresse de Sa
Majesté était nécessaire pour employer un étranger
comme officier ou officier marinier. Depuis, l'acte de
navigation du 21 septembre 1793 a autorisé l'emploi
des étrangers dans la proportion du quart de la totalité
de l'équipage ; mais une disposition qui n'est qu'une
tolérance, qui n'a été adoptée que dans l'intention de

faciliter au commerce des moyens d'équiper ses bâtiments dans des occasions extraordinaires, ne doit pas au moins être outrepassée lorsque les armements de la marine royale et ceux du commerce n'offrent pas encore des ressources suffisantes aux gens de mer : ainsi, lorsque des bâtiments seront expédiés des colonies, que l'on y aura été forcé d'admettre sur ces navires plus d'un quart de matelots étrangers, parce qu'alors il ne se sera pas trouvé sur les lieux un assez grand nombre de marins français, il sera conforme à la loi, et ce sera rendre de nouveaux moyens à la colonie comme à nos matelots, que de débarquer en France les marins étrangers qui seront au-dessus de la proportion fixée, pour les remplacer par des marins français.

Vous voudrez bien, Monsieur, faire enregistrer cette lettre au contrôle.

Recevez, etc.

Le Ministre de la marine et des colonies,
Signé le Vicomte DU BOUCHAGE.

Bureau des classes de Saint-Pierre.

* * *

N° 1725. — *Ordonnance du roi qui défend à tous bâtiments français nationaux ou étrangers d'introduire des noirs de traite aux colonies françaises.*

LOUIS, etc.,   8 janvier 1817.

Voulant pourvoir au cas où il serait contrevenu à nos ordres concernant l'abolition de la traite des noirs;

Sur le rapport de notre ministre secrétaire d'État de la marine et des colonies,

Nous avons ordonné et ordonnons ce qui suit :

Art. 1er. Tout bâtiment qui tenterait d'introduire dans une de nos colonies des noirs de traite, soit français, soit étranger, sera confisqué, et le capitaine, s'il est Français, interdit de tout commandement.

Sera également confisquée, en pareil cas, toute la partie de la cargaison qui ne consisterait pas en esclaves;

à l'égard des noirs, ils seront employés dans la colonie aux travaux d'utilité publique.

Art. 2. Les contraventions prévues dans l'article précédent seront jugées dans la même forme que les contraventions aux lois et règlements concernant le commerce étranger.

Quant aux produits des confiscations prononcées en conformité du même article, ils seront acquis et appliqués de la même manière que le sont les produits des confiscations prononcées en matière de contraventions aux lois sur le commerce étranger.

Art. 3. Notre ministre secrétaire d'État de la marine et des colonies est chargé de l'exécution de la présente ordonnance.

Donné à Paris, le huitième jour du mois de janvier de l'an de grâce 1817.

Signé LOUIS.

Et plus bas :

Signé le Vicomte DU BOUCHAGE.

Inspection. Reg. 4, n° 719, et collect. de Duvergier, t. 21, p. 98. — Enregistré au conseil supérieur, le 7 mai 1817.

N° 1726. — *Arrêté de l'intendant portant fixation de la dépense d'entretien d'un canot affecté au service du port de Saint-Pierre et des salaires de son équipage.* (Extrait.)

8 janvier 1817.

Entretien annuel du canot............... 900 liv.
Solde du patron et de quatre rameurs, chacun, par mois........................... 90
Plus une ration de vivres par jour.

NOTA. Un arrêté du 17 avril 1817 autorise la même dépense pour le port de Fort-Royal.

Inspection. Reg. 4.

Nº 1727. — *Dépêche ministérielle au gouverneur général et à l'intendant, contenant diverses dispositions à suivre pour l'envoi annuel de l'état des travaux projetés, en ce qui concerne le service du roi* (1). (Extrait.)

10 janvier 1817.

A dater de 1817, vous m'enverrez chaque année, pour recevoir s'il y a lieu mon approbation, l'état des travaux concernant le service du roi dont la dépense doit excéder 2,000 francs et qu'il paraîtra convenable d'exécuter. Vous y joindrez les plans et devis et une expédition de la délibération qui aura été prise à cet égard.

L'envoi de l'état dont il s'agit devra être combiné de manière qu'il puisse me parvenir assez tôt pour être examiné ici et vous revenir ensuite, avec mes décisions, à la fin de l'hivernage, époque à laquelle on peut entreprendre des travaux de construction.

Les travaux, de quelque nature qu'ils soient, dont la dépense serait inférieure à 2,000 francs, pourront être exécutés sans approbation préalable, à la charge d'en adresser annuellement un état sommaire dans la forme la plus simple.

Je vous recommande de vous conformer exactement à ces dispositions, sauf les cas particuliers qui pourraient exiger l'exécution immédiate de certains travaux, dont vous auriez alors à justifier l'urgence.

La présente devra être enregistrée au contrôle de la marine, et vous m'en accuserez la réception dès qu'elle vous sera parvenue.

Recevez, etc.

Le Ministre de la marine et des colonies,
Signé DU BOUCHAGE.

Arch. du gouvernement. Dép. ministérielles, nº 5.

(1) Les dispositions de cette dépêche ont été rendues applicables aux travaux du service municipal par une circulaire du 18 octobre 1817.

N° 1728. — *Ordonnance du Gouverneur portant que l'exportation des farines et autres farineux est prohibée.*

15 janvier 1817.

Nous, etc., vu le prix excessif des farines, qui suppose ou leur rareté ou plutôt leur accaparement ;

En attendant que M. l'intendant, qui, sur notre demande, s'occupe d'un projet d'arrêté pour ouvrir le port aux farines étrangères et encourager l'importation des autres farineux, ait proposé cet arrêté à notre signature,

Nous avons ordonné et ordonnons ce qui suit :

L'exportation des farines et autres farineux est prohibée.

Nous punirons militairement les individus reconnus coupables de ce délit, un des plus graves que l'on puisse commettre dans la circonstance (1).

Donné à la Martinique, le 13 janvier 1817.

Signé le Comte DE VAUGIRAUD.

Gazette de la Mart., 1817, n° 5.

N° 1729. — *Dépêche ministérielle indicative des états et pièces relatifs aux finances et approvisionnements à envoyer périodiquement par l'administration coloniale au ministre de la marine.*

17 janvier 1817.

Messieurs, une circulaire ministérielle du 6 messidor an XIII (25 juin 1805), insérée au *Bulletin des lois*, et dont toutes les dispositions ont été renouvelées par une autre circulaire du 3 octobre 1814, a désigné aux ad-

---

(1) Par dépêche ministérielle du 15 mai 1817, n° 20, archives du gouvernement, cette ordonnance est blâmée en ces termes :

« Je n'ai pu approuver cet acte administratif, attendu qu'il n'est pas signé de l'intendant, qui devait y concourir, et que vous y faites mention de punitions militaires qui ne sont pas applicables à des délits de la nature de ceux dont il s'agit. »

ministrateurs coloniaux les états périodiques dont ils doivent faire l'envoi au ministère de la marine, à diverses époques de chaque année ; dans ce nombre sont compris (pour ce qui concerne les finances et approvisionnements) les états dont je vais remettre la notice sous vos yeux, avec les changements et additions rendus nécessaires par quelques dispositions spéciales de dates plus récentes.

États qui doivent être envoyés chaque mois.

Le bordereau sommaire des recettes et dépenses qui fasse connaître en masse : 1° le restant en caisse au 1er du mois ; 2° chaque nature de recette pendant le mois ; 3° le montant de chaque chapitre de dépense, en distinguant les recettes et les dépenses pour le service colonial de celles qui auront été faites pour les forces navales en station ou en relâche.

Ce bordereau doit être *certifié* par l'officier d'administration chargé du détail des fonds, visé et vérifié par le contrôleur et visé par l'intendant.

États qui doivent être envoyés chaque trimestre.

État détaillé de comptabilité, ou état général des recettes et dépenses, etc., conforme au modèle qui accompagnait la lettre écrite sous ce timbre à M. Dubuc, le 16 septembre 1815 ;

L'état des rationnaires autres que les troupes, avec les mutations survenues ;

Les états de mouvement et de situation des magasins ;

Les états de mouvement et de situation des différentes caisses ;

Les états des journées d'hôpitaux.

Ces différents états doivent être signés par l'officier d'administration chargé du service auquel ils se rapportent, vérifiés par le contrôleur et visés par l'intendant.

État qui doit être envoyé chaque semestre.

L'état général des adjudications et marchés passés

pour les divers besoins du service, suivant le modèle et les instructions particulières que renfermait une circulaire du 10 octobre 1815, adressée sous ce timbre à M. l'intendant.

États qui doivent être envoyés chaque année.

Les inventaires généraux des magasins en munitions de guerre et de bouche, effets et approvisionnements de toute espèce;

Les inventaires du logement et du casernement des troupes;

Les inventaires des hôpitaux.

Ces inventaires doivent présenter sommairement les recettes et dépenses faites pendant l'année, et être accompagnés chacun d'un état des approvisionnements à faire pour l'année suivante, avec l'indication du prix courant de chaque article sur les lieux.

Ils sont signés par l'officier d'administration chargé du service, vérifiés par le contrôleur et visés par l'intendant; celui qui concerne les munitions de guerre est en outre visé par le gouverneur;

Le budget des recettes et des dépenses présumées pour l'année suivante.

Il doit être arrêté par le gouverneur et l'intendant, et envoyé par eux de manière à ce qu'il puisse parvenir au ministère au plus tard en juillet.

Or, de tous ces documents périodiques, il n'est encore parvenu de la Martinique dans les bureaux de mon département, depuis la reprise de possession de cette colonie, que les pièces ci-après, savoir :

L'état des rationnaires autres que les troupes; l'état général des adjudications et marchés, jusqu'au 1er juillet 1815 inclusivement; l'état des journées d'hôpitaux; les inventaires du logement des troupes, jusqu'au 1er janvier 1816 inclusivement; les états de situation des différentes caisses, jusqu'au 31 août inclusivement; l'état détaillé de comptabilité, jusqu'au 1er avril 1816 inclusivement; l'état de situation des magasins en vivres de campagne, jusqu'au 1er septembre inclusivement.

Quant aux états suivants :

Le bordereau sommaire des recettes et dépenses, les états de mouvement et de situation des magasins, les inventaires des hôpitaux et ceux des magasins en munition de toute espèce, il n'en a pas été reçu un seul jusqu'à ce jour.

Je m'abstiens de citer ici le budget, puisque je viens de vous écrire relativement à cet état spécial, sous le timbre du bureau d'administration.

Vous ne pouvez ignorer, Messieurs, combien il importe que je sois constamment en mesure de me représenter la situation réelle (ou du moins très-approximative) de toutes les parties du service qui vous est confié : vous devez également sentir que pour cela l'envoi régulier de tous les états dont il s'agit est une chose absolument indispensable. Je suis donc persuadé d'avance qu'il suffira d'avoir appelé votre attention sur un point aussi essentiel, pour que cet envoi, à l'avenir, s'effectue de votre part (soit en commun, soit en particulier, suivant la nature des pièces) avec la plus grande exactitude.

Recevez, etc.

Le Ministre de la marine et des colonies,
Signé le Vicomte DU BOUCHAGE.

Inspection. Reg. 4, n° 850.

Nº 1730. — *Dépêche ministérielle prescrivant aux administrateurs de prendre l'avis d'un conseil spécial avant d'autoriser aucun chargement de denrées coloniales, pour compte particulier, sur les navires du roi.*

17 janvier 1817.

Par diverses dépêches en date des 1er décembre 1815 et 23 août 1816, je vous ai fait connaître les règles qu'il convenait de suivre dans les cas de chargements de denrées à bord des bâtiments du roi, pour compte particulier. Il m'a paru nécessaire d'arrêter en outre, à cet égard, les dispositions suivantes :

Avant d'ordonner un chargement de la nature dont il s'agit, les administrateurs de la colonie réuniront un conseil spécial, qui sera complété par le contrôleur de la marine et par le directeur du domaine, et auquel seront appelés à titre consultatif les capitaines des navires du commerce français qui se trouveraient dans les rades de l'île. Il sera dressé, des déclarations de ces capitaines et de l'avis particulier de chaque membre du conseil, un procès-verbal dont la copie me sera envoyée conformément à ce qui est prescrit par ma dépêche 13 décembre 1816, n° 70.

Dans le cas où le chargement serait effectué, on réa le prix du fret au taux le plus haut des six mois cédents, d'après le relevé authentique qui sera fait r les registres destinés à constater les vérifications cours; une expédition de ce relevé me sera transmise ec le procès-verbal ci-dessus indiqué.

Recevez, etc.

Le Ministre de la marine et des colonies,
Signé le Vicomte DU BOUCHAGE.

Inspection. Reg. 4, n° 818.

⬥◗⧓◖⬥

N° 1731. — *Arrêté des administrateurs en chef qui admet l'importation des farines et farineux de toute provenance, exempte les farineux de tous droits et détermine ceux à percevoir sur les farines.*

18 janvier 1817.

Nous, etc. Les circonstances rendant indispensable de prendre quelques mesures pour assurer les subsistances de la colonie, qui souffre en ce moment d'une disette qui la menace de la famine;

En vertu des pouvoirs qui nous sont confiés, avons jugé à propos d'ordonner et nous ordonnons ce qui suit :

Art. 1er. A dater de ce jour, et jusqu'à nouvel ordre, tous les farineux, tels que riz, maïs, manioc, pois, fèves, etc., à l'exception de la farine de froment, dont il sera parlé dans l'article suivant, importés, soit par bâtiments nationaux, soit par bâtiments étrangers, seront admis, dans les ports de la Martinique, exempts de tous droits.

Art. 2. La farine de froment, importée par les étrangers et par bâtiments étrangers, sera également admise, jusqu'à nouvel ordre; mais elle continuera de payer le droit de six pour cent déjà établi en pareil cas.

Art. 3. La farine étrangère, importée par bâtiments français directement des États-Unis d'Amérique, ne payera que quatre pour cent.

Art. 4. Le droit sur la farine, importée de France par bâtiments français, demeure tel qu'il est établi, c'est-à-dire de deux et demi pour cent.

Le présent arrêté sera enregistré partout où besoin sera. Il sera d'ailleurs publié affiché et inséré dans la *Gazette*.

Donné à la Martinique, le 18 janvier 1817.

Signé Comte DE VAUGIRAUD et DUBUC.

Gazette de la Mart., 1817, no 7.

No 1732. — *Décision de l'intendant qui modifie le système de charroi des vivres et effets militaires au fort Bourbon et au fort Saint-Louis.* (Extrait.)

24 janvier 1817.

Le transport des vivres, pain, viande et bois, d'un poids journalier de 3,231 livres, se faisait à tête de nègres, au nombre de 45, et coûtait par jour.. 117f 37

Désormais il se fera à dos de mulets et il y sera dépensé, par jour, savoir :

1° Pour 1 conducteur blanc....... 4f 05

A reporter...... 4 05 117 37

Report...... 4ᶠ 05 117ᶠ 37

2º Pour 15 nègres, dont 6 pour conduire les mulets et 9 pour porter la
viande et autres effets, à 1 franc chaque. 27 00

3º Pour ration du conducteur..... 1 00

4º Pour ration aux nègres......... 10 44

5º Pour frais de nourriture, d'entretien et de ferrage de 12 mulets, à raison
de 1 fr. 35 par mulet et par jour...... 16 20

_____

58 59

Différence ou économie journalière....... 58 78

Reste toutefois le premier achat des 12 mulets, mais
l'économie procurée sur une seule année (7,053ᶠ 60)
il suffire à cette dépense.

Inspection. Reg. 4, nº 648.

⸻ ❖ ⸻

Nº 1723. — *Dépêche ministérielle séparant les services
recettes et dépenses et réglant les émoluments, frais de
service et cautionnements du payeur et du receveur général
de la colonie.*

28 janvier 1817.

Messieurs, Sa Majesté a jugé convenable de séparer
Martinique le service dépenses et celui des recettes,
d'y établir en conséquence un payeur et un receveur
néral.

Les émoluments du payeur sont réglés ainsi qu'il
uit, savoir :

Traitement fixe, par an............. 8,000ᶠ 00

Frais de service, *idem*.............. 16,000 00

_____

Total, vingt-quatre mille francs... 24,000 00

Il fournira quarante mille francs de cautionnement.
Le receveur général chargé des recettes de toute la

colonie jouira d'un traitement de......... 6,000ʳ 00
et pour tenir lieu de frais de service, d'un
traitement éventuel dont le taux, déterminé
provisoirement chaque année par vous, sauf
l'approbation du gouvernement, ne pourra
excéder....................... 16,000 00

   Total, au maximum, vingt-deux mille fr.
par an........................ 22,000 00

   Le cautionnement du receveur général sera de trente
mille francs.

   J'ai destiné, sous l'autorisation du roi, pour remplir
la place de payeur à la Martinique, M. Armand (Louis-
Jean-Baptiste), ancien comptable. Il se rend à la Martinique sur la frégate *la Néréide*. Il recevra à Rochefort
une avance de treize cent trente-trois francs trente-
trois centimes sur ses appointements fixes, et je lui ai
accordé, vu l'urgence de son départ, un délai d'un an
pour réaliser son cautionnement en numéraire dans la
caisse générale des invalides de la marine à Paris. J'ai
pris des moyens pour qu'il y suppléât, en attendant,
par l'affectation de valeurs soit pécuniaires, qui sont déposées à la caisse d'amortissement, soit immobilières.

   Quant à la place de receveur général, le roi vous
autorise à y nommer provisoirement, et sauf sa confirmation, M. Démas, qui m'a été recommandé par M. le
comte de Vaugiraud, et qui est sans doute pourvu des
connaissances spéciales qu'exige cet emploi.

   Si M. Démas n'acceptait pas, ou s'il ne pouvait fournir le cautionnement de 30,000 francs, Sa Majesté veut
que vous nommiez provisoirement et sauf sa confirmation, à l'emploi de receveur général, M. Raymond
Buch, ancien officier dans l'armée royale en France, et
ancien receveur particulier et payeur particulier à la
Martinique, qui réside maintenant à la Basse-Terre
(Guadeloupe).

   Le receveur général réalisera dans la caisse des invalides de la marine, avant d'entrer en exercice, le

cautionnement de trente mille francs en numéraire, tel qu'il est exigé par l'article 94 de la loi du 28 avril 1816.

M. Armand, payeur de la Martinique, ainsi que le receveur général qui aura été nommé par vous, en vertu de l'autorisation contenue dans la présente dépêche, devront prêter devant M. l'intendant de la colonie le serment prescrit par l'ordonnance du roi du 29 juillet 1814. M. Dubuc m'adressera par duplicata, pour être déposées à la cour des comptes et dans mes bureaux, deux expéditions authentiques des prestations de serment des comptables dont il s'agit, et les autres originaux en resteront déposés au contrôle de la marine à la Martinique.

Il me sera également adressé copie régulière de l'acte de versement du cautionnement du receveur général.

Enfin, M. l'intendant me transmettra des ampliations en forme des procès-verbaux de la remise qui aura été faite par M. Duchampge d'Elbecq des divers services dont il est chargé.

Dans le cas où celle des deux personnes ci-dessus désignées, sur laquelle votre choix aurait dû tomber, ne pourrait entrer immédiatement en fonctions, M. Armand réunirait provisoirement et dès son service, à la comptabilité de payeur, celle de receveur général, sauf à remettre au receveur général titulaire, aussitôt que celui-ci aura pu être installé, la partie de service qui le concerne. Vous procurerez à M. Duchampge les moyens de repasser en France et d'y transporter les papiers dont il a besoin pour le compte qu'il doit rendre de sa gestion.

Vous voudrez bien m'accuser la réception de la présente dès qu'elle vous sera parvenue, et me rendre compte le plus tôt qu'il vous sera possible de ce que vous aurez fait pour l'exécution des dispositions qu'elle renferme.

Recevez, Messieurs, etc.

Le Ministre de la marine et des colonies,
Signé le Vicomte DU BOUCHAGE.

Inspection. Reg. 3, n° 414.

N° 1734. — *Dépêche ministérielle relative à la correspondance directe du contrôleur avec le ministre, et au compte raisonné qu'il doit lui rendre chaque semestre.*

31 janvier 1817.

Les règlements ont conféré aux contrôleurs de la marine la faculté de correspondre directement avec le ministre.

Vous devez en conséquence m'informer immédiatement de tous les actes administratifs et en général de toutes les dispositions qui vous auront paru devoir donner matière à des réclamations de votre part, en me rendant compte de celles que vous aurez cru devoir former et des suites que vos représentations auront eues.

Il me paraît utile, en outre, que les contrôleurs communiquent au ministre, à des époques fixes, les remarques et les observations qu'ils sont à portée de faire journellement sur les diverses parties du service *marine, guerre et finances;* je désire en conséquence que vous m'adressiez à la fin de chaque semestre un compte raisonné de l'exercice de vos attributions dans toutes les branches de l'administration coloniale, pendant le semestre précédent, et que vous y présentiez les vues d'améliorations que votre expérience pourra vous suggérer sur chaque objet.

Ce travail vous fournira de fréquentes occasions de donner des preuves de zèle et d'exactitude.

Je l'examinerai avec beaucoup de soin et d'intérêt.

Recevez, etc.

Le Ministre de la marine et des colonies,
Signé le Vicomte DU BOUCHAGE.

Inspection. Reg. 4, n° 765.

N° 1735. — *Ordonnance du gouverneur général sur les temps, lieux et distance que devront observer les bâtiments louvoyeurs.*

5 février 1817.

Nous, etc., lorsque nous rendîmes nos ordonnances

des 8 septembre et 13 octobre derniers, qui déclaraient dévolues au roi les attributions perçues jusqu'alors pour droit de port, nous comprîmes au nombre de ces rétributions celles que MM. les capitaines de port s'étaient fait un usage d'exiger pour les permissions de louvoyer dans les rades de la Martinique.

Nous avons borné depuis à trois jours, du soleil levant au soleil couchant, la faculté accordée à un bâtiment de louvoyer sans venir au mouillage.

Mais des exemples récents ne démontrent que trop l'abus qu'il est aisé de faire de cette faculté, quelques bornes et quelque surveillance qu'on lui donne.

Nous sommes résolus d'employer tous nos moyens pour empêcher l'interlope et la fraude; nous voulons que le commerce de France trouve à la Martinique tous les avantages qui résultent pour lui de l'exclusion de marchandises étrangères d'une concurrence dangereuse.

Cependant, comme les bâtiments qui louvoient dans nos rades n'ont souvent d'autre intention que de s'assurer des prix courants de nos marchés, avant de se déterminer à un mouillage toujours dispendieux, et comme trop de sévérité à leur égard les éloignerait peut-être sans retour, au grand préjudice de la colonie, qu'ils alimentent de plusieurs objets essentiels,

Voulant en cette circonstance concilier autant qu'il est possible tous les intérêts,

Nous avons ordonné et ordonnons ce qui suit :

Art. 1er. Aucun bâtiment ne pourra louvoyer dans les rades permises de la Martinique que le jour même de son apparition et jusqu'au coucher du soleil, époque à laquelle il sera tenu de s'éloigner ou de mouiller, ainsi qu'il sera dit et expliqué ci-après.

Art. 2. Tout louvoyage dans les rades autres que celles de Saint-Pierre et du Fort-Royal est sévèrement prohibé.

Art. 3. Le louvoyage d'un jour n'est même autorisé qu'autant que le bâtiment se tiendra à la portée du stationnaire et qu'il se conformera d'ailleurs aux instructions qui lui seront données par les commandants du port et de la rade.

Art. 4. Les bâtiments louvoyeurs dont les capitaines désireraient parlementer plus longtemps avec la terre, avant de venir au mouillage ordinaire, pourront mouiller en dehors du stationnaire et à sa portée.

Art. 5. Le louvoyage du premier jour et le mouillage provisoire subséquent ne seront assujettis qu'à la rétribution de deux gourdes par jour, fixée précédemment pour droit de louvoyage, et cette rétribution sera considérée comme un à-compte des autres droits de port, si le bâtiment vient ensuite au mouillage ordinaire.

Art. 6. Le droit de mouillage provisoire sera perçu conformément à ce qui est prescrit par notre ordonnance du 13 octobre dernier, dont toutes les dispositions non contraires aux présentes sont maintenues.

Art. 7. Le commissaire ordonnateur de la marine, les capitaines de port et directeur général du domaine sont chargés, chacun en ce qui le concerne, de l'exécution de la présente ordonnance, dont une expédition sera adressée au commandant de la station des îles du Vent, afin qu'il donne, à cet égard, ses ordres et instructions aux bâtiments du roi qui la composent.

Donné à Fort-Royal, le 3 février 1817.

Signé le Comte DE VAUGIRAUD.

Gazette de la Mart., 1817, n° 13.

———

N° 1736. — *Dépêche ministérielle prescrivant l'envoi mensuel d'états de situation des magasins en vivres de campagne destinés aux bâtiments du roi en station aux colonies.* (Extrait.)

14 février 1817.

Le service des vivres des bâtiments de Sa Majesté en station aux îles du Vent s'assurant par des envois de France, il est indispensable que je reçoive tous les mois, et au plus tard tous les deux mois, sous le timbre :

6ᵉ division, *vivres*, un état qui me fasse connaître la situation des magasins de la Martinique et de la Guadeloupe en vivres de campagne. Vous voudrez donc bien donner, en ce qui vous concerne, des ordres pour l'exécution de cette disposition, qui déjà avait été recommandée et qui n'a pas été remplie depuis le 22 mars 1816. Sans cela je ne puis régler les envois périodiques que j'ai à vous faire pour ce service, et les bâtiments de Sa Majesté peuvent être exposés à ne pouvoir remplir, faute de vivres, les missions qui pourraient leur être confiées.

Le Ministre de la marine et des colonies,
Signé le Vicomte DU BOUCHAGE.

Inspection. Reg. 4, nº 774. (Voir modèle des états de situation dont il s'agit, arch. de l'inspection, registres des ordonn. et déc., vol. 4, nº 774.)

Nº 1737. — *Rapport d'une commission spéciale nommée par le gouverneur, en* 1816, *pour la vérification des recettes et dépenses de la caisse dite des* fees. (Extrait, partie historique.)

15 février 1817.

La taxe dite des *fees*, qui n'est qu'un droit de tonnage, perçu dans tous les ports d'Europe et dans toutes les îles de l'archipel américain étrangères à la domination française, fut établie, à la Martinique, où elle était inconnue, en 1794, lors de la conquête de l'île. Elle y fut perçue par les Anglais jusqu'à ce que le traité d'Amiens eût remis la colonie sous le gouvernement de la France.

L'administration française ne jugea pas à propos de la conserver; mais cette perception fut établie lors de la seconde conquête en 1809, et l'administration française, qui, en 1814, a succédé aux Anglais, l'a maintenue, en prenant pour base un simple tarif trouvé dans les bureaux des douanes, qu'elle a modifié.

Ainsi l'établissement de cet impôt indirect, qui, pour être validement assis, eût demandé non-seulement le concours des deux autorités administratives de la colonie mais encore celui de l'autorité souveraine, repose uniquement :

1° Sur le tarif dont il est parlé, écrit en anglais, trouvé affiché dans les bureaux des douanes anglaises, lequel, sans être ordonnancé par aucune autorité, a été le seul titre de perception depuis le 9 décembre 1814 jusqu'au 12 janvier 1815 ;

2° Sur un tableau qui modifie ce premier tarif, au bas duquel est simplement écrit : « Le présent, etc., signé Dubuc ; par l'intendant, signé Fournier ; pour copie conforme, signé Garnier Laroche ; »

3° Sur un second tableau qui présente les *fees* à recevoir sur les bâtiments anglais, pendant le temps qu'ils devront être traités comme les nationaux (depuis le mois de mai 1815 jusqu'au même mois 1816), lequel tableau ainsi que le premier tarif n'est ordonnancé par aucune autorité.

Cette taxe se perçoit sur les navires étrangers et sur les bâtiments français faisant le commerce des îles (ceux venant de France étant seuls exceptés); elle est graduée suivant la capacité des bâtiments, et elle consiste encore en un droit d'entrée de quatre piastres gourdes, pour chacun d'eux, et en un autre droit d'une piastre gourde, pour permis d'embarquer et de débarquer, lequel porte sur les marchandises et même sur les passagers.

Il n'est point fourni de reçus pour aucun de ces droits payés au domaine.

Les recettes provenant de cette taxe sont portées sur des cahiers qui ne sont ni cotés ni paraphés et qui ne sont soumis à aucune inspection ou contrôle. Ils sont simplement arrêtés à la fin de chaque mois par le directeur général du domaine, qui se trouve ainsi à la fois caissier, payeur et contrôleur.

Les recettes provenant de la caisse des *fees* se composent : 1° de la taxe mise sur les bâtiments de commerce à raison de leur tonnage; 2° du droit arbitrairement établi sur l'entrée de ces bâtiments et sur les permis d'embarquer et de débarquer; 3° de la retenue de 3 centimes par franc sur une partie des dépenses faites; 4° enfin du produit de l'escompte des effets de commerce pris en échange de mocos accumulés dans la caisse.

Les dépenses à la charge de cette caisse se divisent en ordinaires et extraordinaires : les premières se composent des appointements, logements, frais de bureau et autres accessoires du personnel du domaine; les secondes, de différentes indemnités, d'achats divers pour le service, des salaires de commis auxiliaires et de crédits ouverts annuellement pour la construction d'un hôtel du domaine et d'un hôtel de la trésorerie.

Pour 22 mois, de 1814 à 1816, les recettes se sont élevées à............................... 596,153f 84
et les dépenses à........................... 417,476 68

Ce qui a donné, au 30 septembre 1816,
un encaisse de............................. 178,677 13

L'assiette et le mode de perception de la taxe des *fees* paraissent également irréguliers à la commission; mais elle reconnaît que le droit de tonnage est un des impôts indirects le plus également répartis, en ce qu'il st payé par tous les consommateurs.

Le commerce d'îles en îles n'est point ralenti par cette taxe; son établissement eût donc été un avantage pour la chose publique s'il eût été légal, si la caisse des *fees,* au lieu de former une caisse d'épargne, comme l'appelle le contrôleur, ou une caisse de famille pour le domaine, comme l'appelle la commission, eût été soumise au contrôle, et si les produits de la perception, administrés comme deniers royaux, avaient été employés à dégrever la colonie des impôts directs dont elle est surchargée.

Certifié à Paris, le 10 septembre 1817.

Le Ministre de la marine et des colonies,
Signé GOUVION SAINT-CYR.

Arch. du gouvernement. Dép. ministérielles, n° 8.

N° 1738. — *Dépêche ministérielle à l'intendant portant avis de l'envoi d'une somme de 1,014,851 fr. 67 cent. en piastres, fractions de piastres et pièces françaises, pour subvenir au retrait des mocos en circulation.*

15 février 1817.

Arch. du gouvernement. Dép. ministérielles, n° 23.

<hr>

N° 1739. — *Mémoire sur la fièvre jaune qui a régné à la Guadeloupe, pendant l'année 1816, par le docteur* Vatable, *médecin du roi.*

22 février 1817.

Annales maritimes, 1820, 2ᵉ partie, p. 774.

<hr>

N° 1740. — *Dépêche ministérielle au gouverneur général portant demande de renseignements sur la situation des cimetières de la colonie et d'un projet d'ordonnance sur les inhumations.*

28 février 1817.

Nota. A cette dépêche est jointe, à titre de renseignement, une circulaire adressée en 1804 aux préfets de la métropole à ce sujet, avec un tableau des indications à fournir. Ces deux pièces sont encore jointes à la dépêche.

Arch. du gouvernement. Dép. ministérielles, n° 17.

<hr>

N° 1741. — *Décision de l'intendant autorisant le payement au conseil d'administration de la légion de la Martinique de 48 centimes par homme et par an, destinés à l'achat de médicaments, bandages, etc., nécessaires pour le traitement des soldats légèrement malades qui peuvent être soignés à la caserne.*

12 mars 1817.

Nota. L'arrêté du gouvernement du 9 frimaire an XII est ainsi conçu :

« Il sera alloué annuellement, au complet de pain, 32 centimes par homme, au conseil d'administration, pour achat de médicaments, bandages herniaires, linge à pansement et charpie nécessaires au traitement à la caserne des militaires affectés de gale, de gonorrhées et indispositions légères. »

Ces 32 centimes ont été augmentés de moitié en sus à cause de la cherté des objets précités à la Martinique.

Inspection. Reg. 4.

N° 1742. — *Décision de l'intendant qui met à la disposition du commandant de place de Fort-Royal une somme annuelle de 250 francs pour les fournitures de bureau des six postes de cette ville.*

13 mars 1817.

Inspection. Reg. 4.

N° 1743. — *Dépêche ministérielle au gouverneur général rappelant à l'exécution des anciennes ordonnances prohibant les jeux de hasard.*

14 mars 1817.

Nota. Le ministre venait d'être informé de l'établissement à la Guadeloupe d'une ferme de jeux. Il veut connaître la situation de la Martinique sous ce rapport, qui intéresse si vivement la morale publique.

Arch. du gouvernement. Dép. ministérielles, n° 22.

N° 1744. — *Ordonnance des administrateurs en chef portant règlement des impositions de la Martinique pour l'année 1817, avec réduction des droits d'entrée et de sortie sur les importations et les exportations.*

21 mars 1817.

Le roi ayant ordonné qu'une somme de quinze cent mille francs, prise sur les fonds du trésor royal en France, fût affectée au payement des dépenses à faire pour le service de la Martinique dans le courant de la présente année 1817, et S. Exc. le Ministre de la marine, en nous informant de cette intention de Sa Majesté, nous ayant prescrit de réduire en conséquence les droits d'entrée et de sortie sur les marchandises importées et sur les denrées exportées par les navires français,

Nous, en vertu des pouvoirs qui nous sont confiés, nous avons ordonné et ordonnons ce qui suit :

Art. 1er. Notre ordonnance pour les impositions de 1815, confirmée par celle du 5 janvier 1816, continuera d'être exécutée en tout son contenu, sauf les points sur lesquels il va être statué par la présente ordonnance.

Art. 2. La taxe de 12 livres établie par le dernier paragraphe de l'article 1er, section 1re, sur les nègres de campagne, autres que ceux attachés aux sucreries et cafeteries, est supprimée.

Art. 3. Le droit d'entrée établi par l'article 16 de la 1re section, de 2 1/2 pour cent sur les marchandises de toute espèce importées de la métropole, est supprimé à dater du 22 du présent mois de mars inclusivement.

Ce droit sera perçu sur les cargaisons dont l'entrée aura été faite au bureau du domaine jusques et compris le 21 de ce mois.

Art. 4. Le droit du domaine d'occident établi par l'article 17 de la même section, et fixé à 5 1/4 pour cent, sera réduit de 2 1/4 pour cent., c'est-à-dire à 3 pour cent avec les cinq centimes additionnels.

Tout bâtiment des ports de France, à quelque époque qu'il ait fait son entrée antérieurement au 22 mars, sera liquidé, quant aux droits de sortie, d'après ce nouveau tarif.

Prions, mandons, etc.

Donné à la Martinique, le 21 mars 1817.

Signé le Comte DE VAUGIRAUD et DUBUC.

Et plus bas : DURAND-MOLARD et FOURNIER, secrét.

N° 1745. — *Arrêté de l'intendant ordonnant la vente de l'habitation dite* Royale, *sise au Morne-Rouge, comme inutile au service du jardin des plantes.*

23 mars 1817.

Nota. Elle avait été achetée par le gouvernement pour y établir, comme annexe du jardin botanique, une pépinière d'arbres à épices; mais il est reconnu que la localité et le sol sont impropres à l'établissement projeté.

Arch. du gouvernement. Ordres et déc.

N° 1746. — *Extrait de la loi de finances de cette date en ce qui touche les dispositions prises, pour l'avenir, à l'égard des pensions à la charge de l'État.*

25 mars 1817.

TITRE IV.

Dispositions relatives aux pensions.

Art. 22. Toutes les pensions à la charge de l'État seront inscrites sur le livre des pensions du trésor royal, à partir du 1er juillet 1817, et payées sur les fonds généraux, suivant le mode établi pour celles précédemment inscrites au trésor, et aux époques qui seront déterminées par des ordonnances.

Le montant de la dépense sera retranché des crédits ouverts au ministère, et accroîtra d'autant le fonds de la dette publique.

Art. 23. En conséquence, les ministres ne pourront faire payer dorénavant aucune pension sur les fonds de leurs départements respectifs, pour des arrérages postérieurs au 30 juin 1817.

Art. 24. L'inscription au trésor aura lieu d'après les tableaux qui seront adressés par les ministres des différents départements au ministre des finances. Ces tableaux devront énoncer la date et la nature de l'acte constitutif de chaque pension, ainsi que les motifs sur lesquels elle a été accordée.

Art. 25. Le ministre des finances ne pourra faire inscrire ni payer aucune pension dont la création ne serait pas justifiée comme il est prescrit ci-dessus, ou dont le montant dépasserait le *maximum* fixé par les lois.

Art. 26. A l'avenir, aucune pension nouvelle à la charge de l'État ne pourra être inscrite au trésor qu'en vertu d'une ordonnance dans laquelle les motifs et les bases légales en seront établis, et qui aura été insérée au *Bulletin des lois*.

Art. 27. Nul ne pourra cumuler deux pensions, ni une pension avec un traitement d'activité, de retraite ou de réforme. Le pensionnaire aura le choix de la pension ou du traitement le plus élevé.

Néanmoins, les pensions de retraite pour services militaires pourront être cumulées avec un traitement civil d'activité.

Art. 28. Sont exceptés des dispositions portées aux articles 22 et 23 ci-dessus les traitements de réforme et les soldes de retraite aux militaires sujets à la visite annuelle, lesquels continueront à faire partie des dépenses du département de la guerre. Le ministre présentera, chaque année, la situation de ce service.

Art. 29. Sont exceptées des mêmes dispositions les pensions de retraite accordées aux employés des divers ministères ou administrations, et payées sur le fonds spécial des retenues.

Les pensions de cette nature qui, à raison de l'insuffisance de ce fonds, sont momentanément payées sur le budget des ministères et administrations, seront portées temporairement au budget de l'État, en se conformant aux règles prescrites par les articles 24 et 25 ci-dessus, pour être payées par le trésor jusqu'à ce que le fonds des retenues soit en état de les acquitter. Le fonds porté pour cet objet au budget de 1817 ne pourra, dans aucun cas, être augmenté par la suite.

Art. 30. Le fonds permanent affecté aux pensions à la charge de l'État ne pourra excéder vingt-trois millions par année. Il sera réparti ainsi qu'il suit : pensions pour services civils, trois millions; pensions pour services militaires et soldes de retraite, vingt millions.

Art. 34. A compter de l'époque à laquelle le montant des pensions civiles aura atteint le *maximum* fixé par l'article précédent, il ne pourra être accordé de pensions de cette nature que jusqu'à concurrence du montant des extinctions constatées au 1er janvier et au 1er juillet de chaque année; en telle sorte que la totalité des pensions civiles n'excède jamais le *maximum* des trois millions.

Art. 32. Jusqu'à ce que le montant des pensions allouées aux militaires et à leurs veuves, ainsi que les soldes de retraite, soient réduits à la fixation déterminée par l'article 30, il ne pourra en être accordé, chaque année, que jusqu'à concurrence de moitié des extinctions connues aux époques désignées par l'article précédent.

Art. 33. Avant la présentation du projet de loi sur les finances pour 1818, le ministre des finances sera tenu de faire dresser et imprimer, par ordre alphabétique, un tableau général de toutes les pensions à la charge de l'État, avec indication précise des noms, prénoms, lieux de naissance et de domicile de chaque pensionnaire, de la nature et de la durée des services qui ont donné lieu à la pension, et de sa quotité.

Art. 34. Un semblable tableau fera connaître, chaque année, toutes les pensions nouvelles qui auront été accordées, dans l'intervalle d'une session à l'autre, sur le produit de la partie des extinctions qui y est affectée.

Art. 35. Sur le crédit ouvert au chapitre 2 du budget des dépenses de 1817, pour le payement des pensions militaires et soldes de retraite, il sera mis par une ordonnance du roi à la disposition du ministre de la guerre la somme nécessaire pour le mettre en état de faire acquitter, sur ses ordonnances, les soldes de retraite provisoires accordées temporairement pour cause de maladie ou d'infirmité, dont l'existence doit être justifiée chaque année, lesquelles font partie des retraites et

24

pensions militaires, dont le *maximum* permanent est fixé à vingt millions.

Elles seront, comme les pensions définitives, imputées sur le produit de la moitié des extinctions affectées à cette nature de dépenses, et qui ne peut pas être dépassée.

Art. 36. L'état général des soldes de retraite provisoires, ainsi que celui des demi-soldes et traitements de réforme, sera imprimé et distribué aux chambres à la prochaine session.

A chaque session, l'état particulier des changements survenus dans le cours de l'année précédente sera également imprimé et distribué aux chambres.

Ces états contiendront, 1° les noms et grades de ceux qui auront obtenu les soldes de retraite dont les causes sont assujetties à des visites annuelles, les demi-soldes et traitements de réforme; 2° la durée et l'époque de leurs services; 3° les motifs de la concession qui leur en a été faite, et la durée du traitement de réforme; 4° enfin l'indication de la commune, canton et département où ils auront fixé leur domile.

Collection de Duvergier, t. 21, p. 131.

N° 1747. — *Arrêté des administrateurs en chef qui accorde aux navires étrangers qui auront importé des farines ou farineux la faculté d'exporter du sucre brut, jusqu'à concurrence de 2,000 barriques* (1).

31 mars 1817.

Nous, etc.,

Considérant qu'il est urgent de prendre des mesures efficaces pour faire cesser la disette qu'éprouve la colonie;

Considérant que tous les intérêts et toutes les opinions se réunissent pour réclamer ces mesures; que le com-

(1) Mesure fortement blâmée, comme non nécessaire, par dépêche ministérielle du 31 juillet 1817, n° 61. (Archives du gouvernement.) Rappel formel aux dispositions prohibitives de l'arrêt du 30 août 1784.

même de la métropole souffrirait lui-même beaucoup par l'observation austère du régime prohibitif dans ce moment de crise;

Nous, en vertu des pouvoirs que Sa Majesté nous a confiés, avons arrêté et arrêtons ce qui suit :

Art. 1er. A dater du 1er avril, les bâtiments étrangers qui auront importé des farines, du riz, du maïs et autres comestibles de cette espèce, auront la faculté d'exporter également à l'étranger du sucre brut, pour la valeur de leur importation desdits articles.

Art. 2. Les sucres bruts ainsi exportés payeront, à la sortie, cinq et un quart pour cent accrus de cinquante centimes pour franc, avec les cinq centimes additionnels sur le tout.

Art. 3. Le droit d'entrée sur cette farine étrangère continuera d'être perçu à raison de six pour cent, avec les cinq centimes additionnels. La suppression des droits d'entrée sur les autres farineux est maintenue jusqu'à nouvel ordre.

Art. 4. Les bâtiments français qui auraient importé de l'étranger des farines et autres articles ci-dessus désignés jouiront, pour l'exportation, de la faculté accordée par l'article 1er; en outre, ils ne seront grevés, pour la sortie des sucres, que de cinq et un quart, avec les cinq centimes additionnels, et les farines qu'ils auront importées ne payeront que quatre pour cent au lieu de six.

Art. 5. Cette exportation de sucre brut à l'étranger est limitée à deux mille barriques.

Sera le présent arrêté enregistré au secrétariat général de l'intendance, aux bureaux du domaine, et partout où besoin sera; il sera en outre publié, affiché et inséré dans trois gazettes consécutives.

Mandons au directeur général du domaine de tenir la main à son exécution.

Donné à la Martinique, le 31 mars 1817.

Le Comte DE VAUGIRAUD et DUBUC.

No 1748. — *Ordonnance des administrateurs en chef portant fixation de la valeur de cours des monnaies d'or et d'argent, françaises ou étrangères, à la Martinique.*

12 avril 1817.

Nous, etc., considérant qu'il s'est introduit à la Martinique de grands abus en ce qui concerne les monnaies, et jugeant qu'il est instant, non-seulement d'y rétablir l'ordre en mettant en vigueur les lois existantes sur cette matière, mais encore de prévenir le retour de ces abus;

Nous, en vertu des pouvoirs à nous départis par Sa Majesté, et en conséquence des instructions particulières que nous avons reçues à ce sujet de Son Excellence le secrétaire d'État ministre de la marine et des colonies, avons ordonné et ordonnons ce qui suit :

Art. 1er. Toutes les monnaies de France, d'or et d'argent, auront cours à la Martinique, sous la dénomination qu'elles ont dans le royaume, et pour la valeur qui va être fixée.

Art. 2. Les monnaies étrangères qui vont être désignées y auront cours pour la valeur qui va être fixée, d'après leur poids et leur titre respectif, de manière à ce que, 1o le rapport de l'argent à l'or soit, comme il est établi en France, de un à quinze et demi; et 2o que le gros d'argent fin et le gros d'or fin aient toujours, sous quelque forme monétaire que ce soit, la même valeur; sauf les menues monnaies d'argent, dont la valeur sera un peu surhaussée.

Art. 3. Ne seront monnaies légales que celles cordonnées au poids et au titre. Toutes celles coupées, rognées, ou altérées, seront réputées marchandise et n'auront de valeur que celle du métal en lingot, conformément au tarif. Nul ne pourra être contraint de les recevoir en payement.

Art. 4. Il sera alloué aux espèces d'or et d'argent, cordonnées et au titre, une petite diminution de poids pour déchet occasionné par une longue circulation;

mais cette allowance ne pourra excéder un centième du poids légal.

Art. 5. La pièce de cinq francs passera pour neuf livres, ou douze escalins;

La piastre-gourde passera pour neuf livres quinze sous, ou treize escalins;

L'écu de six livres passera pour dix livres dix sous, ou quatorze escalins;

L'écu de trois livres passera pour cinq livres cinq sous, ou sept escalins;

Le double franc passera pour trois livres quinze sous, ou cinq escalins;

Le franc passera pour une livre dix-sept sous six deniers, ou deux escalins et demi;

Le demi-franc pour dix-huit sous neuf deniers, ou un escalin et un tempé;

La demi-gourde passera pour quatre livres dix-sept sous six deniers, ou six escalins et demi;

Le quart de gourde, pour deux livres dix sous, ou trois escalins et deux noirs;

Le huitième, pour une livre cinq sous, ou un escalin et quatre noirs;

Le seizième, pour douze sous six deniers, ou cinq noirs;

Le cinquième de gourde passera pour deux livres, ou deux escalins et quatre noirs;

Le dixième, pour une livre, ou un escalin et deux noirs;

Le vingtième, pour dix sous, ou quatre noirs.

Les fractions surhaussées de la gourde et de la pièce de cinq francs ne seront admises que pour un dixième dans les payements au-dessous de mille livres, et pour un quarantième dans les payements de mille livres et au-dessus.

Art. 6. La pièce de quarante francs passera pour soixante-douze livres, ou sept gourdes et cinq escalins;

La pièce de vingt francs pour trente-six livres, ou trois gourdes et neuf escalins;

Le louis de vingt-quatre livres tournois passera pour

quarante-deux livres quinze sous, ou quatre gourdes et cinq escalins;

Le quadruple d'Espagne passera pour cent quarante-six livres cinq sous, ou quinze gourdes;

Le demi-quadruple, pour soixante-treize livres deux sous six deniers, ou sept gourdes six escalins et trois noirs;

Le quart de quadruple passera pour trente-six livres dix sous, ou trois gourdes neuf escalins et quatre noirs;

Le huitième de quadruple passera pour dix-huit livres cinq sous, ou une gourde onze escalins et deux noirs;

Le seizième de quadruple passera pour neuf livres deux sous six deniers, ou douze escalins et un noir;

La moëde de trois gros cinquante-quatre grains passera pour quatre-vingt-une livres, ou huit gourdes quatre escalins;

La guinée passera pour quarante-huit livres, ou quatre gourdes et douze escalins.

Art. 7. En conséquence des deux articles précédents, le pair du change entre la colonie et la métropole est déterminé à cent quatre-vingt livres pour cent francs, ou neuf livres pour cinq francs. Le tarif qui sera dressé pour les agents comptables du gouvernement qui tiennent leurs écritures en francs sera calculé d'après cette formule, en convertissant les livres, sous et deniers en francs et centimes.

Art. 8. La présente ordonnance aura son exécution à dater du lundi quatorze de ce mois, jour de sa publication, inclusivement. En conséquence, les fractions de gourdes vulgairement appelées mocos devront être portées, à Saint-Pierre, à la caisse du receveur général; au Fort-Royal, à la Trinité et au Marin, à celle de ses délégués. Les porteurs énonceront sur un bordereau, en leur nom, la valeur nominale. Les mocos seront immédiatement pesés pour constater la valeur intrinsèque; ils seront ensuite remis dans le sac qui les contenait, avec le bordereau; puis le sac sera ficelé et cacheté du cachet du receveur et de celui du porteur. Un double du bordereau sera attaché au sac en forme d'étiquette. Cette opération faite, le receveur délivrera au porteur un bon payable dans un mois, de la valeur intrinsèque de son dépôt, à raison de dix livres l'once. S'il y a un appoint au-dessus des centaines, le receveur le comptera immédiatement en monnaies d'argent ayant cours suivant la présente ordonnance. Ce bon énoncera en outre la valeur nominale du dépôt, telle qu'elle aura été déclarée par le porteur.

Les bons du receveur pour le montant de la valeur intrinsèque doivent être considérés comme espèces. Ils ne sont émis que pour accélérer le retrait des mocos; ils seront eux-mêmes retirés avant l'expiration du mois.

Art. 9. Le délai accordé pour porter les mocos aux caisses indiquées ci-dessus ne sera que de quatre jours, y compris celui de la publication de l'ordonnance. Passé ce terme, les mocos ne seront plus reçus qu'au poids, à raison de dix livres l'once, et il ne sera tenu aucun compte de la valeur nominale.

Art. 10. Dès que l'opération du retrait des mocos era achevée, les porteurs des bons du receveur ci-dessus entionnés pourront se présenter pour constater conradictoirement avec lui la valeur nominale de leur dé ôt, et il leur sera délivré, pour la différence entre la aleur réelle et la valeur nominale, des billets dudit receveur général, dûment visés et approuvés, toutefois que cette différence n'excède pas un tiers de la valeur nominale; car ce tiers est le maximum de la perte que le gouvernement entend prendre à la charge du trésor public.

Art. 11. Ces billets du receveur général n'auront de cours forcé que pour un dixième dans tous payements, dans toutes transactions entre particuliers, au-dessus de mille livres. Ils seront admis dans la même proportion dans tous payements d'impositions, de contributions directes ou indirectes; mais ils ne seront jamais donnés en payement par le gouvernement. A mesure qu'ils entreront dans ses caisses par les voies indiquées ci-dessus, ils seront anéantis. La marche vers leur extinction sera donc constante et rapide, et le gouvernement se propose de l'accélérer encore par d'autres mesures.

Prions Messieurs du conseil supérieur, etc.

Donné à la Martinique, le 12 avril 1817.

Signé le Comte DE VAUGIRAUD et DUBUC.

Gazette de la Mart., 1817, n° 51. — Enregistré au conseil supérieur, 7 mai 1817.

N° 1749. — *Dépêche ministérielle portant que les états de situation des vivres doivent présenter d'une manière distincte ceux destinés pour prolongation de campagne aux bâtiments de la station et ceux destinés aux rationnaires des colonies.*

17 avril 1817.

NOTA. Voir les modèles joints à cette dépêche. Voir également une autre dépêche confirmative, du 20 septembre suivant, n° 71.

Arch. de l'Ordonnateur. Dép. ministérielles, 1817, n° 20 *bis*.

N° 1750. — *Dépêche ministérielle au gouverneur général portant que les payeurs et receveurs des deniers publics ne peuvent faire exercer des poursuites, au nom du trésor royal, contre les préposés établis, nommés et salariés par eux.*

24 avril 1817.

Messieurs, dans ma dépêche du 11 de ce mois, n° 29, qui vous est adressée en commun, je vous ai donné connaissance d'observations qu'avait faites M. le baron d'Elbhecq, ex-trésorier de la Martinique, au sujet des poursuites en matière de contributions directes.

M. d'Elbhecq renouvelle ses observations dans une lettre du 22 janvier, où il demande de plus l'autorisa-

ni de poursuivre par voie *administrative* et par tous oyens d'expropriation et même de contrainte, sans bligé de recourir aux tribunaux, un sieur Bonne- son père, son préposé, reconnu en déficit de 9,937 fr. 24 cent.

Je me réfère, pour ce qui concerne l'exercice de la ontrainte par corps, aux questions que renferme ma dépêche ci-dessus relatée. Quant aux poursuites *admi- nistratives* que l'ex-trésorier demande l'autorisation de diriger contre le sieur Bonnemaison, il convient de re- rquer qu'elles ne pourraient être exercées que contre des agents directs du trésor, et non contre un préposé articulier tel que l'était le sieur Bonnemaison.

es payeurs et les receveurs sont responsables, dans colonies comme dans la métropole, de la gestion des préposés, lesquels sont établis, nommés et sala- par eux, et que, par ce motif, on ne considère que mme des porteurs de procurations.

es payeurs et receveurs ne peuvent donc exercer, tre les préposés dont il s'agit, d'autres poursuites celles qui sont autorisées pour des créances parti- ières, et cette règle générale s'applique au cas qui été exposé par M. d'Elbhecq.

e vous prie de vouloir bien l'en informer.

ecevez, etc.

Le Ministre de la marine et des colonies,
Signé le Comte DU BOUCHAGE.

ch. du gouvernement. Dép. ministérielles, n° 32.

p **1751.** — *Ordre de l'intendant de transporter en France 6,250 marcs de mocos ou fractions de gourdes (ou 300,000 francs) retirés de la circulation.*

24 avril 1817.

NOTA. Cet envoi n'a pas été le seul; la masse des mocos en circulation paraît s'être élevée à une valeur de 1,400,000 francs. Une maison de commerce en a acheté pour 400,000 francs, et le reste, un million environ, a été envoyé en France et y a été converti en petite monnaie expédiée aussitôt à la Martinique. (Voir dépêches ministérielles du 25 septembre 1817 et 7 février 1818.)

Inspection. Reg. 4.

Nº 1752. — *Dépêche ministérielle qui, renouvelant l'ordre donné aux administrateurs en chef, le 20 juin 1816, d'établir un conseil de santé dans la colonie, réfute leurs objections à ce sujet.*

22 mai 1817.

Messieurs, le ministre de l'intérieur m'a transmis une lettre de MM. les intendants de la santé publique de Marseille, dont vous trouverez ci-joint la copie, et où sont cités divers faits, desquels Son Excellence a conclu que les médecins du roi, à la Martinique, délivrent avec trop de légèreté des certificats de santé aux capitaines des bâtiments qui quittent la colonie.

Par une dépêche du 20 juin dernier, je vous ai invité à établir dans la colonie un conseil de santé, à l'instar de ceux qui sont établis dans les ports de France, et de l'existence desquels on éprouve depuis longtemps d'heureux résultats. Mais d'après une lettre qu'a écrite M. Dubuc, en date du 27 octobre, à M. le comte de Vaugiraud, qui m'en a transmis une copie avec une dépêche du 24 novembre, et d'après les termes mêmes de cette dernière, il paraît que vous avez considéré, l'un et l'autre, l'institution dont il s'agit comme pouvant offrir des inconvénients, ou au moins comme inutile.

Un seul inconvénient est toutefois indiqué dans vos lettres citées plus haut, et il consiste dans l'augmentation présumée de la rétribution à payer pour les bâtiments visités.

Il est sans doute à désirer, et telle est bien mon intention, qu'on parvienne à modérer autant que possible les charges qui sont imposées au commerce français

nos colonies; mais une telle considération doit
écartée lorsqu'il s'agit de matières aussi graves, et
vous avez d'ailleurs la facilité de réduire à un
raisonnable les rétributions de cette nature.

Craindrait-on que les bâtiments du commerce ne
ent à abandonner leurs relations avec nos colonies
le motif qu'ils y seraient astreints à des règles trop
res sous le rapport de la salubrité?

mble que ce serait une erreur. En effet, si
s mesures sanitaires, aux colonies, quelques
ents paraissent avoir été traités avec négligence
vec indulgence, il en résulte que des quarantaines
longues leur seront imposées en France, ainsi que
arrivé à Marseille, d'après ce qu'indique la lettre
endants de santé dans ce port; au lieu que les
tions seront nécessairement le moins rigoureuses
sera possible dans nos ports d'Europe, lorsqu'on
la certitude qu'au départ des bâtiments venant de
les toutes les formalités sanitaires auront été rem-
avec la plus grande ponctualité. Or cette certitude
era surtout de l'existence de commissions spé-
ent chargées de la conservation de la salubrité
ue, et notamment du concours de plusieurs de
membres dans les visites et dans la délivrance des
de santé.

porte donc qu'en conformité des dispositions de
épêche du 20 juin 1816, n° 15, il soit établi à la
nique, sous les modifications qu'exigeraient les
tés, un conseil de santé tel que ceux dont il est
tion dans l'article 18 de l'ordonnance du 29 no-
bre 1815, lequel sera chargé dans le lieu de sa rési-
ce de visiter les bâtiments du commerce avant leur
art, et pourra s'adjoindre, pour ces visites, d'an-
s marins et des médecins et chirurgiens non attachés
service.

Il me paraît utile aussi qu'une commission sanitaire,
osée également d'officiers de santé attachés et
attachés au service et d'anciens marins, soit formée

dans chacun des autres ports de l'île où seraient admis des bâtiments naviguant au long cours.

Les certificats ou patentes de santé doivent être signés de deux membres au moins, soit du conseil de santé, soit des commissions sanitaires.

Si dans les ports autres que ceux de Saint-Pierre et de Fort-Royal il n'y avait aucun moyen de former une commission de ce genre, et que la patente ne pût être signée que d'un seul officier de santé, il faudrait qu'elle énonçât positivement qu'il n'y existe pas de commission sanitaire.

Je vous prie de me rendre compte au plus tôt des dispositions que vous aurez faites à ce sujet.

Vous trouverez ici divers documents, entre autres un projet de règlement local sur la matière, par M. Kerandren, dont je vous invite à donner communication au conseil de santé.

M. de Vaugiraud énonce dans sa lettre du 24 novembre qu'il a su que j'avais fait contremander, comme inutile, l'envoi qui était annoncé de 10 kilogrammes de potasse; cet envoi a été effectué ultérieurement et il vous sera sans doute parvenu, mais en moindre quantité attendu qu'on a remplacé une partie du carbonate par de la poudre dite gaz. Il s'agit au surplus de carbonate de potasse neutre bien cristallisé, et non de potasse dont en effet les entrepreneurs de vos hôpitaux doivent nécessairement être pourvus.

Recevez, etc.

Le Ministre de la marine et des colonies,
Signé DU BOUCHAGE.

Inspection. Reg. 5, n° 271.

No 1753. — *Décision de l'intendant qui prolonge de deux années le marché d'entreprise des hôpitaux de la colonie,*

fixé à 4 fr, 05 cent. la journée d'hôpital du soldat, et
10 fr. 80 cent. celle de l'officier, au change de 180 0/0.

28 mai 1817.

Ord. et déc. Reg. 4.

———————•◦◦◦•———————

754. — *Dépêche ministérielle aux administrateurs en chef
tant ordre de fermer aux navires étrangers les ports de
rt-Royal, de la Trinité et du Marin.*

29 mai 1817.

sieurs, je vous ai fait connaître, par diverses déma-
ma ferme intention de maintenir, dans nos
es des Antilles, le régime prohibitif du commerce
ger, tel qu'il est établi par l'arrêt du 30 août 1784,
es modifications qu'il y aurait lieu de lui faire subir
tanément par l'effet de circonstances graves,
devrait être rendu des comptes justificatifs.
st, à la Martinique, un point fondamental sur
on déroge encore aux dispositions de l'arrêt en
on : je veux parler des ports ouverts aux pavil-
trangers.
icle 1er de l'arrêt du 30 août désigne le port de
ierre comme le seul où ces pavillons puissent
dmis; cependant le Fort-Royal, la Trinité et le
sont également ports d'entrepôt, et vous n'avez
s, au surplus, à cet égard, que ce qui était for-
ement autorisé par vos instructions générales en
du 16 août 1814.
es considérations qui ont pu motiver alors la déro-
on dont il s'agit n'étant plus de nature à la faire
ntenir aujourd'hui, vous voudrez bien annoncer
ciellement qu'aucun navire étranger ne pourra dé-
mais être reçu dans les trois ports désignés ci-dessus,
ue celui de Saint-Pierre demeurera seul port d'en-
t pour le commerce permis aux pavillons non
ionaux.

Je vous prie de me rendre compte au plus tôt des dispositions que vous aurez faites à cet égard.

Recevez, etc.

Le Ministre de la marine et des colonies,

Signé DU BOUCHAGE.

Arch. du gouvernement. Dép. ministérielles, n° 44.

N° 1755. — *Dépêche ministérielle aux administrateurs et chef indiquant les dispositions à prendre pour l'examen du projet de construction d'un hôpital au fort Bourbon.*

29 mai 1817.

Nota. 1° Un ingénieur en chef et un ingénieur ordinaire des ponts et chaussées vont être envoyés dans la colonie pour la direction des travaux civils; un conseil spécial sera réuni à leur arrivée. Il sera complété par le médecin et le chirurgien du roi et par le directeur des fortifications; toutes les questions de la matière seront examinées, et la délibération, appuyée du plan et du devis sommaire, sera adressée au ministre.

2° Le ministre annonce qu'il s'occupe de l'envoi de sœurs hospitalières. Voir à ce sujet une note annexe dont la conclusion est que les femmes de couleur et les négresses sont de beaucoup préférables aux sœurs, trop exposées à être promptement décimées par l'ardeur du climat, les épidémies, la fièvre jaune.

Arch. du gouvernement. Dép. ministérielles, n° 45.

N° 1756. — *Circulaire ministérielle relative à la tenue des rôles d'équipages des bâtiments de commerce.*

5 juin 1817.

Monsieur, je suis informé que les dispositions des ordonnances et règlements concernant l'armement de

vires du commerce et les formalités à remplir sur les
rôles d'équipages de ces bâtiments ne sont pas exactement suivis dans tous les ports. De cet état de choses
naissent des irrégularités et même des abus aussi préjudiciables aux marins qu'au bon ordre et aux intérêts
du service.

J'ai peine à concevoir que des administrateurs des
classes aient pu négliger cette partie essentielle des devoirs qui leur sont imposés. Je veux bien, pour cette
fois, me borner à prévenir ceux qui ont encouru des
roches que désormais la moindre négligence de
leur part appellerait sur eux toute ma sévérité; et je
me plais à croire que cet avertissement produira l'effet
que j'ai lieu d'en attendre.

En recommandant aux commissaires des classes de
votre arrondissement l'exécution des lois sur la navigation du commerce, rappelez-leur principalement qu'ils
doivent porter sur les rôles, comme capitaines ou
maîtres, que des marins pourvus de lettres de commandement; qu'il est important de tenir la main à ce qu'il
soit toujours embarqué le nombre de mousses prescrit
par les règlements; que les rôles d'équipages doivent être
dressés régulièrement, revêtus des visa et formalités
nécessaires, et renouvelés aux époques déterminées;
qu'on doit avoir soin d'y annoter exactement et en temps
utile tous les mouvements qui surviennent dans les
équipages; enfin qu'ils doivent faire connaître le numéro
du folio d'inscription de tous les gens de mer embarqués, en quelque qualité que ce soit, à bord des bâtiments.

Vous veillerez à ce que ces administrateurs passent
revue des équipages des navires du commerce qui
naviguent dans les ports de leur résidence. Vous leur
prescrirez de vous signaler toutes les irrégularités qu'ils
pourraient remarquer, soit dans la tenue des contrôles,
soit dans la composition des équipages, et vous me
transmettrez immédiatement les rapports qu'ils pourront vous adresser.

Je vous prie de donner les ordres les plus précis pour
que les dispositions contenues dans la présente dépêche
soient ponctuellement exécutées dans les divers quartiers de votre arrondissement.

Le Ministre de la marine et des colonies,
Signé DU BOUCHAGE.

Annales maritimes, vol. 1817, p. 241.

**N° 1557. — *Circulaire ministérielle relative à la tenue des
rôles d'équipage des bâtiments du commerce.***

5 juin 1817.

Annales maritimes, 1817, 1re partie, p. 241.

**N° 1758. — *Arrêté de l'intendant portant règlement sur le
prix du fret des canots gros-bois.***

7 juin 1817.

Vu l'arrêté du conseiller d'État préfet colonial Bertin,
en date du 12 pluviôse an XI (1er février 1803), portant
tarif du fret des marchandises transportées par les canots
passagers de Saint-Pierre aux divers quartiers de la colonie;

Voulant, sans trop nous écarter des fixations portées
à ce tarif, accorder autant qu'il est possible les intérêts
du gouvernement avec les prix alloués aujourd'hui par
le commerce;

Voulant aussi fixer les incertitudes et les variations
qui existent dans cette partie du service au détriment
du roi et au mécontentement des propriétaires de canots passagers;

Nous avons arrêté et nous arrêtons ce qui suit:

Il sera payé, pour le transport de Saint-Pierre au Fort-
Royal et du Fort-Royal à Saint-Pierre par les canots
passagers, savoir:

Par boucaut de rhum et autres, cinq francs. 5ᶠ 00

Par barrique de vin, deux francs cinquante
centimes.................................. 2 50

Gonne de salaison :

Baril de salaison (français), un franc vingt-
cinq centimes............................ 1 25

Idem (américain), un franc vingt-cinq centimes.................................... 1 25

Baril de farine (française et américaine), un
franc vingt-cinq centimes................ 1 25

Caisse de chandelles, bougies ou toute autre
marchandise pesant de 25 à 30 livres la caisse,
quarante-deux centimes................... 0 42

Par canot entièrement chargé et du port de
20 à 25 boucauts et au-dessus, cent francs... 100 00

Par canot entièrement chargé et du port de
12 à 15 boucauts, cinquante francs........ 50 00

Les canots ne seront forcés de partir avec un fret
incomplet que dans les cas extraordinaires et par ordre
supérieur.

Le présent tarif aura son exécution à compter du 9 de
ce mois.

Sera le présent arrêté enregistré au secrétariat général
l'intendance, au bureau du contrôle.

Donné à Saint-Pierre, le 7 juin 1817.

Signé DUBUC.

Et plus bas: FOURNIER, *secrétaire.*

rch. de l'ordonnateur. Ord. et déc. 1847, n° 106.

Nᵒ 1759. — *Dépêche ministérielle portant instructions sur
l'application de la loi du 25 mars 1817, qui défend le
cumul de deux pensions ou d'une pension avec un traitement d'activité, de retraite ou de réforme.*

9 juin 1817.

Messieurs, la loi des finances du 25 mars dernier
porte, article 27 :

25

« Nul ne pourra cumuler deux pensions ou une pension avec un traitement d'activité, de retraite ou de réforme; le pensionnaire aura le choix de la pension ou du traitement le plus élevé.

« Néanmoins les pensions de retraite pour services militaires pourront être cumulées avec un traitement civil d'activité. »

J'ai lieu de croire que ce principe établi depuis longtemps s'exécute dans les colonies. Vous devez néanmoins, au moment où il acquiert une force nouvelle, en recommander derechef la sévère application et donner les ordres les plus précis pour qu'aucun payement ne soit fait aux pensionnaires que lorsqu'on aura constaté qu'ils ne sont pas en contravention avec la loi.

Je dois vous faire remarquer que les traitements dont les pensionnaires peuvent jouir sur les fonds de l'ordre de Saint-Louis et de la Légion d'honneur sont naturellement hors de la règle et ne peuvent donner lieu à l'application de la disposition relative au cumul.

Vous savez que quelques marins ou militaires de la marine sortis de l'hôtel des Invalides jouissent dans leurs foyers de la pension représentative établie par l'ordre du 12 septembre 1814, et dont les deux départements de la marine et de la guerre acquittent les arrérages, le premier, pour le montant de la demi-solde, le second, pour le complément. Il est bien convenu que les deux portions, quoique payées sur deux fonds différents, ne forment qu'un seul et même traitement, et qu'il n'y a pas lieu non plus à étendre la disposition de l'article 27 déjà cité.

Ces modifications, jointes à l'exception formelle prononcée par la loi en faveur des individus jouissant à la fois d'une solde de retraite militaire et d'un traitement civil, sont les seules qui soient désormais admissibles. Vous en préviendrez les fonctionnaires et agents sous vos ordres.

Dans le cas où, ce que je ne puis croire, quelques pensionnaires soumis à l'application de cette disposi-

... auraient déjà reçu le premier trimestre au moment où ma dépêche vous parviendra, il en serait ... note, afin que la reprise de ce qu'ils auraient reçu en trop pût être exercée, soit sur les premiers arrérages de celle des deux pensions qui serait conservée, soit sur le traitement, suivant la position du pensionnaire. Vous m'en enverriez la liste.

Je vous recommande de me rendre compte de l'exécution des ordres contenus dans cette dépêche, qui sera enregistrée au bureau du contrôle.

Recevez, etc.

Le Ministre de la marine et des colonies,

Signé le Vicomte DU BOUCHAGE.

(Inspection. Reg. 5, n° 295.

————————◆◆◆————————

N° 1760. — *Dépêche ministérielle prescrivant aux adminis-trateurs en chef la plus exacte surveillance pour l'exécu-tion de l'ordonnance du roi du 1er janvier 1786, et la répression de toute contrebande à bord des navires du roi. (Extrait.)*

12 juin 1817.

Je sais, dit le ministre, que, malgré les recommandations de mes prédécesseurs, les officiers de la marine ... roi, afin d'améliorer le sort de leurs matelots, ... toléré quelquefois des chargements d'objets qui ... issent être destinés seulement à la consommation ... ant la traversée; mais ces officiers sont très-répré-hensibles de fermer les yeux sur un pareil abus. Ils encouragent par là les matelots à la contrebande, et privent les bâtiments marchands d'une partie du fret qu'ils auraient pu recevoir, en même temps qu'ils frustrent l'État de ses droits sur ce fret.

... Le ministre avait été avisé que journellement les équipages des bâtiments du roi introduisaient frau-duleusement des tabacs en France.

(Inspection. Ord. et déc. Reg. 5.

No 1761. — *Ordonnance du roi qui règle le mode d'exécu-tion du titre IV de la loi des finances du 25 mars 1817, concernant les pensions.*

Louis, etc.,

Vu le titre IV de la loi du 25 mars 1817; voulant pourvoir à son exécution ;

Sur le rapport de notre ministre secrétaire d'État des finances ;

Notre Conseil d'État entendu,

Nous avons ordonné et ordonnons ce qui suit :

Art. 1er. Nos ministres feront dresser et enverront immédiatement à notre ministre secrétaire d'État des finances un état conforme au modèle ci-joint de toutes les pensions actuellement payées sur les fonds de leur département.

Notre ministre secrétaire d'État des finances, après la vérification ordonnée par l'article 25 de la loi du 25 mars dernier, fera dresser un état général de toutes les pensions qui devront être inscrites en vertu de l'article 24 de ladite loi, et le soumettra à notre approbation.

Art. 3. A l'avenir, tout individu qui prétendra avoir droit à une pension sur le trésor royal adressera direc-tement ou par l'intermédiaire de ses chefs sa demande, avec les pièces à l'appui, au ministre du département auquel il sera attaché.

Il sera tenu, dans chaque ministère, un registre où ces demandes seront portées par ordre de dates et de numéros. Cet ordre sera réglé tous les trois mois, pour les demandes parvenues pendant cet intervalle, d'après l'époque de la cessation des fonctions.

La priorité entre deux individus qui auront cessé leurs fonctions le même jour sera déterminée par la durée des services.

Le ministre fera procéder à l'examen de la demande et des pièces justificatives ; il fera ensuite réviser ce tra-vail par le comité du Conseil d'État attaché à son minis-tère, et, à défaut de comité, par une commission spéciale composée de membres du Conseil d'État; enfin, il arrêtera les fixations qu'il jugera susceptibles de nous être proposées, et préparera un projet d'ordonnance qui contiendra toutes les indications prescrites par l'article 33 de la loi du 25 mars dernier.

4° Toutes ces propositions de pensions seront enregistrées au ministère des finances par ordre de dates et de numéros.

Après la révision prescrite par l'article 25 de la loi du 25 mars, et à mesure qu'il se trouvera des fonds libres, notre ministre des finances renverra les projets d'ordonnance ainsi vérifiés aux ministres des autres départements, qui les soumettront à notre approbation.

Art. 4. Néanmoins, vu le grand nombre de demandes de pensions qui existent au ministère de la guerre, et qui peuvent être considérées comme ayant toutes la même date; vu la difficulté d'en constater la priorité, le second paragraphe de l'article précédent ne sera point applicable au ministère de la guerre d'ici au 1er janvier 1819.

Toutefois, la préférence pour la liquidation aura lieu en faveur des amputés, des veuves et des sous-officiers soldats.

Art. 5. Tous les trois mois, notre ministre des finances présentera à notre approbation l'état général de toutes les pensions accordées par nous suivant le mode prescrit par l'article 3 de la présente ordonnance, et qui sont dans le cas d'être inscrites jusqu'à concurrence du fonds libre déterminé par les articles 30, 31 et 32, dont l'application commencera dès que le montant des pensions aura atteint la quotité du fonds que la loi du 25 mars y affecte.

Art. 6. Pour connaître le montant du fonds d'extinction, notre ministre secrétaire d'État des finances nous remettra en conseil, dans les premiers jours de janvier et de juillet de chaque année, l'état des extinctions survenues dans les six mois précédents. Cet état sera divisé par ministère, et présentera le montant des parties éteintés, ainsi que les différentes causes qui auront motivé la radiation des pensionnaires.

Art. 7. Les soldes de retraite purement temporaires seront payées, suivant l'exception mentionnée à l'article 28 de la loi, par les soins de notre ministre sécrétaire d'État de la guerre, qui, pour assurer en ce qui le concerne l'exécution des articles 32 et 35 de ladite loi, nous présentera, aux époques indiquées dans l'article ci-dessus, l'état particulier des extinctions survenues dans les six mois précédents sur les soldes de retraite de cette nature.

Cet état sera renvoyé à notre ministre secrétaire d'État des finances, pour qu'il fasse opérer sur les crédits du ministère de la guerre, dans la proportion fixée par l'article 35 de la loi du 25 mars, les réductions résultant de ces extinctions.

Art. 8. Les soldes de retraite tant définitives que temporaires que nous accorderons désormais ne devant pas excéder le fonds disponible, la jouissance n'en pourra remonter au delà du premier jour du semestre qui suivra celui dans lequel les extinctions auront eu lieu.

Art. 9. La somme de trois millions, à laquelle la loi a limité le total des pensions civiles sur le trésor royal, sera répartie entre nos ministères dans la proportion de leurs besoins respectifs, et d'après l'état que nous en arrêterons en conseil.

Art. 10. L'article 27 de la loi rendant incompatible la jouissance d'une pension avec celle d'un traitement d'activité, de retraite ou de réforme, tous les pensionnaires seront tenus de déclarer dans leurs certificats de vie : qu'ils n'ont aucun traitement ni aucune autre pension ou solde de retraite, soit à la charge de l'État, soit sur les fonds de retenue des diverses administrations ou des invalides de la marine. En cas de fausse déclaration, la restitution des sommes indûment perçues sera poursuivie contre les délinquants, sans préjudice des autres peines que les lois et règlements prononcent.

Comme les pensions qui seront suspendues pour

cause de mise en activité des titulaires devront leur être payées de nouveau à dater du jour où leur traitement d'activité cessera, ces pensions ne seront point regardées même provisoirement comme éteintes, et il ne pourra être disposé, comme de fonds libres, de ceux affectés à leur payement.

Conformément au chapitre IV de l'état F annexé à la loi, les pensions qui font partie des traitements ecclésiastiques continueront à être acquittées comme par le passé.

Art. 11. Les pensions militaires définitives, connues sous la dénomination de *soldes de retraite,* assujetties, conformément à la loi du 28 fructidor an VII, à une retenue proportionnée à leur quotité, savoir : de deux centimes par franc au-dessous de neuf cents francs, et de cinq centimes à neuf cents francs et au-dessus, devant continuer à subir la même retenue, seront inscrites sur deux registres séparés, et auront en conséquence deux séries de numéros distinctes.

Le payement de toutes ces pensions, sans exception, effectué par trimestre.

Notre ministre secrétaire d'État des finances prendra mesures nécessaires pour les faire payer dans le lieu plus voisin du domicile des titulaires.

Art. 12. Ces titulaires seront tenus de produire des certificats de vie délivrés par les notaires certificateurs. Ces certificats seront exempts du droit de timbre, comme l'étaient précédemment ceux délivrés par les maires; il ne sera donc rien exigé pour le prix du papier. La rétribution des notaires certificateurs est réglée comme il suit :

1 franc, pour les sommes à recevoir de 601 francs et au-dessus;

50 centimes, pour celles de 301 à 600;

35 centimes, pour celles de 101 à 300;

25 centimes, pour celles de 100 à 50;

0 pour celles au-dessous de 50.

Art. 13. Toutes les pensions accordées jusqu'à ce

jour et déjà inscrites au trésor royal sont maintenues dans leur fixation actuelle, sauf la radiation de ce qui excéderait le *maximum* déterminé pour le grade des titulaires par la loi du 15 germinal an XI, le règlement du 13 septembre 1806 et la loi du 11 septembre 1807, pour les pensions civiles; et quant aux pensions militaires, par les lois des 14 fructidor an VI, 8 floréal an XI, et l'ordonnance réglementaire du 27 août 1814, ainsi que les tableaux qui y sont annexés.

Cette réduction n'est pas applicable aux pensions militaires antérieures à la Charte, lesquelles, d'après les dispositions de l'article 69, doivent conserver leur fixation intégrale.

Art. 14. Les pensions qui, pour cause d'insuffisance des fonds de retenue sur lesquels elles ont été liquidées, sont dans le cas d'être mises temporairement à la charge du trésor royal, en exécution de l'article 29 de la loi, y seront inscrites sur un livre particulier, et divisées par ministère et administration. Elles seront payées par trimestre.

Art. 15. Il ne pourra désormais être liquidé aucune pension à la charge des fonds de retenue de diverses administrations ou des invalides de la marine, que sur la présentation d'un certificat du premier commis des finances chargé de la dette inscrite au trésor royal, constatant que le réclamant jouit ou ne jouit pas d'une pension sur les fonds généraux du trésor.

S'il en a une, elle sera confondue dans la pension à liquider sur les fonds de retenue, laquelle sera réglée sur la généralité des services du pensionnaire, et produira l'extinction de la pension sur les fonds généraux.

Ces dispositions sont applicables aux pensions déjà liquidées, soit qu'elles doivent rester à la charge des fonds de retenue, soit qu'elles doivent être inscrites au trésor sur les fonds supplémentaires, ainsi qu'il est prescrit par l'article 14 de la présente ordonnance (1).

----

(1) Voyez ordonnances des 6 mai et 8 juillet 1818.

Art. 16. Nos ministres sont chargés de l'exécution de la présente ordonnance.

Collection de Duvergier, vol. 21, p. 250.

N° 1762. — *Ordre du gouverneur qui renouvelle, pour l'année, celui du 8 juillet 1815 relatif à la sûreté des bâtiments du commerce pendant l'hivernage.*

24 juin 1817.

Arch. du gouvernement. Ord. et déc.

(Implic.)

N° 1763. — *Arrêté de l'intendant autorisant le trésor colonial à avancer à la caisse municipale une somme de 100,000 francs pour la reconstruction de la salle de spectacle de la ville de Saint-Pierre.*

25 juin 1817.

1. Cette somme a été remboursée par la caisse municipale.

Il arrêté du gouverneur administrateur du 15 octobre 1823, archives de l'inspection, registre des ordres et décisions, vol. 9, n° 698.

Inspection, Ord. et déc. Reg. 5, n° 412.

N° 1764. — *Arrêté de l'intendant établissant un nouveau tarif des fees de douanes à payer par les bâtiments caboteurs français.* (Extrait.)

28 juin 1817.

Prenant en considération les représentations des armateurs français propriétaires de petits bâtiments faisant le cabotage des îles, nous avons arrêté et arrêtons ce qui suit :

Art. 1er. A compter du 1er juillet prochain, les bâtiments français faisant le cabotage des îles de cet archipel payeront les *fees* de douanes sur le pied d'un

nouveau tarif annexé au présent arrêté, et qui est réduit
à moitié de l'ancien tarif.

Art. 2. Le directeur général du domaine est chargé, etc.

Donné à Saint-Pierre, etc.

Signé DUBUC.

Arch. du gouvernement. Ord. et déc.

* * *

N° 1765. — *Ordonnance des administrateurs en chef portant
concession au sieur* Ribié, *ancien acteur de Paris, du
privilége de la salle de spectacle de Saint-Pierre.* (Extrait.)

1er juillet 1816.

Le privilége exclusif de la direction des spectacles de
la colonie est accordé audit Ribié pour neuf années
consécutives.

Il devra entretenir le nombre d'acteurs et autres
artistes nécessaires aux différents genres dramatiques
et lyriques, le grand opéra demeurant réduit, toutefois,
aux pièces d'une facile exécution.

Il devra dresser inventaire de tout le matériel de la
salle de spectacle et de ses dépendances;

Seront à sa charge les traitements, gages, salaires des
acteurs, danseurs, musiciens, portiers, buralistes, ma-
chinistes et autres employés.

Il devra souffrir un prélèvement de 15 0/0 sur ses
recettes brutes au profit de l'établissement.

Il devra donner annuellement une grande représentation au profit des pauvres;

Le café, les bains et une portion de terre dépendant
de la salle lui sont loués au prix de 10,000 livres par
an; les bains seront installés et le café décoré à ses
frais;

Il n'aura droit à aucune indemnité à la fin de son
bail, à raison des améliorations d'agrément qu'il aura
pu faire pendant sa durée.

Le cinquième brut du produit de tous spectacles de curiosité qui pourraient lui faire concurrence dans la colonie lui est attribué.

(Off. de la direction de l'Intérieur. Reg. 2, f° 54.

━━━━◆❈◆━━━━

Nº 1766. — *Dépêche ministérielle contenant de nouveaux ordres et observations au sujet du conseil de santé à établir à la Martinique, et envoi d'une note médico-légale à consulter sur les certificats de santé.* (Extrait.)

5 juillet 1847.

Le peu de régularité et de précaution que les conservateurs de la santé publique en France ont cru remarquer dans la délivrance des patentes sanitaires, à la Martinique et à la Guadeloupe, ont donné lieu d'imposer aux bâtiments arrivés de ces îles dans nos ports des quarantaines sévères, à la fois onéreuses à l'armement et pénibles à l'équipage et aux passagers.

On évitera autant que possible cet inconvénient, qui a excité beaucoup de réclamations, en portant une surveillance exacte et les soins les plus attentifs sur tout ce qui concerne la délivrance des patentes de santé.

Je vous adresse ici une note qui a pour objet d'appeler à cet égard votre attention et celle de toutes les personnes qui ont à s'occuper des précautions sanitaires à la Martinique; vous voudrez bien leur en donner connaissance.

Je désire au surplus que vous m'informiez exactement de l'état de la santé publique à la Martinique. Il est essentiel que le ministère soit pourvu de renseignements officiels à cet égard aussi fréquemment que possible, et vous voudrez bien m'en adresser soit collectivement, soit dans votre correspondance particulière, au moins une fois par mois.

Recevez, etc.

Le Ministre de la marine et des colonies,
Maréchal GOUVION SAINT-CYR.

NOTE SUR LES CERTIFICATS DE SANTÉ.

1° Les certificats de santé délivrés par l'autorité publique aux navires prêts à faire voile ont pour objet de faire connaître l'état de la santé publique dans le port où sont expédiés ces certificats et dans le territoire adjacent.

2° La santé publique est *bonne*, le pays est exempt de *suspicion sanitaire*, n'est point *suspect en règle de santé*, est *libre*, lorsque, dans le pays et dans les environs, il n'y a point de *maladie éminemment contagieuse*.

3° Les maladies de cette espèce, spécialement soumises à l'action de la police sanitaire et qui sont spécialement dénoncées à la surveillance des conservateurs de santé, des autorités ou commissions chargées de la police sanitaire anti-contagieuse, sont *la peste, la fièvre jaune, les typhus d'armées, de prisons*, etc., *la petite vérole* et toute autre contagion se propageant avec beaucoup de rapidité et causant une grande mortalité.

4° Les certificats de santé qui seront délivrés dans nos colonies auront un double but : 1° mettre les commissions de santé des ports de France dans le cas de juger si les colonies sont en état de *suspicion sanitaire*, ou de *contumace*, et, dans ce cas, de déterminer le degré de cette suspicion ainsi que le *traitement sanitaire* ou *quarantaine* qu'elles imposeront aux *provenances* ou navires venant des colonies; 2° mettre chacune des colonies ou îles en position d'empêcher l'introduction de la contagion qui régnerait dans une autre île ou colonie.

5° Le certificat de santé est *libre* lorsque le point où il a été expédié est *libre*, c'est-à-dire, n'est point atteint de soupçon de contagion.

Mais il ne dépend pas de l'autorité sanitaire du port de santé de départ de constituer libre le certificat de santé; le jugement en est réservé au port d'arrivée, soit en France, pour la préservation de la santé publique en Europe, soit d'île à île en Amérique, pour la préservation de chaque île en particulier.

Le certificat délivré dans un port *suspect* est *net* ou soupçonné ou *brut*, lorsque la contagion règne dans le lieu d'où est expédié le certificat, ou bien lorsqu'elle exerce ses ravages dans un lieu du voisinage, d'où on a expédié des marchandises qui font partie de la cargaison du bâtiment.

Soupçonné, lorsque la contagion existe dans les lieux circonvoisins, ou bien lorsqu'il est arrivé quelques bâtiments ou des voyageurs des lieux contagieux, ou enfin, lorsqu'il y a eu communication avec des marchandises venant de lieux contagieux.

Net, lorsque la santé est bonne dans le lieu d'où est expédié le certificat, sans soupçon de fièvre jaune ni d'aucune maladie contagieuse;

7° Tout bâtiment partant est pourvu de certificat de santé, sous peine d'être réputé porteur de patentes brutes.

8° Les bâtiments du roi en sont dispensés, mais ils s'en pourvoient presque toujours volontairement pour éviter toute difficulté à l'arrivage.

9° Il y a trois espèces de certificats : *la patente, l'attestation et le bulletin* :

la patente couvre le bâtiment;

bulletin est personnel;

attestation ne concerne que les marchandises.

La patente comprend, avec le bâtiment, tout ce qu'il tient; mais on exige des passagers qui viennent s'embarquer dans le port où ils n'ont point résidé, qu'ils aient un bulletin particulier (ce qui ne dispense pas de les inscrire sur la patente) afin que l'autorité chargée de l'expédition des certificats les interroge et sache si dans le lieu d'où ils viennent la santé était bonne; c'est par la même raison qu'on exige une attestation particulière pour les marchandises qui ne sont pas prises dans les magasins du port où le certificat est délivré. Cette attestation est délivrée à la suite ou au dos de la patente; elle comprend *la description des chargements*.

10° Il est défendu de donner une patente à un bâtiment en relâche qui n'en a pas pris au lieu de départ. On le force à partir sans patente ou mieux encore avec une patente qui exprime qu'il n'en était pas pourvu, ce qui le fait assujettir là où il arrive au traitement sanitaire le plus rigoureux.

11° Aux relâches, on revise la patente ; cette révision indique si le bâtiment a communiqué ou s'il n'a pas communiqué au point de relâche, parce que cette communication fait peser sur le bâtiment le même soupçon sanitaire dont est atteint le lieu de relâche, et réciproquement.

12° Il est défendu de retirer à un capitaine la patente et le certificat dont il est porteur ; on doit les reviser et les laisser dans ses mains.

13° Aucun papier de bord ne supplée à la patente, parce que la connaissance de ce qui tient à la conservation de la santé publique n'appartient qu'aux agents sanitaires ; seuls ils ont les instructions nécessaires et l'aptitude résultant de la pratique pour faire exécuter les règlements.

14° Les certificats de santé ne peuvent être délivrés que par l'autorité préposée à ce service.

15° L'autorité chargée de ce service important doit se tenir au courant de tout ce qui concerne la santé publique dans la ville où elle réside et environs.

Les déclarations sont franches et vraies dans les moindres détails, sous peine de voir refuser croyance aux certificats qu'elle délivre.

16° Et par cette raison, si malheureusement la contagion se manifeste dans l'étendue de son ressort, elle en fait mention sur les certificats qu'elle délivre ; l'intérêt général le veut et lui en fait un devoir ; son intérêt particulier l'exige aussi, car on lui accordera croyance aussi lorsqu'elle annoncera la cessation du fléau.

17° Lorsque la maladie cesse, on en fait mention sur la patente, en indiquant le jour du dernier accident de maladie ou de mort, et on en fait mention pendant

jours, au moins, sur toutes les patentes qu'on
pendant ce temps.

omme la patente indique l'état de la santé au
... où elle est expédiée, les bâtiments qui, soit
attendre le vent, soit pour toute autre cause,
... ent encore longtemps après qu'ils l'ont reçue,
la ... réviser au moment de prendre la mer.

Certifié :

*Le Conseiller d'État chargé de la direction supérieure
de l'administration des colonies,*

Signé PORTAL.

Inspection, Reg. 5, n° 272.

———————◆◆◆———————

N° 1767. — *Circulaire ministérielle qui désigne aux administrateurs coloniaux les états périodiques dont ils doivent
... l'envoi au ministère de la marine à diverses époques
chaque année.*

10 juillet 1817.

onsieur le Comte, une circulaire ministérielle du
... essidor an XIII (25 juin 1805), insérée au *Bulletin
... is,* a désigné aux administrateurs coloniaux les états
... diques dont ils doivent faire l'envoi au ministère
... la marine à diverses époques de chaque année. Dans
... ombre sont compris (en ce qui concerne les finances
... rovisionnements) les états dont je vais mettre la
... ce sous vos yeux, avec les changements et additions
... nécessaires par quelques dispositions spéciales
... les plus récentes.

État qui doit être envoyé chaque mois.

... bordereau sommaire des recettes et dépenses, qui
... connaître en masse : 1° le restant en caisse au
... du mois; 2° chaque nature de recettes pendant
... is; 3° le montant de chaque chapitre de dépenses,
... tinguant les recettes et les dépenses pour le ser-

vice colonial de celles qui auront été faites pour les forces navales en station ou en relâche.

NOTA. Le bordereau est vérifié par l'officier d'administration chargé du détail des fonds, visé et vérifié par le contrôleur et visé par vous.

États qui doivent être envoyés chaque trimestre.

L'état détaillé de comptabilité (ou état général des recettes et dépenses, etc.), conforme au modèle qui vous est actuellement adressé par ma dépêche sous ce timbre, n°...;

L'état des rationnaires autres que les troupes, avec les mutations survenues;

Les états des mouvements et de situation des magasins;

Les états de mouvement et de situation des différentes caisses;

Les états des journées d'hôpitaux.

NOTA. Les différents états doivent être signés par l'officier d'administration chargé du service auquel ils se rapportent, vérifiés par le contrôleur et visés par vous.

État qui doit être envoyé chaque semestre.

L'état général des adjudications et marchés passés pour les divers besoins du service. (Suivant les instructions particulières renfermées dans ma circulaire de ce jour sous le n° 31.)

États qui doivent être envoyés chaque année.

Les inventaires généraux des magasins, en munitions de guerre et de bouche, effets et approvisionnements de toute espèce;

Les inventaires du logement et du casernement des troupes;

Les inventaires des hôpitaux.

NOTA. Ces inventaires doivent présenter sommairement les recettes et dépenses faites pendant l'année et être accompagnés chacun d'un état des approvisionnems à faire pour l'année suivante, avec l'indication du courant de chaque article sur les lieux.

sont signés par l'officier d'administration chargé du service, vérifiés par le contrôleur et visés par vous.

Le budget de recettes et dépenses présumées, pour l'année suivante.

Il doit être arrêté et envoyé par vous, de manière qu'il puisse parvenir au ministère au plus tard en juillet.

Il importera beaucoup, Monsieur, que je sois constamment en mesure de me présenter, avec toute l'exactitude possible, la situation des différentes parties du service qui vous est confié. J'en aurai spécialement besoin pour diriger, de la manière la plus convenable, les secours en appointements qui pourront être nécessaires à la colonie; et l'envoi régulier de tous les états périodiques, désignés ci-dessus, est le seul moyen d'obtenir ce résultat. Je ne saurais donc trop vous recommander de m'adresser ponctuellement les divers états aux époques fixées par la présente dépêche, qui devra être enregistrée au contrôle colonial.

Recevez, etc.

Signé GOUVION SAINT-CYR.

Code de la Guyane française, 2e partie, p. 54.

<hr>

1768. — *Déclaration du conseil supérieur portant que, de toutes les lois rendues contre les émigrés, une seule (celle du 29 août 1792) a été publiée à la Martinique.*

11 juillet 1817.

Vu la requête présentée en la cour par M. Foullon d'Écotier, conseiller d'État, intendant de l'île Guadeloupe et dépendances, etc., etc., contenant que pour se défendre, en une instance pendante devant la cour royale de Dijon, il a besoin de constater par actes publics, et d'une manière certaine, que les différentes lois rendues contre les émigrés, et notamment celle du 28 mars 1793, n'ont jamais été publiées ni enregistrées sur les

26

registres des tribunaux de cette colonie; qu'en conséquence elles n'y ont jamais été exécutées directement
ni indirectement dans aucun temps; et concluant qu'il
plaise à la cour lui délivrer toutes déclarations ou actes
de notoriété, constatant les faits ci-dessus, si aucuns
sont, pour lui servir ce que de raison;

Vu les conclusions de M. de Froidefond, procureur
général, etc;

Inspection faite des registres du greffe,

La cour déclare que le 4 mars 1793, elle a ordonné
l'enregistrement d'une loi rendue par l'assemblée nationale le 29 août 1792, et qui est relative aux biens
que les émigrés possédaient dans les colonies; que
jamais aucune autre loi sur cette matière, et notamment
celle indiquée sous la date du 28 mars 1793, n'ont été
connûes, présentées et enregistrées.

Signé L. de FOUGAINVILLE.

Arch. du gouvernement.

<hr/>

No 1769. — *Homologation par les administrateurs en chef
d'une délibération de la paroisse du Carbet portant règlement de l'imposition à établir pour le service de la pension
allouée par cette paroisse à son curé.* (Extrait de la délibération.)

15 juillet 1817.

Cette pension est portée à 5,000 livres coloniales.
Elle devra tenir lieu au curé de l'ameublement, des
trois domestiques et du cheval qui lui sont dus par les
habitants, aux termes de l'article 10 du titre IV de l'arrêté local du 27 décembre 1802. Pour la servir, la paroisse
s'impose, pour 1817, à raison de 3 livres 5 sols par tête
de nègre, se réservant de renouveler, à chaque année
ensuivante, ladite imposition, afin d'en fixer la quotité
à raison des mutations dans le nombre des nègres
payant droit. Cette pension, qui n'était précédemment
que de 3,000 livres, n'a été portée à 5,000 qu'à raison

la cherté excessive des subsistances et de la diminution du casuel. Elle sera payée d'avance tous les quatre
mois par le marguillier, chargé de la recette de l'imposition destinée à y pourvoir.

Arch. de la direction de l'intérieur. Reg. 1, f° 82.

N° 1770. — *Circulaire ministérielle interprétative de l'acte
du 29 fructidor an XII, qui accorde à l'agent comptable
embarqué une gratification si ses comptes, au retour, sont
reconnus satisfaisants.*

15 juillet 1817.

Monsieur, j'ai eu occasion de remarquer que l'on
avait interprété d'une manière différente, dans les ports,
les dispositions de l'acte du 29 fructidor an XII, qui
accorde aux agents comptables une gratification de
25 francs, ou 20 francs (suivant la classe), pour chaque
mois de campagne, lorsque les comptes ont été reconnus satisfaisants par le conseil d'administration.

Il paraît qu'à Lorient, par exemple, l'administration,
se fondant sur une dépêche ministérielle adressée
le 10 août 1807 à l'inspecteur de ce port, a fait payer
la gratification allouée à l'agent comptable qui a rendu
les comptes pour tout le temps de la durée de l'armement, quel qu'ait été celui de son embarquement.

A Toulon, au contraire, la gratification a été payée à
chaque agent comptable pour le temps de sa gestion
seulement, lorsqu'elle n'a donné lieu à aucune observation. Cette marche a pu être suivie, parce que le
conseil d'administration avait eu soin d'indiquer, dans
ses délibérations, le temps de l'embarquement de chaque
comptable et de faire mention de ce que la gestion de
chacun avait présenté d'avantageux ou d'irrégulier.

Je ne puis que donner mon approbation à cette
dernière disposition; elle est tout à fait dans l'ordre et
dans l'intérêt du service, comme dans celui des individus; mais comme il importe de terminer la liqui-

dation des sommes dues sur l'arriéré, j'ai décidé que
l'on continuerait à dresser dans chaque port les bordereaux de liquidation d'après la forme que l'administration avait adoptée pour le payement de ces sortes de
gratifications, soit en les faisant porter sur l'exercice
pendant lequel les désarmements ont eu lieu, soit en les
imputant sur ceux pendant lesquels les bâtiments ont
été armés.

Et, afin de prévenir toute incertitude pour l'avenir
et régler un mode uniforme, j'ai également décidé :

1° Que la gratification accordée aux commis aux
revues, au désarmement des bâtiments, sera proportionnelle au temps de la durée de chacun; qu'ainsi les
commissions chargées de l'examen des comptes des
commis aux revues devront faire désigner, dans leurs
rapports, ceux de ces commis qui leur paraîtront avoir
droit à ladite gratification, et ceux qui n'en seront pas
susceptibles;

2° Que les commis aux revues qui débarqueront dans
le cours d'une campagne, à moins que ce ne soit pour
cause de maladie dûment constatée, ou par suite d'a-
vancement, sans nulle autre exception, ne pourront
prétendre au payement de la gratification;

3° Que la dépense sera toujours imputée sur l'exercice
pendant lequel les bâtiments auront été désarmés et
les comptes apurés; et que, dans aucun cas, les gratifications ne seront payées que lorsque le ministre aura
revêtu de son approbation les délibérations des conseils
d'administration.

Je vous prie d'assurer, en ce qui vous concerne,
l'exécution des dispositions prescrites par la présente
dépêche, et de la faire enregistrer au contrôle de la
marine.

Le Ministre de la marine et des colonies,
Signé GOUVION SAINT-CYR.

No 1774. — *Arrêté de l'intendant pour l'émission par le trésorier de la colonie de billets à ordre, à trois mois de date, pour une somme de 500,000 francs.*

24 juillet 1817.

Pour faciliter le service et en même temps la circulation dans les affaires de commerce, il sera émis successivement, et au besoin, pour une somme de cinq cent mille francs de billets du payeur général de la colonie, payables à trois mois de la date de leur émission, lesquels billets seront de cinq mille, de quatre mille, de trois mille, de mille, de cinq cents et de deux cent cinquante francs.

Il sera toujours conservé en caisse, soit en espèces cordonnées, soit en lingots, une somme égale à celle des billets émis.

La première émission ne sera que de deux cent mille francs, savoir :

6 coupons	de 5,000 francs......	30,000f	00
10 ———	de 4,000............	40,000	00
12 ———	de 3,000............	36,000	00
54 ———	de 1,000............	54,000	00
54 ———	de 500	27,000	00
54 ———	de 250	13,000	00
		200,000	00

En conséquence lesdits billets, remplis des sommes ci-dessus, enregistrés au contrôle, vus et approuvés par l'intendant, seront délivrés immédiatement au payeur général de la colonie, sauf à lui délivrer partie ou totalité des trois cent mille francs restants, si lieu y a.

Le présent arrêté sera enregistré, etc.

Donné à la Martinique, le 24 juillet 1817.

Signé DUBUC.

Arch. du gouvernement. Ord. et déc.

No 1772. — *Ordonnance des administrateurs en chef qui accorde aux contribuables qui s'acquitteront de leur arriéré, dans le délai de deux mois, la faculté d'en payer, jusqu'à concurrence du quart, en papier-monnaie créé par ordonnance locale du 12 avril précédent.*

5 août 1847.

Gazette de la Mart., 1847, no 64.

———————

No 1773. — *Dépêche ministérielle invitant les administrateurs en chef à donner leurs soins à la multiplication des plantes utiles dans le jardin botanique.*

7 août 1847.

NOTA. Surtout aux végétaux les plus intéressants pour la nourriture et la santé des hommes et des animaux, et pour le commerce d'exportation.

Arch. du gouvernement. Dép. ministérielles, no 64.

———————

No 1774. — *Dépêche ministérielle annonçant au gouverneur les dispositions faites pour procurer à la Martinique des plants de la canne à sucre du Paraguay.*

7 août 1847.

Arch. du gouvernement. Dép. ministérielles, no 278.

———————

No 1775. — *Ordonnance du roi qui remplace les gouverneur général et intendant de la Martinique par un gouverneur et administrateur pour le roi.* (M. Donzelot. [Extrait.])

13 août 1847.

Ses pouvoirs sont, jusqu'à nouvel ordre, ceux réunis des anciens gouverneurs et intendants coloniaux.

- Son traitement annuel est de 80,000f 00
Ses frais de bureau de............... 12,000 00
Ses frais de déplacement et de premier établissement de...................... 36,000 00

Inspection. Ord. et déc. Reg. 5.— Enregistré au conseil supérieur, 15 janvier 1818.

Nº 1776. — *Ordonnance du roi portant création d'un commandant militaire à la Martinique.* (Extrait.)

15 août 1817.

Son traitement annuel est de......... 20,000ᶠ 00

Ses frais de déplacement et de premier
établissement sont de................ 6,000 00

Inspection. Ord. et déc. Reg. 5. — Enregistré au conseil supérieur, le 15 janvier 1818.

Nº 1777. — *Dépêche ministérielle portant que les sommes payées aux officiers de l'armée de terre employés aux colonies, pour indemnité de logement, frais de bureaux et indemnité de fourrage, ne seront point sujettes à la retenue de 3 0/0 de la caisse des invalides.* (Extrait.)

14 août 1817.

Le ministre s'est fait représenter les règlements qui existent en France sur cette matière et il a reconnu que les officiers dont il s'agit n'éprouvant point en France cette retenue, il était juste de ne point la leur faire subir aux colonies.

Arch. du gouvernement. Dép. ministérielles, nº 67.

Nota. Voir en outre archives de l'inspection. Registre des ord. et déc., nº 509.

Nº 1778. — *Circulaire du ministre de la justice portant que les dispenses d'âge pour mariage seront délivrées gratuitement aux indigents.*

16 août 1817.

Monsieur le procureur du roi, l'article 55 de la loi du 28 avril 1816 soumet au droit de sceau et au droit proportionnel d'enregistrement les expéditions des ordonnances royales accordant dispenses d'âge pour raison de mariage.

Sa Majesté, considérant que ces dispenses sont souvent accordées à des personnes pauvres, et qu'il serait difficile de les assujettir au payement d'un droit que la plupart d'entre elles ne pourraient peut-être pas acquitter, sans qu'il en résultât quelque préjudice pour la morale publique, a ordonné qu'à l'avenir les dispenses d'âge pour mariage seront délivrées gratuitement, lorsqu'il aura été reconnu que les parties sont hors d'état d'acquitter le droit.

Comme il importe que cette disposition bienfaisante ne soit appliquée qu'à ceux qui sont dans le cas d'y prétendre, vous aurez soin, lorsqu'on vous remettra des demandes en dispenses d'âge pour mariage, de vérifier si ceux qui les forment sont ou non en état de payer les droits, et de me donner un avis positif sur cet objet, indépendamment de celui que vous devez joindre à chaque pétition sur le mérite de la demande en elle-même.

Recevez, etc.

Signé RAVEZ.

Manuel de Lemolt.

Nota. Voir dépêche ministérielle du 7 août 1827.

N° 1779. — *Ordonnance du roi pour l'envoi immédiat à la Martinique d'un commissaire inspecteur pour le roi, chargé de rendre compte de la situation financière et commerciale de cette colonie.*

20 août 1817.

Louis, par la grâce de Dieu, roi de France et de Navare,

Sur le rapport de notre ministre secrétaire d'État de la marine et des colonies,

Nous avons ordonné et ordonnons ce qui suit :

Art. 1er. Il sera envoyé sans délai, à la Martinique, un commissaire inspecteur pour le roi, spécialement chargé d'en rapporter à notre ministre secrétaire d'État de la marine et des colonies un compte exact de la situation des choses dans ladite île, en tout ce qui peut intéresser les finances et le commerce.

Art. 2. Subsidiairement, il devra rapporter de cette colonie, à notre ministre secrétaire d'État de la marine, ses observations sur la distribution de la justice, la population, la culture, les établissements publics, l'administration, et, en général, sur tout ce qui peut concerner le bien de nos sujets et de notre service.

Art. 3. Tous dépôts publics, magasins, greffes, archives, caisses générale et spéciale sont soumis à son inspection, et lui seront ouverts pour qu'il y exerce ses fonctions.

Art. 4. Le séjour du commissaire inspecteur à la Martinique ne pourra excéder quatre mois.

Art. 5. Le commissaire inspecteur jouira, pendant l'exercice de ses fonctions à la Martinique, des honneurs attribués à un contre-amiral.

Art. 6. Il recevra, outre les frais de route de Paris au port de l'embarquement, et, lors de son retour en France, du port de débarquement à Paris, une indemnité sur laquelle il est statué par une décision particulière.

Art. 7. Le sieur Pichon, maître des requêtes, est nommé inspecteur pour le roi à la Martinique.

Art. 8. Il se conformera aux instructions qui lui seront données par notre ministre secrétaire d'État au département de la marine et des colonies, lequel est chargé de pourvoir à l'exécution de la présente ordonnance.

Donné à Paris, le 20 août 1847.

Signé LOUIS.

Par le Roi :

Le Maréchal de France, Ministre secrétaire d'État de la marine et des colonies,

Signé Comte GOUVION SAINT-CYR.

Arch. du gouvernement et *Gazette de la Mart.*, 1848, n° 6. — Enregistré au conseil supérieur, 13 janvier 1848.

No 1780. — *État des pièces qu'il est indispensable de produire pour l'admission en franchise des morues qui seront rapportées de la pêche du banc de Terre-Neuve.*

22 août 1817.

1° Un extrait de l'acte de francisation du navire;
2° Un extrait du congé;
3° Une copie de l'acte de l'acquit-à-caution;
4° Un extrait du journal du bord du capitaine;
5° Une copie du rapport de mer;
6° Un extrait du rôle d'équipage;
7° Un certificat délivré aux îles Saint-Pierre et Miquelon par le commis principal chargé de surveiller les pêcheries, attestant l'extraction des morues qu'on rapporte.

La dernière de ces pièces n'est pas nécessaire, quand il appert de la déclaration du capitaine et de la première enquête que le bâtiment n'a fait la pêche que sur les côtes de Terre-Neuve où il n'existe que des établissements français temporaires pour sécher le poisson.

Annales maritimes, 1817, p. 508.

No 1781. — *Ordonnance du roi qui supprime les places de receveur général et de payeur à la Martinique et à la Guadeloupe, et établit, dans chacune de ces îles, un trésorier chargé des recettes et des dépenses (1). (Extrait.)*

27 août 1817.

Son traitement personnel est fixé à..... 10,000ᶠ 00
Ses frais de gestion à............... 35,000 00
Et son cautionnement à............. 65,000 00

Inspection. Reg. 5, n° 584.

---

(1) Notifiée à la Martinique par dépêche ministérielle du 4 septembre 1817, n° 23. (Arch. du gouvernement.)

Nº 1782. — *Ordonnance du roi qui étend aux pensionnaires de la marine, recevant leur solde de retraite sur le fonds spécial des invalides, les nouvelles dispositions introduites dans le système général des pensions par la loi de finances du 25 mars 1817.*

27 août 1817.

Voir, pour le mode d'exécution de cette ordonnance aux colonies, la circulaire ministérielle insérée aux registres de l'inspection, volume 5, nº 506 *bis*, et aux *Annales maritimes*, année 1817, page 314.

Annales maritimes, 1817, p. 501.

———

Nº 1783. — *Ordonnance du roi qui déclare incessibles et insaisissables les pensions de retraite affectées sur des fonds de retenue.*

27 août 1817.

Louis, etc.

Vu la déclaration du 7 janvier 1779;

Vu la loi du 22 floréal an VII;

Vu l'arrêté du gouvernement du 7 thermidor an X;

Vu les différents règlements concernant les pensions de retraite affectées sur les fonds de retenue;

Considérant qu'aux termes des lois, les pensions payées par l'État sont incessibles et insaisissables; que les pensions sur fonds de retenue sont essentiellement même nature que celles acquittées directement par trésor royal, et conséquemment qu'elles sont soumises à la même législation;

Notre conseil d'État entendu,

Nous avons ordonné et ordonnons ce qui suit:

Art. 1er. Il ne sera reçu aucune signification de transport, cession ou délégation de pensions de retraite affectées sur des fonds de retenue.

Art. 2. Le payement desdites pensions ne pourra être arrêté par aucune saisie ou opposition, à l'exception des oppositions qui pourraient être formées par le propriétaire du brevet de la pension.

Art. 3. Nos ministres secrétaires d'État aux différents départements sont chargés, chacun en ce qui le concerne, de l'exécution de la présente ordonnance.

Donné à Paris, le 27 août 1817.

Signé LOUIS.

Et par le Roi :

Le Ministre des finances,

Signé le Comte CORVETTO.

Annales maritimes, 1817, p. 506.

———

N° 1784. — *Dépêche ministérielle rappelant le gouverneur administrateur à l'observation de diverses règles prescrites en matières de décomptes dus aux salariés en général.*

28 août 1817.

Monsieur le lieutenant-général, l'arrêté du 30 vendémiaire an XI (22 octobre 1802) porte, article 1er, que « tout grade, titre, appointement, qui n'a pas été donné ou reconnu par le gouvernement, est de nul effet et ne peut motiver aucun règlement de décompte. »

Cet acte est inséré au tome 13 du *Recueil des lois de la marine,* qui a été envoyé aux colonies.

Il a été adressé particulièrement aux administrateurs de la Martinique par une circulaire du 22 brumaire an XI (13 novembre 1802), et depuis sa date, il a reçu l'application la plus constante et la plus notoire, à l'égard des salariés revenus des colonies en France.

La disposition citée plus haut tend à conserver dans son intégrité l'exercice d'un des droits du souverain les plus incontestables et les plus nécessaires, surtout quand il s'agit de possessions aussi éloignées que les colonies, le droit de nommer seul définitivement aux emplois et d'ordonner quant aux traitements. Aussi le roi a-t-il jugé convenable de la maintenir.

Sa Majesté a voulu en même temps qu'il fût donné

ouveau à cette disposition la plus grande publicité,
que les personnes pourvues de grades provisoires
d'emplois et titres quelconques non explicitement
onnés ou reconnus par le gouvernement, fussent pré-
venues qu'elles ne seraient pas fondées à former, à leur
retour en France, aucune réclamation pécuniaire à
raison desdits grades, emplois ou titres.

Sa Majesté a également maintenu le décret du 17 avril
1806 (notifié dans le temps aux administrateurs de
toutes les colonies par une circulaire en date du 29 du
même mois), d'après lequel tout officier militaire, d'administration, sous-officier et soldat, ou autre salarié
ublic venant directement ou indirectement des colo-
s, à qui il est dû quelque somme pour service outre-
er, est tenu, sous peine de déchéance, de transmettre
demandes, avec les pièces justificatives en sa posses-
n, au ministre de la marine, dans le délai de trois
ois du jour du débarquement.

ette disposition d'ordre est d'autant plus convenable
chaque année a son budget et ses fonds particuliers;
empêche que des réclamations tardives ne viennent
rger un exercice dont on croirait la dette entière-
nt reconnue. L'intention de Sa Majesté est que les
sures prescrites par l'article 2 du décret dont il s'agit
ar la circulaire du 29 avril 1806 continuent à être
tement observées.

ous voudrez bien, en conséquence, donner des
es pour que l'article 1er de l'arrêté du 22 octobre
, ainsi que le décret du 17 avril 1806, soient cons-
ment affichés aux bureaux des revues et du contrôle
a colonie, et qu'il soit fait mention de l'un et de
re sur les livrets, les décomptes et les certificats
ssation de payement qui seraient délivrés aux sala-
revenant en France.

es appointements, soldes et indemnités accessoires
our des grades et des emplois reconnus par le gou-
nement) ne pouvant être payés que sur présentation
s décomptes, livrets et certificats de cessation de

payement dûment délivrés, visés et vérifiés, vous ne devez, *dans les cas même où vous seriez autorisé à émettre des traites sur France,* en faire délivrer aucune pour solde ou pour objets assimilés, à la solde.

Vous aurez soin de faire enregistrer la présente dépêche au contrôle colonial.

Recevez, etc.

Le Ministre de la marine et des colonies,
Signé GOUVION SAINT-CYR.

Bureau des revues. Ord. et déc., 1817.

Nº 1785. — *Dépêche ministérielle au gouverneur administrateur concernant un nouvel entrepôt ouvert à Fort-Royal* (1).

4 septembre 1817.

L'ordre du gouvernement est de fermer sur-le-champ cet entrepôt. Il doublerait les moyens d'extractions frauduleuses, en affaiblissant dans la proportion inverse ceux de la surveillance. De tels objets de l'administration organique et politique des colonies ne relèvent que de l'autorité immédiate du gouvernement. Les administrateurs locaux ne peuvent que proposer en semblable matière. Le provisoire ne leur appartient que dans le cas d'imminent péril, lorsqu'il s'agit d'intervertir un ordre constamment établi et respecté, et ici il n'y avait non-seulement nul péril, mais pas même urgence.

En vain se prévaudrait-on du vœu des habitants : ce vœu se répéterait dans tous les quartiers, et bientôt on ne nous aurait rendu qu'une colonie qui nous deviendrait étrangère.

En vain alléguerait-on d'anciennes et sourdes autorisations : elles eussent été abusives, et le gouvernement les aurait censurées si elles lui eussent été connues.

Si l'intérêt commercial des ports de France ne s'oppo-

(1) Les dispositions de cette dépêche paraissent être extraites d'une correspondance antérieure.

pas irrésistiblement à l'ouverture d'un second entre-
à l'étranger, celui de la marine réclamerait puissam-
nt pour la classe des caboteurs et flibustiers occupés
ux transports intérieurs, et qui souvent peuvent lui
être utiles.

Enfin, l'économie dans les dépenses ne permet pas
de les multiplier ainsi pour la plus grande commodité
de quelques particuliers, ou pour l'avantage de quelques entrepreneurs déjà trop favorisés par les conditions de leurs marchés.

Le Ministre de la marine et des colonies,

Signé PORTAL.

Arch. du gouvernement. Dép. ministérielles, n° 18, annexe.

N° 1786. — *Dépêche ministérielle au gouverneur administrateur, sur une introduction de farines étrangères à la
Martinique* (1).

4 septembre 1817.

Il est hors de doute que dans les cas de nécessité
nstatée les administrateurs n'aient le droit, et qu'un
leurs premiers devoirs ne soit même d'appeler
tranger au secours d'une colonie manquant de subsis-
nces.

Mais ce besoin doit être démontré par procès-ver-
aux authentiques; s'il y en a eu de dressés, il était
écessaire de m'en faire passer des ampliations.

S'il n'y a eu que des déclarations verbales et des
apports vagues sur le vide des magasins publics, ce
était point assez pour justifier l'état des choses.

Du moins la situation du magasin général devrait-
lle accompagner l'envoi que vous m'avez fait de votre
rrêté, puisque cet arrêté est libellé de manière à
annoncer que la subsistance des rationnaires était elle-
même compromise.

(1) Les dispositions de cette dépêche paraissent être extraites d'une
correspondance antérieure.

C'est toujours par la durée d'un temps déterminé que se circonscrivent des permissions de cette nature. Il le faut pour exciter l'étranger, qui sait alors sur quoi compter; autrement il ne se livrerait pas à des spéculations qui pourraient échouer contre la déclaration du besoin rempli.

Mais l'a-t-on véritablement appelé en concurrence et en masse? Il paraît que non, puisque l'arrêté n'a point été imprimé, et que dans l'espace de vingt jours l'entrée a été ouverte et fermée. Il y avait donc eu des commandes, des marchés, et déjà des bâtiments tout chargés se trouvaient à la porte. Cette marche inusitée a affecté désagréablement le gouvernement. Il est à craindre qu'elle n'ait entraîné des prix qu'aurait nécessairement diminués un appel public et général.

Le gouvernement n'est pas rassuré d'ailleurs sur deux autres points, non moins essentiels, que vos dépêches laissent dans l'obscurité.

Le premier est de savoir si vous auriez acheté pour la subsistance de la colonie même, ou seulement pour celle des rationnaires.

Si vous avez traité pour la subsistance des habitants, c'est ce qu'on n'aurait jamais vu; il fallait leur en laisser le soin, puisque vous les mettiez à portée de le faire par la permission de l'introduction. Le gouvernement ne doit ni gagner, ni s'exposer à perdre avec eux.

Le second sujet de la sollicitude du gouvernement est de connaître le mode de payement de cette fourniture étrangère.

Je suis persuadé que vous aurez sévèrement proscrit celui d'un échange contre des denrées coloniales. Reportez-vous à vos instructions, vous y verrez la volonté du gouvernement sur le commerce des colonies. Je vous répète ce qui y est écrit, les colonies ne sont qu'un fardeau pour la métropole, si leur commerce ne lui est pas exclusivement réservé, à l'exception des objets prévus par le gouvernement lui-même. Je vous demande enseignements les plus circonstanciés sur toute opération.

Le Ministre de la marine et des colonies,

Signé PORTAL.

Arch. du gouvernement. Dép. ministérielles, n° 18, annexe.

1787. — *Depêche ministérielle au gouverneur adminis-trateur au sujet du commerce étranger dans les colonies et le renvoyant aux principes de la matière.* (Extrait.)

4 septembre 1817.

Le mémoire du roi, dit le ministre, qui vous a été émis sous la date du 4 de ce mois, pour vous servir d'ins-truction, vous recommande d'avoir toujours présentes, avec les dispositions de l'arrêt du 30 août 1784, celles de la circulaire ministérielle du 13 novembre suivant (insérée par extrait seulement au *Code de la Martinique*, mais en entier dans le *Code de Saint-Domingue*), con-tenant l'exécution dudit arrêt.

Arch. du gouvernement. Dép. ministérielles, n° 18.

1788. — *Arrêt du conseil supérieur qui dispense de dé-poser au greffe les minutes d'un notaire décédé et autorise à faire ce dépôt chez un notaire en exercice.* (Extrait.)

4 septembre 1817.

La cour, vu la requête présentée par Me Reculez, notaire royal en cette colonie, résidant à Saint-Pierre, contenant que les ordonnances coloniales veulent que les minutes de tout notaire, à son décès, soient déposées au greffe de sa résidence, et que le fruit de ses actes se partage pendant cinq ans entre le greffier et les héri-tiers du défunt; que cependant la cour, quelquefois, a dérogé auxdites ordonnances, en permettant à quelques notaires d'être dépositaires, au lieu du greffe, des mi-

27

nutes de leurs confrères; que ces exceptions ont été utiles tant au public qu'aux héritiers du notaire décédé et à son successeur; que c'est ainsi que les études se transmettent en France; que c'est ainsi que le jeune notaire trouve dans les minutes de ses prédécesseurs non-seulement une clientèle toute formée, mais encore un répertoire de science et de jurisprudence. Concluant, le suppliant, à ce qu'il plaise à la cour lui accorder le dépôt des minutes de feu Me Catala, sauf à lui à s'entendre avec les héritiers du défunt pour la rétribution juste et raisonnable qui doit leur revenir;

Ouï le procureur général en ses conclusions, et l'un de Messieurs en son rapport,

La cour accorde audit Me Reculez le dépôt des minutes des actes passés par feu Me Catala, vivant notaire à Saint-Pierre; ordonne que lesdites minutes lui seront remises et délivrées après inspection et vérification faite par les officiers de la sénéchaussée;

Ordonne que Me Reculez fournira à la famille dudit M. Catala, sur les frais et expéditions qu'il pourra délivrer desdites minutes, et pendant le temps fixé, les rétributions d'usage en pareil cas;

Ordonne que lesdites minutes seront soignées et conservées aux frais de M. Reculez et sous sa responsabilité.

Greffe de la cour royale.

No 1789. — *Arrêté du gouverneur et de l'intendant rapportant celui du 18 janvier précédent qui avait permis l'importation temporaire des farines étrangères.*

5 septembre 1817.

Nous, etc., les circonstances qui nous ont porté à prendre l'arrêté du 18 janvier dernier, pour assurer les subsistances de la colonie, n'étant plus aujourd'hui aussi pressantes qu'alors, il nous a paru convenable de mettre un terme aux dispositions de cet arrêté. En

équence, en vertu des pouvoirs à nous confiés par
jesté, nous avons ordonné et ordonnons ce qui

t. 1er. A dater du 10 octobre prochain inclusive-
nt, la farine de froment étrangère ne sera plus admise
s les ports de la colonie.

A dater du même jour, les droits accoutumés, dont la
ception sur tous les farineux, tels que : riz, maïs,
avait été suspendue, seront rétablis et perçus.

e présent arrêté sera enregistré partout où besoin
a. Il sera d'ailleurs publié, affiché et inséré dans la
Gazette.

Donné à la Martinique, le 20 septembre 1817.

Signé le Comte DE VAUGIRAUD et DUBUC.

Et plus bas : DURAND-MOLARD et FOURNIER, *secrét.*

Arch. du gouvernement.

1790. — *Arrêté du ministre de la marine et des colonies
réglant les pouvoirs et fonctions de chacun des agents
supérieurs appelés à concourir au nouveau système d'administration coloniale.*

10 septembre 1817.

Au nom du roi, le ministre de la marine et des
colonies a arrêté et arrête ce qui suit :

Art. 1er. Sa Majesté, par trois ordonnances des 13 et
20 août dernier, ayant réuni les pouvoirs de gouverneur
néral des îles du vent et de l'intendant de la Marti-
que entre les mains d'un gouverneur et administra-
r pour le roi, nommé un commandant militaire
pour ladite île et un commissaire inspecteur extraordi-
aire à la même destination, ces trois ordonnances
ront enregistrées au conseil supérieur et autres tribu-
x, publiées et exécutées dans la colonie, selon leur
me et teneur.

Art. 2. Seront également enregistrées, publiées et

exécutées dans la colonie, ainsi qu'il vient d'être dit, les dispositions suivantes que Sa Majesté a jugé convenable d'ordonner sous forme de décision :

1° L'emploi actuellement vacant de commandant en second de la Martinique est supprimé.

Le commandant militaire nommé pour cette colonie y servira immédiatement sous les ordres du gouverneur et administrateur pour le roi, comme y servait sous le gouverneur général des îles du Vent le commandant en second, sauf le droit de séance au conseil supérieur.

2° Jusqu'à ce qu'il plaise à Sa Majesté d'en ordonner autrement, le commandant militaire de la Martinique remplira, au défaut du gouverneur et administrateur pour le roi, toutes les fonctions dudit gouverneur et administrateur, ainsi que le commandant en second devait remplir, en pareil cas, les fonctions de gouverneur général des îles du Vent.

3° La partie administrative de la marine, de la guerre, des finances et de l'intérieur sera confiée à un commissaire ordonnateur sous les ordres immédiats du gouverneur et administrateur pour le roi.

4° Sera l'officier d'administration faisant office de contrôleur colonial, soigneusement maintenu dans la plus entière indépendance, quant à l'exercice de ses fonctions.

5° Le droit d'émettre, en cas de besoin, des ordonnances et des règlements provisoires, celui d'arrêter le projet de budget de chaque année, l'état des travaux civils ou militaires à exécuter, et en général de décider dans la colonie, toutes les fois qu'il s'agira d'une mesure ou d'une matière de quelque importance, seront exercés par le gouverneur et administrateur pour le roi, à charge de délibération préalable en conseil de gouvernement et d'administration formé ainsi qu'il sera dit ci-après.

6° Dans les cas prévus par le paragraphe précédent, le conseil de gouvernement et d'administration sera composé du gouverneur et administrateur pour le roi,

…le présidera, du commandant militaire, du pro-
…ir général, de l'ordonnateur, du contrôleur.

…sera complété jusqu'à la concurrence du nombre
…au moins et neuf au plus, selon qu'il y aura lieu,
…le commandant de l'artillerie, le commandant du gé-
…les capitaines de port, le directeur de l'intérieur, le
…ecteur des douanes, le trésorier et autres comptables,
…officiers de santé en chef, le préfet apostolique et
…les ecclésiastiques, les membres du tribunal supé-
…ur de la colonie, et enfin par des négociants, des
…sconsultes, ainsi qu'il appartiendra suivant la nature
…matières.

…En tous conseils de gouvernement et d'administration,
…gouverneur et administrateur pour le roi pourra
…ujours, s'il le juge nécessaire, procéder à l'exécution
…uel que soit le nombre des avis contraires au sien.

…La plume y sera tenue par un secrétaire archiviste
…gouvernement à la nomination du ministre secrétaire
…État de la marine et des colonies; en attendant ladite
…omination, par un officier ou employé d'administra-
…on que désignera le gouverneur et administrateur
…our le roi.

…Il y aura un registre des délibérations où les avis
…otivés de tous ceux qui auront assisté à la délibération
…eront transcrits et signés.

…Tous les mois, et plus souvent si le cas le requiert,
…sera par le secrétaire archiviste du gouvernement, ou
…celui qui en fera les fonctions, délivré au contrôleur,
…ur être à sa diligence adressé au ministre de la ma-
…e, un double en forme de toutes les délibérations du
…nseil de gouvernement et d'administration.

…Le même envoi sera fait au ministre par le gouver-
…neur et administrateur pour le roi.

…Lorsque le gouverneur et administrateur jugera né-
…cessaire de soumettre un projet quelconque à la dis-
…cussion d'un conseil de gouvernement et d'administra-
…tion, il exposera ou fera exposer audit conseil, avec
…précision et clarté, les motifs de l'acte projeté. Il rap-

pellera ou fera rappeler tout ce qui aurait été précédemment statué sur le même sujet, en démontrant, soit par le silence, soit par l'insuffisance des anciennes dispositions, soit par la spécialité des circonstances nouvelles, la nécessité de prendre les mesures proposées.

Cet exposé justificatif devra toujours être rapporté dans le procès-verbal de la délibération.

7° Toute ordonnance, tout règlement provisoirement exécutoire, émané de l'autorité du gouverneur et administrateur pour le roi, portera la formule :

« Au nom du roi, et après en avoir délibéré en conseil
« de gouvernement et d'administration, le gouverneur
« et administrateur pour le roi de la colonie de la
« Martinique a ordonné et ordonne pour être exécuté
« provisoirement, sauf l'approbation de Sa Majesté, ce
« qui suit, etc. »

8° Aucun individu ne pourra être extrajudiciairement banni ou déporté de la colonie, aucun agent du gouvernement poursuivi pour délit commis dans l'exercice de ses fonctions, sans qu'il en ait été délibéré en un conseil spécial où siégeront avec le gouverneur ou administrateur pour le roi, qui le présidera, le commandant militaire, le procureur général et l'ordonnateur, le dernier tenant la plume.

En cas de partage ou même d'opposition d'avis, celui du gouverneur et administrateur pour le roi prévaudra toujours. Dans tous les cas, des doubles du procès-verbal de la délibération, signés de tous les membres du conseil spécial, seront, à la diligence du gouverneur et administrateur pour le roi et à celle du procureur général, adressés par les deux plus prochaines occasions au ministre secrétaire d'État de la marine et des colonies.

9° A l'avenir les actes de l'administration de tout gouverneur, commandant ou administrateur en chef, dont les fonctions dans les colonies auront cessé, seront à son retour en France soumis à l'examen d'une commission spéciale qui sera nommée par Sa Majesté sur la

osition de son ministre secrétaire d'État de la
...e,

...cun des gouverneurs, commandants et adminis-
...eurs en chef ne pourra être présenté à Sa Majesté
...près ledit examen.

...6° Toutes les dispositions non révoquées ou modi-
...fi, soit par les ordonnances royales des 13 et 20 août
...i ont été relatées ci-dessus, soit sous les nombres
...2, 3, 4, 5, 6, 7, 8 et 9 qui précèdent, continueront
...tre en vigueur à la Martinique.

Art. 3. Le gouverneur et administrateur pour le roi
...la colonie de la Martinique est chargé de pourvoir à
...xécution du présent arrêté.

A Paris, le 10 septembre 1817.

Pour ampliation :

Signé le Maréchal GOUVION SAINT-CYR.

spection, Reg. 5, n° 598. — Enregistré au conseil supérieur, 15 janvier 1818.

9 1791. — *Dépêche ministérielle annonçant au gouverneur administrateur que le roi le dispense de renouveler devant le conseil supérieur le serment par lui prêté entre les mains de Sa Majesté.*

10 septembre 1817.

Arch. du gouvernement. Dép. ministérielles. — Enregistré à la cour royale 15 janvier 1818.

1792. — *Dépêche ministérielle au gouverneur adminis-trateur, notifiant une modification apportée aux articles 1 et 2 de l'ordonnance royale du 2 septembre 1816 qui accorde à la Martinique des places gratuites dans les maisons royales de Saint-Denis et de Paris.*

12 septembre 1817.

Monsieur le Baron, l'ordonnance royale du 2 sep-tembre 1816, rendue sur le rapport de M. le ministre d'État grand chancelier de la Légion d'honneur, porte, article 1er, qu'il est affecté à perpétuité à la Martinique, pour les filles des membres des ordres royaux de France, deux places gratuites dans la maison de Saint-Denis et une place gratuite dans la succursale de Paris; et d'après l'article 2, les trois places gratuites ne doivent être accordées qu'aux familles créoles, propriétaires et demeurant dans la colonie.

Sur les observations que j'ai soumises au roi, Sa Majesté a bien voulu décider, le 3 de ce mois, que les trois places gratuites dont il s'agit seront réservées à la Martinique dans la maison royale de Saint-Denis.

A l'égard de l'article 2 de l'ordonnance, le roi, en décidant que les enfants de père et mère créoles seraient choisis préférablement à ceux dont le père ou la mère sont nés hors de la colonie, a consenti à ce que ceux-ci soient admis à défaut des premiers.

Vous aurez soin de vous conformer à l'avenir, dans vos désignations, à ces deux décisions, dont la seconde est, au surplus, applicable aux présentations que vous avez également à faire pour les places gratuites dans les lycées.

Recevez, etc.

Le Ministre de la marine et des colonies,
Signé Baron PORTAL.

Arch. du gouvernement. Dép. ministérielles, n° 34.

N° 1793. — *Circulaire du ministre de la marine contenant le mode d'exécution de l'ordonnance royale du 27 août 1817 sur les pensions relativement au cumul, aux retenues, etc.*

12 septembre 1817.

Annales maritimes, vol. 1817, p. 314.

N° 1794. — *Dépêche ministérielle au gouverneur administrateur sur la formation, dans la colonie, de prairies artificielles, et sur les plantes qu'il conviendrait d'y employer.*

18 septembre 1817.

Monsieur le Baron, d'après diverses indications, il

... la dégénération des bestiaux dans les Antilles, ... de vigueur et d'embonpoint des animaux et les ... ties fréquentes auxquelles ils sont exposés peuvent ... tribués, en partie, à l'insalubrité des eaux dont ... reuvent, à l'usage exclusif du fourrage vert et à ... e d'herbes qu'ils trouvent dans les savanes.

... à la prévoyance et aux soins des habitants qu'il ... artient de remédier, autant qu'il est possible de le ... à la première de ces causes, et il peut être utile ... ur donner l'éveil à ce sujet.

... nt aux effets produits par la mauvaise qualité du ... age, on pense qu'ils pourraient être prévenus par ... blissement de prairies artificielles.

... est l'avis de la commission qui a été formée près ... département pour travailler aux diverses améliora-... s qui peuvent contribuer à la prospérité de nos ... nies.

... vous transmets ici un extrait du procès-verbal de ... séances, en ce qui est relatif à la formation des ... iés et aux espèces de plantes dont il convient de ... peupler (1).

... e vous engage à soumettre ces vues à l'examen d'un ... tain nombre de personnes éclairées, à faire ensuite ... cuter la matière en conseil et à m'adresser, avec vos ... opres observations, le procès-verbal de la délibéra-... , ainsi que les pièces qu'il y aurait lieu d'y joindre.

... e m'occuperai ensuite de vous procurer les plantes ... iques dont l'introduction aura été jugée vraiment ... ntageuse.

Recevez, etc.

Le Ministre de la marine et des colonies,

Signé HYDE DE NEUVILLE.

Arch. du gouvernement. Dép. ministérielles, nº 64.

---

(1) Cet extrait est encore joint à la dépêche ministérielle.

No 1795. — *Dépêche ministérielle au gouverneur administrateur portant demande de renseignements pour la formation de hattes et de haras à la Martinique.*

18 septembre 1817.

Monsieur le Baron, une commission réunie près de
moi à l'effet de rechercher et d'examiner tout ce qui
peut être fait d'utile pour la plus grande pospérité de
nos colonies, m'a présenté, comme une des amélior-
tions les plus importantes à y introduire, la formation
de hattes et de haras destinés à la propagation des
animaux et au renouvellement des espèces dégénérées.

Je joins ici l'extrait du procès-verbal de ses séances,
en ce qui concerne cet objet (1) : ainsi que l'indique la
commission, l'augmentation du nombre de bestiaux
doit tourner à la fois au profit de l'agriculture et à
l'avantage du régime alimentaire de toutes les classes
d'habitants, et l'on y trouvera d'ailleurs celui de s'affranchir de la sorte de dépendance où nos colonies sont, à
cet égard, des secours de l'étranger.

Dans l'intention où je suis de contribuer au succès de
ces vues par tous les moyens qui seront reconnus praticables, je vous prie de me faire connaître :

1° Quelles sont les espèces et les races d'animaux
désignées par la commission qu'il serait reconnu avantageux d'introduire à la Martinique?

2° Quels sont à la Martinique les lieux où les établissements dont il s'agit pourraient être formés sans nuire
aux cultures; quelle est l'étendue de ces lieux et leur
situation?

3° Quelles sortes d'encouragements il serait convenable d'accorder à la formation des hattes et haras;
combien d'entreprises de ce genre devraient être com-
mencées à la fois; quelles dépenses elles exigeraient,
si elles pourraient être livrées aux soins des particuliers, ou dans quelle mesure le gouvernement devrai
y prendre part?

(1) Cet extrait est encore annexé à la dépêche ministérielle.

hauteurs de l'île offriront sans doute des empla-
ents propres à ce genre facile d'exploitations.

désire savoir s'il convient et dans quelle mesure
fait à propos d'employer des blancs pour des
ssements de cette nature. La chose doit être exa-
sous tous les rapports, et spécialement quant aux
udes coloniales d'une part, et, de l'autre, quant
lus grande sûreté qu'on se procurerait contre les
rises des esclaves, en augmentant la population
he d'une classe d'hommes robustes, tels que sont
âtres.

us prendrez d'abord les mémoires des personnes
s instruites sur chacune des questions indiquées
us qui sont à résoudre, et sur celles que vous
rez devoir y être ajoutées pour compléter ce travail.
ferez mûrement discuter le pour et le contre,
joindrez vos observations au procès-verbal des dé-
rations qui auront eu lieu en conseil, et lorsque vos
nses me seront parvenues, je m'occuperai des
ens d'exécution.

ecevez, etc.

Le Ministre de la marine et des colonies,
Signé HYDE DE NEUVILLE.

ch. du gouvernement. Dép. ministérielles, n° 55.

⁂

796. — *Dépêche ministérielle annonçant au gouverneur
strateur des dispositions faites pour procurer à la
artinique les plus belles variétés de la canne à sucre
divers autres végétaux utiles.*

18 septembre 1817.

M. 1° L'administration de la Guyane française, le
de Rio-Janeiro et le capitaine de vaisseau Frey-
parti pour un voyage autour du monde, sont
argés de rechercher les espèces les plus belles et les
lus productives que peuvent fournir Cayenne, le Brésil,
les îles du grand Océan et de la mer des Indes.

2° A cette dépêche ministérielle est annexé un extrait des procès-verbaux des séances d'une commission formée près le ministère de la marine, mars 1817; y sont indiqués les végétaux qu'il convient de renouveler et de naturaliser dans nos colonies occidentales.

Arch. du gouvernement. Dép. ministérielles, n° 58.

***

N° 1797. — *Dépêche ministérielle au gouverneur administrateur portant demande de renseignements au sujet de tanneries récemment établies à la Martinique.* (Extrait.)

18 septembre 1817.

En général, dit le ministre, l'établissement dans les colonies de manufactures autres que celles qu'exige la fabrication du sucre et des autres produits du sol est contraire aux intérêts de la métropole, et ne doit avoir lieu qu'en vertu d'autorisation formelle du gouvernement.

Signé HYDE de NEUVILLE.

Arch. du gouvernement. Dép. ministérielles, n° 56.

***

N° 1798. — *Dépêche ministérielle prescrivant l'envoi semestriel d'un état énonciatif des services et mouvements des marins appartenant aux divers quartiers de France qui naviguent sur des bâtiments armés dans les colonies.*

18 septembre 1817.

Arch. de l'ordonnateur. Dép. ministérielles, 1817.

***

N° 1799. — *Ordonnance du roi qui autorise les bâtiments français à introduire dans les possessions coloniales, jusqu'à la fin d'octobre 1818, des farines provenant des ports étrangers.*

18 septembre 1817.

Motif : le haut prix des grains en France.

« Le but de cette disposition, dit le ministre » « la lettre d'envoi, est de multiplier les moyens » provisionner nos colonies sans nuire à notre com- » et à notre navigation.

» ar ordonnance du roi du 30 septembre 1818, cette mission a été prorogée jusqu'à la fin d'octobre 1819. Cette prorogation a été promulguée à la Martinique r ordonnance locale du 16 décembre 1818.

pection. Ord. et déc. Reg. 5.

———————

1800. — *Dépêche ministérielle informant le gouverneur ministrateur de la création, à Paris, d'une commission rgée de rechercher les moyens d'accroître la prospérité es colonies françaises.*

Paris, le 18 septembre 1817.

onsieur le Baron, vous êtes informé qu'il existe près mon département une commission chargée de pré- ter les vues qui lui paraîtraient pouvoir contribuer ccroissement de la prospérité de nos colonies.

'examen des procédés actuels employés dans la fa- ation du sucre et la recherche des perfectionne- s dont ils sont susceptibles ont été l'un des princi- objets des travaux de cette commission. Elle s'est pée des moyens de diminuer autant qu'il serait ible l'emploi des bras et d'obtenir à de moindres une augmentation dans la quantité des produits et améliorations dans leur qualité.

e vous transmets ici le résultat de ses délibérations ce qui concerne la défécation, la clarification et la te du vesou et relativement aux modifications qu'elle ose dans la construction des fourneaux. Cette com- on continue son travail dont la suite vous sera muniquée.

» En attendant, je vous prie de recueillir, sur les pro- cédés et les modifications indiqués dans la note ci- jointe, les avis et, s'il y a lieu, les vues nouvelles de

personnes éclairées sur la matière, de les faire discuter
en conseil et de m'envoyer le procès-verbal des délibérations, en y joignant votre opinion personnelle.

Recevez, etc.

Le Ministre de la marine,

Signé Comte MOLÉ.

Arch. de la direction de l'intérieur. Reg. 5, f° 192.

Nº 1801. — *Circulaire ministérielle qui réduit au traitement de réforme tout officier militaire ou . civil ayant
séjourné, en route de retour, plus de trois mois à l'étranger sans y être contraint par force majeure.*

18 septembre 1817.

Monsieur le Comte, une décision du 26 nivôse an XIII
(16 janvier 1805) veut que « tout officier militaire ou
« civil, non prisonnier, qui, revenant des colonies en
« France pour cause légitime, aura séjourné, pendant
« son voyage, plus de trois mois aux États-Unis ou
« autre pays neutre, sans justifier par certificats au-
« thentiques qu'il a été contraint par maladie ou autre
« force majeure, ne jouisse que du traitement de ré-
« forme de son grade, depuis le terme de ces trois
« mois jusqu'au jour de son débarquement dans l'un
« des ports du territoire continental de France. »

Le roi a maintenu cette disposition d'ordre, qui tend
à empêcher que des officiers et employés ne prolongent
leur séjour en pays étranger, sans nécessité, avec dépense pour l'État. Vous voudrez bien, ainsi que vous l'a
prescrit la circulaire de mon prédécesseur du 22 août
1817, relativement à l'article 1er de l'arrêté du 30 vendémiaire an XI (22 octobre 1802) et au décret du
17 avril 1806, pourvoir à ce que sa décision du 16 janvier 1805 soit constamment affichée au bureau des
revues et au contrôle colonial, et à ce qu'il en soit fait
mention sur les livrets, sur les décomptes et sur les cer-

de cessation de payement qui seront délivrés aux
l s partant des colonies.

a présente circulaire devra être enregistrée au bu-
u du contrôle.

Recevez, etc.

Le Ministre secrétaire d'État de la marine
et des colonies,

Signé Comte MOLÉ.

de de la Guyane française, 2ᵉ partie, nº 44.

———◆◆◆———

802. — *Dépêche ministérielle au gouverneur adminis-*
trateur, portant demande d'un rapport sur les moyens de
destruction des animaux nuisibles.

18 septembre 1817.

ota. Voir, annexée, une note fournie par une com-
ion formée en 1817 près du ministère, pour l'exa-
des questions de prospérité coloniale.

du gouvernement. Dép. ministérielles, nº 60.

———◆◆◆———

803. — *Dépêche ministérielle prescrivant au gouver-*
ur administrateur divers essais pour la naturalisation
e la pomme de terre.

18 septembre 1817.

ota. Un extrait du procès-verbal des séances d'une
mission formée près du ministère de la marine,
ril 1817, est encore annexé à la dépêche minis-
lle.

du gouvernement. Dép. ministérielles, nº 59.

———◆◆◆———

804. — *Dépêche ministérielle au gouverneur adminis-*
trateur, demandant compte de la situation de la rade de
aint-Pierre.

18 septembre 1817.

Nota. Une plainte du commerce l'avait signalée au

ministre comme étant encombrée par un grand nombre
d'ancres perdues et de carcasses de navires naufragés.
Beaucoup de bâtiments s'y étaient trouvés compromis,
quelques-uns s'y étaient perdus par cette cause, à l'é-
poque des ras de marée.

Un rapport du gouverneur du 3 août suivant (annexé
à la dépêche ministérielle du 15 décembre 1819, n° 346)
constate qu'à cette époque le port du Carénage au Fort-
Royal était dans le plus mauvais état, insalubre et en-
combré de carcasses ; d'une part, il y avait celles d'une
frégate, d'une corvette et d'environ 15 bricks marchands, de l'autre, plus de 25 goélettes et bateaux ;
qu'en outre, faute de soins, le port s'est envasé, que les
sables s'accumulant autour des carcasses la profondeur
du port se perd chaque jour.

Arch. du gouvernement. Dép. ministérielles, n° 46.

N° 1805. — *Arrêté des administrateurs en chef qui rapporte
celui du 18 janvier précédent sur la libre admission des
farines étrangères et l'exemption de droits des farineux de
même provenance.*

20 septembre 1817.

Gazette de la Mart., 1817, n° 77.

N° 1806. — *Ordonnance des administrateurs en chef portant
rétablissement ou nouvelle fixation des droits d'entrée et
de sortie supprimés ou réduits par l'ordonnance locale
du 21 mars précédent.*

24 septembre 1817.

Nous, etc.

Art. 1er. En conformité de l'ordre de S. Exc. le ministre
de la marine et des colonies du 24 juillet dernier, le
droit d'entrée sur les marchandises de toute espèce
importées de la métropole, qui avait été entièrement
supprimé par notre ordonnance du 21 mars dernier,
est rétabli jusqu'à la concurrence de un pour cent, sans
addition des 5 centimes précédemment perçus.

perception de ce droit commencera le 1er octobre
in, tant sur les cargaisons des bâtiments entrés
ce terme que sur celles des bâtiments qui entre-
après.

t. 2. Le droit de sortie, établi à trois pour cent
article 4 de notre ordonnance du 21 mars dernier,
réduit, à dater du 1er octobre prochain, à deux
cent, sans addition des cinq centimes précédem-
t perçus.

tte perception sera ainsi réduite tant sur les car-
ons des bâtiments entrés précédemment au 1er oc-
que sur celles des bâtiments qui entreront après
erme.

andons, etc.

Donné à la Martinique, le 24 septembre 1817.

Signé Comte DE VAUGIRAUD et DUBUC.

tte de la Mart., 1817, n° 77.

807. — *Dépêche ministérielle portant séparation, aux
lonies, de la direction des constructions civiles de celle
constructions militaires, et règlement du personnel de
acune de ces directions.* (Extrait.)

25 septembre 1817.

nsieur le Baron, l'intérêt du service a paru exiger
la direction des constructions civiles aux colonies
ésormais séparée de celles des constructions mili-
et confiée, comme dans la métropole, à des
ieurs des ponts et chaussées.

Majesté a en conséquence ordonné qu'il serait
tenu à la Martinique, sous les ordres du gouver-
et administrateur pour le roi :

ingénieur en chef des ponts et chaussées de 2e classe,
parmi les ingénieurs ordinaires de 1re classe;

n ingénieur ordinaire de 2e classe, choisi parmi les
rants des ponts et chaussées;

Deux conducteurs, dont un de 1ʳᵉ classe et un de 2ᵉ classe;

Les quatre agents dont il s'agit jouiront dans la colonie des traitements, suppléments et indemnités indiqués ci-après :

L'ingénieur en chef de 2ᵉ classe, traitement de son grade.................................... 4,500 00

Supplément colonial de moitié.......... 2,250 00

Indemnité pour frais de bureau et de tournées.................................. 2,700 00

Total par an, *neuf mille quatre cent cinquante francs*............................... 9,450 00

L'ingénieur ordinaire de 2ᵉ classe, traitement de son grade...................... 2,500 00

Supplément colonial de moitié.......... 1,250 00

Indemnité pour frais de bureau et de tournées.................................. 1,800 00

Total par an, *cinq mille cinq cent cinquante francs*................................... 5,550 00

Le conducteur de 1ʳᵉ classe, traitement de son grade............................... 1,500 00

Supplément colonial...................... 750 00

Total par an, *deux mille deux cent cinquante francs*................................... 2,250 00

Le conducteur de 2ᵉ classe, traitement de son grade............................... 1,200 00

Supplément colonial...................... 600 00

Total par an, *dix huit cents francs*...... 1,800 00

Cette nouvelle organisation du service des ponts et chaussées à la Martinique nécessitera des changements aux attributions actuelles du grand voyer qui y est employé; vous me proposerez et vous êtes autorisé à

der provisoirement les modifications que vous
ez convenable d'apporter à l'état des choses exis-
à cet égard. Dans le cas où l'emploi de grand voyer
paraîtrait devoir être conservé, comme ses fonc-
se borneraient désormais à ce qui intéresse les
les et bourgs, son traitement cesserait d'être une
e du trésor royal et devrait être acquitté sur les
s municipaux.

Le Ministre de la marine et des colonies,

Signé Comte MOLÉ.

Inspection. Reg. 5, n° 700.

**808. — *Arrêté ministériel portant création d'un direc-
ur de l'intérieur et d'un directeur des douanes à la
Martinique* (1).**

2 octobre 1847.

Le ministre de la marine et des colonies,
Ayant à pourvoir aux détails d'exécution des nou-
les dispositions qu'il a plu à Sa Majesté d'ordonner,
s forme de décision royale, relativement au service
nistratif de l'intérieur et des douanes à la Marti-
ue,
arrêté et arrête ce qui suit :
Art. 1er. Il sera entretenu, sous les ordres immédiats
l'ordonnateur de la Martinique :
our le service administratif de l'intérieur,
n directeur de l'intérieur, lequel sera en même
ps chargé du domaine et attaché, autant qu'il se
a, au corps de l'administration de la marine ;
pour le service administratif des douanes,
Un directeur des douanes, qui sera toujours tiré de

Voir dépêche ministérielle du même jour, n° 84 (arch. du gouver-
t), portant envoi de cet arrêté et indiquant l'esprit général dans
uel devront être conçues les instructions à dresser pour servir de
le de conduite au directeur de l'intérieur et au directeur des
o anes.

l'administration des douanes de la métropole et destiné à
y rentrer, après un certain temps d'exercice aux colonies.

Art. 2. Pourra le directeur de l'intérieur être choisi
dans la colonie, et provisoirement nommé par le gouverneur et administrateur pour le roi, parmi les sujets
les plus distingués par leur intégrité et leur capacité.

L'acte de cette nomination provisoire sera présenté,
sans délai, à l'approbation du ministre secrétaire d'État
de la marine, et, après deux années d'épreuve satisfai-
sante, soumis à la confirmation de Sa Majesté.

Art. 3. Le traitement du directeur de l'intérieur et
du directeur des douanes sera déterminé ailleurs.

Art. 4. Il sera donné, par l'ordonnateur, au directeur de l'intérieur et au directeur des douanes, sous
l'approbation du gouverneur et administrateur pour le
roi, des instructions détaillées, dont il devra être adressé
copie au ministre secrétaire d'État de la marine, et
auxquelles ils seront tenus de se conformer.

Art. 5. Le gouverneur et administrateur pour le roi
de la colonie de la Martinique est chargé de l'exécution
du présent arrêté, qu'il fera enregistrer au conseil supérieur et aux autres tribunaux de ladite île, et publier
partout où besoin sera, pour avoir son plein et entier
effet.

A Paris, le 2 octobre 1817.

Signé Comte MOLÉ.

Gazette de la Mart., 1818, n° 21. —Enregistré au conseil supérieur, 15 janvier 1818.

N° 1809. — *Lettre du ministre de la marine et des colonies
françaises aux administrateurs des colonies, sur une
collection d'objets d'histoire naturelle.*

2 octobre 1817.

Monsieur, l'histoire naturelle des mollusques terrestres
et fluviatiles est entreprise en ce moment à Paris, et les
premiers travaux des auteurs ont obtenu le suffrage de
l'académie royale des sciences.

ai été prié de concourir au succès de cette entre-
... en transmettant dans nos possessions d'outre-mer
... instruction (1) qui a pour but de faire recueillir
coquillages de terre et d'eau douce; et je réclame,
l'intérêt des sciences, vos soins pour que l'objet
cette instruction soit rempli de la manière la plus
due, non-seulement dans votre colonie, mais même
... les colonies et établissements étrangers qui vous
...isinent.

Je vous prie de répandre à cet effet les exemplaires
ci-joints. Vous voudrez bien vous faire remettre, le
plus tôt qu'il vous sera possible, les collections qui
... nt pu être faites, et les adresser aux autorités
...ritimes des ports de France, pour être tenues à ma
...osition.

...ecevez, etc.

Le Ministre de la marine et des colonies,
Signé MOLÉ.

Annales maritimes, vol. 1817, p. 382.

1810. — *Dépêche ministérielle au gouverneur et administrateur disposant que les ouvrages périodiques que recevait
l'intendant de la colonie seront adressés désormais au
commissaire ordonnateur.*

2 octobre 1817.

NOTA. La place d'intendant venait d'être supprimée.

Arch. du gouvernement. Dép. ministérielles, n° 81.

N° 1811. — *Instruction ministérielle sur les comptes des
dépenses en matières et en main-d'œuvre.*

6 octobre 1817.

Arch. de l'ordonnateur. Dép. ministérielles, 1817.

---

(1) Voir l'instruction pour la recherche, la préparation et l'envoi des
coquilles terrestres et fluviatiles annoncée au 2e paragraphe de cette
lettre, *Annales maritimes*, 1817, 2e partie, page 257.

No 1812. — *Dépêche ministérielle au gouverneur adminis-trateur relative au visa et légalisation précédemment attri-bués à l'intendant.* (Extrait.)

9 octobre 1817.

Les pouvoirs de gouverneur et d'intendant, dit le ministre, étant aujourd'hui réunis dans vos mains, c'est par vous que devront être visées ou légalisées toutes les pièces destinées à être envoyées au dehors de la colonie.

Arch. du gouvernement. Dép. ministérielles, no 88.

No 1813. — *Dépêche ministérielle au gouverneur, adminis-trateur, qui, à raison des ravages de la fièvre jaune, prescrit un redoublement d'activité dans le service de santé et des précautions à l'égard des navires qui reviennent de la Martinique* (1).

9 octobre 1817.

Monsieur le Baron, les ravages que la fièvre jaune con-tinue d'exercer sur les Européens aux îles du Vent ont donné lieu, ainsi qu'on devait le présumer, à un redou-blement de précautions à l'égard des navires qui re-viennent de la Martinique et de la Guadeloupe.

La gêne et le surcroît de dépense qui en résultent pour le commerce sont un motif de plus pour que vous me teniez exactement informé de la situation sanitaire de la Martinique. Il n'est parvenu au département à ce sujet aucune lettre postérieure à la date du 26 juillet; j'en attends incessamment, et je désire que vous m'écri-viez par toutes les occasions sur cette matière impor-tante.

Je vous recommande d'exercer une surveillance par-ticulière sur tout ce qui a rapport au service de santé à la Martinique; vous rappellerez aux médecins, chirur-

(1) Le ministre annonce l'envoi de diverses substances pharma-ceutiques et d'une note de M. Keraudren sur l'emploi de ces substances dans le traitement de la fièvre jaune. Cette note est encore jointe à la dépêche.

et pharmaciens commissionnés par le gouverne-
, qu'ils doivent donner à leurs fonctions tout leur
mps et tous leurs soins; vous vous ferez remettre
riodiquement des rapports détaillés sur la situation
ervice dont il s'agit, et vous m'en transmettrez une
le accompagnée d'états circonstanciés du nombre
malades et de la proportion des morts, d'observa-
ions sur la nature, les causes et le traitement des
maladies, etc.
Recevez, etc.

Le Ministre de la marine et des colonies,
Signé MOLÉ.

Arch. du gouvernement. Dép. ministérielles, n° 90.

N° 1814. — *Décision ministérielle portant création d'un
directeur des douanes à la Martinique.* (Extrait.)

10 octobre 1817.

Son traitement fixé est porté à neuf mille francs.
Son traitement éventuel ne pourra excéder la même
somme.
Il lui sera alloué des frais de bureau. Le trésor public
pourvoira au logement de ses bureaux.
Il aura la faculté de prendre un secrétaire, dont le
traitement sera de deux mille quatre cents francs.
Il ne cessera point d'appartenir à l'administration
générale des douanes; il en sera de même de son secrétaire, qu'il devra choisir parmi les employés de cette
administration.

Inspection. Ord. et déc. Reg. 3, n° 528.

N° 1815. — *Mémoire de M. Moreau de Jonnès sur les
volcans éteints de la Martinique et notamment sur une
exploration géologique et minéralogique des montagnes
du Vauclin.*

14 octobre 1817.

Annales maritimes, vol. 1817, 2ᵉ partie, p. 788.

Nº 1816. — *Dépêche ministérielle qui remet en vigueur la déclaration du roi du 9 août 1777 interdisant aux noirs et gens de couleur l'entrée du royaume.*

17 octobre 1847.

Annales maritimes, 1817, p. 385.

<hr/>

Nº 1817. — *Dépêche ministérielle au gouverneur administrateur annonçant l'envoi de cinq pompes à incendie et accessoires en cuir, et faisant connaître le matériel du même genre existant à cette époque à la Martinique (1).*

17 octobre 1847.

Monsieur le Baron, une lettre de M. Dubuc, intendant de la Martinique, en date du 22 juillet dernier, répondant à une dépêche commune du 23 avril précédent, nº 27, m'a fait connaître le nombre des pompes à incendie qui existaient dans cette colonie, ainsi que les besoins en ce genre auxquels il serait nécessaire de pourvoir par des envois de France; il résulte d'un état joint à cette lettre :

1º Qu'il y avait alors à la Martinique (tant au Fort-Royal qu'à Saint-Pierre), 7 pompes à incendie, avec leurs manches, en bon état, 11 manches de rechange, etc., 80 seaux, dont 48 en cuir et 32 en fer-blanc, y compris 12 seaux de cuir à l'usage spécial de l'artillerie, et indépendamment de ceux qui se trouvaient dans les maisons particulières des deux villes;

2º Que pour assurer complétement le service, il faudrait porter à 21 le nombre des pompes, ainsi que celui des manches, outre celles de rechange; et la quantité de seaux à 252, tous en cuir, sur le pied de 12 par pompe, en y comprenant ceux de l'artillerie;

<hr/>

(1) L'état de ce matériel avait été expressément demandé par le ministre, dont l'attention s'était portée sur cette partie du service, à la suite de l'incendie qui venait de détruire une partie considérable du Port-Louis, dans l'île Maurice (dépêche ministérielle du 3 avril 1817, nº 27, archives du gouvernement).

Qu'il manquait à ce complet 14 pompes, 14 mande cuir, etc., 204 seaux de cuir.

M. Dubuc pensait, au reste, qu'il n'y avait pas nécessité
rgente d'expédier, en une seule fois, la totalité de ces
objets, et qu'il suffirait d'envoyer, pour le présent,
5 pompes (avec leurs manches en cuir), dont une pour
administration municipale de Saint-Pierre, qui en
vrait rembourser la valeur à la caisse coloniale, et
0 seaux en cuir, également à la charge des fonds
nicipaux, pour être distribués aux propriétaires des
maisons qui n'en seraient pas pourvues, et ce, à leurs
frais respectifs. J'ai approuvé cette demande; en conséquence, j'ai décidé qu'il serait envoyé de Rochefort
Martinique, par une des plus prochaines occasions,
mpes à incendie avec leurs manches, ainsi que
seaux en cuir.

a dépense qu'occasionnera cet envoi, et qui est
luée à environ 10,780 francs, sera imputée sur la
tion de la colonie, pour l'exercice actuel.

ecevez, etc.

> *Le Ministre de la marine et des colonies,*
>
> Signé MOLÉ.

ch. du gouvernement. Dép. ministérielles, n° 105.

———————————

1818. — *Dépêche ministérielle ordonnant aux administra-*
urs en chef de tenir la main à l'exécution des anciennes
is qui interdisent certaines professions commerciales aux
trangers, naturalisés ou non, établis dans les possessions
rançaises. (Extrait.)

23 octobre 1847.

Ces professions sont celles de marchands, courtiers,
ts d'affaires de commerce, de commis, facteurs,
eurs de livres, etc.

Les lois rappelées sont :

Les articles 1, 2 et 3 du titre VI des lettres patentes

d'octobre 1727; l'arrêté local du 19 février 1803 (30 pluviôse an XI).

Les étrangers qui avaient des propriétés dans la
colonie lors de la reprise de possession jouiront du
bénéfice de l'article 17 de l'ordonnance du 30 mai 1814,
lequel n'implique aucunement en faveur desdits étrangers la faculté de commercer.

Inspection. Ord. et déc. Reg. 5, n° 550.

N° 1819. — *Avis ministériel d'une décision du roi qui au-*
torise les lieutenants généraux, employés comme gouver-
neurs à la Martinique et à la Guadeloupe, à conserver
au besoin, en temps de paix, deux aides de camp en
activité.

50 octobre 1817.

Monsieur le Baron, une ordonnance de Sa Majesté en
date du 16 juillet dernier, rendue sur le rapport de
M. le maréchal duc de Feltre, porte que les lieutenants
généraux employés ne pourront avoir, en temps de
paix, qu'un aide de camp en activité de service, et que,
s'ils en emploient deux, le second ne sera qu'honoraire
et n'aura droit qu'au traitement de non-activité.

J'ai l'honneur de vous prévenir que Sa Majesté, par
une décision du 1er octobre 1817, a approuvé qu'il fût,
au besoin, fait une exception à cette disposition à l'é-
gard des lieutenants généraux gouverneurs et administrateurs pour le roi des îles de la Martinique et de la
Guadeloupe.

En conséquence vous êtes autorisé à garder auprès de
vous, si le service l'exige, deux aides de camp en activité, dont l'un du grade de chef de bataillon ou d'esca-
dron et l'autre du grade de capitaine ou de lieutenant.
Vous devrez m'informer de la nécessité où vous vous
trouveriez de vous prévaloir de cette exception purement conditionnelle au besoin.

La présente dépêche sera enregistrée au bureau du contrôle colonial.

Recevez, etc.

Le Ministre de la marine et des colonies,

Signé Comte MOLÉ.

Arch. du gouvernement. Dép. ministérielles, n° 129.

━━━━◆◈◆━━━━

N° 1820. — *Ordonnance des administrateurs en chef, à la suite du coup de vent du 21 du même mois, portant ouverture des ports de la colonie au commerce étranger, pour l'importation de comestibles, de farines et autres articles de première nécessité. (Extrait.)*

28 octobre 1817.

Nous, etc.

Art. 1er. Les ports de la colonie sont ouverts aux bâtiments étrangers non-seulement pour l'importation des comestibles et autres articles énumérés dans l'arrêt du 30 août 1784, mais encore pour les farines de froment et de seigle et autres comestibles et articles nécessaires à l'agriculture, à la réparation et à la consommation journalière des manufactures à sucre.

Tous les articles communément compris sous la dénomination de marchandises sèches demeurent exclus et réservés au commerce national.

Art. 2. Les bâtiments étrangers jouiront également de la faculté d'exporter des denrées coloniales pour le montant de leur cargaison d'importation.

Art. 3. Les bâtiments étrangers continueront à payer à l'entrée les droits établis par l'arrêt du 30 août 1784, sur les articles énumérés dans ledit arrêt. Ils payeront un droit additionnel de 3 0/0 sur les articles non énumérés dans cet arrêt.

Art. 4. Les bâtiments étrangers payeront à la sortie les droits établis par l'arrêt du 30 août 1784.

Ils payeront huit pour cent sur les denrées coloniales dont l'exportation leur est permise par la présente ordonnance.

Les bâtiments français qui s'expédieront pour les États-Unis, pour en rapporter des provisions dans la colonie, ne payeront à la sortie que cinq pour cent sur les denrées coloniales. Ils ne seront assujettis sur leur cargaison de retour qu'aux droits établis à leur égard par l'arrêt du 30 août 1784.

Art. 5. Les droits sur les denrées coloniales qui sont à la charge du vendeur continueront à être perçus comme ils le sont à présent.

Les dispositions de la présente ordonnance auront leur effet durant six mois, à dater du jour de la publication, sauf ordre supérieur à ce contraire.

Donné à la Martinique, le 24 octobre 1817.

Signé le Comte DE VAUGIRAUD, gouverneur, et DUBUC, intendant.

Enregistré au conseil supérieur, 5 novembre 1817.

N° 1821. — *Arrêté de l'intendant qui proroge de deux années le marché passé le 21 décembre 1815 pour l'entreprise des hôpitaux de la colonie.*

30 octobre 1817.

Inspection. Ord. et déc. Reg. 5, n° 325.

N° 1822. — *Arrêté de l'intendant portant établissement, par entreprise, d'un hôpital de convalescents, de cent lits, à Saint-Pierre, au prix de 4 fr. 05 cent. la journée.*

30 octobre 1817.

Inspection. Ord. et déc. Reg. 5, n° 324.

N° 1823. — *Dépêche ministérielle énonciative des principes, règles et distinctions à observer en matière de concession de passage, pour retour en France, aux frais du roi.*

15 novembre 1817.

Monsieur le Baron, j'ai remarqué que dans plusieurs colonies les administrateurs accordent, avec une facilité réjudiciable aux intérêts du trésor royal, des passages aux frais du roi, soit sur des bâtiments de Sa Majesté, soit sur des navires de commerce, et que, d'un autre côté, ils ont souvent alloué pour la traversée un traitement de table supérieur à celui qui est fixé par les règlements pour chaque grade.

Enfin des passagers à la simple ration au compte de l'État sont imposés contre tous droits à des bâtiments de commerce allant des colonies en France. Ce dernier abus a occasionné des plaintes de la part des capitaines et armateurs.

La faculté qui est réservée au gouvernement par l'arrêté du 27 prairial an x (16 juin 1802) d'accorder, en certains cas, sur des bâtiments de commerce, des passages pour lesquels il n'est alloué à l'armateur qu'une ration de vivres par jour de traversée, ne peut être exercée que pour des passages de France aux colonies. Aucune disposition n'autorise l'administration à placer des passagers de la sorte sur des bâtiments de commerce revenant des colonies en France; vous devrez donc vous abstenir d'accorder de semblables passages, à moins que ce ne fût du consentement écrit des armateurs ou de leurs représentants, et seulement en faveur de personnes qui seraient dans le cas de prétendre à un passage au compte du roi.

Quant aux passages sur des bâtiments de Sa Majesté ou sur des bâtiments de commerce à des prix réglés en argent, les seules personnes qui aient rigoureusement droit à en obtenir sont les officiers et employés envoyés en France pour affaires de service, dans les cas d'urgence nécessairement fort rares où il peut y avoir lieu à de semblables missions, lesquelles doivent toujours être justifiées par les administrateurs; les officiers, employés, sous-officiers et soldats réformés ou licenciés, et qui ont en France leur famille ou leur domicile; les officiers, employés, sous-officiers et soldats qui obtiennent des congés pour cause de maladie ou pour des affaires de famille (arrêté du 27 thermidor an VII).

Il est cependant d'autres personnes, non attachées au service des colonies, qui ont des titres à obtenir leur retour en France aux frais du roi; je veux parler des femmes et enfants des officiers, employés, sous-officiers et soldats, réformés ou licenciés, et qui ont en France leur famille ou leur domicile, à moins que le licenciement de ces salariés n'ait été causé par leur mauvaise conduite ou n'ait eu lieu sur leur demande; des veuves et enfants des salariés morts en activité de service dans les colonies, lorsque ces veuves et enfants sont dans le cas de repasser en France par suite du décès du salarié et non lorsqu'après s'être établis dans la colonie il leur convient de revenir ultérieurement en France; des femmes et enfants des salariés porteurs de congés pour cause de maladie, lorsque le mauvais état de santé du malade paraîtra exiger cette concession. Vous êtes autorisé à leur accorder le passage, en usant à cet égard de toute la réserve que commande l'intérêt du trésor.

A la suite des émigrations nombreuses que les malheurs des temps ont amenées depuis 1789, il peut se trouver encore aux colonies d'anciens serviteurs du roi dénués de moyens pour rentrer dans leurs foyers, et qui, par le rang qu'ils ont occupé et par les services qu'ils ont rendus, ont des titres acquis à être secourus par le gouvernement; vous pourrez leur procurer aussi le passage aux frais de Sa Majesté; mais la même faveur ne serait point susceptible d'être accordée aux anciens officiers qui, s'étant établis dans les colonies, y possédant des propriétés ou d'autres moyens d'existence et y ayant fixé leur domicile, viendraient en France pour solliciter des grâces du roi ou pour d'autres affaires personnelles.

Les passages que vous serez dans le cas d'accorder d'après les bases qui viennent d'être posées ne pourront, en général, avoir lieu que sur des bâtiments du roi. Les seuls officiers et employés en activité de service, envoyés en mission ou quittant les colonies pour cause de maladie, pourront, lorsqu'il y aura urgence, être emarqués sur des bâtiments de commerce, à défaut de timents du roi; il serait alors alloué pour leur passage prix réglé par le tarif du 14 ventôse an XI.

Il ne devra jamais être payé, pour les salariés passagers sur des bâtiments de Sa Majesté, un traitement autre que celui auquel leur permet de prétendre, d'après la loi du 30 janvier 1791, le grade dans lequel ils sont reconnus par le roi. Je crois devoir vous faire observer à ce sujet que les officiers supérieurs, ou les salariés d'un rang égal, n'ont droit à être admis à la table du commandant qu'autant qu'ils sont en activité actuelle de service; dans le cas contraire, ils doivent être nourris seulement à la table de l'état-major. La femme et les enfants d'un salarié passager seront placés à bord à la même table que le salarié lui-même, mais il ne sera payé pour chaque enfant âgé de moins de 16 ans que la moitié de la somme fixée pour un passager.

Cependant le fils âgé de 16 ans au moins d'un salarié admis à la table du commandant, sera nourri seulement à la table de l'état-major, et il sera de même de la veuve ou de l'enfant d'un salarié décédé, qui, par son grade, aurait été susceptible de passer à la table du commandant. A l'égard des anciens émigrés dont il a été question plus haut, qui ne sont point en activité de service et à qui vous êtes autorisé à accorder le passage, ils seraient nourris à la table de l'état-major, l'admission à la table du commandant (qui occasionne une dépense centuple) ne pourrait être justifiée que s'il s'agissait d'une personne dont le rang serait tel que les convenances exigeassent cette distinction. Je vous recommande d'apporter le plus grand soin dans l'exécution des dispositions que je viens de vous tracer. Si le bon ordre et l'économie des deniers publics exigent dans tous les temps que le gouvernement ne s'impose que les dépenses nécessaires, cette réserve est un devoir plus impérieux dans l'état actuel des finances du royaume. Vous voudrez bien au surplus me rendre toujours compte, par le bâtiment même sur lequel sera embarqué le passager (et en

duplicata par une occasion subséquente), de chaque
passage que vous aurez accordé aux frais du roi, soit
sur des bâtiments de Sa Majesté, soit sur des navires de
commerce dans les cas d'urgence désignés ci-dessus, et
vous m'indiquerez, indépendamment des nom, prénoms, âge, lieu de naissance et qualité du passager,
les motifs de votre décision, la nature du passage
accordé et la dépense à laquelle il aura donné lieu.

La présente circulaire devra être enregistrée au contrôle colonial.

Recevez, etc.

Le Ministre de la marine et des colonies,
Signé Comte MOLÉ.

Inspection. Reg. 5, n° 505.

N° 1824. — *Dépêche ministérielle au gouverneur administrateur annonçant l'envoi à la Martinique de douze sœurs
hospitalières, et déterminant le traitement qui leur sera
fait tant en route que dans la colonie.*

13 novembre 1817.

Monsieur le Baron, j'ai l'honneur de vous prévenir
que douze sœurs de la congrégation de Saint-Maurice,
destinées pour le service des hôpitaux de la Martinique,
se rendront incessamment de Chartres à Rochefort, à
l'effet de s'y embarquer sur un bâtiment du roi.

Chacune d'elles reçoit, sur les fonds de mon département, des frais de route jusqu'au port, à raison de
2 fr. 50 cent. par myriamètre, et une somme de 600
francs pour indemnité de trousseau et pour tenir lieu
d'appointement jusqu'à leur arrivée dans la colonie.

Leur traitement à la Martinique sera de 600 francs
par an, et la supérieure de chacun des deux hôpitaux
entre lesquels elles seront réparties touchera un supplément annuel de 200 francs.

J'ai pourvu à ce que ces dames soient admises penà la traversée à la table de l'état-major et traitées ec tous les égards qui leur sont dus.

Je compte que de votre côté vous ne négligerez rien pour leur assurer dans la colonie la considération et le respect dont il est nécessaire qu'elles soient investies dans l'exercice de leurs fonctions charitables.

Recevez, etc.

Le Ministre de la marine et des colonies,

Signé MOLÉ.

Arch. du gouvernement. Dép. ministérielles, n° 147.

N° 1825. — *Règlement du roi sur les pavillons des navires du commerce* (1).

5 décembre 1817.

AU NOM DU ROI.

Sa Majesté a reconnu que la faculté laissée aux armateurs de choisir les marques, à l'aide desquelles ils distinguent leurs navires, n'est pas assujettie à une règle constante qui soit propre à faciliter la police des bâtiments dans les rades et ports, comme à prévenir des méprises qui, à la mer, pourraient avoir des suites fâcheuses; et étant informée que les chambres de commerce des places maritimes ont déjà reconnu l'utilité des dispositions qu'elle s'est déterminée à prescrire;

Sur le rapport du ministre secrétaire d'État de la marine et des colonies,

Elle a ordonné et ordonne ce qui suit :

Art. 1er. Conformément à l'ordonnance de 1765 (article 236, titre XIX), les armateurs de navires continueront d'avoir la faculté de joindre une marque de reconnaissance au pavillon français.

---

(1) Ce règlement a été promulgué à la Martinique par ordonnance locale du 3 février 1818, signée Donzelot, gouverneur administrateur, et Guillaume, secrétaire.

Art. 2. Un pavillon spécial sera affecté à chacun des arrondissements maritimes.

Ces pavillons, dénommés *signes d'arrondissement*, seront conformes au tableau annexé au présent règlement pour les navires immatriculés dans les ports, savoir :

ARRONDISSEMENT MARITIME DE CHERBOURG.

1° Depuis Dunkerque jusqu'à Honfleur inclusivement, une cornette à quatre bandes horizontales alternativement bleues et blanches;

2° Depuis Honfleur jusqu'à Granville exclusivement, un pavillon triangulaire à trois bandes verticales bleue, blanche et bleue.

ARRONDISSEMENT DE BREST.

3° Depuis Granville jusqu'à Morlaix exclusivement, une cornette à quatre bandes verticales, alternativement bleues et jaunes;

4° Depuis Morlaix jusqu'à Quimper inclusivement, un pavillon triangulaire partie de bleu et de jaune.

ARRONDISSEMENT DE LORIENT.

5° Depuis Quimper jusqu'à Lorient inclusivement, une cornette à trois bandes horizontales alternativement bleue, rouge et bleue;

6° Depuis Lorient jusqu'à la rive gauche de la Loire inclusivement, un pavillon triangulaire coupé de bleu et de rouge;

ARRONDISSEMENT DE ROCHEFORT.

7° Depuis la rive gauche de la Loire jusqu'à Royan inclusivement, une cornette à trois bandes horizontales, verte, blanche et verte;

8° Depuis Royan jusqu'à la frontière d'Espagne, un pavillon triangulaire à losange vert et coupé de blanc.

ARRONDISSEMENT DE TOULON.

9° Depuis la frontière d'Espagne jusqu'à Marseille insivement, une cornette à quatre bandes horizontales alternativement blanches et rouges;

10° Depuis Marseille jusqu'à la frontière du Piémont, un pavillon triangulaire à losange rouge et coupé de blanc.

Art. 3. Les navires immatriculés dans les îles voisines du continent prendront le signe affecté à la partie d'arrondissement maritime dans le ressort duquel lesdites îles sont comprises.

Art. 4. Un signe particulier et conforme au tableau ci-annexé sera assigné aux navires immatriculés dans les colonies :

Pour les colonies occidentales, un pavillon carré écartelé de bleu et de jaune;

Pour les colonies orientales et les côtes d'Afrique, un pavillon carré partie de jaune et de rouge.

Art. 5. Le guindant des pavillons dits *signes d'arrondissement* ne devra pas excéder le quart de la longueur du maître-bau du bâtiment, et le battant n'aura qu'un quart de plus que le guindant.

Art. 6. Les armateurs seront tenus de faire connaître au bureau de l'inscription maritime les *marques de reconnaissance* dont ils voudront faire usage, et ils ne pourront les employer qu'après en avoir fait la déclaration, qui sera enregistrée et mentionnée sur le rôle d'équipage du navire.

Art. 7. Le pavillon français sera porté à poupe, et à défaut de mât de pavillon, il sera porté à la corne d'artimon.

Les signes d'arrondissement seront portés à la tête du grand mât.

Les marques de reconnaissance seront hissées en tête du mât de misaine.

Ces signes et marques ne devront jamais être placés à poupe.

Art. 8. Les capitaines de navires n'arboreront à la mer leurs *signes d'arrondissement* et *marques de reconnaissance* que lorsqu'ils rencontreront des bâtiments ou qu'ils seront à la vue d'un port.

Quand ces signes et marques seront hissés, le pavillon français devra toujours être déployé.

Art. 9. Les capitaines des navires qui seront dans les ports et rades, arboreront le pavillon français et leur signe d'arrondissement les dimanches et fêtes, et lors des revues d'armement, de départ et de désarmement. Ils pourront, s'ils le jugent convenable, arborer aussi leur marque de reconnaissance.

Art. 10. Dans les circonstances qui intéresseront la police des ports et rades, celle des convois et celle de l'inscription maritime, les capitaines des navires seront tenus d'arborer leur signe d'arrondissement, quand l'ordre leur en sera donné par les commandants, intendants et ordonnateurs de la marine dans les ports de commerce, et par les consuls de France en pays étranger.

Art. 11. Le présent règlement sera affiché dans les ports et dans les colonies, et deux mois, au plus tard, après sa publication, les navires du commerce devront être pourvus des pavillons dits *signes d'arrondissement*.

Mande et ordonne Sa Majesté à l'amiral de France, aux commandants et intendants de la marine, aux gouverneurs, commandants et ordonnateurs des colonies, aux consuls de France et à tous autres qu'il appartiendra, de faire exécuter le présent règlement suivant sa forme et teneur.

Donné à Paris, le 3 décembre 1817.

Signé LOUIS.
Par le Roi :
Signé Comte MOLÉ.

Arch. du gouvernement.

N° 1826. — *Ordonnance de l'intendant portant renouvellement de celle du 20 décembre 1814 concernant la formation des dénombrements et recensements.*

8 décembre 1817.

Arch. du gouvernement. Ord. et déc.

N° 1827. — *Circulaire ministérielle portant que les services ordinaires dans les milices ne sont point comptés pour la croix d'honneur.*

11 décembre 1817.

Monsieur le Comte, plusieurs officiers des milices coloniales ont sollicité la croix de la Légion d'honneur, pour récompense des services rendus uniquement dans les milices.

Aux termes de l'ordonnance du 26 mars 1816, il faut, pour être admis dans l'ordre de la Légion d'honneur, « avoir exercé pendant 25 ans des fonctions civiles « ou militaires, avec la distinction requise (art. 15), » ou « avoir fait des actions d'éclat ou reçu des blessures « graves (art. 19,) » ou « enfin avoir rendu des ser- « vices extraordinaires, au roi ou à l'État, dans les « fonctions civiles ou militaires, les sciences ou les « arts. »

Il résulte de ces dispositions que les services ordi- naires, dans les milices, ne sont point susceptibles d'être comptés pour la croix d'honneur, lorsque, comme services militaires, ils sont déjà récompensés par la croix de Saint-Louis, et lorsque d'ailleurs les personnes qui font partie des milices peuvent prétendre à la croix d'honneur par des services distingués dans la carrière civile, dans les sciences et dans les arts.

Vous voudrez bien prendre ces observations pour règles dans tous les cas auxquels elles sont applicables, et vous abstenir de me transmettre et encore moins d'appuyer auprès de moi, comme demande tendante à obtenir la croix d'honneur, celle qui ne serait fondée que sur de simples services dans les milices.

Vous ferez enregistrer la présente au contrôle colonial.

Recevez, etc.

Le Pair de France ministre secrétaire d'État au département de la marine et des colonies,

Signé Comte MOLÉ.

Nº 1828. — *Ordonnance du roi portant que le service des subsistances de la marine sera confié à un administrateur sous les ordres du ministre.* (Extrait.)

15 décembre 1817.

Les employés de cette nouvelle administration seront nommés par le ministre, qui déterminera par un règlement l'organisation intérieure de l'administration des vivres, les émoluments de l'administrateur, la nature de ses relations avec le ministre et les formes de sa comptabilité.

Annales maritimes.

———◆◆◆———

Nº 1829. — *Dépêche ministérielle au gouverneur administrateur pressant l'envoi au dépôt de Versailles des registres et papiers qui doivent y être recueillis conformément à l'édit de juin 1776.*

18 décembre 1817.

NOTA. Le ministre prescrit de joindre aux envois voulus et réclamés les registres des inscriptions de créances hypothécaires et des transcriptions des actes de mutations de propriété, qui, d'après un arrêté de l'administration de la Martinique du 7 novembre 1805 (16 brumaire an XIV), doivent être transmis chaque année au dépôt de Versailles.

Arch. du gouvernement. Dép. ministérielles, nº 177.

———◆◆◆———

Nº 1830. — *Dépêche ministérielle portant qu'aucun navire de commerce, même national, venant de l'Inde ou de l'île Bourbon, ne peut être reçu à la Martinique ni à la Guadeloupe.*

18 décembre 1817.

Annales maritimes, vol. 1818, p. 87.

1831. — *Dépêche ministérielle au gouverneur adminis-trateur au sujet du prix de journée des places réservées dans les hôpitaux de la colonie aux passagers et marins du commerce.*

25 décembre 1817.

Monsieur le Baron, je me suis fait rendre compte du mode actuel d'administration des hôpitaux aux îles du Vent, et, à cette occasion, du marché par lequel le sieur Blanchet a été chargé, par entreprise, du service des hôpitaux de la Martinique, jusqu'au 31 décembre 1819. J'ai vu avec satisfaction que, par l'article 1er de ce marché, il a été réservé des places dans les hôpitaux de la colonie pour les passagers et les marins du commerce; mais suivant une lettre de M. Dubuc, du 12 janvier 1816, n° 1, portant envoi de la transaction dont il s'agit, ils n'y sont reçus, à ce qu'il paraît, qu'à un prix plus élevé que celui qui est payé pour les marins des bâtiments du roi, et cette disposition ne peut pas être approuvée. L'intention formelle de Sa Majesté est que les marins du commerce soient traités à la Martinique, lorsqu'ils seront en état de maladie, comme le sont ceux de la marine royale, et aux prix qui sont fixés par les ticles 17 et 18 du traité du sieur Blanchet, à la charge à l'armement d'acquitter les frais de traitement et à fournir, au besoin, les sûretés convenables. Vous udrez bien faire faire au susdit traité les additions écessaires pour l'exécution de cette décision, qui va être appliquée à la Guadeloupe, et dont il sera donné connaissance au commerce de la métropole. Si les hôpitaux qui sont situés à Saint-Pierre et au Fort-Royal n'ont pas assez d'étendue pour recevoir les malades du commerce, concurremment avec les personnes attachées au service de Sa Majesté, vous vous procurerez par location, dans chacune de ces deux villes, les bâtiments dont le besoin aura été reconnu en conseil, jusqu'à ce qu'il y ait lieu de s'occuper d'agrandir les locaux actuels ou de construire séparément d'autres corps de bâtiments, et vous pourvoirez immédiatement à l'ameublement des nouvelles succursales, afin que le commerce jouisse sans retard des soulagements dont la décision dont il s'agit doit le faire jouir (1).

Recevez, etc.

Le Ministre de la marine et des colonies,
Signé MOLÉ.

Arch. du gouvernement. Dép. ministérielles, n° 192.

N° 1832. — *Instructions ministérielles sur la composition du budget municipal et notamment sur les recettes et dépenses qui y peuvent figurer.*

25 décembre 1817.

Les revenus municipaux paraissent se composer actuellement à la Martinique de trois chapitres principaux : les patentes, les douanes, la capitation et les loyers de maisons.

1° Les patentes considérées comme taxe sur l'industrie font partie du revenu public. Le produit de celles qui sont établies, notamment pour les cabarets, le colportage, etc., est susceptible d'être regardé comme tel et doit être versé dans la caisse coloniale.

2° Je trouve que l'on a compris sous le titre douanes, des taxes pour les nègres justiciés et pour l'entretien des chemins, ainsi que des centimes additionnels.

Il semble que les deux premiers articles n'ont aucun rapport avec les douanes; si les centimes additionnels provenaient de quelque perception, soit à l'entrée, soit à la sortie, leur produit appartiendrait au trésor royal.

---

(1) Cette dépêche, en outre, pose diverses questions relatives : 1° aux dispositions à prendre pour l'agrandissement définitif de l'hôpital; 2° à l'établissement des sœurs de charité; 3° au nombre de lits réservés aux indigents et aux noirs du roi; 4° au prix de la journée d'hôpital, soit pour les officiers, soit pour les grades inférieurs; 5° à la mise des nègres du roi à la disposition de l'entrepreneur; 6° au droit conféré à celui-ci de faire boucherie et boulangerie; 7° et enfin à une réduction de 47 centimes sur les journées, stipulée de l'entrepreneur, pour le cas où elles s'élèveraient à 3,000 par mois.

3° La capitation et les loyers des maisons sont des impositions directes qui font essentiellement partie des recettes générales de la colonie. Les centimes additionnels à ces impositions peuvent seuls être classés au nombre des revenus municipaux.

4° Les fonctions d'administrateur municipal doivent autant que possible être gratuites; c'est le moyen qu'elles soient exercées par des hommes habitués à jouir de la considération publique, et qui, sentant le besoin de se la concilier de plus en plus, se rendront d'autant plus utiles dans des places où il y a tant de bien à opérer dans l'intérêt de la colonie.

5° Les travaux des chemins royaux ou de première classe sont à la charge de la caisse coloniale comme toutes dépenses de grande voirie; les autres chemins restent seuls au compte de la caisse municipale comme étant classés dans la petite voirie; cette distinction est clairement établie dans le code administratif de Fleurigeon, dont il vous a été transmis des exemplaires (vol. 2, de la Police, article Voirie).

Aucune aliénation ou acquisition d'immeubles pour le compte de l'administration ne peut avoir lieu sans l'autorisation de Sa Majesté.

Vous aurez à m'informer de tout ce qu'il y aurait à régulariser en ce genre pour le passé, et vous vous conformerez exactement pour l'avenir à la règle dont il s'agit, laquelle a été rappelée dans une dépêche ministérielle du 7 septembre 1805, insérée au Code de la Martinique.

Aucune imposition spéciale, aucune perception de centimes additionnels ne peuvent avoir lieu pour subvenir aux dépenses municipales sans l'approbation du gouvernement; toutefois, afin de ne pas vous priver des moyens d'assurer le service de 1818, je vous autorise à établir provisoirement les impositions et les perceptions de cette nature que vous jugeriez nécessaires pour ladite année.

Il doit être formé annuellement un budget des recettes

et dépenses municipales : les ressources et les besoins doivent y être inscrits avec les détails dont chaque article est susceptible.

Le Ministre de la marine et des colonies,

Signé Comte MOLÉ.

Inspection. Reg. 5, n° 795.

―――――――

N° 1833. — *Règlement organique pour l'administration des subsistances de la marine.*

51 décembre 1817.

Annales maritimes, 1818, p. 89.

―――――――

N° 1834. — *Dépêche ministérielle prescrivant de ne permettre le débarquement des chirurgiens des navires de commerce qu'après en avoir constaté la nécessité.*

Décembre 1817.

Monsieur, suivant l'art. 4 de l'ordonnance du 4 juillet 1784 sur la composition des équipages des navires de commerce, il doit être embarqué un chirurgien sur tout bâtiment destiné à un voyage de long cours, lorsque l'équipage est composé de 15 hommes et au-dessus, les mousses compris, et je renouvelle les ordres les plus précis dans les ports du royaume pour que cette disposition soit rigoureusement observée pour tous les armements de ce genre.

Mais je suis informé que beaucoup des chirurgiens embarqués en France se font débarquer dans les colonies et dans les pays étrangers, et que ces débarquements sont couverts du prétexte d'une maladie ou de quelque autre motif semblable, que souvent même ils ont lieu du consentement du capitaine.

On peut supposer en effet que la plupart des armateurs ne voyant dans l'obligation qui leur est imposée d'embarquer un chirurgien qu'une charge pour l'armement, peuvent autoriser tacitement leurs capitaines à les laisser débarquer quand ils en témoignent le désir ; mais cette complaisance coupable tend à priver les marins des soins que les armateurs doivent leur procurer, et à devenir même préjudiciable à la santé publique, en ce que les rapports que les chirurgiens doivent remettre à leur retour peuvent servir à régler, pour l'intérieur du royaume, les dispositions sanitaires que réclame l'état de la santé publique dans les colonies ou dans les pays étrangers.

Je vous recommande donc, Monsieur, de n'autoriser le débarquement des chirurgiens qu'après vous être bien assuré qu'il est réellement indispensable, soit à raison de l'état de maladie dans lequel ils se trouveraient, soit par un autre motif dont la nécessité vous serait évidemment reconnue ; et alors ce motif devra être constaté sur le rôle d'équipage afin qu'au retour du navire dans un port de France, les administrateurs de la marine, auxquels j'adresse des instructions à ce sujet, exercent contre les capitaines les poursuites prescrites par les ordonnances contre ceux qui débarquent, sans une cause valable, des hommes de leurs équipages.

Je vous prie de m'accuser réception de la présente dépêche et de tenir strictement la main aux dispositions qu'elle prescrit.

Recevez, etc.

Le Ministre de la marine et des colonies,
Signé MOLÉ.

Arch. de l'ordonnateur. Dép. ministérielles, n° 74.

N° 1835. — *Circulaire ministérielle annonçant l'envoi d'un nouveau modèle de livrets pour tous les salariés attachés au service des colonies, et traçant les règles à suivre pour leur tenue.*

3 janvier 1818.

Monsieur le Comte, les circulaires ministérielles qui

vous ont été adressées, les 28 août et 18 septembre 1817, sous les numéros 103 et 123; vous prescrivent de faire mentionner, en tête des livrets, certificats de cessation de payements et décomptes, comme étant maintenues à l'égard des salariés employés aux colonies, les dispositions :

1° De l'article 1er de l'arrêté du 30 vendémiaire an xi (22 octobre 1802), qui interdit tout payement pour des grades, titres ou appointements non donnés ou non reconnus par le gouvernement ;

2° Du décret du 17 avril 1806, qui oblige les salariés revenant des colonies à faire parvenir, sous peine de déchéance, leurs réclamations au ministre de la marine dans les trois mois de leur débarquement en France ;

3° De la décision du 26 nivôse an xiii (16 janvier 1805), qui alloue le traitement de réforme seulement à ceux qui auront séjourné, sans y être forcés, plus de trois mois en pays étranger.

Il m'a paru convenable d'adopter, pour les salariés attachés au service des colonies, un nouveau modèle de livret, lequel mentionnera les payements de toute nature qui auront été faits au porteur jusqu'à son départ, soit de France, soit des colonies, et pendant les relâches intermédiaires ; contiendra certificat de cessation de payement ou de non-payement, certificat d'embarquement, de débarquement et des autres mutations ; enfin, présentera explicitement tous les éléments nécessaires pour que l'on puisse établir, en parfaite connaissance de cause, à l'arrivée du salarié au lieu de sa destination, son décompte tant à l'actif qu'au passif.

Je joins deux cents exemplaires de ce modèle, en tête desquels est imprimé un avis instructif sur ce qu'ont à faire les administrateurs et les contrôleurs de la marine, pour que ce livret remplisse, en ce qui les concerne, l'objet que je me suis proposé. On y rappelle des dispositions qui vous ont été motivées par les circulaires des 28 août et 18 septembre derniers.

J'ai pourvu à ce que tout salarié destiné pour les

colonies, reçoive, avant son départ de France, l'exemplaire dont il doit être porteur, et à ce que les officiers
d'administration dans les ports de la métropole, et les
consuls français dans les pays étrangers par où passeraient des officiers et employés attachés au service de
nos possessions au delà des mers, fassent, sur leurs
livrets, les mentions auxquelles il y aura lieu.

Vous voudrez bien prendre, de votre côté, les mesures
nécessaires pour l'exécution des dispositions ordonnées
relativement au dépôt des livrets lors de l'arrivée des
salariés dans les colonies, à la remise de ces mêmes
livrets lors de leur départ, et aux inscriptions qui
doivent alors y être préalablement apposées.

Le nouveau livret dont il s'agit sera employé même
pour les militaires appartenant à un corps de troupes et
revenant des colonies isolément; à cet effet, le certificat
de cessation de payement qui leur aura été remis par le
conseil d'administration de leur corps sera, après vérification, déposé au bureau des revues de la colonie et
échangé contre un livret.

La substitution de cette pièce unique aux certificats
de cessation de payement, aux décomptes, aux certificats de non-payement dans les ports étrangers, et dans
les ports du royaume, aux certificats d'embarquement
de débarquement en France et ailleurs, aux lettres
de change, dont le tirage, interdit aujourd'hui par les
règlements de finances aux administrateurs coloniaux
dans tous les cas, à moins d'autorisation spéciale, leur
est défendu sans restriction, pour ce qui concerne la
solde et les indemnités accessoires du personnel colonial, aura pour résultat de réunir, dans un même
cadre, les divers renseignements qui ont été jusqu'ici
épars dans plusieurs pièces; d'éviter à l'administration
des écritures, des démarches aux salariés, de simplifier
et d'accélérer l'établissement des décomptes et le payement des intéressés. Pour assurer ces avantages, en ce
qui vous regarde, vous recommanderez aux officiers
d'administration préposés aux fonds et aux revues de

rédiger leurs inscriptions avec la plus grande précision.
Ils s'interdiront ces locutions vagues qui ont été quelquefois employées et qui sont sujettes à couvrir des
abus, telles que celle-ci : « A été payé de la solde et
« accessoires, jusqu'à... »

Chaque nature d'indemnité sera, ainsi que la solde,
indiquée séparément, en faisant connaître le montant
de la somme allouée par an pour chaque objet, le temps
pour lequel elle a été acquittée, le montant et le motif
des retenues opérées, enfin la somme nette qui aura été
payée.

Dans la vue d'éviter les malentendus et des erreurs
dans l'usage du nouveau livret, j'ai ordonné que l'on
figurât, sur un des exemplaires qui vous sont adressés,
les principales inscriptions auxquelles il pourrait y avoir
lieu relativement aux salariés allant aux colonies ou en
revenant, dans les diverses situations où ils peuvent se
trouver. Vous trouverez ci-annexé cet exemplaire figu-
ratif, dont vous ferez déposer des copies exemplaires au
contrôle, au bureau des fonds et au bureau des revues.

Il n'est point parlé, dans l'avis inscrit en tête du livret,
des sommes qui seraient dues aux salariés à leur départ
des colonies; d'après l'article 4 de l'arrêté du 27 thermidor an VII (14 août 1799), tout officier et employé
partant des colonies pour France, quel que soit le motif
de son voyage, doit être soldé, sur les lieux, des appointements et indemnités accessoires qui lui seraient dus.
La nécessité de ne renvoyer à être effectué en France
aucun payement, pour solde et autres allocations acquises aux colonies, est d'autant plus indispensable
aujourd'hui que l'emploi des fonds du crédit de chaque
colonie étant arrêté dans les premiers mois de l'année,
la somme réservée pour les dépenses du personnel en
France est calculée seulement de manière à subvenir à
la solde pendant la traversée et le séjour en Europe du
petit nombre d'officiers et employés qui est supposé
pouvoir revenir dans le cours de l'année. Vous voudrez
donc bien faire payer dans la colonie les salariés dont

s'agit, non-seulement jusqu'à la fin du mois qui aura
écédé leur embarquement, ainsi que le prescrivait
cte du 27 thermidor an VII, mais même jusqu'au
ent le plus rapproché de leur départ. Il est bien
endu que cette disposition ne s'étend point aux ob-
portant sur les exercices de l'an IX à 1815 inclus,
ont les dépenses ne peuvent être acquittées qu'en
nce et en faveur de l'arriéré, et doivent être soumises,
s les colonies, à une liquidation provisoire, au sujet
de laquelle vous avez reçu des ordres spéciaux. (Instructions générales du 7 août 1817, et lettre ministérielle
du 2 octobre 1817, n° 126.) Vous vous abstiendrez également d'accorder auxdits salariés des avances de traitement, que les règlements n'autorisent qu'au départ de
France.

Vous ferez enregistrer la présente circulaire au contrôle colonial et vous tiendrez la main à son exécution.

Recevez, etc.

*Le Pair de France, ministre secrétaire d'État
de la marine et des colonies,*

Signé Comte MOLÉ.

Inspection. Reg. 5, n° 680.

———◆———

1836. — *Règlement ministériel pour déterminer l'uniforme des officiers de l'administration et du contrôle de la
marine.*

6 janvier 1848.

nnales maritimes, 1848, p. 105.

———◆———

N° **1837. —** *Dépêche ministérielle au gouverneur administrateur portant envoi d'un mémoire de la chambre de
commerce de Nantes sur le commerce interlope flagrant à
la Martinique, et sur les moyens de le réprimer* (1).

_____

(1) Voir cet intéressant mémoire, annexé à la dépêche. Il dénonce
des faits de fraude aussi nombreux qu'effrontés ; la plupart imputables

8 janvier 1818.

Monsieur le Baron, j'ai l'honneur de vous adresser ici un extrait fort étendu d'un mémoire de la chambre de commerce de Nantes, relatif aux opérations frauduleuses qui paraissent continuer d'avoir lieu à la Martinique, au détriment des produits de notre sol et de notre industrie.

Je vous recommande de nouveau d'exercer et de faire exercer la plus exacte surveillance pour que les abus dont il est question dans ce mémoire soient sévèrement réprimés, conformément à ce qui est prescrit par les règlements et instructions générales ou spéciales concernant la matière.

Je désire aussi que vous examiniez avec attention:

1° Les réflexions que la chambre a consignées dans son mémoire sur la surveillance qu'exigent les bâtiments américains et sur la nécessité de donner la

---

aux maisons anglaises restées établies à la Martinique après la reprise de possession. Les moyens de répression indiqués sont :

1° Interdire tout commerce aux étrangers, en les empêchant de recevoir aucune espèce de marchandises, soit pour leur compte, soit en consignation ;

2° Prohiber l'entrée des rhums et tafias étrangers dans nos colonies ;

3° Surveiller les bâtiments américains ;

4° Établir des bâtiments gardes-côtes, armés de quatre canons et de menues armes ;

5° Donner au capteur de marchandises en fraude ou à celui qui, en les indiquant, les ferait saisir, les trois quarts de la valeur des marchandises, l'autre quart à la douane, sous l'obligation de les exporter de la colonie dans le délai d'un mois ;

6° Faire une publication nouvelle de l'arrêt du mois d'août 1784 ;

7° Ne permettre l'entrée des farines étrangères que pour un temps limité ;

8° Publier et afficher les ordonnances sur-le-champ, au lieu de les enregistrer simplement à la douane ;

9° Évaluer, d'après le cours de la place, les cargaisons (apportées par les Américains seuls) consistant dans les articles stipulés dans l'arrêt d'août 1784 ;

10° Supprimer en général la faculté d'entrepôt ;

11° Favoriser le cabotage français, en demandant en sa faveur la suppression de certains frais qu'on lui fait payer sous le nom de *fees* ;

12° Enfin accorder aux Espagnols l'entrée des ports de Saint-Pierre et de la Pointe-à-Pitre.

plus grande publicité aux ordonnances ou décisions concernant les douanes ;

2° Sur la proposition d'établir un droit sur l'excédant de valeur (comparativement aux importations) des cargaisons exportées par les mêmes bâtiments, et de retrancher de l'article 2 de l'arrêt du 30 août 1784 plusieurs objets que la France paraît en état de fournir aujourd'hui en assez grande abondance ;

3° Ses indications sur les encouragements à offrir au commerce espagnol.

Vous voudrez bien me donner connaissance de vos observations et de votre avis sur ces divers objets, ainsi que des dispositions que vous aurez été dans le cas d'adopter par suite de cette communication.

Recevez, etc.

Le Ministre de la marine et des colonies,

Signé **MOLÉ.**

Arch. du gouvernement. Dép. ministérielles, n° 9.

<hr>

N° 1838. — *Dépêche ministérielle au gouverneur administrateur portant défense d'admettre désormais en entrepôt les rhums et tafias étrangers.* (Extrait.)

8 janvier 1818.

Le rétablissement du régime prohibitif, tel qu'il résulte de l'arrêt du 30 août 1784, doit faire cesser absolument l'introduction de ces liqueurs étrangères à la Martinique.

Arch. du gouvernement. Dép. ministérielles.

<hr>

N° 1839. — *Dépêche ministérielle au gouverneur administrateur annonçant que celui de la Guadeloupe est chargé de former des pépinières de cafiers de Marie-Galande, pour* *réparer les pertes que la Martinique vient d'éprouver en ce genre de culture par l'effet de l'ouragan du 21 octobre précédent.*

8 janvier 1848.

Arch. du gouvernement. Dép. ministérielles, n° 12.

N° 1840.—*Ordonnance du roi qui fixe le prix des passages aux frais de Sa Majesté sur les bâtiments de commerce* (1).

9 janvier 1848.

Art. 1er. Les passages, pour les colonies orientales et occidentales et pour la côte d'Afrique, des personnes employées, soit dans le militaire, soit dans le civil, qui seront embarquées sur des bâtiments de commerce, seront payés, à l'avenir, d'après le tarif ci-après; savoir :

DESTINATIONS.	EN ALLANT	EN REVENANT.
La Guyane française, les îles de l'Amérique du Vent et Sous le Vent.		
Pour chaque passager nourri à la table du capitaine......................	400ᶠ 00	533ᶠ 00
Pour chaque passager à la ration simple, y compris sa nourriture............	133 00	200 00
Sénégal et côte d'Afrique.		
Pour chaque passager nourri à la table du capitaine......................	300 00	375 00
Pour chaque passager à la ration simple, y compris sa nourriture............	100 00	150 00
Ile Bourbon.		
Pour chaque passager nourri à la table du capitaine......................	1,000 00	1,250 00

(1) Le roi, dit le ministre dans sa circulaire d'envoi, ayant égard à l'insuffisance des prix alloués aux armateurs par l'arrêté du 14 ventôse -an XI, a bien voulu les augmenter.

DESTINATIONS.	EN ALLANT	EN REVENANT.
Pour chaque passager à la ration simple, y compris sa nourriture............	333ᶠ 00	390ᶠ 00
Pondichéry.		
Pour chaque passager nourri à la table du capitaine...................	1,340 00	1,610 00
Pour chaque passager à la ration simple, y compris sa nourriture............	445 00	485 00
Bengale.		
Pour chaque passager nourri à la table du capitaine...................	1,560 00	1,840 00
Pour chaque passager à la ration simple, y compris sa nourriture............	500 40	600 00

Art. 2. Il sera fait des conventions particulières avec les armateurs pour le passage des militaires allant aux colonies ou en revenant en corps de troupe.

Art. 3. Notre ministre secrétaire d'État de la marine et des colonies est chargé de l'exécution de la présente ordonnance.

Arch. du gouvernement. Dép. ministérielles, n° 46.

N° 1841. — *Arrêté de l'intendant qui autorise un particulier à construire sur la rive du Fort, à Saint-Pierre, une halle de boucherie de seize pieds de long.*

10 janvier 1818.

NOTA. Sous diverses conditions, notamment celles de rétablir à ses frais, lorsqu'il quittera l'emplacement, la partie du garde-fou qu'il aura démolie pour établir la construction, et de ne nuire en rien au service public.

Arch. du gouvernement. Ord. et déc.

N° 1842. — *Circulaire ministérielle portant que les adminis-trateurs des colonies n'ont droit à aucune rétribution à raison de la surveillance qu'ils exercent sur la caisse des invalides de la marine.*

12 janvier 1848.

Monsieur le Commandant, il a été alloué, jusqu'à la fin de la dernière guerre, aux administrateurs chargés de la surveillance de la caisse des invalides dans les colonies, une rétribution de deux pour cent sur la remise en France des fonds de cette caisse.

Cette rétribution, qui a varié quant à la quotité, remonte à l'édit de 1720; à cette époque, l'administration et la comptabilité de la caisse des invalides, dans les colonies, étant confiées aux subdélégués des intendants et de commissaires de marine, l'indemnité était de droit, puisqu'elle tenait lieu à ces agents d'appointe-ments et de tous autres frais ayant rapport aux recettes et dépenses de ce service; c'était uniquement comme comptables qu'ils recevaient cette rétribution.

Mais par la suite le service des invalides fut confié à des trésoriers particuliers, et l'administration n'en con-serva que la surveillance. La rétribution de ces nou-veaux comptables fut fixée à cinq pour cent; et si les administrateurs ont continué à jouir de celle des deux et demi, ce n'est que par l'effet d'un abus qui a dû cesser par le retour aux principes d'une bonne admi-nistration.

Aussi, les règlements du 16 mai et 17 juillet 1816, concernant l'administration et la comptabilité de la caisse des invalides, n'ont-ils maintenu que la rétribu-tion des cinq pour cent en faveur des trésoriers.

Cependant quelques administrateurs des colonies, interprétant le silence des règlements comme une occa-sion, ont réclamé les deux pour cent. Des contestations se sont même élevées entre eux à ce sujet, chacun d'eux prétendant y avoir un droit exclusif.

Ces administrateurs se sont trompés; la surveillance qu'ils sont appelés à exercer sur la caisse des invalides, est inhérente à leurs fonctions, et ils n'ont pas plus de droit à une indemnité que les contrôleurs des ports de France et les commissaires des classes, qui exercent les mêmes fonctions sans rétribution spéciale.

Ainsi, tous les payements de ce grade qui auraient pu être faits depuis la reprise de possession des colonies devront être annulés, et le montant réintégré par qui il appartiendra dans la caisse des invalides.

Vous voudrez bien faire connaître ces dispositions à M. le contrôleur et aux autres administrateurs de la colonie, ainsi qu'au trésorier des invalides.

Recevez, etc.

Le Pair de France ministre secrétaire d'État de la marine et des colonies,

Signé Comte MOLÉ.

Code de la Guyane française, 2ᵉ partie, n° 79.

N° 1843. — *Notice scientifique sur l'ouragan qui a éclaté à la Martinique dans la nuit du 20 au 21 octobre 1817, par M. Moreau de Jonnès.*

26 janvier 1848.

Annales maritimes, 1848, 2ᵉ partie, p. 149.

N° 1844. — *Dépêche ministérielle au gouverneur administrateur portant avis d'un envoi de plants et de graines de différentes variétés de la pomme de terre à naturaliser à la Martinique.*

30 janvier 1848.

NOTA. 1. A cette dépêche sont encore annexées 1° une instruction sur la culture et sur les moyens de conservation de la récolte, et 2° une note sur les dispositions à adopter pour multiplier et encourager les essais.

2. Cet envoi n'ayant pas réussi, il est renouvelé vers la fin de l'année; le ministre en l'annonçant transmet une note contenant des observations au sujet des doutes

qu'on a paru concevoir à la Martinique sur la réussite de l'introduction de la pomme de terre aux Antilles. Dépêche ministérielle du 4 novembre 1848, n° 300. Archives du gouvernement. Cette note est encore annexée.

3. Les variétés envoyées sont : 1° rouges longues; 2° patraque rouge; 3° vitelotte; 4° truffe d'août; 5° grosses jaunes; 6° schan; 7° chinoises; 8° violettes; 9° jaunes longues de Hollande.

Arch. du gouvernement. Dép. ministérielles, n° 27.

N° 1845. — *Dépêche ministérielle annonçant au gouverneur que des immunités sont accordées aux armateurs français pour l'importation à la Martinique, ravagée par un ouragan, de vivres et autres objets de première nécessité, d'origine étrangère.* (Extrait.)

30 janvier 1848.

Dans la vue, dit le ministre, de procurer à la Martinique, par tous les moyens possibles, les plus prompts secours, nos armateurs viennent d'être autorisés à expédier dans la colonie, en franchise de tout droit de sortie, les comestibles d'origine étrangère et même les articles de même origine qui sont propres à l'agriculture et aux sucreries. Cette immunité n'est accordée toutefois que jusqu'au 1er mars prochain.

Le Ministre de la marine et des colonies,
Signé MOLÉ.

Arch. du gouvernement. Dép. ministérielles, n° 28.

N° 1846. — *Circulaire ministérielle contenant diverses dispositions relatives au payement de la première mise d'habillement et de la gratification allouées aux sous-officiers promus officiers après cinq ans de service dans le même corps.*

30 janvier 1848.

Monsieur le Baron, un arrêté du 9 frimaire an XI

(30 novembre 1802) accorde à chaque sous-officier d'infanterie promu au grade de sous-lieutenant, *après cinq ans au moins de services effectifs, consécutifs et dans le même corps,* comme sous-officier et soldat :

1° Sur les fonds de la masse d'habillement, un habillement, un armement, un équipement, uniforme complet (ces effets ont été remplacés depuis par une somme de 250 francs);

2° Sur les fonds du trésor royal, une gratification de 300 francs.

J'ai l'honneur de vous prévenir, après m'en être entendu avec le ministre secrétaire d'État de la guerre, que cette double allocation est due aux sous-officiers faits officiers qui peuvent prouver cinq ans de services consécutifs, sans égard à tout changement de corps résultant seulement d'une refonte de régiment; mais qu'elle n'est point due à ceux qui, ayant obtenu d'abord un congé, et ayant ainsi interrompu leurs services, n'ont repris l'activité qu'en recevant une prime d'enrôlement. Vous voudrez bien faire l'application de ce principe aux sous-officiers d'infanterie stationnés dans la colonie.

J'ai, au reste, approuvé que la première mise et la gratification allouées par l'arrêté cité plus haut fussent payées aux colonies avec le supplément de moitié en sus.

Je vous invite à tenir la main à ce que les états de services des sous-officiers qui auront été dans le cas de recevoir les sommes dont il s'agit accompagnent toujours, ainsi que l'ordonnent les règlements, les revues trimestrielles de comptabilité, dans lesquelles ces sommes seront employées.

Vous m'accuserez réception de la présente dépêche, et la ferez enregistrer au contrôle colonial.

Recevez, etc.

Le Ministre de la marine et des colonies,
Signé Comte MOLÉ.

Arch. de l'ordonnateur. Dép. ministérielles 1818, n° 4.

N° 1847. — *Dépêche ministérielle rappelant à la stricte exécution de l'ordonnance royale du 8 janvier 1817 concernant la traite, et rendant le gouverneur personnellement responsable des infractions qui resteraient impoursuivies.*

Paris, le 50 janvier 1818.

Les ordres précis qui ont été donnés à plusieurs reprises par le gouvernement du roi pour l'exécution des traités et conventions relatifs à l'abolition du trafic des esclaves, et, en dernier lieu, les dispositions de l'ordonnance de Sa Majesté du 8 janvier 1817, vous ont fait connaître que des obligations importantes vous sont imposées à cet égard, et que vous devez faire usage, pour les remplir, de tous les moyens d'administration, de police et de force.

Il résulte cependant de plusieurs rapports, qui viennent d'être répétés par les journaux anglais, que des cargaisons de noirs achetés à la côte d'Afrique auraient été récemment introduites dans nos colonies par des navires français.

Vous voudrez bien faire au plus tôt les recherches les plus exactes, à l'effet de constater si de telles contraventions ont eu lieu, par quels navires elles auraient été commises, si des poursuites ont été exercées contre les infracteurs, quels en ont été les effets, etc.

S'il était reconnu qu'il eût existé à la Martinique de semblables infractions, vous ordonneriez, sans délai, toutes les poursuites qui, ayant dû avoir lieu précédemment, n'auraient pas été effectuées et auxquelles il ne serait pas impossible de suppléer aujourd'hui.

J'ai au surplus à vous notifier que le roi veut absolument faire cesser les plaintes de la nature de celles qui viennent de s'élever encore à ce sujet, que vous devez y concourir par la surveillance la plus active et la plus sévère, et que si, dans l'étendue de votre gouvernement, de telles contraventions restaient impunies, vous seriez rendu personnellement responsable des conséquences.

Vous voudrez bien m'accuser la réception de la présente dès qu'elle vous sera parvenue.

Recevez, etc.

Le Ministre de la marine et des colonies,
Signé Comte MOLÉ.

Arch. du gouvernement. Dép. ministérielles, n° 26.

———

N. 1848. — *Avis officiel au commerce relatif à l'établissement de glacières dans la colonie, proposé par un étranger.*

31 janvier 1848.

On offre au gouvernement de construire des glacières dans la colonie de la Martinique, avec privilége exclusif, pendant dix ans, d'y transporter et vendre de la glace, franc de tous droits.

Ce privilége est sollicité par un négociant étranger, et le gouvernement ne voulant l'accorder qu'au refus des armateurs et négociants français, l'ordonnateur de la colonie les prévient qu'il est autorisé de traiter avec ceux qui désireraient se charger de cette entreprise.

Cet avis sera inséré dans les trois premières gazettes de la Martinique qui paraîtront, et trois jours après la publication de la dernière les propositions ne seront plus admises.

A Saint-Pierre, le 31 janvier 1848.

L'Ordonnateur de la colonie,
Signé DE RICARD.

Gazette de la Mart., 1848, n° 11.

———

N° 1849. — *Circulaire ministérielle annonçant diverses dispositions prises pour propager et encourager la pratique de la vaccine aux colonies.*

7 février 1848.

Monsieur le Comte, dès le mois de ventôse an II, une

dépêche ministérielle a chargé les administrateurs des colonies françaises de propager, dans ces établissements, la pratique de la vaccine.

J'ai l'honneur de vous prier de me faire connaître quel est, sous ce rapport, l'état des choses à Cayenne.

L'intention du roi étant d'assurer de plus en plus à nos possessions d'outre-mer le bienfait de ce précieux préservatif, je vous annonce que des ordres ont été donnés pour que tout chirurgien de la marine se munisse de vaccin avant de prendre mer, à l'effet de pourvoir, au besoin, au renouvellement de la matière vaccinale dans la colonie où viendrait à relâcher le bâtiment du roi sur lequel il serait embarqué.

J'ai arrêté, en outre, qu'il serait formé, dans chacune de nos colonies, un comité de vaccine qui sera composé de fonctionnaires publics, d'ecclésiastiques et d'habitants, et dont les membres du conseil de santé feront nécessairement partie. Les colons trouveront une nouvelle garantie de l'infaillibilité de la vaccine dans le zèle que les membres du comité mettront à en propager la pratique, et l'administration, puissamment secondée par cette institution dans ses efforts pour l'extirpation de la petite vérole, atteindra plus sûrement et plus promptement ce but si désirable.

Enfin, pour ne négliger aucun moyen de parvenir à cet heureux résultat, je me propose de décerner annuellement des médailles aux personnes que, sur le rapport du comité, vous jugeriez susceptibles de recevoir une récompense publique à raison des soins qu'elles auraient pris pour étendre l'usage de la vaccine et du succès dont ils auraient été couronnés.

Je ne crois pas avoir besoin de recommander à votre attention particulière l'objet de la présente lettre; je suis persuadé d'avance qu'il excitera au plus haut degré votre intérêt et votre sollicitude, et je compte que j'en recevrai incessamment des preuves.

Vous trouverez ici un exemplaire de divers écrits qui ont été publiés en France concernant la vaccine; j'y dans trente exemplaires d'instructions sur le même objet.

Recevez, etc.

Le Pair de France ministre secrétaire d'État au département de la marine et des colonies,

Signé Comte MOLÉ.

Code la Guyane française, 2e partie, n° 126.

━━━━━◆❖◆━━━━━

N° 1850. — *Dépêche ministérielle au gouverneur adminis- trateur portant demande de renseignements propres à résoudre la question de savoir si la gélatine d'os pourrait améliorer la nourriture du soldat aux colonies.*

7 février 1848.

Nota. Cette dépêche est accompagnée d'une note ma- nuscrite sur les avantages de l'emploi de la gélatine d'os. Une autre dépêche du 8 décembre 1849, n° 337, an- nonce l'envoi de deux boîtes de cette substance pour être soumise à des expériences.

Arch. du gouvernement. Dép. ministérielles, n° 54.

━━━━━◆❖◆━━━━━

N° 1851. — *Dépêche ministérielle portant, en principe, qu'aux cas de bris et naufrages les délits ou fraudes des sauveteurs ne peuvent compromettre les justes droits des propriétaires.*

9 février 1848.

Monsieur, les préposés des douanes à Honfleur saisirent, dans la nuit du 15 au 16 avril dernier, dans le bateau *la Providence,* patron Homel, neuf petits barils de genièvre.

Suivant les procès-verbaux dressés, ce genièvre pa- raissait avoir été sauvé dans la baie; nul doute ne s'est élevé sur son origine, et cependant l'administration de la douane a conclu à la confiscation pleine et entière des barils sauvés, en se fondant sur ce que le point de la côte où la patache avait surpris le bateau indiquait assez le dessein de débarquer et d'introduire frauduleusement le genièvre.

Sur le compte qui m'a été rendu de cette affaire, j'ai écrit au ministre des finances.

Je lui ai représenté qu'il n'y avait pas de parité à établir entre les effets trouvés après le sauvetage sur des individus qui n'en ont pas fait la déclaration, et les marchandises qu'on cherche à introduire en fraude; attendu que les naufragés ne peuvent être garants de la disposition qu'on a faite de leur propriété, tandis que le propriétaire des marchandises est naturellement responsable du fait du capitaine ou du voiturier auquel il les a confiées.

De cette différence de position, j'ai déduit les conséquences suivantes :

Que les lois répressives de la fraude au lieu de frapper le naufragé, étranger au délit et déjà très-malheureux par l'événement dont il est victime, doivent atteindre seulement le sauveteur infidèle; que, dans ce cas, la confiscation me paraissait devoir porter uniquement sur la récompense qui est allouée à ce dernier et qui peut, suivant les circonstances, s'élever jusqu'au tiers de la valeur des objets sauvés.

Je lui ai en même temps proposé de décider en principe :

1° Que dans les matières de bris et naufrages, les délits des sauveteurs ne puissent compromettre les justes droits du propriétaire;

2° Qu'au cas de contravention, la récompense due au sauveteur soit confisquée au profit des saisissants, sans préjudice des autres peines individuelles prononcées par les règlements;

3° Que les objets sauvés continuent, comme par le passé, d'être conservés, soit en nature, soit en argent, suivant les règlements maritimes rappelés par celui du 17 juillet 1816, pour être remis aux propriétaires naufragés, sur leur réclamation légale.

Le ministre des finances et M. le Directeur général
des douanes, tout en insistant sur la confiscation des
barils de genièvre, comme sortant de la catégorie
ordinaire des naufrages, ont entièrement partagé mon
opinion sur les principes généraux que j'avais posés, et
le dernier a écrit circulairement dans les ports pour
assurer l'exécution des mesures que je réclamais.

Ces dispositions ont deux objets importants : le premier, d'assurer la conservation des intérêts des naufragés; le second, de stimuler l'activité des surveillants des
côtes, en leur assurant une récompense, et d'empêcher
les vols et les pillages qui ne sont que trop fréquents
de la part des riverains. On ne saurait donc y donner
trop de publicité, et vous voudrez bien à cet effet, après
avoir fait enregistrer la présente au contrôle, en donner
communication aux commissaires et sous-commissaires
des classes, auxquels vous recommanderez d'en faire
autant à l'égard des syndics des gens de mer dépendant
de leur quartier.

Recevez, etc.

Le Ministre de la marine et des colonies,
Signé Comte DE MOLÉ.

Inspection. Reg. 9, n° 384.

N° 1852. — *Dépêche ministérielle au sujet de la gratification à accorder pour la saisie des objets de naufrage
enlevés sans déclaration par des riverains.*

9 février 1848.

Annales maritimes, vol. 1855, 1re partie, p. 5.

N° 1853. — *Dépêche ministérielle rappelant aux administrateurs en chef le devoir qui leur est imposé d'envoyer
périodiquement divers états de situation et de mouvements.*

19 février 1848.

Depuis 1814, le ministère n'a cessé de rappeler aux

administrations coloniales le devoir qui leur est imposé de transmettre avec la plus grande exactitude au département les documents périodiques dont l'envoi est prescrit par la circulaire du 6 messidor an XIII (25 juin 1805), insérée au recueil des lois de la marine, et par des ordres subséquents. Je vous renouvelle la même recommandation et les mêmes injonctions, tant pour le passé que pour l'avenir; si les renseignements dont il s'agit vous paraissaient susceptibles d'être simplifiés dans la forme, sans nuire en aucune manière au fond des choses, vous pourriez m'adresser, après mûr examen en conseil, vos propositions motivées à ce sujet : mais, jusqu'à ce que je vous eusse fait connaître le parti que j'aurais pris sur les modifications qui me seraient présentées, vous n'en devrez pas moins m'envoyer régulièrement tous les tableaux, états, inventaires, bordereaux, etc., exigibles d'après ce qui a été précédemment prescrit.

Aucune des pièces que vous avez à envoyer, dans l'état actuel des choses, par mois, par trimestre, par semestre et par année, n'est indifférente, et la plupart sont fort importantes ou plutôt absolument nécessaires. J'insisterai toutefois ici d'une manière toute particulière, en ce qui concerne les finances et les approvisionnements, sur l'envoi le plus ponctuel des divers états, etc., à défaut desquels il est impossible de connaître et de suivre la situation et les mouvements des salaires et des rationnaires, des recettes et des dépenses, des caisses, des magasins et des hôpitaux. Il est surtout trois documents qu'il est essentiel que je reçoive, pour que je puisse pourvoir à temps, et en connaissance de cause, aux besoins du service colonial en fonds et en matières; je veux parler, pour chaque exercice :

Des états des approvisionnements de toute espèce à faire pour l'année suivante, avec l'indication du prix courant de chaque article sur les lieux;

De l'état des divers travaux exécutés ou entrepris dans le cours de l'année, et des travaux du même genre

xécuter pendant l'année suivante, avec l'indication
appréciation de la dépense des uns et des autres;

Et du budget des recettes et des dépenses pour
née suivante; ce budget doit me parvenir avant
n de juillet de chaque année pour l'année suivante;
s il serait insuffisant s'il n'était accompagné des
ats relatifs aux approvisionnements et aux travaux
l'exercice prochain, dont il a été parlé ci-dessus
ue, par ce motif, je vous prie de me faire désormais
ir pour la même époque, sans préjudice de l'envoi
tous les états, bordereaux et autres renseignements
riodiques que vous avez d'ailleurs à me transmettre
mois, trimestre, semestre et année.

Vous m'accuserez la réception de la présente dépêche
la ferez enregistrer au contrôle colonial.

Recevez, etc.

Le Ministre de la marine et des colonies,
Signé Comte MOLÉ.

nspection. Reg. 5, n° 643.

———————❧❦❧———————

1854. — *Arrêté du Gouverneur administrateur qui
accorde à un sieur Tudor, américain, pour dix années
onsécutives, le privilége exclusif de l'importation et de
a vente de la glace dans la colonie.*

19 février 1848.

Le sieur Frédéric Tudor, habitant de Boston, renou-
ant la proposition qu'il avait faite en 1805 au gou-
nement de la colonie et qui avait été acceptée, nous
ffert de construire des glacières dans cette île, d'y
nsporter et vendre de la glace, si nous voulions lui
accorder le privilége exclusif, avec exemption de
roits, pendant l'espace de dix années.

Ayant fait insérer dans trois gazettes successives de
la Martinique l'offre de cette entreprise, pour accorder
la préférence aux armateurs et négociants français qui
voudraient s'en charger, et ne nous étant parvenu
aucune proposition à cet égard;

Vu l'offre écrite du sieur Tudor, à la date du 22 janvier dernier;

Vu la dépêche du 24 septembre 1817, timbrée *bureau d'administration*, par laquelle. Son Exc. le ministre de la marine et des colonies renvoie à notre décision la demande qui lui avait été faite directement par le sieur Tudor;

Considérant que l'importation de la glace dans cette colonie n'offre aucun intérêt sous les rapports commerciaux, qu'elle doit être non-seulement agréable aux habitants de la colonie, mais encore leur être très-utile sous le rapport de la santé, et principalement d'après les avis de MM. les officiers de santé pour l'usage des hôpitaux, qui doivent fixer notre attention;

Après avoir délibéré sur la demande du sieur Tudor en conseil du gouvernement et d'administration;

En vertu des pouvoirs qui nous sont départis par Sa Majesté, avons accordé et accordons au sieur Tudor, pour dix années consécutives, le privilége exclusif de l'importation, franc de tout droit, et de la vente de la glace dans cette colonie, aux conditions et clauses ci-après, auxquelles il promet et s'oblige de se conformer, à peine de déchéance du présent privilége.

Art. 1ᵉʳ. Le sieur Tudor s'oblige de faire construire à ses frais sur le point qui lui sera désigné, et sur le terrain qui lui sera donné à cet effet, aux environs ou dans la ville de Saint-Pierre, une glacière qui servira d'entrepôt, et capable par sa contenance de suffire à la consommation de cette ville et des habitants de cette partie de la colonie.

Art. 2. Cette glacière devra être achevée et la glace être exposée en vente à compter du 1ᵉʳ février 1819, et plus tôt, si faire se peut.

Art. 3. Il se soumet de construire, également à ses frais et aux mêmes conditions que dessus, une glacière aux environs ou dans la ville du Fort-Royal et d'y débiter de la glace le 1ᵉʳ juillet 1820, s'engageant en attendant de tenir constamment audit Fort-Royal la glace

écessaire pour la consommation de la ville et des be-
ins des habitants de cette autre partie de la colonie,
dater de l'époque fixée par l'article 2.

Art. 4. La vente de la glace ne pourra jamais excéder
le prix de soixante centimes la livre de seize onces, ou
demi-kilogramme.

Art. 5. A l'expiration du privilége, inventaire de l'établissement préalablement fait en présence des parties
intéressées, il sera procédé à la vente par adjudication
dudit établissement et dépendances, et le prix appartiendra moitié à la colonie et moitié au sieur Tudor,
sans que le gouvernement ni le sieur Tudor soit tenu
du payement de leur moitié respective, s'il ne se pré-
sentait pas d'acquéreurs ou d'adjudicataires. Cette vente
n'aura lieu cependant que dans le cas où le sieur Tudor
ne se rendrait pas adjudicataire du marché qui sera
passé alors, ainsi qu'il va être dit dans l'article ci-après.

Art. 6. Il est convenu que le sieur Tudor sera admis
à faire des offres, à la fin du présent privilége, pour le
marché qui sera fait alors, pour le droit exclusif de
vendre de la glace dans la colonie, et qu'il aura la préférence, à prix égal, sur tous les autres concurrents.

Dans ce cas l'estimation et la vente dont il est question dans l'article précédent demeureront nulles et de
nul effet, c'est-à-dire qu'elles n'auront pas lieu, et ledit
article sera exécuté à l'échéance du marché comme il
aurait été à celle du privilége, si ce dernier marché
n'avait pas été fait avec lui.

Art. 7. L'entretien, réparation et garde des glacières
des villes de Saint-Pierre et du Fort-Royal sont à la
charge du sieur Tudor.

Art. 8. Ledit privilége est fixé aux termes de dix
années, à compter du 1er janvier 1819.

Art. 9. Le plan et la construction de ces glacières
seront soumis à l'examen, inspection et surveillance de
l'officier du génie qui sera nommé par nous, et le sieur
Tudor sera obligé de se conformer aux ordres que nous
donnerons d'après le rapport de cet officier.

31

Art. 10. Si, n'importe par quel motif, hors celui que nous jugerons juste et susceptible de considération, l'importation et la distribution de la glace étaient interrompues, tant dans la ville de Saint-Pierre que du Fort-Royal, le présent privilége cesserait à compter du jour que la distribution de la glace et vente auraient manqué, auquel cas l'entrepreneur se trouverait placé dans la même hypothèse où il serait si les dix années de privilége étaient expirées.

Sera le présent privilége, pour recevoir son entière exécution, enregistré au secrétariat du gouvernement, à celui de l'ordonnateur de la colonie, aux bureaux du directeur de l'intérieur et du contrôle.

Donné à Saint-Pierre.

Signé DONZELOT.

Inspection. Reg. 5, n° 529.

N° 1855. — *Dépêche ministérielle au gouverneur administrateur portant recommandation expresse de légaliser toutes les expéditions de jugements envoyées en France, notamment les ampliations remises aux capitaines de navires chargés du transport des condamnés.*

26 février 1818.

Arch. du gouvernement. Dép. ministérielles, n° 35.

N° 1856. — *Ordonnance du gouverneur administrateur portant règlement des impositions de la Martinique pour l'année 1818.*

28 février 1818.

Elles sont divisées en deux sections, savoir :

1re Section. Impositions royales, comprenant les contributions directes et indirectes à percevoir : 1° à la sortie des denrées coloniales (droit tenant lieu de la capitation des esclaves cultivateurs); 2° sur les maisons et locataires des villes et bourgs principaux; 3° à l'entrée des marchandises françaises et étrangères; et 4° à l'entrée, à la sortie des navires français ou étrangers pour droits de tonnage, d'ancrage, louvoyage, etc.

2e Section. Impositions coloniales et municipales, comprenant les droits ou taxes sur les cabarets, les colporteurs, les canots de poste et gros-bois, la taxe sur les nègres des villes et bourgs pour le remboursement des nègres justiciés, celles des cabrouets, des hangars, des poteries chaufourneries et rhummeries; celle sur les maisons et nègres des deux villes pour leur entretien, et enfin un droit additionnel de sortie sur les denrées coloniales, établi tant pour l'entretien des chemins que pour faire contribuer les campagnes au remboursement des nègres justiciés.

Gazette de la Mart. et Arch. du gouvernement. — Enregistré au conseil souverain, 6 mars 1818.

———————

No 1857. — *Décision du gouverneur administrateur portant que toutes les ventes de bâtiments flottants faisant partie de successions ou dont la vente serait ordonnée par justice seront faites par les encanteurs.*

28 février 1818.

Nota. Et ce en vertu du paragraphe 4 de leur bail d'adjudication, conforme d'ailleurs aux dispositions de articles 7 et 8 du titre XIV de l'ordonnance de 1681, de l'article 1er, titre Ier, livre 2 du code de commerce maritime, et de l'article 531 du code civil, qui réputent *meubles* tous bâtiments flottants.

Inspection. Reg. 5.

———————

No 1858. — *Décision du gouverneur administrateur portant création et nomination d'un chef du service administratif de la direction de l'intérieur à Saint-Pierre.* (Extrait.)

1er mars 1818.

Un sieur Fournier est nommé à cette place. Il recevra

ultérieurement du directeur de l'intérieur des instructions sur les fonctions qu'il a à remplir.

Arch. de la direction de l'intérieur. Reg. 1, f° 50.

———◆———

N° 1859. — *Tarif des indemnités pour tenir lieu de frais de bureau aux officiers et agents de la marine embarqués.*

3 mars 1848.

Annales maritimes, 1848, p. 129.

———◆———

N° 1860. — *Ordonnance du gouverneur administrateur portant création et nomination d'un directeur de l'intérieur à la Martinique.*

4 mars 1848.

NOTA. Cette nomination a lieu en vertu d'un arrêté ministériel du 2 octobre 1817. M. Sorin est appelé à remplir la place dont il s'agit; ses appointements sont fixés provisoirement à 6,000 francs. Il recevra ultérieurement des instructions sur les fonctions qu'il aura à remplir.

Arch. de la direction de l'intérieur. Reg. 1, f° 14.

———◆———

N° 1861. — *Ordre du gouverneur administrateur portant nomination d'une commission chargée de rechercher les causes de l'insalubrité de l'hôpital de Fort-Royal.*

7 mars 1848.

Inspection. Ord. et déc. Reg. 5, n° 896.

NOTA. Voir le rapport de la commission, même volume, n° 898.

Le 14 octobre 1848, le gouverneur, pour être plus complétement éclairé, nomme une autre commission, même volume, n° 899.

Nº 1862. — *Arrêté du gouverneur administrateur qui assimile, pour le droit d'entrée, les farines étrangères aux farines françaises, lorsqu'elles sont importées par navires nationaux.*

10 mars 1818.

Le Gouverneur, etc.,

Vu l'ordonnance du roi, en date du 10 septembre 1817, qui autorise l'introduction des farines étrangères dans les colonies françaises,

Arrête ce qui suit :

Art. 1er. En exécution de l'ordonnance ci-dessus relatée et des instructions de S. Exc. le ministre de la marine et des colonies, en date du 18 septembre 1817, les bâtiments français qui introduiront des farines étrangères à la Martinique, d'ici à la fin d'octobre de la présente année, seront traités, pour les droits de douanes, comme le sont les bâtiments arrivant des ports de France avec des farines françaises.

Art. 2. Cette disposition est applicable aux bâtiments français déjà parvenus dans les ports de la Martinique avec des farines étrangères, et dont les droits d'entrée ne seraient pas encore liquidés.

Art. 3. Le commissaire ordonnateur de la colonie est chargé de faire exécuter le présent arrêté, qui sera enregistré tant au greffe du gouvernement qu'au contrôle de la marine.

Fait et donné à la Martinique, le 10 mars 1818.

Signé DONZELOT.

Gazette de la Mart., 1818, nº 25.

Nº 1863. — *Arrêté du gouverneur administrateur ordonnant le brûlement public des bons nominaux rentrés et annulés dans la caisse du trésorier de la colonie.*

10 mars 1818.

Le Gouverneur, etc.,

A arrêté ce qui suit :

Art. 1er. Tous les bons nominaux rentrés et annulés

dans la caisse du trésorier de la colonie seront brûlés publiquement à Saint-Pierre, en présence du commissaire de marine chargé du service et du contrôleur ou du sous-contrôleur, son représentant.

Art. 2. Il sera dressé procès-verbal de cette opération. Ce procès-verbal indiquera le numéro et le montant de chacun des bons nominaux qui seront brûlés.

Art. 3. On fera connaître par l'insertion dans les gazettes de la Martinique la série des numéros et le montant des bons nominaux livrés aux flammes.

Art. 4. L'ordonnateur de la colonie est chargé de l'exécution du présent arrêté.

Donné au Fort-Royal, le 10 mars 1818.

Signé DONZELOT.

Nota. Le même ordre a été répété à plusieurs époques jusqu'à l'entière extinction des bons nominaux créés par les arrêtés locaux des 4 octobre 1816 et 24 juillet 1817.

Gazette de la Mart., 1818, n° 25.

N° 1864. — *Circulaire ministérielle relative à divers renseignements à fournir aux commandants de navires sur les sous-officiers et soldats qu'ils sont chargés de transporter en France.*

12 mars 1818.

Monsieur le Baron, par ma circulaire du 18 septembre 1817, je vous ai recommandé de m'informer exactement des motifs du retour en France de tout individu quelconque, attaché au service du roi, auquel vous seriez dans le cas de délivrer un ordre ou un permis d'embarquement.

Je maintiens cette disposition; mais pour éviter des retards nuisibles au bien du service dans les décisions qui doivent être prises relativement aux sous-officiers et soldats de l'armée de terre lors de leur débarquement en France, vous voudrez bien, toutes les fois que des militaires seront embarqués par vos ordres comme passagers, faire dresser, indépendamment de la liste que vous m'en enverrez en m'informant des causes de leur retour, un état nominatif de ces hommes, présentant pour chacun d'eux l'extrait (notamment en ce qui concerne leur signalement et leurs services) du registre matricule du corps dont ils proviennent et le motif de leur renvoi de la colonie; il sera délivré au commandant du bâtiment deux expéditions de cet état, qu'il devra remettre aux administrateurs du port de débarquement, afin que l'une me soit adressée et qu'ils fassent tenir l'autre à l'intendant militaire à la disposition duquel seront mis les militaires débarqués. Vous prescrirez qu'il soit apporté le plus grand soin dans la rédaction de l'état dont il s'agit.

Recevez, etc.

Le Ministre de la marine et des colonies,
Signé Comte MOLÉ.

Arch. de l'ordonnateur. Dép. ministérielles 1818, n° 8.

N° 1865. — *Circulaire ministérielle qui défend le débarquement d'aucun individu faisant partie de l'état-major ou de l'équipage d'un bâtiment du roi armé hors de la colonie.*

19 mars 1818.

Monsieur le Comte, il est arrivé que des salariés du roi avaient, sans motifs légitimes, quitté dans les colonies les bâtiments à bord desquels ils étaient embarqués.

Pour prévenir les inconvénients qu'occasionnerait la continuation de cet abus, je vous recommande expressément de n'autoriser le débarquement d'aucun individu faisant partie de l'état-major ou de l'équipage d'un bâtiment du roi armé hors de la colonie. Dans le cas nécessairement fort rare où par des raisons majeures vous croiriez devoir vous écarter de cette règle générale, vous auriez soin de me rendre immédiatement un compte motivé de votre décision.

Je vous invite à faire enregistrer la présente circulaire au contrôle colonial.

Recevez, etc.

Le Ministre secrétaire d'État de la marine et des colonies,

Signé Comte MOLÉ.

Code de la Guyane française, 2ᵉ partie, nº 138.

———————————

Nº 1866. — *Arrêté du gouverneur et administrateur portant création et organisation d'une brigade du train affectée aux services artillerie, génie, ponts et chaussées, vivres et hôpitaux.*

28 mars 1818.

Le Gouverneur, etc.,

Considérant qu'il n'existe aucun moyen de transport pour les directions de l'artillerie, du génie, des ponts et chaussées et le service des vivres et des hôpitaux,

A arrêté et arrête ce qui suit :

Art. 1ᵉʳ. Il sera organisé une brigade du train pour les services ci-dessus mentionnés. Elle sera sous les ordres du directeur d'artillerie de la colonie.

Art. 2. Cette brigade sera composée ainsi qu'il suit, savoir :

Un maréchal des logis...................... 1
Un brigadier............................... 1
Et onze soldats............................ 11

    Total, treize hommes.................. 13

Vingt-cinq mulets.......................... 25

Trois voitures couvertes pour les transports des vivres..................................... 3
Deux caissons d'ambulance.................. 2
Dix voitures camions et tombereaux à timonières et à flèche............................... 10
                                          ———
                                           15

Lesquelles quinze voitures auront les objets de rechange nécessaires à un pareil train.

Art. 3. Cette brigade est destinée aux transports et travaux des directions d'artillerie, du génie, des ponts et chaussées et des services des vivres et des hôpitaux.

Art. 4. Lorsque les travaux des services ci-dessus nécessiteront l'emploi des soldats, voitures et mulets du train, les directeurs respectifs des divers services s'adresseront à celui de l'artillerie, qui donnera les ordres nécessaires pour que les demandes soient remplies, autant que les circonstances le permettront.

L'ordonnateur ou le commissaire de la marine fera les demandes que pourront nécessiter les services des vivres et des hôpitaux.

Art. 5. La solde de la troupe, indépendamment de là ration de vivres, sera égale à celle des soldats du train d'artillerie de la ligne, savoir :

Le maréchal des logis chef, par jour......... : 1f 54
Le brigadier............................... 0 81
Les soldats. 0 50

Art. 6. La brigade jouira de la masse d'entretien sur le pied de six francs par homme et par an.

Art. 7. La masse de harnachement sera la même que celle du train d'artillerie de la ligne, de quarante-huit francs par mulet et par an, ou 13c15 par journée de mulet, et il sera pourvu comme première mise à l'achat et confection des harnais nécessaires à douze attelages.

Art. 8. Il sera établi pour cette brigade une masse de linge et chaussure dont le complet sera de quarante francs pour les brigadiers et soldats et de cinquante francs pour le maréchal des logis chef. Cette masse sera formée au moyen d'une retenue journalière de vingt centimes sur la solde des sous-officiers, et de quinze centimes sur celle des brigadier et soldats.

Art. 9. La masse de linge et chaussure est destinée à pourvoir à l'achat des effets déterminés par les règlements concernant le train d'artillerie de la ligne; sa comptabilité sera tenue et réglée conformément aux dispositions qu'ils prescrivent.

Art. 10. L'uniforme de la brigade du train sera fixé ainsi qu'il suit :

Habit, veste et bonnet de police de drap petit lodève bleu, capote de drap bège;

Les revers, parements et basques de l'habit et le liseré du bonnet de police, de drap bleu de ciel petit lodève;

Les manches, le dos, les poches de l'habit, le bonnet de police, doublés en toile grise écrue;

Les basques de l'habit retroussées et attachées par une agrafe, le bouton conforme au modèle adopté pour l'artillerie de terre;

D'un sarrau de treillis remonté d'un collet de drap bleu de roi; •

D'un gilet à manches, de deux pantalons, guêtres de coutil, d'un pantalon de toile grise et d'un shako.

Art. 11. Les draps et toiles pour l'habillement seront délivrés du magasin général, ainsi que le grand équipement, et l'armement par la direction de l'artillerie.

Les confections seront exécutées aux frais et par les soins du corps, qui jouira à cet effet d'une masse égale à celle allouée par les règlements aux corps d'artillerie pour la deuxième portion de la masse générale.

Art. 12. La durée de l'habillement et de l'équipement sera la même que celle déterminée par les règlements et devis du 28 décembre 1816.

Art. 13. L'armement et le petit équipement seront les mêmes que pour le train de l'artillerie de la ligne.

Art. 14. L'équipement des mulets du train sera le même que celui de l'artillerie de la ligne.

Art. 15. La ration journalière de chaque mulet sera composée ainsi qu'il suit :

Quinze kilogrammes d'herbe de Guinée et quatre litres d'avoine.

Art. 16. La brigade du train sera administrée par le sous-officier en suivant les règlements sur l'administration des corps de troupes et particulièrement ceux relatifs au train d'artillerie de la ligne. Ce sous-officier remplira à cet effet les fonctions du conseil d'administration et du quartier-maître; mais toutes les pièces de comptabilité devront être visées et approuvées par le directeur d'artillerie.

Art. 17. La solde, la subsistance, les masses et toutes les dépenses en général de la brigade du train, tant pour le personnel que pour le matériel, seront réglées par le commissaire aux revues, qui aura la surveillance de la comptabilité de la brigade, qui en établira les revues et qui en arrêtera les registres tous les trimestres, ainsi que cela se pratique pour les autres corps.

Art. 18. La comptabilité relative au matériel du train sera particulière et distincte de celle de la direction d'artillerie, qui pourvoira seulement au ferrage des mulets.

Art. 19. Sous la surveillance du directeur de l'artillerie, le terrain dit *le Polygone* sera défriché et planté en herbes de Guinée pour servir à la nourriture des mulets.

Art. 20. Il sera dressé des états séparés des dépenses occasionnées pour le défrichement du polygone et pour l'entretien annuel des herbes. Ces comptes seront soumis à notre approbation.

Art. 21. Le commissaire ordonnateur de la colonie et le directeur d'artillerie sont chargés, chacun en ce qui le concerne, de l'exécution du présent arrêté, qui sera enregistré au contrôle.

Donné au Fort-Royal, le 28 mars 1818.

Signé DONZELOT.

Et plus bas : GUILLAUME, *secrétaire*.

Inspection Reg. 5, n° 765.

N° 1867. — *Notice monographique sur la couleuvre couresse des Antilles, par M. Moreau de Jonnès.*

30 mars 1818.

Annales maritimes, 1818, 2ᵉ partie, p. 858.

N° 1868. — *Décision du gouverneur administrateur portant création et nomination d'un chef du bureau du domaine et des contributions à Saint-Pierre.* (Extrait.)

1er avril 1848.

M. Caseneuve est appelé à ces fonctions, qui lui seront ultérieurement expliquées par des instructions du directeur de l'intérieur.

<small>Arch. de la direction de l'intérieur. Reg. 1, f° 50.</small>

N° 1869. — *Ordonnance du roi qui prescrit la formation de compagnies de discipline, détermine le cas dans lequel les militaires y seront incorporés et contient des dispositions sur les bataillons coloniaux.* (Extrait.)

1er et 16 avril 1848.

Art. 1er. Les soldats qui, sans avoir commis de délits qui les rendent justiciables des conseils de guerre, persévèrent néanmoins, par des fautes et contraventions qui ne peuvent plus être réprimées par les peines de simple discipline, à porter le trouble et le mauvais exemple dans les corps dont ils font partie, seront incorporés dans des compagnies détachées qui seront organisées à cet effet sous la dénomination de *compagnies de discipline*.

Art. 2. Les compagnies de discipline ne seront organisées que successivement et suivant les besoins. Leur nombre total sera de dix au plus, et l'effectif de chacune d'elles sera de cent quatre-vingts hommes au plus, non compris les cadres des officiers et sous-officiers et tambours. Elles seront divisées en deux classes, savoir :

1° Les compagnies de fusiliers, destinées à recevoir ceux des militaires qui, par la nature de leurs fautes ou par leur bonne conduite dans les compagnies de pionniers, seront susceptibles d'être renvoyés prochainement dans les corps de la ligne;

2° Les compagnies de pionniers, destinées à recevoir ceux desdits militaires qui, par la nature de leurs fautes ou par leur mauvaise conduite dans les compagnies de fusiliers, devront être soumis à un régime plus sévère.

Art. 3. Les trois bataillons coloniaux actuellement existants seront successivement, et à mesure des réductions, remis à l'effectif fixé pour les compagnies de discipline, et à cet effet il n'y sera plus envoyé de militaires.

Collection de Duvergier, t. 24, p. 589.

N° 1870. — *Arrêté du gouverneur administrateur portant qu'aucun navire de commerce, même national, venant de l'Inde ou de Bourbon, ne pourra être admis dans les ports de la Martinique.*

6 avril 1848.

NOTA. Voir dépêche ministérielle du 18 décembre 1817. Archives du gouvernement.

Gazette de la Mart., n° 28.

N° 1871. — *Homologation par le gouverneur administrateur d'une délibération de la paroisse de Sainte-Marie, portant imposition pour le service d'une pension annuelle de 6,000 livres coloniales allouée par cette paroisse à son curé.* (Extrait.)

6 avril 1848.

En conséquence le marguillier est autorisé à dresser le rôle de cette imposition, portée à trois livres coloniales par tête de nègre payant droit et à en faire la perception.

NOTA. La délibération porte qu'au moyen de cette pension le curé s'oblige à entretenir le mobilier du presbytère, à entretenir son cheval et même à le remplacer s'il meurt, à se pourvoir de domestiques et à délaisser, au cas de son décès ou de sa sortie de la paroisse, le mobilier en bonne et due valeur.

Arch. de la direction de l'intérieur. Reg. 1, f° 2.

N° 1872. — *Ordre du gouverneur administrateur pour la compagnie des canonniers pompiers, relativement au service de la salle de spectacle de Saint-Pierre.*

7 avril 1848.

La compagnie des canonniers-pompiers fournira, les jours de spectacle à Saint-Pierre, un détachement composé de quatre pompiers commandés par un sous-officier.

Il prendra son poste au lieu qui lui sera indiqué par le commissaire municipal, toujours une heure avant l'ouverture de la salle.

Deux pompes et leurs accessoires seront disposés sur le terrain le plus propice à leur jeu, et elles seront continuellement chargées durant le spectacle.

Le magasin des pompes sera constamment ouvert les jours de spectacle et toutes les pompes prêtes à sortir au premier signal.

Donné à Saint-Pierre (Martinique), le 7 avril 1848.

Signé DONZELOT.

Direction de l'intérieur. Ord. et déc. Reg. 1, f° 14.

N° 1873. — *Arrêté du gouverneur administrateur qui modifie le privilége exclusif des spectacles de la colonie accordé au sieur Ribié.*

9 avril 1848.

Cet arrêté règle la police intérieure du théâtre, l'entretien au complet de la troupe, les droits et attributions du directeur, les *parts* de produits allouées aux artistes sociétaires, les devoirs de ces artistes et les peines qu'ils encourent en cas d'infractions.

Arch. du gouvernement. Ord. et déc. n° 12.

No 1874. — *Arrêté du gouverneur administrateur qui autorise le trésorier de la colonie à faire, sous diverses garanties, une avance de 60,000 francs à un négociant qui se propose d'importer et de vendre à la Martinique des farines étrangères.*

9 avril 1848.

Inspection. Ord. et déc. Reg. 5, n° 572.

No 1875. — *Arrêté du gouverneur administrateur portant révocation de divers actes de ventes de propriétés nationales consenties, en 1811 et 1812, par l'autorité anglaise à des particuliers.*

10 avril 1848.

Le Gouverneur administrateur, etc.,

Vu les ordonnances des gouverneurs anglais Brodrick et Wale, en date du 20 janvier 1811 et du 1er avril 1812 ;

Vu les actes de vente passés les 25 janvier 1811 et 4 avril 1812, en vertu desdites ordonnances ;

Vu la dépêche de S. Exc. le ministre de la marine et des colonies, en date du 4 septembre 1817, portant que le ministre, après avoir pris connaissance desdits, actes, a reconnu que le gouvernement du roi ne pouvait être tenu d'en maintenir l'exécution, et a en conséquence décidé qu'ils cesseront d'avoir leur effet à dater du 1er septembre 1848 (1) ;

Arrête :

Art. 1er. Les actes de vente ou baux à rentes perpétuelles, passés, les 25 janvier 1811 et 4 avril 1812, en

---

(1) Par dépêche du 10 août 1816, n° 26 (archives du gouvernement), le ministre avait, en effet, demandé des renseignements sur les aliénations dont il s'agit ici, prescrit d'examiner s'il y avait eu lésion pour le domaine, et posé la question de savoir si ces actes de l'administration anglaise devaient être infirmés ou confirmés. Par dépêche subséquente du 4 septembre 1817, n° 21 (mêmes archives), le gouverneur fut chargé de notifier aux détenteurs actuels des habitations domaniales dites *le Fonds-Saint-Jacques*, *le Trou-Vaillant* et *le Champ-Flore* que l'aliénation qui en a été faite par l'autorité étrangère n'est pas confirmée et demeure en conséquence de nul effet.

vertu des ordonnances des gouverneurs Brodrick et Wale en date des 20 janvier 1811 et 1ᵉʳ avril 1812, ne sont pas confirmés et cesseront d'avoir leur effet à dater du 1ᵉʳ septembre prochain.

Art. 2. Toutes notifications à cet égard seront faites à qui de droit.

L'ordonnateur de la colonie et le directeur de l'intérieur sont chargés, chacun en ce qui le concerne, de l'exécution du présent arrêté, qui sera enregistré au secrétariat du gouvernement, aux bureaux du domaine et du contrôle.

Donné à Saint-Pierre, le 10 avril 1818.

Signé DONZELOT.

Et plus bas : GUILLAUME, *secrét.*

Direction de l'intérieur. Ord. et déc. Reg. 1, fᵒ 17.

———————

Nᵒ 1876. — *Ordonnance du gouverneur administrateur portant annulation du bail de propriétés domaniales consenti à un sieur* Édouard Henry, *le 4 avril 1812, par l'administration anglaise.*

10 avril 1818.

Nota. Ordonnance rendue en conformité d'une dépêche ministérielle du 4 septembre 1817.

Il s'agissait du bail perpétuel des habitations domaniales du Trou-Vaillant, de Mont-Mirail et du Champ-Flore.

Il n'est pas confirmé et devra cesser au 1ᵉʳ septembre 1818.

Une décision ministérielle du 5 mars 1823, sur l'avis du conseil d'État, accorde au fermier dépossédé une somme de 203,016 fr. 11 cent., pour tout dédommagement et indemnité de l'annulation du bail, et rejette toutes autres demandes et prétentions.

Inspection. Ord. et déc. Reg. 9, nᵒ 419 *bis.*

Nº 1877. — *Arrêté du gouverneur administrateur portant résiliation, à dater du 1er septembre prochain, du bail à rente perpétuelle de l'habitation domaniale du Fonds-Saint-Jacques consenti par l'administration anglaise en 1811.*

10 avril 1818.

Nota. 1. Une dépêche ministérielle du 4 septembre 1817 avait ordonné cette résiliation.

2. Une autre dépêche ministérielle du 5 novembre 1821, approbative d'une délibération prise à la Martinique et conforme d'ailleurs à un avis du conseil d'État, alloue au fermier dépossédé du Fonds-Saint-Jacques une somme de 148,506 fr. 10 cent. pour tout dédommagement et indemnité de l'annulation du bail à rente qui lui avait été passé le 25 janvier 1811.

Inspection. Ord. et déc. Reg. 8, nº 369.

———————

Nº 1878. — *Loi qui prononce des peines contre ceux qui se livreraient à la traite des noirs* (1).

15 avril 1818.

Louis, par la grâce de Dieu, roi de France et de Navarre,

Nous avons proposé, les chambres ont adopté,

Avons ordonné et ordonnons ce qui suit :

Art 1er. Toute part quelconque qui serait prise par les sujets et des navires français, en quelque lieu, sous quelque condition et prétexte que ce soit, et par des individus étrangers dans les pays soumis à la domination française, au trafic connu sous le nom de *la traite des noirs*, sera punie par la confiscation du navire et de la cargaison, et par l'interdiction du capitaine s'il est français.

---

(1) Voir l'exposé des motifs de cette loi, à la chambre des députés, par le ministre de la marine, le 12 mars même année, *Annales maritimes*, 1818, 2ᵉ partie, p. 289.

Art. 2. Ces affaires seront instruites devant les tribunaux qui connaissent des contraventions en matière de douane, et jugées par eux.

Donné à Paris, le 15 avril 1818.

Signé LOUIS.

Et plus bas : MOLÉ et PASQUIER.

Annales maritimes, 1818, p. 167. — Enregistré au conseil supérieur, 7 juillet 1818.

Nº 1879. — *Mémoire sur l'analyse chimique de la cochenille et de sa matière colorante, par* MM. Pelletier et Caventou.

20 avril 1818.

Nota. De ce mémoire, lu à l'Institut, il résulte que la cochenille est composée :

1º De carmine (nom que les auteurs du mémoire donnent au principe colorant);

2º D'une matière animale particulière;

3º D'une matière grasse composée de stéarine, d'élaïne et d'acide odorant;

4º De phosphate et de carbonate de chaux, d'hydrochlorate et de phosphate de potasse, et enfin de potasse unie à un acide organique.

Annales maritimes, 1818, 2e partie, p. 415.

Nº 1880. — *Extrait de la loi sur les douanes du 21 avril 1818, en ce qui touche l a réduction des droits sur les marchandises avariées.*

Titre VII.

Art. 51. Les marchandises avariées par suite d'événement de mer, qui ne conservent plus la valeur fixée par le prix courant des mêmes espèces de marchandises, obtiendront une réduction de droits proportionnelle à leur dépréciation, lorsqu'elle résultera d'une vente publique.

Art. 52. Cette vente aura lieu par courtiers de commerce ou autres officiers publics, et sous la surveillance du receveur des douanes, sans le concours duquel il ne pourra être fait aucune opération ni passé aucun acte.

Art. 53. L'administration des douanes pourra, dans les vingt-quatre heures, déclarer qu'elle prend l'adjudication à son compte, en payant cinq pour cent au dernier enchérisseur.

Art. 54. Les marchandises avariées qu'il ne conviendrait pas aux consignataires de faire vendre aux conditions ci-dessus pourront être réexportées, lors même qu'elles auraient été déclarées pour la consommation, nonobstant les dispositions de loi à ce contraires.

Art. 55. Les déclarants conserveront la faculté de séparer, dans une partie de marchandises qu'une même déclaration comprend, les colis qu'ils veulent réexporter, vendre à l'enchère ou soumettre au triage, ainsi qu'il va être dit, des colis qui sont en état de supporter l'application pure et simple du tarif.

Si, dans un même colis, l'on peut séparer les parties de marchandises avariées de celles restées intactes, la douane (dans le cas où le négociant ne consentirait pas à la vente publique) en permettra le triage, pour n'assujettir que ces dernières au droit intégral; le reste sera détruit en présence des préposés, qui en dresseront procès-verbal.

Art. 56. Les procès-verbaux de vente ou destruction dressés en vertu de la présente ne seront assujettis qu'au droit fixe d'un franc pour leur enregistrement.

Art. 57. Aucunes denrées comestibles ou substances médicales, pour lesquelles on aura demandé une réduction de droits par suite d'avaries, ne pourront être vendues ni livrées que d'après une attestation délivrée par le magistrat chargé en chef de la police locale, portant que l'avarie des marchandises n'est pas de nature à nuire à la santé.

Art. 58. Nulle réduction de droit ne peut être accordée, à quelque titre que ce soit, ailleurs que dans les ports ouverts à l'entrée des marchandises désignées par l'article 22 de la loi du 28 avril 1846.

Art. 59. Au moyen des huit articles qui précèdent, la troisième section du titre VIII de la loi du 8 floréal an XI est annulée.

Collection de Duvergier, n° 24, p. 405.

N° 1881. — *Arrêté du gouverneur administrateur qui accorde aux contribuables arriérés un dernier délai de trois mois pour s'acquitter, passé lequel ils seront poursuivis à la rigueur.*

22 avril 1848.

Inspection. Ord. et déc. Reg. 5, n° 584.

N° 1882. — *Ordonnance du gouverneur administrateur prorogative de celle du 28 octobre 1817 portant ouverture des ports de la colonie au commerce étranger, pour l'importation des comestibles, farineux et autres objets de première nécessité.*

25 avril 1848.

AU NOM DU ROI.

Le gouverneur et administrateur pour le roi de la colonie de la Martinique,

Vu l'ordonnance des administrateurs de cette colonie, en date du 28 octobre dernier, portant ouverture des ports aux étrangers en conséquence de l'ouragan désastreux qui venait de dévaster la colonie ;

Considérant que le terme de cette ordonnance expire au 30 de ce mois, formant six mois révolus du jour de sa publication, et que l'intérêt du commerce national exige le rétablissement immédiat de l'édit du 30 août 1784, prescrit de la manière la plus positive par les ordres du ministre ;

Considérant néanmoins le manque absolu de farine de manioc, qui forme la principale ressource de la colonie pour la nourriture de ses nègres ;

Considérant que le renouvellement des plantations de ce genre détruites par l'ouragan exige l'intervalle au moins d'une année;

Considérant encore qu'il est d'urgence, dans les intérêts de la métropole autant que dans ceux des habitants de la colonie, de pourvoir à la conservation de sa population en assurant sa subsistance;

Vu enfin l'opinion énoncée à cet égard par le commerce des deux villes de Fort-Royal et de Saint-Pierre;

Après en avoir délibéré en conseil de gouvernement et d'administration,

A ordonné et ordonne, pour être exécuté provisoirement, sauf l'approbation de Sa Majesté, ce qui suit :

Art. 1er. A compter du 30 de ce mois, les dispositions de l'édit du 30 août 1784 seront les seules exécutées à l'égard de l'admission des bâtiments étrangers dans la colonie, avec les uniques exceptions suivantes.

Art. 2. Les farines de froment, par bâtiments étrangers, continueront à être admises pendant l'espace de quatre mois (jusqu'au 1er septembre 1818).

Art. 3. Les farines de seigle seront également admises pendant celui de six mois (jusqu'au 1er novembre même année).

Art. 4. Ces farines continueront à être soumises aux droits établis par l'ordonnance du 28 octobre dernier, suivant la teneur de l'ordonnance d'impositions pour l'année 1818.

Prions Messieurs du conseil supérieur, etc.

Le directeur des douanes est chargé de tenir la main à son exécution.

Donné à Saint-Pierre, le 23 avril 1818.

Signé DONZELOT.

Et plus bas : GUILLAUME, secrét.

Arch. de la direction de l'intérieur. Reg. 1, f° 20.

No 1883. — *Homologation par le gouverneur administra-*

teur d'une délibération de la paroisse du Robert, relative au changement d'emplacement de son cimetière. (Extrait.)

25 avril 1848.

Ce changement, motivé *par le mauvais air qu'occasionne le cimetière actuel à l'église,* est approuvé. En conséquence la paroisse est autorisée à en établir un nouveau sur un terrain désigné par la délibération.

Arch. de la direction de l'intérieur. Reg. 1, f° 5. — Voir cette délibération, même source, f° 2, v°.

N° 1884. — *Extrait d'un discours du ministre de la marine aux chambres, en ce qui touche les revenus et les dotations des colonies de la Martinique et de la Guadeloupe et les résultats commerciaux qu'elles procurent.*

24 avril 1848.

.... Les revenus de la Martinique s'élèvent à 2,311,000 francs et sa dotation à 1,500,000 francs; ceux de la Guadeloupe à 2,148,000 et sa dotation à 1,500,000 francs.

Les avantages que la France retire de cette dépense sont incontestables. Nos transactions avec la Martinique et la Guadeloupe s'élèvent, à elles seules, à plus de 70 millions par an. Cette somme se compose de 8 ou 10 millions de salaires, gages de matelots, frais de constructions, radoubs et équipements, de 20 à 25 millions de produits de notre sol et de notre industrie, et 30 à 35 millions représentant la valeur des cargaisons de retour.

Annales maritimes, 1848, 2e partie, p. 251.

N° 1885. — *Règlement du gouverneur administrateur relatif aux fonctions des sœurs hospitalières attachées au service de l'hôpital et aux droits et prérogatives qui leur sont accordés.*

25 avril 1848.

Art. 1er. Les sœurs hospitalières auront une surveillance

le dans l'hôpital, dans l'intérêt des malades, mais ... autorité des officiers de santé, pour tout ce qui est relatif aux soins des malades, et sous celle du commissaire de la marine chargé du détail, pour tout ce qui est relatif à la police générale et à l'administration.

Art. 2. Les sœurs auront sous leurs ordres, à cet effet, ... infirmiers blancs ou hommes de couleur et autres agents subalternes, pour tout ce qui concerne le service des malades exclusivement.

Art. 3. Elles surveilleront l'ordre parmi les malades, la propreté des salles, des cuisines, bains, etc.

Art. 4. Elles auront l'inspection sur tous les aliments, veilleront à ce qu'aucune des parties des denrées ordonnées par les officiers de santé n'éprouve d'altération.

La sœur désignée par la supérieure pour être de service assistera toujours à la visite, tant pour connaître les remèdes et régimes qui seront ordonnés que pour en surveiller la distribution, qu'elle fera faire elle-même.

Art. 5. Les sœurs qui s'apercevront de quelque abus ou contravention, négligence ou fraude, en rendront ... pte au commissaire de marine chargé de l'admi... ation et de la police de l'hôpital, qui fera droit à ... clamation ou la soumettra, s'il y a lieu, à l'autorité ... ieure.

... rt. 6. La surveillance et le soin de la lingerie seront ... usivement confiés aux soins des sœurs hospitalières, ... seront chargées du soin de son entretien; elles ... sureront si les objets de lingerie et autres composant le mobilier, ainsi que le nombre des infirmiers et agents subalternes, sont en quantité conformes aux dispositions du marché de l'entrepreneur.

Art. 7. Le commissaire chargé de la police de l'hôpital portera son attention à ce que les malades et autres, quel que soit leur grade ou état, aient pour les sœurs hospitalières les égards dus à leurs respectables fonctions, et rendra compte de toute infraction à cet égard aux volontés du gouvernement.

Art. 8. Les sœurs hospitalières seront logées dans

l'intérieur de l'hôpital, et le local qui leur sera destiné sera convenablement disposé, aux frais de l'administration.

Art. 9. L'entrepreneur fournira chaque jour aux sœurs hospitalières, et à chacune d'elles, une ration composée d'une livre de viande fraîche, d'une livre quatre onces de pain blanc et d'une pinte de vin rouge de la même qualité que celui distribué aux malades.

Il sera alloué à l'entrepreneur à cet effet une somme de quatre francs cinq centimes pour chacune d'elles et par jour; cette somme sera payée à l'expiration de chaque mois à l'entrepreneur avec les états de journées de malades.

Art. 10. Il sera également alloué à chacune des sœurs, et par jour, une somme de un franc cinquante centimes pour subvenir aux achats et autres dépenses, tels que légumes, poisson, café, sucre et autres menus objets.

L'entrepreneur fera l'avance de cette somme, dont il sera remboursé à la fin de chaque mois en l'insérant sur les états de payement des journées de malades.

Art. 11. Attendu que depuis leur arrivée les sœurs ont été nourries par l'entrepreneur, qui a fourni également à leurs menues dépenses de table, il sera tenu compte à l'entrepreneur, à compter du jour de l'entrée des sœurs à l'hôpital, et pour chacune d'elles, de la somme de quatre francs cinq centimes par jour pour les causes énoncées dans l'article 9, et de celle de un franc cinquante centimes pour celles énoncées dans l'article 10.

Art. 12. L'entrepreneur fournira également à chacune de ces sœurs :

1° Un bois de lit garni, une paillasse, deux matelas, trois paires de draps, un traversin, deux taies d'oreiller, une courte-pointe, une petite table, une cuvette, un petit miroir, un bénitier et un parapluie; et pour toutes les sœurs:

2° Deux douzaines de chaises, trois grandes armoires, un petit bureau, une grande table pour le réfectoire, deux casseroles en cuivre, une poêle à frire, un moulin à café, une grande cuiller à servir et six couverts d'argent; — 3º Cinq douzaines de tabliers de toile, une douzaine de nappes, cinq douzaines de serviettes, deux douzaines d'essuie-mains, trois douzaines de torchons, une douzaine de petites cuillers à café en argent, et six fers à repasser.

Art. 13. Il sera dressé inventaire contradictoire par l'entrepreneur et les sœurs hospitalières, en présence du commissaire chargé de la police de l'hôpital et du contrôleur, des effets mentionnés en l'article précédent; les sœurs en seront personnellement responsables, et à l'expiration du bail de l'entrepreneur valeur de ce mobilier lui sera payée par le gouvernement, d'après l'estimation qui en sera faite à cette époque par des arbitres.

Art. 14. L'entrepreneur sera tenu de fournir aux sœurs hospitalières les domestiques nécessaires à leur service, le luminaire, le bois de chauffage pour la cuisine, et de faire blanchir leur linge, sans pouvoir prétendre à d'autres indemnités que celles accordées par les articles 9 et 10.

Le présent règlement sera exécuté tant à l'hôpital de Saint-Pierre qu'à celui du Fort-Royal.

L'ordonnateur de la colonie est chargé de veiller à l'exécution de ce règlement, qui sera enregistré au contrôle.

Donné à Saint-Pierre, le 25 avril 1818.

Signé DONZELOT.

Et plus bas : GUILLAUME, secrét.

Inspection. Reg. 5, nº 620.

—————————

Nº 1886. —*Dépêche ministérielle au gouverneur administrateur annonçant l'envoi à la Martinique, pour y être naturalisé, du goramy, poisson de l'île de France.*

27 avril 1818.

Monsieur le Baron, M. le commandant et administrateur de l'île de Bourbon a reçu l'ordre de vous adresser une certaine quantité d'individus de l'espèce de poisson appelé *goramy*. Cette variété paraît susceptible d'être introduite avec avantage à la Martinique. Il fournirait par sa qualité et par son volume aux moyens de subsistance de toutes les classes de la population une ressource qui pourrait devenir fort importante.

Vous trouverez ici une notice relative aux moyens de naturaliser le *goramy* aux Antilles (1).

J'attends de votre zèle tous les soins propres à seconder à cet égard les vues du gouvernement.

Recevez, etc.

Le Ministre,
Signé MOLÉ.

Arch. du gouvernement. Dép. ministérielles, n° 97.

N° 1887. — *Dépêche ministérielle annonçant au gouverneur administrateur l'envoi du vautour dit* messager *ou* serpentaire, *destiné à détruire à la Martinique la grande vipère dite* fer de lance.

27 avril 1848.

Arch. du gouvernement. Dép. ministérielles, n° 97.

N° 1888. — *Règlement pour fixer les heures de travail des maîtres ouvriers et journaliers à la journée du roi.*

28 avril 1848.

Art. 1er. A compter du 1er mai prochain, la cloche du

---

(1) Cette notice, restée annexée à la dépêche commence ainsi :
« Le *goramy* de l'île de France, étant transporté dans les eaux de la
« Martinique, de la Guadeloupe et de la Guyane française, présenterait
« aux habitants de ces colonies, par sa qualité et par son volume, une
« nourriture abondante, saine et assurée. On suppose qu'il remplace-
« rait avec avantage la morue, dont l'usage général, continuel et pres-
« que exclusif à tout autre aliment est dispendieux et présumé défa-
« vorable à la santé d'une population nombreuse. »

port servira de règle pour tous les chantiers et ateliers en dedans et hors du port; elle sonnera tous les matins à cinq heures pendant un quart d'heure.

Art. 2. A huit heures, la cloche annoncera la sortie du port pour le déjeûner.

Art. 3. Elle rappellera les ouvriers aux travaux à neuf heures.

Art. 4. Elle annoncera la sortie du port pour dîner, à midi.

Art. 5. Elle annoncera la reprise des travaux à deux heures après-midi, et la fin à six heures du soir.

Art. 6. Il sera fait des appels, par le commis principal de la marine chargé des chantiers et ateliers, ou, d'après ses ordres, par un commis de la marine de son détail, à chaque entrée aux travaux, ou, en cas d'impossibilité, à des heures interrompues, et plusieurs fois s'il est possible, sans préjudice de ceux que le contrôleur colonial a droit de faire.

Art. 7. Il sera tenu, par le commis de la marine chargé des appels, un casernet des maîtres ouvriers et journaliers de chaque chantier et atelier, sur lequel il ne pourra, sur sa responsabilité, porter présents que ceux qui auront répondu aux appels.

Art. 8. Le présent règlement sera affiché en dedans et en dehors des portes de l'entrée du port, à tous les chantiers, et partout où besoin sera.

Fort-Royal, le 28 avril 1818.

L'Ordonnateur de la colonie,

Signé DE RICARD.

Vu et approuvé par nous, lieutenant général, gouverneur et administrateur pour le roi.

Signé DONZELOT.

Arch. du domaine à Saint-Pierre.

———

N° 1889. — *Ordre du gouverneur administrateur pour*

l'exécution de divers travaux à faire dans l'intérieur du fort Bourbon pour le logement des troupes.

30 avril 1818.

NOTA. Il s'était agi d'abord d'un *baraquement* en bois pour 500 hommes, et le devis estimatif de ce travail s'élevait à la somme de 225,000 francs.

Considérant ce chiffre élevé, le peu de durée de pareilles constructions proportionnellement à la dépense, la destruction totale du baraquement qui existait au même lieu par le coup de vent de 1817, l'administrateur donne la préférence à des constructions permanentes, qui, moins dispendieuses, permettront, en outre, de profiter des bâtisses existant déjà dans l'enceinte du fort.

En conséquence il ordonne :

1° La construction d'un étage sur la plate-forme des casemates pour servir de pavillon des officiers ;

2° L'assainissement des casemates, l'établissement de nouveaux planchers, d'une galerie, etc

3° Diverses réparations et augmentations au corps des casernes, devant servir d'hôpital provisoire pour environ deux cents malades ;

4° Diverses réparations aux cuisines, chambres de bain, lingerie, logement des hospitalières, au petit magasin de batterie, à la baraque de l'avancée, aux citernes, au petit canal, etc.

Arch. du gouvernement. Ord. et déc., n° 78.

————————

N° 1890. — *Homologation par le gouverneur administrateur d'une délibération de la paroisse du Saint-Esprit portant imposition au profit du prêtre desservant de cette paroisse.* (Extrait de la délibération.)

5 mai 1818.

Les habitants de cette paroisse, légalement réunis pour délibérer sur le traitement à faire au prêtre desservant la paroisse, et *qui ne peut pas s'y tenir à poste fixe,* ont arrêté provisoirement de lui accorder vingt sols par tête de nègre payant droit, à la charge par lui de se procurer et fournir un cheval, un domestique, le pain et le vin pendant une année.

Arch. de la direction de l'intérieur. Reg. 1, f° 4, v°. — Même source, f° 4, r°.

N° 1891. — *Homologation par le gouverneur administrateur d'un procès-verbal constatant la nomination de trois commissaires de commerce pour le Fort-Royal par les négociants de cette ville.* (Extrait de la délibération.)

4 mai 1848.

Les négociants de la ville de Fort-Royal, régulièrement convoqués en vertu d'une dépêche du gouverneur, se sont réunis dans la salle de l'hôtel du gouvernement, et là, après formation d'un bureau, on a procédé à l'élection au scrutin, qui a désigné M. L. Barême pour le commerce de France, et MM. Reboul et Lafont jeune pour celui de la colonie.

Arch. de la direction de l'intérieur. Reg. 1, f° 7.

N° 1892. — *Arrêté du gouverneur administrateur réglant le budget des recettes et dépenses de la caisse royale pour l'exercice 1848.* (Extrait.)

5 mai 1848.

RECETTES.

Fonds venus de France.	1,749,042^f 50
Contributions directes.	693,000 00
Contributions indirectes.	1,018,000 00
Domaine et droits domaniaux.	89,344 44
Recettes extraordinaires.	104,359 00
Total.	3,653,746 16

DÉPENSES.

Appointements et solde............... 2,052,429 03
Dépenses assimilées à la solde......... 56,475 00
Salaires des ouvriers................. 277,000 00
Approvisionnements.................. 949,423 50
Hôpitaux........................... 449,568 00
Vivres............................. 1,223,346 60
Dépenses diverses.................. 153,548 00
_____
5,161,790 13

Dont il faut déduire les dépenses à la charge de la métropole, s'élevant à.... 1,638,453 22

Reste....... 3,523,336 91

BALANCE.

La recette présumée étant de.......... 3,653,746 16
Et la dépense étant de............... 3,523,336 91
_____

Il restera, comme fonds de réserve pour l'année 1819, une somme de..... 130,409 25

Inspection. Reg. 5, n° 776.

N° 1893. —*Ordonnance du roi qui détermine la manière de calculer les services militaires dans la liquidation des pensions à la charge des fonds de retenue des administrations financières.*

6 mai 1818.

Annales maritimes, 1818, 1re partie, p. 199.

N° 1894. — *Dépêche ministérielle au gouverneur administrateur contenant de nouvelles recommandations et instructions pour la rédaction du budget qui doit être adressé chaque année au ministre.*

7 mai 1818.

Monsieur le Baron, une circulaire ministérielle du

6 messidor an XIII (25 juin 1805), qui est insérée au *Recueil des lois de la marine*, et qui indique aux administrateurs coloniaux les états et autres documents périodiques qu'ils doivent envoyer au département, en ce qui concerne les différentes parties du service, leur prescrivait de faire parvenir, dans le mois de messidor de chaque année au plus tard, le projet de budget de l'année suivante.

Les dispositions de cette circulaire ont été maintenues par une autre circulaire du 3 octobre 1814, et elles n'ont cessé d'être rappelées à vos prédécesseurs dans la correspondance officielle.

Deux dépêches du 20 juin 1816 et 14 janvier 1817, numérotées 12 et 5, ont entretenu MM. le comte de Vaugiraud et Dubuc de la nécessité de s'y conformer, notamment en ce qui regarde l'envoi du budget.

Depuis lors, vos instructions vous ont prescrit d'apporter la plus grande exactitude à me transmettre chaque année, de manière à ce que je le reçoive avant la fin de juillet, le projet de budget de l'année suivante.

Je vous ai rappelé encore cette obligation par une dépêche du 7 décembre 1817, numérotée 169.

Plus récemment, une circulaire spéciale du 19 février 1818, numérotée 43, vous charge de m'envoyer, avant la fin de juillet, en même temps que le projet raisonné de budget de l'année suivante, l'état apprécié des approvisionnements nécessaires pour l'exercice prochain et l'état également apprécié des travaux à exécuter pendant ledit exercice.

Revenant au même objet, peu de temps après, je vous recommande, par une lettre du 26 mars dernier, numérotée 79, d'ajouter aux documents précédemment demandés un travail comparatif des dépenses de 1790 (époque de prospérité pour les colonies) et des dépenses à proposer pour 1819, où l'on fasse ressortir pourquoi et comment chaque article ne pourrait être réduit à l'ancien taux et même au-dessous, et où soit justifiée d'une manière nette et positive la différence en plus que vous vous croiriez obligé d'admettre.

Des ordres aussi formels doivent être exécutés ponctuellement, et je compte qu'ils le seront en ce qui vous concerne.

Il serait désirable que le projet de budget de chaque colonie me parvînt rédigé suivant un modèle uniforme et complet, et j'avais pensé vous adresser un cadre, que l'administration n'aurait eu qu'à remplir.

Mais le défaut de documents suffisants sur chacun des détails des recettes et des dépenses locales de chaque établissement a dû faire ajourner l'exécution de cette idée.

Dès que j'aurai reçu de chaque administration le projet de budget raisonné de 1819, que tous les éléments de ce travail seront réunis sous mes yeux et pourront s'éclaircir par la comparaison, je ferai établir un modèle pour la rédaction du budget de 1820 et années suivantes, et je vous l'adresserai, afin que vous vous y conformiez. Jusques-là, je me borne à vous recommander de suivre, dans la rédaction des projets de budget que vous aurez à m'envoyer, les errements que je vous ai tracés, et d'y joindre les documents accessoires que je vous ai demandés.

Ce projet sera satisfaisant quant au fond, si (accompagné d'ailleurs desdits documents et des états appréciés que réclament mes lettres des 19 février et 26 mars 1818, citées plus haut) il présente explicitement tous les articles quelconques des recettes et des dépenses, suivant la nature des unes et des autres, et si chaque article du projet est appuyé d'observations soit marginales, soit séparées, qui indiquent :

1º Quant aux recettes,

Le titre original de la recette, l'acte ou les actes qui l'ont établie ou maintenue, le plus ou moins de facilité de sa perception, ses avantages et ses inconvénients. (Dans le cas où des copies de l'acte ou des actes en vertu desquels chaque espèce de revenu se perçoit n'auraient point été déjà envoyées au département, il conviendrait d'en joindre des expéditions authentiques au projet de budget);

2º Quant aux dépenses,

Les éléments dont chacune se compose, les règlements qui l'autorisent, les tarifs et les marchés qui auront servi de base aux calculs, les causes générales ou particulières pour lesquelles on ne pourrait pas l'abaisser aujourd'hui, c'est-à-dire dans un temps où la situation du trésor royal et celle des colonies réclament plus de ménagements que jamais, à une somme moins forte qu'avant la révolution, c'est-à-dire à une époque de splendeur et de richesse commerciale et coloniale.

Par aperçu, et d'après les documents encore incomplets que possède le département sur les finances de la Martinique, les recettes et les dépenses générales peuvent, dans le projet de budget, se diviser ainsi qu'il suit :

RECETTES.

1ᵉ DOTATION DEMANDÉE A LA MÉTROPOLE EN FAVEUR DE LA COLONIE, soit.............................1,500,000ᶠ

Sous ce titre, l'on indiquera de quelle manière la colonie devra être payée du montant de la dotation à accorder par la métropole; par exemple :

Envois d'appointements de toute espèce...

La somme portée ici devra concorder avec l'état apprécié des demandes d'approvisionnements qui accompagnera le projet de budget, ainsi qu'il est prescrit par la circulaire du 19 février 1818. Il est bien entendu que la différence en plus ou en moins qui existera entre l'évaluation faite par l'administration coloniale et la somme qui aura été réellement dépensée en France pour ces envois sera compensée par la réduction ou par l'augmentation des fonds qu'il y aura lieu à remettre en numéraire ou en traites à la colonie.

Versements des fonds libres de la caisse des invalides de la marine....... » .... »

Produit de la retenue proportionnelle ordonnée sur les traitements par les lois des finances............................ » .... »

Retenues pour délégations payées en France.. »

    Ces trois articles, donnant lieu à des remboursements qui se font en France pour le compte de la colonie, doivent être déduits de la somme à remettre par la métropole...............

Fonds à envoyer, soit en traites, soit en numéraire (sauf la réserve que le ministre jugera convenable d'ordonner pour le payement des dépenses du personnel qu'il y aurait lieu à faire en France au compte de la Martinique, et pour les dépenses du service général, colonies)..................... »

Somme égale au montant de la dotation demandée, soit..................... 1,500,000

2° CONTRIBUTIONS DIRECTES, telles que capitation des esclaves de villes et bourgs et de ceux attachés aux poteries, vinaigreries, etc.

Droit sur le loyer des maisons;
Droit sur les hangars et tonnelleries;
Droit sur les poteries, vinaigreries, etc.;
Droit de cabaret;
Droit de colportage;
Droit sur les canots et pirogues;
Portion qui est payée à la caisse royale de la taxe spéciale imposée sur les têtes de nègres, pour le remboursement des nègres justiciés;

Portion qui est payée à la caisse royale de la taxe spéciale imposée sur les têtes de nègres et sur les maisons pour l'entretien des chemins.

3° Contributions indirectes, telles que droits de douanes à l'entrée et à la sortie.

Droit spécial à la sortie pour tenir lieu de la capitation sur les esclaves cultivateurs;

Droit d'ancrage;

Francisation de bâtiments (lorsque la suspension de la délivrance des actes de francisation sera levée);

Congés de bâtiments;

Portion qui est payée à la caisse royale du droit de sortie imposé spécialement pour l'entretien des chemins;

Portion qui est payée à la caisse royale du droit de sortie imposé spécialement pour le remboursement des nègres justiciés.

4° Domaines et droits domaniaux, tels que locations et fermages des biens domaniaux.

Rentes foncières;

Amortissement de rentes foncières;

Ventes de domaines (aucune ne doit avoir lieu sans ordre du roi);

Déshérences et épaves;

Versements des curateurs aux successions vacantes.

5° Recettes extraordinaires, telles que ventes des magasins du roi.

Amendes et confiscations non susceptibles d'être réclamées par les invalides;

Droits sur les encans;

Bénéfice sur les négociations de traites du caissier général du trésor public sur lui-même;

Produits résultant des dispositions de l'ordonnance provisoire locale du 3 septembre 1816.

DÉPENSES.

1° Traitements, appointements et solde,
comprenant séparément les articles qui suivent :

Gouvernement et administration générale ;
État-major général et des places ;
Administration de la marine ;
Contrôle colonial ;
Troupes de chaque arme ;
Direction de l'artillerie ;
Direction des fortifications ;
Service des ports ;
Équipages des bâtiments de servitude ;
Ponts et chaussées ;
Service de santé ;
Direction des douanes ;
Service du culte ;
Tribunaux ;
Agents de police et de surveillance ;
Divers autres agents ;
Trésorier ;
Pensions ecclésiastiques et religieuses.

2° Dépenses assimilées a la solde.

Indemnité de logement et d'ameublement ;
Sommes fixes allouées pour frais de secrétariat et de bureau, et pour frais de bureau et de tournée aux directeurs de l'artillerie et du génie et aux ingénieurs des ponts et chaussées ;
Masse d'habillement pour les troupes (1re et 2e portion) et masse d'entretien ;
Frais de passages ;
Conduites et vacations.

3° Salaires d'ouvriers.

Pour l'artillerie ;
Pour le génie militaire ;
Pour les ponts et chaussées ;

Pour les mouvements des ports;
Pour les bâtiments de servitude;
Pour les autres services.

4° Approvisionnements.

Pour les travaux de l'artillerie;
Pour les travaux des fortifications;
Pour les travaux des ponts et chaussées;
Pour les mouvements des ports;
Pour les bâtiments de servitude;
Pour les troupes (non compris l'habillement, dont la dépense est portée plus haut à l'article *masse*);
Pour les autres services.

5° Hôpitaux.

Journées d'hôpital pour les troupes;
Journées d'hôpital pour malades autres que les troupes.

6° Vivres.

Subsistance des troupes;
Subsistance des équipages des bâtiments de servitude;
Subsistance des noirs du roi;
Subsistance des autres rationnaires;
Chauffage;
Luminaire.

7° Diverses dépenses.

Loyer des bâtiments pour logements, magasins et ateliers;
Achats et affrétements de bâtiments et embarcations de servitude;
Frais de transport par terre et par eau;
Entretien des prisonniers de guerre;
Éclairage des ports et illumination des phares;
Impressions, affiches et publications;
Frais de procédure et de geôlage;
Diverses dépenses relatives au bagne.
C'est ici que devront être portées les sommes à payer pour l'indemnité accordée au gouverneur et adminis-

trateur pour le roi, au commandant militaire et à l'ordonnateur, à raison de la retênue proportionnelle qui est exercée sur leurs traitements.

A la nomenclature qui précède, l'on devra ajouter tous articles de recettes existant dans la colonie, à quelque titre que ce soit, et tous articles de dépenses publiques quelconques, autres que les recettes et les dépenses qui appartiennent à la comptabilité municipale, et qui figureront dans le budget municipal que je vous ai demandé par ma dépêche du 25 décembre 1817, numérotée 193.

Soit donc dans le proget de budget général de la colonie, soit dans le projet de budget municipal dont il vient d'être parlé, aucun impôt ou taxes directes ou indirectes en principal ou en centimes additionnels, établis à titre définitif ou à titre provisoire, aucune perception enfin, sous quelque dénomination qu'elle ait lieu, aucune sorte d'allocation payée des deniers publics, sous quelque forme qu'elle existe, ne devront échapper à l'une ou à l'autre des énumérations raisonnées que vous avez à produire sous les titres *recettes* et *dépenses*.

Dans les circonstances où se trouve la France, c'est le devoir de chaque administrateur de ne pas laisser inconnue la moindre branche de revenu, de ne pas tolérer une seule perception ni taxe, quelle qu'elle soit, qui n'aboutisse à la caisse publique pour y être reçue et employée sous la garantie des formes conservatrices établies par les lois.

Il est également impossible ne pas retrancher toute espèce de dépense ou de charge non indispensable.

C'est la volonté du roi, et en demandant aux deux chambres les fonds qu'exige chaque partie du service, il y a obligation absolue pour les ministres de Sa Majesté d'en justifier la nécessité, la légitimité.

C'est une tâche que je ne puis remplir sans votre concours, et je suis bien sûr que vous me seconderez dans son accomplissement de tout votre pouvoir.

Il est essentiel qu'à l'appui du projet de budget de chaque année je sois à portée de produire les comptes administratifs des recettes et des dépenses de l'année précédente, ou, du moins, de l'année immédiatement antérieure. Jusqu'à présent ces comptes résultent des états trimestriels de comptabilité dont la circulaire du 6 messidor an XIII (25 juin 1805) a ordonné l'envoi. Je n'ai, malgré les demandes réitérées qui en ont été faites depuis 1814, reçu les bordereaux dont il s'agit, pour la Martinique, que jusqu'au 30 juin 1817. Vous concevrez qu'il importe aujourd'hui plus que jamais que ces documents me soient adressés avec une grande ponctualité, afin que la situation financière de la colonie, pour chaque exercice, me soit toujours connue jusqu'à l'époque la plus rapprochée qu'il se pourra de la présentation du budget.

Veuillez m'accuser la réception de cette dépêche, qui devra être enregistrée au contrôle colonial.

Recevez, etc.

Le Ministre secrétaire d'État de la marine et des colonies,

Signé Comte MOLÉ.

Sur le primata est écrit de la main du ministre :
« Je ne puis trop recommander à vos méditations cette dépêche et son contenu ; veuillez vous pénétrer de tout ce qu'elle renferme et ne pas perdre un instant pour réunir et m'adresser tous les documents qu'elle vous demande. »

No 1895. — *Loi sur les finances. Dispositions relatives aux pensions. Titre IV, articles 11 et suivants.*

15, 16 mai 1848.

Collection de Duvergier, 1848, t. 21, p. 440.

N° 1896. — *Arrêté du gouverneur administrateur qui accorde à un particulier le privilége exclusif de former des établissements d'appareils fumigatoires à la Martinique.*

20 mai 1848.

Vu la demande du sieur de Saint-Amand d'obtenir un privilége exclusif pour l'établissement d'appareils fumigatoires dans la colonie de la Martinique, qui pût le dédommager des premières dépenses;

Vu l'utilité reconnue d'un tel établissement, d'après l'avis même du conseil de santé de la ville et port de Saint-Pierre;

Désirant concilier les intérêts du sieur de Saint-Amand et l'encouragement qu'il mérite avec ceux du service du roi dans la santé de ses sujets;

Vu le privilége exclusif accordé aussi à M. de Saint-Amand, le 22 février 1817, par le gouvernement de la Guadeloupe;

Lui avons accordé et accordons la permission de former l'établissement d'appareils fumigatoires dans les villes de Fort-Royal, de Saint-Pierre et autres quartiers de l'île, avec privilége exclusif pendant l'espace de trois années, à compter de ce jour, à la charge par lui d'y traiter gratis tous les soldats et les marins tant des bâtiments du roi que de ceux du commerce français qui lui seront adressés par le gouvernement et de se conformer à toutes les ordonnances relatives à la police et à la santé.

Le présent privilége sera enregistré au secrétariat de l'ordonnateur et à celui du directeur de l'intérieur.

Fait et donné au Fort-Royal, le 20 mai 1848.

Signé DONZELOT.

Arch. du gouvernement. Ord. et déc., n° 21.

N° 1897. — *Dépêche ministérielle au sujet de la régulari-*

sation des dépenses faites par les bâtiments de l'État en station ou en relâche aux colonies.

20 mai 1818.

Monsieur le Baron, le conseil d'administration du port de Rochefort, en examinant la comptabilité de l'*Infatigable*, a remarqué que le commis aux revues et aux approvisionnements de cette gabare n'a rapporté aucune pièce constatant les payements, faits à la Martinique, à l'état-major et à l'équipage, et que ces payements ne sont indiqués que par un simple visa de l'administration sur le rôle de l'équipage.

Le règlement du 1er novembre 1784, concernant le service des commis aux revues et aux approvisionnements à bord des vaisseaux armés, contient, au sujet des dépenses faites par les bâtiments de l'État en relâche ou en station, des dispositions dont il est nécessaire d'exiger l'exécution dans les colonies.

Des ordres sont donnés dans les ports de la métropole, pour que ces dispositions soient rappelées aux commandants et aux agents comptables des bâtiments de Sa Majesté, avant leur départ de France. Je vais les retracer ici, afin que vous ayez à vous y conformer toutes les fois que des avances seront faites à la marine royale dans la colonie de la Martinique.

Lorsqu'un bâtiment du roi arrive dans une colonie, l'état des remplacements qui lui sont nécessaires, signé du commis aux revues et aux approvisionnements, de l'officier chargé du détail, et visé par le commandant du bâtiment, est remis à l'intendant ou ordonnateur de la colonie (article 46). Ce dernier doit se charger de compter des dépenses et remettre au commis aux revues et approvisionnements les doubles des états appréciés qui en sont dressés (article 50).

L'achat des marchandises et munitions qui ne se trouvent pas dans les magasins de la colonie a lieu par des marchés que passe l'intendant ou ordonnateur, en présence du commis aux revues et aux approvisionnements du bâtiment pour lequel ces objets sont demandés et d'un officier nommé à cet effet par le capitaine (article 51).

S'il est jugé nécessaire de donner des à-compte aux officiers et à l'équipage, l'intendant ou ordonnateur fait remettre au commis aux revues et aux approvisionnements le montant du rôle, dont ce comptable lui délivre une expédition, et sur lequel sont portées les sommes que chacun des officiers et des agents de l'équipage doit recevoir (article 55).

Si le bâtiment a besoin de vivres ou de rafraîchissements, le commis aux revues et aux approvisionnements en remet l'état à l'intendant ou ordonnateur (article 58), et lorsque les délivrances sont effectuées, ce dernier en fait dresser un état apprécié, dont un double est remis aux commis aux revues et aux approvisionnements (article 59).

L'inexécution de ces dispositions pouvant occasionner des difficultés dans le remboursement des lettres de change que vous êtes autorisé à tirer sur le payeur général des dépenses des ministères, en recouvrement des avances faites par la colonie au service marine, je je vous invite à vous y conformer ponctuellement.

Vous m'accuserez réception de la présente dépêche, qui devra être enregistrée au contrôle colonial.

Recevez, etc.

Le Pair de France ministre secrétaire d'État de la marine et des colonies,

Signé Comte MOLÉ.

Nota. Le règlement cité n'a pas été recueilli au *Code de Saint-Domingue.*

Inspection. Reg. 5, n° 754.

———————

N° 1898. — *Décision du gouverneur administrateur qui fixe*

à 5,000 *francs le traitement annuel du trésorier muni-cipal.*

. 28 mai 1818.

Noᴛᴀ. Cette fixation comprend tous les frais de ser-vice quelconques de la caisse municipale.

Arch. du gouvernement.

———◆———

Nᵒ 1899. — *Arrêté du gouverneur administrateur ordon-nant des recherches, expériences et travaux analytiques à la journée, pour fixer exactement les prix des matériaux et de la main-d'œuvre des travaux publics.*

26 mai 1818.

Noᴛᴀ. Ces expériences ont eu lieu au fort Bourbon; elles ont été conduites par le directeur des fortifica-tions; elles ont coûté :

1ᵉʳ crédit, accordé par l'arrêté ci-dessus..	10,000ᶠ 00
2ᵉ crédit, accordé par arrêté du 28 juillet 1818...............................	10,000 00
3ᵉ crédit, accordé par arrêté du 22 oc-tobre 1818............................	30,000 00
Total......	50,000 00

Inspection. Reg. 5, nᵒ 675.

———◆———

Nᵒ 1900. — *Homologation du gouverneur administrateur d'une délibération de la paroisse du Marin, relative à des réparations urgentes à faire à l'église et au presbytère de cette paroisse.* (Extrait.)

26 mai 1818.

Ces travaux doivent, d'après devis, s'élever à 49,000 livres. Pour y pourvoir, la paroisse est autorisée :

1ᵒ A présenter à l'affranchissement huit esclaves laborieux, de bonnes mœurs, pour chacun desquels il sera perçu par le gouvernement une somme de 4,000 livres (soit 2,222 francs), au total celle de 32,000 livres (soit 17,778 francs), applicables auxdites réparations;

2° Et, pour le surplus (9,445 francs), à en faire le fonds par une imposition par tête de nègre suivant le dénombrement de tous les habitants de la paroisse.

Arch. de la direction de l'intérieur. Reg. 1, f° 10, v°. Même source, f° 20 v°.

Nota. Par un arrêté local du 1er juin suivant, le gouvernement fait à la paroisse du Marin, sur les fonds de la caisse de réserve, un prêt, pour dix-huit mois, de de la somme susdite de 9,445 francs.

N° 1901. — *Arrêté du gouverneur administrateur portant suppression des rations délivrées aux ouvriers externes employés aux travaux du gouvernement, et nouvelle fixation de leurs salaires* (1).

29 mai 1848.

Considérant que le bien du service et l'économie exigent que les rations délivrées aux ouvriers externes, en outre du prix de journée, soient supprimées, et que le prix de la journée soit réglé sur des bases équitables,

À arrêté et arrête ce qui suit :

Art. 1er. Seront supprimées, à dater du 1er juin 1848, toutes les rations de vivres délivrées aux ouvriers externes employés pour les travaux de l'artillerie, du génie, des ponts et chaussées, du port et du magasin général.

Ne sont point compris dans cette disposition les ouvriers militaires et les nègres du roi, qui continueront de jouir de la ration de vivres qui leur est attribuée par les règlements, en outre du prix des journées fixé ci-après.

---

(1) Voir un tableau comparatif des salaires anciens et nouveaux signé le même jour par le gouverneur. Archives de l'inspection, ordres et décisions, volume 5, n° 693.

Art. 2. A dater de la même époque, 1ᵉʳ juin prochain, les salaires d'ouvriers, soit des corps de troupes, soit externes, soit nègres du roi, seront réglés ainsi qu'il suit :

		Par jour.
Ouvriers de l'artillerie de la marine et canonniers....	{ Maîtres..................	2ᶠ 50
	Ouvriers ordinaires..........	1 50
Compagnie de l'artillerie et suspens..............	{ Surveillants...............	1 75
	Manœuvres.................	1 10
Troupe d'infanterie.......	Ouvriers de 1ʳᵉ classe........	4 50
	——— de 2ᵉ classe.........	3 36
	——— de 3ᵉ classe.........	2 76
	Manœuvres de 1ʳᵉ classe......	1 56
	———— de 2ᵉ classe.......	1 26
Marins...............	Ouvriers d'arts de 1ʳᵉ classe....	3 00
	——— de 2ᵉ classe.........	2 00
	Manœuvres................	1 80
Ouvriers externes, blancs ou de couleur.........	Chefs ouvriers..............	7 60
	Ouvriers d'arts de 1ʳᵉ classe...	5 60
	——— de 2ᵉ classe.........	4 60
	——— de 3ᵉ classe.........	3 60
	——— de 4ᵉ classe.........	3 10
	Manœuvres de 1ʳᵉ classe......	2 60
	———— de 2ᵉ classe.......	2 10
	Apprentis.................	0 60
Nègres du roi..........	Ouvriers d'arts ou commandeurs.	0 60
	Manœuvres................	0 35

Art. 3. L'ordonnateur de la colonie, les directeurs de l'artillerie et du génie, chacun en ce qui le concerne, sont chargés de l'exécution du présent arrêté, qui sera enregistré au contrôle.

Donné au Fort-Royal, le 29 mai 1818.

Signé DONZELOT.

Inspection. Reg. 5, nᵒ 672.

⎯⎯⎯⎯⎯⎯⎯⎯

Nᵒ 1902. — *Circulaire ministérielle au gouverneur adminis-trateur portant envoi d'instructions sur les recherches d'histoire naturelle à faire dans les colonies et sur les moyens d'en conserver et d'en transporter les produits.*

30 mai 1818.

Monsieur le Baron, j'ai déjà plus d'une fois appelé votre attention sur les moyens à prendre pour enrichir la France et les colonies des deux Indes par l'échange des productions utiles ou rares de leurs climats respectifs. Je ne saurais trop recommander à votre sollicitude un objet qui intéresse éminemment l'agriculture et la science, et je vous prie d'encourager et de multiplier les recherches qui seraient entreprises dans l'intérêt de l'une ou de l'autre.

Afin de donner à ces recherches plus de généralité en même temps qu'une direction plus sûre, j'ai prié MM. les administrateurs du muséum d'histoire naturelle au jardin du roi de rédiger des instructions détaillées qui pussent vous servir de guide et vous indiquer, non-seulement les productions que les administrateurs des colonies sont spécialement invités à expédier en France, mais aussi les précautions qu'exigent l'envoi et la conservation des individus de toutes les espèces, dans les trois règnes.

Vous trouverez ici une copie des deux mémoires qui forment ces instructions (1); je désire que l'objet en soit rempli de la manière la plus complète dans la colonie où vous résidez, et même, s'il se peut, dans les établissements étrangers qui vous avoisinent. C'est à vous de déterminer les dispositions qui vous paraîtront les plus propres à amener des résultats prompts et satisfaisants.

Vous aurez l'attention de joindre à chaque envoi que

(1) Ces deux mémoires sont encore joints à la dépêche. Ils sont intitulés, l'un *Instructions générales sur les moyens de préparer et de conserver les objets d'histoire naturelle à envoyer au cabinet du roi,* à Paris; l'autre *Instruction sur les recherches qui pourraient être faites dans les colonies, sur les objets qu'il serait possible d'y recueillir et sur la manière de les conserver et de les transporter.* On peut encore les consulter aux *Annales maritimes,* 1818, 2ᵉ partie, pages 673 et 634.

vous serez dans le cas de m'adresser l'état des frais
qu'il vous aura occasionnés, et que vous imputerez sur
le fonds des dépenses imprévues, sauf remboursement
par le département de l'intérieur, s'il y a lieu.

Recevez, etc.

Le Ministre de la marine et des colonies,
Signé MOLÉ.

P. S. Je saisis cette occasion pour vous rappeler l'objet d'une lettre que je vous ai adressée le 2 octobre
dernier, relativement à des recherches à faire faire de
coquilles fluviatiles et terrestres.

Arch. du gouvernement. Dép. ministérielles, n° 126.

N° 1903. — *Arrêté du gouverneur administrateur réglant
le budget des recettes et dépenses de la caisse municipale
pour l'exercice* 1818. (Extrait.)

30 mai 1818.

RECETTES.

Recettes particulières à la ville de Fort-Royal.

Droits sur les loyers, de 2 fr. 63 cent............	
Autres droits sur les loyers, de 3 fr. 28 cent.....	56,245ᶠ 00

Recettes particulières à la ville de Saint-Pierre.

Taxe de 5 francs par tête de nègre.............	
Hangars....................................	
Cabrouets..................................	32,300 00
15 centimes sur recettes brutes de la comédie....	

Recettes communes à l'administration locale de toute la colonie.

Taxe de 3 fr. 67 cent. sur esclaves de poteries....	
Idem chaufourneries, etc....................	
Droits additionnels de sortie sur les denrées......	
Remplacement des anciennes corvées d'entretien des chemins...............................	
Taxe des nègres justiciés....................	209,575 00
Cabarets..................................	
Colportage................................	
Canots de poste............................	
Affranchissements d'esclaves.................	

Total......	298,120 00

DÉPENSES.

Dépenses municipales de Fort-Royal, personnel et matériel	25,243 00
Dépenses municipales de Saint-Pierre, *idem*	100,012 77
Ponts et chaussées, *idem*	87,575 00
Dépenses générales, *idem*	85,289 23
Total égal	298,120 00

Inspection. Reg. 5, n° 718.

N° 1904. — *Dépêche ministérielle au gouverneur adminis-trateur relative à l'altération des eaux pluviales dans les citernes des Antilles et au moyen d'y remédier par l'emploi de filtres de charbon.*

30 mai 1848.

NOTA. Cet objet, qui intéresse essentiellement la santé des troupes, est recommandé à l'attention particulière de l'administrateur.

Arch. du gouvernement. Dép. ministérielles, n° 124.

N° 1905. — *Dépêche ministérielle au gouverneur adminis-trateur annonçant l'envoi à la Martinique d'un médecin vétérinaire au compte du roi, chargé de s'occuper de la multiplication des bestiaux et de l'amélioration des espèces.*

30 mai 1848.

NOTA. Il est placé sous la direction de l'administra-tion coloniale; son traitement annuel est fixé à 2,000 fr., sans préjudice des salaires qui lui seront dus par les propriétaires qui l'emploieront.

Arch. du gouvernement. Dép. ministérielles, n° 129.

N° 1906. — *Dépêche ministérielle au gouverneur adminis-trateur, lui donnant avis de la demande faite à Bourbon*

...lle graines fraîches du café de cette île, pour la Martinique et la Guadeloupe.

30 mai 1818.

Arch. du gouvernement. Dép. ministérielles, n° 125.

N° 1907. — *Circulaire ministérielle donnant avis au commerce de la permission accordée d'exporter de France pour la Martinique les tabacs exotiques en feuilles.*

30 mai 1818.

Annales maritimes, 1818, 1re partie, p. 282.

N° 1908. — *Dépêche ministérielle au gouverneur administrateur, pour l'inviter à tenir la main à ce qu'il ne s'établisse à la Martinique aucunes fabriques autres que celles nécessaires à la préparation des produits du sol.*

30 mai 1818.

Monsieur le Baron, j'ai reçu les renseignements que vous m'avez transmis par votre lettre du 29 mars dernier au sujet des tanneries de la Martinique. Il en résulte que des quatre établissements de ce genre existants à l'époque où l'état de recensement pour 1815 a été confectionné, il n'en reste maintenant que trois dont les travaux sont presque nuls, et qui ne sauraient en aucune manière nuire aux intérêts du commerce de la métropole. Si leur destruction est à désirer, c'est moins en raison du tort réel qu'ils peuvent causer que par le motif qu'ils sont en contradiction avec les principes de notre système colonial, et que dans ce genre une dérogation mène à beaucoup d'autres. Il convient de ne souffrir dans nos possessions aucunes fabriques quelconques autres que celles qui, par leur objet, rentrent dans la destination des colonies, c'est-à-dire celles qui sont nécessaires à la fabrication et à la préparation des produits du sol. Si vous pensiez qu'il y eût quelque inconvénient à supprimer, par un acte de l'au

34

torité, les tanneries dont il s'agit, il faudrait prendre des arrangements pour qu'elles finissent par tomber d'elles-mêmes; il faut aussi veiller à ce qu'il ne s'en établisse à l'avenir aucune autre semblable ou analogue.

Recevez, etc.

Le Ministre de la marine et des colonies,
Signé MOLÉ.

Arch. du gouvernement. Dép. ministérielles, n° 127.

N° 1909. — *Ordonnance royale qui détermine l'uniforme des officiers de l'administration de la marine et du contrôle.*

1ᵉʳ juin 1818.

Annales maritimes, 1818, p. 241.

N° 1910. — *Dépêche ministérielle au gouverneur administrateur annonçant l'envoi d'un exemplaire d'une brochure intitulée* Description des appareils à fumigations, *publiée par l'administration des hospices.*

5 juin 1818.

Nota. Par dépêche postérieure du 10 février 1819, n° 51, d'après le vœu exprimé par le gouverneur, il lui est fait envoi de cinq autres exemplaires de la même brochure. L'un deux subsiste encore, joint à cette dernière dépêche.

Arch. du gouvernement. Dép. ministérielles, n° 151.

N° 1911. — *Arrêté du gouverneur administrateur qui accorde une prime de 50 centimes par tête de serpent tué au fort Bourbon ou aux environs.*

9 juin 1818.

Nota. Un fonds de 500 francs est affecté au payement de cette prime.

Inspection. Reg. 5.

Nº 1912. — *Dépêche ministérielle au gouverneur adminis-*
trateur relative au défaut d'étampage et d'uniformité de
poids et de dimensions des barriques de sucre expédiées des
îles du Vent en France.

Paris, le 10 juin 1818.

Monsieur le Baron, il m'a été exposé que le défaut
d'uniformité dans les poids et dans les dimensions des
barriques à sucre dans nos îles du Vent était préjudiciable aux armements, en ce qu'il nuisait à l'arrimage
des navires; et l'on représente aussi que les barriques
n'étant plus comme autrefois marquées de l'étampe à
feu de l'habitant, il en résulte que le commerce n'a
aucune garantie contre la fraude, dont il ne peut plus
retrouver les premiers auteurs.

Un arrêt et un règlement du conseil d'État du roi
des 1er mai 1744 et 11 février 1787, une ordonnance
royale du 24 novembre 1787, ont prescrit sur cette
matière diverses mesures qui paraîtraient tombées en
désuétude.

Je vous prie de me rendre compte de l'état actuel
des choses sous ce rapport, et de me donner votre avis
sur les dispositions qu'il conviendrait de faire dans l'intérêt du commerce.

Recevez, etc.

Le Ministre de la marine et des colonies,
Signé Comte MOLÉ.

Arch. de la direction de l'intérieur. Reg. 5, fº 193.

***

Nº 1913. — *Dépêche ministérielle au gouverneur adminis-*
trateur contenant des observations et prescriptions au
sujet des émissions de billets ou bons de caisse aux colonies.

10 juin 1818.

Monsieur le Baron, par votre lettre du 17 mars 1848,
nº 104, vous m'adressez, d'après la demande que je
vous en avais faite, le 8 septembre dernier, des ren-

seignements sur les résultats d'une émission de billets qui a été ordonnée par arrêté de M. l'intendant Dubuc, en date du 4 octobre 1816. Vous m'annoncez en même temps qu'il a été fait une seconde émission, autorisée par cet administrateur, de 200,000 francs en mêmes valeurs, dont on n'avait encore employé que 78,000 francs.

Je pense comme vous que de telles opérations sont susceptibles de présenter des avantages réels, mais je crois aussi qu'il faut n'user de cette ressource que dans les cas où elle est reconnue absolument nécessaire, et je suis bien persuadé que vous n'y recourrez jamais, vous-même, qu'avec une sage circonspection.

Au reste, les opérations de ce genre sont de nature à être toujours examinées et délibérées en conseil d'administration. Il faut d'ailleurs que les limites et la forme des émissions soient bien établies, que la recette et la dépense des effets s'opèrent selon les mêmes règles et avec les mêmes garanties que lorsqu'il s'agit de fonds effectifs, enfin que rien ne soit négligé de ce qui peut maintenir le crédit et la confiance dont il est si nécessaire de faire jouir les opérations financières faites au nom du gouvernement.

Recevez, etc.

Le Ministre de la marine et des colonies,
Signé Comte MOLÉ.

Arch. du gouvernement. Dép. ministérielles, n° 142.

N° 1914. — *Arrêté du gouverneur administrateur portant qu'un prêt de 9,445 francs sera fait à la paroisse du Marin pour l'aider à réparer son église.*

12 juin 1818.

NOTA. Il y avait urgence. L'arrêté fixe au 1er janvier 1820 le remboursement, dont les fonds se feront par voie d'imposition paroissiale par tête de nègre.

Inspection, Reg. 5.

N° 1915. — *Dépêche ministérielle au gouverneur adminis-*
trateur annonçant l'envoi de cinq charrues modèles dont
il devra introduire l'usage à la Martinique.

17 juin 1848.

Monsieur le Baron, j'ai donné des ordres pour qu'il
vous soit adressé cinq charrues destinées à servir de
modèles, et qui sont adoptées par leur forme aux
différentes espèces de terres cultivables qui composent
le sol des îles du Vent. Vous recevrez incessamment une
instruction détaillée sur la construction et sur l'emploi
de chacune d'elles.

Il est à désirer que l'usage de ces instruments ara-
toires, dont l'objet est de diminuer les travaux manuels
de la culture, puisse s'introduire et se propager dans
la colonie. Veuillez faire déposer ceux que vous recevrez en lieu tel que les habitants et les ouvriers aient
la faculté d'en examiner la structure. Si vous le jugez
convenable, vous pourrez faire exécuter dans les ateliers
de l'artillerie, pour le compte de ceux des propriétaires
qui en formeraient la demande, des charrues conformes
à ces modèles.

Je ne doute pas que vous ne trouviez d'ailleurs à la
Martinique des personnes capables de diriger les premiers essais; au besoin, il se trouvera sans doute des
instructeurs à cet égard parmi les soldats de la garnison
qui auront été agriculteurs en Europe.

Toutefois si vous pensiez que, pour assurer l'introduction des charrues qui vous sont envoyées, il con-
vînt de vous expédier de France un certain nombre de
laboureurs, vous m'en informeriez en m'indiquant le
nombre qui vous paraîtrait nécessaire.

J'aime à penser que les colons apprécieront de plus
en plus les avantages de l'emploi des charrues dans les
cultures coloniales, et qu'ils verront dans le soin qui a
été pris de leur en procurer les meilleurs modèles une
nouvelle preuve de la sollicitude du gouvernement du

roi pour tout ce qui intéresse nos établissements des Antilles.

Recevez, etc.

Le Ministre de la marine et des colonies,
Signé MOLÉ.

Arch. du gouvernement. Dép. ministérielles.

───────⋘⋙───────

N° 1916. — *Arrêté du gouverneur administrateur portant création d'un atelier de punition au fort Bourbon pour les soldats coupables de fautes ou de délits militaires.*

20 juin 1818.

Le lieutenant général gouverneur ordonne ce qui suit :

Art. 1er. Il sera établi au fort Bourbon un atelier de punition pour les soldats qui, pour des fautes graves, se mettraient dans le cas d'y être envoyés.

Aucun homme ne pourra y être conduit que sur un ordre de nous, sur la demande du commandant du corps, qui en expliquera les motifs.

Art. 2. Les hommes qui sont envoyés à l'atelier de punition seront sans armes, sans habit et sans shakos. Ils conserveront leurs bonnets de police, leurs vestes et autres effets. Ils auront en outre une veste et un pantalon de travail en toile grise; la veste aura le collet et le parement bleus; ces effets leur seront fournis par les soins du conseil d'administration et le prix en sera payé sur leur masse ou sur le produit de leurs travaux, dont il sera parlé ci-après.

Art. 3. Il sera attaché à cet atelier un sous-officier qui maintiendra l'ordre et la discipline et surveillera l'ordinaire d'après les règlements. Il en sera attaché un second, s'il devient nécessaire.

Art. 4. Une chambre sera affectée au fort Bourbon pour les hommes composant l'atelier; elle sera fermée comme une salle de police et installée intérieurement pour que les hamacs puissent y être attachés.

Art. 5. Les vivres seront transportés et distribués au fort Bourbon aux hommes composant l'atelier; ils formeront une escouade séparée pour leur ordinaire. Le prêt leur sera fait et remis au sous-officier.

Art. 6. Les hommes composant l'atelier seront employés à des corvées ou aux travaux que prescrira le commandant du génie, et à cet effet il seront à sa disposition.

Art. 7. Le prix des travaux autres que les corvées sera moitié de celui réglé pour les autres ouvriers militaires.

Art. 8. Les hommes qui, par leur inconduite, se seront mis dans le cas d'être envoyés à l'atelier de punition, devront compléter leur masse et leurs effets de linge et chaussure avec le produit de la retenue ordinaire des deniers de poche et de partie de leur journée, répartie comme il suit:

Un tiers leur sera donné pour leurs besoins.

Les deux tiers restants seront retenus pour le complément de leur masse et de leur sac.

Lorsque le tout sera complet, la totalité du prix de leur journée ou de leurs travaux à la tâche leur reviendra; mais deux tiers continueront d'être ajoutés à leur masse pour être soldés lorsqu'ils sortiront de l'atelier de punition, et un tiers leur sera remis pour leurs besoins au fur et à mesure des payements.

Cependant lorsque, sur le rapport de l'officier du génie, des hommes de l'atelier de punition auront donné des preuves de bonne volonté, et lorsque leur masse sera complète et leur sac garni, le tiers seulement sera déposé à la masse et les autres deux tiers leur seront remis pour leurs besoins.

Art. 9. Lorsque sur le rapport du commandant du génie ou du chef du corps, des hommes de l'atelier auront donné des preuves de repentir et se seront distingués par leur bonne conduite et par leur zèle au travail, nous donnerons des ordres pour les faire rentrer à leurs compagnies; alors l'arme, l'habit et le shako leur seront remis, et ils seront admis à faire le service.

Art. 10. Le présent sera mis à l'ordre à dater du 24 juin 1818.

Signé DONZELOT.

Inspection. Reg. 5, n° 882.

———————⬥◆◆⬥———————

N° 1917. — *Ordonnance du roi qui établit sur les côtes d'Afrique une croisière pour empêcher la traite des noirs.*

Louis, etc.   24 juin 1818.

Vu les différents actes par lesquels la France a interdit le trafic connu sous le nom de *traite des noirs,* et notamment notre ordonnance du 8 janvier 1817 et la loi du 15 avril 1818;

Voulant assurer, par tous les moyens qui sont en notre pouvoir, l'abolition du commerce des esclaves dans tous les pays de notre domination;

Sur le rapport de notre ministre secrétaire d'État de la marine et des colonies,

Nous avons ordonné et ordonnons ce qui suit :

Art. 1er. Il sera entretenu constamment sur les côtes de nos établissements d'Afrique une croisière de notre marine, à l'effet de visiter tous bâtiments français qui se présenteraient dans les parages de nos possessions sur lesdites côtes, et d'empêcher toutes contraventions à notre ordonnance du 8 janvier 1817 et à la loi du 15 avril 1818.

Art. 2. Notre ministre de la marine et des colonies est chargé de l'exécution de la présente ordonnance.

Collection de Duvergier, vol. 21, p. 305.

———————⬥◆◆⬥———————

N° 1918. — *Ordonnance du gouverneur administrateur pour la sûreté des bâtiments du commerce français pendant l'hivernage.*

25 juin 1818.

Étant nécessaire de pourvoir à la sûreté des bâtiments

commerce de France pendant la saison de l'hiver-e, nous, pour prévenir les accidents auxquels ils pourraient être exposés dans la rade de Saint-Pierre, avons ordonné et ordonnons ce qui suit:

Art. 1er. A compter du 14 juillet (1) jusqu'au 23 octobre inclusivement de la présente année, tous les navires, senaux et brigantins actuellement mouillés dans cette rade ou qui arriveront d'Europe, et jusqu'au terme ci-dessus, seront tenus de se retirer dans le bassin du Fort-Royal, à peine par les capitaines de répondre en leur propre et privé nom de tous dommages ou avaries qui en pourraient résulter, en outre de punition personnelle, suivant l'exigence des cas.

Art. 2. Le 14 juillet, à huit heures du matin, il sera tiré de la batterie Sainte-Marthe un coup de canon d'avertissement, et à midi tous les bâtiments devront être sous voiles.

Art. 3. Pourront néanmoins tous bateaux, goëlettes et autres bâtiments caboteurs mouiller et séjourner dans la rade de Saint-Pierre; le tout aux risques, périls et fortune des maîtres ou des propriétaires.

Art. 4. Tous bâtiments étrangers auront également la faculté d'aller hiverner dans le bassin du Fort-Royal; mais cette mesure de sûreté n'est point obligatoire à leur égard.

Prions Messieurs du conseil supérieur, etc;

Mandons aux officiers des sénéchaussées de faire enregistrer la présente ordonnance, qui sera lue, publiée et affichée partout où besoin sera.

Donné à Saint-Pierre, le 5 juin 1818.

Signé DONZELOT.

Gazette de la Mart., 1818, n° 51.

---

(1) On sait que l'entrée en hivernage est variable, qu'elle se fixe chaque année eu égard à la lunaison. Voir à ce sujet une lettre du bureau de commerce du 14 juin 1823, et une note jointe, annexées l'une et l'autre à l'ordonnance locale du 21 juin même année, archives du gouvernement, ordres et décisions, n° 1108.

N° 1919. — *Arrêté du gouverneur administrateur portant qu'il sera émis pour la somme de 400,000 francs de bons de caisse du trésorier de la colonie, et réglant les formes comptables de cette émission.*

28 juin 1818.

Motif : Faciliter le service du trésorier et plus particulièrement les transactions commerciales.

Inspection. Ord. et déc. Reg. 5, n° 708.

* * *

N° 1920. — *Ordonnance du gouverneur administrateur portant organisation du service des douanes à la Martinique et règlement des fonctions et devoirs de ses préposés.*

30 juin 1818.

Nous, etc.

Considérant que le service de l'administration des douanes a été établi distinctement et confié à un directeur nommé par le roi ;

Voulant, par une organisation convenable à ce service, pourvoir à la fixation de ses dépenses annuelles, en observant rigoureusement l'économie que prescrit l'exemple de la métropole ;

Voulant de plus que le service des douanes, par des attributions et des règlements aussi analogues avec le régime de France que les localités le comportent, soit investi de la force et de la considération nécessaires au but de son institution ;

Vu le rapport du directeur des douanes ;

L'ordonnateur de la colonie entendu,

Nous avons ordonné et ordonnons ce qui suit, sauf l'approbation de Sa Majesté :

Art. 1er. Les douanes de la Martinique seront établies, à compter du 1er juillet prochain, conformément à l'état d'organisation approuvé par nous et annexé à la sente ordonnance. Cet état sera immédiatement gistré au contrôle colonial. L'état provisoire des de régie demeure conséquemment supprimé.

Art. 2. M. de Roman, directeur des douanes de la colonie, nous proposera sans délai les nominations aux emplois.

Après la première formation du personnel, quiconque sera admis dans la carrière des douanes fera un surnumérariat avant d'être titulaire d'une place appointée.

Au moyen de la hiérarchie établie dans les grades et dans les traitements, hiérarchie qui consolide la subordination utile au bien du service, le directeur nous proposera les avancements mérités.

Le directeur des douanes pourra provisoirement suspendre de ses fonctions tout employé prévaricateur ou de mauvaise conduite, et nous en ordonnerons, s'il y a lieu, la destitution.

Le directeur prendra les mesures qu'il jugera utiles pour le régime intérieur et le travail des bureaux de douanes.

Il sera placé au-dessus de l'entrée de chaque douane un tableau indicatif aux armes de France.

Art. 3. Le directeur des douanes nous soumettra, au fur et à mesure de leur utilité, et dans les véritables intérêts réciproques du commerce de la colonie et de la métropole, les règlements et arrêtés propres à mieux déterminer et faire remplir les formalités de douanes, et à assurer tant la régularité des perceptions que la répression de la fraude.

Ledit directeur nous proposera aussi les modifications dont le tarif actuel des droits de douanes peut être susceptible.

Art. 4. Les employés des douanes feront leur service par mer et par terre.

Ils ont droit de visiter les navires du commerce et de leur appliquer les peines voulues en cas de contravention de douanes. Leurs procès-verbaux seront crus jusqu'à inscription de faux.

Ils rechercheront et saisiront tout magasin ou entrepôt de marchandises prohibées formé sur la côte ou dans l'intérieur.

Art. 5. Les employés des douanes sont sous la sauvegarde de la loi; il est défendu à toute personne de les injurier ou maltraiter et même de les troubler dans l'exercice de leurs fonctions, à peine de cinq cents francs d'amende, et sous telle autre peine qu'il appartiendra, selon la nature du délit, dont il sera dressé procès-verbal.

MM. les commandants des bâtiments du roi, des troupes de terre et de la milice sont expressément invités à leur faire prêter main-forte à leur réquisition directe, sur présentation de leur commission.

Art. 6. Les employés des douanes seront indistinctement envoyés par le directeur sur les points successifs de la colonie où leur présence sera nécessaire.

Art. 7. Lesdits employés seront brevetés par nous, après six mois d'épreuves favorables dans leurs fonctions; jusque-là ils recevront une lettre de service. Le port d'armes à feu et autres leur est accordé. Ils auront l'uniforme des douanes de France.

Art. 8. Nous nous réservons de rendre compte à Son Excellence le Ministre de la marine et des colonies, sur le rapport du directeur des douanes, des employés qui se seront signalés par des actes particuliers de zèle, de probité et d'intelligence dans leurs fonctions, et de solliciter en leur faveur les récompenses dont ils seront susceptibles.

Art. 9. L'ordonnateur et le directeur des douanes de la colonie sont chargés, chacun en ce qui le concerne, de tenir la main à l'exécution de la présente ordonnance, qui sera enregistrée au contrôle.

Donné à Saint-Pierre, le 30 juin 1818.

Signé DONZELOT.

Gazette de la Mart., 1818, n° 55. — Enregistré au conseil supérieur, 30 juin 1818.

921. — *Arrêté du gouverneur administrateur portant suppression du collége royal de Saint-Victor.* (Extrait.)

30 juin 1848.

Cet établissement, créé en janvier 1816, avait été présumé devoir se suffire à lui-même. Néanmoins le gouvernement se trouva dans la nécessité, pour le soutenir, de lui faire constamment des avances annuelles.

Il les fit avec espoir d'en être remboursé alors que l'établissement aurait pris de la consistance.

Mais cet espoir ayant été trompé et le collége royal étant devenu un objet onéreux, la suppression en est ordonnée.

Inspection. Reg. 5.

———

1922. — *Décision du gouverneur administrateur qui arrête à la somme de 148,250 francs l'état du personnel des douanes pour l'année 1848.* (Extrait.)

1er juillet 1848.

Cet état comprenant :

1° Les appointements ;
2° Le supplément de traitement ;
3° Les frais de bureau ;
4° Les loyers de bureaux ;
5° Les frais de tournée ;
6° Les frais d'embarcations ;
7° Et le traitement de deux brigades.

Inspection. Ord. et déc. Reg. 5, n° 785.

———

N° 1923. — *Ordonnance du gouverneur administrateur pour l'ouverture, par souscription, d'un chemin montant de la ville de Saint-Pierre au Morne-d'Orange.*

2 juillet 1848.

Le Gouverneur et administrateur, etc.,

Vu la pétition à nous présentée par plusieurs habi-

tants de la paroisse du Mouillage, tant de la campagne
que de la ville, en demande de l'ouverture d'un chemin
qui donne l'avantage d'une communication facile avec
les hauteurs du Morne-d'Orange, et descendant vers
la rue Toraille, par les derrières de la ville, au moyen
d'une jonction avec le boulevard projeté;

Vu le plan annexé et le devis de M. Baduel, ingénieur
en chef des ponts et chaussées;

Considérant que le projet de remplacer de cette
manière un ancien chemin presque impraticable est
avantageux, non-seulement sous le rapport de l'agrément et de la commodité, mais plus particulièrement
sous celui de l'utilité agricole et commerciale, en raison
de la facilité qui en résultera pour les transports de
toutes les habitations de cette partie, et notamment de
deux grandes manufactures coloniales;

Arrête :

Art. 1er. Le nouveau chemin tracé des hauteurs du
Morne-d'Orange et descendant vers la rue Toraille, par
les derrières de la ville, sera exécuté conformément au
plan et au devis annexés.

Art. 2. Il sera pourvu par souscription aux frais de
l'ouverture et de la confection dudit chemin, ainsi
que des ouvrages de maçonnerie auxquels il donnera
lieu, portés à quarante-cinq mille francs par le devis
précité.

Art. 3. Le gouvernement souscrit pour une somme
de dix mille francs.

Art. 4. Le reste de la souscription devra être rempli
par les habitants et autres particuliers qui désireront
concourir à l'accomplissement d'un but aussi avantageux à la ville qu'à la campagne environnante.

Art. 5. Les fonds de ladite souscription seront versés
au fur et à mesure dans la caisse du trésorier de la
colonie.

Art. 6. Dès que la souscription sera remplie, l'ordre
sera donné de commencer les travaux.

Art. 7. Lorsque les travaux seront terminés, il sera

essé un compte spécial des recettes et dépenses aux-
elles l'opération aura donné lieu.

Art. 8. Si dans le cours de l'opération il s'élève des
lamations particulières qui donnent lieu à quelques
ses indemnités, elles seront établies conformément à
que les lois indiquent dans les cas de ce genre.

L'ordonnateur, le directeur de l'intérieur et le tré-
orier de la colonie sont chargés en ce qui les concerne
l'exécution du présent arrêté, qui sera enregistré au
secrétariat des archives du gouvernement.

Donné à Saint-Pierre, le 2 juillet 1818.

Signé DONZELOT.

Et plus bas : GUILLAUME, *secrét.*

Arch. du domaine à Saint-Pierre.

N° 1924. — *Dépêche ministérielle au gouverneur administrateur contenant renseignements sur le Para et le commerce de bétail qui s'y fait.*

8 juillet 1818.

Nota. Il en résulte que les bestiaux y sont en grande
abondance; qu'un bœuf acheté et embarqué, les frais
payés, revient à treize gourdes; mais pour faire perdre
à cette viande le mauvais goût qu'elle a d'ordinaire, il
faut laisser ces animaux près de six mois dans de nouveaux pâturages. Les chevaux y sont aussi très-nom-
breux, peu chers, mais souvent vicieux.

Arch. du gouvernement. Dép. ministérielles, n° 175.

N° 1925. — *Arrêté du gouverneur administrateur relatif
au droit de 6 fr. 30 cent. 0/0 que devront payer les acquéreurs de marchandises confisquées dont la vente aura été
ordonnée.*

8 juillet 1818.

Le Gouverneur, etc.,

Vu l'article 16 de l'arrêté du conseil du roi du

30 août 1784, qui attribue aux douanes le produit des confiscations prononcées en matière de contravention aux douanes;

Considérant que jusqu'à présent il a été librement disposé des marchandises saisies et confisquées, et qu'il importe d'établir un mode qui soit en harmonie avec les intérêts du commerce de la métropole et le régime de prohibition.

Vu la difficulté d'obtenir des acquéreurs à charge de réexportation;

Sur la proposition du directeur des douanes et de l'avis de l'ordonnateur de la colonie,

A décidé ce qui suit :

Art. 1er. Les marchandises saisies prohibées, dont la confiscation aura été prononcée définitivement, ne pourront être désormais vendues pour la consommation que sous l'acquittement du droit de six francs trente centimes p. 0/0 imposé par notre ordonnance du 28 février dernier sur les marchandises prohibées admises par cas spécial et force majeure; les marchandises de nature permise seront vendues purement et simplement comme par le passé.

Art. 2. Le montant du droit ci-dessus établi sur le produit de la vente des marchandises sera versé à la caisse de réserve.

Le trésorier de la colonie se chargera en recette de cette percegtion sur la liquidation de la douane, et en donnera récépissé.

Art. 3. L'ordonnateur, le directeur des douanes et le trésorier de la colonie sont chargés, chacun en ce qui le concerne de l'exécution de présente décision qui sera enregistrée au contrôle.

Donné à Saint-Pierre, le 8 juillet 1848.

Signé DONZELOT.

Et plus bas : GUILLAUME, *secrétaire*.

Inspection Reg. 5, n° 720.

Nº 1926. — *Ordonnance du roi concernant le cumul des pensions inscrites au trésor royal avec celles accordées sur des fonds de retenue.*

8 juillet 1818.

Louis, etc.,

Voulant fixer l'application de la loi du 15 mai 1818 sur le cumul des pensions;

Ouï le rapport de notre ministre secrétaire d'État des finances,

Notre conseil entendu,

Avons ordonné et ordonnons ce qui suit :

Art. 1er. Les titulaires de deux pensions, l'une sur le trésor et l'autre sur la caisse de retenue des ministères et administrations, ne seront plus obligés de les faire réunir en une pension unique sur les caisses de retenue, et pourront en jouir distinctement à compter du 1er avril dernier.

Art. 2. Les réunions de pensions faites sur lesdites caisses de retenue, en exécution de l'article 15 de l'ordonnance du 20 juin 1817, subsisteront; les pensions rayées au trésor pour être réunies à celles sur fonds de retenue seront réinscrites au trésor si la réunion n'est pas consommée à la date de la présente.

Art. 3. Nul pensionnaire n'obtiendra toutefois la réinscription au trésor, qu'en administrant la preuve que les services récompensés par la pension à réinscrire ne font pas double emploi avec ceux récompensés par la pension sur fonds de retenue, et qu'ils ont fini avant que les autres commençassent.

Art. 4. La remise en activité d'un employé jouissant d'une pension sur fonds de retenue fera cesser ladite pension, tant qu'il sera en possession d'un traitement aux frais de l'État. Ses derniers services seront ajoutés aux anciens dans la liquidation de la pension nouvelle à laquelle il aura droit.

35

Art. 5. Nos ministres sont chargés de l'exécution de la présente ordonnance.

Donné à Saint-Cloud, le 8 juillet 1818.

Signé LOUIS.

Et par le Roi :

Le Ministre des finances,

Signé le Comte CORVETTO.

Annales maritimes, 1818, p. 295.

N° 1927. — *Ordonnance du gouverneur administrateur déterminant les quantités de farineux et de morue nécessaires à l'approvisionnement de la colonie, et restreignant en conséquence l'exportation de ces denrées.*

9 juillet 1818.

Nous, etc.

Considérant que nonobstant les dispositions favorables de l'ordonnance du 23 avril dernier, pour la prorogation de l'ouverture des ports aux farines étrangères, cette denrée s'est trouvée souvent en quantité insuffisante pour les besoins journaliers et s'est élevée en conséquence à un prix extraordinaire, qui a mis dans la nécessité d'en défendre l'exportation;

Considérant néanmoins qu'il est important de mettre le moins d'entraves possible au commerce;

Après en avoir délibéré en conseil de gouvernement et d'administration,

Avons ordonné et ordonnons, pour être exécuté provisoirement, sauf l'approbation de Sa Majesté, ce qui suit :

Art. 1er. Toutes les fois que l'approvisionnement dûment constaté de la colonie n'excédera pas le nombre de quatre mille barils de farine de froment, calculé pour un mois, l'exportation de cette denrée ainsi que de tous grains et farineux quelconques sera suspendue.

Art. 2. Lorsque l'approvisionnement de quatre mille

barils de farine de froment sera reconnu exister, l'exportation du surplus sera permise, moyennant les droits établis à l'article 4.

Art. 3. L'exportation des autres denrées ci-après désignées sera aussi permise lorsqu'elles dépasseront les quantités suivantes, savoir :

Maïs et seigle réunis........ 1,000 barils.
Riz...................... 1,500 quintaux.
Morue.................... 4,800 quintaux.

Art. 4. Les diverses denrées dont la sortie sera autorisée seront soumises aux droits suivants d'exportation, savoir :

La farine de froment, une demi-
gourde, ou............... 2ᶠ 50 par baril.
Le maïs et le seigle, un quart de
gourde, ou............. 1 25 par baril.
Le riz................... 3 00 par millier.
La morue............... 1 00 par quintal.

Art. 5. Soit qu'il y ait lieu à suspendre ou à permettre les exportations des denrées désignées aux articles précédents, les commissaires du commerce en seront immédiatement prévenus, à la diligence du directeur de l'intérieur, par un avis qui sera au surplus publié dans la gazette la plus prochaine.

Art. 6. Il sera également fait, à la diligence du directeur de l'intérieur, un recensement de tous les comestibles indiqués aux articles 3 et 4 et existant, au Fort-Royal et à Saint-Pierre, tant dans les magasins du commerce que chez les boulangers. Cette opération sera constatée par un procès-verbal dans les formes ordinaires.

Art. 7. Expéditions des procès-verbaux seront transmises au directeur des douanes, pour lui servir de base sur l'existant et le mettre à même, d'après les mouvements journaliers d'entrée et de sortie, ainsi que des consommations fixées par mois aux quantités exprimées aux articles 2 et 3, d'établir la situation, suspendre ou permettre les exportations, et en donner sans retard

connaissance au directeur de l'intérieur, pour être transmise par ce dernier aux commissaires du commerce
de Saint-Pierre et du Fort-Royal, ainsi qu'il est prescrit à l'article 5.

Art. 8. Le Directeur de l'intérieur rendra compte
tous les dix jours de la situation des approvisionnements des divers comestibles, en se conformant au
modèle d'état qui lui sera transmis par l'ordonnateur
de la colonie.

Prions, mandons, etc.

Donné à Saint-Pierre (Martinique), le 9 juillet 1848.

Signé DONZELOT.

Gazette de la Mart., 1848, n° 55. — Enregistré au conseil supérieur, 10 juillet 1848.

N° 1928. — *Ordonnance du gouverneur administrateur
qui, à raison de la disette amenée par l'ouragan de 1817,
prescrit aux habitants des plantations de manioc et de
bananiers.*

9 juillet 1848.

Nous, etc.,

La disette des vivres du pays occasionnée par le dernier ouragan et les maux qui en sont résultés et qui en
résultent encore, nonobstant les mesures prises par le
gouvernement pour attirer dans la colonie les vivres du
dehors, ont dû faire sentir aux habitants de toutes les
classes la nécessité d'assurer la subsistance de leurs
ateliers par de nouvelles plantations de vivres de tout
genre, naturalisés sur leur sol.

Cependant nous sommes informé que cette culture
n'a pas été suivie aussi généralement que l'intérêt des
colons le demandait et qu'elle est restée à peu près partout fort au-dessous de la proportion prescrite par les
ordonnances.

Dans cet état de choses, et déterminé par notre sollicitude sur cet objet si important à la prospérité de la
colonie et à l'ordre social,

Nous avons ordonné et ordonnons ce qui suit :

Art. 1er. L'exécution des lois et règlements des 15 mai 1714, 1er septembre 1736, 10 mars 1740, 2 juillet 1765 et 18 janvier 1808, est formellement ordonnée.

Art. 2. Tout habitant est, en conséquence, tenu d'avoir et d'entretenir sur ses terres des plantations de manioc à raison d'un carré par vingt têtes d'esclaves, et de bananiers à raison de vingt-cinq touffes par tête.

Art. 3. Invitation est en outre faite à tous les habitants de la colonie, et plus particulièrement à ceux que le manque de plants de manioc mettrait en retard sur l'exécution de l'article précédent, d'y multiplier, sans délai et autant que la saison et la situation des terres le permettront, la culture des patates, des ignames et autres racines, des pois d'Angole et surtout du maïs.

Art. 4. Sont renouvelées et modifiées, pour mesures d'exécution des présentes, les dispositions des anciennes ordonnances et notamment celles du 1er septembre 1736, ainsi qu'il suit :

1° Dans les quinze derniers jours du mois d'août prochain, le commandant de chaque paroisse fera la visite des plantations et nous en enverra, dans les huit jours suivants, un état semblable au modèle qui lui sera adressé incessamment par le directeur de l'intérieur ; il s'adjoindra le lieutenant commandant pour cette opération.

2° Il ne sera point acquitté d'indemnité pour nègres justiciés qu'on ne rapporte le certificat du commandant et lieutenant, attestant que le réclamant en indemnité a sur ses terres la quantité prescrite de plantations en vivres.

Art. 5. Les habitants qui auront des raisons valables et suffisantes d'être dispensés de l'exécution de la loi dans toute sa rigueur, notamment sous le rapport des plantations de manioc, en informeront le commandant de leur paroisse, à qui ils donneront en même temps connaissance des moyens dont ils auraient usé pour suppléer à cette partie des cultures d'obligation, et ce dernier en fera l'observation sur l'état indiqué à l'article 4.

Art. 6. Par continuation des dispositions qui précèdent, et afin qu'un objet si important ne puisse plus être perdu de vue, le directeur de l'intérieur sera spécialement chargé de nous faire, par trimestre, à compter du 1er octobre prochain, un rapport général sur la situation des vivres de la colonie ; en conséquence, les états et renseignements indiqués par les articles 4 et 5 lui seront transmis à l'avenir tous les trois mois.

Sera la présente ordonnance enregistrée au secrétariat des archives du gouvernement et partout où besoin sera.

Donné à Saint-Pierre (Martinique), le 9 juillet 1848.

Signé DONZELOT.

Et plus bas : GUILLAUME, *secrét. arch.*

Direction de l'intérieur. Ord. et déc. Reg. 4, fo 24. — Enregistré à la cour royale, 7 octobre 1825.

No 1929. — *Circulaire ministérielle sur les mesures à prendre contre les corsaires qui auront commis des actes de piraterie envers un navire français.*

14 juillet 1848.

Code de la Guyane française, 2e partie, no 158.

No 1930. — *Dépêche ministérielle au gouverneur administrateur portant demande d'un catalogue des végétaux indigènes et exotiques existant dans les établissements de culture ou de botanique appartenant au roi dans la colonie.*

14 juillet 1848.

Motif : Afin de pouvoir mettre les administrateurs de nos colonies et les professeurs du muséum royal à portée de déterminer les échanges de végétaux qu'il y aurait lieu d'opérer entre nos divers établissements coloniaux, et de pourvoir ensuite aux moyens d'effectuer tous ceux desdits échanges qui seront reconnus avantageux.

Arch. du gouvernement. Dép. ministérielles, n° 191.

———————

N° 1931. — *Dépêche ministérielle rappelant au gouverneur administrateur que l'intention du roi est que les marins du commerce soient traités dans les hôpitaux comme ceux de la marine royale et aux mêmes prix.*

15 juillet 1818.

Nota. Voir la dépêche ministérielle du 25 décembre 1817, n° 1831.

Arch. du gouvernement. Dép. ministérielles, n° 185.

———————

N° 1932. — *Arrêté du gouverneur administrateur ordonnant la construction de cales en bois et autres travaux nécessaires à la sûreté et à la salubrité des port et rade de la ville de Saint-Pierre.*

16 juillet 1818.

Inspection. Reg. 5.

———————

N° 1933. — *Arrêté du gouverneur administrateur portant création d'un huissier du domaine pour chacune des villes du Fort-Royal et de Saint-Pierre.*

24 juillet 1818.

Ayant reconnu la nécessité d'avoir un huissier spécialement attaché à l'administration, pour son service en général et notamment pour la rentrée des deniers publics,

Arrête :

Art. 1er. Il sera nommé un huissier du domaine pour chacune des villes du Fort-Royal et de Saint-Pierre.

Art. 2. Chacun des huissiers fournira un cautionnement en immeubles, savoir :

Celui du Fort-Royal, de six mille francs;

Celui de Saint-Pierre, de dix mille francs.

Ce cautionnement sera accepté par l'ordonnateur de la colonie.

Art. 3. Les droits des huissiers du domaine sont fixés, quant à la contrainte qu'ils exerceront contre les délinquants aux contributions directes, savoir : dans les villes, trois francs trente-trois centimes et un tiers;

Et dans les campagnes, ainsi qu'ils sont établis pour les sénéchaussées par le tarif arrêté le 31 octobre 1812.

Art. 4. Ils auront en outre, en raison des soins qu'ils se donneront pour la rentrée des deniers publics, avant ou même indépendamment de l'exercice des voies de rigueur, un traitement fixe, savoir :

Celui du Fort-Royal, de mille francs ;

Celui de Saint-Pierre, de dix-huit cents francs.

L'ordonnateur de la colonie est chargé de l'exécution du présent arrêté, qui sera enregistré au secrétariat des archives du gouvernement, au bureau du contrôle et partout où besoin sera.

Donné à Saint-Pierre, le 24 juillet 1818.

Signé DONZELOT.

Et plus bas : GUILLAUME, *secrét.*

Inspection. Reg. 5, n° 761.

N° 1934. — *Décision du gouverneur administrateur qui arrête provisoirement l'état d'organisation du personnel de la direction de l'intérieur, à compter du 1er mars précédent.*

28 juillet 1818.

Nota. Cet état du personnel, composé du directeur, d'un chef et de deux employés pour le service administratif, d'un chef et de trois employés pour le service des contributions et domaines, s'élève, en appointements, suppléments de traitement, frais de bureau,

---

frais de tournées et traitement éventuel, à la somme de 41,800 francs, dans lesquels le directeur figure pour 19,300 francs.

Arch. du gouvernement. Ord. et déc., n° 47.

N° 1935. — *Avis officiel de l'ordonnateur relatif aux conditions de l'adjudication, par entreprise, de l'enlèvement des ancres, chaînes et autres objets gisant dans le port et la baie de Saint-Pierre.*

29 juillet 1848.

Le public est prévenu qu'il sera procédé, le 6 du mois d'août prochain, à dix heures du matin, dans une des salles du gouvernement, et par-devant qui de droit, d'après les soumissions cachetées qui auront été adressées à l'ordonnateur, sous bonne et suffisante caution, à l'adjudication de l'entreprise qui doit être chargée de l'enlèvement des ancres, chaînes, corps morts et carcasses qui se trouvent dans le port et la baie de Saint-Pierre.

Les ancres, chaînes et autres objets que l'entrepreneur retirera du fond de la mer lui appartiendront en toute propriété, à l'exception des ancres qui seront reconnues appartenir au roi, qu'il fera remettre dans les magasins de la marine.

Le gouvernement voulant se réserver sur le sauvetage les ancres nécessaires pour former sur la plage une ligne d'amarrage pour les bâtiments du commerce qui mouillent dans le port, et voulant en payer la juste valeur à l'entrepreneur, cette entreprise sera adjugée à celui des soumissionnaires qui demandera un moindre prix sur les poids des ancres que le gouvernement choisira, et qui fera le plus fort rabais sur le prix de base que le gouvernement établit 0 fr. 15 cent. ou trois sous la livre, ou 0 fr. 30 cent. ou six sous le kilogramme (le tout monnaie de France).

On prendra connaissance du cahier des charges au secrétariat de l'ordonnateur et au contrôle colonial.

L'adjudication ne sera définitive qu'après l'approbation de M. le lieutenant général gouverneur et administrateur.

Les payements seront exempts de la retenue des
3 pour cent au profit de la caisse des invalides de la
marine, qui sera forcée sur le prix d'achat.

Saint-Pierre, le 29 juillet 1848.

L'Ordonnateur de la colonie,
Signé DE RICARD.

Gazette de la Mart., 1848, n° 60.

—◦◦◦◦◦◦—

N° 1936. — *Ordre du jour du gouverneur administrateur*
portant que durant l'hivernage une ration de vin sera
substituée à celle de rhum journellement délivrée aux
officiers, sous-officiers et soldats des troupes.

29 juillet 1818.

Inspection. Reg. 5.

—◦◦◦◦◦◦—

N° 1937. — *Dépêche ministérielle au gouverneur adminis-*
trateur au sujet de l'affluence des marchandises étrangères
à la Martinique, et sur les moyens de garantir les produits
nationaux de leur concurrence.

50 juillet 1848.

NOTA. De nombreuses introductions frauduleuses
avaient eu lieu et les contrebandiers prétendaient que
les marchandises dont ils étaient trouvés détenteurs
provenaient de dépôts existant au moment de la reprise
de possession.

Les dispositions indiquées par le ministre consiste-
raient :

A ordonner la réexportation dans un délai à l'expiration duquel il sera procédé à la saisie et à la mise en
entrepôt réel; après quoi si, dans un nouveau délai indiqué, les propriétaires n'ont pas retiré et exporté les

objets saisis, ils pourraient être vendus publiquement à charge de réexportation.

Arch. du gouvernement. Dép. ministérielles, n° 204.

N° 1938. — *Dépêche ministérielle sur les cas exceptionnels aux conditions imposées par la dépêche du 13 novembre 1817 en matière de concession de passage pour retour en France aux frais du roi.*

30 juillet 1818.

Monsieur le Baron, j'ai pris connaissance des observations que vous m'avez adressées par votre lettre du 17 mars dernier, numérotée 105, relativement aux dispositions de la circulaire du 13 novembre 1817, numérotée 105, concernant les passages que vous êtes autorisé à accorder de la Martinique pour France aux frais du roi.

Je ne puis que laisser à votre sagesse le soin d'apprécier les circonstances où il pourrait y avoir lieu à vous écarter des conditions auxquelles cette circulaire a soumis la concession des passages dont il s'agit.

Mais je vous recommande de n'autoriser ces exceptions que dans le cas d'une absolue nécessité, et de vous renfermer d'ailleurs, quant à la nature des passages et au compte immédiat que vous devez rendre de ceux que vous serez dans le cas d'accorder, dans la stricte exécution des dispositions de la circulaire du 17 mars.

Recevez, etc.

Le *Ministre de la marine et des colonies,*
Signé Comte MOLÉ.

Arch. de l'ordonnateur., Dép. 1818, n° 44.

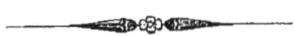

N° 1939. — *Dépêche ministérielle appelant toute l'attention du gouverneur administrateur sur les routes de la colonie.*

30 juillet 1818.

La conservation des routes déjà établies et l'ouverture de nouvelles communications partout où le besoin s'en fait ressentir sont des objets qui méritent votre attention particulière; indépendamment de l'économie qui résulte de la facilité et de la brièveté des communications, les colons doivent en retirer un avantage non moins important dans les circonstances présentes, celui d'effectuer les transports par des charrois, au lieu d'y employer des esclaves, dont ils ont tant d'intérêt à ménager aujourd'hui les forces et le travail.

Je ne puis donc vous trop recommander de tourner vos efforts vers l'amélioration des routes. Des ingénieurs des ponts et chaussées viennent d'être envoyés en résidence aux îles du Vent; je vous prie de mettre leur présence à profit et de ne rien négliger, dans les limites de vos ressources, pour procurer à la colonie de la Martinique les avantages d'un bon système de chemins publics.

Recevez, etc.

Le Ministre de la marine et des colonies,
Signé MOLÉ.

Arcb. du gouvernement. Dép. ministérielles, n° 202.

N° 1940. — *Décision du gouverneur administrateur qui attribue au directeur des douanes la nomination des préposés.*

1er août 1848.

Nota. Leurs commissions devront toutefois être soumises à la signature du gouverneur.

Arch. des douanes. Ord. et déc. Liasse 1.

N° 1941. — *Ordre du gouverneur administrateur pour l'acquisition de deux felouques ou bateaux pontés nécessaires au service des douanes et réglant la composition et les salaires de leurs équipages.*

4 août 1848.

Inspection. Reg. 5, n° 785.

Nº 1942. — *Circulaire ministérielle qui déclare que les gens de couleur libres peuvent librement et sans être assujettis à aucun cautionnement sortir des colonies pour se rendre soit en France, soit à l'étranger.*

5 août 1848.

Inspection. Reg. 10.

―――――◄●❈●►―――――

Nº 1943. — *Arrêté du gouverneur administrateur portant création d'une commission pour procéder à l'inventaire estimatif des habitations domaniales de Saint-Jacques, du Trou-Vaillant et du Champ-Flore.*

15 août 1848.

NOTA. Cet inventaire comparé aux anciennes estimations ayant présenté des différences considérables, a été recommencé en vertu d'une décision locale du 14 décembre 1819, nº 340, archives du gouvernement.

Arch. du gouvernement. Ord. et déc., nº 51.

―――――◄●❈●►―――――

Nº 1944. — *Ordonnance du gouverneur administrateur qui remet en vigueur, sauf quelques exceptions, l'édit d'août 1784 suspendu à raison de l'ouragan de 1817.*

25 août 1848.

Le Gouverneur, etc.,

Vu l'ordonnance des administrateurs de cette colonie, en date du 28 octobre dernier, portant ouverture des ports aux étrangers, en conséquence de l'ouragan qui venait de dévaster la colonie;

Considérant que le terme de cette ordonnance expire au 30 de ce mois, formant six mois révolus du jour de sa publication, et que l'intérêt du commerce national exige le rétablissement immédiat de l'édit du 30 août 1784, prescrit de la manière la plus positive par les ordres du ministre;

Considérant néanmoins le manque absolu de farine de manioc, qui forme la principale ressource de la colonie pour la nourriture de ses nègres;

Considérant que le renouvellement des plantations de ce genre détruites par l'ouragan exige l'intervalle au moins d'une année;

Considérant encore qu'il est d'urgence, dans les intérêts de la métropole autant que dans ceux des habitants de la colonie, de pourvoir à la conservation de sa population en assurant sa subsistance;

Vu enfin l'opinion énoncée à cet égard par le commerce des deux villes du Fort-Royal et de Saint-Pierre;

Après en avoir délibéré en conseil de gouvernement et d'administration,

A ordonné et ordonne, pour être exécuté provisoirement, sauf l'approbation de Sa Majesté, ce qui suit :

Art. 1er. A compter du 30 de ce mois, les dispositions de l'édit du 30 août 1784 seront les seules exécutées à l'égard de l'admission des bâtiments étrangers dans la colonie, avec les uniques exceptions suivantes.

Art. 2. Les farines de froment, par bâtiments étrangers, continueront à être admises pendant l'espace de quatre mois (jusqu'au 1er septembre 1818).

Art. 3. Les farines de seigle seront également admises pendant celui de six mois (jusqu'au 1er novembre même année).

Art. 4. Ces farines continueront à être soumises aux droits établis par l'ordonnance du 28 octobre dernier, suivant la teneur de l'ordonnance d'imposition pour l'année 1818.

Mandons, etc.

Le directeur des douanes est chargé de tenir la main à son exécution.

Donné à Saint-Pierre, le 23 avril 1818.

Signé DONZELOT.

Et plus bas : GUILLAUME, *secrét.*

Arch. des douanes. Ord. et déc. Liasse 1. — Enregistré au conseil supérieur, 4 mai 1818.

N° 1945. — *Ordre du jour du gouverneur administrateur qui remplace par une ration de rhum, pendant les mois de septembre, octobre et novembre, le vinaigre ordinairement distribué aux troupes.*

31 août 1848.

Bureau des approvisionnements. Ord et déc. Liasse 1848.

N° 1946. — *Arrêté du gouverneur administrateur qui crée une commission provisoire de liquidation des créances sur le gouvernement postérieures au 23 septembre 1800 (1ᵉʳ vendémiaire an IX) et antérieures au 1ᵉʳ janvier 1816.*

31 août 1848.

Nota. Elles s'élevaient à la somme de 656,230 fr. 99 cent.

Gazette de la Mart., 1848, n° 73.

N° 1947. — *Arrêté du gouverneur administrateur portant création d'une commission provisoire de liquidation des créances sur le gouvernement, postérieures au 23 septembre 1800 (1ᵉʳ vendémiaire an IX) et antérieures au 1ᵉʳ janvier 1816.*

31 août 1848.

Nota. Ces créances, dont les titres avaient été réunis par la direction de l'intérieur, paraissaient s'élever à la somme de 656,230 fr. 99 cent.

Arch. de la direction de l'intérieur. Reg. 1, f° 97 v°.

N° 1948. — *Arrêté du gouverneur administrateur qui rattache les deux huissiers du domaine au corps des huissiers des sénéchaussées.*

10 septembre 1848.

Vu l'arrêté du 24 juillet dernier, portant établissement de deux huissiers du domaine dans les villes du Fort-Royal et de Saint-Pierre;

Considérant qu'avant cette disposition il avait été proposé plusieurs fois à chacune des deux administrations des bourses des huissiers de fournir un huissier pour le service du domaine, et que ces administrations ont écarté toutes les propositions qui leur ont été faites à cet égard;

Considérant néanmoins qu'il est constaté que les huissiers employés par le domaine doivent faire leurs actes dans les formes judiciaires, et doivent prendre qualité comme officiers ministériels de ce pouvoir,

Arrête :

Art. 1er. Les deux huissiers nommés en vertu de l'arrêté du 24 juillet dernier forment partie des huissiers des sénéchaussées du Fort-Royal et de Saint-Pierre, chacun d'eux dans sa juridiction.

Art. 2. Il leur sera en conséquence délivré en cette qualité des commissions dans la forme usitée pour les huissiers ordinaires.

Art. 3. Ces huissiers néanmoins continueront à se charger uniquement des affaires du domaine, aux termes de leur commission à cet égard, et leurs droits ou émoluments seront toujours distincts de ceux des huissiers ordinaires. Ils recevront d'ailleurs le traitement établi par l'arrêté du 24 juillet.

Messieurs du conseil supérieur sont priés de faire enregistrer le présent arrêté, qui le sera ensuite aux sénéchaussées et partout où besoin sera.

Donné au Fort-Royal, le 10 septembre 1818.

Signé DONZELOT.

Et plus bas : GUILLAUME, *secrét.*

Inspection. Reg. 6, n° 387. — Enregistré au conseil, 2 novembre 1818.

N° 1949. — *Arrêt du conseil supérieur portant création d'une commission prise dans son sein pour réunir des renseignements sur les empoisonneurs qui désolent les campagnes.*

10 septembre 1818.

Greffe de la cour royale. Reg. 17, f° 200.

1950. — *Arrêté du gouverneur administrateur qui prescrit un second brûlement public des bons nominaux rentrés dans la caisse depuis le 31 mars précédent.*

10 septembre 1848.

Nota. Le premier brûlement s'était élevé à la somme de 554,307 livres ou 307,948 fr. 33 cent.

Arch. du gouvernement. Ord. et déc. n° 64.

N° 1951. — *Circulaire ministérielle relative à l'application des lois des 15 mai 1848 et 25 mars 1817 sur le cumul des pensions.* (Extrait.)

11 septembre 1848.

La loi du 15 mai 1848 maintient le principe général de l'interdiction du cumul; néanmoins, outre l'exception que comporte la loi de 1817 en faveur des pensions militaires, la nouvelle loi accorde aux pensions et traitements de toute nature le privilége du cumul dans les limites de 700 francs (art. 13).

Des doutes se sont élevés sur le véritable sens de l'article précité.

Mais l'interprétation généralement admise est que deux pensions obtenues pour des services différents peuvent, de même qu'une pension et un traitement d'activité, être cumulées jusqu'à 700 francs.

Inspection. Reg. 5, n° 981.

N° 1952. — *Avis officiel du gouverneur administrateur aux propriétaires des bateaux caboteurs et canots gros-bois sur le maintien de l'ordonnance locale du 20 juin 1803, sur la police du cabotage.*

11 septembre 1848.

Nota. Particulièrement de l'article 8 de cette ordonnance.

Le même jour un propriétaire de gros-bois avait été, pour infraction audit article, condamné administrativement à 100 francs d'amende et des marchandises avaient été confisquées, le tout au profit de la douane.

Gazette de la Mart., 1818, n° 74.

N° 1953. — *Instruction ministérielle sur l'application des dispositions de la loi de finances du 15 mai précédent, en ce qui concerne les retenues à opérer sur les pensions diverses.*

11 septembre 1818.

Annales maritimes, 1818, 1re partie, p. 471.

N° 1954. — *Dépêche ministérielle au gouverneur administrateur portant envoi de plusieurs exemplaires d'une instruction sur les recherches d'histoire naturelle à faire dans les colonies et sur les moyens d'en transporter les produits.*

14 septembre 1818.

Nota. Un exemplaire est resté joint à la dépêche. Il est intitulé: *Instruction pour les voyageurs et pour les employés dans les colonies sur la manière de recueillir, de conserver et d'envoyer les objets d'histoire naturelle, rédigée sur l'invitation de S. Exc. le ministre de la marine et des colonies par l'administration du muséum royal d'histoire naturelle.*

Arch. du gouvernement. Dép. ministérielles, n° 17.

N° 1955. — *Mémoire sur le jaugeage des bâtiments, par M. Daviel, ingénieur de marine.*

22 septembre 1818.

Nota. Ce mémoire a pour objet de démontrer les vices du mode de jaugeage prescrit par le décret du 12 nivôse an II, et d'offrir une méthode nouvelle, appuyée d'exemples et de calculs.

Voir une réponse à ce mémoire, faite *ex professo* et tendant à modifier la méthode proposée. (*Annales maritimes*, 1820, 2e partie, p. 545.)

Annales maritimes, 1819, 2e partie, p. 662.

N° 1956. — *Ordonnance du gouverneur administrateur enjoignant aux capitaines des navires marchands de faire porter à l'hôpital ceux des gens de leur équipage qui tomberont malades.* 22 septembre 1818.

Étant informé que plusieurs capitaines de navires du commerce font traiter des matelots malades à leur bord, d'où il résulte que, ne pouvant y recevoir les soins et le traitement nécessaires, ils meurent ou sont envoyés aux hôpitaux lorsqu'il n'y a plus espoir de guérison ;

Considérant qu'il est de l'intérêt de la santé publique de prévenir de tels abus ;

Voulant faire jouir les marins des secours efficaces qui sont administrés par MM. les officiers de santé dans les hôpitaux et des soins précieux que donnent aux malades les sœurs hospitalières envoyées de France dans ces intentions ;

Vu l'ordonnance locale du 8 mars 1715,

Nous ordonnons à tous capitaines de bâtiments marchands de faire porter à l'hôpital ceux de leurs gens d'équipage qui auront les fièvres ou autres maladies dangereuses, dès l'instant où elles se déclareront, sous peine de cent francs d'amende applicable aux hospices de la charité contre ceux qui contreviendront à la présente ordonnance, nous réservant de prononcer plus fortes peines s'il y a lieu.

MM. les officiers de santé des hôpitaux jugeront si les marins qui leur seront envoyés n'auront pas été gardés à bord malades pendant plusieurs jours, et dans ce cas ils en informeront le commissaire chargé de la police de l'hôpital, lequel fera son rapport à l'ordonnateur de la colonie, qui tiendra la main au remboursement de l'amende.

La présente ordonnance sera lue, publiée et affichée partout où besoin sera, à la diligence de l'ordonnateur, qui est chargé de son exécution.

Donné au Fort-Royal, le 22 septembre 1818.

Signé DONZELOT.

N° 1957. — *Dépêche ministérielle au gouverneur adminis-*
trateur contenant diverses observations générales et spé-
ciales sur le budget municipal de la Martinique.

23 septembre 1818.

Arch. de la direction de l'intérieur. Reg. 4, f° 2.

———————

N° 1958. — *Règlement du gouverneur administrateur sur*
l'administration et la comptabilité de la caisse de réserve
dite des fees. 1er octobre 1818.

Art. 1er. La comptabilité de la caisse de réserve ci-
devant dite des *fees*, et suivie sous le précédent gouvernement par l'ancien directeur des douanes et du
domaine, le sera dorénavant par le chef du détail des
fonds de la marine.

Recettes.

Art. 2. Les recettes de la caisse de réserve seront justifiées par pièces expédiées par le chef du service dont
dépendra la recette, et soumises, tant au Fort-Royal
qu'à Saint-Pierre, à l'enregistrement du bureau des
fonds et à la vérification du contrôle.

Dépenses.

Art. 3. Les dépenses sur cette caisse seront acquittées
sur états des sommes dues expédiés, savoir : pour le
personnel par le bureau des fonds, et pour le matériel
par l'ingénieur en chef des ponts et chaussées, et en
son absence par l'ingénieur qui doit le remplacer de
droit, enregistrés au bureau des fonds et au contrôle,
et ordonnancés par le bon à payer de l'ordonnateur
sur les crédits ouverts par le gouvernement.

Art. 4. Les états des sommes dues pour le matériel,
soit pour des achats de matières, soit pour approvisionnements, indiqueront la nature, les qualités, quantités
et prix de l'objet fourni ; ils seront délivrés en double
expédition, qui sera signée par le fournisseur, l'ingénieur, le chef du bureau des fonds, le contrôleur et
l'ordonnateur.

Art. 5. Lorsque les états de matières et approvisionne-ments s'élèveront à la somme de mille francs et au-dessus, ils seront soumis à l'approbation du gouverneur et administrateur pour le roi.

Ils seront valables et définitifs pour les sommes au-dessous de mille francs, moyennant l'autorisation du gouverneur et administrateur pour le roi de faire les-dits achats et approvisionnements.

Art. 6. Les travaux à l'entreprise seront justifiés par des marchés signés par l'entrepreneur, l'ingénieur, le chef du bureau des fonds, le contrôleur et l'ordonna-teur, et soumis à l'approbation du gouverneur et admi-nistrateur pour le roi; lorsqu'ils s'élèveront à la somme de mille francs et au-dessus, il y sera joint les plans et devis que le gouverneur aura prescrits et arrêtés et qui resteront déposés dans les bureaux du génie.

Les conventions écrites et signées par ceux désignés dans le précédent paragraphe suffiront pour les travaux au-dessous de mille francs, pourvu qu'ils aient été au-torisés par le gouverneur et administrateur pour le roi.

Art. 7. Les conditions écrites énonceront l'ordre du gouverneur et administrateur pour le roi; elles indi-queront avec précision la nature et l'étendue de l'entre-prise et son prix; elles seront délivrées en double expé-dition, l'une desquelles restera déposée au contrôle pour tenir lieu de marché, et l'autre, revêtue du bon à payer de l'ordonnateur, servira de pièce de dépense, qui de-vra porter l'acquit de la partie prennate, si le payement du montant de la convention est fait en entier.

Art. 8. Les à-compte à payer sur les achats et four-nitures le seront d'après les fonds mis à la disposition de l'ordonnateur, sur le certificat du chef du détail des fonds, et enregistrés au contrôle, souscrits du bon à payer de l'ordonnateur. Ces certificats seront acquittés par les fournisseurs.

Art. 9. Les à-compte sur les travaux seront payés comme les à-compte sur les achats, mais sur les cer-tificats de l'ingénieur des ponts et chaussées enregistrés au bureau des fonds, vérifiés et enregistrés au contrôle, souscrits du bon à payer de l'ordonnateur. Ces certificats seront acquittés par l'entrepreneur.

Art. 10. Les certificats d'à-compte sur les entreprises délivrés par l'ingénieur des ponts et chaussées indiqueront le degré d'avancement des travaux entrepris.

Art. 11. Les travaux à la journée seront payés sur états nominatifs expédiés par l'ingénieur, visés, enregistrés et ordonnancés comme dessus.

Art. 12. Les matières et approvisionnements de toute nature seront reçus dans un magasin particulier, par l'ingénieur, le chef du bureau des fonds et le contrôleur, mis à la disposition et sous la surveillance immédiate des ingénieurs des ponts et chaussées, qui justifieront des emplois et consommations par des comptes annuels portant destination par établissement.

Art. 13. Le trésorier de la caisse de réserve rendra chaque année, dans le courant de février de l'année suivant l'exercice expiré, son compte financier, et le chef du bureau des fonds rendra son compte administratif, indépendant de ceux que doit rendre l'ingénieur des ponts et chaussées.

Art. 14. Le trésorier, le bureau des fonds et le contrôle tiendront un registre journal pour les recettes en deniers et un pour les dépenses, d'après la classification des chapitres et articles indiqués par le budget.

Art. 15. Le chef du bureau des fonds et le contrôle tiendront un registre journal des matières et approvisionnements reçus et mis à la disposition des ingénieurs des ponts et chaussées.

Art. 16. Les dispositions du présent règlement devront avoir un effet rétroactif à compter du 1er janvier 1818.

Le chef du bureau des fonds établira et régularisera, avec le trésorier, les payements faits à compter du 1er janvier 1818 jusqu'au 1er octobre, d'après les chapitres et articles du budget arrêté par le gouverneur et administrateur pour le roi.

Art. 17. Il dressera les états de répartition ou crédits,

pour chacun des mois écoulés depuis le 1er janvier
jusqu'au 1er octobre, d'après les payements qui ont eu
lieu et par division des mêmes chapitres et articles du
budget, pour être soumis, lesdits états ou crédits, à
l'approbation du gouverneur et administrateur pour
le roi.

Art. 18. Il dressera sans retard l'état de répartition
des payements à faire dans le mois d'octobre. Cet état
devra présenter toutes les sommes dues à cette époque
par la caisse de réserve. Il accompagnera cet état d'un
rapport détaillé et explicatif des diverses sommes partielles portées en masse à chaque chapitre.

Art. 19. Il remettra pareil état de répartition de mois
en mois, et au plus tard le 5 de chaque mois, à l'ordonnateur pour être soumis, avec sa proposition de
fonds, à la décision du gouverneur et administrateur
pour le roi.

Art. 20. La caisse de réserve, ainsi que toutes les
autres caisses de la colonie, est sous l'inspection du
contrôle colonial, conformément à toutes les ordonnances et règlements.

Art. 21. L'ordonnateur de la colonie est chargé de
l'exécution du présent règlement, qui sera enregistré
au secrétariat du gouvernement et au contrôle colonial.

Donné au Fort-Royal, le 1er octobre 1818.

Signé DONZELOT.

Et plus bas : GUILLAUME, secrét.

Inspection. Reg. 5, n° 880.

N° 1959. — *Règlement du gouverneur administrateur sur
l'administration et la comptabilité de la caisse municipale.*

1er octobre 1818.

Recettes en deniers.

Art. 1er. Le trésorier municipal est chargé de toutes
les recettes appartenant aux municipalités d'après l'ordonnance sur les impositions du 28 février 1818.

Art. 2. Il est chargé également de la recette des revenus municipaux d'après l'état qui lui sera remis par l'ordonnateur de la colonie.

Art. 3. Il justifiera de ses recettes par des ampliations de récépissés à l'appui de ses comptes, signées des parties versantes.

Art. 4. Il est chargé également des recettes extraordinaires d'après des états de versements dressés par le commissaire municipal, vus par le directeur de l'intérieur, vérifiés par le contrôleur, portant l'ordre de versement de l'ordonnateur.

Dépenses en deniers pour le personnel et le matériel.

Art. 5. Les dépenses en deniers pour le personnel et le matériel seront acquittées par le trésorier municipal, d'après les crédits mensuels ouverts à l'ordonnateur par le gouverneur et administrateur pour le roi, d'après les chapitres établis par le budget, sur mandats expédiés par le commissaire municipal, visés par le directeur de l'intérieur, visés au contrôle et ordonnancés par l'ordonnateur.

Mandats pour le personnel.

Art. 6. Les mandats pour le personnel seront individuels ou collectifs, autant que possible, et dans ce dernier cas ils seront appuyés d'un état d'émargement arrêté par le commissaire municipal, visé par le directeur de l'intérieur, vérifié au contrôle et visé par l'ordonnateur.

Mandats pour le matériel, pour fournitures de 1,000 francs et au-dessus.

Art. 7. Les mandats pour fournitures, quand la dépense sera de mille francs et au-dessus, seront appuyés des copies des marchés passés par le commissaire municipal, en présence de l'ingénieur des ponts et chaussées, du directeur de l'intérieur ou un de ses délégués, du contrôleur, acceptés par l'ordonnateur et approuvés par le gouverneur et administrateur pour le roi.

Pour fournitures au-dessous de 1,000 francs.

Art. 8. Les mandats pour fournitures au-dessous de mille francs seront appuyés d'un bordereau arrêté par le fournisseur et dont les prix, après avoir été discutés par le commissaire municipal, l'ingénieur des ponts et chaussées, le directeur de l'intérieur et le contrôleur, auront été acceptés ou réduits, et fixés enfin au bas du bordereau par ces quatre membres de la commission, qui certifieront et signeront; ce bordereau sera soumis au visa de l'ordonnateur avant l'expédition des mandats.

Il est bien entendu que, quoique les dépenses au-dessous de mille francs puissent être faites sans marchés, le commissaire municipal et la commission ne pourront faire aucun achat sans y avoir été autorisés par l'ordonnateur, qui lui-même prendra les ordres du gouverneur et administrateur pour le roi quand la dépense pourra excéder 300 francs.

Travaux à l'entreprise, main-d'œuvre et matériaux compris, de 1,000 francs et au-dessus.

Art. 9. Les mandats pour les travaux à l'entreprise, main-d'œuvre et matériaux compris, s'élevant à la somme de mille francs et au-dessus, seront appuyés des copies des marchés dans la forme prescrite par l'article 7, et d'un devis dressé et arrêté par l'ingénieur des ponts et chaussées, approuvé par le gouverneur et administrateur pour le roi.

Travaux à l'entreprise, pour main-d'œuvre seulement, au-dessus de 1,000 francs.

Art. 10. Les mandats pour les travaux à l'entreprise pour main-d'œuvre seulement, et s'élevant à la somme de mille francs et au-dessus, seront appuyés des marchés et pièces prescrites par l'article ci-dessus.

*Travaux à l'entreprise, main-d'œuvre et matériaux compris,
au-dessous de 1,000 francs.*

Art. 11. Les mandats pour les travaux à l'entreprise,
main-d'œuvre et matériaux compris, au-dessous de mille
francs, seront appuyés d'un devis arrêté par l'ingénieur
des ponts et chaussées, approuvé par le gouverneur et
administrateur pour le roi et accepté par l'entrepreneur, en présence du directeur de l'intérieur, du commissaire municipal et du contrôleur, et visé par l'ordonnateur.

*Travaux à l'entreprise pour la main-d'œuvre seulement,
au-dessous de 1,000 francs.*

Art. 12. Les mandats pour les travaux à l'entreprise
pour la main-d'œuvre seulement, au-dessous de mille
francs, seront appuyés des mêmes pièces exigées par
l'article 11 ci-dessus.

Travaux à la journée pour le compte des municipalités.

Art. 13. Les mandats pour les travaux à la journée
pour le compte des municipalités seront appuyés d'un
état de journées arrêté par le commissaire municipal,
chargé d'en faire l'appel deux fois le jour, certifié par
l'ingénieur des ponts et chaussées, visé par le directeur
de l'intérieur, vérifié au contrôle et visé par l'ordonnateur.

Art. 14. Le trésorier municipal tiendra un registre
journal pour les recettes en deniers et un pour les dépenses; ces registres seront cotés et parafés par l'ordonnateur.

La division des recettes et dépenses sur ces registres
sera conforme à celle du budget municipal.

Art. 15. Le commissaire municipal tiendra un registre
journal des mandats qu'il expédiera sur la caisse municipale, en suivant les décisions du budget municipal.

Art. 16. Il tiendra note également des recettes extraordinaires dont le remboursement aura lieu à la caisse
municipale.

Recettes des matières et approvisionnements.

Art. 17. Les recettes des munitions et marchandises eront faites par l'ingénieur des ponts et chaussées, le directeur de l'intérieur, le commissaire municipal et le contrôleur, et, après avoir été reconnues par eux de bon emploi, elles seront déposées dans le magasin confié à la surveillance du commissaire municipal.

Dépenses des matières et approvisionnements.

Art. 18. Les dépenses des munitions et marchandises auront lieu sur des billets de demande de l'ingénieur des ponts et chaussées, enregistrés au contrôle, et sur le bon à délivrer de l'ordonnateur, et, en son absence, par le commissaire de la marine chargé du service.

Art. 19. Le commissaire municipal tiendra un registre journal de recette des munitions et marchandises, et un pour les dépenses; ces deux registres seront cotés et parafés par l'ordonnateur; il en donnera tous les mois l'état de situation.

Comptes à rendre.

Art. 20. Toutes les années, et dans le mois de février, le trésorier municipal présentera son compte financier de l'exercice expiré. Le commissaire municipal présentera son compte administratif du même exercice dans les formes des comptes rendus pour les gestions précédentes, et l'ingénieur des ponts et chaussées rendra celui de l'emploi des munitions par établissement ou chantier.

Art. 21. Les dispositions du présent règlement recevront leur effet, pour mil huit cent dix-huit, à compter du 1er janvier jusqu'au 1er octobre; en conséquence, les payements faits seront établis et régularisés d'après les chapitres et articles du budget arrêté par le gouverneur et administrateur pour le roi.

Art. 22. Le commissaire municipal dressera les états de répartition ou crédits pour chacun des mois, depuis

le 1er janvier jusqu'au 1er octobre, d'après les payements
qui ont eu lieu, et par division des mêmes chapitres et
articles du budget, pour être soumis à l'approbation
du gouverneur et administrateur pour le roi.

Art. 23. Le commissaire municipal dressera sans retard l'état des payements à faire dans le mois d'octobre;
cet état devra présenter toutes les sommes dues à cette
époque par la caisse municipale; il accompagnera cet
état de répartition d'un rapport explicatif des diverses
sommes partielles portées en masse dans chaque chapitre.

Art. 24. Il remettra pareil état de répartition de mois
en mois, et au plus tard le 5 de chaque mois, à l'ordonnateur, pour être soumis avec la proposition de
fonds à la décision du gouverneur et administrateur
pour le roi.

Art. 25. L'ordonnateur de la colonie est chargé de
l'exécution du présent règlement, qui sera enregistré
au secrétariat du gouvernement et au contrôle colonial.

Donné au Fort-Royal, le 1er octobre 1818.

Signé DONZELOT.

Et plus bas : GUILLAUME, secrét.

Inspection. Reg. 5, n° 881.

N° 1960. — *Dépêche ministérielle au gouverneur administrateur prescrivant les dispositions nécessaires pour la naturalisation à la Martinique d'une plante alimentaire
nommée l'alstrœmeria.*

7 octobre 1818.

Monsieur le Baron, parmi les plantes alimentaires
qui peuvent être naturalisées avec avantage à la Martinique, on indique l'alstrœmeria comestible (*alstrœmeria
edulis*).

On assure que ce végétal, qui fournit des bulbes fari-
neuses, est fort commun à Saint-Domingue et qu'il s'y
vend dans les marchés.

Les îles françaises ne sauraient avoir de relations directes avec Saint-Domingue, mais vous pourrez sans doute vous procurer facilement des graines ou des plants d'alstrœmeria par la voie de Saint-Thomas et de Sainte-Croix. Je vous prie de faire les dispositions nécessaires à cet égard et de ne rien négliger d'ailleurs pour procurer à la Martinique, par la naturalisation de la plante en question, un nouveau moyen de subsistance.

Vous voudrez bien me rendre compte du résultat des soins que vous aurez donnés à cet objet.

Recevez, etc.

Le Ministre de la marine et des colonies,

Signé MOLÉ.

Arch. du gouvernement. Dép. ministérielles, n° 282.

N° 1961. — *Décision du gouverneur administrateur portant qu'à l'avenir le cadavre de tout individu mort et inhumé aux hôpitaux sera couvert d'un demi-baril de chaux vive.* (Extrait.)

13 octobre 1818.

Les entrepreneurs des hôpitaux sont chargés de fournir la chaux nécessaire.

Il leur en sera tenu compte sur état.

Chaque hôpital devra avoir un approvisionnement de chaux.

Nota. Une décision du 19 mars 1819 dispose qu'à l'égard des marins du commerce inhumés à l'hôpital la dépense de chaux sera mise à la charge de leur capitaine.

Inspection. Ord. et déc. Reg. 6, n°ˢ 163 et 20.

N° 1962. —*Observations du gouverneur administrateur sur*

un état des indigents de la paroisse du Fort-Royal, présenté par le bureau de charité pour obtenir le dégrèvement de ceux qui y sont dénommés.

14 octobre 1848.

Il paraît que le bureau n'a pas discuté individuellement la position indigente de chaque personne portée dans son état, puisque, d'une part, on y voit des individus morts depuis *un ou deux ans,* et que, de l'autre, il s'en est trouvé non susceptibles de dégrèvement, ou *n'existant plus dans la paroisse.*

D'ailleurs cet état de dégrèvement nominatif ne donne point les motifs d'indigence qui ont déterminé le bureau de charité à proposer le dégrèvement.

En administration, et lorsqu'il s'agit des deniers du roi, il est indispensable de porter dans les demandes de dégrèvements de contributions des explications telles qu'on puisse y avoir égard. Je vois dans l'état des personnes qui doivent, pour impositions, de 100 à 200 francs, ce qui suppose de l'aisance. Il faut donc qu'il y ait des motifs spéciaux pour en proposer le dégrèvement, et ces motifs doivent être expliqués.

Sans doute, les membres du bureau de charité, pénétrés des principes de justice, d'impartialité et de charité, ont pesé dans leur sagesse les dégrèvements proposés; mais il convient que le gouvernement soit néanmoins éclairé sur la position de chaque individu.

Ainsi l'état du bureau doit être rétabli pour être à l'appui de ma décision pour ce qui concerne le dégrèvement de 1848.

Tant pour cet état que pour ceux à venir, ils seront établis comme il suit :

1° Noms et prénoms ;
2° Qualités ;
3° Motifs de dégrèvements proposés ;
4° Observations.

Les quatre colonnes rempliront les conditions indispensables en régularité administrative.

Au surplus, à la fin de l'état, il faut une formule

qui en établisse mieux l'authenticité; elle sera comme il suit :

« Le présent état des personnes indigentes a été
« arrêté par nous, membres du bureau de charité de la
« paroisse du Fort-Royal après examen, vérification et
« délibération, comme étant susceptibles d'être dégré-
« vées des contributions pour la présente année, d'après
« les causes et motifs y exposés.

« Fait à.......... le.......... etc. »

Tous les membres présents à la séance doivent signer. La minute doit rester au bureau de charité pour lui servir de renseignement pour l'année suivante.

L'expédition, qui sera la copie textuelle, sera envoyée à la direction de l'intérieur et signée pour ampliation par le président et le secrétaire. .

Au moyen de ces simples formalités l'administration sera plus éclairée et plus à même de proposer ce qui pourra être de justice, et le gouverneur et administrateur pour le roi donnera sa décision sur des documents qui éclaireront sa religion.

Bellevue, le 14 octobre 1818.

Signé DONZELOT.

Arch. de la direction de l'intérieur. Reg. 2, f° 97.

Nº 1963. — *Circulaire ministérielle relative à diverses annotations que doivent contenir les actes de décès des marins français ou étrangers décédés aux colonies.* (Extrait.)

19 octobre 1818.

A savoir :
1º Le lieu de naissance du marin décédé ;
2º Son quartier d'inscription maritime ;
3º Le numéro et le folio de son classement.

Arch. de l'hôpital. Dép. Liasse 1818.

Nº 1964. — *Décision du gouverneur portant réunion de la*

direction des ponts et chaussées à celle du génie militaire.

20 octobre 1818.

NOTA. Cette réunion rendue nécessaire par la mort simultanée de l'ingénieur en chef et de l'ingénieur ordinaire. Voir l'arrêté local du 31 décembre 1819.

Arch. du gouvernement.

Nº 1965. — *Homologation par le gouverneur administrateur d'une délibération de la paroisse de la Rivière-Pilote, relative à une imposition paroissiale destinée à rembourser au gouvernement une somme de 55,000 livres coloniales (30,555 fr. 55 cent.) par lui avancée pour la reconstruction de l'église de cette paroisse.*

20 octobre 1818.

NOTA. Cette imposition ne s'élève pas à moins de quatre gourdes (21 fr. 60 cent.) par tête de nègre payant droit.

La perception en sera faite par le trésorier ou son préposé. Elle devra être terminée en janvier 1819. Les retardataires seront poursuivis par voie de contrainte comme s'agissant de deniers royaux.

Direction de l'intérieur. Reg. 1, fᵒˢ 55 et 55.

Nº 1966. — *Dépêche ministérielle qui prescrit au gouverneur administrateur de tenir la main à la stricte exécution du règlement provisoire du 20 juillet 1816, sur le service financier de la colonie. (Extrait.)*

20 octobre 1818.

Ce règlement, dit le ministre, est déjà en vigueur et est devenu exécutoire par suite de la réunion du service des recettes à celui des dépenses, à l'exception toutefois de l'article 8, qui se trouve annulé par l'article 4 de la décision royale du 27 août 1817.

Inspection. Reg. 5.

Nº 1967. — *Ordre du gouverneur administrateur portant*

*que la rivière Madame, à Fort-Royal, sera encaissée sur
ses deux rives par un mur en maçonnerie, depuis son em-
bouchure jusqu'au canal d'enceinte.*

21 octobre 1818.

Inspection. Ord. et déc. Reg. 5, n° 915.

———————

N° 1968. — *Ordonnance du roi qui proroge, sous diverses
modifications, celle du 8 février 1816, relative aux
primes d'encouragement pour la pêche de la morue.*

21 octobre 1818.

Louis, ETC.,

Sur le rapport de notre ministre secrétaire d'État au
département de l'intérieur ;

Vu notre ordonnance du 8 février 1816, par laquelle
nous avons accordé des primes en faveur de la pêche
de la morue, pour l'espace de trois années, qui expire-
ront le 8 février 1819 ;

• Voulant continuer d'encourager cette branche d'industrie, doublement importante dans l'intérêt du service de notre marine et de la subsistance du peuple,
et à cause de l'activité qu'elle répand dans nos ports de
commerce ;

Notre conseil d'État entendu,

Nous avons ordonné et ordonnons ce qui suit :

TITRE Ier.

ENCOURAGEMENTS.

Art. 1er. Les primes d'encouragement accordées par
l'article 1er de l'ordonnance du 8 février 1816 continueront d'être payées, jusqu'au 1er septembre 1822,
comme il suit, savoir :

Primes à l'armement.

1° Aux armateurs, pour la pêche aux îles Saint-Pierre
et Miquelon ou à la côte de Terre-Neuve, dite *la grande
pêche,* 50 francs pour chaque voyage par homme de

37

l'équipage embarqué pour ladite pêche, depuis le capitaine jusqu'aux mousses inclusivement, à l'exclusion des ouvriers non classés et des passagers ;

2° Aux armateurs, pour la pêche d'Islande ou du grand banc de Terre-Neuve, dite *la petite pêche*, 15 francs pour chaque voyage par homme de l'équipage embarqué comme ci-dessus.

Les armements pour la pêche et salaison de la morue, dite *pêche salée*, au Dogger-Bank, seront assimilés aux armements pour la petite pêche, mais il ne sera accordé qu'une seule prime par bâtiment dans le courant d'une saison, quel que soit le nombre des voyages.

Primes sur les produits.

3° Par quintal métrique de morue de pêche française exportée, par bâtiment français, soit des ports du royaume, soit directement des lieux de pêche aux colonies françaises, 40 francs ;

4° Par quintal métrique de morue de pêche française importée, sur bâtiments français, des ports du royaume situés sur la Méditerranée en Espagne, en Portugal, en Italie ou dans les Échelles du Levant ou de Barbarie, 12 francs ;

5° Par quintal métrique de morue de pêche française importée directement des lieux de pêche en Espagne, en Portugal ou en Italie, 10 francs ;

6° Par kilogramme d'huile de morue importée, sur navire français, des lieux de pêche dans un des ports du royaume ou des colonies françaises, 10 centimes ;

7° Par kilogramme de rogues ou œufs de morue de pêche française, préparées et conditionnées de manière à servir d'appât pour la pêche de la sardine, importées, par bâtiments français, des lieux de pêche dans un port du royaume, 20 centimes.

TITRE II.

CONDITIONS, FORMALITÉS.

Art. 2. Les primes seront ordonnancées par notre

ministre secrétaire d'État de l'intérieur, sur les fonds d'encouragement des pêches, aux époques et aux conditions ci-après spécifiées.

Art. 3. La prime à raison du nombre d'hommes embarqués pour la pêche est accordée à la charge par l'armateur :

1º De faire suivre à son navire la destination pour la pêche ;

2º De faire son retour dans un des ports du royaume ou des colonies, ou dans un des ports de l'Espagne, du Portugal ou de l'Italie ;

3º De n'apporter aucun produit de pêche autre que française ;

4º De rendre, en cas de violation de ces conditions, le double de la prime.

Ces conditions seront insérées dans la déclaration que l'armateur souscrira, comme il sera dit à l'article suivant, et, pour assurer l'effet de la quatrième, il se soumettra à fournir, s'il en est requis, une caution suffisante, qui sera reçue par le préfet du département du lieu du départ.

Art. 4. Les pièces qui devront être produites au département de l'intérieur, pour obtenir la prime accordée à raison du nombre d'hommes embarqués pour la pêche, sont :

1º L'extrait du rôle d'équipage, délivré par le commissaire de la marine, d'après la revue du départ qu'il aura passée ;

2º L'extrait de la déclaration de l'armateur, passée par-devant le commissaire de la marine du lieu du départ, contenant sa soumission aux conditions portées en l'article 3, avec spécification du nom du navire, du capitaine, de la destination à la pêche et au retour. Au bas de cet extrait, le commissaire de la marine certifiera le départ du navire et en marquera la date. L'extrait ne pourra être délivré à l'armateur que quand le départ aura eu lieu.

Art. 5. La pièce à produire pour obtenir la prime, à

raison de l'importation de la morue du lieu de la pêche aux colonies françaises ou dans les ports de l'Espagne et du Portugal, de l'Italie, ou des Échelles de Barbarie et du Levant, est :

Le certificat de l'ordonnateur de la colonie ou du commissaire de la marine dans les colonies, et de notre consul ou vice-consul dans les pays étrangers, constatant :

1º Qu'à l'arrivée du navire il a reçu du capitaine et de trois de ses premiers officiers mariniers ou matelots la déclaration, appuyée au besoin sur le journal du bord, de la quantité de morue apportée du port du départ pour la pêche, du nom de l'armateur et du navire pêcheur, du lieu où la pêche a été exécutée et où le chargement s'est opéré ;

2º Que par lui-même ou par un employé (de la marine) ou un secrétaire (du consul) délégué, il a assisté au débarquement de la morue, fait procéder à la pesée et vérifié le poids, dont il spécifiera la quantité au net.

Les huiles transportées du lieu de la pêche aux colonies seront soumises aux mêmes formalités.

Art. 6. Les pièces à produire pour obtenir la prime accordée à l'exportation des morues de pêche française, tant des ports du royaume pour les colonies françaises, que desdits ports situés sur la Méditerranée pour le Portugal, l'Espagne, l'Italie, la Barbarie et le Levant, sont :

Au départ :

1º La déclaration faite par l'expéditeur au bureau de la marine de la quantité de morue qu'il entend exporter et de la destination, avec spécification du navire et du capitaine ; à la déclaration sera jointe l'attestation de deux courtiers, visée par le président du tribunal de commerce, certifiant que la morue est de pêche française et de bonne qualité, et l'extrait du tout sera délivré par le commissaire de la marine ;

2º Le certificat de l'embarquement et de la quantité, qui sera vérifiée et constatée au poids net par des préposés de la douane; ledit certificat délivré par le directeur ou receveur de la douane;

Après la destination accomplie :

3° Le certificat délivré par l'ordonnateur de la colonie ou le commissaire de la marine dans les colonies, et par notre consul ou vice-consul en pays étranger, lequel constatera, sur la représentation qui lui sera faite des pièces n°s 1 et 2 ci-dessus, que la morue mentionnée a été effectivement débarquée dans le port de sa résidence, pour être livrée au commerce dans la forme énoncée à l'article 5 ; le poids, reconnu au net et dûment constaté, sera énoncé et certifié.

Art. 7. Les pièces à produire pour obten le payement de la prime sur les huiles ou rogues introduites dans le royaume sont :

1° La déclaration faite à la douane, par le capitaine, immédiatement après l'arrivée, de la quantité d'huiles ou de rogues existant à bord du navire : le journal de bord sera produit à l'appui pour justifier que ces produits sont de pêche française, et, en cas de besoin, l'équipage sera interrogé collectivement ou séparément pour s'assurer de la vérité des déclarations ;

2° Le certificat de débarquement délivré par les officiers de la douane, constatant le poids net des huiles et rogues importées ;

3° L'attestation de la bonne qualité de la rogue, certifiée par deux courtiers, dont le président du tribunal de commerce visera le certificat.

Art. 8. Nos consuls et vice-consuls, les administrations de la marine, des colonies et des douanes tiendront des registres destinés à recevoir les déclarations et à enregistrer les certificats mentionnés dans les articles ci-dessus. Ils en délivreront les extraits aux capitaines, armateurs, expéditeurs, ou leurs représentants. Ces extraits seront conformes aux modèles annexés à la présente ordonnance. Lesdits fonctionnaires adresseront des *duplicata* de chacun desdits extraits directement à celui de nos ministres du département duquel ils dépendent. Nos ministres, après s'être assurés de la régularité desdites pièces, et après avoir légalisé la signature de leurs officiers ou employés, transmettront à notre secrétaire d'État ministre de l'intérieur lesdits *duplicata,* pour servir de contrôle avec les expéditions représentées par les parties prenantes. Celles dont les deux *duplicata* ne concorderaient point seraient provisoirement rejetées.

Toutes les pièces et leurs *duplicata,* y compris les extraits du rôle d'équipage, seront timbrés aux frais et par les soins des parties

Art. 9. La liquidation des primes au département de l'intérieur sera faite au fur et à mesure de la production en due forme des pièces qui doivent y être fournies par les armateurs, en conformité des articles précédents.

Art. 10. Pour constater que les primes avancées au départ ont été acquises par l'accomplissement de la destination, à l'arrivée dans nos ports des navires revenant de la pêche, les bureaux des douanes qui auront reçu les déclarations et affirmations du capitaine et des équipages dans la forme ordinaire adresseront à notre directeur général des douanes des extraits sommaires desdites déclarations, indiquant le lieu et la date de l'arrivée, le nom du navire, du capitaine et de l'armateur, le lieu où le capitaine déclarera avoir pêché et le produit dont la cargaison est composée, en rappelant de plus le port de l'armement et la date du départ.

Le directeur général des douanes adressera, mois par mois, le tableau desdits extraits à notre ministre de l'intérieur. Celui-ci fera faire mention, article par article, sur les registres de distribution des primes au départ énoncées dans ses bureaux, desdites preuves de l'accomplissement de la destination, conformément aux soumissions des armateurs.

Pareille note sera portée sur les mêmes registres pour les navires qui auront fait leur retour aux colonies ou à l'étranger, et ce d'après les preuves qui, en ce cas, sont produites par les armateurs, suivant les divers articles de la présente ordonnance.

À la fin de chaque saison, il sera fait un relevé des registres pour connaître ceux des navires dont la destination accomplie n'est pas justifiée. Ce relevé sera transmis par le ministre de l'intérieur au ministre des finances, pour être pris contre les armateurs retardataires les mesures compétentes pour la restitution des primes, conformément à leur soumission.

Art. 11. Nos ministres secrétaires d'État aux départements des affaires étrangères, de l'intérieur, de la marine et des colonies et des finances sont chargés, chacun en ce qui le concerne, de l'exécution de la présente ordonnance, qui sera insérée au *Bulletin des lois.*

Donné au château des Tuileries, le 21 octobre 1818.

Signé LOUIS.

Par le Roi :

Le Ministre de l'intérieur,

Signé LAINÉ.

Annales maritimes, 1818, p. 498.

Nota. 1. Dans sa dépêche de notification du 25 décembre suivant, le ministre explique l'élévation à quarante francs de la prime accordée pour l'importation de la morue de pêche française dans nos colonies. Elle doit procurer au commerce de France et des colonies les moyens de pourvoir à l'approvisionnement de nos possessions sans craindre la concurrence des importations de la morue étrangère, qui y reste imposée aux droits fixés par l'arrêt du 30 août 1784. (Archives du gouvernement, n° 344.)

2. Une autre dépêche ministérielle en date du 26 décembre 1825 (archives de l'Ordonnateur, collection des dépêches, 1825, n° 127), explique : 1° que cette ordonnance, en mettant pour condition à l'allocation de la prime d'exportation que la morue devrait avoir été débarquée dans la colonie et livrée au commerce, a

entendu que le poisson ainsi introduit devrait être de bonne qualité, qu'ainsi, 1° toute morue avariée ne compterait point pour la prime, et 2° que les ordonnances sur les primes n'établissaient aucune distinction, quant aux exportations donnant droit à cette faveur, entre la morue sèche et la morue salée, et que conséquemment il y avait lieu, pour le poisson de l'une et de l'autre espèce, à délivrer les certificats de débarquement suivant la forme ordinaire.

N° 1969. — *Ordre du gouverneur administrateur portant que le canal d'enceinte de la ville du Fort-Royal sera encaissée, sur ses deux rives, par un mur en maçonnerie.*

21 octobre 1848.

Inspection. Ord. et déc. Reg. 5, n° 942.

N° 1970. — *Homologation par le gouverneur administrateur d'une délibération de la paroisse des Trois-Ilets, portant règlement de l'imposition à établir pour le service de la pension allouée par cette paroisse à son curé.* (Extrait de la délibération.)

24 octobre 1848.

MM. les habitants.... considérant qu'une somme de six livres dix sous suffirait pour payer la pension accordée à M. le curé et à toutes les dépenses de l'église, ont décidé que l'imposition de cette année n'excéderait pas la somme de six livres dix sous ci-dessus dite, dont la rentrée dans la caisse de la fabrique sera ordonnée par le marguillier en charge.

Arch. de la direction de l'intérieur. Reg. 4, f° 56.

N° 1971. — *Ordre du gouverneur administrateur portant création d'une commission chargée de reconnaître et cons-*

tater la nécessité d'une rue projetée à Saint-Pierre, et d'en établir la dépense approximative.

25 octobre 1818.

NOTA. Cette rue devant traverser celles Castelneau, de la Consolation et d'Orléans.

Arch. du gouvernement. Ord. et déc., n° 159.

N° 1972. — *Ordonnance du gouverneur administrateur qui assujettit les saisies et amendes en matière de douanes à une retenue de 6 p. 0/0, au profit du trésor.*

28 octobre 1818.

Le gouverneur, etc.,

Vu l'article 16 de l'arrêt du conseil du roi du 30 août 1784, qui attribue en totalité aux douanes le produit des amendes et confiscations prononcées pour fait de contravention aux douanes;

Vu l'arrêté du préfet colonial en date du 9 mars 1807, qui (article 2) réserve au trésor le sixième dans la répartition des amendes et confiscations, lorsqu'elles montent à plus de 9,000 livres coloniales;

Sur la proposition du directeur des douanes et l'avis de l'ordonnateur de la colonie,

A décidé ce qui suit:

Art. 1er. Il sera, à compter de ce jour, opéré sur le produit net de chaque saisie et amende en matière de douanes une déduction de 6 p. 0/0, au bénéfice du trésor.

Art. 2. Le montant de cette retenue sera versé à la caisse de réserve, sur la liquidation de la douane, et le trésorier de la colonie en donnera récépissé.

Art. 3. L'ordonnateur, le directeur des douanes et le trésorier de la colonie sont chargés, chacun en ce qui le concerne, de l'exécution de la présente décision, qui sera enregistrée au contrôle.

Donné au Fort-Royal, le 28 octobre 1818.

Signé DONZELOT.

Arch. des douanes. Ord. et déc. Liasse n° 1.

No 1973. — *Avis officiel de l'ordonnateur de dispositions prises pour réprimer des ventes de cargaisons au détail reprochées aux bâtiments du commerce étranger.*

28 octobre 1818.

M. le gouverneur ayant reçu de la part du commerce des représentations sur les ventes au détail que les étrangers se permettent de faire à bord de leurs bâtiments, en contravention aux ordonnances et à toutes les mesures établies pour leur exécution, le public est prévenu que les dispositions suivantes, basées sur l'arrêt du 30 août 1784, et qui ont toujours existé sur cet objet, viennent d'être sévèrement renouvelées :

1° La garde placée à bord, à l'arrivée des bâtiments, ne doit permettre aucun mouvement, aucun déplacement de marchandises avant la déclaration faite à la douane et le permis de décharger ;

2° Ce permis étant la suite de l'article 2 de l'arrêt du 30 août 1784, qui autorise à décharger et commercer, aucun objet vendu ne peut être livré qu'à terre, en présence des visiteurs, qui doivent, conformément à l'article 8, constater le déchargement avant qu'il en puisse être rien distrait.

Les personnes faisant le commerce étranger sont invitées à se rappeler que les dispositions ci-dessus sont invariables, et que toute contravention sera poursuivie selon toute la rigueur des ordonnances.

Au Fort-Royal, le 28 octobre 1818.

L'Ordonnateur de la colonie,
Signé DE RICARD.

Gazette de la Mart. 1818, n° 88.

No 1974. — *Ordonnance du gouverneur administrateur portant remise en vigueur des lettres patentes d'octobre 1727, qui interdisent le commerce dans les colonies françaises aux étrangers qui y sont établis.*

1er novembre 1818.

Le gouverneur administrateur, etc.,

Attendu qu'il nous a été adressé par S. Exc. le ministre de la marine et des colonies une dépêche en date du 23 octobre 1847, par laquelle il nous est prescrit de remettre en vigueur à la Martinique les articles 1, 2, 3 du titre VI des lettres patentes du mois d'octobre 1727, qui interdisent formellement le commerce dans les colonies françaises aux étrangers qui y sont établis ;

Vu lesdits ordres, les lettres patentes, l'arrêté colonial du 19 février 1803 et le traité de paix en date du 30 mai 1814 ;

Après en avoir délibéré en conseil de gouvernement et d'administration,

A ordonné et ordonne, pour être exécuté provisoirement, sauf l'approbation de Sa Majesté, ce qui suit:

Art. 1er. Les dispositions du titre VI des lettres patentes du mois d'octobre 1727, concernant les étrangers établis dans les colonies, seront exécutées selon leur forme et teneur.

Art. 2. En conséquence, les étrangers établis à la Martinique, même ceux naturalisés, ne pourront désormais y être marchands, courtiers et agents d'affaires de commerce, en quelque sorte et manière que ce soit.

Art. 3. Il est accordé aux négociants maintenant établis dans la colonie un délai de six mois, à compter de la publication de la présente ordonnance, après lequel temps ils seront tenus de cesser tout commerce et négoce de marchandises tel qu'il puisse être.

Art. 4. Défenses sont faites à tous négociants et marchands de cette île de conserver après l'expiration dudit terme aucuns commis, facteurs, teneurs de livres ou autres personnes qui se mêlent de leur commerce, qui soient étrangers, encore qu'ils soient naturalisés.

Art. 5. Tous contrats, obligations, transactions ou engagements faits, après l'expiration dudit terme, avec des étrangers, relativement à des opérations de commerce ou de négoce, soit pour leur compte, soit comme porteurs de procuration, même de maison française (sauf l'exception de l'article 6), seront nuls et ne pourront engager les parties, si ce n'est pour liquidation d'affaires ou de société commerciale.

Et à compter de l'époque ci-dessus, il est rappelé à tous officiers publics qu'ils ne doivent faire, rédiger, ni signer ou seulement recevoir de pareils actes, sous les peines portées par les ordonnances.

Art. 6. L'intérêt national étant l'objet direct des dispositions actuelles, le délai ci-dessus sera susceptible d'être modifié en faveur des étrangers qui constateraient qu'ils attendent ou réexpédient des bâtiments français à eux adressés par des négociants d'une des places de commerce du royaume, de manière à donner auxdits correspondants français la faculté de connaître la présente ordonnance et de pourvoir aux moyens de s'y conformer sans laisser leurs intérêts en souffrance.

Art. 7. Les étrangers qui ont des propriétés territoriales, des maisons, magasins ou établissements quelconques autres que des propriétés commerciales, ne sont point compris dans cette prohibition. Ils conserveront la faculté de vendre les denrées provenant de leurs cultures, comme d'acheter les comestibles et autres marchandises nécessaires à leur consommation et continueront à jouir librement de leurs propriétés, à les régir et administrer, par eux-mêmes ou par d'autres pour leur compte, sous la même garantie et protection que les lois et le gouvernement accordent aux Français propriétaires ou cultivateurs.

Art. 8. Ceux desdits étrangers qui ne voudront pas résider dans la colonie jouiront, sous la même protection, de la faculté qui leur est accordée par l'article 17 du traité de Paris du 30 mai 1814.

Mandons, etc.

Donné au Fort-Royal, le 1er novembre 1818.

Signé DONZELOT.

Gazette de la Mart., 1818, n° 90. — Enregistré au conseil supérieur, 5 novembre 1818.

Nº 1975. — *Ordonnance du gouverneur administrateur qui accorde aux détenteurs de marchandises étrangères prohibées un délai pour en disposer, soit par la voie de consommation, soit par celle de l'exportation.*

3 novembre 1818.

Le gouverneur, etc.,

Vu l'ordonnance locale du 1ᵉʳ de ce mois, rendue en exécution de la dépêche de S. Exc. le ministre de la marine et des colonies en date du 23 octobre 1817, ladite ordonnance portant rétablissement du titre VI des lettres patentes du mois d'octobre 1727, en ce qui concerne les étrangers faisant le commerce aux colonies ;

Vu la nouvelle dépêche de S. Exc. le ministre de la marine et des colonies en date du 30 juillet 1818, sur le même objet ;

Considérant que l'emploi et l'écoulement des marchandises étrangères qui existaient, tant à l'époque de la prise de possession qu'à celle plus récente du départ de la garnison anglaise en 1815, ont dû s'effectuer depuis en majeure partie, soit par la consommation locale, soit par l'exportation au dehors, de manière qu'il doit être facile aux détenteurs de bonne foi de se défaire de la portion qui peut leur en rester encore ;

Voulant néanmoins prévenir tout inconvénient pour eux, en soumettant cette disposition à un terme assez prolongé pour éviter que son expiration puisse leur être désavantageuse ;

Après en avoir délibéré en conseil de gouvernement et d'administration,

A ordonné et ordonne, pour être exécuté provisoirement, sauf l'approbation de Sa Majesté, ce qui suit :

Art. 1ᵉʳ. Tous détenteurs de marchandises étrangères prohibées, dont l'emploi et l'écoulement peuvent n'avoir pas été encore entièrement effectués depuis la prise de possession ou depuis le départ de la garnison anglaise en 1815, et qui continuent à en faire le débit, tant dans leurs magasins et boutiques que par le moyen du colportage ou autrement, sont prévenus qu'il leur est accordé un délai de quatre mois, à compter de la publication de la présente ordonnance, pour disposer desdits objets, soit par la voie de la consommation, soit par celle de l'exportation.

Art. 2. A compter de la publication de la présente ordonnance, toutes celles des susdites marchandises étrangères prohibées qui seront exportées de la colonie seront exemptes de tous droits de douane.

Art. 3. Dix jours après l'expiration du délai fixé par l'article 1er, qui est de rigueur, les détenteurs de marchandises étrangères prohibées feront la déclaration exacte de tous ceux desdits objets qui se trouveraient encore à cette époque entre leurs mains. Cette déclaration se fera par un bordereau détaillé et signé d'eux, et sera remise au bureau des douanes de leur arrondissement.

Art. 4. Toute protection et confiance seront justement acquises à ceux de ces détenteurs qui se conduiront en cette circonstance avec la bonne foi et la loyauté que nous attendons d'eux; et pour concilier autant qu'il dépendra de nous leurs intérêts avec les mesures que nous venons d'établir, les objets qu'ils auront déclarés seront placés en entrepôt réel pour leur compte et y resteront à leur disposition comme chose à eux appartenante, sous la condition expresse d'être réexportés par eux et de faire constater authentiquement leur sortie.

Art. 5. A l'égard de toutes marchandises prohibées non déclarées qui existeraient dans la colonie à l'expiration dudit terme, elles seront saisies, partout où elles se trouveront, à la diligence des employés des douanes et des agents de police, auxquels il sera alloué à cet effet des primes ou indemnités, qui seront prélevées sur lesdits objets à proportion de leur valeur, lorsqu'il en sera disposé.

Art. 6. Les objets ainsi saisis seront provisoirement séquestrés et placés en entrepôt réel, sous bonne et sûre garde, à la diligence des employés des douanes.

— 591 —

Art. 7. Après que le séquestre desdits objets ainsi saisis aura été effectué, nous nous réservons de régler, d'après les ordres de S. Exc. le ministre de la marine et des colonies, la manière dont il en sera définitivement disposé.

Mandons, etc.

Donné au Fort-Royal, le 3 novembre 1848.

Signé DONZELOT.

Gazette de la Mart., 1848, n° 90. — Enregistré au conseil supérieur, 5 novembre 1848.

N° 1976. — *Instruction adressée par le directeur des douanes de la colonie aux chefs de service sous ses ordres, et relative aux acquits à caution et à la visite des navires marchands à leur entrée.* 4 novembre 1848.

Lorsque le chargement des navires du commerce destinés pour les colonies est terminé dans les ports de France, on délivre des acquits à caution comprenant, par espèces et quantités, toutes les marchandises embarquées. Le capitaine et l'armateur se soumettent à rapporter, dans le délai fixé, l'acquit à caution revêtu du certificat d'arrivée et de déchargement des marchandises à leur destination. Telle est l'obligation imposée au commerce de la métropole par l'article 15 de la loi du 10 juillet 1791.

Or, les douanes coloniales ne peuvent délivrer de certificat d'arrivée et de déchargement des marchandises, sans avoir vérifié l'identité de la cargaison avec la teneur des acquits à caution. La visite des douanes est donc nécessaire pour l'entrée des cargaisons de France, et en agir autrement serait affranchir sans aucun motif plausible les capitaines d'une opération à laquelle une loi de France les assujettit, même dans leurs propres intérêts, puisqu'à défaut des formalités de la visite il ne serait pas possible de donner tous certificats et renseignements ultérieurs sur les cargaisons.

Plein des meilleures intentions pour faciliter les

échanges des produits entre la métropole et la colonie, je ne dois pas moins veiller à la conservation des droits du trésor royal et à la répression de toute contrebande.

Les bâtiments français qui auront à leur bord d'autres marchandises que celles énoncées dans les expéditions doivent donc justifier de la provenance de cet excédant.

Toutefois, pour user d'indulgence, si l'excédant est déclaré et qu'au moyen de factures et pièces authentiques les marchandises soient reconnues françaises, le capitaine en formera un manifeste indiquant les valeurs, et la douane liquidera alors le droit d'entrée établi sur les produits de la métropole.

Si l'excédant n'est pas déclaré, l'intention de fraude se trouve évidente, soit relativement aux droits, s'il s'agit de marchandises françaises, soit par rapport à la prohibition, s'il s'agit de marchandises étrangères reçues en mer de navires étrangers ou prises sur un territoire étranger. Dans l'un ou l'autre cas, la douane doit dresser procès-verbal de la fraude. Les condamnations encourues deviennent celles édictées par les lois de France et les ordonnances de la colonie, sous l'empire desquelles est régi le commerce français avec les îles. Ainsi, les capitaines, armateurs ou consignataires payeront le double droit d'entrée sur les articles reconnus de fabrique nationale; l'article 18 du titre II de la loi du 22 août 1791 se trouve par là exécuté. A l'égard des marchandises de fabrique étrangère, la confiscation en aura lieu, ainsi que des bâtiments, avec amende de mille livres, selon le vœu des articles 13 et 14 de l'arrêt du conseil du roi du 30 août 1784, qui défendent, par navires français comme par navires étrangers, toute introduction autre que celle des marchandises permises.

Les capitaines des bâtiments français qui se livreraient à la fraude méconnaîtraient les intérêts véritables du commerce de leur propre pays pour les sacrifier à des trafics coupables avec l'étranger. Ces capitaines signalés bientôt en France y perdraient leur état.

Il importe donc qu'à l'arrivée de tout navire de la métropole vérification exacte soit faite du chargement.

MM. les officiers des douanes, avec la sagacité et les égards convenables, rendront cette opération aussi prompte que régulière. Les marques et numéros des ballots, caisses ou futailles faciliteront le rapprochement du nombre des colis avec celui porté dans les expéditions.

L'organisation des douanes d'après l'ordonnance du 30 juin dernier répond de la vigilance que MM. les chefs et employés apporteront dans l'exécution de ces dispositions.

Signé Chevalier DE ROMAND.

Gazette de la Mart., 1818, nº 88.

Nº 1977. — *Arrêté du gouverneur administrateur qui alloue des frais de bureau au garde d'artillerie, au maître charpentier du port et au garde-magasin de l'îlet à Ramiers.* (Extrait.)

6 novembre 1818.

Au 1er	88 fr.	
Au 2e	12	par an.
Au 3e	10	

Arch. de l'ordonnateur, Ord. et déc. 1818, nº 29.

Nº 1978. — *Ordonnance du gouverneur et administrateur portant règlement du traitement fixe du vice-préfet apostolique par intérim, des curés, desservants et vicaires de la colonie.*

9 novembre 1818.

Nous, etc.,

Considérant que jusqu'à ce jour le traitement fixe des ministres du culte à la Martinique a souvent varié et qu'il n'est plus d'accord avec celui alloué à la Guadeloupe, à Cayenne et à Bourbon ;

Vu la lettre sur le traitement des prêtres à la Marti-

nique écrite, le 18 octobre 1816, par le ministre secrétaire d'État de la marine et des colonies à M. l'intendant Dubuc, et dont Son Excellence rappelle les dispositions dans sa dépêche du 15 juillet dernier, n° 186,
concernant le redressement du budget de la colonie
pour 1818;

Vu le rapport de l'ordonnateur qui rappelle l'article 2
du titre III de l'arrêté des capitaine général et préfet
colonial, en date du 6 nivôse an XI (27 décembre 1802),
concernant le traitement des préfets apostoliques,

Avons décidé ce qui suit :

Art. 1er. L'ecclésiastique remplissant *par intérim* les
fonctions de préfet apostolique recevra un traitement
annuel de quatre mille francs.

Art. 2. Tout ecclésiastique titulaire d'une cure recevra un traitement annuel de deux mille francs.

Ceux desservant en même temps une autre paroisse
recevront en outre la moitié du salaire fixé ci-dessus,
c'est-à-dire mille francs.

Art. 3. Tout ecclésiastique chargé des fonctions de
vicaire, tant au Fort-Royal qu'à Saint-Pierre, recevra un
traitement annuel de mille cinq cents francs.

Art. 4. Les vicaires qui seront appelés à desservir en
même temps la cure d'une paroisse recevront en outre,
pendant la durée de ce service, la moitié du traitement
affecté aux curés, c'est-à-dire mille francs par an.

Art. 5. Nul ne pourra desservir plus de trois cures à
la fois, compris celle dont il est titulaire.

Art. 6. Les fixations ci-dessus excluent toute espèce
d'indemnité quelconque sur la caisse royale.

Art. 7. L'ordonnateur de la colonie est chargé de
faire suivre les dispositions de cette décision, qui sera
enregistrée au contrôle et qui recevra son exécution à
compter du 1er juillet 1818, conformément aux ordres
du ministre.

Donné au Fort-Royal, le 9 novembre 1818.

Signé DONZELOT.

Inspection. Rég. 5, n° 945.

Nᵒ 1979. — *Circulaire ministérielle sur les mesures à prendre à l'égard des matelots qui, dans les colonies, désertent des bâtiments du commerce.*

10 novembre 1818.

Monsieur, par une dépêche du 28 octobre 1817, sous le timbre *Inscription maritime,* j'ai déjà appelé votre attention sur les nombreuses désertions qu'éprouvent, dans les colonies, les équipages des bâtiments du commerce.

Je vous rappelais, à cette occasion, les dispositions des titres XI, XIV et XVIII de l'ordonnance du 31 octobre 1784, concernant les devoirs des gens classés, les marins employés pour le commerce et les déserteurs, en vous recommandant de veiller à ce que les administrateurs sous vos ordres les fissent soigneusement exécuter.

Cependant je vois, par les comptes qui me sont rendus relativement aux navires qui reviennent de nos colonies, que la désertion des marins n'y est pas moins fréquente, et en vous renouvelant la recommandation contenue dans ma dépêche précitée, je vous rappelle deux autres ordonnances des 23 décembre 1721 et 19 mars 1745, spécialement relatives aux marins qui désertent, dans les colonies, des navires armés dans les ports du royaume.

Le plus souvent ces désertions ont pour cause la cupidité des matelots, qui abandonnent les navires où ils servent et se cachent jusqu'à leur départ pour obtenir ensuite des gages plus élevés sur d'autres bâtiments qui ont éprouvé eux-mêmes une pareille désertion.

L'ordonnance du 19 mai 1745, confirmative de celle du 23 décembre 1721, a statué pour ce cas (article 2) que toutes les conventions que les matelots pourraient faire dans les colonies, pour raison de leurs salaires ou autrement, avec les capitaines des navires de France, seraient considérées comme nulles, à moins qu'elles ne fussent autorisées par les commissaires ordonnateurs desdites colonies, qui régleront les salaires à un quart de moins que ceux que les matelots auraient gagné sur les navires qu'ils ont abandonnés.

Conformément à l'article 3, tout matelot de France qui se trouve dans une colonie après le départ du navire sur lequel il est arrivé doit être arrêté, à moins qu'il ne soit porteur d'un congé de son capitaine, visé du commissaire ordonnateur de la colonie, et il doit être détenu jusqu'à ce qu'il puisse être renvoyé en France sur un navire auquel il manquera des matelots. Les capitaines auxquels ces marins seront donnés en remplacement sont tenus de payer par avance, sur la solde desdits matelots, leur gîte, geôlage et subsistance dans les prisons, depuis le jour de leur entrée jusqu'au jour de leur sortie; lesquelles avances seront déduites auxdits matelots sur leurs salaires, dans le payement qui leur sera fait au désarmement en France.

Enfin, pour ôter aux marins déserteurs les facilités de se cacher, l'article 8 défend à tous cabaretiers et hôteliers dans les colonies de recevoir chez eux aucun matelot sans en donner avis, le même jour, au commandant du lieu, et leur ordonne de même de s'assurer de la personne desdits matelots, conformément à l'ordonnance du 22 mai 1719, sous peine de cent francs d'amende.

Si, comme j'ai lieu de le craindre, ces dispositions ont été perdues de vue dans les colonies, vous devez donner des ordres pour qu'elles soient observées rigoureusement à l'avenir; aucun moyen ne doit être négligé pour mettre un frein à des désordres qui, par les nouveaux progrès qu'ils font chaque jour, portent un préjudice majeur au service du roi et aux intérêts du commerce.

Recevez, etc.

Le Pair de France
ministre secrétaire d'État de la marine et des colonies,
Signé Comte MOLÉ.

Code de la Guyane française, 2e partie, n° 184.

N° 1980. — *Décision du gouverneur administrateur portant*

création d'un dépôt militaire de convalescents au fort Bourbon, et réglant les rations à leur délivrer et la sur-veillance dont ils seront l'objet.

15 novembre 1818.

Nous, etc.,

Attendu qu'il nous a été représenté que les militaires sortant de l'hôpital ne peuvent se rétablir avec le régime alimentaire de la caserne, composé de viande salée et de rhum, que cette nourriture leur occasionne de fréquentes rechutes et les met dans le cas de rentrer à l'hôpital où ils languissent, se rétablissent rarement et y meurent presque toujours;

Considérant qu'il est urgent de prendre des mesures pour améliorer la santé du soldat en convalescence, et qu'il convient de lui délivrer une ration différente de celle qui est distribuée actuellement à la troupe à la caserne; ce qui sera autant pour le bien du militaire que pour l'intérêt du gouvernement, puisqu'il y aura beaucoup moins de journées d'hôpitaux à payer par suite de rechutes;

Vu l'avis des officiers de santé en chef de l'hôpital et celui de l'ordonnateur,

Avons décidé ce qui suit:

Art. 1er. Il sera établi au fort Bourbon un dépôt de convalescents, où seront admis les militaires sortant de l'hôpital qui seront jugés susceptibles d'y être traités.

Art. 2. Ce dépôt sera commandé et surveillé par un officier de la légion désigné par le lieutenant-colonel; il aura sous ses ordres un sergent et deux caporaux.

Art. 3. Les officiers de santé en chef de l'hôpital, en visant le billet de sortie, détermineront au dos dudit billet le nombre de jours de convalescence qu'aura à rester dans ce dépôt chaque militaire.

Art. 4. La ration de chaque homme sera composée, savoir:

De sept hectogrammes et demi de pain blanc,
D'un demi-litre de vin,
Et deux cent cinquante grammes de viande fraîche.

Ils jouiront en outre du prêt qui leur est dû pour se pourvoir de légumes et autres objets.

Art. 5. Afin de ne point contrarier la comptabilité et la marche du service, les vivres seront pris pour le corps de manière à ce qu'il n'y ait d'autres changements dans les distributions et feuilles d'appel que ceux ci-après.

Art. 6. Les rations des convalescents seront distribuées sur une situation sommaire, par compagnie, signée par l'officier qui sera chargé de commander ce dépôt, et visée par le major de la légion.

Art. 7. Il ne sera fait aucun changement dans les bons généraux des distributions donnés par le trésorier.

Art. 8. Ils devront présenter le nombre de rations à l'effectif comme à l'ordinaire; et à l'appui de ces bons généraux sera jointe la situation mentionnée à l'article 6.

Art. 9. Le montant des rations de cette situation sera retranché sur celui du bon général et réparti dans les compagnies.

Art. 10. A la fin du trimestre, il sera fourni au bureau des revues, par le magasin général, un relevé par compagnie du nombre des rations de convalescents qui auront été délivrées pendant le trimestre, lequel relevé sera vérifié sur les billets de l'officier de santé de l'hôpital, et à cet effet la dernière colonne n° 45 de la feuille d'appel présentera, pour mémoire seulement, le nombre des journées de convalescents.

Art. 11. Ces dispositions sont applicables à tous les corps de troupes et, en outre, aux militaires désignés à l'article 3, chargés de surveiller ce service. Ces militaires jouiront pour récompense de leurs soins de la même ration accordée aux convalescents.

Art. 12. Le chirurgien-major de la légion fera souvent la visite du dépôt des convalescents; il prescrira à l'officier commandant le dépôt l'hygiène qu'il croira la plus convenable au rétablissement de leur santé. Lorsqu'il commandera des promenades, soit le matin, soit le soir, par des jours sereins, hors l'enceinte du fort,

les convalescents seront toujours conduits par un sous-
officier ou deux qui veilleront avec soin à ce que les
hommes ne mangent aucun fruit, ne boivent aucune
liqueur spiritueuse et ne prennent rien qui puisse contrarier le régime prescrit. Ces promenades extérieures
ne doivent jamais se faire que par des temps secs.

Art. 13. Le chirurgien-major, dans les visites qu'il
fera au dépôt des convalescents, aura la faculté d'augmenter le nombre de jours de convalescence fixé par
les officiers de santé en chef, suivant le rétablissement
plus ou moins rapide de chaque convalescent; il le
motivera au dos du billet de sortie de l'hôpital. Il aura,
en outre, la faculté, pour prévenir des maladies ou des
rechutes, d'envoyer au dépôt des convalescents les
sous-officiers et soldats qui, étant dans un état de lan-
gueur et de faiblesse, auront besoin de repos et d'un
régime alimentaire différent pour se rétablir; il donnera alors un billet d'entrée au dépôt de convalescents, qui spécifiera le motif et le nombre de jours de
convalescence accordé. Ces billets d'entrée seront visés
par le commissaire aux revues.

Art. 14. L'ordonnateur de la colonie est chargé de
l'exécution de la présente décision, qui sera enregistrée
au contrôle.

Le 13 novembre 1818.

Signé DONZELOT.

Inspection. Reg. 5, n° 952.

———————

N° 1981. — *Ordre du gouverneur administrateur qui remet*
en vigueur l'article 12 de l'arrêt du conseil du 1er mars
1744 concernant la marque des barriques de sucre d'une
étampe au nom de l'habitant (1).   16 novembre 1818.

. . . .

Plusieurs dispositions utiles, consacrées par les or-

———————

(1) Ordre provoqué par la dépêche ministérielle du 10 juin précédent, citée. (Archives du gouvernement, n° 144.) Le commerce s'était

donnances pour donner tant au commerce qu'à l'agriculture des garanties réciproques contre les fraudes qui pourraient s'introduire dans les diverses transactions locales, sont tombées en désuétude.

L'intérêt général exige le rappel à l'exécution de celle dont le rétablissement immédiat est possible, jusqu'à ce que l'ordre ait pu être complétement ramené dans une partie aussi essentielle de l'administration de la colonie.

Vu l'article 12 du règlement du conseil d'État du roi, du 1er mars 1744, et la dépêche de S. Exc. le ministre de la marine et des colonies, en date du 10 juin 1818, qui en rappelle l'exécution,

A ordonné et ordonne ce qui suit :

Art. 1er. L'article 12 de l'arrêt du conseil d'État du roi du 1er mars 1744 est renouvelé.

En conséquence « toutes les barriques de sucre seront marquées sur une des douelles et les deux fonds de l'étampe à feu de l'habitant, à peine de 50 livres d'amende (28 francs), et les capitaines seront tenus d'avertir les officiers de l'amirauté des barriques non marquées qui leur auront été données, soit en payement ou à fret, afin de faire prononcer ladite amende et marquer lesdites barriques ; à peine contre les capitaines de répondre en leur propre et privé nom, et sans recours contre l'habitant, du sucre qui se trouvera vicié dans les barriques non marquées. »

Art. 2. La disposition ci-dessus devra être exécutée à dater du 1er mars 1819.

Donné au Fort-Royal, le 16 novembre 1818.

Signé DONZELOT.

Journal de la Mart., 1819, n° 9.

━━━━◆━━━━

N° 1982. — *Dépêche ministérielle au gouverneur adminis-*

------

plaint du défaut d'uniformité dans les poids et dimensions des barriques, préjudiciable à l'arrimage, et aussi de l'absence de la garantie offerte autrefois par l'étampe à feu de l'habitant.

trateur contenant nouvelle invitation d'encourager la recherche des coquillages de toute espèce qui se trouvent dans la colonie.

19 novembre 1848.

Nota. 1. Avec ordre de publier dans la gazette une note ainsi intitulée : *Instruction pour la recherche, la préparation et l'envoi des coquillages terrestres et fluviatiles.* Cette note est encore jointe à la dépêche.

2. Par une autre dépêche ministérielle du 10 juin 1819, n° 157, le gouverneur est invité à désigner les personnes qu'il chargera des recherches indiquées et de correspondre avec M. de Ferussac, qui s'occupe d'un travail sur cette matière.

Arch. du gouvernement. Dép. ministérielles, n° 320.

N° 1983. — *Dépêche ministérielle au gouverneur administrateur relative au prochain envoi à la Martinique de machines pour le curage du port, du canal de Fort-Royal et des rivières voisines.*

19 novembre 1848.

Nota. L'on avait demandé deux cure-môles à vapeur ; le ministre observe que si cette proposition pouvait être admise une seule machine à feu suffirait, puisque son produit serait soixante-six fois plus grand que celui d'un cure-môle ordinaire, mais qu'elle exigerait avec ses accessoires une dépense de 792,959 francs pour construction et installation, et de 340,939 pour entretien annuel, tandis que deux cure-môles ordinaires ne devront coûter de première mise que 275,000 francs, et d'entretien, 100,000 francs au plus.

L'on avait demandé également deux gabares pour le relèvement des carcasses coulées dans le port, dont l'une pourrait faire office de ponton de carène. Le ministre demande, avant de prendre une détermination, s'il est possible de se procurer dans la colonie même deux navires propres à cette double destination.

Arch. du gouvernement. Dép. ministérielles, n° 315.

N° 1984. — *Dépêche ministérielle portant que les comptables du service financier des colonies seront assujettis à tenir leurs écritures en partie double, conformément aux instructions données par le trésor en 1808.*

Inspection. Ord. et déc. Reg. 6, n° 10 *bis.* 28 novembre 1818.

N° 1985. — *Décision du gouverneur administrateur qui soumet au droit de 3 fr. 15 cent. les matériaux, bois, planches et autres objets apportés d'Amérique pour l'établissement de glacières à la Martinique.*

Arch. du gouvernement. Ord. et déc., n° 167. 29 novembre 1818.

N° 1986. — *Ordonnance du gouverneur administrateur concernant la formation des dénombrements et recensements ainsi que les déclarations relatives aux maisons pour 1819.*

1er décembre 1818.

SECTION 1re.

Dénombrements et recensements.

Art. 1er. A compter du 1er janvier prochain, il sera procédé, dans la forme ordinaire, aux dénombrements et recensements, pour l'année 1819, de tous les habitants et particuliers de l'île Martinique, de quelque qualité et condition qu'ils soient, propriétaires ou non propriétaires, possédant des esclaves ou n'en possédant pas, ainsi que des gens de couleur libres.

Art. 2. Tous ceux qui y sont obligés par l'article précédent devront s'être présentés avant le 1er mars prochain, savoir: dans les paroisses des villes de Saint-Pierre et du Fort-Royal, aux bureaux du domaine du roi, et dans les paroisses de la campagne, par-devant les commissaires commandants, pour fournir ou retirer chacun sa feuille de dénombrement ou recensement, sous peine, pour ceux des villes et bourgs, poteries, chaufourneries, rhummeries, vinaigreries, autres que celles dépendant des sucreries, d'être taxés, en vertu des ordonnances, au tiers en sus de leur cote de l'année précédente; de 166 fr. 67 cent. (300 livres) d'amende pour ceux des campagnes sujets ou non à l'imposition sur les denrées; et pour les non-propriétaires délinquants, de moitié de la taxe d'une tête; lesdites amendes applicables aux bureaux de bienfaisance.

Art. 3. Il sera porté la plus grande attention dans les bureaux du domaine et par les commissaires commandants, en délivrant les dénombrements, à faire ajouter sur chacun d'eux les nègres nés ou achetés depuis la dernière déclaration, comme aussi à faire biffer ceux qui seront morts ou auront été vendus depuis la même époque; le tout avec mention, dans la colonne des observations, des noms des vendeurs et des acheteurs; chaque dénombrement devra porter en outre, avec précision, la qualité de l'habitant, suivant qu'il sera sucrier, caféyer, cotonnier, cacaoyer, vivrier, propriétaire de poterie, chaufournerie, rhummerie et guildiverie, formant des établissements particuliers, ou seulement domiciliés dans les villes et bourgs.

Art. 4. Ne seront réputés infirmes que les esclaves mutilés, maniaques, perclus, ladres et aveugles, dont l'état aura été constaté par les chirurgiens avoués des paroisses, lesquels délivreront *gratis* les certificats qui devront être présentés à l'appui des déclarations : sans ces conditions il ne pourra être prétendu ni admis aucune exemption de taxe.

Art. 5. Ceux des habitants de la campagne qui ont dans les villes et bourgs des esclaves à loyer et à la journée, ou autrement employés à la pêche, dans les acons, bâtiments caboteurs, canots de poste et canots dits passagers, seront tenus de les désigner séparément dans leurs dénombrements.

Art. 6. Les domiciliés des villes et bourgs, qui sont propriétaires d'habitations quelconques et conséquemment soumis à fournir de doubles dénombrements, ne pourront porter sur ceux de la campagne aucun des esclaves de la désignation ci-dessus qu'ils tiennent à leur service, à loyer ou à la journée.

Art. 7. A l'époque de la confection des dénombrements et recensements, les agents de la police commenceront à faire toutes les recherches et perquisitions nécessaires pour connaître les contraventions qui auraient pu être faites à ce qui est prescrit par les deux articles précédents, et par suite, ils arrêteront et conduiront à la geôle les esclaves non déclarés en conformité d'iceux, lesquels n'en pourront être retirés qu'à la charge par les maîtres de payer, pour chacun d'eux, entre les mains du receveur de l'arrondissement de leur résidence, une amende de 333 fr. 37 cent. (600 livres), dont le tiers appartiendra aux agents de la police et le surplus aux bureaux de bienfaisance.

Art. 8. Par suite des dispositions précédentes, quand un esclave sera arrêté et conduit à la geôle, son élargissement ne pourra être ordonné sous aucun prétexte que sur un certificat préalable des bureaux du domaine, qui constate que cet esclave a été porté sur le dénombrement du propriétaire qui le réclame.

Art. 9. Si depuis le jour où un dénombrement aura été arrêté jusqu'au 1er mars prochain, il survient décès de quelque individu sujet à la capitation, le contribuable devra en justifier sur-le-champ devant le bureau du domaine de son arrondissement; faute de quoi, et postérieurement à l'époque déterminée, il ne sera plus recevable au dégrèvement pour l'année.

SECTION II.

Déclaration du loyer des maisons.

Art. 10. Les propriétaires des maisons seront aussi obligés, à compter du 1er janvier jusqu'au 1er mars prochain, sous la peine portée par l'article 2 de la présente ordonnance, touchant l'augmentation de taxe, de produire aux bureaux du domaine dans les villes de Saint-Pierre et du Fort-Royal, et dans les bourgs de la Trinité, du Marin et du Lamentin, par-devant les commissaires commandants, les déclarations relatives aux maisons, avec le prix ou évaluation des loyers, suivant qu'elles seront louées ou occupées par eux-mêmes. Ils désigneront exactement les noms et les qualités des locataires ainsi que les numéros, tant des maisons que des appartements loués, séparément, et ils rapporteront à l'appui des déclarations les baux et autres conventions écrites; le tout d'après les feuilles imprimées qui leur seront délivrées à cet effet.

Art. 11. Toutes déclarations suspectes d'inexactitude devront être refusées par les préposés à leur réception, lesquels feront procéder dans la forme ordinaire, contradictoirement avec les déclarants, à l'évaluation vraie d'après laquelle les rôles doivent être dressés.

Art. 12. Les maisons qui, dans l'intervalle du 1ᵉʳ janvier au 1ᵉʳ mars prochain, se trouveront vides, seront déclarées comme telles; mais du moment qu'elles viendront à être louées ou occupées, les propriétaires seront tenus de produire les déclarations prescrites par l'article 10. Les bureaux du domaine et les commissaires commandants des paroisses feront surveiller soigneusement les contraventions au présent article.

Art. 13. Les déclarations une fois produites, il n'y aura pas plus lieu à les rectifier pour cause de diminution du prix des loyers que pour cause de leur augmentation.

Art. 14. Les propriétaires des maisons ne pourront faire de poursuites en justice, pour obtenir le payement de leurs loyers, que sur les expéditions qui leur seront délivrées dans les bureaux du domaine des déclarations qu'ils y auront produites; et s'il résulte de la contestation qu'il y a eu fraude entre le propriétaire et le locataire, ils seront condamnés chacun à une amende de *cent soixante-six francs soixante-sept centimes (trois cents livres)* applicables aux bureaux de bienfaisance.

Art. 15. Le prix des nouveaux numéros posés sur les maisons de la ville du Fort-Royal sera à la charge des propriétaires. En conséquence il sera établi au bureau du domaine dudit lieu un rôle particulier, à l'effet d'opérer le remboursement des avances que le gouvernement aura pu faire à ce sujet. Ces propriétaires, ainsi que ceux de la ville de Saint-Pierre et des bourgs de la Trinité, du Marin et du Lamentin, demeurent chargés de l'entretien et du remplacement des nouveaux numéros ; et faute par eux de le faire, il y sera pourvu à leurs frais.

Art. 16. L'ordonnateur de la colonie est chargé de tenir la main à l'exécution de la présente ordonnance.

Donné au Fort-Royal, le 1er décembre 1818.

Signé DONZELOT.

Gazette de la Mart., 1818, n° 98.

N° 1987. — *Instructions ministérielles sur les formalités à remplir par les armateurs qui vendent des navires français à l'étranger.*

1er décembre 1818.

Monsieur, vous savez que, d'après l'article 2 de la loi du 21 avril dernier, la vente des navires marchands est maintenant permise à toute destination, moyennant un droit de deux francs par tonneau.

Il importait de fixer les dispositions que les vendeurs ont à remplir, selon les circonstances de la vente, pour être dégagés des obligations contractées lors de la francisation des navires ; et voici les règles qui ont été arrêtées à ce sujet, de concert entre le ministère de la marine et la direction générale des douanes :

1° Si le navire est vendu dans un port de France, le vendeur doit en faire la déclaration à la douane et à l'administrateur de la marine, afin que les radiations nécessaires aient lieu sur les matricules des bâtiments nationaux.

Le vendeur doit remettre à la douane l'acte de francisation ainsi que le congé de mer du navire, et le rôle d'équipage sera remis au bureau de l'inscription maritime, enfin le droit fixé par la loi du 21 avril 1818 sera acquitté à la douane.

2° Si, dans le port français où la vente a eu lieu, il

y a un agent consulaire de la nation de l'acquéreur, c'est sous le pavillon de cette nation que le navire devra être expédié.

Mais s'il n'existe pas d'agent consulaire qui puisse délivrer des expéditions à l'étranger devenu acquéreur, le navire pourra être expédié sous pavillon français, avec un passe-port provisoire délivré par la douane. Il sera noté toutefois sur cette pièce qu'elle ne sera valable que jusqu'au lieu de la destination, pour ce voyage seulement, et qu'à l'arrivée du navire à sa destination le passe-port devra être remis à l'agent consulaire de France.

L'équipage pourra être formé de marins français, et l'administrateur de la marine sera autorisé à délivrer un rôle d'équipage; mais ce rôle ne sera également que provisoire et l'armateur s'engagera par écrit et sous caution, à pourvoir tant à la subsistance de ces marins en pays étranger qu'aux frais de leur retour dans le port de l'expédition.

Dans ce cas, le directeur de la douane et le commissaire de l'inscription maritime auront soin d'informer de ce qui aura été fait le consul de France dans le port étranger où le navire muni d'expéditions provisoires sera envoyé.

3° Si la vente est effectuée en pays étranger, elle ne peut être valide, sauf le cas d'innavigabilité légalement constaté, qu'autant que le capitaine produit un pouvoir spécial des propriétaires. Dans ces deux circonstances, au surplus, le consul de France devra exiger du capitaine de remplir les obligations qui, si la vente eût eu lieu en France, auraient été imposées à l'armateur pour la remise et l'annulation de l'acte de francisation, du congé de mer, du rôle d'équipage, et pour le payement du droit.

L'armateur sera tenu, au surplus, de pourvoir à la subsistance et au retour en France des marins français qui servaient sur le navire vendu, et le consul donnera les avis nécessaires aux deux administrations de la marine et de la douane du port de France auquel le navire appartenait ; il enverra le rôle d'équipage à l'administrateur de la marine, au directeur des douanes l'acte de francisation et le congé de mer, et il restera comptable, envers cette dernière administration, du droit qu'il aura perçu.

Je vous prie de donner des ordres pour que ces dispositions soient exactement observées, en ce qui concerne la marine, dans les ports de votre arrondissement. J'en informe également les consuls de France en pays étranger, et M. le directeur général des douanes va leur adresser de son côté des instructions semblables ainsi qu'aux directeurs des douanes dans les ports du royaume.

Le Ministre de la marine et des colonies,
Signé Comte MOLÉ.

Annales maritimes, 1820, p. 488.

Nº 1988. — *Ordonnance du gouverneur administrateur concernant la fixation périodique du poids du pain, calculée sur le prix de la farine, avec tarif offrant le rapport progressif à observer.*

5 décembre 1818.

Nous, etc.,

Vu le rapport de la commission établie par nous pour examiner les réclamations des boulangers des villes de Saint-Pierre et du Fort-Royal, et le tarif adopté par ledit rapport en date du 13 novembre 1818,

Avons ordonné et ordonnons ce qui suit :

Art. 1er. Sera le poids du pain fixé chaque semaine par l'ordonnance de police d'usage, conformément au tarif ci-contre, adopté par ladite commission.

Art. 2. Les commissaires du commerce de Saint-Pierre se réuniront tous les samedis pour certifier et faire parvenir au sénéchal de ladite ville le prix des différentes qualités de farines marchandes sur la place.

3° Le terme moyen de ces différents prix sera le prix fixe auquel s'appliquera le tarif adopté.

4° Sera la présente ordonnance imprimée pour être distribuée aux boulangers, qui seront tenus de l'afficher dans leurs boulangeries.

Elle sera en outre adressée aux commissaires de commerce.

Sera la présente ordonnance enregistrée au secrétariat des archives du gouvernement, aux greffes des tribunaux de police et partout où besoin sera.

Signé DONZELOT.

RAPPORT PROGRESSIF.	Le prix du baril de farine, calculé en gourdes de cinq francs ou 9 livres coloniales étant de :	Le poids du pain de 7 et 6 deniers, argent colonial, calculé en onces, demi-onces, sera de :
1/4..............	6 1/2	16 onces.
	6 3/4	15 1/2
	7	15
	7 1/3	14 1/2
1/3..............	7 2/3	14
	8	13 1/2
	8 1/2	13
	9	12 1/2
	9 1/2	12
1/2..............	10	11 1/2
	10 1/2	11
	11	10 1/2
	11 1/2	10
	12 1/4	9 1/2
	13	9
3/4..............	13 3/4	8 1/2
	14 1/2	8
1..............	15 1/2	7 1/2
	16 3/4	7
1 1/4..............	18	6 1/2
1 1/2..............	19 1/2	6
2.............	21 1/2	5 1/2
2 1/2..............	24	5
2 3/4..............	26 3/4	4 1/2
3 1/4..............	30	4

Arrêté pour être exécuté conformément à l'ordonnance de ce jour.

Fort-Royal, le 3 décembre 1818.

Signé DONZELOT.

* * *

N° 1989. — *Dépêche ministérielle au gouverneur administrateur portant avis d'un nouvel envoi de graines et de tubercules de pommes de terre.*

5 décembre 1818.

NOTA. L'envoi se compose de cinq caisses. L'une d'elles contient une collection de graines données par la société d'agriculture de Paris.

Arch. du gouvernement. Dép. ministérielles, n° 529.

* * *

N° 1990. — *Notice scientifique sur le coup de vent qui a eu lieu, le 21 septembre 1818, dans l'archipel des Antilles, par M. Moreau de Jonnès.*

14 décembre 1818.

Annales maritimes, 1818, 2e partie, p. 950.

* * *

N° 1991. — *Ordonnance du gouverneur administrateur concernant le retrait et l'annulation des bons nominaux, et le remplacement de ceux encore en circulation par des bons à ordre du trésor.*

15 décembre 1818.

Le gouverneur, etc.

Considérant que par l'effet des mesures prises jusqu'à ce jour et des sacrifices nombreux faits par le gouvernement colonial, l'extinction graduelle des bons nominaux mis en circulation par l'ordonnance du 12 avril 1817 se trouve près d'être accomplie, et désirant hâter autant que possible un résultat aussi avantageux pour les transactions publiques et particulières, et qui est l'objet du vœu du commerce;

Voulant en outre saisir une dernière occasion de donner aux contribuables de nouvelles facilités d'acquitter les contributions qu'ils doivent pour l'exercice 1818 et ceux antérieurs ;

Après en avoir délibéré en conseil de gouvernement et d'administration,

A ordonné et ordonne, pour être exécuté provisoirement, sauf l'approbation de Sa Majesté, ce qui suit :

Art. 1er. Il est accordé aux contribuables la faculté d'acquitter les contributions qu'ils doivent, tant pour l'exercice 1818 que pour les antérieurs, moitié en numéraire et moitié en bons nominaux dits du dixième. Cette faculté cessera à dater du 31 janvier 1819, terme de rigueur.

Les contribuables pourront réunir leurs quotes-parts pour former la somme en bons nominaux, qui devront représenter la moitié.

Art. 2. A compter du 1er février 1819, les bons nominaux seront annulés et ils ne seront plus reçus dans les payements pour le dixième, conformément à l'ordonnance du 12 avril 1817, soit dans les caisses publiques, soit dans les transactions entre les particuliers.

Art. 3. Les bons nominaux qui resteront en circulation au 1er février 1819 seront remplacés par des bons à ordre du trésor, ne portant aucun intérêt et payables au porteur en trois termes égaux de six, douze et dix-huit mois.

Art. 4. Les souches des bons nominaux étant déposées entre les mains du trésorier de la colonie, le retrait s'en fera à Saint-Pierre.

Art. 5. Du 1er au 16 février inclus 1819, le retrait des bons nominaux en échange des bons du trésor devra être terminé. Les porteurs qui n'auront pas remis leurs bons nominaux à l'expiration du délai ci-dessus, 16 février, se trouveront dans le cas de la déchéance, et ne seront plus admis à les échanger contre des bons du trésor.

La déchéance ne sera point encourue pour les porteurs de bons nominaux qui justifieront de leur absence de la colonie avant la publication de la présente ordonnance jusqu'au 16 février 1819.

Art. 6. Pour qu'il n'y ait aucune préférence dans l'opération du retrait des bons nominaux, le trésorier de la colonie sera tenu de donner un numéro d'ordre, et de les porter sur les bordereaux dont il sera ci-après parlé, en commençant la série par le premier porteur qui se présentera, et ainsi successivement.

L'expédition des bons du trésor se fera en commençant par le bordereau n° 1, et suivra dans l'ordre de numéros que porteront les bordereaux successifs.

Le 17 février 1819, les bons à ordre du trésor seront remis aux porteurs des bons nominaux, pour la même somme qu'ils en auront déposée au trésor, en exécution de la présente ordonnance.

Art. 7. Les porteurs de bons nominaux les remettront au trésorier de la colonie, avec deux bordereaux présentant le numéro et le montant de chaque bon. Ces bordereaux seront certifiés et signés par eux.

Le trésorier de la colonie remettra à chaque porteur un de ces bordereaux, au bas duquel il consignera son récépissé du nombre des bons remis et de la somme totale de ces bons.

Les porteurs seront tenus d'apposer leur signature au dos de chacun des bons nominaux qui seront à l'appui de leur bordereau. Cette mesure a pour objet de reconnaître avec la souche les bons nominaux remis.

Et pour accélérer l'émission des bons du trésor qui seront donnés en échange des bons nominaux, les porteurs indiqueront, par observation au bas de leur bordereau, la proportion des sommes dont les bons du trésor devront se composer pour former chaque tiers.

Art. 8. Les bons du trésor auront une souche et seront conformes au modèle annexé à la présente ordonnance. Ils seront délivrés par une seule série de numéros, quelle que soit la somme.

Art. 9. L'opération du retrait des bons nominaux

sera faite par le trésorier de la colonie, en présence d'un commissaire de la marine et du contrôleur colonial. Il sera dressé procès-verbal en due forme de cette opération, de manière à constater : 1° les noms des porteurs des bons nominaux et le montant de la somme desdits bons; 2° les numéros et le montant des bons du trésor qui leur auront été remis en échange.

Art. 10. Lorsque toute l'opération du retrait des bons nominaux sera terminée, il sera procédé publiquement à la destruction de tous les bons nominaux qui seront rentrés au trésor à l'époque du 16 février 1819.

Cette opération sera constatée par procès-verbal, ainsi qu'il a été fait pour les destructions ordonnées précédemment par nous.

Art. 11. Il sera dressé un dernier procès-verbal récapitulatif pour constater l'émission et la destruction des bons nominaux, lequel présentera:

1° Le montant des bons nominaux émis d'après les souches déposées chez le trésorier;

2° Le montant des bons nominaux rentrés, vérifiés et détruits publiquement;

3° La différence qui pourra exister, par suite de perte de bons, entre le montant de l'émission et le montant des bons rentrés et détruits.

A ce procès-verbal seront joints : 1° le procès-verbal d'émission; 2° les souches; 3° les procès-verbaux constatant la destruction des bons nominaux rentrés et reconnus.

Art. 12. Au fur et à mesure que les bons du trésor seront présentés, vérifiés et payés à leur échéance, ils seront acquittés par les porteurs et biffés par le trésorier. Tous ces bons annulés resteront en dépôt jusqu'à la rentrée entière des bons émis. Il sera, à l'expiration des dix-huit mois, procédé publiquement à la reconnaissance et à la destruction de ces bons par un commissaire de la marine, en présence du contrôleur et du trésorier. Il sera dressé de cette opération procès-verbal, auquel sera jointe la souche.

Art. 13. L'ordonnateur de la colonie est chargé de l'exécution de la présente ordonnance.

Prions Messieurs du conseil supérieur, etc.

Mandons, etc.

Donné à Saint-Pierre, le 15 décembre 1818.

Signé DONZELOT.

Gazette de la Mart., 1818, n° 101. — Enregistré au conseil supérieur, 2 janvier 1819.

N° 1992. — *Dépêche ministérielle au gouverneur administrateur portant demande de renseignements sur la pêche de la baleine dans la mer des Antilles.*

15 décembre 1818.

NOTA. Voir une note annexée, laquelle a provoqué cette demande, sur les avantages immenses que pourrait procurer cette pêche. Voir une autre note aussi annexée, signée Bon Saint-Côme, traitant la question à fond et dans tous ses détails.

Arch. du gouvernement. Dép. ministérielles, n° 558.

N° 1993. — *Ordonnance du gouverneur administrateur qui assimile temporairement, pour le droit d'entrée, aux farines françaises les farines étrangères importées par navires français dans la colonie.*

16 décembre 1818.

Le gouverneur, etc.

Vu l'ordonnance du roi, en date du 30 septembre 1818, qui proroge jusqu'au 31 octobre 1819 l'introduction par bâtiments français des farines étrangères dans les colonies françaises,

Ordonne ce qui suit:

Art. 1er. En exécution de l'ordonnance ci-dessus relatée et des instructions de Son Excellence le Ministre de la marine et des colonies, en date du 5 octobre 1818, les bâtiments français qui introduiront des farines étrangères à la Martinique, d'ici à la fin du mois d'octobre 1819, seront traités pour les droits de douanes comme le sont les bâtiments arrivant de France avec des farines françaises.

Art. 2. L'ordonnateur de la colonie est chargé de surveiller l'exécution de la présente ordonnance, qui sera enregistrée, etc.

Donné à Saint-Pierre, le 16 décembre 1818.

Signé DONZELOT.

Et plus bas : GUILLAUME, *secrét.*

Arch. des douanes. Ord. et déc. Liasse n° 1.

N° 1994. — *Ordre du gouverneur administrateur portant que la ration du soldat sera désormais pesée et mesurée conformément au système décimal.* (Extrait.)

16 décembre 1818.

Les denrées qui devront composer la ration seront délivrées dans les quantités ci-après :

Pain........................	0k 750
Biscuit.....................	550
Viande fraîche..............	250
———— salée................	250
Lard.......................	180
Vin........................	0l 23
Rhum.......................	06
Bois.......................	03

Inspection. Reg. 5.

N° 1995. — *Ordre du gouverneur administrateur à M. de Tharon, commandant la goëlette du roi* le Messager, *de conduire cinq enfants à la Dominique pour y être vaccinés.*

25 décembre 1818.

Inspection. Rég. 5.

N° 1996. — *Dépêche ministérielle prescrivant l'envoi annuel
de notes individuelles sur chacun des officiers et employés
tant de l'administration de la marine que des autres parties du personnel salarié.* (Extrait.)

26 décembre 1818.

Monsieur le Baron, j'ai eu plusieurs fois occasion de
recommander, soit à vos prédécesseurs, soit à vous-
même, d'apporter dans toutes les parties du service, et
notamment dans la dépense du personnel administratif, l'économie la plus sévère, que le bon ordre impose
dans tous les temps et que l'état actuel des finances
rend encore plus impérieuse en ce moment.

Un des moyens d'atteindre ce but consiste à n'employer que des sujets capables et zélés. Je vous prie de
me faire connaître nettement, et abstraction faite de
toute considération autre que celle du bien du service
du roi, ce que la composition actuelle de l'administration de la Martinique laisserait à désirer sous ce rapport.

Je vous invite à m'envoyer, le plus tôt possible, un
état des officiers et employés entretenus et auxiliaires de
l'administration de la marine en activité, indiquant
l'éducation qu'ils ont reçue, leur fortune, leur conduite, leur capacité et leur zèle. Il devra présenter séparément l'opinion de M. l'Ordonnateur et votre avis
particulier sur chaque sujet. Vous y joindrez les propositions que vous jugeriez convenables pour arriver à
une composition aussi bonne qu'il sera possible du personnel du service dont il s'agit.

Vous aurez au surplus à me remettre tous les ans,
dans le courant du mois de janvier, en ce qui concerne
le personnel de l'administration de la marine, un état
conforme à celui que je vous demande par la présente
lettre, et à m'en adresser, aux mêmes époques, de semblables pour les autres parties du personnel salar é qui
sont indiquées ci-après, savoir :

État-major militaire et des places

Direction d'artillerie,

Direction du génie,

Génie des ponts et chaussées,

Douanes,

Direction de l'intérieur,

Officiers de santé,

Service des ports,

Tribunaux,

Culte,

Trésorier,

Principaux agents, divers entretenus.

Je ne parle point des officiers des troupes, pour lesquels vous continuerez à m'adresser des notes individuelles, à la suite de vos revues annuelles d'inspection.

Recevez, etc.

Le Ministre de la marine et des colonies,
Signé Comte MOLÉ.

Arch. de l'ordonnateur. Dép. ministérielles, 1848, n° 89.

N° 1997. — *Décision du gouverneur administrateur portant suppression des rations accordées aux agents des brigades ambulantes et de police et à ceux de la gendarmerie maritime.*

30 décembre 1848.

Motif. Elles n'avaient été accordées que provisoirement et à cause d'une cherté de vivres qui avait cessé.

Inspection. Reg. 5.

N° 1998. — *Décision du gouverneur administrateur portant que les rations de secours accordées à divers particuliers seront supprimées et remplacées par un secours annuel en argent.* (Extrait.)

30 décembre 1848.

Ce secours annuel est porté à 350 francs pour chaque rationnaire.

Inspection. Reg. 6.

Nº 1999. — *Décision du gouverneur administrateur portant qu'à dater du 1ᵉʳ janvier 1819 les journées pour nourriture des détenus des geôles de Fort-Royal et de Saint-Pierre seront payées d'après l'ancien tarif.* (Extrait).

31 décembre 1818.

A savoir :

Blancs. . . . . {	en santé.	1ᶠ 25
{	en maladie.	1 66 2/3
Gens de couleur {	en santé.	0 83 1/3
et esclaves. {	en maladie.	1 25

Inspection. Reg. 5.

———————

Nº 2000. — *Décision du gouverneur administrateur qui accorde une ration de vivres en nature à chacune des femmes légitimement mariées à des sous-officiers et soldats.*

31 décembre 1818.

Le gouverneur, etc.

Vu les demandes faites par MM. les chefs des premier et deuxième bataillons de la Martinique tendantes à ce qu'il soit accordé une ration de vivres à chacune des femmes (autres que les vivandières et blanchisseuses) légitimement mariées à des sous-officiers et soldats de ces bataillons ;

Prenant d'ailleurs en considération la cherté de toute chose en ce pays,

Décide ce qui suit :

Art. 1ᵉʳ. Il sera alloué provisoirement, à dater du 1ᵉʳ mars prochain, une ration de vivres en nature à chacune des femmes légitimement mariées, appartenant à des sous-officiers et soldats des 1ᵉʳ et 2ᵉ bataillons de la Martinique, de la compagnie d'artillerie, du détachement d'ouvriers de la marine et du train, et y existant à dater de la susdite époque 1ᵉʳ mars. (Les vivandières et blanchisseuses ne sont pas comprises dans cette allocation provisoire.)

Art. 2. Les conseils d'administration devront, à cet effet, transmettre à M. l'Ordonnateur de la colonie un état nominatif des femmes dont il s'agit, indiquant leurs noms et prénoms, les noms et prénoms de leurs maris avec indication des compagnies dont ils font partie, enfin la date de leur mariage.

Cet état sera appuyé des extraits de mariage desdites femmes et ils seront renvoyés aux conseils d'administration après vérification.

Art. 3. Les chefs commandant les corps de troupes devront mettre la plus grande réserve dans les permis en demande de mariage qui leur seraient adressés à l'avenir par des sous-officiers et soldats de leurs corps respectifs, et se conformer rigoureusement à cet égard à ce qui est prescrit par les règlements.

Art. 4. L'ordonnateur de la colonie est chargé de l'exécution de la présente décision, qui sera enregistrée au contrôle.

Donné au Fort-Royal, le 31 décembre 1818.

Signé DONZELOT.

Arch. du gouvernement. Ord. et déc., n° 202.

N° 2001. — *Arrêté du gouverneur administrateur qui accorde à une société d'artistes dramatiques, sous diverses conditions, le privilége de la salle du spectacle de Saint-Pierre.*

31 décembre 1818.

Nota. Ce privilége a été révoqué le 1er janvier 1819 et renouvelé, sous diverses modifications, en faveur d'un sieur Fayaud, par décision des 20 août et 20 octobre 1819.

Voir archives de l'inspection, registre des ordres et décisions, vol. 5, n° 1012, et vol. 6, n°s 297 et 413.

Inspection. Ord. et déc. Reg. 5.

N° 2002. — *Décision du gouverneur administrateur portant que la comptabilité de la caisse municipale sera remise au détail du bureau des fonds.* (Extrait.)

31 décembre 1818.

La pensée de l'administration étant de centraliser les différentes comptabilités sous un seul et même chef, tant pour leur régularité que pour suivre exactement les mouvements des diverses caisses et les rapports qu'elles ont entre elles.

Voir, en outre, les motifs pressants de cette réunion dans un document curieux sur les abus faits par l'administration municipale des deniers municipaux alors qu'ils étaient à sa libre disposition. (Archives du gouvernement, dépêches ministérielles.) La pièce est intitulée. *Extrait du travail d'une commission sur l'administration municipale,* datée du 10 septembre 1817, et signée du ministre de la marine Gouvion Saint-Cyr.

Inspection. Ord. et déc. Reg. 6, n° 155.

N° 2003. — *État arrêté par le gouverneur administrateur du personnel du génie militaire et des ponts et chaussées.* (Extrait.)

31 décembre 1818.

	Grades.	Traitement annuel.
Ponts et chaussées.	1 conducteur de 1re classe.	2,250f
	1 *idem* de 2e classe.......	2,250
	1 dessinateur............	2,000
Génie militaire.	1 dessinateur............	2,250
	1 surveillant et dessinateur.	2,000
Pour les deux services.	1 secrétaire.............	2,250
	1 garde-magasin.........	1,800
		14,800

Inspection. Reg. 6.

N° 2004. — *Décision du gouverneur administrateur qui double la force de la brigade du train et modifie le cadre de ses sous-officiers et ouvriers.* (Extrait.)

31 décembre 1848.

Il est reconnu qu'elle n'est point assez nombreuse en hommes pour le service pénible dont elle est chargée.
En conséquence, elle se composera comme suit :

1 maréchal des logis chef.........	1
1 maréchal des logis............	1
2 brigadiers..................	2
1 maréchal-ferrant.............	1
1 sellier-bourrelier............	1
Soldats.....................	22
Total.....	28

Voir arrêté du 28 mars 1848, n° 1866.

Inspection. Reg. 5.

N° 2005. — *Circulaire ministérielle sur l'envoi et les formes des factures ou états appréciés des approvisionnements qui sont destinés pour les colonies.*

31 décembre 1848.

Monsieur, on s'est borné jusqu'à ce jour à faire accompagner les envois d'approvisionnements qui ont lieu dans les ports de France, pour le service colonial, par des connaissements dits factures de chargement.

Les connaissements ne présentent aucune indication de la valeur des objets; ce sont des pièces de bord qui n'ont pour but que de constater le nombre et la nature des colis.

Il convient, sous le rapport administratif, d'adresser désormais aux chefs des colonies, en même temps que les connaissements dont il s'agit, les factures ou états appréciés des approvisionnements qui leur sont destinés.

C'est un soin d'autant plus nécessaire à prendre que

la dotation de chaque colonie étant fixée, il importe d'établir avec exactitude, netteté et célérité, la valeur réelle de chacune des remises qui doivent en réaliser le montant.

La formation des factures ou états appréciés ne saurait éprouver de difficulté, en ce qui concerne les articles achetés ou fournis dans les ports, qui les expédient directement pour les colonies.

Lorsque les articles d'approvisionnements seront dirigés d'un port où ils auraient été fournis sur un autre d'où ils devront être envoyés aux colonies, les administrateurs des ports d'où les articles proviendront auront soin d'y joindre les factures ou états appréciés.

Quant aux articles qui seront envoyés de Paris, j'en ferai parvenir les factures ou états appréciés dans les ports qui devront les expédier aux colonies ; dans l'un ou l'autre cas, on portera, au bas des factures ou états appréciés, les frais de transport et autres accessoires qui auraient été payés dans les lieux de l'expédition première.

De tous les états ou factures appréciés relatifs à chaque envoi d'approvisionnements pour le service colonial il sera formé, dans le port du départ, un relevé sommaire qui en présentera le montant total, et au pied duquel on mentionnera tous frais de transport et autres accessoires, en y ajoutant la dépense du fret (payable en France), si l'envoi s'opère par navire de commerce.

Une ampliation dudit relevé (qui offrira l'ensemble de la dépense réelle de chaque mois) sera, par vos soins, adressée aux administrateurs coloniaux, avec les factures ou états appréciés qui seront à l'appui.

Une autre ampliation me sera transmise, en même temps, sans qu'il soit besoin d'y annexer de doubles de ses pièces justificatives. Je vous recommande de vous conformer aux dispositions que je viens de vous prescrire, toutes les fois que le port de..... sera chargé de faire des envois d'approvisionnements aux colonies pour leur service, ou qu'il devra fournir, pour ce même service, des objets dont l'embarquement aura lieu dans un autre port.

Vous n'en continuerez pas moins à me faire passer, aussitôt après chaque chargement pour la colonie, les connaissements dits factures de chargement et les états appréciatifs rédigés dans la forme usitée jusqu'à présent.

Ce n'est qu'au moyen de la transmission exacte qui doit m'être faite de ces derniers états, soit dans le cas où les ports expédient directement les approvisionnements aux colonies, soit lorsqu'ils les dirigent sur les ports d'embarquement, que je puis vous dispenser de joindre à l'ampliation qui me sera adressée du *relevé sommaire* dont il est question plus haut les doubles de ses pièces justificatives.

Vous ferez enregistrer la présente circulaire au bureau du contrôle.

Recevez, etc.

Le Pair de France,
ministre secrétaire d'État de la marine et des colonies,
Signé Baron PORTAL.

Code de la *Guyane française* 2ᵉ partie, nº 192.

Nº 2006. — *Décision du gouverneur administrateur ordonnant le versement à la caisse royale du produit des droits de cabaret et de colportage.* 31 décembre 1818.

Le gouverneur administrateur, etc.,

Conformément à la dépêche ministérielle du 23 septembre 1818,

Décide ce qui suit :

Art. 1ᵉʳ. A dater du 1ᵉʳ janvier 1819, les produits des droits de cabaret et de colportage seront versés à la caisse royale, comme faisant partie de ses revenus.

Art. 2. Conformément à l'article 1ᵉʳ de l'arrêté des administrateurs de la colonie du 11 avril 1807, concernant les frais d'éclairage de la ville de Saint-Pierre, la taxe additionnelle de cabaret montant à quatre cents livres coloniales, ou deux cent vingt-deux francs vingt-deux centimes, demeura applicable à son objet; elle sera versée dans la caisse municipale et sera déduite de la taxe qui sera portée à l'ordonnance des impositions de 1819 pour les cabarets de la ville de Saint-Pierre.

Art. 3. L'Ordonnateur est chargé de l'exécution, etc.

Donné à Fort-Royal, le 31 décembre 1818.

Signé DONZELOT.

Arch. du gouvernement.

◆━━━━━⟨◈⟩━━━━━◆

N° 2007. — *Décision du gouverneur administrateur portant suppression de l'abonnement accordé par arrêté du 8 janvier 1817 pour l'entretien du canot affecté au service du capitaine de port de Saint-Pierre et des pilotes sous ses ordres.*

31 décembre 1818.

Le gouverneur, etc.,

Vu le rapport de l'ordonnateur de la colonie du 14 décembre 1818, duquel il résulte :

1° Que le canot du pilote du port du Fort-Royal est fourni par le gouvernement, et que son entretien coûte par an au gouvernement de 350 à 400 francs ;

2° Que par l'arrêté de M. l'intendant du 8 janvier 1817 il fut accordé au pilote du port à Saint-Pierre 500 francs par an pour réparations et entretien du canot, qui était alors sa propriété ;

Vu le rapport de M. le capitaine de frégate d'Encausse, capitaine de port à Saint-Pierre, par lequel il nous rend compte que depuis la mort du sieur Restout, pilote, son remplaçant est obligé de louer un canot pour le service, et que, n'en trouvant pas toujours à louer, le service du pilotage en est compromis;

Vu les propositions de l'ordonnateur de la colonie,

Décide ce qui suit :

Art. 1er. L'abonnement de cinq cents francs par an

accordé au pilote du port de Saint-Pierre par arrêté du 8 janvier 1817, pour réparations et entretien d'un canot, cessera d'être payé au pilote à dater du 1er janvier 1819.

Art. 2. Il sera fourni du magasin général au capitaine du port à Saint-Pierre un canot en état, pour son service et celui des pilotes sous ses ordres. Les réparations annuelles que ce canot pourra exiger seront faites au compte du Roi, d'après les ordres de l'ordonnateur de la colonie.

Art. 3. Attendu que le service des pilotes à Saint-Pierre ne peut rester en souffrance, le canot avec ses gréements, voiles, avirons, etc., et en bon état, du capitaine de port du Fort-Royal sera mis à la disposition du capitaine de port à Saint-Pierre.

Art. 4. Il sera pourvu au remplacement du canot du capitaine de port au Fort-Royal, soit par un des canots versés par des bâtiments du Roi, soit par achat, soit enfin par construction dans le port par les ouvriers entretenus.

Art. 5. L'ordonnateur de la colonie est chargé de l'exécution de la présente décision, qui sera enregistrée au contrôle.

Donné au Fort-Royal, le 31 décembre 1818.

Signé DONZELOT.

Arch. de l'ordonnateur. Ord. et déc., 1819, n° 41.

⸺⸺

N° 2008. — *Décision du gouverneur administrateur autorisant l'émission de 150,000 francs de traites du caissier général du trésor royal sur lui-même.*

31 décembre 1818.

NOTA. Cette pièce constate plusieurs émissions semblables antérieures. Celle ci-dessus autorisée complète une somme totale de 800,000 francs, égale au montant des traites envoyées de France pour les besoins de la colonie pendant l'exercice 1818.

Arch. du gouvernement. Ord. et déc., n° 201.

Nº 2009. — *Tableau des principaux officiers de l'administration militaire et civile à la Martinique.*

Annales maritimes, 1818, p. 58.

<hr/>

Nº 2010. — *Mémoire sur la fièvre jaune qui a désolé les
Antilles pendant les années 1816 et 1817, par le docteur
Dubreuil.*

Annales maritimes, 1818, 2º partie, p. 97.

FIN DU VIᵉ VOLUME.

TABLE ALPHABÉTIQUE

ET ANALYTIQUE

DES MATIÈRES CONTENUES DANS LE TOME VIᵉ

DU CODE DE LA MARTINIQUE.

DATES DES ACTES.	TITRES ET ANALYSES DES ACTES.	PAGES.
	A	
	Accessoires de solde.	
	Voir *Armée de terre*.	
	Acquits-à-caution.	
	Voir *Douanes*.	
	Acidulage.	
1816. 18 octobre..	Décision du gouverneur général qui accorde pour les deux mois de fortes chaleurs une distribution journalière de vinaigre aux soldats......................	329
	Actes.	
	Voir *Dépôt de Versailles*.	
	Acte additionnel.	
	Voir *Constitutions de l'empire*.	
	Actes de décès.	
1818. 19 octobre.	Circulaire ministérielle relative à diverses annotations que doivent contenir les actes de décès des marins français ou étrangers décédés aux colonies.................	575

DATES DES ACTES.	TITRES ET ANALYSES DES ACTES.	PAGES.
	Actes de francisation.	
1814. 15 décemb..	Arrêté du gouverneur et de l'intendant portant tarif pour les actes de francisation et les congés..........................	88
	Actes officiels.	
	Voir *Correspondance.*	
	Administration.	
16 août....	Instructions du roi aux gouverneur et intendant de la Martinique, relativement au service et à l'administration de cette colonie................................	52
1816. 27 décemb..	* Dépêche ministérielle réglant l'exercice du pouvoir législatif provisoire accordé aux administrateurs des colonies et portant création d'un conseil temporaire auprès d'eux..........................	335
1817. 2 octobre...	Arrêté ministériel portant création d'un directeur de l'intérieur et d'un directeur des douanes à la Martinique...........	435
10 septemb.	Arrêté du ministre de la marine et des colonies réglant les pouvoirs et fonctions de chacun des agents supérieurs appelés à concourir au nouveau système d'administration coloniale.....................	419
	Voir *Archers, Caisse des invalides, Marine, Officiers civils et militaires.*	
	Administration de la marine.	
	Voir *Marine, Notes individuelles.*	
	Administration financière.	
	Voir *Pensions.*	

DATES DES ACTES.	TITRES ET ANALYSES DES ACTES.	PAGES.
	Administration intérieure.	
	Voir *Ouvrages périodiques*.	
	Affranchis.	
1814. 9 mai.....	Règlement du gouverneur anglais (Wale) concernant les affranchis étrangers à la colonie et ordonnant leur renvoi aux lieux où ils ont obtenu leurs titres de liberté..	17
	Agriculture.	
1817. 18 septemb.	Dépêche ministérielle annonçant au gouverneur administrateur des dispositions faites pour procurer à la Martinique les plus belles variétés de la canne à sucre et divers autres végétaux utiles................	427
7 août....	Dépêche ministérielle annonçant au gouverneur les dispositions faites pour procurer à la Martinique des plants de la canne à sucre du Paraguay..................... Voir Arch. du gouvernement. Dép. ministérielles, n° 278.	406
18 septemb.	Dépêche ministérielle au gouverneur administrateur sur la formation, dans la colonie, de prairies artificielles, et sur les plantes qu'il conviendrait d'y employer..	424
18 septemb.	Dépêche ministérielle prescrivant au gouverneur administrateur divers essais pour la naturalisation de la pomme de terre..	431
1818. 8 janvier..	Dépêche ministérielle au gouverneur administrateur annonçant que celui de la Guadeloupe est chargé de former des pépinières de cafiers de Marie-Galande, pour réparer les pertes que la Martinique vient d'éprouver en ce genre de culture par l'effet de l'ouragan du 21 octobre précédent........................... Voir Arch. du gouvernement. Dép. ministérielle, n° 12.	465

DATES DES ACTES.	TITRES ET ANALYSES DES ACTES.	PAGES.
1818. 30 janvier...	Dépêche ministérielle au gouverneur administrateur portant avis d'un envoi de plants et de graines de différentes variétés de la pomme de terre à naturaliser à la Martinique...........................	469
30 mai.....	Dépêche ministérielle au gouverneur administrateur, lui donnant avis de la demande faite à Bourbon de graines fraîches du café de cette île, pour la Martinique et la Guadeloupe.......................... Voir Arch. du gouvernement. Dép. ministérielles, n° 125.	528
14 juillet...	Dépêche ministérielle au gouverneur administrateur portant demande d'un catalogue des végétaux indigènes et exotiques existant dans les établissements de culture ou de botanique appartenant au roi dans la colonie............................	550
7 octobre.	Dépêche ministérielle au gouverneur administrateur prescrivant les dispositions nécessaires pour la naturalisation à la Martinique d'une plante alimentaire nommée *l'alstrœmeria*.......................	572
5 décemb.	Dépêche ministérielle au gouverneur administrateur portant avis d'un nouvel envoi de graines et de tubercules de pommes de terre............................	610

Aides de camp.

1817. 28 octobre..	Avis ministériel d'une décision du roi qui autorise les lieutenants généraux, employés comme gouverneurs à la Martinique et à la Guadeloupe, à conserver au besoin, en temps de paix, deux aides de camp en activité....................	443

Aiguade.

Voir *Droits d'aiguade*.

DATES DES ACTES.	TITRES ET ANALYSES DES ACTES.	PAGES.
	Alstrœmeria.	
	Voir *Agriculture*.	
	Amendes,	
	Voir *Douanes*.	
	Amirauté.	
	Voir *Sénéchaussée*.	
	Ancres.	
	Voir *Saint-Pierre*.	
	Animaux nuisibles.	
1817. 18 septemb.	Dépêche ministérielle au gouverneur administrateur, portant demande d'un rapport sur les moyens de destruction des animaux nuisibles......................	431
	Appareils fumigatoires.	
1816. 20 juin.....	Dépêche ministérielle aux administrateurs en chef annonçant l'envoi d'un modèle d'appareil fumigatoire pour le traitement des maladies cutanées.................	235
1818. 20 mai.....	Arrêté du gouverneur administrateur qui accorde à un particulier le privilége exclusif de former des établissements d'appareils fumigatoires à la Martinique......	520
3 juin....	Dépêche ministérielle au gouverneur administrateur annonçant l'envoi d'un exemplaire d'une brochure intitulée : *Description des appareils à fumigations*, publiée par l'administration des hospices..	530
	Appointements.	
	Voir *Marine*.	

DATES DES ACTES.	TITRES ET ANALYSES DES ACTES.	PAGES.
	Approvisionnements.	
	Voir *États périodiques, Importations*.	
	Archers.	
1815. 10 février...	Arrêté de l'intendant portant création d'une brigade d'archers ou gendarmes maritimes pour le service des bureaux de l'administration......................	119
	Armée de terre.	
1817. 14 août....	* Dépêche ministérielle portant que les sommes payées aux officiers de l'armée de terre employés aux colonies, pour indemnité de logement, frais de bureau et indemnité de fourrage, ne seront point sujettes à la retenue de 3 0/0 de la caisse des invalides........................	407
	Arsenaux.	
	Voir *Ports*.	
	Articles additionnels.	
	Voir *Traité de paix*.	
	Artillerie de la marine.	
1816. 21 février...	Tarif des indemnités de logement et d'ameublement et de l'indemnité représentative des rations de fourrage accordées dans le corps de l'artillerie de la marine........	209
	Voir *Frais de bureau, Solde, Transports*.	
	Artistes dramatiques.	
	Voir *Théâtre*.	
	Assainissement.	
	Voir *Fort-Royal*.	

DATES DES ACTES.	TITRES ET ANALYSES DES ACTES.	PAGES.
	Assistance.	
	Voir *Forces britanniques*.	
	Ateliers de punition.	
	Voir *Troupes*.	
	Audiences de rentrée.	
1816. 3 janvier..	Arrêt du conseil supérieur relatif au devoir des officiers ministériels d'assister aux audiences solennelles de rentrée........	192
	Avancements.	
	Voir *Marine*.	
	Avances.	
20 octobre..	Ordonnance du roi relative aux avances à payer aux troupes qui s'embarquent pour aller tenir garnison aux colonies........	329
	B	
	Baleine.	
8 février...	Ordonnance du roi relative aux primes pour la pêche de la baleine................	204
1818. 15 décemb.	Dépêche ministérielle au gouverneur administrateur portant demande de renseignements sur la pêche de la baleine dans la mer des Antilles....................	614
	Bananiers.	
	Voir *Plantations*.	
	Bac.	
4 décemb.	Arrêté du gouverneur administrateur por-	

DATES DES ACTES.	TITRES ET ANALYSES DES ACTES.	PAGES.
	tant renouvellement textuel de l'ordre du 25 novembre 1813, relatif au péage du bac de la Pointe-Simon, au Fort-Royal. Voir Arch. de la direction de l'intérieur. Reg. 2, f° 49.	186
	Bateaux caboteurs.	
	Voir *Cabotage*.	
	Bâtiments de l'État, du commerce.	
	Voir *Navires de l'État, du commerce*.	
	Bâtiments louvoyeurs.	
	Voir *Navires du commerce*.	
	Bestiaux.	
	Voir *Médecin vétérinaire*.	
	Bétail.	
1818. 8 juillet...	Dépêche ministérielle au gouverneur administrateur contenant renseignements sur le Para et le commerce de bétail qui s'y fait...............................	543
	Billets à ordre.	
	Voir *Trésor*.	
	Boissons.	
1815. 17 février..	Ordonnance du roi qui exempte des droits de circulation et de consommation les boissons destinées pour les colonies françaises...............................	124
	Bons de caisse nominaux.	
	Voir *Trésor*.	

DATES DES ACTES.	TITRES ET ANALYSES DES ACTES.	PAGES.
	Boucherie.	
1818. 10 janvier..	Arrêté de l'intendant qui autorise un particulier à construire sur la rive du Fort, à Saint-Pierre, une halle de boucherie de seize pieds de long.....................	467
	Boulangers.	
1815. 21 octobre.	Ordonnance de l'intendant qui fixe à *six* le nombre des boulangers dans la ville de Fort-Royal........................... Voir Direction de l'intérieur. Ordres et déc. Reg. 2, f⁰ 49.	163
	Bourses.	
1816. 18 septemb.	Ordonnance du roi qui réserve six bourses gratuites des colléges royaux aux sujets de l'île de la Martinique..................	318
	Boursiers.	
4 octobre..	Dépêche ministérielle portant envoi de l'ordonnance royale du 18 septembre 1816, et diverses dispositions relatives au mode de présentation des élèves boursiers et au passage qui leur est accordé............	322
	Budgets.	
1818. 7 mai.....	Dépêche ministérielle au gouverneur administrateur contenant de nouvelles recommandations et instructions pour la rédaction du budget qui doit être adressé chaque année au ministre.....................	510
5 mai.....	* Arrêté du gouverneur administrateur réglant le budget des recettes et dépenses de la caisse royale pour l'exercice 1818.....	509
	Budgets municipaux.	
1817. 25 décemb.	Instruction ministérielle sur la composition	

DATES DES ACTES.	TITRES ET ANALYSES DES ACTES.	PAGES.
	du budget municipal et notamment sur les recettes et dépenses qui y peuvent figurer............................	456
1818. 30 mai.....	* Arrêté du gouverneur administrateur réglant le budget des recettes et dépenses de la caisse municipale pour l'exercice 1818.	527
23 septemb.	Dépêche ministérielle au gouverneur administrateur contenant diverses observations générales et spéciales sur le budget municipal de la Martinique................ Voir Arch. de la direction de l'intérieur. Reg. 4, f° 2.	564

Bureau de charité.

Voir *Octroi*.

C

Cabaret.

Voir *Trésor*.

Cabotage.

1815. 7 janvier..	Avis officiel de l'intendant annonçant la maintenue en vigueur de l'ordonnance du 20 juin 1803 sur la police du cabotage..	102
1818. 11 septemb.	Avis officiel du gouverneur administrateur aux propriétaires des bateaux caboteurs et canots gros-bois sur le maintien de l'ordonnance locale du 20 juin 1803, sur la police du cabotage....................	561

Caboteurs.

Voir *Fees*.

Cabrouets.

Voir *Voirie*.

DATES DES ACTES.	TITRES ET ANALYSES DES ACTES.	PAGES.
	Café. Voir *Agriculture, Rations*.	
	Caisse. Voir *Trésor*.	
	Caisse des gens de mer.	
1816. 17 juillet...	Règlement portant organisation de la caisse des gens de mer...................... Voir *Annales maritimes*, 1816, 1re partie, p. 317.	244
	Caisse des invalides.	
1814. 15 août....	Lettre d'envoi à l'intendant d'un règlement relatif à la caisse des invalides, énonciative des principes qui doivent régir son administration............................	51
1816. 22 mai.....	Ordonnance du roi portant rétablissement de la caisse des invalides de la marine dans les attributions du ministre secrétaire d'État de la marine et des colonies.	224
1817. 27 août....	Ordonnance du roi qui étend aux pensionnaires de la marine, recevant leur solde de retraite sur le fonds spécial des invalides, les nouvelles dispositions introduites dans le système général des pensions par la loi de finances du 25 mars 1817.......	411
1818. 12 janvier..	Circulaire ministérielle portant que les administrateurs des colonies n'ont droit à aucune rétribution à raison de la surveillance qu'ils exercent sur la caisse des invalides de la marine.................	468
	Caisse municipale.	
1er octobre.	Règlement du gouverneur administrateur	

DATES DES ACTES.	TITRES ET ANALYSES DES ACTES.	PAGES.
	sur l'administration et la comptabilité de la caisse municipale...................	567
1818. 31 décemb.	* Décision du gouverneur administrateur portant que la comptabilité de la caisse municipale sera remise au détail du bureau des fonds.....................	620
	Voir *Budgets municipaux*.	

Cales en bois.

Voir *Saint-Pierre*.

Canal.

Voir *Ports*.

Canal d'enceinte.

Voir *Fort-Royal*.

Canne à sucre.

Voir *Agriculture*.

Canots.

Voir *Port*.

Canots de garde.

1815. 13 juillet...	Arrêté de l'intendant renouvelant et étendant les dispositions d'un ordre local du 23 août 1810 relatif au service des canots de garde pour le service du gouvernement..............................	158

Canots gros-bois.

Voir *Cabotage, Droits de navigation*.

DATES DES ACTES.	TITRES ET ANALYSES DES ACTES.	PAGES.
	Capitaines de navires.	
1814. 3 décemb..	Circulaire ministérielle sur les rapports des capitaines des bâtiments du commerce avec les consuls en pays étrangers........ Voir *Annales maritimes*, t. 2, 1809-1815, p. 161.	74
1816. 6 septemb.	Dépêche ministérielle aux administrateurs en chef, leur rappelant les motifs de l'ordonnance du 13 juin 1743, qui refuse aux capitaines reçus dans les colonies le droit de conduire des bâtiments en France....	316
	Capitaine de port.	
	Voir *Émoluments, Ports*.	
	Capture.	
	Voir *Vagabonds*.	
	Cargaisons.	
1818. 28 octobre.	Avis officiel de l'ordonnateur de dispositions prises pour réprimer des ventes de cargaisons au détail reprochées aux bâtiments du commerce étranger................	586
	Cautionnements.	
	Voir *Receveur général, Trésorier*.	
	Certificats de santé.	
	Voir *Conseil de santé*.	
	Certificats de vie.	
1816. 31 janvier..	Ordonnance du roi concernant la délivrance des certificats de vie aux rentiers viagers et pensionnaires de l'État domiciliés dans	

DATES DES ACTES.	TITRES ET ANALYSES DES ACTES.	PAGES.
	les colonies ou servant dans les armées françaises......................	195

Chaînes.

Voir *Saint-Pierre*.

Chargement.

Voir *Navires de l'État*.

Charroi.

Voir *Transports*.

Charrues.

1818. 17 juin.....	Dépêche ministérielle au gouverneur administrateur annonçant l'envoi de cinq charrues modèles dont il devra introduire l'usage à la Martinique.................	533

Charte constitutionnelle.

1814. 10 juin.....	* Charte constitutionnelle...............	23

Charte.

1816. 17 juillet...	Ordonnance du roi qui supprime dans les différents codes les dénominations, expressions et formules qui ne sont plus en harmonie avec le gouvernement établi par la charte...........................	244

Chemins.

1814. 22 juillet...	* Avis du conseil privé de Sa Majesté Britannique sur la propriété des anciens chemins supprimés......................	35
1818. 2 juillet...	Ordonnance du gouverneur administrateur pour l'ouverture, par souscription, d'un	

DATES DES ACTES.	TITRES ET ANALYSES DES ACTES.	PAGES.
	chemin montant de la ville de Saint-Pierre au Morne-d'Orange...................	541
	Voir *Voirie*.	
	Chirurgien aux rapports.	
1815. 15 avril....	Arrêté des administrateurs en chef portant nomination d'un chirurgien juré aux rapports pour la ville de Fort-Royal et banlieue..	146
	Cimetières.	
1818. 25 avril....	* Homologation par le gouverneur administrateur d'une délibération de la paroisse du Robert, relative au changement d'emplacement de son cimetière............	501
1817. 28 février..	Dépêche ministérielle au gouverneur général portant demande de renseignements sur la situation des cimetières de la colonie et d'un projet d'ordonnance sur les inhumations...............................	364
	Voir *Églises*.	
	Citernes.	
1828. 30 mai.....	Dépêche ministérielle au gouverneur administrateur relative à l'altération des eaux pluviales dans les citernes des Antilles et au moyen d'y remédier par l'emploi de filtres de charbon......................	528
	Classes.	
	Voir *Marine*.	
	Cochenille.	
20 avril....	Mémoire sur l'analyse chimique de la cochenille et de sa matière colorante, par MM. Pelletier et Caventou............	498

DATES DES ACTES.	TITRES ET ANALYSES DES ACTES.	PAGES.
	Codes.	
	Voir *Charte*.	
	Collections.	
	Voir *Histoire naturelle*.	
	Collége de Saint-Victor.	
1816. 20 janvier..	* Arrêté des administrateurs en chef portant rétablissement du collége de Saint-Victor, autorisé par lettres patentes du 20 septembre 1768........................	194
1818. 30 juin.....	* Arrêté du gouverneur administrateur portant suppression du collége royal de Saint-Victor........................	541
	Colléges royaux.	
	Voir *Bourses*.	
	Colonies.	
1817. 18 septemb.	Dépêche ministérielle informant le gouverneur administrateur de la création, à Paris, d'une commission chargée de rechercher les moyens d'accroître la prospérité des colonies françaises..........	429
1818. 24 avril....	Extrait d'un discours du ministre de la marine aux chambres, en ce qui touche les revenus et les dotations des colonies de la Martinique et de la Guadeloupe et les résultats commerciaux qu'elles procurent..	502
	Colportage.	
	Voir *Trésor*.	
	Comestibles.	
	Voir *Importations*.	

DATES DES ACTES.	TITRES ET ANALYSES DES ACTES.	PAGES.
	Commandants civils des paroisses. Voir *Fournitures de bureau*. **Commandant en second.** Voir *Guadeloupe*. **Commandant militaire.**	
1817. 13 août....	* Ordonnance du roi portant création d'un commandant militaire à la Martinique...	407
	Commerce.	
1814. 12 décemb..	Ordonnance des administrateurs en chef, qui maintient, sauf modifications, l'arrêt du conseil d'État du 30 août 1784 sur le commerce étranger..................	86
1816. 14 mars....	Arrêté des administrateurs en chef portant que le commerce des étrangers, à la Martinique, sera restreint dans les limites fixées par l'arrêt du 30 août 1784........	215
30 octobre.	* Ordonnance des administrateurs en chef rapportant celles des 5 et 14 juin 1815, qui accordaient au commerce anglais les mêmes avantages qu'au commerce national.............................	331
1817. 4 septemb.	* Dépêche ministérielle au gouverneur administrateur au sujet du commerce étranger dans les colonies et le renvoyant aux principes de la matière...............	417
30 octobre..	* Ordonnance des administrateurs en chef, à la suite du coup de vent du 21 du même mois, portant ouverture des ports de la colonie au commerce étranger, pour l'importation de comestibles, de farines et autres articles de première nécessité.....	442
18 décemb.	Dépêche ministérielle portant qu'aucun navire de commerce, même national, venant	

DATES DES ACTES.	TITRES ET ANALYSES DES ACTES.	PAGES.
	de l'Inde ou de l'île Bourbon, ne peut être reçu à la Martinique ni à la Guadeloupe. Voir *Annales maritimes,* vol. 1818, p. 87.	454
1818. 8 janvier..	Dépêche ministérielle au gouverneur administrateur portant envoi d'un mémoire de la chambre de commerce de Nantes sur le commerce interlope, flagrant à la Martinique, et sur les moyens de le réprimer..	463
4 mai.....	* Homologation par le gouverneur administrateur d'un procès-verbal constatant la nomination de trois commissaires de commerce pour le Fort-Royal par les négociants de cette ville..................	509
30 juillet...	Dépêche ministérielle au gouverneur administrateur au sujet de l'affluence des marchandises étrangères à la Martinique, et sur les moyens de garantir les produits nationaux de leur concurrence........	554
23 août....	Ordonnance du gouverneur administrateur qui remet en vigueur, sauf quelques exceptions, l'édit d'août 1784, suspendu à raison de l'ouragan de 1817..........	557
1er novemb.	Ordonnance du gouverneur administrateur portant remise en vigueur des lettres patentes d'octobre 1727, qui interdisent le commerce dans les colonies françaises aux étrangers qui y sont établis...........	586
3 novemb.	Ordonnance du gouverneur administrateur qui accorde aux détenteurs de marchandises étrangères prohibées un délai pour en disposer, soit par la voie de consommation, soit par celle de l'exportation...	589
	Voir *Exportation, Farines, Importation, Ports, Sucre.*	

Compagnies de discipline.

1er et 16 avril	* Ordonnance du roi qui prescrit la forma-	

DATES DES ACTES.	TITRES ET ANALYSES DES ACTES.	PAGES.
	tion de compagnies de discipline, détermine le cas dans lequel les militaires y seront incorporés et contient des dispositions sur les bataillons coloniaux........	492
	Comptabilité.	
1816. 12 octobre..	Ordonnance du gouverneur général portant création d'une commission temporaire pour la vérification des comptes du trésorier de la colonie.................	326
1817. 6 octobre..	Instruction ministérielle sur les comptes des dépenses en matières et en main-d'œuvre. Voir Arch. de l'ordonnateur. Dép. ministérielles, 1817.	437
1818. 20 mai.....	Dépêche ministérielle au sujet de la régularisation des dépenses faites par les bâtiments de l'État en station ou en relâche aux colonies...................,.......	520
28 novemb.	Dépêche ministérielle portant que les comptables du service financier des colonies seront assujettis à tenir leurs écritures en partie double, conformément aux instructions données par le trésor en 1808..... Voir Inspection. Ord. et déc. Reg. 6, n° 10 *bis*.	602
31 décemb.	Circulaire ministérielle sur l'envoi et les formes des factures ou états appréciés des approvisionnements qui seront destinés pour les colonies................... Voir *Caisse municipale*, *Fabriques des paroisses*, *Geôle*, *Invalides de la marine*, *Trésoriers*.	621
	Comptables.	
1817. 15 juillet...	Circulaire ministérielle interprétative de l'acte du 29 fructidor an XII, qui accorde à l'agent comptable embarqué une gratification si ses comptes, au retour, sont reconnus satisfaisants.................	403

DATES DES ACTES.	TITRES ET ANALYSES DES ACTES.	PAGES.
	Concurrence.	
	Voir *Commerce*.	
	Congés.	
	Voir *Actes de Francisation*.	
	Conseil d'administration.	
	Voir *Contrôle*.	
	Conseil de santé.	
1816. 20 juin.....	Dépêche ministérielle ordonnant d'établir dans la colonie un conseil de santé, à l'instar de ceux établis en France par l'ordonnance royale du 29 novembre 1815..	234
1817. 22 mai.....	Dépêche ministérielle qui, renouvelant l'ordre donné aux administrateurs en chef, le 20 juin 1816, d'établir un conseil de santé dans la colonie, réfute leurs objections à ce sujet......................	378
3 juillet...	* Dépêche ministérielle contenant de nouveaux ordres et observations au sujet du conseil de santé à établir à la Martinique, et envoi d'une note médico-légale à consulter sur les certificats de santé........	395
	Conseil supérieur.	
1814. 12 décemb..	Procès-verbal de la séance extraordinaire du conseil supérieur pour recevoir les ordres de Sa Majesté le roi de France et enregistrer les pouvoirs des nouveaux gouverneur et intendant.....................	82
	Voir *Sucre*.	
	Constitutions de l'empire.	
1815. 22 avril....	* Acte additionnel aux constitutions de l'empire.............................	152

DATES DES ACTES.	TITRES ET ANALYSES DES ACTES.	PAGES.
	Constructions civiles, constructions militaires.	
	Voir *Ponts et chaussées*.	
	Consuls.	
1814. 24 octobre..	Précis ministériel sur les principales dispositions législatives et réglementaires relatives au service de la marine, dont l'exécution concerne les consuls............	72
	Voir *Capitaines de navires*.	
	Contrebande.	
1817. 12 juin.....	* Dépêche ministérielle prescrivant aux administrateurs en chef la plus exacte surveillance pour l'exécution de l'ordonnance du roi du 1er janvier 1786, et la répression de toute contrebande à bord des navires du roi...............................	387
	Contribuables.	
	Voir *Impôts*.	
	Contributions.	
	Voir *Domaine*.	
	Contrôle.	
1816. 13 juin.....	Dépêche ministérielle aux administrateurs sur l'application de l'ordonnance royale du 29 novembre 1815 aux colonies, et sur l'étendue de la surveillance des contrôleurs de la marine qui y résident........	234
	Voir *Marine*.	
	Contrôleur.	
1817. 31 janvier..	Dépêche ministérielle relative à la corres-	

DATES DES ACTES.	TITRES ET ANALYSES DES ACTES.	PAGES.
	pondance directe du contrôleur avec le ministre, et au compte raisonné qu'il doit lui rendre chaque semestre............	358

Convalescents.

1818. 13 novemb.	Décision du gouverneur administrateur portant création d'un dépôt militaire de convalescents au fort Bourbon, et réglant les rations à leur délivrer et la surveillance dont ils seront l'objet................	597

Convention.

Voir *Forces britanniques.*

Coquillages.

Voir *Histoire naturelle.*

Correspondance.

1816. 7 juillet...	Circulaire ministérielle qui prescrit de mettre sous bandes toutes lettres et tous paquets adressés, pour le service, sous le couvert ministériel..........................	239
26 juillet...	Dépêche ministérielle portant recommandation aux administrateurs en chef d'adresser au ministère dans un même format leurs divers arrêtés, soit manuscrits, soit imprimés..........................	305
27 décemb..	Dépêche ministérielle au gouverneur général réglant l'ordre à suivre dans sa correspondance avec la métropole............	337

Corps de garde.

Voir *Éclairage.*

Corsaires.

Voir *Piraterie*

DATES DES ACTES.	TITRES ET ANALYSES DES ACTES.	PAGES.
	Couleuvre couresse.	
	Voir *Serpents*.	
	Coup de vent.	
1818. 14 décemb.	Notice scientifique sur le coup de vent qui a eu lieu, le 21 septembre 1818, dans l'archipel des Antilles, par M. Moreau de Jonnès................................	610
	Voir *Annales maritimes*, 1818, 2ᵉ partie, page 950.	
	Voir *Commerce*.	
	Couvert ministériel.	
	Voir *Correspondance*.	
	Créances sur le gouvernement.	
1818. 31 août....	Arrêté du gouverneur administrateur qui crée une commission provisoire de liquidation des créances sur le gouvernement postérieures au 23 septembre 1800 (1ᵉʳ vendémiaire an IX) et antérieures au 1ᵉʳ janvier 1816............................	559
31 août....	Arrêté du gouverneur administrateur portant création d'une commission provisoire de liquidation des créances sur le gouvernement postérieures au 23 septembre 1800 (1ᵉʳ vendémiaire an IX) et antérieures au 1ᵉʳ janvier 1816........................	559
	Croisières.	
1818. 14 mai.....	Dépêche ministérielle au gouverneur portant confirmation des ordres relatifs aux croisières à diriger contre les forbans dans les parages de Saint-Domingue.........	224
	Cumul.	
28 avril....	* Loi sur les finances qui défend de cumu-	

DATES DES ACTES.	TITRES ET ANALYSES DES ACTES,	PAGES.
	ler en entier le traitement de plusieurs places................................	220
1817. 9 juin.....	Dépêche ministérielle portant instructions sur l'application de la loi du 25 mars 1817, qui défend le cumul de deux pensions ou d'une pension avec un traitement d'activité, de retraite ou de réforme..........	385
1818. 11 septemb.	* Circulaire ministérielle relative à l'application de lois des 15 mai 1818 et 25 mars 1817 sur le cumul des pensions..........	561

Voir *Pensions*.

Curés.

Voir *Paroisses*, *Solde*.

D

Débarquement.

Voir *Équipages*.

Débordement.

Voir *Rivière*.

Décomptes.

Voir *Solde*.

Dégrèvement.

Voir *Indigents*.

Délits militaires.

Voir *Troupes*.

DATES DES ACTES.	TITRES ET ANALYSES DES ACTES.	PAGES.
	Dénombrements.	
1814. 20 décemb..	Ordonnance de l'intendant contenant règlement pour les fournitures des dénombrements et recensements et les déclarations relatives aux maisons pour l'année 1815..	90
1815. 3 décemb.	Avis officiel de l'intendant portant que l'ordonnance du 20 décembre 1814, sur les dénombrements, recensements et déclarations de maisons, fera loi pour l'année 1816...................................... Voir *Gazette de la Mart.,* n° 99.	186
1817. 8 décemb.	Ordonnance de l'intendant portant renouvellement de celle du 20 décembre 1814 concernant la formation des dénombrements et recensements................. Voir Arch. du gouvernement. Ord. et déc.	452
1818. 1er décemb.	Ordonnance du gouverneur administrateur concernant la formation des dénombrements et recensements ainsi que les déclarations relatives aux maisons pour 1819.	602
	Dénominations.	
	Voir *Charte*.	
	Denrées coloniales.	
	Voir *Douanes, Droits d'entrée, Navires de l'État*.	
	Dépôt de Versailles.	
1814. 31 août....	Dépêche ministérielle aux administrateurs en chef, ordonnant de recueillir les actes et pièces qui manquent au dépôt de Versailles, selon le vœu de l'édit de juin 1776.	65
1817. 18 décemb.	Dépêche ministérielle au gouverneur administrateur pressant l'envoi au dépôt de	

DATES DES ACTES.	TITRES ET ANALYSES DES ACTES.	PAGES.
	Versailles des registres et papiers qui doivent y être recueillis conformément à l'édit de juin 1776......................	454
	Déserteurs.	
1818. 10 novemb.	Circulaire ministérielle sur les mesures à prendre à l'égard des matelots qui, dans les colonies, désertent des bâtiments du commerce..........................	595
	Voir *Vagabonds*.	
	Desservants.	
	Voir *Solde*.	
31 décemb.	* Décision du gouverneur administrateur portant qu'à dater du 1er janvier 1819 les journées pour nourriture des détenus des geôles de Fort-Royal et de Saint-Pierre seront payées d'après l'ancien tarif......	618
	Dette de la colonie.	
1814. 15 juillet...	Proclamation du gouverneur anglais (Wale) portant création d'un comité chargé de constater la dette commerciale de la colonie envers la Grande-Bretagne........	32
	Directeur des douanes.	
	Voir *Administration*.	
	Direction de l'intérieur.	
1818. 1er mars....	* Décision du gouverneur administrateur portant création et nomination d'un chef du service administratif de la direction de l'intérieur à Saint-Pierre...............	483

DATES DES ACTES.	TITRES ET ANALYSES DES ACTES.	PAGES.
1818, 4 mars....	Ordonnance du gouverneur administrateur portant création et nomination d'un directeur de l'intérieur à la Martinique.......	484
28 juillet...	Décision du gouverneur administrateur qui arrête provisoirement l'état d'organisation du personnel de la direction de l'intérieur, à compter du 1er mars précédent..	552
	Directeur de l'intérieur.	
	Voir *Administration*.	
	Discipline maritime.	
1814. 30 décemb..	Règlement de discipline maritime pour la station des îles du Vent...............	96
	Dispenses d'âge.	
	Voir *Indigents*.	
	Divorce.	
1816. 8 mai.....	Loi sur l'abolition du divorce............	223
	Domaine.	
1818. 1er avril....	* Décision du gouverneur administrateur portant création et nomination d'un chef du bureau du domaine et des contributions à Saint-Pierre.......	492
1817. 23 mars....	Arrêté de l'intendant ordonnant la vente de l'habitation dite *Royale*, sise au Morne-Rouge, comme inutile au service du jardin des plantes.....................	367
1818. 10 avril....	Arrêté du gouverneur administrateur portant révocation de divers actes de ventes de propriétés nationales consentis, en 1811 et 1812, par l'autorité anglaise à des particuliers.....................	495

DATES DES ACTES.	TITRES ET ANALYSES DES ACTES.	PAGES.
1818. 10 avril....	Ordonnance du gouverneur administrateur portant annulation du bail de propriétés domaniales consenti à un sieur Édouard Henry, le 4 avril 1812, par l'administration anglaise......................	496
10 avril....	Arrêté du gouverneur administrateur portant résiliation, à dater du 1er septembre prochain, du bail à rente perpétuelle de l'habitation domaniale du Fonds-Saint-Jacques, consenti par l'administration anglaise en 1811......................	497
	Voir *Douanes, Fees, Huissiers*.	
	Dotation.	
	Voir *Colonies*.	
	Douanes.	
1814. 17 décemb..	* Loi relative aux douanes, réglant les droits d'entrée en France des denrées coloniales françaises importées par navires français............................	89
21 décemb..	* Décision de l'intendant portant fixation de l'indemnité de logement, frais de bureau et autres, alloués aux divers officiers de la direction du domaine et des douanes de la Martinique......................	94
21 décemb..	* Décision de l'intendant déterminant le cadre du personnel de la direction du domaine et des douanes de la Martinique..	95
1817. 24 septemb.	Ordonnance des administrateurs en chef portant rétablissement ou nouvelle fixation des droits d'entrée et de sortie supprimés ou réduits par l'ordonnance locale du 21 mars précédent..................	432
10 octobre..	* Décision ministérielle portant création d'un directeur des douanes à la Martinique......................	439

DATES DES ACTES.	TITRES ET ANALYSES DES ACTES.	PAGES.
	Extrait de la loi sur les douanes du 21 avril 1818, en ce qui touche la réduction des droits sur les marchandises avariées.....	498
1818. 30 juin.....	Ordonnance du gouvernenr administrateur portant organisation du service des douanes à la Martinique et règlement des fonctions et devoirs de ses préposés.............	538
1er juillet...	* Décision du gouverneur administrateur qui arrête à la somme de 148,250 francs l'état du personnel des douanes pour l'année 1818.........................	541
1er août....	Décision du gouverneur administrateur qui attribue au directeur des douanes la nomination des préposés.................	556
4 août....	Ordre du gouverneur administrateur pour l'acquisition de deux felouques ou bateaux pontés nécessaires au service des douanes et réglant la composition et les salaires de leurs équipages...................... Voir Inspection. Reg. 5, n° 785.	556
28 octobre.	Ordonnance du gouverneur administrateur qui assujettit les saisies et amendes en matière de douanes à une retenue de 6 p. 0/0, au profit du trésor.............	585
4 novemb.	Instruction adressée par le directeur des douanes de la colonie aux chefs de service sous ses ordres, et relative aux acquits-à-caution et à la visite des navires marchands à leur entrée.........................	591

Voir *Administration, Fees.*

Dragons.

Voir *Milices.*

Droits d'aiguade.

| 1816. 1er mars.... | Arrêté des administrateurs en chef portant |

DATES DES ACTES.	TITRES ET ANALYSES DES ACTES.	DATES.
	règlement des droits dus au fontainier par tous navires de commerce allant faire de l'eau à l'aiguade ou fontaine marine de Saint-Pierre	211
	Droits de circulation.	
	Voir *Boissons*.	
	Droits de consommation.	
	Voir *Boissons*.	
	Droits de douane.	
	Voir *Douanes*.	
	Droits de navigation.	
1815. 25 janvier..	Arrêté de l'intendant fixant le droit de navigation à payer pour les canots gros-bois et pirogues de charge	108
6 décemb.	Arrêté du gouverneur et de l'intendant portant fixation des rétributions dues par les navires français et étrangers au capitaine de port.	187
	Droits d'entrée.	
1814.	* Décret portant fixation provisoire des droits d'entrée, en France, des denrées coloniales.	14
1815. 7 décemb..	Loi relative à la perception des droits sur les denrées coloniales importées en France..	188
1816. 28 avril....	Extrait de la loi des finances, en ce qui touche le droit d'entrée des denrées coloniales françaises ou étrangères importées par navires français ou étrangers....	220
	Voir *Douanes, Farines, Impositions*.	

DATES DES ACTES.	TITRES ET ANALYSES DES ACTES.	PAGES.
	Droits de sortie.	
1814. 29 avril....	Ordonnance du gouverneur anglais (Wale) pour assurer la perception des droits à la sortie des denrées coloniales............	15
	Voir *Douanes*, *Impositions*.	
	Droits sur les denrées coloniales.	
	Voir *Droits d'entrée*.	
	E	
	Eaux pluviales.	
	Voir *Citernes*.	
	Échange.	
	Voir *Produits naturels*.	
	Éclairage.	
1815. 9 février...	Arrêté de l'intendant réglant les fournitures à faire pour l'éclairage des corps de garde de la colonie.....................	119
6 juillet...	Arrêté des administrateurs en chef qui ordonne le transfert du dépôt des huiles destinées à l'éclairage public dans un lieu écarté de la ville de Saint-Pierre.........	157
	Effets militaires.	
	Voir *Transports*.	
	Églises.	
1816. 4 juillet...	Arrêté des administrateurs en chef relatif à divers travaux de construction et d'agrandissement concernant l'église du Mouillage, à Saint-Pierre, son presbytère et le cimetière y attenant..................	236

DATES DES ACTES.	TITRES ET ANALYSES DES ACTES.	PAGES.
1818. 26 mai.....	* Homologation du gouverneur administrateur d'une délibération de la paroisse du Marin, relative à des réparations urgentes à faire à l'église et au presbytère de cette paroisse........................	523
12 juin.....	Arrêté du gouverneur administrateur portant qu'un prêt de 9,445 francs sera fait à la paroisse du Marin pour l'aider à réparer son église........................	532
20 octobre.	Homologation par le gouverneur administrateur d'une délibération de la paroisse de la Rivière-Pilote, relative à une imposition paroissiale destinée à rembourser au gouvernement une somme de 55,000 livres coloniales (30,555 fr. 55 cent.) par lui avancée pour la reconstruction de l'église de cette paroisse..............	576

Embarquement.

Voir *Marins*.

Embarquements furtifs.

Voir *Rôle d'équipage*.

Émigrés.

1817. 11 juillet...	Déclaration du conseil supérieur portant que, de toutes les lois rendues contre les émigrés, une seule (celle du 29 août 1792) a été publiée à la Martinique..........	401
1814. 5 décemb.	Loi relative aux biens non vendus des émigrés........................	77

Émoluments.

1817. 3 septemb.	Ordonnance du gouverneur général relative aux émoluments des greffiers, encanteurs, mesureurs, interprètes, capitaines de port, etc........................	311

DATES DES ACTES.	TITRES ET ANALYSES DES ACTES.	PAGES.
	Employés.	
	Voir *Notes individuelles*.	
	Empoisonneurs.	
1818. 10 septemb.	Arrêt du conseil supérieur portant création d'une commission prise dans son sein pour réunir des renseignements sur les empoisonneurs qui désolent les campagnes. . . . . Greffe de la cour royale. Reg. 17, fº 200.	560
	Encanteurs.	
1816. 3 septemb.	* Ordonnance du gouverneur pour la mise aux enchères publiques des places d'encanteur, peseur, jaugeur, mesureur et étalonneur.	310
25 septemb.	* Cahier des charges énonciatif des revenus et obligations des places affermées d'encanteur, jaugeur-mesureur et étalonneur.	318
1818. 28 février...	Décision du gouverneur administrateur portant que toutes les ventes de bâtiments flottants faisant partie de successions ou dont la vente serait ordonnée par justice seront faites par les encanteurs	483
	Voir *Émoluments, Ventes*.	
	Encanteur général.	
1815.	* Commission d'encanteur général de la colonie.	114
	Enchères publiques.	
	Voir *Encanteur*.	
	Enfants trouvés.	
	Voir *Hospice*.	

DATES DES ACTES.	TITRES ET ANALYSES DES ACTES.	PAGES.
	Entérinement.	
	Voir *Grâces*.	
	Entrepôts.	
1817. 4 septemb.	Dépêche ministérielle au gouverneur administrateur concernant un nouvel entrepôt ouvert à Fort-Royal..................	414
	Voir *Rhums*.	
	Équipages.	
1814. 12 décemb..	Arrêté de l'intendant réglant la nourriture à fournir aux équipages des bâtiments du roi, pendant leur séjour sur rade.......	85
1816. 11 mars....	Arrêté de l'intendant de la marine, à Rochefort, sur la police et discipline des gens de mer employés pour le commerce, et sur la subordination des marins de l'équipage envers leur capitaine et autres officiers..	214
1817. 7 janvier..	Dépêche ministérielle relative à la proportion de nombre à observer entre les marins français et les marins étrangers dans la composition des équipages des navires du commerce........................	344
1818. 19 mars....	Circulaire ministérielle qui défend le débarquement d'aucun individu faisant partie de l'état-major ou de l'équipage d'un bâtiment du roi armé hors de la colonie...	487
22 septemb.	Ordonnance du gouverneur administrateur enjoignant aux capitaines des navires marchands de faire porter à l'hôpital ceux des gens de leur équipage qui tomberont malades........................	563
	Voir *Déserteurs, Rations*.	
	Étalonneur.	
	Voir *Encanteur*.	

DATES DES ACTES.	TITRES ET ANALYSES DES ACTES.	PAGES.
	Étampe.	
	Voir *Sucre*.	
	États appréciés.	
	Voir *Comptabilité*.	
	État de situation.	
	Voir *Troupes*, *Vivres*.	
	État-major.	
	Voir *Équipages*, *Marine*.	
	États périodiques.	
1814. 3 décemb.	Circulaire ministérielle contenant le relevé des divers états qui doivent être fournis périodiquement par l'administration coloniale au département de la marine....	74
1817. 17 janvier..	Dépêche ministérielle indicative des états et pièces relatifs aux finances et approvisionnements à envoyer périodiquement par l'administration coloniale au ministre de la marine........................	349
10 juillet...	Circulaire ministérielle qui désigne aux administrateurs coloniaux les états périodiques dont ils doivent faire l'envoi au ministère de la marine à diverses époques de chaque année...................	399
1818. 19 février...	Dépêche ministérielle rappelant aux administrateurs en chef le devoir qui leur est imposé d'envoyer périodiquement divers états de situation et de mouvements.....	477
	Voir *Marins*.	
	Étrangers.	
	Voir *Commerce*, *Professions commerciales*.	

DATES DES ACTES.	TITRES ET ANALYSES DES ACTES.	PAGES.
	Expédition des navires.	
	Voir *Navires du commerce.*	
	Exploration géologique.	
	Voir *Géologie.*	
	Exportation.	
1815. 2 mai.....	Arrêté des administrateurs en chef, qui, à raison des circonstances, permet les exportations ou importations de denrées et marchandises par navires de toutes nations...	153
	Voir *Droits de sortie, Farines, Importations, Impositions, Vivres.*	
	F	
	Fabrication du sucre.	
	Voir *Sucre.*	
	Fabriques des paroisses.	
1814. 12 mars....	Ordonnance du gouverneur anglais (Wale) concernant la comptabilité des fabriques des paroisses de la colonie.............	11
	Fabriques industrielles.	
1818. 30 mai.....	Dépêche ministérielle au gouverneur administrateur, pour l'inviter à tenir la main à ce qu'il ne s'établisse à la Martinique aucunes fabriques autres que celles nécessaires à la préparation des produits du sol	529
	Factures.	
	Voir *Comptabilité.*	
	Farines.	
1816. 3 août....	Dépêche ministérielle au gouverneur général, indicative des dispositions à faire	

DATES DES ACTES.	TITRES ET ANALYSES DES ACTES.	PAGES.
	pour encourager l'importation des farines françaises dans la colonie, ou, au besoin, celle des farines américaines, par navires français..........................	305
1817. 13 janvier..	Ordonnance du gouverneur portant que l'exportation des farines et autres farineux est prohibée..................	349
18 janvier..	Arrêté des administrateurs en chef qui admet l'importation des farines et farineux de toute provenance, exempte les farineux de tous droits et détermine ceux à percevoir sur les farines..............	353
31 mars....	Arrêté des administrateurs en chef qui accorde aux navires étrangers qui auront importé des farines ou farineux la faculté d'exporter du sucre brut, jusqu'à concurrence de 2,000 barriques...........	370
4 septemb.	Dépêche ministérielle au gouverneur administrateur sur une introduction de farines étrangères à la Martinique.............	415
5 septemb.	Arrêté du gouverneur et de l'intendant rapportant celui du 18 janvier précédent qui avait permis l'importation temporaire des farines étrangères..................	418
18 septemb.	Ordonnance du roi qui autorise les bâtiments français à introduire dans les possessions coloniales, jusqu'à la fin d'octobre 1818, des farines provenant des ports étrangers	428
20 septemb.	Arrêté des administrateurs en chef qui rapporte celui du 18 janvier précédent sur la libre admission des farines étrangères et l'exemption de droits des farineux de même provenance.................... Voir *Gazette de la Mart.*, 1817, n° 77.	432
1818. 10 mars....	Arrêté du gouverneur administrateur qui assimile, pour le droit d'entrée, les farines	

DATES DES ACTES.	TITRES ET ANALYSES DES ACTES.	PAGES.
	étrangères aux farines françaises, lorsqu'elles sont importées par navires nationaux................................	485
1818. 9 avril.....	Arrêté du gouverneur administrateur qui autorise le trésorier de la colonie à faire, sous diverses garanties, une avance de 60,000 francs à un négociant qui se propose d'importer et de vendre à la Martinique des farines étrangères............ Inspection. Ord. et déc. Reg. 5, n° 572.	495
16 décemb.	Ordonnance du gouverneur administrateur qui assimile temporairement, pour le droit d'entrée, aux farines françaises les farines étrangères importées par navires français dans la colonie.......................	614
	Voir *Importations*.	
	Farineux.	
	Voir *Vivres*.	
	Fees.	
1815. 1er février..	Arrêté de l'intendant déterminant l'emploi des perceptions de *fees* faites par la direction des domaine et douanes de la Martinique...............................	110
1817. 13 février..	* Rapport d'une commission spéciale nommée par le gouverneur, en 1816, pour la vérification des recettes et dépenses de la caisse dite des *fees*...................	361
28 juin.....	* Arrêté de l'intendant établissant un nouveau tarif des *fees* de douanes à payer par les bâtiments caboteurs français........	393
1818. 1er octobre.	Règlement du gouverneur administrateur sur l'administration et la comptabilité de la caisse de réserve dite des *fees*........	564
	Fête du roi.	
1816. 24 août....	Ordre du gouverneur général pour les dis-	

DATES DES ACTES.	TITRES ET ANALYSES DES ACTES.	PAGES.
	positions et le cérémonial à suivre le jour de la fête du roi......................	309

Fièvre jaune.

| 1817. 22 février.. | Mémoire sur la fièvre jaune qui a régné à la Guadeloupe, pendant l'année 1816, par le docteur Vatable, médecin du roi........
    Voir *Annales maritimes*, 1820, 2e partie, p. 774. | 364 |
| 1818. | Mémoire sur la fièvre jaune qui a désolé les Antilles pendant les années 1816 et 1817, par le docteur Dubreuil..............
    Voir *Annales maritimes*, 1818, 2e partie, p. 97. | 626 |

Finances.

| 1817. 20 août.... | Ordonnance du roi pour l'envoi immédiat à la Martinique d'un commissaire inspecteur pour le roi, chargé de rendre compte de la situation financière et commerciale de cette colonie...................... | 840 |

Voir *États périodiques*.

Fonctions.

Voir *Administration*.

Fontaine.

Voir *Droits d'aiguade, Saint-Pierre*.

Forbans.

Voir *Croisières*.

Forces britanniques.

| 1815. 20 mai..... | Convention entre le général anglais Leith et les administrateurs en chef de la Martinique, par laquelle est proposée et | |

DATES DES ACTES.	TITRES ET ANALYSES DES ACTES.	PAGES.
	acceptée l'assistance d'une force de terre britannique pour maintenir la souveraineté du roi Louis XVIII sur cette colonie..........................	154
1815. 4 juin......	* Proclamation des administrateurs en chef aux habitants de la Martinique, leur annonçant l'intervention des forces britanniques pour la défense du sol de la colonie...........................	156
	Voir *Guadeloupe*.	

Formules.

Voir *Charte*.

Fort Bourbon.

Voir *Troupes*.

Fort-Royal (Ville de).

| 1816. 13 décemb.. | Dépêche ministérielle d'envoi, en communication, d'une note sur les causes de l'insalubrité de la ville de Fort-Royal et sur les travaux à faire pour l'assainir...... | 334 |
| 1818. 21 octobre. | Ordre du gouverneur administrateur portant que le canal d'enceinte de la ville du Fort-Royal sera encaissé sur ses deux rives par un mur en maçonnerie........ Voir Inspection. Ord. et déc. Reg. 5, nº 912. | 584 |

Fournitures de bureau.

| 1815. 27 mars.... | * Arrêté de l'intendant portant règlement des fournitures de bureau accordées aux chefs de bataillon des milices et aux commandants civils de paroisses.............. | 145 |
| | Voir *Place*. | |

Frais de bureau.

| 11 janvier.. | Décision de l'intendant portant fixation des |

DATES DES ACTES.	TITRES ET ANALYSES DES ACTES.	PAGES.
	frais de bureau alloués aux chefs des divers services de l'administration........	103
1818. 6 novemb.	* Arrêté du gouverneur administrateur qui alloue des frais de bureau au garde d'artillerie, au maître charpentier du port et au garde-magasin de l'îlet à Ramiers.....	593
	Voir *Armée de terre, Douanes, Marine.*	
	Frais de justice.	
	Voir *Registres de l'état civil.*	
	Franchise.	
	Voir *Vin d'épave, Morue.*	
	Francisation.	
1814. 8 août.....	Instructions ministérielles à l'intendant pour l'exécution, dans les colonies, des lois sur la francisation des bâtiments de commerce de construction étrangère............	43
	Fret.	
	Voir *Gros-bois.*	
	Fumigations.	
	Voir *Appareils fumigatoires.*	
	G	
	Gazette de la Martinique.	
1er décemb.	État des officiers et employés du gouvernement qui recevront la *Gazette de la Martinique* aux frais du gouvernement, à dater de ce jour.............................	73
	Voir *Ouvrages périodiques.*	
	Gélatine.	
	Voir *Vivres.*	

DATES DES ACTES.	TITRES ET ANALYSES DES ACTES.	PAGES.
	Gendarmerie.	
1815. 7 mars.....	Décision de l'intendant sur l'habillement de la gendarmerie maritime..............	141
	Voir *Rations*.	
	Gendarmes.	
	Voir *Archers*.	
	Génie.	
1818. 31 décemb..	* État arrêté par le gouverneur administrateur du personnel du génie militaire et des ponts et chaussées................	620
	Voir *Ponts et chaussées*, *Transports*.	
	Gens de couleur.	
1817. 17 octobre..	Dépêche ministérielle qui remet en vigueur la déclaration du roi du 9 août 1777 interdisant aux noirs et gens de couleur l'entrée du royaume..................... Voir *Annales maritimes*, 1817, p. 385.	440
1818. 5 août....	Circulaire ministérielle qui déclare que les gens de couleur libres peuvent librement et sans être assujettis à aucun cautionnement sortir des colonies pour se rendre soit en France, soit à l'étranger......... Voir Inspection. Reg. 10.	557
	Gens de mer.	
	Voir *Caisses des gens de mer*, *Équipages*, *Marine*.	
	Gens sans aveu.	
	Voir *Vagabonds*.	
	Geôles.	
1815. 30 avril....	* Arrêté de l'intendant qui remet en vigueur	

DATES DES ACTES.	TITRES ET ANALYSES DES ACTES.	PAGES.
	celui du 14 frimaire an XIII, relatif à la comptabilité des geôles de la colonie.....	153
	Voir *Détenus, Comptabilité.*	
	Géologie.	
1817. 14 octobre..	Mémoire de M. Moreau de Jonnès sur les volcans éteints de la Martinique et notamment sur une exploration géologique et minéralogique des montagnes du Vauclin. Voir *Annales maritimes,* vol. 1817, 2° partie, p. 788.	439
	Géophagie.	
	Voir *Mal d'estomac.*	
	Glace.	
1818. 19 février...	Arrêté du Gouverneur administrateur qui accorde à un sieur Tudor, américain, pour dix années consécutives, le privilége exclusif de l'importation et de la vente de la glace dans la colonie................	479
31 janvier..	Avis officiel au commerce relatif à l'établissement de glacières dans la colonie, proposé par un étranger................	473
	Glacières.	
29 novemb.	Décision du gouverneur administrateur qui soumet au droit de 3 fr. 15 cent. les matériaux, bois, planches et autres objets apportés d'Amérique pour l'établissement des glacières à la Martinique........... Voir Arch. du gouvernement. Ord. et déc., n° 167.	602
	Goramy.	
27 avril....	Dépêche ministérielle au gouverneur administrateur annonçant l'envoi à la Martinique, pour y être naturalisé, du *goramy,* poisson de l'île de France............	505

DATES DES ACTES.	TITRES ET ANALYSES DES ACTES.	PAGES.
	Gourdes. Voir *Monnaies*.	
	Gouvernement de la Guadeloupe. Voir *Gouvernement de la Martinique*.	
	Gouvernement de la Martinique.	
1814. 20 septemb.	Dépêche ministérielle à l'intendant au sujet des communications habituelles à établir dans l'intérêt du service entre le gouvernement de la Martinique et celui de la Guadeloupe	67
	Gouverneurs.	
13 juin.....	* Brevet, signé du roi, portant nomination du vice-amiral comte de Vaugiraud aux fonctions de gouverneur lieutenant général de la Martinique, et réglant ses pouvoirs	23
24 septemb.	Dépêche ministérielle au gouverneur, contenant instructions sur ses rapports avec les colonies étrangères voisines	68
1815. 23 mars....	Provisions du roi, datées de Lille, par lesquelles le comte de Vaugiraud est nommé gouverneur général des îles du Vent de l'Amérique	143
1817. 13 août....	* Ordonnance du roi qui remplace les gouverneur général et intendant de la Martinique par un gouverneur et administrateur pour le roi (M. Donzelot)	406
	Voir *Aides de camp, Conseil supérieur, Guadeloupe*.	
	Grâce.	
1815. 13 janvier..	* Lettre du ministre de la justice au ministre	

DATES DES ACTES.	TITRES ET ANALYSES DES ACTES.	PAGES.
	de la marine pour l'informer que la grâce, en matière correctionnelle, est affranchie des formalités usitées pour l'entérinement des autres lettres de grâce............	104

Grades.

Voir *Marine*.

Gratifications.

Voir *Comptables*, *Sauvetage*.

Greffe.

Voir *Notaires*.

Greffiers.

1816. 20 juin.....	Dépêche ministérielle portant suppression de l'indemnité de logement de 1,000 francs, ou de 1,500 francs des colonies, accordée aux greffiers des divers tribunaux de la Martinique.......................... Voir Arch. de l'ordonnateur. Dép. ministérielles, 1816, nº 4.	236

Voir *Émoluments*.

Gros-bois.

1817. 7 juin.....	Arrêté de l'intendant portant règlement sur le prix du fret des canots gros-bois.....	384

Guadeloupe.

1815. 28 juin.....	Proclamation du gouverneur général à l'occasion des troubles politiques de la Guadeloupe.............................	157
11 septemb.	Dépêche ministérielle au gouverneur général pour prévenir une attaque de la Guadeloupe rebelle par les forces britanniques.	162
1816. 11 mars....	Jugement du conseil de guerre permanent de la première division militaire, qui	

DATES DES ACTES.	TITRES ET ANALYSES DES ACTES.	PAGES.
	acquitte le contre-amiral de Linois, ex-gouverneur général de la Guadeloupe, et condamne à la peine de mort le baron Boyer de Peyrelau, commandant en second de la même colonie..............	215
	Guerre.	
	Voir *Neutralité*.	
	# H	
	Habillement.	
1815. 10 avril....	* Arrêté de l'intendant qui accorde une indemnité d'habillement aux nègres du roi attachés au service des hôpitaux........	146
	Voir *Gendarmerie, Police, Troupes*.	
	Habitations domaniales.	
1818. 15 août....	Arrêté du gouverneur administrateur portant création d'une commission pour procéder à l'inventaire estimatif des habitations domaniales de Saint-Jacques, du Trou-Vaillant et du Champ-Flore.......	557
	Hamacs.	
	Voir *Troupes*.	
	Haras.	
	Voir *Hattes*.	
	Hattes.	
1817. 18 septemb.	Dépêche ministérielle au gouverneur administrateur portant demande de renseignements pour la formation de hattes et de haras à la Martinique..............	426
	Haute police.	
	Voir *Ouvrages périodiques*.	

— 673 —

DATES DES ACTES.	TITRES ET ANALYSES DES ACTES.	PAGES.
	Histoire naturelle.	
1817. 2 octobre..	Lettre du ministre de la marine et des colonies françaises aux administrateurs des colonies, sur une collection d'objets d'histoire naturelle..........................	436
1818. 30 mai.....	Circulaire ministérielle au gouverneur administrateur portant envoi d'instructions sur les recherches d'histoire naturelle à faire dans les colonies et sur les moyens d'en conserver et d'en transporter les produits..............................	525
14 septemb.	Dépêche ministérielle au gouverneur administrateur portant envoi de plusieurs exemplaires d'une instruction sur les recherches d'histoire naturelle à faire dans les colonies et sur les moyens d'en transporter les produits..........................	562
19 novemb.	Dépêche ministérielle au gouverneur administrateur contenant nouvelle invitation d'encourager la recherche des coquillages de toute espèce qui se trouvent dans la colonie...............................	600
	Hivernage.	
1815. 8 juillet...	Ordre des administrateurs en chef, aux navires mouillés en rade de Saint-Pierre, d'aller hiverner dans le bassin de Fort-Royal...............................	158
1817. 24 juin.....	Ordre du gouverneur qui renouvelle, pour l'année, celui du 8 juillet 1815 relatif à la sûreté des bâtiments du commerce pendant l'hivernage....................... Voir Arch. du gouvernement. Ord. et déc.	393
1818. 25 juin.....	Ordonnance du gouverneur administrateur pour la sûreté des bâtiments du commerce français pendant l'hivernage...........	536
	Voir *Troupes.*	

DATES DES ACTES.	TITRES ET ANALYSES DES ACTES.	PAGES.
	Hôpitaux.	
1817. 28 mai.....	Décision de l'intendant qui prolonge de deux années le marché d'entreprise des hôpitaux de la colonie, et fixe à 4 fr. 05 cent. la journée d'hôpital du soldat, et à 10 fr. 80 cent. celle de l'officier, au change de 180 0/0..................... Voir Inspection. Ord. et déc. Reg. 4.	380
29 mai.....	Dépêche ministérielle aux administrateurs en chef indiquant les dispositions à prendre pour l'examen du projet de construction d'un hôpital au fort Bourbon......	382
30 octobre..	Arrêté de l'intendant portant établissement, par entreprise, d'un hôpital de convalescents, de cent lits, à Saint-Pierre, au prix de 4 fr. 05 cent. la journée............. Voir Inspection. Ord. et déc. Reg. 5, n° 324.	444
30 octobre..	Arrêté de l'intendant qui proroge de deux années le marché passé le 21 décembre 1815 pour l'entreprise des hôpitaux de la colonie............................. Voir Inspection. Ord. et déc. Reg. 5, n° 323.	444
25 décemb.	Dépêche ministérielle au gouverneur administrateur au sujet du prix de journée des places réservées dans les hôpitaux de la colonie aux passagers et marins du commerce.............................	455
1818. 7 mars....	Ordre du gouverneur administrateur portant nomination d'une commission chargée de rechercher les causes de l'insalubrité de l'hôpital de Fort-Royal........ Voir Inspection. Ord. et déc. Reg. 5, n° 896.	484
25 avril....	Règlement du gouverneur administrateur relatif aux fonctions des sœurs hospitalières attachées au service de l'hôpital et	

DATES DES ACTES.	TITRES ET ANALYSES DES ACTES.	PAGES.
	aux droits et prérogatives qui leur sont accordés..........................	502
1818. 13 octobre.	* Décision du gouverneur administrateur portant qu'à l'avenir le cadavre de tout individu mort et inhumé aux hôpitaux sera couvert d'un demi-baril de chaux vive.................................	573
	Voir *Marins, Transports.*	
	Hospices.	
1815. 1er août....	Ordonnance des administrateurs en chef portant réorganisation du service de l'hospice de Saint-Pierre affecté aux enfants trouvés ou orphelins et aux pauvres femmes et filles infirmes ou malades.............	159
	Huissiers.	
1814. 27 avril....	Ordonnance du gouverneur anglais (Wale) qui rétablit les huissiers dans le droit de vendre les meubles et effets saisis.......	14
1818. 24 juillet...	Arrêté du gouverneur administrateur portant création d'un huissier du domaine pour chacune des villes du Fort-Royal et de Saint-Pierre.......................	551
10 septemb.	Arrêté du gouverneur administrateur qui rattache les deux huissiers du domaine au corps des huissiers des sénéchaussées.....	559
	Voir *Ventes.*	
	I	
	Iles du vent.	
	Voir *Gouverneurs.*	
	Importation.	
1814. 5 février..	Proclamation du gouverneur anglais (Wale) portant permis temporaire pour l'impor-	

DATES DES ACTES.	TITRES ET ANALYSES DES ACTES.	PAGES.
-	tation de matériaux et denrées de première nécessité d'origine étrangère............	7
1815. 15 février..	Ordonnance de l'intendant qui admet à la consommation du pays, au droit de 7 1/2 p. 0/0, les marchandises étrangères demandées par le commerce de la colonie avant la paix de 1814..................	123
14 juin.....	Arrêté des administrateurs en chef, portant que les importations par navires anglais ne seront assujetties qu'au droit établi sur les importations nationales par l'ordonnance locale du 6 mars précédent.......	157
1818. 23 avril....	Ordonnance du gouverneur administrateur prorogative de celle du 28 octobre 1817 portant ouverture des ports de la colonie au commerce étranger, pour l'importation des comestibles, farineux et autres objets de première nécessité................	500
	Voir *Droits d'entrée, Farines, Impositions.*	

Impositions.

1814. 10 janvier..	Ordonnance du gouverneur anglais (Wale) portant règlement des impositions de la Martinique pour l'année 1814..........	6
12 décemb..	Ordonnance du gouverneur et de l'intendant réglant les impositions coloniales pour l'année 1815, et rétablissant la perception du droit du domaine d'occident dans les ports de la colonie............	86
1815. 6 mars....	* Ordonnance du gouverneur et de l'intendant portant règlement des impositions de la Martinique pour l'année 1815......	139
6 mars....	Extrait de l'ordonnance locale sur les impositions de 1815, en ce qui touche le débit du rhum, du tafia et autres liqueurs à la petite mesure.....................	140
1816. 5 janvier..	* Ordonnance du gouverneur et de l'inten-	

DATES DES ACTES.	TITRES ET ANALYSES DES ACTES.	PAGES.
	dant portant règlement des impositions de la Martinique pour l'année 1816.........	193
1817. 21 mars....	Ordonnance des administrateurs en chef portant règlement des impositions de la Martinique pour l'année 1817, avec réduction des droits d'entrée et de sortie sur les importations et les exportations.........	365
1818. 28 février...	Ordonnance du gouverneur administrateur portant règlement des impositions de la Martinique pour l'année 1818..........	482

Impôts.

1814. 12 décemb..	Ordonnance des administrateurs en chef sur les impositions de l'année 1814, portant rétablissement dans les ports de la colonie de l'impôt connu sous le nom de *droits du domaine d'occident*...............	82
1817. 5 août....	Ordonnance des administrateurs en chef qui accorde aux contribuables qui s'acquitteront de leur arriéré, dans le délai de deux mois, la faculté d'en payer jusqu'à concurrence du quart en papier-monnaie créé par ordonnance locale du 12 avril précédent.................... Voir *Gazette de la Mart.*, 1817, n° 64.	406
1818. 22 avril....	Arrêté du gouverneur administrateur qui accorde aux contribuables arriérés un dernier délai de trois mois pour s'acquitter, passé lequel ils seront poursuivis à la rigueur.................... Voir Inspection. Ord. et déc. Reg. 5, n° 581.	500
	Voir *Fees*.	

Indemnité d'ameublement.

Voir *Artillerie, Indemnité de logement*.

Indemnité de fourrages.

Voir *Armée de terre, Artillerie*.

DATES DES ACTES.	TITRES ET ANALYSES DES ACTES.	PAGES.
	Indemnité de logement.	
1815. 1ᵉʳ mars....	Arrêté de l'intendant portant règlement des indemnités de logement et d'ameublement dues aux officiers de toutes armes non logés ou meublés en nature............	125
	Voir *Armée de terre, Artillerie, Douanes, Greffiers des tribunaux, Marine.*	
	Indigents.	
1817. 16 août....	Circulaire du ministre de la justice portant que les dispenses d'âge pour mariage seront délivrées gratuitement aux indigents.	407
1818. 14 octobre.	Observations du gouverneur administrateur sur un état des indigents de la paroisse du Fort-Royal, présenté par le bureau de charité pour obtenir le dégrèvement de ceux qui y sont dénommés............	573
	Infanterie.	
	Voir *Milices, Troupes.*	
	Infirmerie.	
	Voir *Troupes.*	
	Inhumations.	
	Voir *Cimetières.*	
	Insalubrité.	
	Voir *Fort-Royal.*	
	Instruction publique.	
1816. 20 mars....	Ordonnance des administrateurs en chef portant établissement à Saint-Pierre d'une maison royale d'éducation pour les jeunes filles de la colonie.................	216
	Intendants.	
1814. 13 juin.....	* Brevet, signé du roi, portant nomination de M. Dubuc (Louis-François) aux fonc-	

DATES DES ACTES.	TITRES ET ANALYSES DES ACTES.	PAGES.
	tions d'intendant de la Martinique, et réglant ses pouvoirs..................	25
	Voir *Conseil supérieur*.	
	Interprètes.	
	Voir *Émoluments*.	
	Intervention.	
	Voir *Forces britanniques*.	
	Invalides de la marine.	
1816. 17 juillet...	Règlement du roi portant instruction sur l'administration et la comptabilité de l'établissement des invalides de la marine.	244
	Inventaires.	
	Voir *Habitations domaniales*.	
	J	
	Jardin des plantes.	
1817. 7 août....	Dépêche ministérielle invitant les administrateurs en chef à donner leurs soins à la multiplication des plantes utiles dans le jardin botanique......................	406
	Voir *Domaine*.	
	Jaugeage.	
1815. 28 avril....	Arrêté de l'intendant portant fixation du droit de jaugeage des rhums, tafias et sirops exportés de la Martinique à l'étranger, et du droit de surveillance du débarquement des bois importés dans la colonie....................................	152
1818. 22 septemb.	Mémoire sur le jaugeage des bâtiments, par M. Daviel, ingénieur de marine.........	562

DATES DES ACTES.	TITRES ET ANALYSES DES ACTES.	PAGES.
	Jaugeur.	
	Voir *Encanteur*.	
	Jeu.	
1816. 6 octobre..	Ordonnance du gouverneur sur les maisons de jeu et tripots......................	324
1817. 14 mars....	Dépêche ministérielle au gouverneur général rappelant à l'exécution des anciennes ordonnances prohibant les jeux de hasard.	365
	Journaux.	
	Voir *Gazette de la Martinique*.	
	Journées d'hôpital.	
	Voir *Hôpitaux*.	
	Jugements.	
	Voir *Légalisation*.	
	L	
	Légalisation.	
1815. 16 février..	Circulaire ministérielle aux administrateurs en chef, recommandant de pourvoir à ce que les formalités de visa et de légalisation prescrites par la circulaire du 6 messidor an XII soient très-exactement remplies..............................	124
1817. 9 octobre..	* Dépêche ministérielle au gouverneur administrateur relative aux visa et légalisation précédemment attribués à l'intendant.	438
1818. 26 février...	Dépêche ministérielle au gouverneur administrateur portant recommandation expresse de légaliser toutes les expéditions de jugements envoyées en France, notamment les amplitions remises aux capi-	

DATES DES ACTES.	TITRES ET ANALYSES DES ACTES.	PAGES.
	taines de navires chargés du transport des condamnés............................ Voir Arch. du gouvernement. Dép. ministérielles, nº 53.	482
	Légion de la Martinique. Voir *Troupes*.	
1816. 26 mars....	**Légion d'honneur.** Ordonnance du roi renfermant organisation nouvelle de l'ordre de la Légion d'honneur...............................	220
	Lettres. Voir *Correspondances*.	
	Lieutenants généraux. Voir *Aides de camp, Gouverneurs*.	
	Liqueurs. Voir *Impositions*.	
	Livrets. Voir *Solde*.	
27 novemb.	**Lois.** Ordonnance du roi concernant la promulgation des lois et des ordonnances.......	333
	Louvoyage. Voir *Navires du commerce, Navires suspects*.	
	M **Main-d'œuvre.** Voir *Travaux publics*.	

DATES DES ACTES.	TITRES ET ANALYSES DES ACTES.	PAGES.
	Maisons.	
	Voir *Dénombrements*.	
	Maisons d'éducation.	
	Voir *Instruction publique*.	
	Maisons de jeu.	
	Voir *Jeu*.	
	Maison royale de Saint-Denis.	
1816. 9 mars....	Instructions pour les familles qui demandent l'admission de leurs filles, sœurs, nièces ou cousines dans la maison royale de Saint-Denis..........................	212
16 août....	Dépêche ministérielle aux administrateurs en chef, annonçant la réserve faite au profit des familles créoles de places gratuites dans les maisons royales de Saint-Denis et de Paris, et l'envoi d'instructions pour l'accomplissement de cette disposition..........................	307
2 septemb.	* Ordonnance du roi qui affecte à perpétuité trois places gratuites, dans les établissements de Saint-Denis et de Paris, aux filles des membres des ordres royaux propriétaires et résidant à la Martinique....	310
1817. 12 septemb.	Dépêche ministérielle au gouverneur administrateur, notifiant une modification apportée aux articles 1 et 2 de l'ordonnance royale du 2 septembre 1816, qui accorde à la Martinique des places gratuites dans les maisons royales de Saint-Denis et de Paris..........................	423
	Malades.	
	Voir *Équipages*.	

DATES DES ACTES.	TITRES ET ANALYSES DES ACTES.	PAGES.
	Maladies cutanées.	
	Voir *Appareils fumigatoires*.	
	Mal d'estomac.	
1816.	Observations sur la géophagie des Antilles, vulgairement appelée *mal d'estomac*, par M. Moreau de Jonnès................	99
	Manioc.	
	Voir *Commerce, Plantations*.	
	Manœuvres.	
	Voir *Solde*.	
	Marchandises confisquées.	
1818. 8 juillet...	Arrêté du gouverneur administrateur relatif au droit de 6 fr. 30 cent. 0/0 que devront payer les acquéreurs de marchandises confisquées dont la vente aura été ordonnée................	543
	Marchandises étrangères.	
	Voir *Commerce, Importation*.	
	Mariage.	
	Voir *Indigents*.	
	Marine (Corps de la).	
1814. 1er juillet...	Ordonnance du roi portant règlement sur les grades et classes, payes, mode d'avancement des gens de mer, et sur la composition des états-majors et équipages des bâtiments de la marine royale............. Voir *Annales maritimes*, vol. 1809-1815, 2, p. 87.	28
1er juillet...	Ordonnance du roi relative aux titres et dénominations des officiers supérieurs militaires et civils de la marine employés dans les ports et arsenaux et sur les flottes....	28

DATES DES ACTES.	TITRES ET ANALYSES DES ACTES.	PAGES.
1814. 1er juillet...	Ordonnance du roi portant organisation du corps de la marine et réglant le service, l'avancement, les appointements et le rang des officiers............................ Voir *Annales maritimes*, t. 2, 1809-1815, p. 75.	31
1er juillet...	Ordonnance du roi portant règlement sur la composition du corps de la marine et sur le service, l'avancement, les appointements et le rang des officiers............. Voir *Annales maritimes*, vol. 1809-1815, 2, p. 75.	32
1815. 17 janvier..	* Arrêté de l'intendant portant règlement de l'indemnité de logement allouée aux officiers et employés de l'administration de la marine...........................	104
29 novemb.	Ordonnance du roi sur la nouvelle formation du corps des officiers de la marine......	183
16 décemb..	Règlement portant fixation du nombre des grades, classes, appointements et frais de bureau des officiers militaires et civils de la marine employés dans les ports..... Voir *Bulletin des lois*, 7e série, no 69, t. 11, p. 195.	190
1816. 21 février..	Ordonnance du roi portant création et organisation d'un corps royal de la marine pour servir à terre, à la mer et dans les colonies................................ Voir *Annales maritimes*, vol. 2, p. 179.	209
1818. 6 janvier..	Règlement ministériel pour déterminer l'uniforme des officiers de l'administration et du contrôle de la marine.............. Voir *Annales maritimes*, 1818, p. 105.	463
3 mars....	Tarif des indemnités pour tenir lieu de frais de bureau aux officiers et agents de la marine embarqués...................... Voir *Annales maritimes*, 1818, p. 129.	484

DATES DES ACTES.	TITRES ET ANALYSES DES ACTES.	PAGES.
1818. 1er juin	Ordonnance royale qui détermine l'uniforme des officiers de l'administration de la marine et du contrôle.................... Voir *Annales maritimes*, 1818, p. 241.	530
	Marins.	
1816. 16 novemb.	Dépêche ministérielle relative à l'embarquement des marins étrangers sur les navires français.............................	331
1817. 18 septemb.	Dépêche ministérielle prescrivant l'envoi semestriel d'un état énonciatif des services et mouvements des marins appartenant aux divers quartiers de France qui naviguent sur des bâtiments armés dans les colonies............................. Voir Arch. de l'ordonnateur. Dép. ministérielles, 1817.	428
1818. 15 juillet...	Dépêche ministérielle rappelant au gouverneur administrateur que l'intention du roi est que les marins du commerce soient traités dans les hôpitaux comme ceux de la marine royale et aux mêmes prix.....	551
	Voir *Acte de décès, Équipages, Hôpitaux.*	
	Marque.	
	Voir *Sucre.*	
	Masses d'habillement et d'entretien.	
	Voir *Troupes.*	
	Matériaux.	
	Voir *Travaux publics.*	
	Médecins aux rapports.	
	Voir *Chirurgiens aux rapports.*	

DATES DES ACTES.	TITRES ET ANALYSES DES ACTES.	PAGES.
	Médecin vétérinaire.	
1818. 30 mai.....	Dépêche ministérielle au gouverneur administrateur annonçant l'envoi à la Martinique d'un médecin vétérinaire au compte du roi, chargé de s'occuper de la multiplication des bestiaux et de l'amélioration des espèces...........................	528
	Messager (Vautour dit).	
	Voir *Serpentaire*.	
	Mesureur.	
	Voir *Émoluments, Encanteurs*.	
	Milices.	
1815. 1er mars....	Ordonnance du gouverneur général portant réorganisation des milices de la Martinique et règlement de leur service...........	126
1er mars....	* Ordonnance du gouverneur général pour la formation d'une ou de plusieurs compagnies de sapeurs-pionniers par chaque bataillon des milices..................	138
1er mars....	Ordonnance locale relative à la formation de la compagnie de dragons du gouverneur général et de celle d'infanterie du commandant en second..................	139
1817. 11 décemb.	Circulaire ministérielle portant que les services ordinaires dans les milices ne sont point comptés pour la croix d'honneur..	453
	Voir *Fournitures de bureau*.	
	Minutes.	
	Voir *Notaires*.	
	Mocos.	
	Voir *Monnaies, Trésor*.	

DATES DES ACTES.	TITRES ET ANALYSES DES ACTES.	PAGES.
	Monnaies.	
1817. 12 avril....	Ordonnance des administrateurs en chef portant fixation de la valeur de cours des monnaies d'or et d'argent, françaises ou étrangères, à la Martinique............	372
24 avril....	Ordre de l'intendant de transporter en France 6,250 marcs de mocos ou fractions de gourdes (ou 300,000 francs) retirés de la circulation.................:......	377
	Montagnes du Vauclin.	
	Voir *Géologie*.	
	Morue.	
1816. 8 février...	Ordonnance du roi relative aux primes pour la pêche de la morue et son exportation aux colonies françaises et à l'étranger....	197
1817. 22 août....	État des pièces qu'il est indispensable de produire pour l'admission en franchise des morues qui seront rapportées de la pêche du banc de Terre-Neuve..........	410
1818. 21 octobre.	Ordonnance du roi qui proroge, sous diverses modifications, celle du 8 février 1816 relative aux primes d'encouragement pour la pêche de la morue............	577
	Voir *Vivres*.	
	Moulins à vapeur.	
1816.	Notice sur les moulins à vapeur appliqués aux fabriques coloniales, constatant l'établissement antérieur d'un moulin à vapeur à la Martinique sur l'habitation Maupeou, quartier de la Rivière-Salée............	343
	Voir *Annales maritimes*, 1816. Sciences et arts, vol. 2, p. 180.	

DATES DES ACTES.	TITRES ET ANALYSES DES ACTES.	PAGES.
	N	
	Napoléon.	
1815. 16 avril....	* Dépêche ministérielle aux administrateurs en chef, leur notifiant le retour en France de l'empereur Napoléon................	150
	Naturalisés.	
	Voir *Professions commerciales*.	
	Naufrages.	
1818. 9 février...	Dépêche ministérielle portant, en principe, qu'aux cas de bris et naufrages les délits ou fraudes des sauveteurs ne peuvent compromettre les justes droits des propriétaires............................	475
9 février...	Dépêche ministérielle au sujet de la gratification à accorder pour la saisie des objets de naufrage enlevés sans déclaration par des riverains........................ Voir *Annales maritimes*, vol. 1835, 1re partie, p. 5.	477
	Navigation.	
1815. 9 novemb.	Arrêté de l'intendant relatif aux déclarations à faire par les capitaines de navires de commerce à leur arrivée, et qui leur prescrit de partir dans la journée de leur expédition............................	165
	Navires de l'État.	
10 novemb.	* Circulaire ministérielle traçant les règles à suivre au cas où il y aura lieu de charger des denrées coloniales, pour compte particulier, sur les navires de l'État en retour..............................	167
1er décemb.	Dépêche ministérielle rappelant les défenses faites aux officiers de la marine royale de	

DATES DES ACTES.	TITRES ET ANALYSES DES ACTES.	PAGES.
	se mêler d'aucun trafic, et traçant les règles et les formalités à observer au cas de chargement d'un navire du roi pour compte particulier....................	183
1816. 23 août....	Dépêche ministérielle portant qu'aucun chargement pour compte particulier de denrées coloniales à bord des navires du roi ne doit être fait sans ordre spécial du ministre, ou sans nécessité absolue......	308
1817. 17 janvier..	Dépêche ministérielle prescrivant aux administrateurs de prendre l'avis d'un conseil spécial avant d'autoriser aucun chargement de denrées coloniales, pour compte particulier, sur les navires du roi.......	352
	Voir *Contrebande, Ports.*	
	Navires du commerce.	
1816. 13 octobre..	Ordonnance du gouverneur général portant règlement pour la perception de la rétribution exigée de tout bâtiment louvoyant en rade sans mouiller................	326
1817. 3 février..	Ordonnance du gouverneur général sur les temps, lieux et distance que devront observer les bâtiments louvoyers.........	358
1815. 5 juin.....	Arrêté des administrateurs en chef qui assimile les navires anglais aux navires nationaux, en ce qui touche les droits du domaine d'occident....................	156
27 décemb.	Arrêté des administrateurs en chef qui supprime les rétributions perçues au profit des officiers et employés de l'administration pour expédition des navires........	190
1816. 20 février..	Arrêté de l'intendant prescrivant aux médecins et chirurgiens du roi la visite de santé des bâtiments de commerce et réglant le taux de la rétribution qui devra	

DATES DES ACTES.	TITRES ET ANALYSES DES ACTES.	PAGES.
	leur être payée par les capitaines........	206
	Voir *Douanes, Encanteurs, Francisation, Hivernage, Jaugeage, Navigation, Ports, Rôles d'équipage.*	
	Navires suspects.	
1816. 17 octobre..	Lettre du gouverneur général sur les voies de rigueur à prendre contre les navires qu'un louvoyage en rade trop prolongé rendrait suspects....................	328
	Nègres marrons.	
5 novemb.	Arrêt du conseil supérieur qui rapporte celui du 24 avril 1794 sur les primes d'arrestation des nègres marrons, et remet en vigueur l'ordonnance locale du 18 octobre 1763....................	331
	Neutralité.	
1814. 23 mai.....	Circulaire ministérielle sur les règles de neutralité à suivre au cas de guerre déclarée entre l'Angleterre et les États-Unis d'Amérique................................	18
20 juillet...	Circulaire ministérielle sur les règles de neutralité à suivre au cas de guerre déclarée entre l'Angleterre et les États-Unis d'Amérique................................	33
	Noirs.	
	Voir *Gens de couleur, Traite.*	
	Noirs de traite.	
	Voir *Traite.*	
	Notaires.	
1817. 4 septemb.	* Arrêt du conseil supérieur qui dispense de déposer au greffe les minutes d'un notaire décédé et autorise à faire ce dépôt chez un notaire en exercice....................	417

DATES DES ACTES.	TITRES ET ANALYSES DES ACTES.	PAGES.
	Notes individuelles.	
1818. 26 décemb..	* Dépêche ministérielle prescrivant l'envoi annuel de notes individuelles sur chacun des officiers et employés tant de l'administration de la marine que des autres parties du personnel salarié............	616
	O	
	Octroi.	
1815. 24 mars....	Avis officiel de l'intendant annonçant au public la suppression de l'octroi établi sur les viandes de boucherie, en faveur des bureaux de charité, par l'ordonnance locale du 14 février 1812................	145
	Officiers.	
1818.	Tableau des principaux officiers de l'administration militaire et civile à la Martinique. .... Voir *Annales maritimes*, 1818, p. 58.	626
	Voir *Marine, Notes individuelles*.	
	Officiers ministériels.	
	Voir *Audiences de rentrée*.	
	Ordonnances.	
	Voir *Lois*.	
	Ordre judiciaire.	
1814. 12 décemb.	Ordonnance du gouverneur et de l'intendant qui rétablit l'ordre judiciaire de la Martinique, tel qu'il existait en 1789.....	84
	Orphelins.	
	Voir *Hospice, Pensions*.	

DATES DES ACTES.	TITRES ET ANALYSES DES ACTES.	PAGES.
	Ouragans.	
1818. 26 janvier..	Notice scientifique sur l'ouragan qui a éclaté à la Martinique dans la nuit du 20 au 21 octobre 1817, par M. Moreau de Jonnès.... Voir *Annales maritimes*, 1818, 2e partie, p. 119.	469
	Voir *Commerce, Vivres*.	
	Ouvrages périodiques.	
1814. 19 novemb.	Dépêche ministérielle aux administrateurs en chef portant désignation des ouvrages périodiques qui, outre le *Bulletin des lois,* seront renvoyés dans la colonie.........	72
1816. 26 juillet...	Dépêche ministérielle aux administrateurs en chef, leur prescrivant l'envoi régulier au ministère de la gazette qui s'imprime dans la colonie, ainsi que de tout autre écrit de nature à intéresser la haute police ou l'administration intérieure..........	305
1817. 2 octobre..	Dépêche ministérielle au gouverneur et administrateur disposant que les ouvrages périodiques que recevait l'intendant de la colonie seront adressés désormais au commissaire ordonnateur................	437
	Ouvriers.	
	Voir *Rations, Solde*.	
	Ouvriers militaires.	
1814. 5 août....	Règlement ministériel relatif à l'emploi et au service de compagnies d'ouvriers militaires de la marine dans les colonies.........	37
	Voir *Solde*.	
	P	
	Pain.	
1818. 3 décemb.	Ordonnance du gouverneur administrateur	

DATES DES ACTES.	TITRES ET ANALYSES DES ACTES.	PAGES.
	concernant la fixation périodique du poids du pain, calculée sur le prix de la farine, avec tarif offrant le rapport progressif à observer	608
	Papiers.	
	Voir *Dépôt de Versailles.*	
	Papier-monnaie.	
	Voir *Impôts.*	
	Paquets.	
	Voir *Correspondances.*	
	Para.	
	Voir *Bétail.*	
	Paroisses.	
1815. 24 octobre..	Ordonnance de l'intendant pour la perception de l'impôt volontaire consenti par la paroisse du Mouillage (Saint-Pierre) pour les réparations de son église	163
1817. 15 juillet...	* Homologation par les administrateurs en chef d'une délibération de la paroisse du Carbet portant règlement de l'imposition à établir pour le service de la pension allouée par cette paroisse à son curé.....	402
1818. 6 avril....	* Homologation par le gouverneur administrateur d'une délibération de la paroisse de Sainte-Marie, portant imposition pour le service d'une pension annuelle de 6,000 livres coloniales allouée par cette paroisse à son curé	493
3 mai.....	* Homologation par le gouverneur administrateur d'une délibération de la paroisse du Saint-Esprit portant imposition au profit du prêtre desservant de cette paroisse.	508

DATES DES ACTES.	TITRES ET ANALYSES DES ACTES.	PAGES.
1818. 24 octobre.	* Homologation par le gouverneur administrateur d'une délibération de la paroisse des Trois-Ilets, portant règlement de l'imposition à établir pour le service de la pension allouée par cette paroisse à son curé............:......................	584
	Voir *Cimetières, Églises, Fournitures de bureau.*	
	Passages.	
1817. 13 novemb.	Dépêche ministérielle énonciative des principes, règles et distinctions à observer en matière de concession de passage, pour retour en France, aux frais du roi......	444
1818. 9 janvier..	Ordonnance du roi qui fixe le prix des passages aux frais de Sa Majesté sur les bâtiments de commerce...............	466
30 juillet...	Dépêche ministérielle sur les cas exceptionnels aux conditions imposées par la dépêche du 13 novembre 1817 en matière de concession de passage, pour retour en France, aux frais du roi..............	555
	Voir *Boursiers.*	
	Passagers.	
1815. 15 avril....	Ordre du commandant en second de la Martinique sur les formalités à remplir avant et après le débarquement des passagers arrivant dans la colonie..............	144
	Voir *Hôpitaux.*	
	Payeurs.	
1817. 24 avril....	Dépêche ministérielle au gouverneur général portant que les payeurs et receveurs des deniers publics ne peuvent faire exercer des poursuites, *au nom du trésor royal,*	

DATES DES ACTES.	TITRES ET ANALYSES DES ACTES.	PAGES.
	contre les préposés établis, nommés et salariés par eux......................	376
	Voir *Receveur général, Trésorier.*	
	Pavillons.	
1817. 3 décemb.	Règlement du roi sur les pavillons des navires du commerce...................	449
	Pêche.	
	Voir *Baleine, Morue.*	
	Peine de mort.	
	Voir *Guadeloupe.*	
	Pensions.	
1814. 4 août....	Ordonnance du roi portant règlement sur les pensions et secours à accorder aux veuves et aux enfants orphelins des militaires...............................	47
1816. 21 février...	Ordonnance du roi portant règlement sur les pensions et secours aux veuves et enfants orphelins des officiers militaires et autres entretenus du département de la marine...............................	207
1817. 25 mars....	Extrait de la loi de finances de cette date en ce qui touche les dispositions prises, pour l'avenir, à l'égard des pensions à la charge de l'État...............................	367
	Ordonnance du roi qui règle le mode d'exécution du titre IV de la loi des finances du 25 mars 1817, concernant les pensions.	388
27 août....	Ordonnance du roi qui déclare incessibles et insaisissables les pensions de retraite affectées sur des fonds de retenue........	411
12 septemb.	Circulaire du ministre de la marine conte-	

DATES DES ACTES.	TITRES ET ANALYSES DES ACTES.	PAGES.
	nant le mode d'exécution de l'ordonnance royale du 27 août 1817 sur les pensions, relativement au cumul, aux retenues, etc. Voir *Annales maritimes,* vol. 1817, p. 314.	424
1818. 6 mai.....	Ordonnance du roi qui détermine la manière de calculer les services militaires dans la liquidation des pensions à la charge des fonds de retenue des administrations financières........................... Voir *Annales maritimes,* 1818, 1re partie, p. 199.	510
15, 16 mai.	Loi sur les finances. Dispositions relatives aux pensions. Titre IV, articles 11 et suivants................................ Voir Collection de Duvergier, 1818, t. 21, p. 440.	519
8 juillet...	Ordonnance du roi concernant le cumul des pensions inscrites au trésor royal avec celles accordées sur des fonds de retenue.	545
11 septemb.	Instruction ministérielle sur l'application des dispositions de la loi de finances du 15 mai précédent, en ce qui concerne les retenues à opérer sur les pensions diverses. Voir *Annales maritimes,* 1818, 1re partie, p. 471.	562
	Voir *Caisse des invalides, Cumul.*	

Pensionnaires de l'État.

Voir *Certificats de vie.*

Permis de résidence.

| 1815. 1er février.. | Proclamation du gouverneur relative aux permis de résidence.................. | 115 |

Personnel.

| 1814. 27 juillet... | Décision du roi déterminant le cadre du per- | |

DATES DES ACTES.	TITRES ET ANALYSES DES ACTES.	PAGES.
	sonnel de l'administration générale de la Martinique.........................	35
	Voir *Notes individuelles*.	
	Peseur.	
	Voir *Encanteur*.	
	Piastres.	
	Voir *Trésor*.	
	Pilotes.	
	Voir *Port*.	
	Piraterie.	
1818. 14 juillet...	Circulaire ministérielle sur les mesures à prendre contre les corsaires qui auront commis des actes de piraterie envers un navire français....................... Voir *Code de la Guyane française*, 2e partie, n° 158.	550
	Pirogues de charge.	
	Voir *Droits de navigation*.	
	Place.	
1817. 13 mars....	Décision de l'intendant qui met à la disposition du commandant de place de Fort-Royal une somme annuelle de 250 francs pour les fournitures de bureau des six postes de cette ville.................. Voir Inspection. Reg. 4.	365
	Plantations.	
1818. 9 juillet...	Ordonnance du gouverneur administrateur qui, à raison de la disette amenée par l'ouragan de 1817, prescrit aux habitants des plantations de manioc et de bananiers.	548

DATES DES ACTES.	TITRES ET ANALYSES DES ACTES.	PAGES.
	Plantes alimentaires. Voir *Agriculture, Jardin des plantes.*	
	Poissons. Voir *Goramy.*	
	Police.	
1815. 15 mars....	Règlement de l'intendant pour l'habillement des brigades de police..............	143
	Voir *Équipages.*	
	Pommes de terre. Voir *Agriculture.*	
	Pompes à incendie.	
1817. 17 octobre..	Dépêche ministérielle au gouverneur administrateur annonçant l'envoi de cinq pompes à incendie et accessoires en cuir, et faisant connaître le matériel du même genre existant à cette époque à la Martinique........................	440
	Pompiers. Voir *Théâtre.*	
	Ponts et chaussées.	
25 septemb.	* Dépêche ministérielle portant séparation, aux colonies, de la direction des constructions civiles de celle des constructions militaires, et règlement du personnel de chacune de ces directions.............	433
	Voir *Génie, Transports.*	
1818. 20 octobre.	Décision du gouverneur portant réunion de la direction des ponts et chaussées à celle du génie militaire....................	576

DATES DES ACTES.	TITRES ET ANALYSES DES ACTES.	PAGES.
	Ports.	
1814. 10 février..	Ordonnance du gouverneur anglais (Wale) relative à la sûreté et à la garde, pendant la nuit, des navires mouillés dans la rade de Saint-Pierre......................	8
1815. 29 novemb.	Ordonnance du roi concernant la régie et administration générale et particulière des ports et arsenaux de la marine......	170
1817. 8 janvier..	* Arrêté de l'intendant portant fixation de la dépense d'entretien d'un canot affecté au service du port de Saint-Pierre et des salaires de son équipage..............	347
29 mai.....	Dépêche ministérielle aux administrateurs en chef portant ordre de fermer aux navires étrangers les ports de Fort-Royal, de la Trinité et du Marin.............	381
1818. 6 avril....	Arrêté du gouverneur administrateur portant qu'aucun navire de commerce, même national, venant de l'Inde ou de Bourbon, ne pourra être admis dans les ports de la Martinique................	493
19 novemb.	Dépêche ministérielle au gouverneur administrateur relative au prochain envoi à la Martinique de machines pour le curage du port, du canal de Fort-Royal et des rivières voisines....................	601
31 décemb..	Décision du gouverneur administrateur portant suppression de l'abonnement accordé par arrêté du 8 janvier 1817 pour l'entretien du canot affecté au service du capitaine de port de Saint-Pierre et des pilotes sous ses ordres.....................	624
	Voir *Commerce, Frais de bureau, Importation, Saint-Pierre*.	
	Poursuites.	
	Voir *Payeurs*.	

DATES DES ACTES.	TITRES ET ANALYSES DES ACTES.	PAGES.
	Prairies artificielles.	
	Voir *Agriculture*.	
	Presbytères.	
	Voir *Églises*.	
	Primes.	
	Voir *Morue, Nègres marrons*.	
	Proclamation.	
	Voir *Guadeloupe, Reprise de possession, Retour du roi*.	
	Produits naturels.	
1815. 28 janvier..	Dépêche ministérielle aux administrateurs en chef, portant envoi d'instructions pour établir entre les colonies françaises et entre les colonies et la France un échange mutuel des productions utiles de leurs climats respectifs.....................	109
	Professions commerciales.	
1817. 23 octobre..	* Dépêche ministérielle ordonnant aux administrateurs en chef de tenir la main à l'exécution des anciennes lois qui interdisent certaines professions commerciales aux étrangers, naturalisés ou non, établis dans les possessions françaises............	441
	Projets.	
	Voir *Travaux*.	
	Promulgation.	
	Voir *Lois*.	
	Propriétés domaniales, nationales.	
	Voir *Domaine*.	

DATES DES ACTES.	TITRES ET ANALYSES DES ACTES.	PAGES.
	Publications officielles.	
	Voir *Gazette de la Martinique*.	
	R	
	Rades.	
1817. 18 septemb.	Dépêche ministérielle au gouverneur administrateur, demandant compte de la situation de la rade de Saint-Pierre..........	431
	Voir *Navires du commerce, Navires suspects, Ports, Saint-Pierre (Ville de)*.	
	Rang.	
	Voir *Marine*.	
	Rations.	
1815. 19 janvier..	Arrêté de l'intendant qui accorde, à titre de supplément, des rations de vivres aux officiers du régiment de la Martinique, et en fixe la composition en nature ou l'équivalent en argent.....................	105
15 février...	Arrêté de l'intendant portant que la ration accordée aux officiers militaires sera également allouée aux officiers et employés de l'administration.....................	122
1816. 20 mars....	Arrêté de l'intendant portant qu'attendu l'état dyssentérique des soldats la viande salée de leur ration sera remplacée par de la viande fraîche..................... Voir Inspection. Reg. 3.	220
23 novemb.	* Arrêté de l'intendant portant qu'il sera ajouté aux rations journalières délivrées aux équipages de la marine royale, et comme rafraîchissement de santé, une certaine quantité de café, rhum et sucre.	333
1818. 30 mai.....	Arrêté du gouverneur administrateur por-	

DATES DES ACTES.	TITRES ET ANALYSES DES ACTES.	PAGES.
	tant suppression des rations délivrées aux ouvriers externes employés aux travaux du gouvernement, et nouvelle fixation de leurs salaires......................	524
1818. 16 décemb.	* Ordre du gouverneur administrateur portant que la ration du soldat sera désormais pesée et mesurée conformément au système décimal.....................	615
30 décemb.	* Décision du gouverneur administrateur portant que les rations de secours accordées à divers particuliers seront supprimées et remplacées par un secours annuel en argent..........................	617
30 décemb.	Décision du gouverneur administrateur portant suppression des rations accordées aux agents des brigades ambulantes et de police et à ceux de la gendarmerie maritime.........................	617
31 décemb.	Décision du gouverneur administrateur qui accorde une ration de vivres en nature à chacune des femmes légitimement mariées à des sous-officiers et soldats..........	618
	Voir *Acidulage, Convalescents, Détenus, Troupes.*	
	Recensements.	
	Voir *Dénombrements.*	
	Receveur général.	
1815. 25 janvier..	Arrêté de l'intendant portant règlement des remises accordées au trésorier de la colonie, en sa qualité de receveur général, sur le montant brut de ses recettes......	106
1817. 28 janvier..	Dépêche ministérielle séparant les services recettes et dépenses et réglant les émoluments, frais de service et cautionnements	

DATES DES ACTES.	TITRES ET ANALYSES DES ACTES.	PAGES.
	du payeur et du receveur général de la colonie..............................	355
	Voir *Trésorier*.	
	Réforme.	
	Voir *Solde*.	
	Régime municipal.	
	Voir *Saint-Pierre*.	
	Registres.	
	Voir *Dépôt de Versailles*.	
	Registres de l'état civil.	
1814. 5 septemb.	Arrêt du conseil supérieur qui rapporte deux autres arrêts de la même cour, relatifs l'un à la tenue des registres de l'état civil, l'autre à la taxe des frais de justice.	66
	Remises.	
	Voir *Receveur général, Solde*.	
	Remise de la colonie.	
12 décemb..	Acte solennel de remise de la colonie de la Martinique, par l'autorité anglaise, aux commissaires nommés par le roi de France pour en reprendre possession..........	82
	Rentiers viagers.	
	Voir *Certificat de vie*.	
	Reprise de possession.	
7 décemb.	Proclamation des gouverneur et intendant *p. i.* commissaires du roi de France pour la reprise de possession de la Martinique..	81

DATES DES ACTES.	TITRES ET ANALYSES DES ACTES.	PAGES.
	Retenues. Voir *Pensions*.	
	Retour du roi.	
1815. 12 septemb.	Proclamation du gouverneur général annonçant à la Martinique le retour du roi dans sa capitale....................... Voir Arch. du gouvernement. Ordres et décisions.	163
	Retraites. Voir *Caisse des invalides*.	
	Rétribution. Voir *Navires du commerce*.	
	Retenues. Voir *Solde*.	
	Revenus. Voir *Colonies*.	
	Rhums.	
1818. 8 janvier..	* Dépêche ministérielle au gouverneur administrateur portant défense d'admettre désormais en entrepôt les rhums et tafias étrangers .... Voir *Impositions, Jaugeage, Rations*.	465
	Riverains. Voir *Naufrages*.	
	Rivières.	
1816. 7 décemb..	Ordonnance de l'intendant pour la réparation de dégradations causées par un dé-	

DATES DES ACTES.	TITRES ET ANALYSES DES ACTES.	PAGES.
	bordement de la rivière du Fort et la confection d'une chaussée pour la contenir dans son lit......................	334
1818. 21 octobre.	Ordre du gouverneur administrateur portant que la rivière Madame, à Fort-Royal, sera encaissée sur ses deux rives par un mur en maçonnerie, depuis son embouchure jusqu'au canal d'enceinte........	576
	Voir Inspection. Ord. et déc. Reg. 5, n° 915.	
	Voir *Ports*.	
	Rôles d'équipage.	
1815. 29 décemb..	Circulaire ministérielle sur les embarquements furtifs de personnes non portées sur les rôles d'équipage................	190
1817. 3 juin.....	Circulaire ministérielle relative à la tenue des rôles d'équipage des bâtiments de commerce.........................	382
	Routes.	
1818. 30 juillet...	Dépêche ministérielle appelant toute l'attention du gouverneur administrateur sur les routes de la colonie...................	555
	Voir *Chemins, Voirie*.	
	S	
	Saint-Pierre (Ville de).	
1814. 3 décemb..	Remise par le gouverneur anglais (Leith) à l'autorité française de la ville de Saint-Pierre et de sa juridiction.............	74
1815. 4 janvier..	Arrêté de l'intendant portant maintenue de l'administration municipale de la ville de Saint-Pierre, créée en avril 1810, pour le meilleur et le plus utile emploi des deniers municipaux.......................,	100

DATES DES ACTES.	TITRES ET ANALYSES DES ACTES.	PAGES.
1816. Février....	Décision de l'intendant portant approbation du devis d'une fontaine et d'un double escalier à construire au haut de la rue Toraille, à Saint-Pierre................	211
	Voir Inspection. Reg. 3.	
1818. 16 juillet...	Arrêté du gouverneur administrateur ordonnant la construction de cales en bois et autres travaux nécessaires à la sûreté et à la salubrité des port et rade de la ville de Saint-Pierre....................	551
	Voir Inspection. Reg. 5.	
29 juillet...	Avis officiel de l'ordonnateur relatif aux conditions de l'adjudication, par entreprise, de l'enlèvement des ancres, chaînes et autres objets gisant dans le port et la baie de Saint-Pierre....................	553
25 octobre.	Ordre du gouverneur administrateur portant création d'une commission chargée de reconnaître et constater la nécessité d'une rue projetée à Saint-Pierre, et d'en établir la dépense approximative.............	584

Voir *Théâtre.*

Saisies.

Voir *Douanes.*

Salaires.

Voir *Solde.*

Salle de spectacle.

Voir *Théâtre.*

Sapeurs-pionniers.

Voir *Milices.*

Sauvetages.

1816. 22 février..	Tarif des gratifications à payer par l'admi-	

DATES DES ACTES.	TITRES ET ANALYSES DES ACTES.	PAGES.
	nistration de la marine, dans les ports de Sa Majesté, pour les sauvetages faits en rade par des embarcations du port ou des vaisseaux....................................	210
	Sauveteurs.	
	Voir *Naufrages*.	
	Secours.	
	Voir *Pensions*.	
	Sénéchaussées.	
1814. 17 décemb.	Procès-verbal de la réinstallation de la sénéchaussée et amirauté à Saint-Pierre......	90
	Voir *Huissiers*.	
	Serment.	
1817. 10 septemb.	Dépêche ministérielle annonçant au gouverneur administrateur que le roi le dispense de renouveler devant le conseil supérieur le serment par lui prêté entre les mains de Sa Majesté.........................	423
	Voir Arch. du gouvernement. Dép. ministérielles. — Enregistré à la cour royale le 15 janvier 1818.	
	Serpents.	
1818. 27 avril....	Dépêche ministérielle annonçant au gouverneur administrateur l'envoi du vautour dit *messager* ou *serpentaire*, destiné à détruire à la Martinique la grande vipère dite *fer-de-lance*.....................	506
	Voir Arch. du gouvernement. Dép. ministérielles, n° 97.	
30 mars....	Notice monographique sur la couleuvre *couresse* des Antilles, par M. Moreau de Jonnès.............................	491
	Voir *Annales maritimes*, 1818, 2e partie, p. 838.	

46

DATES DES ACTES.	TITRES ET ANALYSES DES ACTES.	PAGES.
1818. 9 juin......	Arrêté du gouverneur administrateur qui accorde une prime de 50 centimes par tête de serpent tué au fort Bourbon ou aux environs......................................	530

Service de la marine.

Voir *Consuls*.

Service du port.

Voir *Port*.

Service financier.

1816. 20 juillet...	Règlement provisoire du ministre sur le service financier de la colonie.........	291
1818. 20 octobre.	* Dépêche ministérielle qui prescrit au gouverneur administrateur de tenir la main à la stricte exécution du règlement provisoire du 20 juillet 1816, sur le service financier de la colonie..................	576

Service de santé.

1817. 9 octobre..	Dépêche ministérielle au gouverneur administrateur, qui, à raison des ravages de la fièvre jaune, prescrit un redoublement d'activité dans le service de santé et des précautions à l'égard des navires qui reviennent de la Martinique.............	438
1817. Décembre.	Dépêche ministérielle prescrivant de ne permettre le débarquement des chirurgiens des navires de commerce qu'après en avoir constaté la nécessité..................	458

Services militaires.

Voir *Pensions*.

Sirops.

Voir *Jaugeage*.

DATES DES ACTES.	TITRES ET ANALYSES DES ACTES.	PAGES.
	Sœurs hospitalières.	
1817. 13 novemb.	Dépêche ministérielle au gouverneur administrateur annonçant l'envoi à la Martinique de douze sœurs hospitalières, et déterminant le traitement qui leur sera fait tant en route que dans la colonie....	448
	Voir *Hôpitaux.*	
	Solde.	
1816. 24 janvier..	Ordonnance du roi qui autorise provisoirement, et en attendant la loi de finances, à opérer les retenues que doivent supporter les salaires, traitements et remises, pendant l'année 1816................	6
1814. 26 août....	Dépêche ministérielle au gouverneur et à l'intendant, portant que, jusqu'à nouvel ordre, il ne sera exercé sur le traitement des officiers militaires que la retenue de 2 p. 0/0 déterminée par le décret du 25 mars 1811............................	64
1815.	* Arrêté de l'intendant portant règlement des gages accordés aux concierges, portiers, garçons de bureau et jardiniers attachés aux divers services...............	104
12 mars....	* Arrêté de l'intendant portant fixation de la solde des ouvriers militaires de la marine, pour chaque journée effective de travail..............................	143
30 mars....	* Décision du gouverneur qui accorde un supplément de solde aux ouvriers et manœuvres du corps royal d'artillerie......	145
1817. 28 août....	Dépêche ministérielle rappelant le gouverneur administrateur à l'observation de diverses règles prescrites en matière de décomptes dus aux salariés en général...	412
18 septemb.	Circulaire ministérielle qui réduit au traitement de réforme tout officier militaire ou	

DATES DES ACTES.	TITRES ET ANALYSES DES ACTES.	PAGES.
	civil ayant séjourné, en route de retour, plus de trois mois à l'étranger sans y être contraint par force majeure............	430
1818. 3 janvier...	Circulaire ministérielle annonçant l'envoi d'un nouveau modèle de livrets pour tous les salariés attachés au service des colonies, et traçant les règles à suivre pour leur tenue.......................	459
9 novemb..	Ordonnance du gouverneur et administrateur portant règlement du traitement fixe du vice-préfet apostolique par intérim, des curés, desservants et vicaires de la colonie............................	593
	Voir *Armée de terre*, *Artillerie*, *Cumul*, *Marine*.	

Sous-officiers.

Voir *Troupe*.

Station des îles sous le Vent.

Voir *Discipline maritime*.

Subsistances.

1817. 13 décemb.	* Ordonnance du roi portant que le service des subsistances de la marine sera confié à un administrateur sous les ordres du ministre............................	454
31 décemb.	Règlement organique pour l'administration des subsistances de la marine......... Voir *Annales maritimes*, 1818, p. 89.	458

Sucre.

1816.	* Rapport fait au gouverneur de la Martinique sur les procédés nouveaux employés par M. Eyma dans la fabrication du sucre.	99
1815. 10 mars....	* Arrêté du conseil supérieur par lequel	

DATES DES ACTES.	TITRES ET ANALYSES DES ACTES.	PAGES.
	cette compagnie promet, sous conditions, au nom de la colonie, une somme de 120,000 francs à l'auteur d'un nouveau procédé pour la fabrication du sucre.....	141
1815. 21 avril....	Publication officielle du procédé de M. Dorion pour la clarification du vesou......	150
1818. 10 juin.....	Dépêche ministérielle au gouverneur administrateur relative au défaut d'étampage et d'uniformité de poids et de dimensions des barriques de sucre expédiées des îles du Vent en France....................	531
16 novemb.	Ordre du gouverneur administrateur qui remet en vigueur l'article 12 de l'arrêt du conseil du 1er mars 1744, concernant la marque des barriques de sucre d'une étampe au nom de l'habitant..........	599

Voir *Rations*.

Système décimal.

Voir *Rations*.

T

Tabacs.

| 1818. 30 mai..... | Circulaire ministérielle donnant avis au commerce de la permission accordée d'exporter de France pour la Martinique les tabacs exotiques en feuilles.................. | 529 |

Voir *Annales maritimes*, 1818, 1re partie, p. 282.

Tafia.

Voir *Impositions, Jaugeage*.

Tafias étrangers.

Voir *Rhums*.

DATES DES ACTES.	TITRES ET ANALYSES DES ACTES.	PAGES.
	Tanneries.	
1817. 18 septemb.	* Dépêche ministérielle au gouverneur administrateur portant demande de renseignements au sujet de tanneries récemment établies à la Martinique..........	428
	Tarif.	
	Voir *Pain*.	
	Taxes.	
	Voir *Navires du commerce, Registres de l'état civil.*	
	Théâtre.	
1816. 1er juin....	Ordonnance des administrateurs en chef déterminant les mesures à prendre et les travaux à faire pour le rétablissement de la salle de spectacle à Saint-Pierre.......	231
1817. 25 juin.....	Arrêté de l'intendant autorisant le trésor colonial à avancer à la caisse municipale une somme de 100,000 francs pour la reconstruction de la salle de spectacle de la ville de Saint-Pierre..................	393
1er juillet...	* Ordonnance des administrateurs en chef portant concession au sieur Ribié, ancien acteur de Paris, du privilége de la salle de spectacle de Saint-Pierre...............	394
1818. 7 avril....	Ordre du gouverneur administrateur pour la compagnie des canonniers pompiers, relativement au service de la salle de spectacle de Saint-Pierre..................	494
31 décemb.	Arrêté du gouverneur administrateur qui accorde à une société d'artistes dramatiques, sous diverses conditions, le privilége de la salle de spectacle de Saint-Pierre.............................	619

DATES DES ACTES.	TITRES ET ANALYSES DES ACTES.	PAGES.
1818. 9 avril....	Arrêté du gouverneur administrateur qui modifie le privilége exclusif des spectacles de la colonie accordé au sieur Ribié......	494

Train.

Voir *Transports.*

Traite.

1815. 8 février..	Déclaration des puissances sur l'abolition de la traite des nègres d'Afrique..........	116
24 novemb.	Dépêche ministérielle au gouverneur et à l'intendant, qui restreint aux seuls navires français le libre trafic des noirs de traite...............................	164
1816. 16 juillet...	Dépêche ministérielle aux administrateurs en chef relative à l'abolition de la traite et aux encouragements à accorder pour la conservation et l'accroissement de la population noire........................	242
1817. 8 janvier..	Ordonnance du roi qui défend à tous bâtiments français nationaux ou étrangers d'introduire des noirs de traite aux colonies françaises......................	346
1818. 30 janvier..	Dépêche ministérielle rappelant à la stricte exécution de l'ordonnance royale du 8 janvier 1817 concernant la traite, et rendant le gouverneur personnellement responsable des infractions qui resteraient impoursuivies........................	472
15 avril....	Loi qui prononce des peines contre ceux qui se livreraient à la traite des noirs........	497
24 juin.....	Ordonnance du roi qui établit sur les côtes d'Afrique une croisière pour empêcher la traite des noirs......................	536

Traité de paix.

1814. 30 mai.....	* Traité définitif de paix et d'amitié entre	

DATES DES ACTES.	TITRES ET ANALYSES DES ACTES.	PAGES.
	Sa Majesté Britannique et Sa Majesté Très-Chrétienne........................	20
1814. 30 mai.....	* Articles additionnels au traité de paix du même jour.........................	22

Traitement de table.

1815. 28 novemb.	Circulaire ministérielle portant que les commandants des bâtiments du roi jouissant d'un traitement de table sont tenus de s'approvisionner et ne peuvent tirer leurs vivres de la cambuse...................	168

Traitements.

Voir *Solde.*

Traites du trésor.

1816. 23 novemb.	Dépêche ministérielle annonçant l'envoi de 500,000 francs de traites du caissier général du trésor royal sur lui-même, à vingt jours de vue, fixe, payables sur simple acquit du porteur..................	333
1818. 31 décemb.	Décision du gouverneur administrateur autorisant l'émission de 150,000 francs de traites du caissier général du trésor royal sur lui-même........................	625

Transports.

1817. 24 janvier..	* Décision de l'intendant qui modifie le système de charroi des vivres et effets militaires au fort Bourbon et au fort Saint-Louis.............................	354
1818. 28 mars....	Arrêté du gouverneur et administrateur portant création et organisation d'une brigade du train affectée aux services artillerie, génie, ponts et chaussées, vivres et hôpitaux..............................	488
31 décemb.	* Décision du gouverneur administrateur qui double la force de la brigade du train	

DATES DES ACTES.	TITRES ET ANALYSES DES ACTES.	PAGES.
	et modifie le cadre de ses sous-officiers et ouvriers............................	621
	Travaux.	
1817. 10 janvier..	* Dépêche ministérielle au gouverneur général et à l'intendant, contenant diverses dispositions à suivre pour l'envoi annuel de l'état des travaux projetés, en ce qui concerne le service du roi.............	348
1818. 28 avril....	Règlement pour fixer les heures de travail des maîtres ouvriers et journaliers à la journée du roi........................	506
	Voir *Rations.*	
	Travaux publics.	
26 mai.....	Arrêté du gouverneur administrateur ordonnant des recherches, expériences et travaux analytiques à la journée, pour fixer exactement les prix des matériaux et de la main-d'œuvre des travaux publics..	523
	Trésor.	
1815. 15 avril....	Arrêté de l'intendant pour l'émission, par le trésorier de la colonie, de billets à ordre à trois mois de date, pour une somme de 150,000 francs.....................	148
1816. 4 octobre..	Arrêté de l'intendant qui autorise le trésorier de la colonie à émettre pour 400,000 francs de billets à ordre...............	324
1817. 15 février..	Dépêche ministérielle à l'intendant portant avis de l'envoi d'une somme de 1,014,851 fr. 67 cent. en piastres, fractions de piastres et pièces françaises, pour subvenir au retrait des mocos en circulation......... Voir Arch. du gouvernement. Dép. ministérielles, n° 23.	364
24 juillet...	Arrêté de l'intendant pour l'émission par le trésorier de la colonie de billets à ordre,	

DATES DES ACTES.	TITRES ET ANALYSES DES ACTES.	PAGES.
	à trois mois de date, pour une somme de 500,000 francs.....................	405
1818. 10 mars....	Arrêté du gouverneur administrateur ordonnant le brûlement public des bons nominaux rentrés et annulés dans la caisse du trésorier de la colonie..............	485
10 juin.....	Dépêche ministérielle au gouverneur administrateur contenant des observations et prescriptions au sujet des émissions de billets ou bons de caisse aux colonies....	531
28 juin.....	Arrêté du gouverneur administrateur portant qu'il sera émis pour la somme de 400,000 francs de bons de caisse du trésorier de la colonie, et réglant les formes comptables de cette émission..........	538
10 septemb.	Arrêté du gouverneur administrateur qui prescrit un second brûlement public des bons nominaux rentrés dans la caisse depuis le 31 mars précédent..............	561
15 décemb.	Ordonnance du gouverneur administrateur concernant le retrait et l'annulation des bons nominaux, et le remplacement de ceux encore en circulation par des bons à ordre du trésor.....................	610
31 décemb.	Décision du gouverneur administrateur ordonnant le versement à la caisse royale du produit des droits de cabaret et de colportage............................	623
	Voir *Farines*.	
	Trésoriers des invalides.	
1814, 15 août....	Règlement provisoire ministériel pour l'établissement de trésoriers des invalides de la marine dans les colonies............	48
	Trésoriers.	
18 août....	Instructions ministérielles sur les fonctions,	

DATES DES ACTES.	TITRES ET ANALYSES DES ACTES.	PAGES.
	les devoirs et la comptabilité des trésoriers de la colonie......................	55
1814. 24 octobre..	* Décision ministérielle qui fixe à 70,000 fr. le cautionnement que devra fournir le trésorier de la Martiniqne.............	71
1817. 27 août....	* Ordonnance du roi qui supprime les places de receveur général et de payeur à la Martinique et à la Guadeloupe, et établit, dans chacune de ces îles, un trésorier chargé des recettes et des dépenses..	410
	Voir *Comptabilité, Receveur général.*	

Trésoriers municipaux.

1818. 25 mai......	Décision du gouverneur administrateur qui fixe à 5,000 francs le traitement annuel du trésorier municipal................	523

Tripots.

	Voir *Jeu.*	

Troupes.

1814. 8 août....	Ordonnance du roi relative à l'organisation des troupes qui doivent être entretenues dans les colonies françaises............	41
28 septemb.	Ordonnance du roi concernant l'organisation des premier et second bataillons coloniaux..............................	70
1815. 20 décemb.	Arrêté de l'intendant réglant le prix qui sera payé annuellement aux troupes à l'effectif pour renouvellement des hamacs........	191
1816. 8 octobre...	* Dépêche ministérielle relative à la formation d'un corps d'infanterie sous le nom de légion de la Martinique.............	325
12 novemb.	* Dépêche ministérielle qui prescrit aux administrateurs l'envoi mensuel au ministre	

DATES DES ACTES.	TITRES ET ANALYSES DES ACTES.	PAGES.
	de l'état de situation des troupes, arrêté à la fin de chaque mois..................	331
1816. 28 décemb.	* Dépêche ministérielle recommandant aux administrateurs en chef la vigilance la plus active sur tous les détails de l'administration des troupes..................	339
28 décemb.	Dépêche ministérielle aux administrateurs portant fixation des masses d'habillement et d'entretien dans les colonies, et instruction sur le mode de leur administration..	340
1817. 12 mars....	Décision de l'intendant autorisant le payement au conseil d'administration de la légion de la Martinique de 48 centimes par homme et par an, destinés à l'achat de médicaments, bandages, etc., nécessaires pour le traitement des soldats légèrement malades qui peuvent être soignés à la caserne...........................	364
1818. 30 janvier..	Circulaire ministérielle contenant diverses dispositions relatives au payement de la première mise d'habillement et de la gratification allouées aux sous-officiers promus officiers après cinq ans de service dans le même corps..........................	470
12 mars....	Circulaire ministérielle relative à divers renseignements à fournir aux commandants de navires sur les sous-officiers et soldats qu'ils sont chargés de transporter en France...............................	486
30 avril....	Ordre du gouverneur administrateur pour l'exécution de divers travaux à faire dans l'intérieur du fort Bourbon pour le logement des troupes.......................	507
20 juin.....	Arrêté du gouverneur administrateur portant création d'un atelier de punition au fort Bourbon pour les soldats coupables de fautes ou de délits militaires.........	534

DATES DES ACTES.	TITRES ET ANALYSES DES ACTES.	PAGES.
1818. 29 juillet...	Ordre du jour du gouverneur administrateur portant que durant l'hivernage une ration de vin sera substituée à celle de rhum journellement délivrée aux officiers, sous-officiers et soldats des troupes..... Voir Inspection. Reg. 5.	554
31 août....	Ordre du jour du gouverneur administrateur qui remplace par une ration de rhum, pendant les mois de septembre, octobre et novembre, le vinaigre ordinairement distribué aux troupes.................... Bureau des approvisionnements. Ord. et déc. Liasse 1818.	559
	Voir *Avances*, *Compagnies de discipline*, *Rations*, *Vivres*.	

U

Uniforme.

Voir *Marine*.

V

Vaccine.

7 février..	Circulaire ministérielle annonçant diverses dispositions prises pour propager et encourager la pratique de la vaccine aux colonies...............................	473
23 décemb.	Ordre du gouverneur administrateur à M. de Tharon, commandant la goelette du roi *le Messager*, de conduire cinq enfants à la Dominique pour y être vaccinés........ Voir Inspection. Reg. 5.	615

Vagabonds.

1815. 1er février..	Avis officiel de l'intendant relatif à la capture des déserteurs, gens sans aveu et vagabonds	114

DATES DES ACTES.	TITRES ET ANALYSES DES ACTES.	PAGES.
	Vautour dit _Messager_. Voir _Serpentaire_.	
	Végétaux utiles. Voir _Agriculture_.	
	Ventes.	
1814. 7 janvier..	Lettre du ministre de Sa Majesté Britannique au gouverneur anglais de la Martinique, concernant les distinctions à établir entre les ventes respectivement attribuées aux huissiers et à l'encanteur général........	1
1816. 10 juillet...	Ordonnance du roi relative au produit des ventes d'objets appartenant à la marine..	240
	Ventes de navires.	
1818. 1er décemb.	Instructions ministérielles sur les formalités à remplir par les armateurs qui vendent des navires français à l'étranger........	606
	Vesou. Voir _Sucre_.	
	Veuves. Voir _Pensions_.	
	Viande de boucherie. Voir _Octroi_.	
	Viande fraîche. Voir _Rations_.	
	Viande salée. Voir _Rations_.	
	Vicaires. Voir _Solde_.	

DATES DES ACTES.	TITRES ET ANALYSES DES ACTES.	PAGES.
	Vice-Préfet apostolique.	
	Voir *Solde*.	
	Vins d'épave.	
1815. 5 juin......	Dépêche ministérielle au sujet de l'admission en franchise des vins d'épave reconnus d'origine française....................	156
	Voir *Annales maritimes*, 1835, 1re partie, page 2.	
	Vipère dite *Fer-de-lance*.	
	Voir *Serpentaire*.	
	Visa.	
	Voir *Légalisation*.	
	Vivres.	
11 février...	Arrêté de l'intendant portant règlement sur la distribution et la comptabilité des vivres............................	120
1817. 11 février..	* Dépêche ministérielle prescrivant l'envoi mensuel d'états de situation des magasins en vivres de campagne destinés aux bâtiments du roi en station aux colonies.....	360
17 avril....	Dépêche ministérielle portant que les états de situation des vivres doivent présenter d'une manière distincte ceux destinés pour prolongation de campagne aux bâtiments de la station et ceux destinés aux rationnaires des colonies....................	376
1818. 30 janvier..	* Dépêche ministérielle annonçant au gouverneur que des immunités sont accordées aux armateurs français pour l'importation à la Martinique, ravagée par un ouragan, de vivres et autres objets de première nécessité, d'origine étrangère..	470

DATES DES ACTES.	TITRES ET ANALYSES DES ACTES.	
1818. 7 février...	Dépêche ministérielle au gouverneur administrateur portant demande de renseignements propres à résoudre la question de savoir si la gélatine d'os pourrait améliorer la nourriture du soldat aux colonies.....	475
9 juillet...	Ordonnance du gouverneur administrateur déterminant les quantités de farineux et de morue nécessaires à l'approvisionnement de la colonie, et restreignant en conséquence l'exportation de ces denrées...	546
	Voir *Commerce, Détenus, Rations, Traitement de table, Transports.*	
	Voirie.	
1814. 10 janvier..	Arrêté réglementaire du gouverneur anglais (Wale) portant organisation de la grande voirie en matière de routes et chemins...	3
10 janvier..	Arrêté du gouverneur anglais (Wale) sur la police des cabrouets roulant sur les chemins royaux.........................	5
1816. 7 février..	* Ordonnance des administrateurs en chef qui met en demeure les propriétaires riverains des rues de Lucie et Toraille, à Saint-Pierre, d'avoir à faire paver lesdites rues à leurs frais, sous la direction du voyer de la ville.....................	197
	Volcans.	
	Voir *Géologie.*	

www.ingramcontent.com/pod-product-compliance
Lightning Source LLC
Chambersburg PA
CBHW061941220326
41599CB00014BA/1731